Apache 2.0

Guide de l'administrateur Linux

solutions
Unix Linux

CHARLES **AULDS**

Apache 2.0

Guide de l'administrateur Linux

EYROLLES

ÉDITIONS EYROLLES
61, bd Saint-Germain
75240 Paris Cedex 05
www.editions-eyrolles.com

Traduction autorisée de l'ouvrage en langue anglaise
intitulé *Linux Apache Web Server Administration*,
ISBN 0-7821-4137-4, de Charles Aulds, publié par Sybex Inc.

Adapté de l'anglais par Éric Jacoboni et Arnaud Gomes-do-Vale.

Préface

Pour bien des gens, Linux est synonyme de logiciel libre. Or, Linux fait peur : nombre d'entreprises ne l'utilisent pas pour des applications critiques, en raison de son statut de logiciel libre. Elles pensent qu'il est moins sécurisé ou moins fiable parce que son code est entièrement disponible et qu'il a été développé par plusieurs équipes et différentes personnes à travers le monde. Ces mêmes sociétés dépendent pourtant quotidiennement de systèmes libres, souvent sans le savoir.

Dès le commencement d'Internet, le gouvernement américain a placé le code du protocole dans le domaine public ; ce sont les logiciels libres qui ont ouvert la voie au développement d'Internet. À ce jour, Internet et les applications qu'il met en jeu reposent sur des logiciels libres.

L'un des succès les plus retentissants d'Internet est le World Wide Web. Or, le logiciel pour serveur Web en tête du marché est Apache, un produit libre. Aucune bibliothèque sur l'administration système sous Linux ne serait complète sans un ouvrage sur la configuration et l'administration d'Apache et celui de Charles Aulds est vraiment de qualité ! J'ai plus appris sur Apache dans ce livre que partout ailleurs.

Je ne suis d'ailleurs pas le seul : de nombreux lecteurs ont également été impressionnés par la qualité et l'exhaustivité de l'ouvrage. Jeff Durham, dans l'article « Apache Roundup » publié en mai 2002 dans *UnixReview*, a comparé les cinq ouvrages sur Apache les plus vendus et a désigné *Apache 2 Guide de l'administrateur Linux* comme le meilleur de tous. La seconde édition de cet ouvrage va encore plus loin dans le détail et intègre Apache 2.0.

Linux et Apache forment une combinaison naturelle. Ce sont tous les deux des produits libres, fiables et puissants avec lesquels vous pourrez créer un serveur Web performant. Vous trouverez dans ce livre toutes les informations dont vous avez besoin pour mettre en place ce serveur.

Craig Hunt, juillet 2002

Remerciements

Si j'ai un jour pensé qu'un livre technique pouvait être le fruit d'un seul auteur, je n'y crois plus maintenant. Dans cette courte section, je voudrais remercier personnellement quelques-unes des nombreuses personnes qui ont participé à l'écriture de cet ouvrage. De nombreux mercis sont adressés à Sybex et à son équipe d'édition, même si je n'ai pas travaillé directement avec la plupart d'entre eux.

Craig Hunt, le directeur de cette collection, a lu tout mon texte et a participé à l'organisation du livre, lui donnant une structure et une progression qui lient les nombreuses pièces du puzzle Apache. Avant de rencontrer Craig, j'ai fait la connaissance de Maureen Adams, l'éditeur qui m'a recommandé pour ce livre ; sa confiance en mes possibilités m'a poussé à aller plus loin que la simple phrase « un jour, j'écrirai un livre ». L'attitude velléitaire de Neil Edde et ses compétences dans la résolution des problèmes ont également permis à ce projet de voir le jour.

Dennis Fitzgerald de l'équipe Sybex a permis de respecter les délais prévus pour ce projet. Je remercie également Donna Crossman pour son aide précieuse dans l'édition de ce livre. Sean J. Schluntz est l'éditeur technique de la seconde édition ; ses tests consciencieux et ses connaissances en la matière ont comblé mes quelques lacunes sur le sujet. Comme à son l'habitude, Jeff Wilson s'est occupé de la typographie et de la mise en pages avec célérité et compétence.

Je remercie mon collègue zélé, Carl Sewell, pour avoir passé du temps à relire ce que j'avais écrit dans la première édition ; je tiens également à remercier un autre collègue pour les connaissances qu'il a bien voulu partager : les commentaires de Robert Schaap sur l'utilisation du module `mod_rewrite` m'ont été très utiles.

Enfin et surtout, merci à ma femme, Andrea, pour son soutien sans faille durant l'écriture des deux éditions de ce livre. Ma plus grande difficulté a été de trouver le temps de le faire et elle m'en a offert la plus grande partie ; je lui en suis profondément reconnaissant. Sans son aide, il m'aurait été quasiment impossible de mener à bien ce projet.

Table des matières

Introduction

Les premiers serveurs Web d'Internet étaient des implémentations expérimentales des concepts, des protocoles et des standards sous-jacents du World Wide Web. Initialement créé comme une alternative orientée performances à ces premiers serveurs, Apache a ensuite été activement enrichi par un grand nombre de développeurs répartis dans le monde entier. Il est aujourd'hui le serveur le plus utilisé pour les sites Web commerciaux et il est considéré par de nombreux Webmestres comme supérieur aux logiciels commerciaux équivalents.

Comme pour Linux, l'incroyable succès d'Apache vient du fait qu'il a toujours été distribué comme un logiciel libre. Il est librement disponible, placé sous une licence non restrictive (que je présenterai au chapitre 1) et distribué avec son code source, qui peut être examiné ou modifié : rien n'est dissimulé. Bien que le partage de la propriété intellectuelle ait toujours attiré ceux qui programment essentiellement pour le plaisir, les motivations de la communauté open-source étaient, jusqu'à très récemment, perdues dans le monde des affaires, qui ne comprend que la dernière ligne d'un bilan comptable.

Aujourd'hui, la situation est très différente de ce qu'elle était à l'apparition d'Apache et de Linux : de nombreuses sociétés voient maintenant le logiciel libre en terme d'économies de coûts ou comme un moyen de faire évoluer une technologie sans devoir la développer en repartant de zéro. Le modèle open-source semble destiné à durer et de nombreuses entreprises se sont organisées pour en profiter, en offrant des solutions et des services reposant sur des logiciels qu'elles n'ont pas créés. Bien que les améliorations récentes de ses rivaux commerciaux, en termes de sécurité et de performances, aient remis sa supériorité technique en question, il ne fait aucun doute qu'Apache est un produit robuste, de la même classe que les logiciels commerciaux coûtant bien plus cher. Apache est gratuit, ce qui permet à tous ceux qui ne peuvent investir dans un équipement onéreux d'héberger des services Web et de disposer de toutes les fonctionnalités d'un site d'envergure international.

Cette seconde édition met le livre en accord avec l'état actuel d'Apache, la version 2.0. Cette nouvelle version du serveur est la première réécriture majeure de son code depuis la parution d'Apache 1.3.0 en juin 1998 et elle introduit des fonctionnalités très attendues, présentées au chapitre 2 de ce livre. La principale promesse d'Apache 2.0 est un code de base ouvert et une interface de programmation (API) simple, qui permettra aux programmeurs créatifs et talentueux d'augmenter la puissance d'Apache et de la communauté qui s'est constituée autour de lui. Aucun serveur Web propriétaire ne peut en dire autant.

Apache 2.0 a été utilisé pour les tests et les recherches de ce livre ; les quelques cas où il n'était pas disponible pour être testé sont clairement indiqués. Dans quelques tests, nous avons utilisé des préversions de modules que nous avons obtenues de leurs auteurs, mais nous avons fait en sorte que les informations fournies soient cohérentes avec les versions définitives.

Apache sur machine Linux/Unix est la plate-forme de serveur Web qui prédomine actuellement sur Internet. Mais la plupart des ordinateurs clients sont des PC utilisant l'un des systèmes d'exploitation Microsoft Windows, bien que l'utilisation de Linux comme système pour station de travail augmente de jour en jour. Le navigateur Web de Microsoft, Internet Explorer, est de loin le plus utilisé et il est peu probable qu'un lecteur de ce livre ne le connaisse pas. Pour cette raison, la plupart des copies d'écran ont été faites avec Microsoft Internet Explorer. Vous trouverez également des écrans provenant de Netscape, d'Opéra, de Mozilla et de Konqueror, qui sont tous d'excellentes alternatives à MS-IE et qui sont tous disponibles pour Linux.

À qui s'adresse ce livre ?

Ce livre est destiné aux possesseurs ou aux administrateurs de stations de travail ou de serveurs Linux, qui souhaitent utiliser le logiciel libre Apache comme serveur Web. Je pars du principe que le lecteur connaît Linux : ce livre est le compagnon idéal de l'administrateur Linux qui souhaite apprendre Apache. Il peut également servir de référence à tous ceux qui administrent un serveur Web pour une petite ou moyenne entreprise. Bien que le but de cet ouvrage ne soit pas de servir de référence à un programmeur professionnel, il présente tous les aspects de la programmation pour le Web et contient des exemples de programmes utiles et de traitement des pages Web côté serveur.

Linux est une excellente plate-forme pour faire tourner un serveur Web. Une étude du magazine *Network Computing* comparant les logiciels de serveurs Web a montré que, bien que certaines applications commerciales aient maintenant (curieusement) des performances supérieures à celles d'Apache, le système d'exploitation utilisé jouait un rôle essentiel dans la fiabilité, la sécurité et la disponibilité générales d'un serveur Web, notamment pour les applications de commerce en ligne. Apache avait les meilleurs résultats lorsqu'il était couplé à la robustesse offerte par Linux. Bien qu'il soit maintenant disponible pour d'autres plates-formes, sa véritable valeur apparaît avec les systèmes Unix ce qui, pour un nombre croissant d'entreprises aujourd'hui, implique d'utiliser Linux, grâce à son incomparable rapport prix/performances comparé à ses concurrents.

Chaque fois que Linux sert à offrir des services Web de qualité professionnelle, Apache est le premier et le meilleur choix logiciel. Le lecteur visé par ce livre est quelqu'un qui utilise Apache et Linux pour les même raisons : qualité, fiabilité, fonctionnalité et prix.

Organisation de l'ouvrage

Les chapitres de ce livre sont regroupés en quatre parties : « Fonctionnement général », « Configuration élémentaire », « Options de configuration avancée » et « Maintenir un serveur ».

Vous pouvez lire cet ouvrage en entier, du début à la fin, ou en utilisant l'index et la table des matières pour trouver les sujets qui vous intéressent. Nous commençons par les bases, en expliquant les fondements du World Wide Web et l'architecture d'Apache, puis nous décrivons l'installation et la configuration minimale du logiciel Apache. Le groupe de chapitres suivant présente les fonctionnalités élaborées permettant de créer un serveur dynamique et interactif. Le livre se termine par une section décrivant les tâches quotidiennes d'un administrateur de site Web. Le lecteur connaissant déjà les fondements du Web et l'architecture d'Apache peut directement passer à la section sur la configuration de base et, de même, un administrateur connaissant les bases de la configuration d'Apache peut passer à la partie du livre consacrée aux options de configuration avancée, bien que la plupart des administrateurs Web tireront parti de la lecture complète de cet ouvrage.

La plupart des sujets relatifs à l'administration d'Apache sont intimement liés les uns aux autres : on ne peut pas, par exemple, présenter la redirection des requêtes sans supposer une certaine connaissance de l'hébergement virtuel. Tout au long de ce livre, j'ai utilisé des références croisées pour vous aider à suivre ces relations sans vous noyer dans trop de répétitions.

Partie 1 : Fonctionnement général

Cette partie contient des informations qui permettront au lecteur de comprendre ce que fait le serveur Apache, comment il est conçu, et quelle est sa situation par rapport aux autres logiciels dévolus aux mêmes tâches.

Chapitre 1 : Survol du World Wide Web

Le chapitre 1 dresse un bref historique du World Wide Web, comment et pourquoi il est apparu, ainsi que son fonctionnement. Il présente également les mécanismes réseau et les protocoles utilisés (IP, HTTP, HTML, etc.).

Chapitre 2 : Apache et les autres serveurs Web

Le chapitre 2 passe en revue les fonctionnalités et l'architecture d'un serveur Apache, en expliquant la création des processus fils et d'autres aspects fondamentaux de sa conception. Il présente également les différents serveurs Web, libres et commerciaux, concurrents d'Apache. Comme vous le verrez, la comparaison est la plupart du temps en faveur d'Apache.

Partie 2 : Configuration élémentaire

Cette partie détaille la compilation, l'installation et la configuration d'un serveur Apache. Les chapitres qu'elle contient couvrent tous les points nécessaires pour que votre serveur fonctionne.

Chapitre 3 : Installer Apache

Pour installer Apache, vous pouvez soit télécharger les sources et le compiler vous-même, soit utiliser une distribution binaire précompilée. Ce chapitre vous aide dans un premier temps à faire un choix entre ces deux options, puis décrit chacune d'elles, étape par étape.

Chapitre 4 : Un serveur Apache élémentaire

Les directives sont les outils essentiels de l'administrateur pour la configuration et le contrôle du fonctionnement d'Apache. Ce chapitre présente les concepts élémentaires qui sous-tendent l'utilisation de ces directives et aborde un sujet essentiel : la portée d'une directive. Il résume ensuite les directives les plus importantes.

Chapitre 5 : Modules d'Apache

Toutes les directives d'Apache sont regroupées dans des modules. Ce chapitre présente le module essentiel d'Apache, ainsi que les modules d'extension les plus importants.

Chapitre 6 : Hébergement virtuel

Ce chapitre décrit l'utilisation de l'hébergement virtuel pour faire fonctionner votre serveur comme s'il s'agissait de plusieurs serveurs différents. Les services d'hébergement Web et les fournisseurs d'accès utilisent beaucoup cette fonctionnalité, afin d'offrir à leurs clients leur propre serveur (virtuel) en hébergeant plusieurs de ces sites virtuels sur un même serveur Web.

Partie 3 : Options de configuration avancée

Les chapitres de cette partie présentent les options de configuration qui peuvent intéresser un Webmestre professionnel. Ces options vont au-delà des besoins d'un serveur Web de base qui ne fournit que des documents statiques.

Chapitre 7 : Server-Side Includes

Server-Side Includes (SSI), également connu sous le nom d'HTML côté serveur, est le moyen le plus simple d'ajouter un contenu dynamique à une page Web. Cette technique intègre les commandes adressées au serveur directement dans le contenu HTML. Ce chapitre montre comment configurer Apache pour qu'il fonctionne avec SSI et présente les principales commandes SSI, appelées marqueurs.

Chapitre 8 : Scripts et programmation avec Apache

Aujourd'hui, l'interactivité est une nécessité pour tous les sites Web commerciaux. La possibilité d'écrire des scripts ou de programmer un serveur Web accroît donc énormément son intérêt dans ce domaine. Ce chapitre présente les méthodes de programmation Web les plus utilisées, en insistant sur la préparation d'Apache pour qu'il puisse en disposer. Il fournit des exemples de programmes montrant comment récupérer les données fournies par un utilisateur (formulaires Web), interroger une base de données (en utilisant une base de données MySQL) et renvoyer des données à l'utilisateur.

Chapitre 9 : Alias et redirections

Quasiment tous les administrateurs Apache doivent savoir implémenter des alias et la redirection des requêtes utilisateur pour les ressources qui peuvent ne pas toujours être utilisées où le serveur s'attend à les trouver. Ce chapitre commence par décrire les possibilités du module standard `mod_alias`, puis vous mène à travers les complexités de la réécriture des URL à l'aide du puissant module tiers, `mod_rewrite`.

Chapitre 10 : Contrôler Apache

Ce chapitre s'intéresse au démarrage et à l'arrêt du serveur, manuellement ou par programme. Il présente également les outils de contrôle intégrés à Apache et certains outils de configuration graphiques, développés séparément.

Partie 4 : Maintenir un serveur

Cette partie est un pense-bête pour les administrateurs. Il présente les activités quotidiennes pour administrer un serveur Apache, mettre à jour les informations qu'il contient et s'assurer que le serveur et ses informations sont sécurisées.

Chapitre 11 : Journaux d'Apache

Les fichiers journaux d'Apache fournissent les informations permettant de savoir qui utilise votre serveur et comment. Ce chapitre présente les bases de la mémorisation des événements et les formats standards des fichiers journaux. Il explique également comment personnaliser ces journaux en utilisant le module `mod_log_config` d'Apache et présente les techniques pour interpréter ces journaux, y trouver des informations et les sauvegarder. Il étudie enfin des programmes permettant de produire des résumés de ces journaux.

Chapitre 12 : Mandataires et optimisation

Lorsque vous disposerez d'un serveur Apache qui fonctionne, vous voudrez probablement le régler pour optimiser ses performances en minimisant le délai d'attente des utilisateurs et en maximisant le nombre de requêtes que vous pouvez traiter simultanément. Apache est déjà hautement optimisé et n'offre à l'administrateur que peu de directives d'optimisation. Ce chapitre présente chacune de ces directives, puis étudie l'un des outils les plus importants pour minimiser le délai d'obtention d'un document sur un réseau local : l'utilisation d'Apache comme serveur mandataire pour la mise en cache des documents.

Chapitre 13 : Fondement de la sécurité d'un serveur Web

La sécurité est un sujet essentiel pour les administrateurs de serveurs Internet et intranet. En effet, les serveurs Web sont des cibles de choix pour les pirates d'Internet et les intrus qui veulent compromettre la sécurité de votre système pour y dérober des informations sensibles comme les numéros de cartes bancaires. Ce chapitre est le premier de deux chapitres consacrés à la sécurité. Il montre comment implémenter un contrôle d'accès minimal à l'aide d'autorisations et d'authentifications.

Chapitre 14 : SSL : Secure Sockets Layer

Ce chapitre montre comment implémenter SSL, la couche des sockets sécurisées de Netscape, pour les sites qui ne se satisfont pas de la sécurité de base présentée dans le chapitre 13. Il explique également leur principe de fonctionnement.

Chapitre 15 : Métadonnées et négociation de contenu

Pour faire son travail et fournir le meilleur contenu à chaque client, Apache doit connaître au mieux les ressources qu'il délivre. Ce chapitre présente les métadonnées d'Apache, qui indiquent non seulement au serveur comment traiter les données, mais également au navigateur client comment les gérer en déterminant l'application à laquelle les passer si le navigateur est incapable de les traiter directement.

Annexes

Ce livre comporte quatre annexes, qui forment un guide de référence indispensable sur les différents aspects de l'administration d'Apache.

Annexe A : Directives d'Apache

L'annexe A est un tableau énumérant toutes les directives incluses dans la distribution standard d'Apache. Pour chacune d'elles, ce tableau répertorie son module, son contexte, sa valeur de surcharge et son éventuelle valeur par défaut.

Annexe B : Transférer des fichiers vers un serveur Apache

L'annexe B montre comment envoyer et placer des fichiers sur un serveur Apache. Elle présente des outils spécialement conçus dans ce but, tels que le module `mod_put`, qui peut être utilisé pour envoyer des fichiers à partir de Netscape Composer. Elle décrit également d'autres modules, comme celui permettant de gérer les extensions de Microsoft FrontPage, FTP, qui est la méthode la plus courante pour mettre à jour des fichiers sur un serveur Apache, sans oublier WebDAV, qui pourrait bien rendre toutes les autres techniques obsolètes.

Annexe C : Pour une utilisation efficace de la documentation Apache

Les informations de référence sur Apache, qui sont peut-être les plus importantes, sont fournies dans sa propre documentation : cette annexe a pour but de vous aider à en tirer parti au maximum.

Annexe D : Références en ligne

Apache et les services Web sont des sujets complexes et le Web lui-même est une source importante d'informations permettant de mieux les appréhender. Cette annexe dresse une liste aussi complète que possible d'URL de sites qui vous permettront d'en apprendre davantage sur Apache et sur le Web.

Conventions

Ce livre utilise les conventions typographiques suivantes :

- `Cette police` est utilisée pour identifier les commandes de Linux et d'Apache, ainsi que les directives, les noms de fichiers et les chemins qui apparaissent dans le texte, les listings et les exemples.
- **`Le gras`** sert à mettre en évidence quelque chose qui doit être saisi comme indiqué, tel que les lignes de commandes dans les listings.
- *`L'italique`* est utilisé dans la syntaxe d'une commande ou d'une directive pour signaler une variable pour laquelle vous devez fournir une valeur. Ainsi, `UserDir enabled` *`noms_utilisateurs`* signifie qu'en entrant dans la directive `UserDir` avec l'option `enabled`, vous devez fournir des noms d'utilisateurs réels.
- `[ ]` sert à entourer un élément facultatif dans la syntaxe d'une directive.
- `|` est une barre verticale indiquant que vous devez choisir entre deux mots-clés dans la syntaxe d'une directive.

Partie 1

Fonctionnement général

1

Survol du World Wide Web

Aucun livre sur Apache, le serveur Web le plus utilisé actuellement sur Internet, ne serait complet sans une présentation du World Wide Web (WWW) lui-même, de ses origines et de son fonctionnement. Pour bien comprendre une application complexe quelle qu'elle soit, il est essentiel d'appréhender la technologie sous-jacente du système : celle sur laquelle repose Apache est le World Wide Web. Ce chapitre est un tour d'horizon d'un sujet très vaste : il commence par faire un historique du Web en présentant le serveur Apache dans ce contexte, puis explique le fonctionnement du Web en décrivant rapidement les mécanismes internes de HTML, le langage à balises pour l'hypertexte, et de HTTP, le protocole de transfert hypertexte. Vous découvrirez les principales caractéristiques de la version HTTP/1.1 du protocole à travers trois outils classiques d'étude des protocoles.

Court historique du Web

Le World Wide Web (que nous appellerons simplement Web) est le résultat d'une évolution qui a duré plusieurs années. Sa création ne peut être attribuée à personne en particulier, pas plus qu'à un groupe d'individus. Il est bien sûr peu probable que ses concepteurs aient eu une idée de l'ampleur qu'allait prendre le phénomène. Le Web repose sur le concept de liens intégrés, appelés liens hypertextes, qui permettent de passer de documents en documents. Bien que ce concept ait vu le jour au milieu des années 40, on considère généralement qu'il a été inventé par Tim Berners-Lee.

En 1989, Berners-Lee a soumis une proposition de projet de recherche au CERN (Conseil Européen pour la Recherche Nucléaire), dont le siège est à Genève, en Suisse. La proposition de Berners-Lee concernait un système utilisant l'hypertexte, très proche du Web actuel, mais qui n'évoquait ni les fondations techniques du système, ni la nécessité de développer des protocoles réseau pour le prendre en charge. L'article proposait essentiellement d'étendre le système HyperCard du Macintosh d'Apple à un réseau local. Le Web a eu en fait des débuts très timides ; la proposition ne prévoyait pas, par exemple, l'extension du système à l'échelle mondiale.

L'année suivante, en 1990, le CERN a acheté une station de travail NeXT Cube et a commencé à travailler sur le premier système de présentation graphique de documents hypertextes, le premier navigateur Web. Les laboratoires du CERN ont également diffusé les détails techniques, permettant ainsi aux développeurs de créer leurs propres serveurs Web. Les premiers sites Web ont été expérimentaux ; il s'agissait de sites « pour prouver la validité du principe », créés essentiellement par des institutions universitaires et de recherche. La plupart d'entre eux étaient des serveurs très simples, écrits en quelques centaines de lignes C à partir du code source fourni par le CERN. En novembre 1992, la liste des « serveurs raisonnablement stables » établie par le CERN contenait 26 serveurs répartis autour du monde.

En 1993, tout a changé. Le CERN a rendu disponible son propre serveur « raisonnablement fiable », avec les instructions pour le porter et le compiler sur différents types de matériels. Aux États-Unis, le NCSA (National Center for Supercomputing Applications), de l'Université de l'Illinois, a produit Mosaic. Le développement et la distribution libre de ce navigateur ont provoqué une augmentation, aussi soudaine que durable, de la prolifération des serveurs Web sur Internet. Le NCSA a également mis à disposition son propre serveur, relativement simple à installer ; il a été plus largement adopté que celui du CERN et a ouvert la voie avec l'ajout de nouvelles fonctionnalités.

En 1994, le serveur Web le plus utilisé était `httpd`, du NCSA, qui dominait également le développement des logiciels clients HTTP avec son navigateur Mosaic. Le Web semblait appartenir au NCSA, organisation à but non lucratif, ce qu'on a du mal à concevoir huit ans plus tard. L'évolution du serveur du NCSA a cessé lorsque son développeur, Rob McCool, a quitté le centre au milieu de l'année. Cependant comme son code était largement disponible, de nombreux développeurs travaillaient déjà à des améliorations ou à des corrections de bogues. Ce développement décentralisé, non coordonné, a continué en 1995, l'année de naissance du serveur Apache.

C'est en 1995 qu'Apache a été construit et mis à disposition sous la forme d'un ensemble de patches à appliquer au serveur `httpd 1.3` du NCSA. Son nom provient directement de ses débuts comme serveur patché (*a patchy server*). De nombreux programmeurs indépendants, formant un consortium aux frontières floues appelé l'Apache Group, ont fourni les patches à appliquer au code source original pour constituer le premier serveur Apache. Dans l'esprit et le style authentiques de ce que l'on connaît sous le terme de « développement open-source », ils ont collaboré en échangeant leurs idées, les critiques, les encouragements et la camaraderie via le courrier électronique et les forums de discussion Usenet.

Moins d'un an après la formation de l'Apache Group, le serveur Apache prenait la place de celui du NCSA en tête des serveurs Web les plus utilisés. Les raisons de ce succès rapide sont multiples. D'abord et avant tout, Apache était fonctionnellement identique au `httpd` du NCSA et s'administrait exactement de la même façon. Il pouvait remplacer au pied levé le serveur du NCSA, quasiment sans modifier le système de fichiers, ni les fichiers de configuration. Il y avait de bonnes raisons de remplacer l'un par l'autre : Apache, plus rapide et plus fiable, était maintenu par un grand nombre de développeurs. Les administrateurs Apache ont immédiatement participé à un effort de développement à l'avant-garde d'une nouvelle technologie qui changeait toutes les facettes de l'informatique. Les développements ultérieurs n'ont fait qu'accroître la supériorité d'Apache sur les serveurs non commerciaux de l'époque. La modification la plus importante a sûrement été la possibilité de lui ajouter des modules : le fonctionnement interne du moteur du serveur était exposé aux programmes extérieurs, via un ensemble d'API (Application Programming Interfaces). Ainsi, quiconque pouvait, où qu'il soit, personnaliser Apache pour qu'il corresponde à ses besoins précis. Plus important encore, cela a provoqué le développement de modules librement disponibles, pouvant être ajoutés au serveur pour accroître ses fonctionnalités. Beaucoup de ces modules ont été intégrés dans la distribution d'Apache, bien que l'utilisation de la plupart d'entre eux soit facultative.

Avec le déclin de l'utilisation des deux serveurs HTTP les plus connus du milieu des années 90 (les nouveaux développements sur les serveurs HTTP du CERN et du NCSA ont été totalement abandonnés), Apache a continué sa progression jusqu'à devenir le serveur Web le plus utilisé sur Internet. Comme le montre la figure 1.1, il a obtenu ce statut en avril 1996 selon le Netcraft Web Survey (www.netcraft.com), et a constamment maintenu cette position depuis.

Aujourd'hui la plupart des serveurs concurrents sont des produits commerciaux, notamment ceux de Netscape et de Microsoft. L'expansion de ces serveurs ne reflète pas tant une supériorité sur Apache qu'une utilisation commerciale croissante du Web. De nombreuses entreprises combinent leur moteur de commerce Web avec des bases de données et des systèmes de planification de ressources d'entreprise (ERP) : elles ne veulent alors utiliser que des logiciels commerciaux. Traditionnellement, les logiciels non commerciaux sont considérés comme expérimentaux, non utilisables en production et incapables de rivaliser en performances et en fiabilité avec leurs homologues commerciaux. Il est par ailleurs possible de se retourner contre un éditeur de logiciels, même s'il est difficile de gagner un tel procès.

Apache a lentement surmonté ces préjugés et a réussi des percées importantes qui ont changé l'image des logiciels non commerciaux et open-source. En septembre 2001, il a reçu un vote de confiance formidable de la part du Gartner Research Group ; celui-ci a publié un rapport conseillant fortement aux entreprises d'abandonner leurs serveurs Web commerciaux au profit d'Apache, offrant une bien meilleure sécurité. Aujourd'hui, Apache et Linux poursuivent leur progression sur le marché des grandes entreprises.

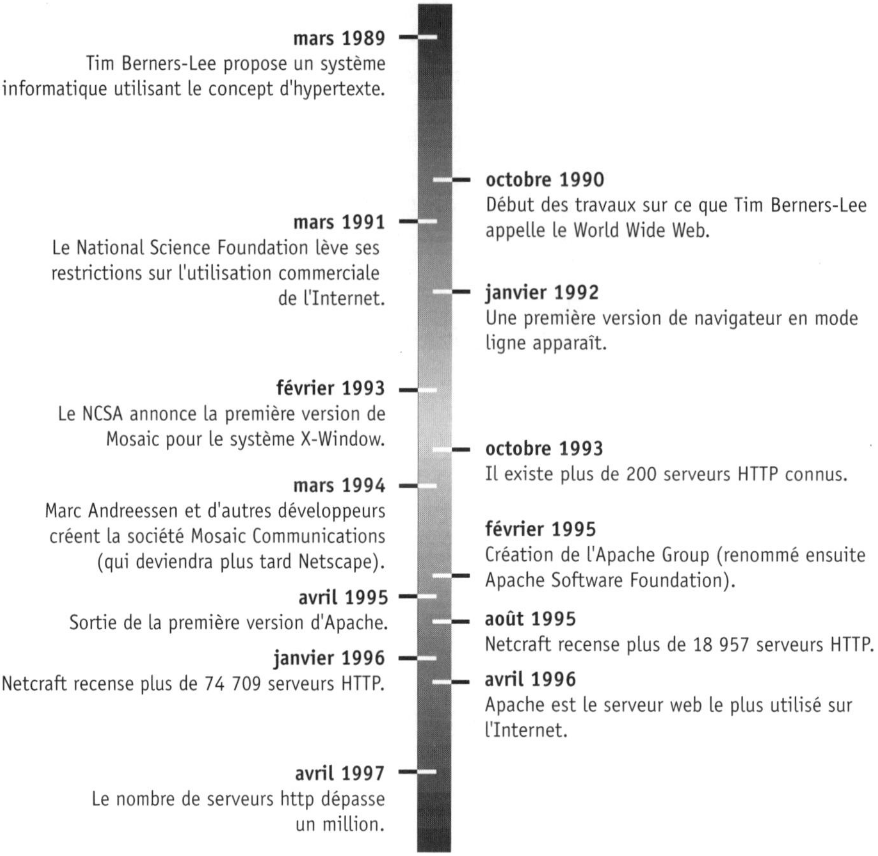

Figure 1.1
Évolution du Web et d'Apache.

La licence Apache

Pourquoi décrire Apache comme un logiciel open-source ? Le logiciel open-source est souvent associé à la licence publique de GNU (GPL), car cette dernière est généralement associée à Linux et à la plupart des applications développées pour lui. Cependant, Apache n'utilise pas la GPL, mais sa propre licence. La licence Apache, que l'on peut obtenir depuis http://httpd.apache.org/docs-2.0/LICENSE, n'interdit pas spécifiquement une utilisation d'Apache en particulier et, à la différence de la GPL, n'impose pas que les modifications apportées à son code soient rendues publiques. Cette licence a essentiellement pour but de limiter la responsabilité de l'Apache Software Foundation (autrefois nommée Apache Group) en cas de dommages ou de pertes dus à l'utilisation du logiciel Apache. Elle impose également que la fondation soit correctement citée dans toute utilisation commerciale d'Apache ou de produits reposant sur celui-ci.

La licence Apache (*suite*)

Retenez avant tout que la licence Apache exprime un copyright sur le code d'Apache, qui est détenu par la fondation. Apache n'appartient pas au domaine public et le contrôle de son code source reste, en dernier ressort, entre les mains de l'Apache Software Foundation. Certes, il est possible que cette fondation décide de couper l'herbe sous le pied de centaines de milliers d'administrateurs de sites en leur demandant d'acheter une licence, ou même d'interdire l'utilisation du logiciel dans un but commercial, mais il est fort peut probable que cela se produise. Vous trouverez davantage de cas d'éditeurs de logiciels commerciaux qui changent soudainement de pratique ou de politique, au détriment de leurs clients, en décidant, par exemple, qu'un logiciel donné n'est plus maintenu en raison de son manque de rentabilité. Combien de fois vous a-t-on répondu quand vous avez contacté un support technique qu'il fallait la mise à jour pour corriger un problème ? L'utilisation de logiciel open-source permet souvent de protéger votre entreprise des caprices des éditeurs de logiciels dans un marché sans pitié.

Fonctionnement du Web

L'adoption rapide du Web peut être largement attribuée au caractère accessible de sa technologie. Dès le départ, les navigateurs Web ont été distribués librement ; s'il en avait été autrement, il y a fort à parier que le Web n'aurait pas connu un tel essor au milieu des années 90 Le Web fournit une interface simple et intuitive pour les informations en fournissant des liens vers des millions de sites répartis dans le monde entier. Nous avons désormais accès à d'immenses dépôts d'informations, pour la plupart d'accès gratuit.

Est-ce notre volonté d'améliorer nos connaissances qui a poussé la plupart d'entre nous à télécharger notre premier navigateur Web sur notre PC, ou un besoin d'informations pour être plus efficace dans notre travail ? Il est difficile de le savoir. La vérité est que l'aspect des premiers sites a joué un grand rôle dans la popularité instantanée du Web. Quel utilisateur n'a pas d'abord été attiré par l'intérêt des nouvelles combinaisons du texte et des images en couleurs (sans compter le fait que l'ordinateur personnel a apporté un sentiment de sécurité) ?

Nous recherchions quelque chose de toujours plus agréable. Il n'est pas étonnant que le temps passé à utiliser ce nouveau système de distribution de l'information ait été baptisé avec un terme simple et non technique : « naviguer » sur le Web. Le système des hyperliens permettant à une page d'en désigner d'autres, chacune d'elles menant à d'autres pages (supposées avoir une relation), a ouvert le Web à un large public, essentiellement non technicien. Le Web a eu un succès stupéfiant : même sur un écran 14 pouces d'une résolution qui ferait rire aujourd'hui, tout le monde ou presque avait la même réaction en découvrant sa première page Web : « Cool ! ». Aucun procédé d'échange d'informations concurrent ignorant le facteur « cool » n'avait une chance face au Web.

Le concept d'hyperlien est au coeur de la conception du Web. Les liens cliquables d'une page peuvent pointer vers des ressources situées n'importe où dans le monde. Les concepteurs du premier système d'information hypertexte ont commencé par ce concept. Pour qu'il fonctionne à grande échelle, il fallait inventer trois composantes du Web. Premièrement, il fallait une méthode universellement reconnue pour définir de façon unique chaque ressource Web : ce procédé de nommage est l'URL (Uniform Resource Locator), décrit dans l'encadré

« Qu'est-ce qu'une URL ? ». Deuxièmement, il fallait un mécanisme pour formater les documents délivrés sur le Web : c'est HTML (HyperText Markup Language). Troisièmement, il fallait un moyen de tout relier en un énorme et unique système d'information : cette pièce du puzzle est le protocole de communication réseau qui relie chaque station de travail cliente à n'importe quel serveur, parmi les millions qui forment le Web ; c'est HTTP (HyperText Transfer Protocol).

Un hyperlien dans une page HTML n'est qu'un moyen parmi d'autre d'utiliser une URL, mais c'est lui qui a contribué au succès du Web. Si nous étions obligés d'échanger des URL en les écrivant sur des serviettes en papier, il n'y aurait pas de Web. La plupart d'entre nous pensent au Web en termes de visites de sites, mais le mécanisme ne consiste pas à aller quelque part ; il s'agit de récupérer une ressource (une page Web, généralement) via un réseau en utilisant l'identifiant unique de cette ressource : son URL.

On peut également entrer manuellement les URL dans une zone de texte prévue à cet effet dans un navigateur Web, ou la sauvegarder sous la forme d'un signet pour la retrouver plus tard. Aujourd'hui, la plupart des programmes de messagerie permettent d'inclure des URL dans le corps des messages pour que le destinataire puisse simplement cliquer dessus afin de récupérer la ressource concernée. Certains de ces clients permettent également d'intégrer des images dans le message à l'aide d'URL. Lorsqu'on lit un tel message, l'image est récupérée séparément : elle pourrait se trouver sur n'importe quel serveur Internet, pas nécessairement sur celui de l'expéditeur.

Qu'est-ce qu'une URL ?

Une URL (Uniform Resource Locator) permet d'identifier une ressource accessible par Internet. Bien que la distinction soit académique, une URL est un URI (Uniform Resource Identifier) particulier, reconnu par les serveurs Web. Un URI est une chaîne de caractères qui identifie de façon unique une ressource Internet.

Une URL se compose de trois parties : un mécanisme (protocole) permettant d'obtenir la ressource, le nom d'un serveur pouvant fournir la ressource et le nom de la ressource. Ce dernier est habituellement un nom de fichier précédé d'un chemin partiel qui, avec Apache, est relatif au chemin défini par la directive `DocumentRoot` de son fichier de configuration. Voici un exemple d'URL :

```
http://www.apache.org/docs/misc/FAQ.html
```

Elle identifie une ressource sur un serveur dont le nom Internet est `www.apache.org`. La ressource est le fichier nommé `FAQ.html`, qui se trouve sûrement dans un répertoire nommé `misc`, qui est un sous-répertoire de `docs` (lui-même un sous-répertoire de `DocumentRoot`). Cela dit, nous le verrons plus tard, il est possible de rediriger les requêtes vers d'autres endroits du système de fichiers. L'URL indique également que le protocole utilisé pour récupérer ce fichier est HTTP. Ce protocole est d'ailleurs si largement utilisé que `http://` est ajouté par défaut si rien n'a été précisé pour le mécanisme de récupération. La seule autre méthode que vous verrez souvent dans une URL est `ftp://`, bien que votre navigateur en reconnaisse sûrement d'autres, dont `news://` et `gopher://`.

Une URL peut également invoquer un programme, un script CGI écrit en Perl, par exemple :

```
http://jackal.hiwaay.net/cgi-bin/comments.cgi
```

C'est le navigateur Web, par son aptitude à produire de beaux affichages à partir de documents écrits en HTML, qui a d'abord attiré l'œil du public. Cependant, sous l'interface graphique agréable du navigateur, le Web est un système de livraison d'informations. Il est formé de composants logiciels clients et serveurs qui communiquent par un réseau par le biais du protocole HTTP. Les sections qui suivent décrivent cette relation client/serveur, ainsi que le protocole HTTP qui sert à véhiculer les données du Web autour du monde. Voici là une bonne introduction à Apache, qui est l'implémentation la plus avancée de la composante serveur de HTTP.

Qu'est-ce qu'un serveur Web ?

Pour rester simple, un serveur Web est une application qui attend les connexions des clients sur un port précis. Lorsqu'une connexion a lieu, le serveur attend ensuite une requête de l'application cliente, qui est généralement un navigateur Web, mais qui peut aussi être un outil d'indexation de site ou, éventuellement, une session `telnet` interactive. La requête de la ressource, généralement une demande d'envoi du contenu d'un fichier stocké sur le serveur, est toujours exprimée dans une certaine version de HTTP.

Bien que le but principal d'un serveur Web soit de distribuer des informations à partir d'un ordinateur central, les serveurs modernes effectuent également d'autres tâches. Avant de transférer le fichier, la plupart des serveurs Web modernes envoient des informations décrivant la ressource demandée pour informer le client sur la façon d'interpréter ou de formater cette ressource. De nombreux serveurs effectuent une authentification de l'utilisateur et un chiffrement des données afin de permettre des applications comme l'achat en ligne à l'aide d'une carte de crédit. Une autre application courante des serveurs consiste à fournir au client un accès à une base de données, lui évitant ainsi de devoir utiliser un client de base de données complet. Apache dispose de toutes ces fonctionnalités.

Le protocole de transfert (HTTP)

Le Web est formé de tous les serveurs Web d'Internet et des millions de systèmes clients capables d'établir des connexions temporaires avec eux. Ce grand ensemble est relié et maintenu par tous les standards de communication permettant à ces clients et à ces serveurs d'échanger des informations par Internet. Ces méthodes, standards et bien définies, de communication par réseau, sont appelées protocoles. Pour comprendre le Web, il est indispensable de bien connaître les protocoles qui le définissent.

Qu'est-ce qu'un protocole ? Généralement, le terme désigne les règles de bienséance suivies par les dignitaires et les dirigeants des états. Dans le cas des réseaux d'ordinateurs, il désigne également les règles de comportement qui s'appliquent aux deux extrémités d'une connexion réseau. En ce sens, le protocole HTTP définit le comportement attendu des composantes client (navigateur) et serveur d'une connexion HTTP. On ne peut écrire un navigateur que si l'on sait ce qu'il attend des serveurs auxquels il se connecte : ce comportement est défini par la spécification du protocole HTTP.

En général, lorsqu'un serveur HTTP/1.1 comme Apache reçoit une requête d'un navigateur client, il effectue l'une des deux actions suivantes : soit il répond à la requête en envoyant le document (statique ou produit dynamiquement par programme), soit il refuse de répondre et renvoie un code numérique indiquant la raison de ce refus. Lorsque ce code est compris entre 300 et 399, il indique au navigateur que le serveur redirige sa requête vers un autre endroit.

Un serveur Web ne peut pas forcer un navigateur à récupérer une ressource à partir d'un autre emplacement. Il envoie un code indiquant qu'il n'a pas pu répondre à la requête du navigateur, ainsi qu'une directive `Location:` précisant un autre emplacement pour la ressource demandée. Il faut bien comprendre que le serveur ne contrôle pas le comportement du navigateur, mais qu'il se contente de lui suggérer ou de lui demander d'effectuer une certaine action. C'est l'essence même d'un protocole, qui n'est qu'une codification du comportement acceptable et attendu des composantes d'un système.

HTTP est le seul protocole que doivent connaître tous les serveurs et les navigateurs Web. En fait, il n'est pas très compliqué. Sa première version (désignée sous le nom de version 0.9, ou HTTP/0.9, bien qu'il n'existe pas encore de règles officielles pour la numérotation des versions du protocole) était extrêmement simple et conçue uniquement pour transférer des données brutes sur Internet. Les premiers serveurs Web qui implémentaient cette version désormais obsolète de HTTP répondaient à des requêtes simples comme :

```
GET /welcome.html
```

À la réception de la requête, le serveur répondait en envoyant le document portant le `welcome.html`, s'il existait dans la racine des documents du serveur, ou une réponse d'erreur dans le cas contraire.

Les serveurs actuels répondent encore aux requêtes HTTP/0.9, mais seuls les navigateurs très anciens formulent leurs requêtes de cette façon. HTTP/0.9 a été officiellement abandonné en mai 1996 avec la publication de la RFC (Request for Comments) 1945, Hypertext Transfer Protocol—HTTP/1.0, qui définissait de façon formelle la version 1.0 de HTTP. L'ajout le plus important de cette version était l'utilisation d'en-têtes décrivant les données à transférer, et indiquant au navigateur comment traiter les données reçues. L'en-tête le plus souvent utilisé sur le Web est sans aucun doute celui-ci :

```
Content-Type: text/html
```

Il indique au navigateur qu'il doit traiter les données qui suivent comme du texte formaté en HTML. Les codes de formatage HTML inclus dans ce texte décrivent comment le navigateur devra afficher la page. La plupart des gens assimilent HTML au Web ; nous savons tous comment un document HTML apparaît dans un navigateur, avec ses tableaux, ses images, ses boutons cliquables et, surtout, ses liens cliquables vers d'autres emplacements. L'utilisation de HTML n'est pas limitée aux applications Web : les clients de courrier électronique actuels les plus connus permettent de formater le corps des messages en HTML.

Souvenez-vous que le formatage le plus couramment utilisé sur le Web (HTML) est indépendant du protocole de transport réseau utilisé par tous les serveurs et les clients Web (HTTP). Aucun d'eux ne repose exclusivement sur l'autre, ni n'impose son utilisation. Des deux, c'est HTTP qui est la spécification la plus intimement associée au Web ; elle doit être intégrée dans tous les serveurs et clients Web.

INFO Le fonctionnement du Web est standardisé par un certain nombre de documents appelés RFC (Requests for Comments). Bien que plusieurs d'entre elles soient considérées comme des documents d'« information » et n'aient pas le statut de normes ou de spécifications, celles acceptées par l'IETF (Internet Engineering Task Force) sont des spécifications reconnues, utilisées dans le développement des applications réseau. Les RFC sont disponibles sur de nombreux sites, mais la meilleure source est www.rfc-editor.org, créé par Internet Society.

Les nouvelles fonctionnalités de HTTP/1.1

La version actuelle de HTTP est la 1.1, qui est décrite et définie par la RFC 2616 (Hypertext Transfer Protocol—HTTP/1.1). La date officielle de ce document est juin 1999, mais les travaux sur cette spécification ont commencé il y a plusieurs années et, pendant cette période, les fonctionnalités qu'elle propose ont lentement fait leur chemin sur les serveurs et les clients les plus connus. La version 1.1 ajoute plusieurs fonctionnalités importantes, attendues depuis longtemps. À partir de sa version 1.3.4, Apache reconnaît la totalité de HTTP/1.1.

La plupart des modifications apportées au protocole concernent la façon dont communiquent les programmes clients et serveurs. Elles ont principalement pour but d'améliorer les performances, notamment en utilisant des mandataires de cache (voir le chapitre 12, « Mandataires et optimisation »). Le fonctionnement de HTTP/1.0 a été conservé pour l'essentiel, mais certains changements sont assez perceptibles et sont importants pour les administrateurs de sites Web.

L'une des caractéristiques de HTTP/1.1, l'identification par nom d'hôte, permet au serveur de déterminer quelle machine, parmi plusieurs hôtes virtuels, recevra la requête. Dans le chapitre 6, « Hébergement virtuel », nous verrons que cela évite aux services d'hébergement de sites Web d'avoir à réserver des adresses IP uniques pour chaque site virtuel situé sur une même machine serveur. L'identification par nom d'hôte était l'une des fonctionnalités les plus attendues de la nouvelle version du protocole.

HTTP/1.1 permet également d'effectuer une négociation du contenu : grâce à l'échange de nouveaux en-têtes, le navigateur et le serveur peuvent s'entendre sur une configuration commune. Cette fonctionnalité sert, par exemple, dans les situations où un serveur Web fournit des ressources en plusieurs versions (appelées représentations ou variantes). La négociation de contenu de HTTP/1.1 permet au navigateur d'indiquer automatiquement sa langue préférée pour la ressource demandée, ou un autre format pour un document : PDF ou PostScript, par exemple. Nous la présenterons au chapitre 15, « Métainformations et négociation de contenu ».

Quatre nouvelles méthodes de requêtes, que nous décrirons dans la section suivante, ont été ajoutées à HTTP/1.1 : `OPTIONS`, `TRACE`, `DELETE` et `PUT` (voir le tableau 1.1). Avez-vous déjà rencontré un site Web qui vous permette de lui envoyer un fichier à partir de votre navigateur ? Il est probable que non : cette fonctionnalité est très peu répandue, car elle nécessite que le client et le serveur disposent tous les deux de la méthode `PUT`, introduite par HTTP/1.1 (en fait, avec les versions précédentes du protocole, il est possible d'envoyer des fichiers à un serveur Web avec la méthode `POST` et `CGI`, mais HTTP/1.1 est la première version à autoriser les transferts dans les deux sens). La plupart des administrateurs de sites Web évitent d'utiliser une nouvelle fonctionnalité qui exclurait un grand nombre de clients potentiels, utilisant encore des navigateurs désuets. Bientôt, la plupart des navigateurs utilisés sur Internet reconnaîtront HTTP/1.1 et une gestion accrue de ce protocole dans les serveurs a été introduite dans chaque nouvelle version d'Apache depuis le début de la mise en chantier de cette spécification, il y a plusieurs années.

Quel que soit le navigateur que vous choisissez, la compatibilité avec la toute dernière version du protocole est devenue quasiment essentielle. Avec les systèmes Windows de Microsoft, le choix s'est réduit à l'Internet Explorer (IE) de Microsoft, qui est de loin le plus utilisé ; aucun de ses concurrents n'approche sa popularité. En fait, la plupart des copies d'écran de ce livre ont été faites à partir de ce navigateur. La domination d'Internet Explorer ne craint véritablement que le nombre croissant d'utilisateurs qui utilisent Linux sur leurs ordinateurs personnels, car IE n'existe pas pour Linux, et n'existera sûrement jamais. Les navigateurs open-source comme Konqueror (qui fait partie du bureau KDE) et Mozilla sont excellents.

Méthodes de requête HTTP

Toutes les requêtes HTTP commencent par un en-tête qui indique la méthode de requête. La plus courante est celle qui permet d'obtenir une ressource à partir du serveur : c'est la méthode `GET`. Elle sert à récupérer une ressource sur un serveur Web chaque fois que vous entrez une URL dans la boîte de texte prévue à cet effet dans votre navigateur. Elle sert également à invoquer des scripts et on peut lui passer des paramètres pour passer des informations au serveur. L'utilisation principale de `GET` est donc l'obtention de ressources.

Le tableau 1.1 répertorie les huit méthodes disponibles dans HTTP/1.1. À l'exception des trois premières, `GET`, `HEAD` et `POST`, elles ont toutes été ajoutées à HTTP/1.1 et ne faisaient pas partie de HTTP/1.0 ni des versions antérieures. Toutes ne sont pas des méthodes de récupération : `PUT` et `POST` servent à envoyer des données du client au serveur.

Tableau 1.1 – MÉTHODES HTTP/1.1

Méthode	Action
`GET`	Récupère la ressource identifiée dans l'URL de la requête.
`HEAD`	Identique à `GET`, sauf que le serveur ne renvoie pas un corps de message au client. Sert essentiellement pour demander l'envoi des en-têtes HTTP.
`POST`	Demande au serveur de recevoir des informations provenant du client ; utilisée le plus souvent pour recevoir des informations entrées dans les champs d'un formulaire Web.
`PUT`	Permet au client d'envoyer au serveur la ressource identifiée dans l'URL de la requête. Le serveur, s'il accepte la méthode `PUT`, ouvre un fichier dans lequel il sauvegardera les informations reçues du client.
`OPTIONS`	Sert à demander des informations sur les options de communication fournies par le serveur. Cela permet au client de négocier avec le serveur un ensemble de paramètres de communication adapté.
`TRACE`	Demande à ce que le message de requête revienne au client, ce qui lui permet de voir exactement ce que verra le serveur.
`DELETE`	Demande au serveur de supprimer la ressource identifiée dans l'URL de la requête.
`CONNECT`	Demande à un mandataire Web de tunneliser une connexion du client vers le serveur, plutôt que de relayer la requête.

Le protocole HTTP en action

Le plus court chemin pour comprendre comment fonctionne une récupération simple d'un document par HTTP consiste à se connecter directement à un serveur Web et à saisir manuellement la requête. L'observation des interactions du protocole entre un client et un serveur, ou la demande manuelle d'une ressource à un serveur dont on observe la réponse, met en évidence l'ensemble des échanges du protocole HTTP. Pour ce faire, vous avez plusieurs outils à votre disposition :

- `telnet` – Protocole d'émulation de terminal fréquemment utilisé dans les réseaux TCP/IP et sur Internet. Il sert généralement à se connecter à un ordinateur distant et à lancer une session de terminal à distance. Toutefois, il peut également servir à se connecter à n'importe quelle socket TCP (Transmission Control Protocol) sur un serveur distant, afin de contrôler manuellement la connexion. Comme `telnet` est considéré comme un élément à part entière de la pile de protocoles TCP/IP, tout ordinateur intégrant cette pile doit normalement fournir un client `telnet` à peu près correct.
- `lwp-request` – Outil Perl qui permet de contrôler manuellement une connexion HTTP.
- `HttpSniffer.pl` – Outil Perl qui permet d'observer une connexion HTTP entre un client et un serveur.

Utiliser telnet

Avec la commande `telnet` de Linux, vous pouvez vous connecter directement à un serveur Web et entrer manuellement la requête HTTP. En effet, cette commande vous permet de vous connecter à un port TCP précis du système distant. Ainsi, vous pouvez non seulement voir l'échange complet des messages entre le client et le serveur, mais également prendre le contrôle total de la session : c'est un outil de choix pour la résolution des problèmes avec votre serveur Web.

Entrez la commande suivante à l'invite du shell en remplaçant *unserveur.com* par le nom d'un serveur Web quelconque, accessible à partir de votre station de travail :

```
telnet unserveur.com 80
```

Cette commande demande à `telnet` de se connecter au port TCP 80, qui est le port réservé aux connexions HTTP. Vous devriez recevoir une confirmation de la réussite de votre connexion, mais vous ne recevrez pas immédiatement des données provenant du serveur. Si le processus en attente sur le port 80 du système distant est un serveur HTTP (ce qui devrait être le cas), il n'enverra rien lorsque la connexion est établie, car il attend d'abord une requête du client. Ce comportement est défini par la spécification de HTTP.

Les exemples qui suivent sont les traces provenant de mon serveur Linux, qui héberge un serveur Apache complet. Je `telnet` vers `localhost`, qui est un nom d'hôte spécial, désignant le système local ; vous pouvez faire la même chose si le système sur lequel vous exécutez la commande `telnet` héberge également un serveur HTTP. Au chapitre 5, « Les modules Apache », vous disposerez d'un serveur Web local, sur lequel vous pourrez tester ces commandes. En attendant, vous pouvez vous connecter à n'importe quel serveur Web sur Internet pour effectuer ces tests.

```
$ telnet localhost 80
Trying 127.0.0.1...
Connected to localhost.
Escape character is '^]'.
```

À ce stade, `telnet` a ouvert une connexion au serveur HTTP, qui attend maintenant une requête HTTP correctement formée. La requête la plus simple est

```
GET /
```

La requête demande la page Web par défaut du répertoire défini comme étant la racine des documents du serveur. Un serveur HTTP bien configuré devrait répondre par une page correcte. Notre requête n'indique pas la version de HTTP que l'on souhaite utiliser : le serveur supposera donc qu'il s'agit de HTTP/0.9. Cela ne pose en principe aucun problème, mais la requête est considérée comme une forme obsolète. Toutes les requêtes HTTP/1.0 et des versions suivantes devraient contenir la version HTTP de celui qui émet la requête (ou du navigateur) :

```
$ telnet localhost 80
Trying 127.0.0.1...
Connected to localhost.
Escape character is '^]'.
GET /
<HTML>
<HEAD>
<TITLE> Page de test simple </TITLE>
</HEAD>
<BODY>
<H1> Page de test simple </H1>
</BODY>
</HTML>
```

Le serveur, qui suppose que vous êtes un client ne comprenant que HTTP/0.9, vous envoie simplement la ressource demandée (ici, la page par défaut de mon site Web). Le listing 1.1 montre ce que répond le serveur à la même requête lorsque le `GET` a précisé que l'on utilise la version 1.0 du protocole HTTP. Vous remarquerez que, cette fois-ci, le serveur ne répond pas immédiatement après que vous avez tapé la requête et appuyé sur Entrée : il attend d'autres informations, ce qui est le comportement normal de HTTP/1.0. Pour indiquer la fin d'une requête HTTP/1.0, vous devez envoyer deux paires CR/LF (appuyez deux fois Entrée lorsque vous êtes sous `telnet`).

Listing 1.1 – Test d'Apache avec telnet

```
$ telnet localhost 80
Trying 127.0.0.1...
Connected to localhost.
Escape character is '^]'.
GET / HTTP/1.0
HTTP/1.1 200 OK
Date: Wed, 20 Feb 2002 18:14:05 GMT
Server: Apache/2.0.32 (Unix) DAV/2
Last-Modified: Wed, 20 Feb 2002 18:05:13 GMT
ETag: "53c25-7d-6e514840"
Accept-Ranges: bytes
```

Listing 1.1 – Test d'Apache avec telnet (*suite*)

```
Content-Length: 125
Connection: close
Content-Type: text/html; charset=ISO-8859-1
<HTML>
<HEAD>
<TITLE> Page de test simple </TITLE>
<H1> Page de test simple </H1>
</HEAD>
</HTML>
```

Utiliser lwp-request

Si vous avez installé les modules Perl et les scripts utilitaires connus collectivement sous le nom de `libwww-perl`, vous pouvez utiliser le script `lwp-request` qui fait partie de ce paquetage pour tester les connexions HTTP. Avec lui, vous pouvez préciser différentes méthodes de requête et options d'affichage. L'exemple qui suit illustre l'emploi de l'option `-e`, qui demande l'affichage des en-têtes de la réponse, et de l'option `-d`, qui supprime le contenu de cette réponse :

```
$ lwp-request -e -d http://localhost/
Connection: close
Date: Wed, 20 Feb 2002 18:18:48 GMT
Accept-Ranges: bytes
ETag: "53c25-7d-6e514840"
Server: Apache/2.0.32 (Unix) DAV/2
Content-Length: 125
Content-Type: text/html; charset=ISO-8859-1
Last-Modified: Wed, 20 Feb 2002 18:05:13 GMT
Client-Date: Wed, 20 Feb 2002 18:18:48 GMT
Client-Response-Num: 1
Title: Page de test simple
```

Étudiez bien les autres options de `lwp-request`. Vous pouvez, par exemple, utiliser l'option `-H` pour préciser n'importe quel en-tête de requête, ce qui peut servir notamment à apprendre HTTP. Vous pouvez, par exemple, ajouter les en-têtes `Referer:` et `Host:` à votre requête au moyen de cette commande :

```
Lwp-request -H 'Referer: http://uneautre.url.com/' \
    -H 'Host: vhost1.hiwaay.net' http://jackal.hiwaay.net/
```

`libwww-perl` est formé de plusieurs scripts, pris en charge par les modules Perl standards suivants (disponibles séparément mais qui, pour plus de simplicité, sont installés avec l'ensemble `libwww-perl`) :

- `URI` – Support des identificateurs uniformes de ressources ;
- `Net::FTP` – Support du protocole FTP ;
- `MIME::Base64` – Nécessaire pour les en-têtes d'authentification ;
- `Digest::MD5` – Nécessaire pour l'authentification Digest-MD5 ;
- `HTML::HeadParser` – Gestion des en-têtes HTML.

Même si vous n'utilisez pas les fonctionnalités de tous ces modules, ils doivent être correctement installés sur votre machine pour pouvoir utiliser les scripts utilitaires fournis avec `libwww-perl`. Les commandes suivantes vous permettront de tout installer d'un seul coup sur un système Linux disposant du module `CPAN.pm` :

```
# perl -MCPAN -e shell;
cpan> install Bundle::LWP
```

Parmi les outils fournis par `libwww-perl`, le plus important (et celui qui est le plus utile pour examiner l'échange des en-têtes dans une transaction HTTP) est `lwp-request`. Cependant, `lwp-download` est également très utile : il permet de récupérer une ressource à partir d'un serveur distant. Vous remarquerez qu'en plus de HTTP, utilisé dans cet exemple, vous pouvez également choisir FTP, ce qui vous offre un moyen simple et intéressant pour automatiser les téléchargements FTP :

```
# lwp-download http://jackal.hiwaay.net
Saving to 'index.html'...
3.85 KB received
```

CPAN

L'utilisation du module `CPAN.pm` est le meilleur moyen de disposer des dernières versions de tous les modules Perl. Ce module puissant est conçu pour vous assurer que vous disposez des dernières versions des modules Perl disponibles sur CPAN (Comprehensive Perl Archive Network : http://cpan.org). Les archives CPAN contiennent pratiquement tout ce qui concerne Perl, des sources des logiciels aux portages binaires, en passant par de la documentation, des exemples de codes, et des articles postés dans les forums de discussion. Pour accroître sa vitesse et sa fiabilité, il existe plus d'une centaine de miroirs du site CPAN, répartis autour du monde. Choisissez celui qui est le plus proche de vous.

Le module Perl `CPAN.pm` automatise entièrement la comparaison des modules installés sur votre système aux dernières versions disponibles dans les archives CPAN, le téléchargement des modules, leur compilation (à l'aide des fichiers `makefile` qu'ils contiennent) et leur installation.

> **CPAN (*suite*)**
>
> Ce module est suffisamment intelligent pour se connecter à l'un des sites miroirs de CPAN et pour télécharger par FTP la liste des derniers modules, afin de les comparer avec ceux de votre système pour voir s'ils ont besoin d'être mis à jour. Une fois que vous l'avez installé, `CPAN.pm` se met même à jour lui-même ! Non seulement il automatise le processus de mise à jour et d'installation des modules, mais il rend ce traitement quasiment infaillible. Je n'ai jamais rencontré de problème avec ce module.

`HttpSniffer.pl` est un autre outil puissant écrit en Perl, qui permet d'observer le protocole HTTP. Bien qu'il ne soit pas aussi pratique que `lwp-request` (il requiert en effet une configuration et un composant client distinct, généralement un navigateur Web), `HttpSniffer.pl` permet d' « espionner » un échange HTTP du monde réel. Comme nous allons le voir, il est surtout utile lorsque vous devez examiner les échanges d'en-têtes avec un navigateur (pendant la négociation du contenu, par exemple).

Utiliser HttpSniffer.pl

`HttpSniffer.pl` agit comme un tunnel HTTP : il se connecte directement à un serveur distant, fait suivre les connexions des navigateurs clients et affiche les en-têtes (ou les écrit dans un fichier de trace) échangés entre le client et le serveur.

Vous pouvez télécharger `HttpSniffer.pl` directement depuis le site Web de son auteur, www.schmerg.com. Le programme peut tourner sur n'importe quelle plate-forme exécutant Perl 5.004 (ou une version plus récente). La figure 1.2 est un exemple classique de session. La fenêtre de commande à l'avant-plan montre comment j'ai appelé `HttpSniffer.pl` en le faisant pointer vers mon serveur Web, `jackal.hiwaay.net`, à l'aide de l'option `-r`. `HttpSniffer.pl`, par défaut, reçoit les connexions sur le port TCP 8080 et les fait suivre vers l'hôte distant spécifié. Le navigateur à l'arrière-plan (qui s'exécute sur le même ordinateur que `HttpSniffer.pl`) pointe vers l'URL `http://localhost:8080`. Il semble recevoir une page provenant directement de `jackal.hiwaay.net` ; en réalité, la connexion est effectuée par `HttpSniffer.pl`, qui affiche à la fois les en-têtes HTTP de la requête du client et ceux de la réponse du serveur. Les pages provenant de `jackal.hiwaay.net` par l'intermédiaire de `HttpSniffer.pl` sont renvoyées au navigateur ayant effectué la requête.

`HttpSniffer.pl` n'est pas seulement un précieux outil de débogage, c'est également le meilleur moyen d'apprendre le but des en-têtes HTTP en étudiant les véritables en-têtes qui apparaissent dans un échange HTTP. Si vous avez accès à un serveur mandataire, sur un serveur distant ou via le module `mod_proxy` d'Apache (présenté au chapitre 12), vous pouvez faire pointer `HttpSniffer.pl` vers le mandataire, puis configurer votre navigateur pour qu'il utilise `HttpSniffer.pl` comme mandataire HTTP. Vous pouvez ainsi utiliser votre navigateur pour qu'il se connecte à n'importe quel hôte distant, comme il le ferait normalement, et toutes les requêtes seront redirigées (ou relayées) par `HttpSniffer.pl`. Soyez prêt à obtenir de nombreuses lignes d'affichage : généralement, vous lancerez `HttpSniffer.pl` avec une ligne

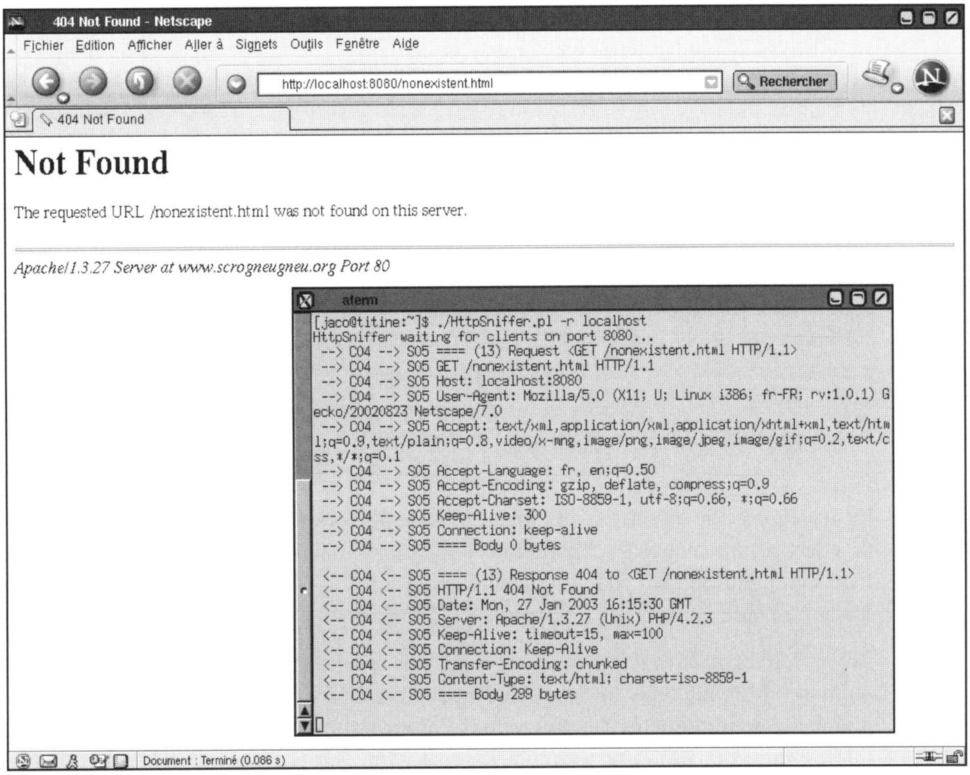

Figure 1.2
HttpSniffer.pl en action.

de commande comme celle qui suit (l'option `-l` force l'écriture dans le fichier indiqué de toutes les lignes produites par la commande) :

```
# HttpSniffer.pl -r jackal.hiwaay.net -l /tmp/httpheaders.txt
```

Le seul problème avec `HttpSniffer.pl` et `lwp-request` est que, à la différence de `telnet`, ces scripts ne sont pas installés sur tous les systèmes Linux. C'est pour cette raison que `telnet` est utilisé dans les exemples de ce chapitre : tout administrateur Linux peut l'utiliser et reproduire ces exemples. Cependant, si vous disposez de `HttpSniffer.pl` ou `lwp-request`, nous vous encourageons à les utiliser pour faire vos tests.

L'en-tête du code de réponse

Dans le listing 1.1, vous aurez remarqué que HTTP envoie un groupe d'en-têtes avant d'envoyer la ressource demandée. Le premier en-tête identifie la version du protocole utilisé par le serveur et contient un code de réponse à la requête. Ce code est en deux parties : un nombre et un commentaire. Dans l'exemple, 200 est le code de réponse indiquant le succès de la requête et OK est le commentaire, qui est fourni pour faciliter la lecture de ce code par les humains.

Une requête n'aboutit pas toujours très bien. Les codes de réponse HTTP se classent en cinq catégories, selon leurs valeurs :

Valeurs des codes	Catégorie de la réponse
100–199	Information
200–299	Succès de la requête du client
300–399	Redirection de la requête du client
400–499	Requête du client incomplète
500–599	Erreurs du serveur

Les catégories de réponse contiennent plus de 40 codes distincts. Chacun d'eux est associé à un court commentaire qui a pour but de faciliter sa lecture par l'utilisateur. Pour consulter la liste complète de ces codes, consultez la HTML Writers Guilde : www.hwg.org/lists/hwg-servers/response_codes.html.

Lorsqu'on travaille avec `telnet` pour tester une connexion HTTP, il est préférable d'utiliser la méthode `HEAD` plutôt que `GET` car cela empêche le serveur d'envoyer la ressource demandée : il n'envoie que les en-têtes dans sa réponse. Pour les tests `telnet`, ce sont les en-têtes qui vous intéressent. Pour voir la ressource proprement dite, un vrai navigateur est préférable.

La requête du listing 1.2, qui utilise HTTP/1.1, produit un résultat très différent du premier test.

Listing 1.2 – En-têtes dans un test qui a échoué

```
$ telnet localhost 80
Trying 127.0.0.1...
Connected to localhost.
Escape character is '^]'.
GET / HTTP/1.1
HTTP/1.1 400 Bad Request
Date: Wed, 20 Feb 2002 19:06:18 GMT
Server: Apache/2.0.32 (Unix) DAV/2
Content-Length: 370
Connection: close
Content-Type: text/html; charset=iso-8859-1
<!DOCTYPE HTML PUBLIC "-//IETF//DTD HTML 2.0//EN">
```

Listing 1.2 – En-têtes dans un test qui a échoué (*suite*)

```
<html><head>
<title>400 Bad Request</title>
</head><body>
<h1>Bad Request</h1>
<p>Your browser sent a request that this server could not understand.<br />
client sent HTTP/1.1 request without hostname (see RFC2616 section 14.23): /</p>
<hr />
<address>Apache/2.0.32 Server at 127.0.0.1 Port 80</address>
</body></html>
Connection closed by foreign host.
```

L'en-tête contenant le code de réponse indique clairement que notre requête a échoué. En effet, HTTP/1.1 exige que le client fournisse un nom d'hôte s'il choisit cette version du protocole. Vous remarquerez que le choix de la version de HTTP est toujours à l'initiative du client. Le nom d'hôte attendu sera généralement le même que celui du serveur Web (le chapitre 6 présente l'hébergement virtuel, dans lequel un unique serveur Web répond aux requêtes adressées à plusieurs noms d'hôtes).

En plus de prévenir le client de l'échec de la requête, le serveur prend note de tous les échecs de requête dans son propre fichier journal. L'échec de la requête du listing 1.2 produira les lignes suivantes dans ce fichier :

```
[Wed Feb 20 13:06:19 2002] [error] [client 127.0.0.1] client sent
HTTP/1.1 request without hostname (see RFC2616 section 14.23): /
```

INFO La mémorisation des événements est un sujet important qui sera traité en détail au chapitre 11, « Journeaux d'Apache ». Ce chapitre présentera la mémorisation des connexions et des erreurs par Apache. Comme nous le verrons au chapitre 4, qui présente les principales directives d'Apache, le chemin et le nom du fichier journal sont définis dans la configuration d'Apache.

La redirection des requêtes est une technique essentielle pour de nombreux serveurs Web lorsque les ressources sont déplacées ou supprimées (le chapitre 9 montre comment utiliser les outils d'Apache pour les alias et la redirection). Le listing 1.3 montre une requête qui a été redirigée.

Listing 1.3 – Une requête redirigée

```
# telnet localhost 80
Trying 127.0.0.1...
Connected to localhost.
Escape character is '^]'.
GET /manual HTTP/1.0
HTTP/1.1 301 Moved Permanently
Date: Wed, 20 Feb 2002 19:12:36 GMT
Server: Apache/2.0.32 (Unix) DAV/2
Location: http://jackal.hiwaay.net/manual/
Content-Length: 316
Connection: close
Content-Type: text/html; charset=iso-8859-1
<!DOCTYPE HTML PUBLIC "-//IETF//DTD HTML 2.0//EN">
<html><head>
<title>301 Moved Permanently</title>
</head><body>
<h1>Moved Permanently</h1>
<p>The document has moved <a href="http://jackal.hiwaay.net/manual/">here</a>.</
p>
<hr />
<address>Apache/2.0.32 Server at jackal.hiwaay.net Port 80</address>
</body></html>
Connection closed by foreign host.
```

Si le navigateur indique HTTP/1.1 dans la ligne de requête, la ligne qui la suit immédiatement doit préciser un nom d'hôte pour cette requête, comme le montre le listing 1.4.

Listing 1.4 – Utilisation de l'en-tête Host de HTTP/1.1

```
# telnet localhost 80
Trying 127.0.0.1...
Connected to localhost.
Escape character is '^]'.
GET / HTTP/1.1
Host: www.jackal.hiwaay.net
HTTP/1.1 200 OKDate: Wed, 20 Feb 2002 19:13:38 GMT
Server: Apache/2.0.32 (Unix) DAV/2
Last-Modified: Wed, 20 Feb 2002 18:05:13 GMT
ETag: "53c25-7d-6e514840"
Accept-Ranges: bytes
```

Listing 1.4 – Utilisation de l'en-tête Host de HTTP/1.1 (*suite*)

```
Content-Length: 125
Content-Type: text/html; charset=ISO-8859-1
<HTML>
<HEAD>
<TITLE> Page de test simple </TITLE>
</HEAD>
<BODY>
<H1> Page de test simple </H1>
</BODY>
</HTML>
Connection closed by foreign host.
```

Si votre serveur répond aux requêtes adressées à plusieurs hôtes virtuels, l'en-tête `Host:` de la requête identifiera l'hôte virtuel à qui répondre. L'une des améliorations les plus importantes de la version 1.1 du protocole HTTP est une meilleure prise en considération de l'hébergement des sites virtuels.

Les autres en-têtes

L'en-tête du code de réponse est toujours le premier renvoyé par le serveur et est généralement suivi d'un certain nombre d'autres en-têtes qui véhiculent des informations supplémentaires sur le message HTTP ou sur la ressource qu'il contient (que l'on désigne habituellement comme le corps du message). Le test du listing 1.4, par exemple, a produit sept en-têtes après le code de réponse : `Date`, `Server`, `Last Modified`, `ETag`, `Accept-Ranges`, `Content-Length`, et `Content-Type`. Les sections suivantes décrivent brièvement chacun d'eux, ainsi que les autres en-têtes HTTP.

En-têtes généraux

Cette catégorie regroupe les en-têtes qui transportent les informations sur les messages transmis entre le client et le serveur. Ces en-têtes ne fournissent aucune information sur le contenu des messages transmis, mais leurs informations s'appliquent à toute la session et aux parties requête du client et réponse du serveur de la transaction. Cette catégorie comprend les en-têtes suivants :

- **`Cache-Control`** – Précise les directives adressées aux serveurs mandataires (chapitre 12).
- **`Connection`** – Permet à l'émetteur de préciser les options de cette connexion réseau.
- **`Date`** – Représentation standard de la date et de l'heure d'émission du message.
- **`Pragma`** – Sert à véhiculer des informations non-HTTP à tout destinataire comprenant le contenu de cet en-tête. Ce contenu ne fait pas partie de HTTP.

- `Trailer` – Indique un ensemble d'en-têtes qui peuvent se trouver à la fin d'un message en plusieurs parties.
- `Transfer-Encoding` – Indique toutes les transformations qui ont été appliquées au corps du message pour le transférer correctement.
- `Upgrade` – Utilisé par le client pour préciser les protocoles de communication supplémentaires qu'il reconnaît et qu'il aimerait utiliser si le serveur le permet.
- `Via` – Ajouté au message par les mandataires ou les passerelles pour montrer qu'ils ont pris en charge ce message.
- `Warning` – Donne des informations supplémentaires sur l'état ou la transformation d'un message, qui pourraient ne pas se refléter dans le message lui-même.

En-têtes de requête

Les en-têtes de requête servent à passer des informations du client HTTP au serveur. Ils suivent toujours la seule ligne obligatoire d'une requête, qui contient l'URI de la requête elle-même. Ils agissent comme des modificateurs de la véritable requête, ce qui permet au client d'inclure des informations supplémentaires pour qualifier la requête, habituellement pour indiquer ce qui constitue une réponse acceptable :

- `Accept` – Énumère tous les types MIME que le client peut recevoir.
- `Accept-Charset` – Énumère tous les jeux de caractères que le client peut recevoir.
- `Accept-Encoding` - Énumère tous les encodages (notamment les schémas de compression) que le client peut recevoir.
- `Accept-Language` - Énumère toutes les langues que le client veut recevoir.
- `Authorization` – Fournit l'identité de l'utilisateur pour qu'il puisse accéder à la ressource demandée (habituellement un couple identificateur/mot de passe).
- `Expect` – Précise les comportements du serveur requis par le client.
- `From` – Adresse de courrier électronique de la personne qui contrôle l'agent utilisateur qui émet la requête (navigateur).
- `Host` – Nom d'hôte et numéro de port pour la ressource demandée. Utilisé par les clients HTTP/1.1 pour préciser un unique hôte virtuel parmi plusieurs sur un serveur.
- `If-Match` – Un client qui a une ou plusieurs ressource(s) obtenue(s) précédemment de ce serveur peut vérifier que l'une d'elles est à jour en indiquant une liste de marqueurs dans cet en-tête.
- `If-Modified-Since` – Précise une date trouvée dans une entité déjà reçue pour vérifier qu'elle est à jour.

- `If-None-Match` – Identique à l'en-tête `If-Match:`, mais doit être utilisé pour vérifier qu'aucune des ressources déjà reçues n'est à jour.
- `If-Range` – Lorsqu'un client a une copie partielle d'une ressource dans son cache, il peut utiliser cet en-tête pour récupérer le reste de la ressource si elle n'a pas été modifiée.
- `If-Unmodified-Since` – Utilisé par les moteurs de cache pour préciser que la ressource ne devra être envoyée que si elle n'a pas été modifiée depuis la date indiquée.
- `Max-Forwards` – Indique le nombre de fois que les mandataires et les passerelles pourront faire suivre cette requête.
- `Proxy-Authorization` – Fournit l'identité nécessaire pour que le client puisse utiliser un serveur mandataire.
- `Range` – Précise que l'on récupère une portion d'une ressource, exprimée généralement sous la forme d'un intervalle d'octets.
- `Refererer` – Indique l'URI de la ressource à partir de laquelle on a obtenu l'URI de la requête (généralement un hyperlien d'une autre page Web).
- `TE` – Indique les encodages de transfert que le client accepte et s'il acceptera des en-têtes dans les champs de fin d'un transfert par morceaux.
- `User-Agent` – Contient des informations sur l'agent utilisateur (navigateur) à l'origine de la requête.

En-têtes de réponse

Le serveur utilise les en-têtes de réponse pour passer des informations en plus de la réponse au client. Ces en-têtes fournissent généralement des informations sur le message de réponse lui-même, pas nécessairement sur la ressource envoyée pour satisfaire une requête du client. De plus en plus, ils servent à fournir des informations utilisées par les passerelles de cache ou les serveurs mandataires. Les en-têtes de réponse occuperont une bonne partie de notre présentation de la mise en cache mandataire (chapitre 12). Ils comprennent :

- `Accept-Ranges` – Précise l'unité (généralement des octets) dans laquelle le serveur recevra les demandes de parties de ressources.
- `Age` – Le temps estimé (en seconde) nécessaire au serveur pour satisfaire la requête.
- `Etag` – Contient la valeur courante du marqueur de l'entité demandée.
- `Location` – Contient un URI vers lequel rediriger la requête du client.
- `Proxy-Authenticate` – Précise le schéma d'authentification et les paramètres à appliquer au mandataire pour cette requête.
- `Retry-After` – Utilisé par le serveur pour indiquer le temps pendant lequel un URI peut être indisponible.

- `Server` – Contient des informations sur le logiciel utilisé par le serveur d'origine pour traiter la requête. Apache s'identifie à l'aide de cet en-tête.
- `Vary` – Indique que la ressource dispose de plusieurs sources, qui peuvent varier selon la liste des en-têtes de requête.
- `WWW-Authenticate` – Utilisé avec le code de réponse 401-Unauthorized pour indiquer que l'URI demandé nécessite une authentification. Précise également le schéma d'authentification requis (habituellement, une paire identificateur/mot de passe) et le nom du domaine d'autorisation.

En-têtes d'entités

Ces en-têtes contiennent les informations directement liées à la ressource fournie au client pour satisfaire sa requête (en d'autres termes, le contenu ou corps du message de réponse). Ces informations indiquent au client comment rendre la ressource, ou quelle application appeler pour la gérer (Acrobat Reader d'Adobe, par exemple). Les en-têtes d'entités contiennent des méta-informations (c'est-à-dire des informations sur l'information, ce qui fait l'objet du chapitre 15) :

- `Allow` – Informe le client des méthodes correctes associées à la ressource.
- `Content-Encoding` – Indique le schéma d'encodage (la compression, généralement) appliquée au contenu.
- `Content-Language` – Indique la langue naturelle du contenu.
- `Content-Length` – Contient la taille du corps du message HTTP.
- `Content-Location` – Indique l'emplacement de la ressource qui se trouve dans le corps du message ; sert généralement lorsque la ressource doit être demandée en utilisant un autre URI.
- `Content-MD5` – Contient le digest MD5 du corps du message ; utilisé pour vérifier l'intégrité de la ressource.
- `Content-Range` – Envoyé avec une partie du corps pour préciser où se place cette portion dans la ressource complète.
- `Content-Type` – Décrit le type MIME du contenu.
- `Expires` – Précise une date et une heure après lesquelles la ressource sera considérée comme obsolète.
- `Last-Modified` - Précise la date et l'heure de la dernière modification du document ou de la ressource originale.

INFO Vous trouverez plus de détails sur ces en-têtes et d'autres, dans la spécification de HTTP, RFC 2616 (voir www.rfc-editor.org).

En résumé

Ce chapitre a parcouru les origines et l'histoire du World Wide Web et a brièvement décrit son fonctionnement. Une part essentielle de la conception du Web est l'ensemble des protocoles standards qui permettent aux applications d'interagir avec les millions d'autres systèmes constituant le Web. HTTP (HyperText Transfer Protocol) est le protocole qui permet au Web d'exister, et qui définit la façon dont les données sont échangées entre les clients et les serveurs Web. Ce chapitre a montré deux méthodes permettant de visualiser les en-têtes HTTP et énuméré ceux qui sont définis dans la spécification du protocole (ou RFC). Ce chapitre s'est terminé par une présentation des améliorations importantes apportées au protocole HTTP par sa dernière version, HTTP/1.1. Ces informations constituent la base de l'apprentissage d'Apache et de son fonctionnement.

Bien qu'Apache se soit imposé comme le premier serveur Web, il n'est en aucun cas le seul serveur à briguer ce statut. Le chapitre suivant donnera un bref aperçu de ses principaux concurrents, afin de replacer Apache dans son contexte, car il ressort comme étant le meilleur du lot. Nous présenterons également les importants changements apportés par Apache 2.0, la dernière mise à jour importante du serveur Web Apache. Ces modifications assureront à Apache sa domination sur le marché des serveurs Web.

2

Apache et les autres serveurs Web

Le chapitre 1 a dressé un bref historique du World Wide Web et des technologies qui l'ont rendu possible. Aujourd'hui, nombreux sont les serveurs Web de qualité. Ce chapitre décrit rapidement les plus performants et établit une comparaison entre leur architecture et celle d'Apache.

Je n'apprécie généralement pas les systèmes tout en un et j'évite les produits qui se targuent d'être la solution miracle à tous les besoins. Apache est une exception à la règle puisque, de par sa conception même, il peut être aisément personnalisé. Bien qu'il fonctionne sans problème sur les plates-formes Unix commerciales et sur Microsoft Windows NT/2000/XP, c'est sur les variantes open-source d'Unix qu'il brille véritablement. Nous verrons dans ce chapitre ce qui fait d'Apache le choix numéro un pour un serveur Web sous Linux ou FreeBSD.

Ce chapitre commence par passer en revue les principaux serveurs Web utilisés sur Internet. Il présente ensuite Apache, en mettant l'accent sur ses fonctionnalités actuelles, et conclut en expliquant pourquoi il s'agit d'un choix excellent pour mettre en place un site Web sur Internet.

Les principaux acteurs du marché

Un serveur Web est un logiciel qui implémente HTTP. Il existe bien trop de types de serveurs différents qu'ils puissent tous être répertoriés ici. Certains sont des solutions entièrement maison et uniques, mais la plupart sont reconnaissables et identifiables par un nom et un numéro de version précis. Malgré le grand nombre de logiciels serveurs HTTP disponibles, seuls très peu d'entre eux traitent la majorité du trafic HTTP sur Internet.

Pour rechercher les serveurs Web actuellement utilisés sur Internet, et en quelle proportion, je me suis d'abord intéressé à deux études respectées, réalisées par les entreprises Netcraft (www.netcraft.com) et SecuritySpace (www.securityspace.com). Ces études sont réputées fiables, précises et objectives et ne sont semble-t-il pas motivées par des intérêts commerciaux. Les deux entreprises mettent gratuitement à disposition leur étude, afin d'accroître le volume de leurs services de consulting ; aucune d'elles ne bénéficie directement de son étude de marché.

J'ai également mené ma propre étude, en utilisant une requête `HEAD` de HTTP/1.1 (voir le chapitre précédent) dans un script Perl simple, que l'ai lancé sur les 564 entrées de ma liste de sites préférés, à orientation essentiellement technique. Les résultats sont reproduits ci-dessous, avec ceux des études de février 2002 publiées par Netcraft et SecuritySpace :

Serveur	Étude personnelle	Netcraft	SecuritySpace
Apache	63,9 %	58,4 %	65,8 %
Microsoft	23,5 %	29,1 %	24,9 %
Iplanet	5,7 %	2,9 %	2,0 %
Zeus	0,2 %	2,2 %	1,1 %
Autres	6,7 %	7,4 %	6,2 %
Total	100,0 %	100,0 %	100,0 %

Ma propre étude sur les sites Web, bien qu'elle ne soit pas très scientifique, confirme les études plus reconnues et accroît leur crédibilité, à mes yeux en tout cas. À partir de ces résultats, je pense qu'on peut affirmer, sans trop s'avancer, qu'Apache continue de dominer largement le marché des serveurs Web et que ces serveurs Apache s'exécutent probablement en grande majorité sur des plates-formes Linux.

Alternatives à Apache

Bien que les études montrent que Apache est en position de leader, il n'est pas le seul serveur Web utilisé à grande échelle. Nous allons ici passer en revue les caractéristiques et les architectures de plusieurs autres serveurs. Aucun d'eux ne présente une nette supériorité sur Apache en termes de fonctionnalités et de configuration ; bien entendu, aucun ne peut battre Apache sur le terrain du prix, puisque ce dernier est distribué gratuitement. Dans deux domaines uniquement, ces serveurs sont des prétendants légitimes au partage du marché avec Apache : lorsque la vitesse brute de mise à disponibilité des pages Web statiques est un aspect critique et lorsqu'un matériel multiprocesseur très haut de gamme est nécessaire.

Les serveurs libres

Certains des logiciels de serveurs Web les plus performants sont des logiciels libres : c'est le cas d'Apache, qui est un logiciel libre et open-source. Les racines du Web, ses protocoles, navigateurs et serveurs, proviennent d'un mouvement universitaire libre et ouvert. Les serveurs libres du CERN et du NCSA ont lancé la révolution du Web et bien qu'aucun d'eux ne soit maintenant un choix viable, plusieurs logiciels serveurs maintiennent encore cette tradition de liberté et de gratuité.

thttpd

L'un des serveurs HTTP libres les plus intéressants s'appelle simplement thttpd. Il est le fruit du travail d'une seule personne, Jef Poskanzer, consultant de Berkeley en Californie qui distribue des logiciels libres via un site non commercial, nommé Laboratories (www.acme.com).

Parmi les serveurs mentionnés ici, thttpd est avec Mathopd, un serveur HTTP conçu pour être très rapide, doté d'une faible empreinte mémoire, simple à installer et à administrer, et hautement sécurisé et dépourvus de presque toute fonctionnalité. Dans la plupart des cas, les performances de thttpd sont comparables à celles de n'importe quel autre serveur Web ; sous des charges extrêmes cependant, il se détache nettement du lot.

Cependant, il est peu probable que votre serveur Internet soit doté d'un canal de transmission des données suffisamment large pour saturer un seul serveur Web avec tant de requêtes que le recours à un serveur comme thttpd soit nécessaire. Si votre entreprise dispose d'un serveur interne relié à un lien Gigabit Ethernet, peut-être pensez-vous qu'un serveur très rapide est indispensable ; le problème, c'est que vous aurez certainement besoin de certaines fonctionnalités sur un serveur intranet, fonctionnalités qui sont absentes de thttpd.

Mathopd

Mathopd est disponible sur le site de son auteur, www.mathopd.org. La minimisation est ici poussée à l'extrême et le nombre de ses options et fonctionnalités est délibérément réduit. Ce serveur n'existe que pour les systèmes d'exploitation Unix et Linux.

Pourquoi utiliser Mathopd ? Son code est conçu pour pouvoir traiter un très grand nombre de connexions simultanées. Comme thttpd, Mathopd utilise l'appel système `select()` d'Unix, plutôt que de créer plusieurs processus ou plusieurs threads pour gérer les différentes connexions des clients. Le résultat est un serveur Web très rapide, pouvant prendre en charge les fonctions de base de HTTP/1.1 et occuper un très faible espace mémoire sur une machine Unix.

Très simple à installer et à configurer, optimisé pour servir le plus rapidement possible des documents statiques à un grand nombre de clients connectés, Mathopd semble, à première vue, être une alternative très sérieuse à Apache. Cependant, il n'offre ni authentification de l'utilisateur, ni connexions sécurisées, ni support pour la programmation. Après réflexion, j'ai réalisé qu'il était trop limité pour la plupart des administrateurs, qu'on ne pouvait pas lui ajouter de fonctionnalités et que pratiquement personne n'avait de canal de transmission suffisamment gros pour qu'une vitesse telle que celle de Mathopd soit nécessaire. Cela dit, il est plus performant que les autres serveurs Web dans tout ce qu'il fait.

Boa

Boa (www.boa.org) est le dernier serveur que je mentionnerai dans la catégorie des logiciels libres. Il s'agit d'une alternative sérieuse à Apache pour les administrateurs qui recherchent une vitesse supérieure et la sécurité, tout en acceptant de sacrifier quelques fonctionnalités pour obtenir ces deux caractéristiques. Boa est, comme thttpd et Mathopd, un processus serveur qui ne crée pas de processus fils, car il utilise l'appel système `select()` pour gérer les connexions simultanées.

Boa donne de très bons résultats avec les scripts CGI (mesurés en nombre de transactions par seconde), sûrement parmi les meilleurs que vous obtiendrez sur un serveur Linux. Ce gain de performance vient apparemment du fait que les sorties des scripts CGI lancés par Boa sont directement envoyées au client, à la différence de la plupart des autres serveurs Web, qui reçoivent d'abord les données provenant des scripts CGI, puis les envoient au client.

Les serveurs commerciaux

Les serveurs Web commerciaux répondent à une demande de certains types d'organisations, qui ont du mal à accepter que les logiciels libres puissent être de meilleure qualité et disposer d'un meilleur soutien technique. Plusieurs entreprises ont répondu à cette attente en proposant plusieurs logiciels de serveurs Web commerciaux. En voici quelques-uns parmi les meilleurs.

Stronghold (de Red Hat)

Pour les sites qui requièrent un niveau élevé de sécurité, reposant sur SSL (Secure Sockets Layer), l'utilisation d'un serveur commercial semble souvent être une alternative crédible à Apache. Il existe plusieurs bonnes raisons pour que les sites Web de commerce en ligne utilisent un logiciel commercial : la meilleure est sûrement le soutien technique offert par l'éditeur. Si vous prenez la route du commercial, vous tirerez pleinement parti de l'aide sur le produit. En fait, vous ne payez pas tant pour le produit que pour l'expertise de la société dans la mise en place d'un site Web utilisant SSL.

De nombreux produits commerciaux pour le Web dérivent de logiciels libres. Stronghold (commercialisé par Red Hat) ne fait pas exception à la règle. Il s'agit d'un serveur Apache spécialement modifié pour inclure une forte gestion de SSL et pour être prêt à l'installation. Cette pratique est parfaitement justifiée et la valeur ajoutée par rapport à l'Apache libre est peut-être exactement ce que vous recherchez. Le résultat cependant correspond exactement à ce que vous pourriez obtenir au prix de beaucoup d'efforts, d'essais, d'erreurs et de temps passé à lire des livres comme celui-ci. Vous pouvez très bien considérer que l'effort requis se solde par une connaissance accrue de votre système. Si tel est le cas, le chapitre 14 est entièrement consacré à SSL. Comme Stronghold et Apache ne font qu'un, quasiment tout le contenu de ce livre s'applique directement au serveur Stronghold.

Avec Apache 2.0, la gestion de SSL est devenue partie intégrante d'Apache, ce qui réduit vraiment le besoin d'une version SSL commerciale du serveur. Le chapitre 14 devrait fournir suffisamment d'informations sur la configuration du module `mod_ssl`, qui fait partie de la distribution standard d'Apache. Ce processus peut sembler désespérément complexe, mais si on l'exécute logiquement, étape par étape, il n'est pas aussi difficile ou aussi long qu'il n'y paraît. Si vous avez besoin d'un serveur sécurisé, utilisez le SSL de l'Apache standard, mais si vous souhaitez une aide technique de Red Hat et de ses consultants, préférez Stronghold. Si vous voulez simplement gagner du temps dans la mise en oeuvre d'Apache, ou que vous ne souhaitez pas lire la suite de ce livre, vous serez sûrement mieux servi par le serveur d'entreprise de Covalent, présenté plus loin dans ce chapitre (comme vous le verrez, la relation étroite de Covalent avec l'équipe de développement d'Apache plaide en sa faveur).

Pour plus d'informations sur Stronghold, visitez le site des solutions Apache de Red Hat, www.redhat.com/software/apache/stronghold.

iPlanet (précédemment Netscape Enterprise Server)

Le meilleur serveur commercial pour le matériel mutiprocesseur haut de gamme est probablement iPlanet Web Server (www.iplanet.com) de Sun Microsystems Inc. Pendant des années, iPlanet s'est appelé Netscape Enterprise Server, mais a changé de nom lorsqu'America Online (qui possède Netscape Communications) et Sun ont créé l'alliance Sun-Netscape. Cette alliance a été officialisée en mars 2002 et iPlanet est devenu une division de Sun. Le serveur Web iPlanet est désormais la composante serveur Web de l'environnement Open Net de Sun (ONE).

Le serveur iPlanet peut toujours être acheté comme un produit distinct ; il est disponible pour une large gamme de systèmes d'exploitation, dont Linux. iPlanet version 6.0 pour Linux coûte 1500 $ par unité centrale, mais ce prix grimpe brutalement à 20 000 $ par unité centrale pour la version complète, iPlanet Application Server, la plate-forme de développement des services Web Java de Sun. La plupart des sites qui utiliseront iPlanet dans le futur seront ceux qui auront choisi d'exécuter le logiciel de Sun sur du matériel Sun. Il s'agira de gros sites, dont les équipes de développement travaillent presque exclusivement en Java. En tant que serveur distinct, iPlanet a peu d'avantages sur Apache, sauf sur les serveurs multiprocesseurs de Sun tournant sous Solaris.

Dans le passé, de nombreux gestionnaires de sites Web ont choisi iPlanet (ou son prédécesseur, Netscape Enterprise Server), car il était entièrement conçu et maintenu par Sun ou Netscape Communications et qu'une telle aide pouvait présenter un certain avantage. D'après moi cependant, celui qui accepte de passer du temps pour trouver la documentation traitant de son problème, ou un technicien compétent qui accepte de lui donner un avis vraiment utile ou, mieux encore, quelqu'un ayant résolu le même problème dans le passé, sera bien plus à son aise avec une application libre comme Apache. Les ressources en ligne sont souvent aussi utiles que l'aide technique d'un logiciel commercial. Aussi attirants que puissent être ces serveurs commerciaux, Apache devrait être le premier serveur Web à essayer si vous utilisez Linux.

Roxen

En fait, Roxen n'est pas un simple serveur Web : son nom sert à désigner une ligne de produits pour serveurs Internet, vendue par Idonex AB, société de Linkoping en Suède (www.roxen.com). Roxen Challenger est le serveur Web et vous pouvez le télécharger gratuitement. Il fait partie d'un ensemble plus large d'outils intégrés de développement de sites Web appelé Roxen Platform. Roxen SiteBuilder est un environnement pour travail en groupe ; il permet à un groupe de développeurs de sites Web de collaborer à la conception d'un site. Comme la plupart des systèmes modernes de développement, SiteBuilder insiste sur la séparation entre l'aspect et le contenu du site.

Au prix de 11 800 $, Roxen Platform exige un investissement financier important, même si le serveur Challenger Web est gratuit. Sans ces coûteux outils de développement, Roxen Challenger n'offre aucun avantage sur Apache, qui est bien plus utilisé et dispose donc d'un meilleur soutien technique.

Zeus

Le serveur Zeus, de Zeus Technology situé à Cambridge en Angleterre (www.zeus.co.uk), est un excellent serveur Web commercial pour Linux. Il donne toujours de très bons résultats dans les tests de performances (comme les tests SPECWeb99 pour serveurs Web, publiés par la Standard Performance Evaluation Corporation, www.spec.org/osg/Web99).

La version originale de Zeus, encore disponible sous le numéro 1.0, a été conçue pour obtenir une vitesse maximale, avec un minimum de surcoût (caractéristiques et fonctions). Les versions suivantes contiennent une liste complète de fonctions élaborées que l'on est en droit d'attendre dans un serveur Web moderne pour le commerce électronique. Par rapport à Apache, Zeus se défend bien dans quasiment tous les domaines, y compris la vitesse, les fonctionnalités, la facilité de configuration et l'adaptation. Le seul où il ne peut surpasser Apache est le prix, puisque la version 3 de ce serveur coûte actuellement 1 700 dollars.

Les administrateurs de sites Web qui choisissent Zeus sont attirés par sa compatibilité avec le httpd d'Apache/NCSA (la reconnaissance des fichiers .htaccess, par exemple) et par le fait qu'il puisse être entièrement configuré à partir d'un navigateur Web. Zeus est notamment apprécié des services d'hébergement Web et des fournisseurs d'accès Internet qui hébergent les sites de leurs clients. L'entreprise cible d'ailleurs de plus en plus ce marché. Zeus est disponible pour les plates-formes Unix et Linux.

IBM

Hormis les trois principaux (Apache, Microsoft, Netscape), la plupart des serveurs Web de mon étude s'exécutaient sur du matériel IBM, indiqué par Lotus-Domino. La majorité exécutait en fait une version spéciale d'Apache. Il y a plusieurs années, IBM a étonné le monde de l'informatique en annonçant son intention de prendre en charge Apache et de l'utiliser dans ses solutions de commerce par Internet. Depuis, IBM commercialise Apache sous le nom de IBM HTTP Server, qui est livré avec ses solutions de commerce électronique comme IBM WebSphere Application Server. IBM commercialise son serveur comme étant « powered by Apache ». IBM HTTP Server ne fonctionne que sur du matériel IBM.

Microsoft IIS

La version 5 de Internet Information Server (IIS), de Microsoft, est citée ici avec les serveurs commerciaux, car bien qu'elle soit fournie gratuitement avec NT Option Pack 4 et Windows 2000 Server, vous devez acheter l'un de ces systèmes d'exploitation Microsoft pour l'utiliser. Le NT Option Pack peut être téléchargé à partir de www.microsoft.com ; si vous êtes inscrit à Microsoft TechNet, vous le trouverez sur l'un des CD de souscription.

Les performances de IIS 5.0 vous surprendront. IIS est une exception parmi les applications trop grosses, pas assez puissantes, qui consomment souvent toutes les ressources d'un système NT ou Windows 2000 Server et en demandent toujours plus. Microsoft semble être assez sérieux avec le Web ; pour les grandes structures qui sont de gros consommateurs de NT/2000, IIS est une plate-forme très respectable pour le développement de sites Web. Cependant, IIS ne fonctionne pas sous Linux ; son utilisation nécessite une plate-forme Microsoft NT ou Windows 2000.

Covalent

Le dernier serveur Web commercial que je présenterai est, en fait, Apache lui-même (comme Stronghold), mais vendu comme un produit à valeur ajoutée par la société Covalent Technologies (www.covalent.net). Covalent, petite société de l'état du Nebraska, commercialisait un serveur Web appelé Raven SSL, qui était basé sur Apache, avec une sécurité SSL intégrée. En 1999, à l'époque où les développeurs d'Apache ont terminé la première version bêta d'Apache 2.0, Covalent reçut un fort apport de liquidités de la part de plusieurs sociétés d'investissement de capital. Avec ces fonds, Covalent a commencé à constituer une équipe d'« experts Apache » pour travailler sur le nouveau serveur Web de la société. Comme les serveurs de Covalent reposaient sur Apache, cela signifiait qu'ils travaillaient également sur le projet libre d'Apache, mais qu'ils étaient désormais payés pour leurs contributions.

C'est dans la version 2.0 que l'influence de Covalent sur le processus de développement d'Apache a été le plus visible. Bien qu'Apache 2.0 reste libre, il est possible que de nouvelles fonctionnalités apparaissent d'abord dans les serveurs sous licence Covalent avant d'être appliquées à la version libre. C'était le cas avec les versions bêta finales d'Apache 2.0.

Deux choses sont sûres : Covalent continuera à être un acteur décisif dans le développement d'Apache et il semble bénéficier du respect de la communauté open-source. Des accords de partenariat avec plusieurs sociétés importantes aideront également Covalent.

Il a fallu faire preuve de beaucoup d'ingéniosité marketing pour différencier le serveur de Covalent de l'Apache standard ! Certes, les serveurs Covalent possèdent des outils supplémentaires pour la configuration et la mémorisation des événements, qui constituent une valeur ajoutée par rapport au moteur Apache sous-jacent, mais leur cœur reste essentiellement Apache 2.0. Le véritable avantage de Covalent, c'est que, à l'instar de la distribution Red Hat Linux, toutes ses composantes ont été testées, préconfigurées et sont prêtes à fonctionner. Cela peut grandement simplifier la mise en place d'un nouveau serveur Apache par un utilisateur qui n'est pas habitué à cette opération. Si vous voulez mettre en œuvre un serveur avec un ensemble assez complexe de modules, ou avec plusieurs hôtes virtuels, Covalent est peut-être la solution. À 1 495 $ par unité centrale, Enterprise Ready Server de Covalent est finalement peu coûteux, notamment si vous le comparez aux serveurs d'applications Java complets. Si son prix ne vous rebute pas, il peut s'agir d'un choix judicieux.

Les entreprises qui utilisent des applications de gestion de système basés sur SNMP (comme OpenView d'HP, Tivoli d'IBM ou Unicenter de CA) peuvent acheter le Manager Server de Covalent pour un supplément de prix insignifiant. Ce serveur dispose d'agents SNMP qui permettent d'effectuer la surveillance et la configuration à partir d'une console d'administration distante, ce qui est très pratique et qui ne peut pas être facilement ajouté à l'Apache 2.0 standard.

Fonctionnalités d'Apache

Voilà ! Maintenant que j'ai dit tout le bien que je pensais des concurrents d'Apache (j'ai même vanté les mérites du IIS de Microsoft !), qui peuvent tous parfaitement servir de serveurs Web en production, il me reste à essayer de vous faire comprendre pourquoi Apache est le serveur Web le plus utilisé sur Internet. Nous allons, dans cette section, passer en revue ses principales fonctionnalités.

- **Conformité aux standards** – Apache est totalement conforme au standard HTTP/1.1 (RFC 2616). Il dispose de toutes les améliorations apportées dans la version 1.1 du protocole HTTP, comme la gestion des hôtes virtuels, les connexions persistentes, l'envoi de fichier par le client, le rapport d'erreur amélioré et la mise en cache des ressources (dans des serveurs mandataires ou passerelles).

  Apache reconnaît également la négociation de contenu sophistiquée des navigateurs HTTP/1.1, ce qui permet de servir plusieurs formats pour une même ressource afin de répondre aux exigences des différents clients. La prise en charge des différentes langues naturelles est un bon exemple d'utilisation de cette fonctionnalité.

- **Scalabilité** – Apache permet de créer un grand nombre de sites Web sur une même machine. L'hébergement virtuel, qui fait l'objet du chapitre 6, est particulièrement intéressant pour quiconque a besoin d'héberger plusieurs sites sur une même machine. De nombreux services d'hébergement Web tirent totalement parti de l'aide complète et à bas prix que propose Apache pour l'hébergement virtuel.

- **Objets dynamiques partagés** – Apache dispose également des objets dynamiques partagés (ODP), ce qui lui permet de charger des modules d'extension en cours d'exécution. On peut ainsi ajouter ou supprimer des fonctionnalités sans recompiler le moteur du serveur. Tout au long de l'ouvrage, lorsque j'expliquerai comment installer un module, je montrerai comment le compiler comme un ODP et l'activer au démarrage d'Apache. Quelques rares modules ne peuvent pas être liés dynamiquement à Apache et doivent donc être compilés dans son exécutable. Le mécanisme ODP sera préservé dans les prochaines versions d'Apache ; savoir compiler et utiliser des modules ODP est une compétence essentielle pour les administrateurs Apache.
- **Personnalisation** – Apache peut être totalement personnalisé en écrivant des modules utilisant son API. Actuellement, ces modules peuvent être écrits en C ou en Perl. Le code pour implémenter un module minimal est bien plus court qu'on pourrait le penser. Le code source est entièrement disponible pour être examiné ou modifié et la licence d'Apache autorise quasiment n'importe quelle utilisation, privée ou commerciale.

  Une autre fonctionnalité importante est la personnalisation de la mémorisation des événements, y compris la possibilité d'écrire dans plusieurs fichiers journaux à partir de différents serveurs virtuels.

  Avec Apache, il est également possible de personnaliser les en-têtes de réponse HTTP pour le contrôle du cache et les rapports d'erreurs au navigateur client. Le chapitre 12 traite de l'amélioration des performances d'Apache et présente le module `mod_header`.
- **Programmation** – Apache permet de programmer côté serveur au moyen de différents langages et techniques d'intégration, dont PHP, Perl, les servlets Java, Java Server Pages, Active Server Pages, CGI, FastCGI, et Server-Side Includes. Le chapitre 8 présente les outils de script et de programmation disponibles pour Apache.
- **Utilisation possible comme serveur mandataire de cache** – Apache n'est pas conçu pour être utilisé comme un mandataire général mais, grâce à un module nommé `mod_proxy`, vous pouvez en faire un serveur mandataire de cache très efficace. En d'autres termes, Apache peut mettre en cache les fichiers reçus de serveurs distants et les servir directement aux clients qui demandent ces ressources, sans les télécharger à nouveau à partir du serveur d'origine. La mise en cache pour plusieurs clients (sur un réseau local, par exemple) peut accélérer grandement la récupération des clients du serveur mandataire et réduire le trafic sur une connexion Internet. L'utilisation de `mod_proxy` est présentée au chapitre 12.
- **Sécurité –** Les fonctionnalités de sécurité d'Apache sont traitées aux chapitres 13 et 14. Elles incluent la prise en compte de l'authentification utilisateur et le protocole SSL :
  - L'utilisation de DBM (et d'autres bases de données comme Oracle ou MySQL) pour l'authentification utilisateur permet de parcourir rapidement de très grandes listes d'utilisateurs autorisés. Au chapitre 13, je montrerai deux méthodes d'authentification utilisateur à l'aide de bases de données.

- L'utilisation de SSL permet d'échanger des certificats numériques et autorise le chiffrement des données sur Internet. La couche des sockets sécurisées est déjà un composant essentiel de tous les serveurs Web utilisés pour le commerce sur Internet. Dans le futur, on peut s'attendre à ce que l'authentification utilisateur et serveur se répande plus largement sur Internet. Apache disposera toujours des mécanismes de sécurité les plus avancés. Au chapitre 14, je montrerai comment configurer SSL avec Apache et comment utiliser les certificats serveur autoproduits ou fournis par une autorité de certification bien connue comme Verisign.

Autres avantages

Aucune des fonctionnalités principales de la version actuelle n'est unique à Apache. L'ensemble de fonctionnalités seul, bien qu'il soit impressionnant, n'est pas suffisant pour justifier le choix d'Apache par rapport aux autres produits. Cependant, Apache compte bien d'autres avantages.

Apache a été classé (par Netcraft) serveur Web numéro un sur Internet depuis avril 1996 ; à l'heure où nous écrivons ces lignes, on estime qu'il représente 60 % de tous les serveurs Web accessibles par Internet. Bien que sa popularité seule n'indique pas sa supériorité, elle prouve qu'un grand nombre de sites à succès et très fréquentés ont été construits à l'aide d'Apache, ce qui représente un immense vote de confiance en faveur du logiciel. Cela signifie également qu'Apache est minutieusement testé : sa sécurité, sa fiabilité et ses performances générales sont prouvées, documentées et ne peuvent être remises en question.

Un groupe impressionnant de personnes fournit une aide technique inégalée pour Apache. Certains sont programmeurs, la plupart sont des utilisateurs et des administrateurs. Pour un logiciel système aussi largement utilisé qu'Apache, quelle que soit la nature de votre problème, on peut parier que quelqu'un, quelque part, l'a déjà rencontré et peut aider à sa résolution. Bien qu'il puisse sembler logique de supposer que l'aide technique pour un logiciel gratuit sera nécessairement inférieure à celle fournie par les éditeurs de logiciels commerciaux, je n'ai jamais trouvé que c'était le cas. En tant qu'administrateur réseau professionnel, les problèmes les plus difficiles que j'aie eu à résoudre était quasiment tous liés aux logiciels commerciaux (que j'avais généralement payés très cher). La réponse habituelle des services techniques était « passez à la version supérieure ». Croyez-moi, vous n'aurez jamais ce genre de problèmes avec Apache !

Apache est constamment en cours de développement ; pourtant, de nombreux sites Web continuent de fonctionner parfaitement avec des moteurs Apache qui sont dépassés de plusieurs versions. Je crois que c'est la motivation bénévole de ses développeurs qui est responsable d'un tel degré de fiabilité de chaque version. Il n'y a tout simplement aucune raison pour les développeurs Apache de mettre sur le marché des versions incomplètes, pleines de bogues. Le résultat est un avantage immense pour les administrateurs qui sont déjà stressés par la mise à jour presque continuelle des produits commerciaux.

Mais la première raison qui doit vous pousser à utiliser le serveur Apache est qu'il est, par sa conception, hautement configurable et extensible grâce à sa gestion de modules d'extension. L'API d'Apache donne aux programmeurs un accès à ses structures de données et la possibilité d'écrire des sous-programmes qui étendent les fonctionnalités de l'Apache initial. Il est bien sûr possible d'écrire des modifications pour n'importe quel serveur dont le code est librement disponible, mais seul Apache simplifie cette opération grâce à une API bien documentée qui ne nécessite pas que le programmeur d'un module comprenne le code source d'Apache. Conséquence : il existe un très grand nombre de modules externes disponibles pour Apache, dont les plus importants seront présentés au fil de l'ouvrage. Dans ces modules, choisissez seulement ceux dont vous avez besoin et oubliez les autres. La plupart des modules standards fournis avec le serveur distribué par l'Apache Software Foundation sont facultatifs et peuvent être supprimés s'ils sont liés statiquement, ou simplement ignorés s'ils sont compilés séparément sous forme de modules chargeables dynamiquement. Voilà une solution vraiment préférable aux programmes gonflés de fonctions qui ne sont jamais utilisées.

Architecture d'Apache

Je dois reconnaître que lorsque j'ai découvert des tests de performances indiquant que certains serveurs HTTP étaient bien plus rapides qu'Apache, j'ai mis en doute les résultats de ces tests, puis je me suis demandé pourquoi choisir Apache par rapport à ces serveurs fusées.

Il est vrai que plusieurs de ces serveurs font mieux qu'Apache dans la délivrance de ressources statiques aux clients, que ce soit en temps de réponse ou en nombre de clients pouvant être traités simultanément. Cependant, un examen plus détaillé des possibilités de ces serveurs ultra rapides montre qu'une bonne partie de leur rapidité est obtenue en ôtant la plupart des fonctionnalités fournies en standard par Apache.

La plupart des petits serveurs rapides traitent toutes les connexions à partir d'un unique processus écrit pour utiliser un multiplexage non bloquant et synchrone des entrées-sorties (E/S). Cela semble impressionnant, n'est-ce pas ? En fait, cela signifie essentiellement qu'ils utilisent un appel à une fonction nommée `select()`, disponible sur les systèmes d'exploitation comme Linux. Cette fonction permet au processus appelant d'être prévenu d'une demande de connexion sur une ou plusieurs sockets. En d'autres termes, le processus n'est pas bloqué pour attendre les connexions et peut effectuer d'autres tâches plutôt que de rester dans un état d'attente. L'utilisation de `select()` permet également d'écrire et de lire les données sur plusieurs sockets (multiplexages des entrées-sorties) ; elle indique au processus appelant la socket qui a des données en attente d'écriture ou de lecture dans ses tampons.

Apache sur les systèmes Linux est un exemple de serveur qui « pré-forke ». Cela signifie que le serveur principal lance un ensemble de processus pour gérer les requêtes des clients, plutôt que de créer (« forker ») un nouveau processus pour chaque nouvelle connexion. Le fait de disposer de cet ensemble de processus déjà prêts et en attente accélère énormément le traitement des requêtes. Ce modèle me semble plus robuste que le modèle monoprocessus utilisant le multiplexage des E/S, car le processus principal du serveur Apache est protégé (il ne dialogue avec aucun client) et toujours disponible pour relancer des processus fils qui se comporteraient mal ou qui se seraient terminés inopinément. En fait, le comportement par défaut d'Apache consiste à tuer et à relancer chaque processus client après qu'il a répondu à un certain nombre de requêtes (configurable par l'utilisateur). Cela élimine la possibilité qu'une petite fuite mémoire dans un processus devienne un gros problème si ce processus est autorisé à tourner pendant plusieurs jours, plusieurs semaines ou même plusieurs mois.

L'utilisation par Apache d'un ensemble de processus « pré-forkés », au lieu d'un unique processus utilisant `select()`, n'est pas un mauvais choix de conception et, notamment, pas un choix menant à des performances inadéquates. Une critique peut-être plus justifiée est qu'Apache utilise un ensemble (ou essaim) de processus plutôt qu'un ensemble de threads pour gérer les requêtes.

Apache offre à l'administrateur un certain contrôle sur cet essaim de processus. Toutefois, les bénéfices que l'on peut tirer de ces options d'optimisation sont faibles, même dans le meilleur des cas.

Traditionnellement, les systèmes Unix planifient le temps machine par processus et les racines d'Apache sont réellement dans Unix. Cependant, les threads demandent moins de ressources que les processus et sont généralement plus rapides à planifier, notamment sur les systèmes multiprocesseurs capables de lancer plusieurs threads simultanément. Si le code d'Apache utilisait uniquement les threads à la place des processus, on obtiendrait une amélioration significative des performances, sans sacrifier ses fonctionnalités ni sa souplesse. Apache 1.3 pour NT/Windows 2000 est multithreads (il exécute un unique processus, ou tâche, qui est un service NT/Windows 2000 chargé de créer les différents threads pour gérer les connexions). Une fonctionnalité nouvelle et importante de la version 2.0 d'Apache (que nous présenterons plus loin dans ce chapitre) est qu'elle utilise des modules multitraitements.

Le point important à garder à l'esprit est que la vitesse pure est généralement inutile pour les serveurs Web. En fait, la plupart des serveurs Web fonctionnent avec moins de 10 Mb/s de bande passante et sont à l'extrémité de liens pas plus rapides qu'une ligne T1, soit 1,544Mb/s. Apache, sur une station de travail à base de Pentium bas de gamme, utilisant Linux avec seulement 64 Mo de RAM peut facilement remplir ces canal de transmission de données. Un serveur plus rapide est souvent inutile et chaque administrateur doit trouver un juste milieu entre la vitesse et les fonctionnalités limitées de nombreux de serveurs ultra rapides. Plusieurs critères devraient servir à déterminer l'adéquation d'un logiciel de serveur Web aux besoins de l'industrie et la vitesse n'est qu'un parmi d'autres.

Nouvelles fonctionnalités de la version 2.0 d'Apache

L'Apache Group a produit la version 1.3.0 d'Apache en juin 1998, à peu près un an après la sortie de la version 1.2.0 en juin 1997. Depuis, différentes sous-versions d'Apache 1.3 sont apparues, essentiellement pour ajouter la sécurité et pour corriger des bogues. Toutefois c'est la version 1.3 d'Apache qui est la plus largement populaire parmi les développeurs et les administrateurs de sites Web. La stabilité et les excellentes performances d'Apache 1.3 ne peuvent être remises en question.

En 2000, un travail de réécriture massive a commencé dans le but de produire la version 2.0 d'Apache. À partir du milieu de l'année 2000, de nouveaux travaux de développement ont été appliqués à la version bêta d'Apache 2.0. Les différences entre les versions 1.3 et 2.0 d'Apache sont essentiellement internes et intéressent surtout ceux qui écrivent des modules ; l'installation, la configuration et l'administration d'Apache n'ont pas été beaucoup modifiées. Quelques nouveaux modules ont été ajoutés à Apache 2.0 et certains anciens modules ont des fonctionnalités améliorées. Cet ouvrage suit précisément la version 2.0, bien que la plupart du texte s'applique également à la version 1.3, que de nombreux administrateurs choisiront peut-être de continuer à utiliser pendant un certain temps, en raison de sa fiabilité éprouvée. Le travail de développement sur Apache et tous les modules créés par des tiers seront pour Apache 2.0, qui remplacera bientôt la version 1.3 sur quasiment tous les sites Web Apache.

Les modifications les plus importantes de la version 2.0 concernent sa portabilité, l'amélioration du support des modules d'extension et l'augmentation des performances d'Apache sur l'ensemble des plates-formes. La première de ces modifications implique de remplacer la gestion du multitraitement d'Apache (actuellement implémenté en Unix par un seul processus serveur par connexion cliente et en Win32 par un seul thread par client) en modules de multitraitement (MPM, Multiple Processing Modules). Ces modules sont chargés de faire correspondre les requêtes clientes soit à un thread, soit à un processus, ce qui permet à un unique code Apache de fonctionner sur plusieurs plates-formes. La version 2.0 inclut des MPM pour différents schémas de création de processus sous Unix et des MPM pour NT/2000 et OS/2. Les systèmes Unix disposant des threads POSIX, peuvent utiliser un nouveau mode de fonctionnement d'Apache, appelé mode hybride. Cette nouveauté vise à améliorer l'adaptabilité d'Apache, pas nécessairement les performances ou la fiabilité du serveur ; elle ne changera rien pour la majorité des sites Apache installés.

La seconde modification est également destinée aux programmeurs et a pour but d'augmenter la portabilité inter-plate-forme du code. Apache 2.0 sera empaqueté avec une interface de programmation (API) implémentée dans une couche d'exécution portable d'Apache (APR, Apache Portable Run-time). L'APR masque totalement les différences fondamentales dans la façon dont les plates-formes gèrent des processus, tels que la création de processus et les connexions aux sockets. Les programmeurs travaillant sur Apache 2.0 et les versions suivantes devront simplement s'assurer qu'ils programment avec l'APR pour garantir que leurs programmes ou modules fonctionneront sur toutes les plates-formes reconnues. En utilisant l'APR, un programmeur n'aura, par exemple, pas besoin de connaître les détails sur la façon dont les processus sont créés en Unix ou avec NT/2000, où les appels système sont assez différents. Le programmeur devra uniquement apprendre à créer un processus dans l'APR pour produire un code qui fonctionnera de façon identique sur les deux plates-formes.

Le troisième changement apporté par la version 2.0, celle qui nous concerne le plus en tant qu'administrateurs système, est la façon dont les modules Apache enregistrent des fonctions de rappel, ou *callbacks*, auprès du serveur. Ici aussi, bien que les détails des modifications ne soient destinés qu'aux programmeurs, les implications de ces changements concernent directement tous les administrateurs de serveurs, car les modules écrits pour Apache 1.3 ne fonctionneront pas avec la version 2.0 sans être réécrits pour elle et recompilés. Avant de migrer votre site vers Apache 2.0, assurez-vous d'avoir les versions 2.0 de tous les modules dont vous avez besoin. Les ports des modules essentiels seront sûrement disponibles en même temps que la version 2.0 du serveur, mais les modules écrits par des tiers peuvent ne pas être modifiés immédiatement.

Apache 2.0 intègre les modifications que l'Apache Software Foundation et les principaux développeurs d'Apache considèrent comme essentielles pour maintenir le succès du serveur dans un Internet toujours plus commercial. Une migration vers Apache 2.0 sera essentielle pour tout site Apache souhaitant rester à la pointe du progrès. La question est « quel est le meilleur moment pour passer à Apache 2.0 ? ». Comme avec tous les logiciels utilisés en production, la réponse dépend des nouvelles fonctionnalités qui amélioreront votre site en lui ajoutant des possibilités supplémentaires ou en augmentant ses performances. Passer à une version supérieure uniquement pour avoir la dernière version est une opération qui prend du temps, qui est frustrante et qui ne finit jamais. Étudiez le problème sous tous ses angles avant de prendre cette décision.

En résumé

Dans ce chapitre, nous avons étudié les serveurs Web qui font la force d'Internet et nous avons vu qu'au moins 60 % d'entre eux utilisaient Apache, pour la plupart sur des plates-formes Linux. Apache n'est détrôné par les serveurs commerciaux que sur les très gros sites, pour des raisons qui sont moins dues à Apache lui-même qu'au fait que de nombreuses entreprises de grande taille se méfient encore des logiciels libres (une attitude qui s'est fortement atténuée ces dernières années et qui continuera de disparaître à mesure que Linux évolue et devient plus fiable). Les principaux serveurs Web concurrents d'Apache disposent de certaines fonctionnalités très intéressantes, mais celles d'Apache suffisent à maintenir sa domination.

Ces deux premiers chapitres ont servi d'introduction avancée à Apache et à ses origines. Dès le prochain chapitre, nous allons passer à la pratique en installant le serveur sur un système Linux. Dans les chapitres suivants, nous étudierons les différents aspects de la configuration d'Apache.

Partie 2

Configuration élémentaire

3

Installer Apache

Dans les deux premiers chapitres, nous avons abordé le Web et son histoire, et vous avez pu découvrir Apache et les autres serveurs Web les plus utilisés sur Internet. Dans ce chapitre, vous vous initiez à la configuration et à l'administration d'Apache.

Sachez qu'il existe deux manières totalement différentes d'installer Apache Vous pouvez télécharger le code source et le compiler sur votre machine, ou choisir la facilité en téléchargeant des fichiers binaires déjà compilés pour votre plate-forme.

Les deux méthodes ont leurs avantages et ce chapitre les présentera toutes les deux en donnant des exemples, étape par étape, des procédures que vous devrez suivre sur votre propre système. L'installation d'un serveur Apache élémentaire est une opération très facile. Suivez les instructions de ce chapitre, quelle que soit la méthode que vous ayez choisie, et vous aurez bientôt un serveur Apache en état de marche, prêt à être configuré.

Pourquoi partir des sources ?

Avant d'aller plus loin, prenez un peu de temps pour décider s'il est préférable que vous compiliez vous-même Apache. Plusieurs raisons peuvent vous pousser à partir du code source et à construire votre propre copie personnalisée d'Apache.

On explique souvent le succès des logiciels libres comme Apache et Linux par le fait que le code source puisse être étudié et modifié pour ses besoins personnels. Certes, il s'agit là d'un avantage appréciable pour les passionnés de C et pour les entreprises disposant des ressources nécessaires pour personnaliser le code. Cependant, la grande majorité d'entre nous ne personnalisera pas ce code, mais bénéficiera des améliorations apportées par d'autres.

Compiler Apache à partir des sources permet d'ajouter des modifications (ou patches) au code. Les patches sont essentiellement des fichiers contenant des modifications à apporter au code source initial et sont généralement créés en faisant une comparaison entre le code modifié et le code original ; en d'autres termes, les fichiers modifiés sont comparés aux fichiers originaux et les différences sont sauvegardées dans un fichier patch. L'utilisateur peut récupérer ce patch et l'appliquer au code source original pour reproduire les modifications avant de compiler ces sources modifiées.

Les patches permettent aux non-programmeurs d'effectuer des modifications (souvent assez complexes) dans le code source, puis de les compiler eux-mêmes. Si vous n'avez pas la possibilité de modifier ainsi les sources et de les compiler, vous devez trouver des binaires précompilés qui incluent déjà les patches nécessaires. Selon votre plate-forme, il peut être difficile de trouver les binaires qui intègrent les patches dont vous avez besoin.

Un autre avantage de la compilation à partir du code source est que vous pouvez bénéficier des optimisations du compilateur pour votre plate-forme et votre système d'exploitation, même si l'intérêt est moindre qu'avant, puisque vous pouvez facilement trouver des binaires adaptés à votre système. La figure 3.1 présente les distributions binaires d'Apache disponibles sur apache.org à partir du site Web du projet pour un certain nombre de plates-formes. Dans le cas peu probable où votre système d'exploitation ne serait pas dans cette liste, vous pouvez toujours télécharger et compiler vous-même le code source d'Apache.

Il n'est pas utile de compiler le code source sur votre machine pour optimiser le binaire résultant, car la plupart des versions précompilées sont déjà optimisées pour un type de matériel particulier. Pour un système à base d'Intel 486 ou de Pentium, par exemple, téléchargez un binaire i386, pour un Pentium II ou III, téléchargez un binaire i686 : ces binaires ont certainement été créés par un compilateur conçu pour optimiser le code sur un processeur Intel et il est peu probable que votre compilateur produise un code qui s'exécutera beaucoup plus vite. Certaines sociétés offrent des distributions Linux optimisées pour les processeurs Intel Pentium (c'est le cas de la distribution Mandrake, www.linux-mandrake.com). Si votre but consiste à obtenir le système le plus rapide qui soit, utilisez ce type de distribution avec un matériel plus performant.

Le plus court chemin : les binaires précompilés

Une petite remarque sur l'utilisation des binaires : souvent, les binaires précompilés ne sont pas les toutes dernières versions. Si vous voulez être « à la pointe du progrès » pour profiter des dernières modifications, vous devez utiliser le code source ; mais cette solution n'est pas idéale pour les serveurs en production.

Vous aurez besoin des sources pour utiliser les modules qui nécessitent de patcher le code, ou si vous comptez étendre Apache en écrivant vos propres modules. Aujourd'hui, très peu de modules nécessitent une modification du code du serveur et il y a encore moins de program-

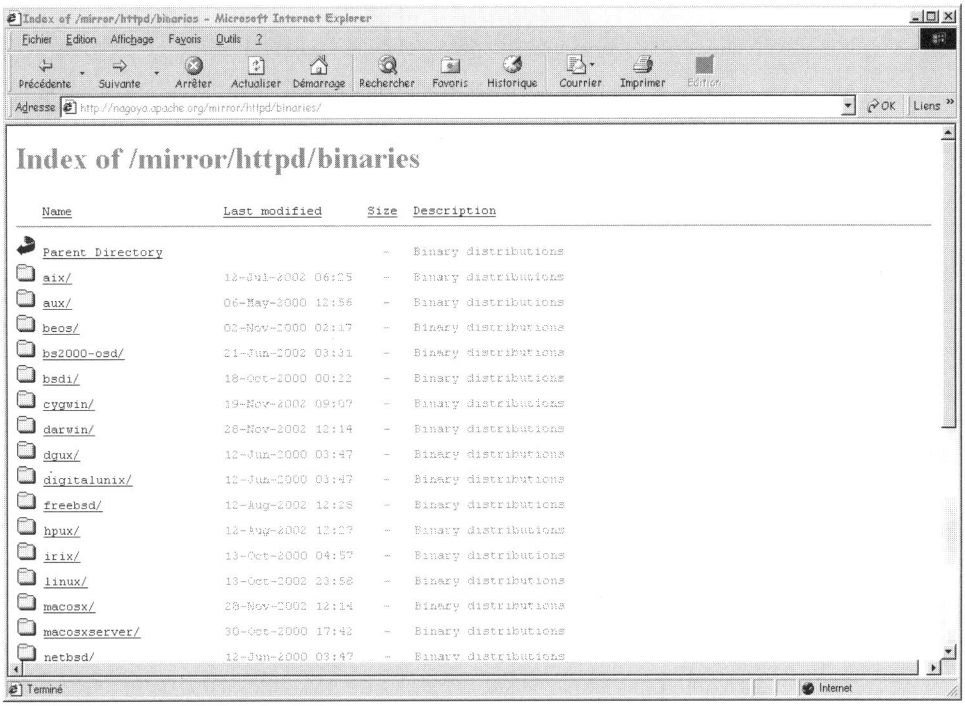

Figure 3.1
Distributions binaires d'Apache.

meurs qui modifient vraiment ces sources. Les chances sont minces pour que vous deviez compiler Apache pour l'une de ces raisons.

Une autre raison de compiler vous-même Apache est de tirer parti des toutes dernières fonctionnalités des modules qui ont un cycle de développement rapide et pour lesquelles vous ne voulez pas attendre qu'une distribution d'Apache les intégrant soit disponible. Vous pouvez même créer vos propres modules, auquel cas vous devez absolument avoir accès au code source d'Apache (pour être honnête, très peu d'administrateurs de serveurs ont absolument besoin de compiler Apache à partir des sources ; les distributions binaires correctement testées conviennent à la plupart des serveurs en production et contiennent quasiment tous les modules d'extension nécessaires). En réalité, si la plupart des administrateurs Apache compilent à partir des sources, c'est simplement parce que cette opération les intéresse et les concerne, afin de mieux comprendre le processus de création. Je vous encourage à suivre cette voie au moins une fois, pour l'expérience ; oubliez tout ce que vous pouvez penser sur la difficulté de compiler Apache (notamment si vous êtes dans la partie depuis assez longtemps pour vous rappeler la complexité de cette opération il y a une dizaine d'années, où il fallait bien connaître les détails intimes de son système d'exploitation). Un travail impressionnant a été fait sur les scripts utilisés par Apache pour qu'il sache seul se compiler au mieux sur votre plate-forme et optimiser ses performances pour votre matériel.

Utilisez une distribution binaire d'Apache chaque fois que vous avez uniquement besoin d'un serveur de base avec les modules inclus dans cette distribution. Supposons par exemple que vous soyez un administrateur système dont le succès dépend de la sécurité, de la stabilité et de la fiabilité d'un logiciel qui a été testé et débogué (de préférence par quelqu'un d'autre) jusqu'à ce qu'il vous convienne. Vous êtes également prêt à attendre les nouvelles améliorations apportées au programme jusqu'à ce qu'elles aient été testées et prouvées. Si vous êtes cet administrateur, utilisez une distribution binaire d'Apache, provenant de préférence du fournisseur de votre distribution Linux : elle contiendra tous les modules standards d'Apache compilés séparément du serveur, sous forme d'ODP (objets dynamiques partagés). Vous pourrez choisir ceux qui vous intéressent et désactiver les autres afin d'économiser la mémoire requise par Apache. Si toutes les fonctionnalités que vous attendez sont disponibles dans l'ensemble des modules standards et que votre système d'exploitation est reconnu, vous n'avez rien à perdre à installer une version précompilée. Même si vous avez besoin de quelques modules qui ne sont pas inclus dans la distribution binaire, la plupart d'entre eux se compilent aisément sans avoir besoin du code source d'Apache ; ils nécessitent seulement quelques modifications de configuration mineures et un redémarrage du serveur pour les activer.

La standardisation et la rapidité sont les deux principaux avantages des distributions binaires. Bien que la compilation d'Apache sur la plupart des systèmes actuels soit une opération assez rapide, elle peut prendre beaucoup de temps si vous devez le faire sur de nombreuses machines. Si vous devez installer Apache sur un certain nombre de serveurs, notamment pour une mise à jour, l'utilisation de binaires vous fera gagner énormément de temps, surtout si vous pouvez le faire par un script ou le contrôler à distance. De plus, quand tout sera fini, vous aurez des fichiers identiques, placés aux mêmes endroits sur tous vos serveurs. Toutes les distributions importantes de Linux proposent une copie binaire d'Apache. Si cette version correspond totalement à vos besoins pour un serveur Web et que vous n'avez pas spécialement envie de compiler le serveur à partir de son code source, le meilleur choix consiste sûrement à utiliser la version binaire fournie avec votre distribution Linux. Vous serez sûr qu'elle fonctionne et vous ne devriez pas avoir à vous soucier des performances, ni d'une perte de fonctionnalités.

Si vous décidez de compiler Apache, lisez la section suivante. Si en revanche, vous pensez que vous pouvez travailler avec les versions précompilées, vous pouvez passer directement à la section « Installer les binaires Apache » de ce chapitre. Les informations sur la compilation d'Apache seront toujours là, au cas où vous en auriez besoin plus tard.

Télécharger le code source d'Apache

Pour télécharger le code source d'Apache, faites pointer votre navigateur vers www.apache.org/dist ou l'un de ses miroirs (voir la figure 3.2). Téléchargez la dernière version d'Apache, qui sera au format `tar` d'Unix, compressé avec l'utilitaire GNU Zip (`gzip`, ou simplement `gz`). Le code source d'Apache 2.0 utilisé dans ce chapitre s'appelait `httpd-2.0.35.tar.gz`, mais vous téléchargerez sûrement une version plus récente.

INFO Les versions d'Apache antérieures à 2.0 ont un nom de fichier commençant par `apache-` plutôt que par `httpd-`.

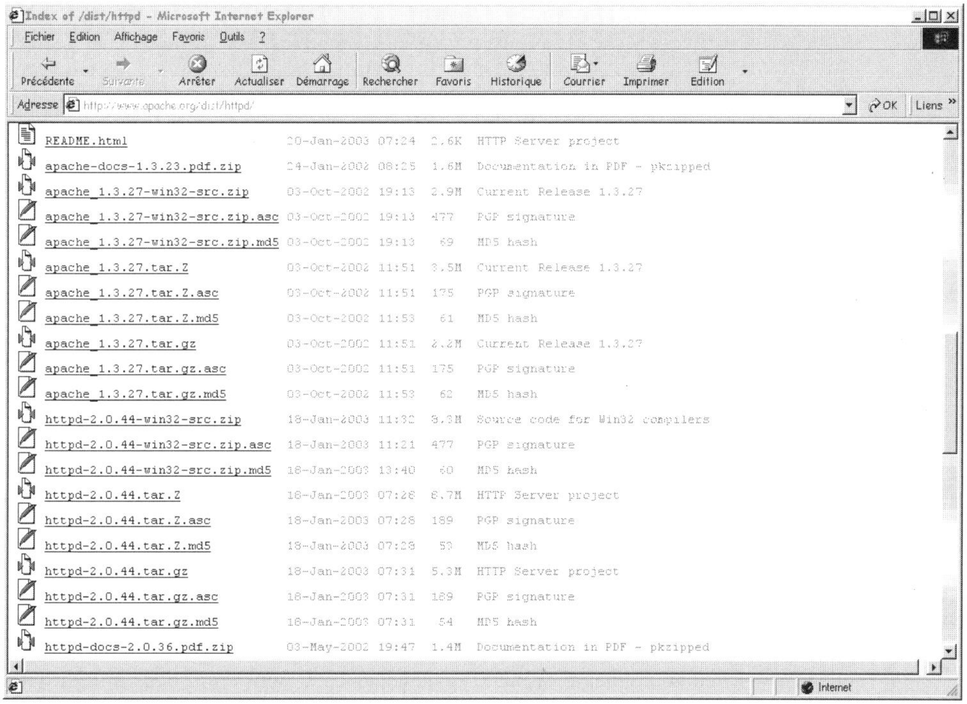

Figure 3.2
Le site pour la distribution du code source d'Apache.

Changez de répertoire pour vous positionner à l'emplacement où vous comptez décompacter le code source d'Apache et compiler le serveur. Généralement, sous Linux, on place le code source dans le répertoire `/usr/local/src`, ce qui est un choix assez logique. Si vous voulez mettre le code source d'Apache dans un sous-répertoire de `/usr/local/src`, saisissez la commande suivante :

```
# cd /usr/local/src
```

À partir de ce répertoire, appelez l'utilitaire `tar` pour décompacter l'archive et en extraire les fichiers. `tar` crée automatiquement les répertoires nécessaires. Lorsque l'opération se termine, le code source d'Apache se trouve dans le répertoire `/usr/local/src/httpd-2.0.35`.

```
# tar xvzf /downloads/httpd-2.0.35.tar.gz
httpd-2.0.35/
httpd-2.0.35/.gdbinit
httpd-2.0.35/ABOUT_APACHE
httpd-2.0.35/Apache.dsp
httpd-2.0.35/Apache.dsw
httpd-2.0.35/BuildBin.dsp
httpd-2.0.35/CHANGES
httpd-2.0.35/INSTALL
httpd-2.0.35/InstallBin.dsp
httpd-2.0.35/LICENSE
httpd-2.0.35/Makefile.in
httpd-2.0.35/Makefile.win
httpd-2.0.35/NWGNUmakefile
httpd-2.0.35/README      nombreux fichiers extraits
```

Le répertoire racine des sources d'Apache est maintenant `/usr/local/src/httpd-2.0.35` ; j'y ferai souvent référence tout au long de ce livre. Si vous installez Apache à partir des sources, vous reviendrez souvent dans ce répertoire pour modifier votre installation. Ce répertoire n'est pas le même que le répertoire d'installation, où vous installerez Apache et d'où vous le lancerez.

Compiler Apache

Les versions très anciennes d'Apache (avant la 1.3) étaient compilées en éditant manuellement un fichier `Configuration.tmpl`, puis en lançant la commande `./configure` et enfin, la commande `make`. On utilisait un éditeur pour adapter au système cible les paramètres du compilateur (`EXTRA_CFLAGS`, `LIBS`, `LDFLAGS`, `INCLUDES`) stockés dans le modèle. Pour compiler correctement Apache, il fallait connaître son système, ou trouver quelqu'un qui avait effectué l'installation sur un système identique et acceptait de partager son secret.

Avec Apache 1.3 est apparu un outil de configuration automatisée qui mimait le projet `Autoconf` de GNU (www.gnu.org/software/autoconf/), mais sans utiliser le code GNU. Pour cette raison, le script d'installation de la version 1.3 s'appelait `APache AutoConf-style Interface` (ou plus simplement `APACI`). Toutes les versions 1.3.x d'Apache incluaient l'utilitaire `APACI`. Dans Apache 2.0, les scripts d'installation, qui gardent une forte ressemblance avec l'`APACI` d'Apache 1.3, ont été réécrits pour utiliser l'`autoconf` de GNU.

L'utilitaire autoconf

`Autoconf` permet de configurer facilement le source d'Apache avant de le compiler, afin de préciser certaines options de compilation et l'inclusion (ou l'exclusion) de modules. `Autoconf` effectue également un certain nombre de tests afin d'avoir des détails sur votre matériel et votre système d'exploitation concernant la compilation du code source d'Apache.

`Autoconf` ne compile pas Apache ; son but consiste à créer les fichiers qui précisent comment s'effectuera cette compilation. Sa tâche la plus importante consiste à créer les fichiers `makefile` qui seront utilisés par le programme `make` de Linux. Celui-ci indique au compilateur C ce qu'il doit faire et où placer les programmes compilés si on demande à `make` d'effectuer l'installation. `Autoconf` sert à produire un script nommé `configure` pour une application ; ce script peut à son tour servir à produire les fichiers `makefile` qui compilent le code source C de l'application. Pour compiler Apache, vous utiliserez un script `configure` produit par `autoconf` (ce script est fourni avec le code source d'Apache) plutôt que d'utiliser directement `autoconf`.

Nécessité d'utiliser ANSI-C

Le code source d'Apache est écrit dans un langage C conforme aux spécifications de l'ANSI-C. Pour cette raison, vous devez avoir un compilateur ANSI-C pour que l'installation réussisse. Ce n'est pas un gros problème puisque votre distribution Linux contient le compilateur C du projet GNU (`gcc`), qui est le compilateur ANSI-C recommandé par l'Apache Software Foundation. Si le script `configure` n'arrive pas à trouver un compilateur qui convienne, il vous en prévient et la configuration échoue. Vous pouvez alors installer `gcc` à partir de votre CD-Rom Linux ou de www.gnu.org. La Free Software Foundation fournit des distributions binaires pour Linux et un grand nombre de plates-formes Unix. Vous pouvez également compiler vous-même le code source, bien que compiler `gcc` puisse devenir un exercice assez long. Les distributions binaires de `gcc` sont correctement optimisées, il est donc peu probable que vous puissiez construire un compilateur C plus efficace.

Le script configure

Dans le répertoire racine des sources d'Apache, vous trouverez un script `shell` nommé `configure`. Ce script ne compile pas le serveur Apache ; son but est d'examiner votre système pour identifier ses possibilités et localiser les fichiers dont il a besoin. Le script `configure` peut vous avertir qu'il ne peut pas compiler Apache et vous indiquer comment corriger les problèmes qu'il rencontre. Sur la plupart des systèmes utilisant une version assez récente de Linux, cela n'arrive pas. Lorsque `configure` sait qu'il peut compiler Apache sur votre système, il identifie la meilleure combinaison d'options possible pour ce système. Les informations collectées et les décisions prises pour la configuration d'Apache sur votre système sont écrites dans un fichier spécial nommé `config.status`. Ce fichier contient les informations spécifiques à votre système (dont les options de compilation que vous avez indiquées à `configure`) et celles sur la création des fichiers `makefile` nécessaires pour construire Apache à partir de zéro.

Généralement, vous lancerez configure avec un certain nombre d'options (en paramètres de la ligne de commande) afin d'adapter votre configuration d'Apache à vos besoins. En fait, si vous lancez configure sans paramètre, il produit un message d'avertissement « Warning : Configuring Apache with default settings. This is probably not what you really want ». Les sections suivantes vous montreront comment préciser des options supplémentaires à configure ou comment surcharger ses valeurs par défaut. Vous serez très certainement amené à répéter cette procédure, chaque fois que vous voudrez modifier votre configuration d'Apache ou modifier ses fonctionnalités en ajoutant de nouveaux modules. L'instruction configure suivante configure Apache 2.0.35. Attention, il s'agit d'une seule commande Linux avec trois paramètres ; la barre oblique inverse (\) sert à continuer la commande sur la ligne suivante. C'est une astuce pratique pour taper les longues lignes de commande et elle peut également améliorer la lisibilité des scripts shell.

```
# ./configure \
"--with-layout=Apache" \
"--enable-mods-shared=most"
```

Le paramètre --with-layout de l'exemple ci-dessus indique à Apache de consulter la section Apache du fichier config.layout qui se trouve à la racine des sources d'Apache. Cette section du fichier servira à indiquer les valeurs par défaut des répertoires où seront stockés les fichiers d'Apache. Le schéma Apache est celui qui est le plus souvent utilisé, mais ce fichier contient également d'autres sections décrivant d'autres schémas, comme RedHat, qui installe les fichiers d'Apache dans les mêmes répertoires que la distribution Red Hat.

Toutes les valeurs par défaut définies dans config.layout peuvent être surchargées. Dans de nombreuses occasions, vous souhaiterez utiliser un autre répertoire d'installation : par exemple, vous pouvez vouloir installer une deuxième version d'Apache à côté de la version existante (pour effectuer des tests, j'ai cinq versions d'Apache installées sur mon serveur). Vous pouvez également choisir un autre répertoire d'installation pour garder les emplacements par défaut utilisés par une distribution Linux. Par exemple, supposons que la version d'Apache fournie avec votre distribution Linux s'installe dans /etc/apache au lieu du répertoire par défaut /usr/local/apache : utilisez alors --prefix pour installer Apache dans le répertoire /etc/apache (voir la présentation du fichier config.layout ci-dessous pour connaître les emplacements par défaut).

Pour activer le support des objets dynamiques partagés (ODP), ajoutez l'option --enable-shared=max, qui force Apache à construire tous les modules comme des ODP, à l'exception de http_core et mod_so, qui doivent tous les deux être liés statiquement dans le noyau d'Apache. Le module http_core fournit les directives essentielles pour gérer le serveur Apache et mod_so permet au serveur d'utiliser les modules ODP.

La plupart des utilisateurs de Linux utiliseront sûrement l'option --enable-mods-shared=most pour activer tous les modules standards de la distribution Apache, qui sont connus pour fonctionner sur toutes les plates-formes reconnues par Apache. Le tableau 3.1 énumère les

Pourquoi utiliser des ODP ?

L'extension d'Apache par l'utilisation de modules a toujours fait partie de sa conception, mais ce n'est qu'à partir de la version 1.3 qu'Apache accepte les modules chargeables dynamiquement. Ces objets dynamiques partagés sont disponibles dans Apache avec Linux et les systèmes d'exploitation qui disposent des fonctions système permettant à un programme de charger un module dans son espace d'adresses via un appel système. Cela fonctionne comme les bibliothèques dynamiques de Windows (DLL) : en fait, les DLL servent à fournir cette fonctionnalité dans les versions Windows d'Apache.

L'utilisation des modules ODP avec Apache présente plusieurs avantages. Premièrement, le serveur est bien plus souple, car les modules peuvent être activés ou désactivés à l'exécution, sans avoir besoin de refaire une édition de liens du noyau d'Apache. De plus, l'exclusion des modules inutiles réduit la taille de l'exécutable Apache, ce qui peut être intéressant lorsque plusieurs instances de celui-ci s'exécutent dans un espace mémoire limité.

Sur les systèmes Linux, le seul désavantage des modules ODP est qu'ils ralentissent d'environ 20% le démarrage du serveur, car le système doit résoudre la table des symboles pour les liens dynamiques.

Dans quasiment tous les cas, les administrateurs Linux devraient compiler leur serveur Apache pour qu'il utilise au maximum les modules ODP.

modules qui sont installés lorsque vous indiquez `--enable-mods-shared=most` et contient tous les modules Apache les plus souvent utilisés. Quelques modules (voir le tableau 3.2) ne sont pas inclus lorsque vous compilez Apache avec `--enable-mods-shared=most`. Si vous avez besoin de l'un d'eux, utilisez plutôt `--enable-mods-shared=all`, qui compile et installe tous les modules de la distribution Apache.

ATTENTION Les utilisateurs de Red Hat Linux 7.0 ne pourront pas compiler Apache avec `mod_auth_dbm` et doivent utiliser l'option `--disable-module=auth_dbm` pour désactiver l'utilisation de ce module. Ce problème n'apparaît pas dans les versions plus anciennes ou plus récentes de Red Hat Linux.

Tableau 3.1 – Modules installés avec --enable-mods-shared=most

Module	But du module
`mod_env`	Configure les variables d'environnement utilisées par CGI et SSI.
`mod_setenvif`	Autorise la configuration sélective des variables d'environnement si certaines conditions sont remplies.
`mod_mime`	Détermine le type MIME et l'encodage d'un document d'après l'extension de son nom.
`mod_negotiation`	Permet au serveur de déterminer le meilleur encodage ou la meilleure langue pour le client en utilisant les préférences du navigateur et les variantes disponibles du document (négociation de contenu).
`mod_alias`	Autorise la redirection simple des requêtes utilisateur et la modification de la correspondance entre l'URL et le système de fichiers.

Tableau 3.1 – Modules installés avec --enable-mods-shared=most (*suite*)

Module	But du module
`mod_rewrite`	Autorise les transformations complexes des URL demandées pour permettre un contrôle complet sur la redirection des requêtes.
`mod_userdir`	Autorise les utilisateurs du système à configurer leurs propres pages Web sous leurs répertoires personnels.
`mod_speling`	Tente de corriger les erreurs d'orthographe classiques dans les URL.
`mod_vhost_alias`	Autorise les hôtes virtuels dynamiquement configurés à partir de l'URL demandée.
`mod_dir`	Effectue la traduction du « slash terminal » et fournit la page « index » du répertoire.
`mod_autoindex`	Fournit les index de répertoires lorsqu'il n'y a pas de page index pour un répertoire.
`mod_access`	Fournit la forme de contrôle d'accès la plus simple, basée sur les informations contenues dans les en-têtes de requête du client (son adresse IP, par exemple).
`mod_headers`	Autorise l'utilisation d'en-têtes de requête HTTP.
`mod_expires`	Autorise la production de l'en-tête `HTTP Expires` pour contrôler la mise en cache effectuée par le navigateur et le serveur mandataire.
`mod_asis`	Autorise l'envoi des fichiers qui contiennent déjà leurs propres en-têtes de réponse.
`mod_include`	Autorise l'utilisation de Server-Side Includes (SSI).
`mod_cgi`	Autorise l'exécution des scripts Common Gateway Interface (CGI).
`mod_actions`	Autorise l'exécution des scripts CGI spécifiques d'après le type de document.
`mod_status`	Produit une page donnant des informations sur l'activité et les performances du serveur.
`mod_info`	Produit une page donnant des informations sur la configuration et les possibilités du serveur.
`mod_log_config`	Gère la mémorisation des requêtes et des réponses traitées par le serveur.
`mod_imap`	Autorise la gestion des images cartes (fichiers `.map`).
`mod_so`	Autorise le chargement des modules ODP au lancement du serveur.
`mod_dav`	Fournit le support Distributed Authoring and Versioning (WebDAV).
`mod_auth`	Fournit l'authentification HTTP de base, utilisant des informations identificateur/mot de passe stockées dans un fichier texte.
`mod_auth_anon`	Fournit l'émulation du comportement de l'accès « anonyme » de FTP.
`mod_auth_dbm`	Fournit l'authentification HTTP de base, utilisant des informations identificateur/mot de passe stockées dans une base de donnée DBM.
`mod_auth_digest`	Implémente l'authentification utilisateur par MD5 Digest.

Le tableau 3.2 énumère les très rares modules intégrés à la distribution d'Apache qui ne sont pas activés par l'utilisation de l'option `--enable-mods-shared=most`. Sur les systèmes Linux, je conseille de configurer Apache avec `--enable-mods-shared=most` et d'ajouter manuellement les modules du tableau 3.2 dont vous avez besoin. Par exemple, pour ajouter manuellement le module `mod_mime_magic` (qui tente de déterminer le type de fichier à partir de son contenu, plutôt que par l'extension de son nom), vous pouvez utiliser cette commande :

```
# ./configure "--enable-mods-shared=most mime_magic".
```

Vous remarquerez que le préfixe mod_ a été supprimé du nom du module et que les différents modules sont séparés par des espaces. Chaque fois qu'un modificateur contient un espace, l'option entière doit être placée entre apostrophes doubles. En fait, vous pouvez prendre l'habitude de toujours mettre les options de configure entre apostrophes doubles, car cela ne pose pas de problème, même si elles ne sont pas nécessaires.

Vous ne pouvez pas avoir une unique liste de modules à désactiver de votre configuration ; chacun doit être désactivé par une option distincte. Étudiez l'exemple suivant, qui est une seule commande divisée en plusieurs lignes (par le caractère \ en fin de ligne) pour plus de lisibilité :

```
# ./configure \
"--enable-mods-shared=most" \
"--disable-cgi" \
"--disable-include".
```

Ici, les modules mod_cgi et mod_include sont désactivés, ce qui revient à les ôter de la liste des modules activés par l'option --enable-mods-shared=most.

Tableau 3.2 – Modules non activés par --enable-mods-shared=most

Module	But du module
mod_mime_magic	Détermine le type MIME d'un fichier en examinant les premiers octets de son contenu (octets « magiques »). Présenté au chapitre 15.
mod_cern_meta	Émule la sémantique « metafile » du serveur HTTP original du CERN. Si vous ne savez pas ce que cela signifie, vous n'en avez certainement pas besoin.
mod_usertrack	Produit un fichier journal « clickstream » spécial pour tracer les sessions individuelles des utilisateurs. Présenté au chapitre 11.
mod_unique_id	Produit un identifiant unique pour chaque requête cliente, qui peut même être unique au sein d'un ensemble de serveurs (s'il est correctement configuré). Ces identifiants ont des rôles obscurs et ne seront pas présentés dans ce livre.

Quelques rares modules ne sont pas installés lorsque most ou all sont passés aux paramètres --enable-modules ou --enable-mods-shared. Ces modules doivent être activés manuellement et individuellement avec les options de configuration du tableau 3.3.

Tout au long du livre, lorsque je présenterai l'ajout de modules supplémentaires, j'expliquerai comment utiliser les paramètres supplémentaires de configure pour modifier la compilation d'Apache. Vous pouvez adapter votre configuration pour utiliser n'importe quelle combinaison de modules de la distribution Linux et de modules distribués séparément. Pour les

Tableau 3.3 – Modules devant être activés manuellement

Module	But du module	Option pour activer
`mod_charset_lite`	Module expérimental qui fournit à Apache l'ensemble des caractères d'origine des ressources et un ensemble de caractères pour traduire une ressource avant de la délivrer. `mod_charset_lite` ne fait pas la traduction.	`--disable-charset-lite`
`mod_cgid`	Exécute les scripts CGI à l'aide d'un processus démon séparé du serveur Apache.	`--disable-cgid`
`mod_ext_filter`	Module expérimental qui permet à Apache de faire transiter ses réponses par un processus externe (filtre) avant de les envoyer au navigateur client.	`--enable-ext-filter`
`mod_suexec`	Permet d'exécuter des scripts CGI sous un compte utilisateur spécifié par l'administrateur.	`--enable-suexec`
`mod_cache`	Module expérimental initialement prévu pour mettre en cache les données relayées, soit sur disque, soit en mémoire partagée.	`--enable-cache`
`mod_file_cache`	Module expérimental qui met en cache dans la mémoire les fichiers fréquemment demandés.	`--enable-file-cache`
`mod_deflate`	Module expérimental pour diminuer la taille des données (ou les compresser) avant de les envoyer au client.	`--enable-deflate`
`mod_ssl`	Fournit des connexions SSL (Secure Sockets Layer). Voir le chapitre 14.	`--enable-ssl`
`mod_example`	Fournit aux programmeurs un exemple de création de module en utilisant l'API d'Apache 2.0.	`--enable-example`
`mod_proxy`	Implémente un serveur mandataire/passerelle HTTP/1.1, comme présenté au chapitre 12.	`--enable-proxy`
`mod_proxy_http`	Nécessaire à `mod_proxy` pour relayer des requêtes http.	`--enable-proxy-http`
`mod_proxy_ftp`	Nécessaire à `mod_proxy` pour relayer des requêtes FTP.	`--enable-proxy-ftp`
`mod_proxy_connect`	Nécessaire à `mod_proxy` pour relayer des requêtes `CONNECT`.	`--enable-proxy-connect`

systèmes Linux, je considère que la ligne de commande suivante est suffisante pour construire un système Apache 2.0 convenant aux besoins de quasiment tous les serveurs :

```
#./configure --enable-mods-shared=most
```

Le script `configure` crée essentiellement un ensemble d'instructions adressées au compilateur pour qu'il sache compiler les fichiers sources afin de produire un système en état de marche. Il utilise les informations que vous lui fournissez, ainsi que les autres informations sur les possibilités de votre système, comme les bibliothèques de fonctions disponibles. Le résultat est un ensemble de fichiers `makefile`, qui expliquent à l'utilitaire `make` de Linux comment compiler les fichiers sources, les lier aux bibliothèques nécessaires et les installer aux bons endroits.

Chaque fois que vous lancez le script `configure`, il crée un fichier nommé `config.log` dans le répertoire source d'Apache (ou écrase ce fichier s'il existait déjà). Ce fichier contient les lignes produites par `configure` et sert à corriger les problèmes qui pourraient survenir pendant l'exécution du script. Ce fichier n'a généralement aucun intérêt, mais l'une des premières lignes contiendra la ligne de commande complète qui a été utilisée pour lancer `configure`. Les toutes premières lignes de `config.log` ressemblent généralement à celles du listing 3.1.

Listing 3.1 – Fichier config.status typique

```
# head config.log
[root@Lynx httpd-2.0.36]# head config.log
This file contains any messages produced by compilers while
running configure, to aid debugging if configure makes a mistake.
It was created by configure, which was
generated by GNU Autoconf 2.53.  Invocation command line was
  $ ./configure --with-layout=Apache --enable-mods-shared=all --enable-ssl --
enable-proxy --enable-proxy-http --enable-proxy-ftp --enable-cache --enable-disk-
cache --enable-mem-cache
## --------- ##
## Platform. ##
```

Le fichier config.layout

Les chemins utilisés par Apache pour trouver les fichiers pendant la compilation et pour savoir où mettre les fichiers pendant l'installation sont définis dans un fichier de configuration spécial, nommé `config.layout`, que vous trouverez dans le répertoire source d'Apache. Ce fichier contient des ensembles de chemins à utiliser par défaut sur différents types de systèmes. Chaque ensemble est identifié par un nom de système, et est appelé schéma. Lorsque vous lancez `configure`, Apache tente de deviner votre système d'exploitation en utilisant un script annexe, `src/helpers/GuessOS`. Si son meilleur choix correspond au nom de l'un des schémas, il utilise celui-ci pour déterminer les informations correctes sur les chemins. Sinon, il utilise la configuration par défaut d'Apache, qui est définie par le schéma « Apache » dans `config.layout`. Le schéma Apache est illustré dans le listing 3.2.

Listing 3.2 – Le schéma Apache dans config.layout

```
#   Classical Apache path layout.
<Layout Apache>
    prefix:        /usr/local/apache2
```

Listing 3.2 – Le schéma Apache dans config.layout (*suite*)

```
    exec_prefix:    ${prefix}
    bindir:         ${exec_prefix}/bin
    sbindir:        ${exec_prefix}/bin
    libexecdir:     ${exec_prefix}/modules
    mandir:         ${prefix}/man
    sysconfdir:     ${prefix}/conf
    datadir:        ${prefix}
    installbuilddir: ${datadir}/build
    errordir:       ${datadir}/error
    iconsdir:       ${datadir}/icons
    htdocsdir:      ${datadir}/htdocs
    manualdir:      ${datadir}/manual
    cgidir:         ${datadir}/cgi-bin
    includedir:     ${prefix}/include
    localstatedir:  ${prefix}
    runtimedir:     ${localstatedir}/logs
    logfiledir:     ${localstatedir}/logs
    proxycachedir:  ${localstatedir}/proxy
</Layout>
```

Chaque ligne de `config.layout` définit un chemin. Certains d'entre eux dérivent d'autres chemins déjà définis dans le fichier. Vous pourrez remarquer que, dans ce schéma, tous les chemins dérivent du chemin identifié par `prefix`. Ainsi, en lançant `configure` avec le paramètre `--prefix` pour modifier cet emplacement, vous changez automatiquement tous les chemins par défaut de l'installation d'Apache.

En utilisant le paramètre `--with-layout` lorsque vous lancez `configure`, vous pouvez indiquer le schéma que vous souhaitez. Si par exemple vous choisissez d'utiliser les mêmes emplacements que ceux utilisés par Red Hat Linux, lancez `configure` avec le paramètre `--with-layout=RedHat` :

```
# ./configure --with-layout=RedHat
```

Il est important de réaliser que `config.layout` est une facilité et sert à fournir un emplacement unique dans lequel on configure un certain nombre de chemins. Apache stocke ses données dans ces répertoires (ou s'attend à les trouver là).

Comme nous le verrons plus tard, vous pouvez modifier `config.layout` en créant un schéma personnalisé si vous souhaitez modifier n'importe lequel de ces chemins, ou vous pouvez surcharger et modifier n'importe quel chemin par défaut par une option de `configure`. Le tableau 3.4 énumère toutes les options de `configure` permettant de définir les répertoires d'Apache.

Tableau 3.4 – Options de configure pour définir les répertoires

Option	Emplacement pour...
`--bindir=REP`	Exécutables utilisateur
`--sbindir=REP`	Exécutables système
`--libexecdir=REP`	Bibliothèques (modules ODP)
`--mandir=REP`	Pages de manuel (man) d'Apache
`--sysconfdir=REP`	Fichiers de configuration (`httpd.conf`)
`--datadir=REP`	Fichiers de données en lecture seule
`--iconsdir=REP`	Fichiers images utilisés par Apache
`--htdocsdir=REP`	Fichiers documents en lecture seule
`--cgidir=REP`	Fichiers CGI en lecture seule
`--includedir=REP`	Fichiers inclus
`--localstatedir=REP`	Fichiers de données modifiables
`--runtimedir=REP`	Données d'exécution
`--logfiledir=REP`	Fichiers journaux d'Apache
`--proxycachedir=REP`	Données du cache mandataire

L'exemple suivant utilise ces paramètres pour installer les exécutables utilisateur d'Apache dans `/usr/bin` et les exécutables système dans `/usr/sbin`, qui sont les répertoires utilisés par le schéma de Red Hat. Toutes les autres options du schéma sont lues à partir du schéma Apache de `config.layout`. La commande suivante a le même effet que le schéma personnalisé montré plus loin dans le listing 3.3 :

```
# ./configure --bindir=/usr/bin --sbindir=/usr/sbin
```

Pour les lecteurs qui utilisent Red Hat Linux, l'Apache fourni avec cette distribution sous forme de paquetage RPM utilise un schéma ressemblant à celui-ci :

```
#   Red Hat Linux 7.x layout
<Layout RedHat>
    prefix:        /usr
    exec_prefix:   ${prefix}
    bindir:        ${prefix}/bin
```

```
    sbindir:       ${prefix}/sbin
    libdir:        ${prefix}/lib
    libexecdir:    ${prefix}/lib/apache
    mandir:        ${prefix}/man
    sysconfdir:    /etc/httpd/conf
    datadir:       /var/www
    installbuilddir: ${datadir}/build
    errordir:      ${datadir}/error
    iconsdir:      ${datadir}/icons
    htdocsdir:     ${datadir}/html
    manualdir:     ${datadir}/manual
    cgidir:        ${datadir}/cgi-bin
    includedir:    ${prefix}/include/apache
    localstatedir: /var
    runtimedir:    ${localstatedir}/run
    logfiledir:    ${localstatedir}/log/httpd
    proxycachedir: ${localstatedir}/cache/httpd
</Layout>
```

Notez que, comme le schéma Red Hat modifie la variable `prefix`, tous les chemins sont modifiés puisqu'ils dépendent tous de celle-ci. Le schéma Red Hat tente en fait de placer les fichiers dans des répertoires plus standards. Plutôt que de placer les binaires Apache dans un répertoire particulier (comme `/usr/local/apache/bin`), Red Hat les met dans les répertoires Linux prévus pour eux, `/usr/bin` et `/usr/sbin`. De même, Red Hat préfère placer la configuration d'Apache sous `/etc`, un répertoire où vous trouverez les fichiers de configuration d'un grand nombre d'autres utilitaires comme `FTP`, `DNS`, `sendmail` et autres.

Créer et utiliser un schéma personnalisé

La meilleure façon de modifier un schéma d'Apache consiste à créer votre propre schéma. Cette opération relativement simple si vous copiez un schéma de `config.layout`, le renommez et appliquez vos modifications à ce nouveau schéma. Vous l'utiliserez pendant la compilation d'Apache en indiquant le nom que vous avez choisi. Le listing 3.3 montre un schéma personnalisé que j'ai utilisé et qui s'appelle `MonApache`. J'ai modifié le schéma `Apache` standard et effectué deux modifications pour placer les exécutables au même endroit que le schéma `Red Hat` que nous venons de voir. J'utilise un système Red Hat et ce schéma les place où les scripts de démarrage du système s'attendent à les trouver.

Soulignons que de nombreux administrateurs considèrent qu'il est risqué de modifier directement le schéma par défaut : ils préfèrent garder les valeurs par défaut et travailler sur une copie. L'utilisation par Apache des schémas nommés facilite cette approche. Vous pourriez ajouter un schéma comme celui du listing 3.3 au fichier `config.layout`.

ATTENTION Ne laissez pas de lignes blanches dans un schéma personnalisé car cela perturberait le parseur.

Listing 3.3 – Schéma de répertoires personnalisé

```
# Schema de repertoire Apache modifie par Aulds
<Layout MonApache>
# Utilise toutes les autres options du schema Apache layout options,
# mais installe les executables utilisateur et systeme au meme
# endroit que le schema Red Hat
    bindir:         /usr/bin
    sbindir:        /usr/sbin
# fin des modification du schema Apache
    prefix:         /usr/local/apache2
    exec_prefix:    ${prefix}
    libexecdir:     ${exec_prefix}/modules
    mandir:         ${prefix}/man
    sysconfdir:     ${prefix}/conf
    datadir:        ${prefix}
    installbuilddir: ${datadir}/build
    errordir:       ${datadir}/error
    iconsdir:       ${datadir}/icons
    htdocsdir:      ${datadir}/htdocs
    manualdir:      ${datadir}/manual
    cgidir:         ${datadir}/cgi-bin
    includedir:     ${prefix}/include
    localstatedir: ${prefix}
    runtimedir:     ${localstatedir}/logs
    logfiledir:     ${localstatedir}/logs
    proxycachedir: ${localstatedir}/proxy
</Layout>
```

Pour utiliser ce nouveau schéma, lancez `configure` avec le paramètre `--with-layout`, puis compilez :

```
# ./configure --enable-layout-MonApache
```

Les autres options de configure

Le paramètre `--help` de `configure` affiche la liste complète de ses options. Vous y trouverez également toutes les variables utilisées par les options de schéma, ainsi que les options de configuration que nous avons déjà présentées. Les options que j'ai montrées sont sûrement les seules dont vous aurez besoin, mais il en existe d'autres qui ont des buts bien plus spécifiques. `--enable-rule`, par exemple, sert à activer les règles de compilation nécessaires pour compiler Apache sur certains systèmes (les utilisateurs de Linux n'en auront jamais besoin). Il existe également plusieurs options pour traiter le mécanisme des programmes setuid (présenté au chapitre 4).

Compiler Apache

Lorsque la phase de configuration est terminée, vous disposez d'un ensemble de fichiers makefile situés dans différents répertoires de votre arborescence des sources d'Apache. La véritable phase de compilation commence avec la commande make :

```
# make
Making all in srclib
make[1]: Entering directory '/usr/local/src/httpd-2.0.36/srclib'
Making all in apr
make[2]: Entering directory '/usr/local/src/httpd-2.0.36/srclib/apr'
Making all in strings
make[3]: Entering directory '/usr/local/src/httpd-2.0.36/srclib/apr/strings'
make[4]: Entering directory '/usr/local/src/httpd-2.0.36/srclib/apr/strings'
/bin/sh /usr/local/src/httpd-2.0.36/srclib/apr/libtool --silent --mode=compile
gcc -g -O2 -pthread   -DHAVE_CONFIG_H -DLINUX=2 -D_REENTRANT -D_XOPEN_SOURCE=500 -
D_BSD_SOURCE -D_SVID_SOURCE    -I../include -I../include/arch/unix  -c apr_
cpystrn.c && touch apr_cpystrn.lo
-- Nombreuses lignes supprimées --
```

Vous constaterez que l'exécution de make crée un fichier httpd dans le répertoire .libs situé au premier niveau de l'arborescence des sources Apache. La taille de ce fichier varie en fonction des modules que vous avez activés et de votre choix concernant la compilation ou non de ces modules comme ODP. Si vous avez choisi cette dernière solution, httpd aura une taille réduite à peu près de moitié par rapport à un exécutable qui utiliserait les mêmes modules, mais liés statiquement. En effet, avec les ODP, httpd ne contient que les fonctionnalités essentielles d'Apache et sert surtout à charger les ODP à l'exécution, pour qu'ils fournissent les autres fonctionnalités.

Que vous ayez compilé Apache comme un unique exécutable ou pour qu'il utilise des modules ODP, vous voudrez sûrement effectuer l'opération facultative consistant à réduire la taille de httpd en utilisant la commande strip de Linux. Cette commande supprime la table des symboles qui ne sert qu'aux débogueurs et autres outils de développement. Pour une version de production du noyau Apache, ces informations doivent être ôtées pour réduire l'espace mémoire requis par le serveur. Cette réduction de taille est faible, mais si vous exécutez plusieurs processus Apache, ces économies s'additionneront. Sachez qu'une fois que vous avez ôté la table des symboles d'un fichier binaire, vous ne pouvez plus utiliser d'outils de débogage lorsque vous avez des problèmes avec ce programme.

Sur mon serveur, l'exécution de strip sur un exécutable Apache 2.0.36 fraîchement compilé réduit sa taille d'à peu près 25 % ! Pour un binaire lié statiquement :

```
# ls -al /usr/local/src/httpd-2.0.36/.libs
-rwxr-xr-x    1 root     root       2552103 Jun  1 11:48 httpd
# strip httpd
# ls -al /usr/local/src/httpd-2.0.36/.libs
-rwxr-xr-x    1 root     root        682088 Jun  1 11:59 httpd
```

Cette réduction de taille (et donc de consommation mémoire) est aussi importante qu'avec un Apache utilisant les ODP :

```
# ls -al /usr/local/src/httpd-2.0.36/.libs
-rwxr-xr-x    1 root     root       1017523 Jun  1 12:55 httpd
# strip httpd
# ls -al /usr/local/src/httpd-2.0.36/.libs
-rwxr-xr-x    1 root     root        283924 Jun  1 13:06 httpd
```

L'étape finale de l'installation consiste à appeler de nouveau `make`, mais cette fois avec le paramètre `install`. Cela aura pour effet de placer tous les binaires compilés et les fichiers associés à leurs emplacements par défaut (ou aux endroits que vous avez précisés lors de l'étape de configuration, comme on l'a expliqué précédemment). La plupart des fichiers sont copiés dans des répertoires relatifs au répertoire racine d'Apache que vous avez indiqué avec le paramètre `--prefix` :

```
# make install
-- lignes supprimées
Installing configuration files
Installing HTML documents
Installing error documents
Installing icons
Installing CGIs
Installing header files
Installing man pages
Installing build system files
make[1]: Leaving directory '/usr/local/src/httpd-2.0.36'
```

D'après le message ci-dessus, vous venez d'installer un système Apache qui devrait fonctionner après avoir effectué quelques modifications simples dans son fichier de configuration.

Si vous compilez Apache à partir de son code source, vous pouvez passer directement à la section « Démarrage du serveur », c'est là que vous apprendrez à le lancer.

Installer les binaires Apache

Il est si facile de compiler Apache à partir des sources, notamment sous Linux, que vous pouvez choisir cette méthode d'installation si vous prévoyez de modifier la configuration toute prête d'Apache. Si vous avez l'intention d'ajouter des modules tiers qui ne sont pas compilés comme des objets ODP, ou que vous comptez modifier votre serveur pour qu'il dispose d'environnements de programmation comme `mod_perl` ou `PHP`, vous n'avez pas le choix : vous devez partir du code source et le compiler vous-même.

En revanche, si vous n'avez besoin que d'un simple serveur et que vous vous contentez de programmer des scripts CGI simples, il existe des moyens bien plus rapides d'avoir une configuration en état de marche. Si vous ne comptez pas implémenter des modules spécialisés qui ne sont pas fournis avec la distribution standard d'Apache, vous pouvez utiliser l'une des deux possibilités suivantes pour installer Apache sur votre machine. La première consiste à installer les binaires précompilés d'Apache en utilisant un gestionnaire de paquetages Linux. La seconde consiste à télécharger les distributions binaires à partir d'une source digne de confiance, comme l'Apache Software Foundation. Ces deux méthodes sont décrites ci-dessous.

Quels sont les modules inclus ?

Lorsque vous décidez d'installer Apache à partir de RPM ou des sources, vous voulez sûrement savoir les modules qu'inclut chacune de ces méthodes. Le tableau 3.5 répertorie les modules Apache fournis avec le RPM et ceux inclus dans la distribution binaire pour Linux, disponible sur le site Web d'Apache (www.apache.org/dist/httpd/binaries/linux). La première colonne énumère tous les modules standards, la seconde et la troisième ceux d'entre eux qui sont activés par défaut comme modules dynamiques lorsque vous installez Apache. Le RPM de Red Hat et la distribution binaire d'Apache ne sont pas tout à fait identiques, sûrement à cause des différences de vues sur ce qui est considéré comme important pour les utilisateurs de Red Hat. Cette liste repose sur la version 2.0.35.

Vous remarquerez que si vous installez Apache avec Red Hat, vous aurez droit à quelques bonus : les trois derniers modules listés sont installés par des RPM distincts et fournissent les supports de programmation PHP et Perl. Ces deux langages sont présentés en détail au chapitre 8, même si nous les compilerons et les installerons à partir des sources et non des RPM.

Distributions binaires

L'Apache Software Foundation met à disposition des distributions binaires d'Apache, compilées pour un grand nombre de systèmes d'exploitation et de plates-formes matérielles, que vous pouvez télécharger à partir de www.apache.org/dist/httpd/binaries/linux. Si votre matériel ou votre système d'exploitation est assez ancien (un ancien noyau Linux sur un 486 par

Tableau 3.5 – Modules fournis avec le RPM de Red Hat et avec la distribution binaire d'Apache

Module	RPM 2.0.35	Binaire 2.0.35
libproxy.so	X	
mod_access	X	X
mod_actions	X	X
mod_alias	X	X
mod_asis	X	X
mod_auth	X	X
mod_auth_anon	X	X
mod_auth_db	X	
mod_auth_dbm		X
mod_auth_digest	X	X
mod_autoindex	X	X
mod_bandwidth	X	
mod_cern_meta	X	
mod_cgi	X	X
mod_dav		X
mod_digest	X	
mod_dir	X	X
mod_env	X	X
mod_example	X	
mod_expires	X	X
mod_headers	X	X
mod_imap	X	X
mod_include	X	X
mod_info	X	X
mod_log_agent	X	
mod_log_config	X	X
mod_log_referer	X	
mod_mime	X	X
mod_mime_magic	X	
mod_mem_cache		
mod_negotiation	X	X
mod_put	X	
mod_rewrite	X	X

Tableau 3.5 – Modules fournis avec le RPM de Red Hat et avec la distribution binaire d'Apache (*suite*)

Module	RPM 2.0.35	Binaire 2.0.35
mod_setenvif	X	X
mod_speling	X	X
mod_status	X	X
mod_throttle	X	
mod_unique_id	X	
mod_userdir	X	X
mod_usertrack	X	
mod_vhost_alias	X	X
mod_php	*	Non inclus
mod_php3	*	Non inclus
mod_perl	*	Non inclus

* Installés à partir de RPM distincts par le programme d'installation de Red Hat

exemple), vous pouvez rechercher ailleurs la distribution qui vous convient. La figure 3.3 montre la page énumérant les distributions d'Apache pour Linux.

Lorsque vous téléchargez des distributions binaires pour des processeurs Intel, assurez-vous de choisir la version compilée pour votre famille de processeur. La famille i686, par exemple, inclut les Pentium II, PII Xeon, Pentium III et PIII Xeon, ainsi que les Celeron. À l'heure ou nous rédigeons cet ouvrage, le Pentium 4 signale son type par if86, mais cela peut changer ; si vous avez un Pentium 4, téléchargez le code compilé pour la famille i686. Le processeur IA-64 (ou Itanium) appartient officiellement à la famille i786 mais si vous en possédez un, recherchez un binaire contenant `-ia64-` dans son nom. La famille i586 comprend les Pentium avec ou sans MMX et i386 indique généralement un processeur de la famille des 80486. Un binaire compilé pour la famille i386 fonctionnera pour tous les processeurs que nous venons de citer, y compris les derniers Pentium, mais ne sera pas aussi rapide qu'un code compilé spécifiquement pour une génération de processeur.

Il existe une commande Linux bien pratique qui interroge le processeur du système et renvoie la famille à laquelle il appartient. Faites `/bin/uname -m` pour obtenir cette information (le `m` signifie « machine »). Si je lance cette commande sur mon serveur, qui possède un vieux Pentium 200 MMX, j'obtiens ce résultat :

```
# uname -m
i586
```

Pour un Pentium III sous Linux, suivez les étapes suivantes :

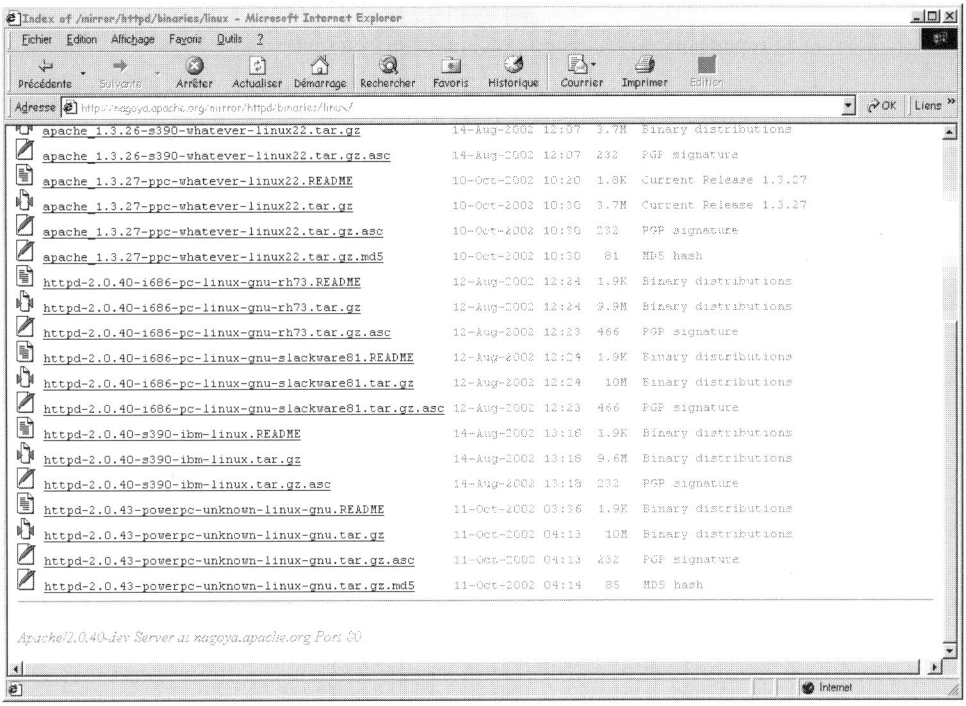

Figure 3.3
Distributions binaires pour Linux sur le site www.apache.org.

1. Téléchargez la distribution binaire d'Apache pour Linux la plus récente à partir de www.apache.org/dist/httpd/binaries/linux. J'ai téléchargé `httpd-2.0.35-i686-pc-linux-rh72.tar.gz`, qui est l'archive binaire compressée avec `gzip`. Ce long nom de fichier indique la version d'Apache (2.0.35), la CPU pour laquelle elle a été compilée (famille Intel 686), la version du système d'exploitation ou de la distribution Linux (ici, ce binaire a été construit pour la Red Hat 7.2).

INFO Chaque paquetage binaire sur le site Web est accompagné d'un fichier `README`. Lisez ou téléchargez ce fichier qui contient des informations sur la distribution binaire concernée : par exemple, qui l'a compilée et quand, ainsi que les options et les emplacements par défaut pour l'installation qui ont été choisis lors de sa compilation.

2. Vérifiez que vous êtes dans le répertoire où vous avez placé la distribution binaire (ou déplacez ce fichier ailleurs et allez dans ce répertoire). Lorsque l'installation sera terminée, vous voudrez sûrement supprimer le répertoire qui a été créé pour contenir les

fichiers d'installation. Tous les fichiers nécessaires à l'exécution d'Apache sont copiés de ce répertoire vers leurs emplacements par défaut :

```
# cd /home/caulds
# pwd
/home/caulds
# ls httpd*
httpd-2.0.35-i686-pc-linux-rh72.tar.gz
```

3. Décompactez et désarchivez le fichier avec `tar`, qui créera une nouvelle arborescence contenant tous les fichiers de la distribution :

```
# tar xvzf httpd-2.0.35-i686-pc-linux-rh72.tar.gz
```

4. Placez-vous dans le répertoire que vous venez de créer :

```
# cd httpd-2.0.35
# ls bindist
bin  build  cgi-bin  conf  error  htdocs  icons  include
lib  logs  man  manual  modules
$ ls bindist/bin
ab         apr-config  apxs        dbmmanage  envvars-std
htdigest   httpd       rotatelogs  apachectl  apu-config
checkgid   envvars     htdbm       htpasswd   logresolve
```

5. La distribution binaire contient un script `shell` qui installe les fichiers dans les emplacements corrects (ceux où le démon Apache s'attend à les trouver). Lancez ce script comme indiqué ci-dessous pour créer les répertoires Apache. Après son exécution, tout devrait être proprement installé sous `/usr/local/apache` :

```
# ./install-bindist.sh
Installing binary distribution for platform i686-pc-linux
into directory /usr/local/apache2 ...
Ready.
+--------------------------------------------------------+
| You now have successfully installed the Apache 2.0.35  |
| HTTP server. To verify that Apache actually works      |
| correctly you should first check the (initially        |
| created or preserved) configuration files:             |
|                                                        |
|    /usr/local/apache2/conf/httpd.conf
```

```
|                                                     |
| You should then be able to immediately fire up      |
| Apache the first time by running:                   |
|                                                     |
|   /usr/local/apache2/bin/apachectl start
|                                                     |
| Thanks for using Apache.      The Apache Group      |
|                               http://www.apache.org/ |
+-----------------------------------------------------+
```

Vous pouvez lancer le serveur Apache à partir du fichier `httpd` du répertoire `bin` (voir le point 4 de la liste ci-dessus), mais il a été compilé avec des valeurs par défaut qui ne vous autoriseront pas à agir à partir de cet emplacement. En revanche, vous pouvez vérifier qu'il fonctionne en tapant une commande comme celle qui suit, qui force `httpd` à démarrer, à afficher sa version et à se terminer :

```
# ./httpd -v
Server version: Apache/2.0.36
Server built:   May 11 2002 12:59:43
# ls -al ./bindist/bin httpd
-rwxr-xr-x    1 caulds   caulds    1056487 Apr  8 01:44 httpd
# strip httpd
# ls -al httpd
-rwxr-xr-x    1 caulds   caulds     302100 Jun  1 15:27 httpd
```

Le gestionnaire de paquetages de Red Hat (RPM)

Pour les utilisateurs Linux, le meilleur moyen d'installer des programmes déjà compilés consiste à utiliser un gestionnaire de paquetages. Le système le plus utilisé est RPM (Red Hat Package Manager), qui a été développé par Red Hat (www.redhat.com) pour sa distribution de Linux. RPM regroupe un ensemble de fichiers dans un unique paquetage, dont le nom porte généralement l'extension `.rpm`. Ce paquetage peut ensuite être transféré sur un autre système et utilisé pour reproduire les fichiers aux emplacements exacts où ils se trouvaient sur le système d'origine, en créant les répertoires si nécessaire. Traditionnellement, le monde Unix utilise `tar` pour cette opération et l'essentiel du code source est toujours distribué dans ce qu'on appelle des *tarballs*. RPM est plus pratique, car il peut gérer tous les paquetages installés sur votre système, utiliser des paquetages plus récents pour mettre à jour ceux qui sont déjà installés, désinstaller proprement les paquetages et même vérifier les fichiers installés en les comparant à ceux de la base de données RPM. Cette vérification est pratique, car elle permet de détecter les modifications qui pourraient avoir été faites par accident ou délibérément.

Dans le plus pur esprit du logiciel libre, Red Hat a offert RPM au domaine public et de nombreuses autres distributions Linux l'utilisent pour gérer leurs paquetages : Red Hat, SuSE, Mandrake, Turbolinux et Caldera OpenLinux sont toutes des « distributions RPM de Linux ». Bien qu'il existe d'autres systèmes de paquetages pour Linux, RPM est le plus utilisé ; il existe plus de paquetages en RPM qu'en tout autre format.

Certes, vous trouverez sûrement un autre paquetage RPM compatible avec les bibliothèques de votre système, mais le plus sûr moyen d'installer Apache par RPM consiste cependant à trouver un paquetage prévu pour votre distribution. Si vous utilisez Red Hat Linux, par exemple, utilisez un RPM Red Hat correspondant, de préférence, à la version de votre distribution. Un endroit où vous êtes sûr d'en trouver un est le CD de votre distribution, sous le répertoire `RedHat/RPMS`. Bien que cela signifie que vous ne pourrez pas toujours bénéficier de la toute dernière version d'Apache, cela implique également que vous êtes sûr que tout fonctionnera correctement.

Chaque fois que c'est possible, il est conseillé d'installer le RPM fourni avec votre distribution. Cela garantit que les fichiers qu'il contient ont été compilés pour fonctionner sur un système Red Hat et que les bibliothèques nécessaires et les fichiers annexes seront bien là. Quand vous lirez cet ouvrage, il existera sûrement une nouvelle distribution Red Hat qui contiendra Apache 2.0. Utilisez le RPM fourni avec ou installez Apache en même temps que Linux (qui utilise les RPM du CD d'installation). Lorsqu'un RPM est installé, il peut toujours être désinstallé très facilement.

Pour trouver des `RPM`, un autre très bon endroit est le dépôt RPM de Rpmfind.net (www.rpmfind.net/linux/RPM/). La figure 3.4 montre la liste des distributions Linux pour lesquelles existent des RPM sur ce site. Pour une version donnée d'Apache, il peut y avoir plusieurs paquetages provenant de sources différentes ; pour choisir, vous devrez vous renseigner sur chacun d'eux. La figure 3.5 présente l'affichage détaillé des mises à jour de Red Hat pour sa distribution 7.3. Le choix serait donc la dernière version approuvée du RPM d'Apache pour Red Hat Linux 7.3.

Avant d'installer le RPM d'Apache 2.0 sur mon système Linux, j'ai supprimé celui qui avait été installé lors de l'installation de la distribution Red Hat, puis j'ai lancé `rpm` avec les options `-qa`, qui signifient « interroge tous les paquetages installés », pour savoir quels RPM Apache étaient installés. La sortie de cette commande est envoyée sur l'entrée de `grep` pour n'afficher que les lignes contenant la chaîne `apache` :

```
# rpm -qa |grep apache
apache-1.3.6-7
apache-devel-1.3.6-7
```

Il s'agit d'une très ancienne version d'Apache, qui était distribuée avec Red Hat 6.0. L'option `-e` de `rpm` supprime un paquetage `RPM` : elle supprime tous les fichiers installés par le paque-

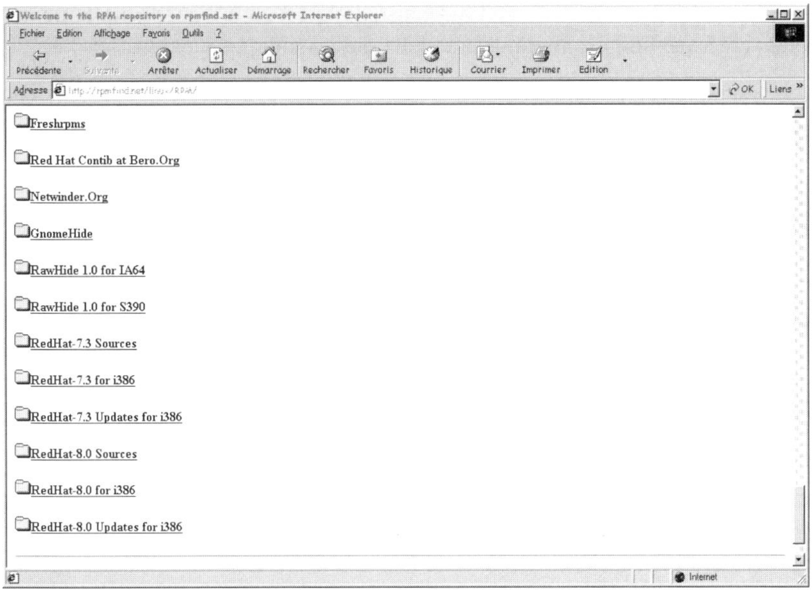

Figure 3.4
Liste des distributions sur Rpmfind.net.

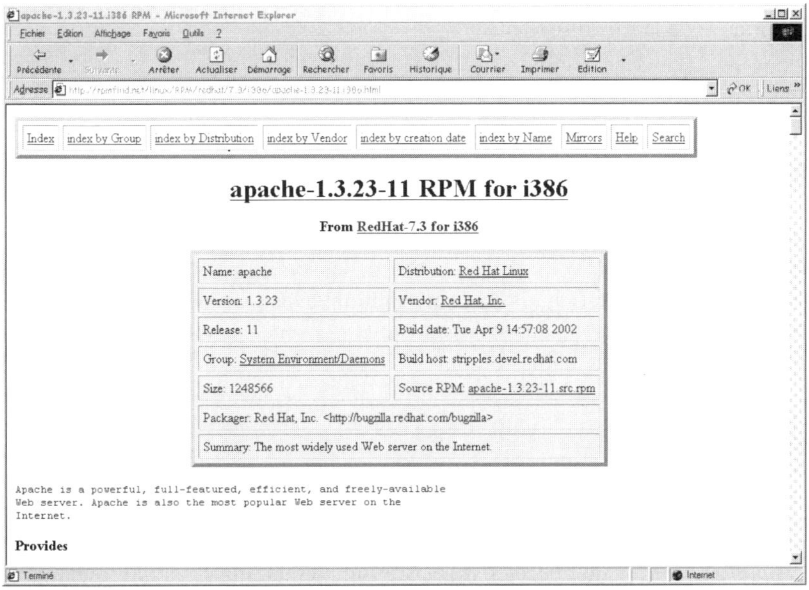

Figure 3.5
Page de Rpmfind.net pour Apache 1.3.22.

tage, sauf ceux qui ont été modifiés. La désinstallation d'un RPM supprime également tous les répertoires créés par son installation, sauf ceux qui ne sont pas vides.

Dans cet exemple, cette suppression échoue. Le message d'erreur prévient que d'autres paquetages, qui ont été installés après lui, dépendent du RPM Apache :

```
# rpm -e apache-1.3.6-7
error: removing these packages would break dependencies:
        webserver is needed by mod_perl-1.19-2
        webserver is needed by mod_php-2.0.1-9
        webserver is needed by mod_php3-3.0.7-4
```

Pour supprimer le paquetage `apache-1.3.6-7`, il faut d'abord supprimer les trois paquetages qui en dépendent, ce que j'ai fait avec les commandes suivantes (si la suppression se passe bien, la commande `rpm` n'affiche rien) :

```
# rpm -e mod_perl-1.19-2
# rpm -e mod_php-2.0.1-9
# rpm -e mod_php3-3.0.7-4
# rpm -e apache-1.3.6-7
```

Lorsque tous les paquetages ont été ôtés, installez le RPM du nouvel Apache en utilisant `rpm` avec l'option `-i`, de la façon suivante :

```
# ls -al apache*
-rw-r--r-- 1 root  root  551686 Apr 11 15:54 apache-1.3.22-2.i386.rpm
# rpm -i apache-1.3.22-2.i386.rpm
```

Ce paquetage est conçu pour installer Apache dans les répertoires `/home/httpd` et `/etc/httpd`, qui sont les répertoires où vous le trouverez sur les systèmes Red Hat standards. Ce RPM installe également tous les fichiers de configuration, avec les valeurs permettant de lancer le serveur :

```
# cd /var/www
# ls
cgi-bin  html  icons
```

Ce paquetage fournit même une page HTML par défaut dans le répertoire racine des documents (`/var/www/html`), qui permet d'accéder immédiatement à votre serveur après son installation :

```
# ls html
index.html  manual  mrtg  poweredby.png
```

Un listing du répertoire /var/www/html montre deux fichiers et un sous-répertoire. Le fichier index.html contient la page HTML que le nouveau serveur affichera par défaut : c'est un nom de fichier spécial, qui sert à indiquer la page HTML par défaut dans un répertoire. Le fichier poweredby.gif est une image que le serveur affichera sur la page par défaut. Le répertoire manual contient la documentation HTML du nouveau serveur Apache ; vous pouvez y accéder en faisant pointer votre navigateur Web vers http://localhost/manual.

Les fichiers de configuration d'Apache, les fichiers journaux et les modules chargeables se trouvent tous dans un autre emplacement du système de fichiers (/etc/httpd). Le paquetage copie également l'exécutable httpd d'Apache dans un répertoire réservé aux binaires exécutables du système :

```
# ls -al /usr/sbin/httpd
-rwxr-xr-x   1 root   root   282324 Sep 21 09:46 /usr/sbin/httpd
```

Démarrer le serveur

Le démon Apache est lancé à partir d'un unique fichier exécutable (httpd), généralement soutenu par un certain nombre de modules chargés par le serveur après la lecture de ses fichiers de configuration. Le serveur Apache démarre lorsque httpd est invoqué, soit manuellement en ligne de commande soit, plus fréquemment, via un script de démarrage. Le chapitre 10 présente les moyens les plus courants d'invoquer httpd et de contrôler son comportement.

```
# cd /etc/httpd
# ls
conf  logs  modules
# ls modules
httpd.exp            mod_dav_fs.so       mod_negotiation.so
mod_access.so        mod_dav.so          mod_proxy_connect.so
mod_actions.so       mod_dir.so          mod_proxy_ftp.so
mod_alias.so         mod_disk_cache.so   mod_proxy_http.so
mod_asis.so          mod_env.so          mod_proxy.so
mod_auth_anon.so     mod_expires.so      mod_rewrite.so
mod_auth_dbm.so      mod_headers.so      mod_setenvif.so
mod_auth_digest.so   mod_imap.so         mod_speling.so
mod_auth_mysql.so    mod_include.so      mod_ssl.so
mod_auth.so          mod_info.so         mod_status.so
mod_autoindex.so     mod_log_config.so   mod_unique_id.so
```

```
mod_cache.so        mod_mem_cache.so   mod_userdir.so
mod_cern_meta.so    mod_mime_magic.so  mod_usertrack.so
mod_cgi.so          mod_mime.so        mod_vhost_alias.so
```

Le comportement normal de httpd consiste à s'exécuter comme un démon système (processus serveur en attente), lié à une ou plusieurs interface(s) réseau du système et attendant les connexions HTTP des clients sur une ou plusieurs sockets. Le programme httpd peut également être invoqué avec plusieurs options permettant de le lancer, d'afficher des informations et d'y mettre fin immédiatement, sans passer en mode démon. Quelques-uns de ces paramètres sont présentés ci-dessous ; vous pouvez les utiliser pour tester votre exécutable Apache et afficher son environnement d'exécution. Dans tous les cas, j'invoque httpd à partir de son emplacement standard, même s'il pourrait se trouver ailleurs sur votre système sans pour autant altérer son fonctionnement. Sur mes systèmes, je choisis généralement de le placer dans un répertoire protégé et réservé aux binaires système (/usr/sbin/).

J'ai déjà présenté l'option -v, qui affiche le numéro de version et la date de compilation du fichier httpd.

L'option -V (majuscule) produit les mêmes informations, ainsi que les valeurs par défaut compilées dans httpd. Les informations les plus utiles sont les emplacements par défaut où le serveur recherche ses fichiers annexes et crée ses répertoires. Pour la plupart, ces emplacements peuvent être surchargés à l'exécution par des directives spéciales placées dans httpd.conf, mais c'est rarement nécessaire.

```
# ./httpd -V
Server version: Apache/2.0.35
Server built:   Apr  6 2002 13:30:55
Server's Module Magic Number: 20020329:0
Architecture:   32-bit
Server compiled with....
 -D APACHE_MPM_DIR="server/mpm/prefork"
 -D APR_HAS_SENDFILE
 -D APR_HAS_MMAP
 -D APR_HAVE_IPV6
 -D APR_USE_SYSVSEM_SERIALIZE
 -D APR_USE_PTHREAD_SERIALIZE
 -D SINGLE_LISTEN_UNSERIALIZED_ACCEPT
 -D APR_HAS_OTHER_CHILD
 -D AP_HAVE_RELIABLE_PIPED_LOGS
 -D HTTPD_ROOT="/usr/local/apache2"
 -D SUEXEC_BIN="/usr/local/apache2/bin/suexec"
 -D DEFAULT_ERRORLOG="logs/error_log"
 -D SERVER_CONFIG_FILE="conf/httpd.conf"
```

L'option `-l` affiche les modules compilés dans `httpd` (ceux qui sont liés statiquement). Il y a toujours au moins un module lié statiquement à `httpd` : `httpd_core`. Un second module (le module pour les objets partagés, `mod_so`) est lié statiquement lorsqu'on veut disposer du chargement dynamique des modules. Pour ce serveur, tous les autres modules ne seront disponibles que s'ils sont chargés dynamiquement à l'exécution :

```
# /usr/local/apache/bin/httpd -l
Compiled-in modules:
  http_core.c
  mod_so.c
```

L'option `-t` vérifie la syntaxe des fichiers de configuration mais ne lance pas le serveur. Ce test peut être très utile, car il indique les numéros de ligne des directives incorrectes de `httpd.conf` :

```
# /usr/local/apache/bin/httpd -t
Syntax OK
```

Toutes les options de configuration d'un serveur Apache de base sont stockées dans un unique fichier, `httpd.conf`. Sur la plupart des systèmes Apache standards, ce fichier se trouve dans le répertoire `/usr/local/apache/conf/`. Si Apache a été installé à partir du CD de la distribution Red Hat Linux ou d'une distribution RPM, vous trouverez ce fichier dans un autre emplacement, préféré par Red Hat, `/etc/apache/conf/`. Lorsque Apache est compilé, cet emplacement est l'une des valeurs configurables codées en dur dans son exécutable. À moins de lui demander explicitement de charger sa configuration à partir d'un autre fichier ou d'un autre répertoire, Apache tentera de charger le fichier situé à l'emplacement par défaut.

Cette valeur compilée peut être surchargée en utilisant l'option `-f` de l'exécutable Apache. Cela peut s'avérer pratique pour tester plusieurs fichiers de configuration ou pour lancer plusieurs serveurs sur le système avec leurs propres configurations.

Enfin, vous pouvez lancer `httpd` sans option pour lancer le serveur comme un démon système. Vous devrez sûrement effectuer quelques modifications simples dans le fichier `httpd.conf` par défaut qui vous a été fourni lorsque vous avez installé Apache, bien que seuls des changements très mineurs soient nécessaires pour lancer le serveur. Il est fort probable que, la première fois que vous lancerez Apache, des erreurs s'affichent pour vous indiquer la raison de l'échec. Les nouveaux utilisateurs rencontrent le plus souvent l'erreur suivante :

```
httpd: cannot determine local host name.
Use the ServerName directive to set it manually.
```

Si ces messages s'affichent la première fois que vous lancez Apache, ne paniquez pas : ce problème se corrige presque toujours à l'aide d'une ou deux modifications très simples dans le fichier de configuration d'Apache. En fait, vous devez vous attendre à faire quelques changements dans ce fichier avant de lancer le serveur. Pour cela, vous devrez modifier les directives de configuration d'Apache, ce qui font l'objet du chapitre suivant. Il y a de fortes chances pour que les directives que vous avez besoin de connaître et de modifier soient celles qui sont présentées dans la section « Définition de l'environnement principal du serveur » du chapitre 4. Si votre serveur ne démarre pas, vous devrez suivre les instructions qui s'y trouvent.

Si Apache trouve un fichier `httpd.conf` dans lequel il peut lire une configuration initiale acceptable, il n'affichera rien, ce qui est bon signe. Pour savoir si le serveur tourne vraiment, tentez de vous y connecter avec un navigateur Web : il devrait afficher une page de démonstration vous informant que votre serveur fonctionne. La figure 3.6 montre la page de démonstration sur un système Red Hat.

Vous pouvez également utiliser une méthode un peu plus compliquée et utiliser la commande `ps` de Linux pour rechercher le processus dans la table des processus :

```
# ps -ef | grep httpd
root      8764     1  0 13:39 ?         00:00:00 ./httpd
nobody    8765  8764  0 13:39 ?         00:00:00 ./httpd
nobody    8766  8764  0 13:39 ?         00:00:00 ./httpd
nobody    8767  8764  0 13:39 ?         00:00:00 ./httpd
nobody    8768  8764  0 13:39 ?         00:00:00 ./httpd
nobody    8769  8764  0 13:39 ?         00:00:00 ./httpd
```

Cette liste est plus intéressante qu'il n'y paraît à première vue. J'ai utilisé l'option `-e` de `ps` pour afficher tous les processus système, l'option `-f` pour un format de sortie complet, puis `grep` pour ne retenir que les lignes contenant la chaîne `httpd`. Vous remarquerez qu'un seul des processus `httpd` appartient à `root` (l'utilisateur qui a lancé Apache) ; les autres processus `httpd` de la liste appartiennent tous à `nobody` et c'est ainsi que cela doit être. Le premier processus est le serveur principal, qui ne répond jamais aux requêtes utilisateur. Il a créé cinq processus fils et vous remarquerez, en étudiant la troisième colonne de la sortie de `ps`, que ces cinq processus ont pour père le processus serveur principal (qui a le PID 8764). Ils ont tous été créés par le serveur principal, qui les a donnés à l'utilisateur `nobody`. Ce sont eux qui répondent aux requêtes utilisateur.

L'arrêt du serveur Apache par la commande `kill` est un peu plus compliqué. Lorsque vous lancez Apache, il écrit le `PID` du processus principal dans un fichier texte qu'il pourra utiliser plus tard pour identifier ce processus et le contrôler par les signaux de Linux. Par défaut, ce fichier s'appelle `httpd.pid` et est créé dans le répertoire des fichiers journaux (`logs`) sous la racine du serveur. Sur mon système :

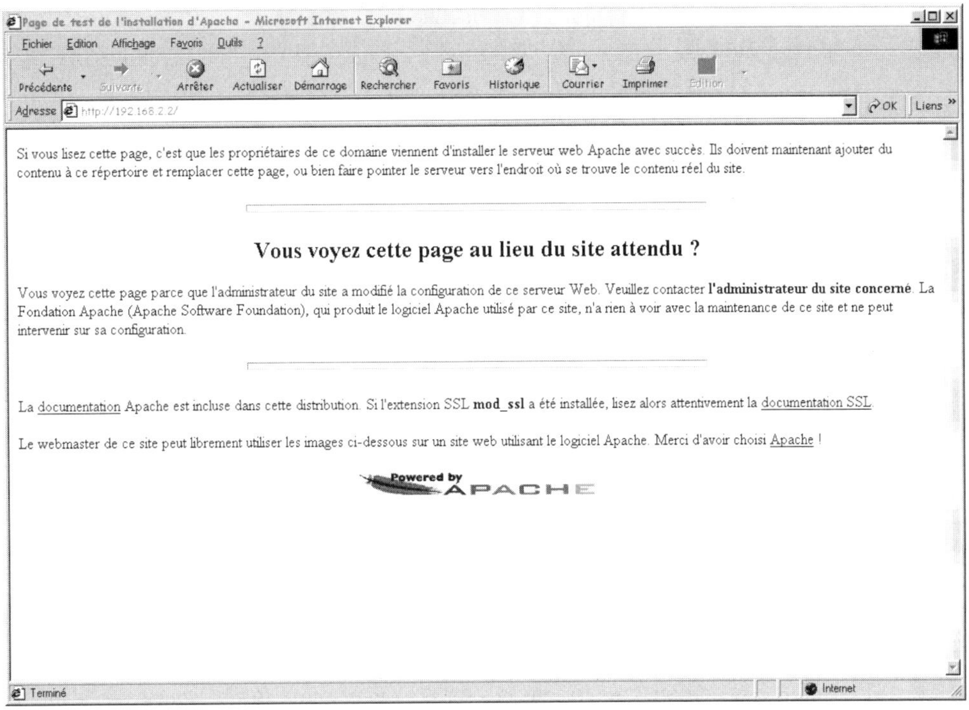

Figure 3.6
La page Web de démonstration installée avec le RPM d'Apache.

```
# cat /usr/local/apache2/logs/httpd.pid
8764
```

Vous remarquerez que le nombre stocké dans ce fichier est le `PID` du processus principal du serveur Apache, que nous avons vu plus haut dans la liste des processus. Pour arrêter le serveur, il faut extraire le contenu du fichier `httpd.pid` et le passer à la commande `kill` :

```
# kill `cat /usr/local/apache2/logs/httpd.pid`
```

Utiliser apachectl

Apache propose un utilitaire pour effectuer les opérations de base permettant de contrôler le serveur. Cet utilitaire, appelé `apachectl`, est en fait un petit script shell qui se trouve dans le répertoire `bin` sous la racine du serveur. Il ne fait que simplifier ce que vous pouvez faire manuellement et, pour cette raison, ne nécessite pas beaucoup d'explications. Toutes les fonctionnalités d'`apachectl` sont décrites au chapitre 10 ; pour l'instant, je me contenterai de vous montrer comment lancer et arrêter Apache à l'aide de cet utilitaire bien pratique.

Pour lancer Apache, utilisez le paramètre `start` d'`apachectl`. Cette manière de procéder est préférable au simple lancement `httpd`, car ce script vérifie d'abord si Apache tourne déjà et ne le lance que s'il ne trouve aucun processus `httpd` en cours d'exécution.

```
# /usr/local/apache2/bin/apachectl start
/usr/local/apache2/bin/apachectl start: httpd started
```

`apachectl` devient vraiment pratique lorsqu'il s'agit d'arrêter le serveur. Quand il est invoqué avec le paramètre `stop`, `apachectl` trouve le fichier `httpd.pid`, en extrait le `PID` du processus principal, puis utilise `kill` pour supprimer le processus (et tous ses processus fils). C'est exactement ce que vous avez fait plus haut en utilisant `ps` et `kill`, mais en bien plus simple. En fait, `apachectl` est une enveloppe de simplicité autour de commandes shell.

```
# /usr/local/apache2/bin/apachectl stop
/usr/local/apache2/bin/apachectl stop: httpd stopped
```

Lancer plusieurs serveurs Apache

De nombreux administrateurs ont besoin de lancer plusieurs serveurs sur le même système physique. Ils veulent lancer un serveur séparé (avec son propre espace de documents) afin de fournir des connexions sécurisées en utilisant SSL (Secure Sockets Layer) (voir le chapitre 14), ou lancer plusieurs versions d'Apache pour les tester. Sur mon serveur Linux, par exemple, j'ai installé les versions de production d'Apache 1.3.22, 1.3.244, 2.0.35 et 2.0.36. Je ne les lance pas toutes en même temps (je pourrais le faire à condition que chaque serveur attende les connexions sur un port TCP distinct), mais je peux lancer n'importe lequel d'entre eux à tout moment.

Il est très facile d'installer plusieurs serveurs Apache sur la même machine. Tout ce dont vous devez vous assurer est que chacun d'eux utilise son propre fichier de configuration. Généralement, lorsque vous installez plusieurs versions d'Apache, vous devez donner des valeurs différentes à `--prefix` lorsque vous lancez `configure`. Lorsque j'ai installé la version 2.0.36, j'ai demandé à `configure` de la placer dans un répertoire différent de celui par défaut, `/usr/local/apache` :

```
# configure --prefix=/usr/local/httpd-2.0.36
```

La nouvelle version installée d'Apache 2.0.36 dispose ainsi de son propre fichier de configuration, de son propre exécutable (`httpd`) et de son propre ensemble de modules `DSO`.

Si vous voulez lancer plusieurs copies de la même version du serveur, mais avec des configurations différentes, vous pouvez utiliser l'option `-f` de `httpd`. Elle vous permet de choisir un fichier de configuration qui sera lu par le démon Apache au démarrage et qui contient tous les réglages qui définissent la configuration d'un serveur particulier.

```
# httpd -f /usr/local/conf/test.conf
```

Utiliser les defines pour implémenter des configurations différentes

Une autre façon de maintenir plusieurs configurations différentes consiste à utiliser un unique fichier de configuration. S'il y a des fonctionnalités que vous souhaitez ou non implémenter, vous pouvez placer leurs directives dans des blocs qui, lorsque le fichier de configuration sera lu, seront soit prises en compte, soit ignorées. Dans le fichier de configuration, la directive `<IfDefine var>` est un conteneur pour les directives qui ne devront être prises en compte que si `var` a été configurée. Le paramètre `var` est un type de variable appelé « define », qui peut être configurée sur la ligne de commande Linux par l'option `-D` de `httpd`. Un bon exemple de leur utilisation est fourni par l'implémentation des sockets sécurisées présentée au chapitre 14. Lorsque le module pour SSL est installé, toutes les directives qu'il ajoute au fichier de configuration d'Apache sont placées entre des directives `<IfDefine>` :

```
<IfDefine SSL>
   Listen 443
</IfDefine>
```

Les directives dans ce conteneur ne seront prises en compte que si la variable SSL est définie. En d'autres termes, vous voulez que le serveur attende les connexions sur le port 443 de TCP (le port standard pour SSL) uniquement si vous avez défini SSL lorsque vous avez lancé le démon. Pour cela, invoquez le démon Apache `httpd` avec l'option `-D` :

```
# /usr/local/apache/bin/httpd -D SSL
```

Vous pouvez faire de même pour stocker plusieurs configurations différentes dans le même fichier : il suffit de créer vos propres defines pour les différents blocs que vous souhaiter activer.

En résumé

Ce chapitre a présenté trois méthodes pour installer Apache :

1. en compilant vous-même les binaires à partir des fichiers sources;
2. à partir des binaires téléchargeables de l'Apache Foundation;

3. à partir d'un paquetage préparé pour un système de paquetages Linux, comme RPM.

Bien qu'elle soit plus difficile et qu'elle prenne plus de temps, la compilation à partir des sources est mon choix préféré, car elle autorise la plus grande souplesse lors de la configuration ou de l'adaptation à vos propres besoins. J'ai donné les instructions complètes pour obtenir, compiler et installer Apache à partir du code source. Cependant, de nombreux sites préfèrent installer des binaires déjà compilés, moyen le plus rapide et le moins douloureux d'installer Apache et de le mettre à jour lorsque cela est nécessaire. Ce chapitre a également donné toutes les instructions pour utiliser les archives binaires de l'Apache Foundation et les paquetages RPM.

Dans le prochain chapitre, je décrirai le fichier de configuration d'Apache (`httpd.conf`) et les directives essentielles les plus importantes de ce fichier, qui vous permettront d'adapter votre serveur à vos besoins. Les directives essentielles sont disponibles dans tout serveur Apache quel qu'il soit ; il n'y a rien dans ce chapitre qui ne s'applique pas à votre serveur Apache, ce qui en fait sans aucun doute un des chapitres les plus importants de l'ouvrage.

4

Un serveur Apache élémentaire

Une fois installé sur un serveur Linux, Apache est entièrement configuré et prêt à l'emploi. Dans ce chapitre, je présenterai la configuration, ou personnalisation, d'un serveur Apache très basique, se contentant de fournir des pages Web situées dans des répertoires de votre choix. Certes, la plupart des administrateurs voudront aller plus loin et améliorer les fonctionnalités de leur serveur, mais les modifications de configuration que nous présentons ici sont les plus élémentaires : quasiment tous les administrateurs Apache en feront au moins quelques-unes.

Le comportement d'Apache et les options de configuration sont définis par un ensemble d'instructions appelées directives. Leur application et leur contexte d'utilisation sont rigoureusement définis et elles font appel à une syntaxe spécifique, ressemblant beaucoup aux instructions d'un langage de programmation. Cependant, ces directives ne sont pas des instructions de programmation : ce sont des instructions adressées à Apache, qui lui indiquent comment se comporter et où trouver les ressources dont il a besoin. Elles ne contrôlent donc pas directement les actions du serveur, mais l'adaptent aux besoins d'un site Web particulier (ou de plusieurs sites hébergés sur un seul serveur).

Les directives d'Apache se divisent en deux groupes : celles qui sont toujours disponibles (les directives dites « essentielles ») et celles qui sont fournies par des modules d'extension facultatifs. Les plus importantes appartiennent à la première catégorie. Elles sont compilées dans l'exécutable d'Apache : elles sont donc toujours disponibles et n'ont pas besoin d'être configurées pour être utilisées. Les autres ne sont utilisables par l'administrateur que si leurs modules ont été ajoutés au serveur. Vous pouvez activer ces directives lors de la compilation d'Apache, en liant statiquement le module concerné au noyau Apache, ou bien à l'exécution, en utilisant la directive `LoadModule` dans `httpd.conf`. Le chapitre 5 est consacré aux modules

Apache et décrit l'utilisation de LoadModule pour les charger comme des extensions au serveur. De nombreux modules d'extension ont ainsi été adoptés par l'Apache Software Foundation et font désormais partie de la distribution standard, quoique leur utilisation reste toujours facultative.

Toute directive est associée à un module précis. Le module principal (le *core*) est le plus grand et a des caractéristiques particulières : il ne peut pas être supprimé du noyau d'Apache et on ne peut pas le désactiver, ce qui signifie que les directives qu'il fournit sont toujours disponibles sur tous les serveurs Apache. Nous présenterons ici les directives les plus importantes, qui appartiennent pour la plupart au module principal d'Apache. Les autres modules importants, ainsi que leurs directives, seront traités dans les chapitres concernés tout au long de ce livre (mod_proxy et ses directives, par exemple, seront traités au chapitre 12, lorsqu'on présentera l'utilisation d'Apache comme serveur mandataire). La documentation en ligne d'Apache, que l'annexe C vous aidera à utiliser efficacement, contient une référence complète de tous les modules et de toutes les directives.

Le module principal fournit le support pour les opérations de base du serveur, dont les options et les commandes contrôlant le fonctionnement des autres modules. Toutefois, un serveur Apache disposant uniquement ce module ne pourrait pas faire grand chose : il fournirait les documents aux clients qui en font la demande (en les considérant tous comme ayant un contenu du type défini par la directive DefaultType). Bien que tous les autres modules puissent être considérés comme facultatifs, un serveur Apache en inclura toujours au moins quelques-uns. En fait, la plupart des serveurs Apache en production utilisent quasiment tous les modules standards ; plus de la moitié sont compilés par la configuration par défaut et sont soit liés statiquement au serveur, soit disponibles sous la forme de modules chargeables dynamiquement.

Dans ce chapitre, nous verrons que les directives sont généralement placées dans un fichier de démarrage unique (httpd.conf) et je montrerai comment leur applicabilité est souvent confinée à une portée spécifique (par défaut, les directives ont une portée globale au serveur). Enfin, j'expliquerai comment ajouter ou surcharger des directives répertoire par répertoire (en utilisant le fichier .htaccess).

Utiliser les directives d'Apache

L'une des plus grandes forces d'Apache vient du fait que ses développeurs ont toujours fait en sorte qu'il soit modulaire. Depuis le début, Apache a été conçu dans l'idée de pouvoir être étendu par des fonctionnalités supplémentaires ; des points d'accès ont donc été prévus dans le programme pour permettre aux développeurs de créer des modules ajoutant des fonctionnalités à Apache, ce qui est l'une des raisons de son énorme succès. Cela dit, les modules ne font pas qu'ajouter des fonctionnalités au serveur, ils ajoutent également de nouvelles directives.

Pour tirer le meilleur parti d'Apache, vous devez bien connaître tous ses modules standards : même si vous ne les utilisez pas tous, savoir qu'ils existent et ce qu'ils font vous sera très utile si vous en avez besoin plus tard, ou si vous rencontrez des problèmes.

Lisez ce chapitre en vous reportant aux annexes de ce livre. Comme tous les autres chapitres, celui-ci est un tutoriel : il explique quand utiliser une directive, ce qu'elle fait et comment l'utiliser dans la configuration de votre serveur. L'annexe A, quant à elle, est un tableau énumérant toutes les directives activées par les modules standards d'Apache : pour chacune d'elles, vous trouverez le contexte dans lequel elle peut être utilisée, l'éventuelle instruction de surcharge qui s'y applique et le module nécessaire pour l'implémenter. L'annexe C vous servira de guide détaillé pour utiliser l'excellent système d'aide d'Apache, dont la lecture devrait être votre premier réflexe si vous voulez savoir exactement comment utiliser une directive. Lorsque vous configurerez Apache, ces deux annexes vous seront d'un grand secours.

Le tout-puissant fichier httpd.conf

Pour rester fidèle au `httpd` du NCSA dont il est issu, Apache utilisait dans ses premières versions trois fichiers de configuration :

- un fichier de configuration principal pour le serveur, `httpd.conf` ;
- un fichier de configuration des ressources, `srm.conf` ;
- un fichier de configuration des permissions d'accès, `access.conf`.

L'Apache Software Foundation a ensuite décidé de fusionner ces trois fichiers en un seul, ce qui fait que toutes les versions actuelles d'Apache n'utilisent plus désormais que `httpd.conf`. L'utilisation d'un unique fichier de configuration facilite non seulement les sauvegardes et la gestion des versions, mais également la description de la configuration complète de votre serveur : il suffit de fournir son `httpd.conf` pour le décrire entièrement.

ASTUCE Pour suivre les descriptions de ce chapitre, vous pouvez imprimer le fichier `httpd.conf` de votre système pour vous y reporter. Sur la plupart des machines, ce fichier se trouve dans le répertoire `/usr/local/apache2/conf/` ou, si vous avez installé Apache à partir du CD d'installation de Red Hat Linux ou d'une distribution RPM, dans `/etc/apache2/conf/`. Quasiment toutes les modifications que vous apporterez à la configuration d'Apache passent par une modification de ce fichier.

Pour plus de lisibilité, le fichier `httpd.conf` est divisé en trois sections arbitraires :

- **Section 1** – Section de l'environnement global. Elle contient les directives contrôlant le fonctionnement global des processus Apache à ne pas confondre avec les directives contrôlant la façon dont ces processus gèrent les requêtes des clients.

- **Section 2** – Section principale ou par défaut, qui contient les directives définissant les paramètres du serveur « principal » ou « par défaut », celui qui répond aux requêtes qui ne sont pas gérées par un hôte virtuel. Ces directives servent également à fournir des valeurs par défaut pour tous les hôtes virtuels.
- **Section 3** – C'est la section contenant les configurations des hôtes virtuels, qui permettent à un unique serveur Apache de traiter des requêtes Web pourtant adressées à différentes adresses IP ou à différents noms d'hôtes. Les hôtes virtuels font l'objet du chapitre 6.

Portée et contexte des directives

L'un des points les plus importants à connaître sur chaque directive est le contexte dans lequel elle agit. Le contexte d'une directive détermine non seulement sa portée (l'étendue de son applicabilité), mais également l'endroit où elle peut apparaître. Les directives d'Apache peuvent agir dans quatre contextes :

- **Le contexte général du serveur** – Il agit sur tout le serveur. Certaines directives ne peuvent apparaître que dans ce contexte et n'ont aucun sens dans les autres. `StartServers`, par exemple, est une directive précisant combien de processus `httpd` en attente de connexions clientes sont créés au lancement d'Apache ; elle n'aurait aucun sens dans un autre contexte. Cependant, d'autres directives (comme `ServerName`, qui est différente pour chaque hôte virtuel) peuvent également apparaître dans un autre contexte. Lorsqu'elles sont utilisées dans le contexte général du serveur, la plupart des directives servent à positionner des valeurs par défaut qui pourront ensuite être surchargées si elles sont utilisées dans des contextes plus précis, exactement comme un hôte virtuel surchargera `ServerName` pour configurer sa propre valeur pour cette directive.
- **Le contexte conteneur** – Il inclut les directives qui ne peuvent apparaître que dans l'un des trois conteneurs `<Directory>`, `<Files>` ou `<Location>` et qui ne s'appliquent que dans la portée définie par le conteneur qui les contient. Un bon exemple est la directive `Deny`, qui interdit l'accès aux ressources : si elle est utilisée dans l'un des trois conteneurs mentionnés, elle interdit l'accès à la ressource ou au groupe de ressources défini par celui-ci.
- **Le contexte hôte virtuel** – Bien qu'un hôte virtuel soit en fait défini par le conteneur `<VirtualHost>`, ce mode est considéré à part pour définir des contextes, car de nombreuses directives d'hôte virtuel surchargent celles qui sont générales au serveur. Comme expliqué au chapitre 6, l'hôte virtuel tente de se comporter exactement comme un second serveur s'exécutant sur la même machine, mais apparaissant comme le seul serveur disponible pour un client qui se connecte sur cet hôte virtuel.
- **Le contexte `.htaccess`** – Les directives contenues dans un fichier `.htaccess` sont traitées quasiment comme celles qui apparaissent dans un conteneur `<Directory>` du fichier `httpd.conf`. La principale différence est que les directives d'un fichier `htaccess` peuvent

être désactivées au moyen de la directive AllowOverrides dans httpd.conf. Les directives de configuration d'Apache sont souvent placées dans des fichiers .htaccess afin de décentraliser l'administration : en d'autres termes, des utilisateurs n'ayant pas les permissions suffisantes pour modifier le fichier httpd.conf d'Apache peuvent être autorisés à modifier les fichiers .htaccess de certains répertoires. Comme leur nom l'implique, les fichiers .htaccess servent, le plus souvent, à restreindre l'accès aux ressources contenues dans un répertoire. Le chapitre 13 présente l'utilisation des directives liées à la sécurité dans un contexte .htaccess.

INFO Le nom du fichier .htaccess peut être modifié par la directive AccessFileName, bien que cela soit rare.

Pour chaque directive, vous trouverez, dans l'annexe A, les contextes dans lesquels elle peut être utilisée et les surcharges qui l'activent ou la désactivent. Ainsi, les informations sur la directive Action montrent qu'elle peut apparaître dans les quatre contextes et qu'elle peut être surchargée par FileInfo lorsqu'elle est utilisée dans un fichier .htaccess. Si la surcharge FileInfo n'est pas spécifiée pour un répertoire, une directive Action dans un fichier .htaccess de ce répertoire n'aura aucun effet, car cette directive est contrôlée par la surcharge FileInfo.

Le serveur Apache est suffisamment évolué pour reconnaître qu'une directive est utilisée en dehors de sa portée. Si vous tentez, par exemple, d'utiliser la directive Listen dans un contexte <Directory>,vous verrez apparaître le message d'erreur suivant lorsque vous lancerez Apache :

```
# /usr/local/apache2/bin/httpd
Syntax error on line 925 of /usr/local/apache2/conf/httpd.conf:
Listen not allowed here
httpd could not be started
```

Définir l'environnement principal du serveur

Les directives générales servent à configurer le serveur lui-même, ainsi que ses processus d'écoute ; elles ne sont pas autorisées en dehors des contextes que nous présenterons ici, sauf dans le cas des hôtes virtuels. Comme vous le verrez au chapitre 6, ces directives fournissent également des valeurs par défaut dont héritent tous les hôtes virtuels, sauf si elles sont explicitement surchargées.

Pour avoir un serveur en état de marche, j'ai changé quatre directives en modifiant les lignes qui les concernaient dans le fichier httpd.conf. Après l'installation d'Apache, vous devriez pouvoir le lancer une fois que vous avez procédé aux modifications ; vous n'aurez sûrement pas besoin des quatre. La configuration par défaut d'Apache, que vous avez installée au chapitre 3, est complète et vous pouvez généralement lancer le serveur en l'utilisant. Cependant, avant de le faire, vous devez savoir à quoi servent les quatre directives présentées ici. Bien qu'elles soient simples à comprendre et à utiliser, elles ont toutes une portée globale au serveur et affectent le fonctionnement de nombreuses autres directives ; en raison de leur importance, vous devez vous assurer qu'elles sont correctement configurées.

La directive ServerName

Apache doit toujours pouvoir déterminer le nom d'hôte de la machine sur laquelle il tourne, car il utilise ce nom pour créer les URL d'autoréférence. Nous verrons plus tard que, lorsqu'il y a plusieurs hôtes virtuels sur le même système, chacun d'eux peut être identifié par une directive `ServerName` qui lui est propre. Dans le cas d'un système n'hébergeant qu'un seul site Web, cette directive vaut généralement le nom d'hôte et de domaine de ce serveur.

Lorsque j'ai installé Apache et que je l'ai lancé pour la première fois, le message d'erreur `httpd: cannot determine local host name` est apparu : pour le corriger, j'ai recherché la directive `ServerName` dans mon fichier `httpd.conf` et j'ai découvert que la distribution d'Apache avait bien utilisé le nom pleinement qualifié de ma machine pour cette directive, mais qu'elle l'avait laissé en commentaire. Comme cette valeur me convenait, il a suffi que je la décommente :

```
ServerName jackal.hiwaay.net
```

La directive ServerRoot

La directive `ServerRoot` précise le répertoire d'installation du serveur et correspond généralement à la valeur fournie au paramètre `--prefix` lors de l'installation d'Apache.

```
ServerRoot /usr/local/apache2
```

Ce répertoire contient généralement les sous-répertoires `bin/`, `conf/` et `logs/`. Au lieu de définir le répertoire racine du serveur avec cette directive, vous pouvez également l'indiquer en utilisant l'option `-d` de `httpd` :

```
# /usr/local/apache2/bin/httpd -d /etc/httpd
```

Bien que cette méthode de lancement du serveur soit tout à fait correcte, on la réserve généralement pour tester d'autres configurations, ainsi que pour les cas où vous voudrez lancer plusieurs versions d'Apache simultanément sur le même serveur, chacune avec son propre fichier de configuration.

Les chemins vers les autres fichiers de configuration sont relatifs à ce répertoire. Ainsi, la directive suivante force Apache à écrire ses messages d'erreur dans le fichier `/usr/local/apache2/logs/error.log` :

```
ErrorLog logs/error.log
```

La directive `ErrorLog` est décrite en détail au chapitre 11.

La directive DocumentRoot

Cette directive sert à définir le répertoire racine de l'arborescence des fichiers distribués par Apache. Le répertoire lui-même contient les fichiers qu'Apache fournit lorsqu'il reçoit des requêtes avec l'URL /.

Il est tout a fait possible d'utiliser la valeur que fournit Apache par défaut, le répertoire `htdocs` placé sous la racine du serveur, mais je préfère généralement placer ce répertoire dans le système de fichiers `/home`, réservé aux répertoires personnels des utilisateurs et qui est bien plus gros.

Pour modifier la valeur de `DocumentRoot` sur mon système, j'ai mis en commentaire la valeur par défaut d'Apache et j'ai ajouté une nouvelle directive `DocumentRoot` pour indiquer mon choix :

```
# DocumentRoot "/usr/local/apache2/htdocs"
DocumentRoot "/home/httpd/html"
```

Vous remarquerez qu'on doit utiliser un chemin absolu chaque fois que le répertoire concerné se trouve en dehors de l'arborescence du serveur ; dans les autres cas, un chemin relatif suffit (les apostrophes doubles sont généralement facultatives et ne sont obligatoires que lorsque la chaîne contient, par exemple, des espaces ; il est cependant conseillé de toujours les utiliser).

Si vous changez la valeur de `DocumentRoot`, vous devez également modifier la directive du conteneur `<Directory>`, qui regroupe toutes les directives s'appliquant à `DocumentRoot` et à ses sous-répertoires :

```
# <Directory "/usr/local/apache2/htdocs">
<Directory "/home/httpd/html">
```

La directive ScriptAlias

Cette directive indique un répertoire contenant des scripts exécutables, par exemple des programmes CGI pouvant être appelés à partir d'un navigateur Web. Par défaut, Apache crée un `ScriptAlias` pour toutes les URL demandant une ressource dans `/cgi-bin/`.

J'ai également changé cette directive sur mon serveur en commentant l'emplacement par défaut d'Apache et en ajoutant le mien, situé avec les documents Web dans le système de fichier `/home`. L'emplacement par défaut proposé par Apache pour `/cgi-bin` (c'est-à-dire la racine du serveur) est tout à fait correct, mais vous pouvez avoir envie de le modifier pour faciliter la maintenance :

```
# ScriptAlias /cgi-bin/ "/usr/local/apache2/cgi-bin/"
ScriptAlias /cgi-bin/ "/home/httpd/cgi-bin/"
```

Assurez-vous que seuls les utilisateurs spécifiquement autorisés à créer des scripts exécutables ont le droit d'écrire dans ce répertoire. En général, mon répertoire `cgi-bin` appartient au groupe d'un administrateur Web : sur mes machines, le répertoire `cgi-bin` (et ses éventuels sous-répertoires) appartient en principe à un utilisateur et à un groupe différents de ceux sous lesquels s'exécute Apache. J'octroie ensuite tous les privilèges à cet utilisateur et à ce groupe et ne donne que les droits de lecture et d'exécution à tous les autres utilisateurs : cela garantit qu'Apache pourra lire et exécuter les scripts situés à cet emplacement, mais que les processus Apache ne pourront pas les modifier, ni en créer de nouveaux (puisqu'ils n'ont pas les permissions d'écriture). Pour cela, utilisez les commandes suivantes :

```
# chown -r nobody:webteam /home/httpd/cgi-bin
# chmod 775 /home/httpd/cgi-bin
```

La première commande donne le répertoire `cgi-bin` (et tous ses sous-répertoires et fichiers) à l'utilisateur `nobody` et au groupe `webteam`. En effet, le comportement par défaut d'Apache sous Linux est de s'exécuter sous le compte de l'utilisateur `nobody` ; vous pouvez en revanche choisir n'importe quel groupe, mais c'est dans celui-ci que j'intègre les utilisateurs qui seront autorisés à créer ou à modifier les scripts du serveur. La ligne suivante assure que l'utilisateur et le groupe propriétaires du répertoire auront tous les droits et que les autres utilisateurs n'auront qu'un droit de lecture.

Autres directives générales du serveur

Il existe de nombreuses autres directives générales, que vous pouvez modifier avant de lancer votre serveur : leurs valeurs par défaut conviennent généralement, mais les modifier présente peu de risque. Dans tous les cas, si vous pensez que vous avez suffisamment compris l'effet d'une directive pour l'ajouter dans votre fichier `httpd.conf` (ou pour la modifier, si elle s'y trouve déjà), n'hésitez pas à effectuer ces changements. Ces directives sont là pour rendre Apache le plus personnalisable possible, elles sont pour vous.

La directive ErrorDocument

Si Apache rencontre une erreur lorsqu'il traite la requête d'un client, sa configuration par défaut lui fera afficher une page d'erreur standard indiquant le code de la réponse HTTP (voir le chapitre 1) et l'URL qui pose problème. La directive `ErrorDocument` permet de définir une réponse d'erreur personnalisée, plus conviviale et plus lisible, pour les erreurs HTTP standards. Avec elle, vous pouvez configurer Apache pour qu'il réponde de l'une des deux façons suivantes à un code d'erreur HTTP particulier :

1. En affichant un texte d'erreur adapté. La directive suivante, par exemple, affiche un message d'erreur personnalisé pour le code d'erreur HTTP 403 (Forbidden). Vous remarquerez que le texte commence par une apostrophe double qui ne fait pas partie du message lui-même ; il ne s'agit pas d'une chaîne entre apostrophes doubles et vous ne devez pas terminer ce message par une autre apostrophe double.

```
ErrorDocument 403 "Vous n'êtes pas autorisé à lire ces informations !
```

2. 2.En redirigeant le client vers une autre URL, interne ou externe. Une URL complète, commençant par `http://`, est supposée être une redirection externe, auquel cas Apache envoie un message de redirection au client pour lui indiquer où demander le document, même si la redirection mène vers une ressource située sur le même serveur. Une URL relative est considérée comme une redirection locale, relative à la valeur de `DocumentRoot` sur le serveur, auquel cas Apache fournit directement la ressource, sans envoyer de message de redirection qui forcerait le client à redemander le document. Voici des exemples de chacune de ces formes de redirection :

```
#HTTP Error 401 (Unauthorized); display subscription page
ErrorDocument 401 /subscription_info.html
#HTTP Error 404 (Not found); redirect to error script
ErrorDocument 404 /cgi-bin/bad_urls.pl
#HTTP Error 500 (Internal error) Redirect to backup server
ErrorDocument 500 http://jackal2.hiwaay.net
```

INFO Si vous voulez rediriger une requête avec une directive `ErrorDocument 401` (qui signifie que le client n'est pas autorisé à accéder au document qu'il a demandé), cette redirection doit indiquer un document local, car Apache n'autorise pas de redirection externe pour cette erreur HTTP.

La directive DefaultType

Cette directive, très rarement utilisée dans la portée globale du serveur, permet de redéfinir le type MIME par défaut pour les documents demandés au serveur. En son absence, tous les documents qui ne sont pas explicitement typés ailleurs sont supposés être du type MIME `text/html`. Les types MIME sont décrits au chapitre 15.

Apache lit ses correspondances type MIME/extension du nom de fichier à partir d'un fichier nommé `mime.types`, qui se trouve dans son répertoire de configuration et qui contient une liste de types MIME suivis éventuellement d'une ou plusieurs extensions de noms de fichiers. Ce fichier sert à déterminer l'en-tête MIME qui sera envoyé au client avec chaque ressource.

La directive `DefaultType` est généralement utilisée dans la portée d'un répertoire, afin de redéfinir le type par défaut des documents qui s'y trouvent. Dans l'exemple suivant, le type MIME par défaut de tous les documents du répertoire `/images` sous la racine du serveur est fixé à `image/gif`. Le serveur ne se fie donc plus aux extensions des noms de fichiers (`.gif`, par exemple) pour déterminer le type de la ressource. Un fichier sans extension, dans ce répertoire, sera envoyé au client avec un en-tête HTTP l'identifiant comme étant du type MIME `image/gif`.

```
<Directory /images>
   DefaultType image/gif
</Directory>
```

Contrôler les processus du serveur

Les directives suivantes servent à contrôler les processus Linux lorsque Apache s'exécute sur cette plate-forme. Toutes les autres directives contrôlent la configuration du système pour les processus du serveur Apache.

La directive PidFile

Au chapitre 2, nous avons vu que le serveur Apache sous Linux lançait généralement un ensemble de processus en écoute qui étaient tous sous le contrôle d'un unique processus serveur principal ne répondant jamais aux requêtes utilisateur. La directive `PidFile` définit l'emplacement et le nom du fichier texte qui contient le PID (identifiant du processus) de ce processus principal. Les processus qui ont besoin de connaître ce PID (le script `apachectl` présenté au chapitre 10, par exemple) le lisent à partir de ce fichier. Il est rarement nécessaire de modifier le fichier PID par défaut d'Apache, appelé `httpd.pid` et se trouvant dans le répertoire `logs` sous la racine du serveur, définie par la directive `ServerRoot`.

La directive suivante modifie l'emplacement et le nom par défaut du fichier PID pour qu'il corresponde à celui utilisé par Red Hat Linux :

```
PidFile "/var/run/apache.pid"
```

INFO L'emplacement du fichier PID d'Apache est déterminé lors de l'installation d'Apache. Si vous modifiez la valeur de la directive `PidFile` dans le fichier `httpd.conf` original, vous devrez également modifier cet emplacement dans le script `apachectl` (présenté au chapitre 10) pour qu'il puisse également le trouver. Ouvrez `apachectl` (qui se trouve dans le répertoire `bin`, sous la racine de l'arborescence d'installation d'Apache) avec votre éditeur de texte favori et modifiez la ligne suivante pour qu'elle pointe vers le nouvel emplacement : `PIDFILE=/usr/share/apache2/httpd.pid`.

La directive User

Cette directive définit l'utilisateur Linux sous le compte duquel s'exécuteront les processus fils chargés de répondre aux requêtes des clients. Elle n'a d'intérêt que si Apache est lancé sous le compte `root` ; en effet, s'il est lancé sous un autre compte, le serveur ne peut changer le propriétaire de ses processus fils.

Le comportement par défaut d'Apache sur les systèmes Linux consiste à donner tous les processus fils à l'utilisateur dont l'UID est -1 (ce qui correspond à l'utilisateur `nobody` dans le fichier `/etc/passwd` d'un Linux standard) ; c'est la meilleure façon d'exécuter Apache sur des systèmes Linux.

Dans l'exemple suivant, j'ai fait en sorte qu'Apache s'exécute sous le compte `www`, un compte utilisateur réservé au Web, que je crée sur tous mes serveurs. Pour faciliter l'administration, les ressources Apache sur mon serveur appartiennent généralement à l'utilisateur `www` et au groupe `webteam`.

```
User www
```

La directive Group

Comme la précédente, cette directive sert à changer l'appartenance des processus fils chargés de traiter les requêtes des clients mais, au lieu de modifier l'utilisateur propriétaire de ces processus, on change ici le groupe propriétaire.

Le comportement par défaut d'Apache sur les systèmes Linux consiste à donner tous les processus fils au groupe de GID -1, qui correspond au groupe `nobody` dans `/etc/group`. Il est souvent plus judicieux de changer l'appartenance de groupe des processus fils que de changer leur propriétaire. Sur les serveurs Linux où je souhaite donner à plusieurs utilisateurs un accès en lecture/écriture aux fichiers de configuration d'Apache, je crée généralement un groupe spécial, portant un nom comme `webteam` :

```
Group webteam
```

Je place tous les comptes des développeurs Web dans ce groupe et je modifie également la configuration d'Apache pour que ses processus appartiennent à ce groupe.

Comme pour la directive `User`, un serveur Apache doit être lancé sous le compte `root` pour utiliser la directive `Group` ; sinon, il ne peut modifier l'appartenance de groupe des processus fils qu'il crée.

La directive Listen

Apache ne fournit plus désormais qu'une seule primitive essentielle, `Listen`, pour définir les adresses IP et les numéros de port TCP sur lesquels il attend et reçoit les connexions des clients. Cette directive intègre toutes les fonctionnalités des directives `BindAddress` et `Port` des versions d'Apache antérieures à 2.0, mais possède de nombreux avantages importants sur celles-ci (en plus de supprimer les redondances de fonctionnalités qui existaient entre les anciennes directives et qui pouvaient induire une certaine confusion). La directive `Listen` a une portée globale au serveur et n'a aucune signification dans un conteneur, mais Apache est suffisamment évolué pour détecter et indiquer que `Listen` est utilisée dans le mauvais contexte. Si, par exemple, vous la placez dans un conteneur d'hôte virtuel, il produira l'erreur suivante :

```
Syntax error on line 1264 of /usr/local/apache/conf/httpd.conf:
Listen cannot occur within <VirtualHost> section
```

Si `Listen` n'indique qu'un numéro de port, le serveur écoute ce port sur toutes les interfaces réseau du système ; si elle indique une adresse IP et un numéro de port uniques, le serveur n'écoute que sur ce port et sur cette interface.

Vous pouvez utiliser plusieurs directives pour indiquer plusieurs adresses et plusieurs ports à écouter : le serveur répond alors aux requêtes provenant de l'une de ces adresses et de l'un de ces ports. Par exemple, pour que le serveur accepte les connexions sur les ports 80 et 8080, utilisez les directives suivantes :

```
Listen 80
Listen 8080
```

Pour qu'il accepte les connexions sur deux interfaces précises, sur des ports particuliers, indiquez l'adresse IP de l'interface et le numéro du port en les séparant par un caractère deux-points, comme ici :

```
Listen 192.168.1.3:80
Listen 192.168.1.5:8080
```

Bien que `Listen` soit très importante puisqu'elle fournit plusieurs adresses IP pour l'hébergement virtuel par IP (détaillé au chapitre 6), elle ne lie pas une adresse IP à un hôte virtuel spécifique. Voici un exemple d'utilisation de la directive `Listen` qui indique à Apache d'accepter les connexions sur deux interfaces utilisant chacune un port TCP différent :

```
Listen 192.168.1.1:80
Listen 216.180.25.168:443
```

J'utilise cette configuration pour accepter des requêtes HTML ordinaires sur le port 80 de l'interface de mon réseau interne ; les connexions sur mon interface externe (reliée à Internet) ne sont acceptées que sur le port TCP 443, le port par défaut des connexions SSL (comme nous le verrons au chapitre 14).

La directive Options

La directive `Options` contrôle la disponibilité de certaines fonctionnalités du serveur dans un répertoire particulier. Cette directive peut valoir `None`, qui signifie qu'aucune des fonctionnalités supplémentaires n'est activée, ou l'une des valeurs suivantes :

- **`ExecCGI`** – Autorise l'exécution des scripts CGI.
- **`FollowSymLinks`** – Le serveur suit les liens symboliques de ce répertoire, mais cela ne modifie pas le chemin utilisé pour la correspondance avec les sections `<Directory>`. Cette option est ignorée si elle est positionnée dans une section `<Location>`.
- **`Includes`** – Autorise Server-Side Includes (SSI).
- **`IncludesNOEXEC`** – Autorise Server-Side Includes, mais les commandes `#exec` et `#include` de SSI sont désactivées.
- **`Indexes`** – Si une URL correspondant à ce répertoire est demandée et qu'il n'y a pas de fichier `DirectoryIndex` (`index.html` par exemple), le serveur renvoie une liste formatée du contenu de ce répertoire.
- **`MultiViews`** – Autorise les multivues à contenu négocié. Comme nous le verrons au chapitre 15, les multivues sont un des moyens d'implémenter la négociation de contenu.
- **`All`** – Inclut toutes les options, sauf `MultiViews`. C'est la valeur par défaut.
- **`SymLinksIfOwnerMatch`** – Le serveur ne suit que les liens symboliques dont le fichier ou le répertoire cible appartient au même utilisateur que le lien. Comme `FollowSymLinks`, cette option est ignorée si elle est configurée dans une section `<Location>`.

Normalement, si plusieurs options s'appliquent à un répertoire, c'est la plus spécifique qui est utilisée et les autres sont ignorées. Cependant, si toutes les options de la directive `Options` sont précédées d'un signe plus (+) ou moins (-), elles sont alors fusionnées. Les options précédées du signe plus sont ajoutées aux options déjà en vigueur, tandis que les options précédées du signe moins en sont supprimées.

Comme la valeur par défaut de la directive `Options` est `All`, le fichier de configuration fourni avec Apache contient la section suivante, qui active uniquement `FollowSymLinks` pour chaque répertoire placé sous la racine des documents (`DocumentRoot`) :

```
<Directory />
    Options FollowSymLinks
</Directory>
```

Les exemples suivants devraient éclaircir les règles qui gouvernent la fusion des options. Dans le premier, seule l'option `includes` est positionnée pour le répertoire `/web/docs/spec` :

```
<Directory /web/docs>
    Options Indexes FollowSymLinks
</Directory>
<Directory /web/docs/spec>
      Options Includes
</Directory>
```

Dans l'exemple suivant, seules les options `FollowSymLinks` et `includes` sont positionnées pour le répertoire `/web/docs/spec` :

```
<Directory /web/docs>
   Options Indexes FollowSymLinks
</Directory>
<Directory /web/docs/spec>
   Options +Includes -Indexes
</Directory>
```

L'utilisation de `-IncludesNOEXEC` ou de `-Includes` désactive Server-Side Includes. De plus, l'utilisation d'un plus ou d'un moins pour une directive n'a pas d'effet si aucune liste d'options n'est déjà en cours. Aucune liste d'options n'est créée si seuls ces modificateurs sont utilisés pour préciser de nouvelles options.

ATTENTION N'oubliez pas que la valeur par défaut de `Options` est `All`. Pour cette raison, vous devez toujours vérifier que cette valeur est surchargée pour chaque répertoire accessible par le Web. Pour cela, la configuration par défaut d'Apache inclut un conteneur `<Directory>` ; ne le modifiez pas, ne le supprimez pas.

Les directives conteneurs

La portée d'une directive Apache est souvent réduite à l'aide de directives spéciales appelées directives conteneurs, qui sont en général facilement identifiables, de par leur position entre chevrons (<>). Les directives conditionnelles `<IfDefine>` et `<IfModule>` sont des exceptions : elles sont également entre chevrons, mais ne sont pas des directives conteneurs. Les directives conteneurs doivent être fermées par une directive portant le même nom, précédé d'une barre de fraction (exactement comme les balises XML).

Une directive conteneur contient d'autres directives dont la portée d'application est limitée au conteneur. Une directive qui ne se trouve pas dans un conteneur est dite de portée globale et s'applique à tout le serveur Apache, bien qu'elle puisse être surchargée localement par la même directive utilisée dans un conteneur. Les sections suivantes décrivent chaque type de directive conteneur.

Le conteneur <VirtualHost>

La directive conteneur `<VirtualHost>` contient les directives qui ne s'appliquent qu'à un hôte virtuel spécifique. Comme nous le verrons au chapitre 6, un hôte virtuel est un site Web hébergé sur votre serveur et qui est identifié par un alias. Supposons, par exemple, que votre serveur soit `www.aulds.com` et qu'il héberge un site Web pour une boutique locale d'appâts et d'articles de pêche. Cette boutique ne souhaite pas que ses clients se connectent à `www.aulds.com` pour obtenir des informations, mais plutôt qu'ils utilisent le site www.asticots.com. Pour résoudre ce problème, vous pouvez créer un hôte virtuel pour `www.asticots.com` sur `www.aulds.com`, qui est le véritable hôte. Le format de la directive conteneur `<VirtualHost>` est :

```
<VirtualHost adresse>
   directives
</VirtualHost>
```

Les directives du conteneur indiquent le nom d'hôte et la racine des documents de l'hôte virtuel. Naturellement, le nom du serveur doit être le nom que les clients du site Web utilisent pour s'y connecter et les fichiers fournis aux clients doivent fournir les informations attendues. En plus de ces deux directives évidentes, quasiment tout ce que vous devez faire pour personnaliser cet hôte virtuel peut avoir lieu dans ce conteneur. Par exemple :

```
<VirtualHost 192.168.1.4>
   ServerAdmin webmaster@host1.com
   DocumentRoot /home/httpd/asticotsdocs
   ServerName www.asticots.com
```

```
    ErrorLog logs/asticots.log
    TransferLog logs/asticots.log
</VirtualHost>
```

L'exemple ci-dessus ne définit qu'un seul hôte virtuel ; au chapitre 6, nous verrons qu'il ne s'agit que d'une forme d'hôte virtuel, basée sur l'adresse IP. La première ligne définit l'adresse Internet (IP) de l'hôte virtuel : seules les connexions au serveur Apache sur cette adresse IP sont prises en charge par le serveur virtuel pour ce site, qui peut être l'un des nombreux sites virtuels hébergés sur le même serveur. Chaque directive définit ensuite des valeurs spécifiques au site pour des paramètres de configuration qui, en dehors d'un conteneur `<VirtualHost>` s'appliqueraient normalement à tout le serveur. L'utilisation de chacune d'elles dans le contexte général du serveur a été présentée plus haut dans ce chapitre.

Les conteneurs <Directory et <DirectoryMatch>

Le conteneur `<Directory>` >contient les directives qui s'appliquent à un répertoire et à ses sous-répertoires. Le répertoire concerné doit être indiqué par son chemin absolu ou par des caractères génériques. L'exemple suivant illustre un tel conteneur, qui initialise les options `Indexes` et `FollowSymLinks` pour tous les sous-répertoires de `/home/httpd/` dont le nom commence par `user` :

```
<Directory /home/httpd/user*>
    Options Indexes FollowSymLinks
</Directory>
```

Les conteneurs `<Directory>` sont toujours évalués de façon à ce que le plus court chemin (portée plus large) s'applique en premier et que les plus longs (portée plus réduite) surchargent ceux qui pourraient déjà s'appliquer grâce à un conteneur plus large. Le conteneur suivant, par exemple, désactive toutes les surcharges dans tous les répertoires du système (/ et ses sous-répertoires) :

```
<Directory />
    AllowOverrides None
</Directory>
```

Si le fichier `httpd.conf` contient un second conteneur `<Directory>` portant sur un répertoire situé plus bas dans la hiérarchie du système de fichiers, ses directives ont priorité sur celles définies sur l'ensemble du système de fichiers. Le conteneur suivant active la surcharge `FileInfo` pour tous les répertoires placés sous `/home` (où se trouvent tous les répertoires personnels des utilisateurs sur la plupart des systèmes Linux) :

```
<Directory /home/*>
   AllowOverrides FileInfo
</Directory>
```

Le conteneur `<Directory>` peut également utiliser des expressions rationnelles en utilisant le caractère ~ pour forcer une recherche de correspondance :

```
<Directory ~ "^/home/user[0-9]{3}">
```

Cependant, si on se sert des expressions rationnelles, il est conseillé d'utiliser plutôt le conteneur `<DirectoryMatch>`, qui est spécifiquement conçu pour cela. Cette directive conteneur fonctionne exactement comme `<Directory>`, sauf que les répertoires auxquels elle s'applique sont exprimés sous forme d'expressions rationnelles. L'exemple qui suit s'applique à toutes les URL des requêtes qui demandent une ressource commençant par `/user`, suivi d'exactement trois chiffres (le caractère ^ signifie « début de chaîne » et le `{3}` signifie qu'on doit trouver exactement trois occurrences du caractère précédent, ici, un caractère compris entre 0 et 9).

```
<DirectoryMatch "^/user[0-9]{3}">
    order deny,allow
    deny from all
    allow from .foo.com
</Directory>
```

Cette directive s'applique, par exemple, à l'URL suivante :

```
http://jackal.hiwaay.net/user321
```

car la directive conteneur `<DirectoryMatch>` recherche les répertoires relativement à la racine des documents du serveur (définie par `DocumentRoot`).

> **Introduction aux expressions rationnelles**
>
> De nombreuses directives de configuration d'Apache utilisent les expressions rationnelles pour exprimer leurs cibles. Les expressions rationnelles sont une version évoluée de la correspondance par motifs utilisée par les directives, car elles vont bien au-delà des fonctionnalités des simples caractères génériques. On entend parfois dire que les expressions rationnelles sont des « caractères génériques dopés aux stéroïdes ».
>
> Ce court encart ne prétend aucunement couvrir le sujet. Il a uniquement pour but d'attiser votre curiosité en présentant quelques métacaractères communément employés, ainsi que leur signification :

Introduction aux expressions rationnelles (*suite*)

- **^ et $** – Deux marqueurs très utiles qui correspondent, respectivement, au début et à la fin d'une ligne. L'expression `^#`, par exemple, correspond au caractère # lorsque c'est le premier caractère d'une ligne (ce qui est très utile pour trouver les lignes de commentaires) et `#$` correspond à # en fin de ligne. Ces opérateurs de correspondance servent à ancrer les motifs au début ou à la fin d'une ligne et sont donc appelés « ancres ».
- *** et ?** – Correspondent respectivement à une répétition de 0 ou plus et 0 ou 1 fois du motif précédent. Ces opérateurs peuvent vous induire en erreur car ils fonctionnent différemment des caractères génériques équivalents. L'expression `fo*`, par exemple, correspond au motif *foo* ou *fooo* (un nombre quelconque de o), mais également à *f* (pas de *o*). L'expression `ca?` correspondra au *c* de *score*, ce qui est peu intuitif, car il n'y a pas de a dans `score`, mais `a?` signifie zéro ou un *a*. Rechercher zéro occurrence ou plus d'un motif est intéressant lorsque ce motif est facultatif : vous pouvez, par exemple, rechercher des fichiers dont le nom est éventuellement suivi de plusieurs chiffres, puis de l'extension `.gif` en utilisant l'expression rationnelle `^nomfic\d*.gif`. En effet, cette expression correspond à *nomfic001.gif* et à *nomfic2.gif*, mais également à *nomfic.gif*. Le motif `\d` correspondant à n'importe quel chiffre (0-9), vous faites bien une recherche de 0 chiffre ou plus.
- **+** – Correspond à au plus une occurrence du motif précédent : `ca+` ne correspond donc plus au *c* de *score* (car le *c* n'est pas suivi d'un *a*) mais, par exemple, au *ca* de *scare*.
- **.** – Correspond à n'importe quel caractère sauf le caractère fin de ligne. `x.y` correspond, par exemple, à *xLy* ou à `x y`, mais pas à *xy*, car le motif `.` indique que ces deux caractères doivent être séparés par un autre. L'expression `x.*y` correspond à un `x` et un `y` séparés par zéro caractère quelconque ou plus.
- **{n}** – Correspond à exactement n (un nombre) occurrences du motif précédent. Ainsi, `co{2}` trouvera `cool`, mais pas `col`.

Si vous êtes un administrateur Linux confirmé, vous connaissez déjà les expressions rationnelles, que vous utilisez avec `grep`, `sed` et `awk`. Il en va de même si vous connaissez Perl. La bibliothèque d'expressions rationnelles pour C++ du projet GNU et Windows Scripting Host (WSH) vous permettent même d'utiliser des expressions rationnelles dans les programmes JavaScript ou VBScript de Microsoft.

La seule façon de se perfectionner dans l'utilisation des expressions rationnelles consiste à étudier des exemples et à les tester.

Les conteneurs <Files> et <FilesMatch>

Le conteneur `<Files>` enveloppe les directives qui ne s'appliquent qu'à des fichiers précis devant être désignés par un nom de fichier (contenant éventuellement des caractères génériques). L'exemple suivant autorise l'accès aux fichiers ayant l'extension `.NosFics` uniquement par les machines d'un certain domaine :

```
<Files *.NosFics>
   order deny,allow
```

```
    deny from all
    allow from .cedomaine.com
</Files>
```

Comme le conteneur `<Directory>`, `<Files>` peut également utiliser des expressions rationnelles en utilisant le caractère ~ pour forcer la recherche de correspondances. La ligne suivante, par exemple, correspond aux fichiers dont le nom se termine par un caractère point (qu'il faut protéger par une barre oblique inverse, car le point est un méta-caractère), suivi immédiatement des caractères `xml`. On rappelle que le `$` des expressions rationnelles ancre le motif en fin de chaîne. Pour résumer, cela revient à rechercher les fichiers ayant l'extension `.xml`.

```
<Files ~ "\.xml$">
    Placer ici les directives
</Files>
```

La directive `<FilesMatch>` est spécifiquement conçue pour les expressions rationnelles et il est donc conseillé de plutôt l'utiliser dans ces cas-là. En effet, `<FilesMatch>` se comporte exactement comme `<Files>`, sauf que les fichiers spécifiés doivent être décrits par une expression rationnelle. On peut, par exemple, désigner tous les fichiers images en utilisant la directive suivante :

```
<FilesMatch>  "\.(gif|jpe?g|png)$">
    Placer ici les directives
</FilesMatch>
```

Cette expression rationnelle capture les noms de fichiers ayant l'extension `gif`, `jpg`, `jpeg` ou `png`. Ce « ou » est indiqué par la barre verticale (`|`). Remarquez l'utilisation du caractère `?` après le `e`, ce qui permet de capturer à la fois l'extension `jpeg` et `jpg`.

Les conteneurs <Location> et <LocationMatch>

Le conteneur `<Location>` sert à >indiquer les directives qui s'appliquent à des URL spécifiques. Il ressemble à `<Directory>`, car la plupart des URL contiennent une référence correspondant à un répertoire placé sous la racine des documents d'Apache. Toutefois, `<Location>` n'accède pas au système de fichiers : il ne considère que l'URL de la requête. La plupart des directives s'appliquant dans un contexte `<Directory>` fonctionnent également dans un conteneur `<Location>` ; les directives qui ne s'appliquent pas à une URL sont simplement ignorées, car elles n'ont aucune signification dans un contexte `<Location>`.

Le conteneur <Location> est spécialement utile lorsqu'il est combiné avec la directive SetHandler. Par exemple, pour autoriser les demandes d'état uniquement de la part des navigateurs de truc.com, vous pourriez utiliser la configuration suivante (l'état n'est pas un répertoire, c'est une partie de l'URL, qui invoque une page d'état produite par le serveur) :

```
<Location /status>
   SetHandler server-status
   order deny,allow
   deny from all
   allow from .truc.com
</Location>
```

Vous pouvez également utiliser des expressions rationnelles en ajoutant le caractère ~, comme on l'a expliqué pour les conteneurs <Directory> et <Files>, mais il est préférable d'utiliser en ce cas le conteneur <LocationMatch>, spécialement conçu pour cet usage et qui fonctionne exactement comme <Location>, sauf que l'URL est exprimée à l'aide d'une expression rationnelle. Le conteneur suivant, par exemple, s'applique à toutes les URL contenant la sous-chaîne */www/user* suivie immédiatement d'exactement trois chiffres, comme */www/user101* :

```
<LocationMatch "/www/user[0-9]{3}">
    order deny,allow
    deny from all
    allow from .truc.com
</Location>
```

Les conteneurs <Limit> et <LimitExcept>

<Limit> enveloppe les directives qui ne s'appliquent qu'aux méthodes HTTP indiquées, qui peuvent être n'importe lesquelles de celles que nous avons présentées dans le chapitre 1. Dans l'exemple suivant, on ne demande à l'utilisateur de s'authentifier que pour les requêtes utilisant les méthodes POST, PUT et DELETE. Toutes les autres méthodes (GET, par exemple) ne requièrent ni identificateur, ni mot de passe :

```
<Limit POST PUT DELETE>
   require valid-user
</Limit>
```

<LimitExcept> enveloppe les directives qui s'appliquent à toutes les méthodes HTTP, sauf à celles qui sont indiquées. L'exemple suivant montre comment exiger une authentification pour toutes les méthodes autres que GET :

```
<LimitExcept GET>
   require valid-user
</Limit>
```

Sections Perl

Si vous utilisez le module `mod_perl`, vous pouvez inclure du code Perl pour configurer automatiquement votre serveur. Les sections de `httpd.conf` qui contiennent un code Perl correct doivent être comprises dans des directives conteneurs `<Perl>` spéciales, qui passent le code à l'interpréteur Perl intégré à `mod_perl`. La sortie de ces scripts est insérée dans le fichier `httpd.conf` avant qu'il ne soit lu par le moteur Apache. Cela permet de produire dynamiquement des parties de ce fichier de configuration, éventuellement à partir d'une source externe comme une base de données relationnelle située sur une autre machine.

Comme cette option nécessite impérativement la présence de `mod_perl`, elle sera présentée en détail en même temps que ce module fort intéressant, au chapitre 8.

Ordre d'évaluation des conteneurs

Lorsque plusieurs conteneurs peuvent s'appliquer à une même requête, Apache les résout dans l'ordre suivant :

1. Apache évalue d'abord les conteneurs `<Directory>` (sauf ceux qui utilisent des expressions rationnelles) et fusionne tous les fichiers `.htaccess` pouvant s'appliquer à la requête. Les conteneurs `<Directory>` sont toujours évalués dans l'ordre des portées décroissantes (du plus général au plus précis) et les directives contenues dans les fichiers `.htaccess` surchargent celles qui se trouvent dans les conteneurs `<Directory>` s'appliquant au même répertoire.
2. Les directives des conteneurs `<DirectoryMatch>` et `<Directory>` utilisant des expressions rationnelles sont ensuite évaluées. Celles qui s'appliquent à la requête surchargent celles déjà mises en place par `<Directory>` ou les fichiers `.htaccess` (étape 1 de cette liste).
3. Après les directives sur le répertoire de la ressource, Apache applique celles qui s'appliquent au fichier lui-même. Il évalue celles des conteneurs `<Files>` et `<FilesMatch>`, qui surchargent celles déjà mises en place. Par exemple, si un fichier `.htaccess` contient une directive interdisant au client d'accéder à un répertoire, mais qu'une directive d'un conteneur `<Files>` permet précisément l'accès au fichier, la requête est acceptée, car le contenu de `<Files>` surcharge celui de `<Directory>` et des fichiers `.htaccess`.
4. Enfin, Apache applique les directives des conteneurs `<Location>` ou `<LocationMatch>` correspondant à l'URL demandée et surcharge celles déjà définies aux étapes précédentes. Si une directive d'un conteneur `<Location>` entre directement en conflit avec la

même directive d'un conteneur <Directory> ou <Files>, c'est celle de <Location> qui a priorité sur les autres.

Les conteneurs qui ont une portée plus réduite surchargent donc toujours ceux qui ont une portée plus étendue. Les directives de <Directory /home/httpd/html>, par exemple, surchargent celles de <Directory /home/httpd> pour les ressources entrant dans sa portée. Si deux conteneurs ont exactement la même portée (par exemple, s'ils s'appliquent au même répertoire ou au même fichier), c'est celui qui est spécifié en dernier qui a priorité.

L'exemple suivant, fait sur mesure, illustre le fonctionnement de l'ordre d'évaluation :

```
<Files index.html>
   allow from 192.168.1.2
</Files>
<Directory /home/httpd/html>
   deny from all
</Directory>
```

Ici, le conteneur <Directory> interdit spécifiquement à tous les clients d'accéder au répertoire /home/httpd/html. La directive <Files> (placée avant lui dans le fichier httpd.conf) autorise l'accès au seul fichier index.html de ce répertoire, mais uniquement pour un client se connectant à partir de l'adresse 192.168.1.2. Cela permet l'affichage de la page HTML par ce client, mais pas des images qu'elle contient, puisque la directive <Files> ne les inclut pas dans sa portée. Remarquez également que l'ordre des conteneurs dans le fichier de configuration n'est pas important ; c'est celui dans lequel ils sont résolus qui compte, et les directives <Files> ont toujours priorité sur les conteneurs <Directory> s'appliquant à la même ressource (ou aux mêmes ressources).

Le fichier .htaccess

Bien qu'un serveur Apache soit généralement entièrement configuré par httpd.conf, la modification de ce fichier n'est pas toujours la méthode de configuration la plus efficace. La plupart des administrateurs Apache préfèrent regrouper les directives spécifiques à un répertoire, notamment celles sur le contrôle d'accès, dans des fichiers spéciaux placés dans les répertoires qu'ils contrôlent. C'est le but des fichiers .htaccess d'Apache.

Outre le côté pratique de la présence de toutes les directives concernant un groupe de fichiers d'un répertoire dans ce même répertoire, les fichiers .htaccess offrent deux autres avantages. Vous pouvez d'abord donner le droit de les modifier répertoire par répertoire, en autorisant les utilisateurs de confiance à modifier les droits d'accès aux fichiers dans certains répertoires, sans pour autant leur permettre un accès inconditionnel à toute la configuration d'Apache. Ensuite, vous pouvez modifier les directives contenues dans les fichiers htaccess sans pour autant devoir relancer le serveur (ce qui est la seule façon de prendre en compte les modifications du fichier `httpd.conf`).

Par défaut, Apache recherche la présence d'un fichier `.htaccess` dans chaque répertoire dont il fournit les ressources. S'il le trouve, il lit le fichier et les directives de configuration qu'il contient sont fusionnées avec celles qui s'appliquent déjà à ce répertoire. À moins que l'administrateur n'ait spécifiquement modifié le comportement par défaut (en utilisant la directive `AllowOverrides` décrite ci-dessous), toutes les directives du fichier `.htaccess` surchargent celles qui sont déjà en cours. Supposons, par exemple, que le fichier `httpd.conf` contienne la section `<Directory>` suivante :

```
<Directory /home/httpd/html/Special>
   order deny,allow
   deny from all
</Directory>
```

Tout accès au répertoire `/home/httpd/html/Special` serait rejeté, ce qui est peut-être exactement ce que veut l'administrateur ; mais il est plus probable que, si ce répertoire existe sous la racine du serveur Web, c'est pour que quelqu'un puisse y accéder à l'aide de son navigateur. Pour cela, on crée un fichier `.htaccess` dans le répertoire `Special`, qui contiendra des directives comme celle ci-dessous pour surcharger les directives déjà actives pour ce répertoire :

```
allow from 192.168.1.*
```

Ici, nous avons utilisé une expression avec un caractère générique pour indiquer un bloc d'adresses IP (le sous-réseau local du serveur Web, par exemple) qui pourra accéder aux ressources contenues dans le répertoire `Special`.

La directive AllowOverrides

Par défaut, chaque fois qu'Apache reçoit une requête pour une ressource, il recherche un fichier `.htaccess` dans le répertoire de celle-ci et dans tous les répertoires parents sur le système de fichiers. N'oubliez pas : cette recherche n'est pas limitée à `DocumentRoot` et à ses sous-répertoires, mais elle s'étend à toute la hiérarchie du système du fichiers, jusqu'au répertoire racine (« / »). Chacun de ces répertoires est traité exactement comme s'il y avait une directive `<Directory>` pour le répertoire où il se trouve. Les directives de tous les fichiers `.htaccess` trouvés dans l'arborescence de la ressource demandée sont fusionnées avec toutes les autres directives qui s'appliquent déjà à ce répertoire. Celles qui sont le plus bas dans l'arborescence du système de fichiers surchargent celles qui sont placées plus haut : cela signifie que vous pouvez accorder un accès à un répertoire même si ce droit d'accès a été interdit à un répertoire supérieur (et donc à tous ses sous-répertoires). Après avoir fusionné tous les fichiers .htaccess concernés avec toutes les directives de tous les conteneurs <Directory> applicables, Apache les utilise dans l'ordre d'évaluation que nous avons présenté plus haut.

Ce que je viens de décrire est le comportement par défaut d'Apache avec les fichiers .htaccess. Vous pouvez modifier ce comportement via la directive spéciale AllowOverrides, qui contrôle le traitement des fichiers. Cette directive indique quelles directives contenues dans un fichier .htaccess sont autorisées à surcharger des directives qui s'appliquent déjà. AllowOverrides ne sert pas à activer ou à désactiver des directives, mais à spécifier les types de directives qui peuvent être surchargées dans les fichiers htaccess.

La liste suivante énumère tous les paramètres possibles de la directive AllowOverrides. Chacun d'eux active ou désactive un ensemble de directives lorsqu'elles se trouvent dans des fichiers .htaccess. Consultez le tableau de l'annexe A pour connaître l'AllowOverrides de chaque directive pour laquelle on peut indiquer une surcharge ; la directive AllowOverrides ne s'applique pas aux directives du tableau ayant « N/A » dans la colonne des surcharges.

- **All** : Active toutes les surcharges .htaccess. Toutes les directives autorisées dans un fichier .htaccess peuvent donc servir à surcharger la configuration du fichier httpd.conf.

ATTENTION Le comportement par défaut d'Apache consiste à rechercher les fichiers .htaccess dans tous les répertoires du chemin d'une ressource, comme si on avait spécifié AllowOverrides All pour tous les répertoires. Cela rend le serveur difficile à sécuriser, car toute personne ayant un droit d'écriture dans l'un des répertoires de l'arborescence des documents fournis par Apache peut créer un fichier .htaccess douteux, qui pourra ensuite servir à compromettre la sécurité du système. Il est toujours préférable d'utiliser AllowOverrides pour désactiver les fichiers .htaccess dans tous les répertoires et de ne les activer que pour des buts et des emplacements précis, au cas par cas. La désactivation de la recherche des fichiers .htaccess présente également l'avantage d'améliorer les performances d'Apache (nous le verrons au chapitre 12).

- **None** : Désactive les surcharges .htaccess. Lorsqu'on spécifie AllowOverrides None pour un répertoire, Apache ne lit pas le fichier .htaccess, même s'il y en a un dans ce répertoire. Si ce répertoire est la racine du système (« / »), Apache ne recherche un fichier .htaccess dans aucun répertoire.
- **Authconfig** – Autorise l'utilisation des directives d'autorisation utilisateur/groupe (Authname, Authuserfiles, Authgroupfile, Require), qui sont détaillées au chapitre 13.
- **FileInfo** – Autorise l'utilisation des directives qui contrôlent les types de document.
- **Indexes** – Autorise l'utilisation des directives qui contrôlent l'indexation des répertoires.
- **Limit** – Autorise l'utilisation des directives qui contrôlent l'accès en fonction du nom d'hôte ou de l'adresse réseau du navigateur.

- **Options** – Autorise l'utilisation de directives spéciales qui sont, pour l'instant, limitées à Options et XBitHack.

Configurer les répertoires personnels des utilisateurs

Si votre serveur doit servir les pages de plusieurs utilisateurs, il est souvent fort utile de fournir à chacun d'eux son propre répertoire Web. C'est une pratique très courante parmi les fournisseurs d'accès Internet qui proposent l'hébergement des pages Web de leurs clients. Par bien des aspects, fournir des répertoires Web individuels est comparable à l'hébergement virtuel, mais bien plus facile à mettre en place. Cette fonctionnalité est fournie par un module standard d'Apache (mod_userdir) qui est disponible par défaut.

Spécifier les correspondances utilisateur-répertoire

Si vous voulez autoriser les utilisateurs à publier leurs propres pages Web, vous devez utiliser la directive UserDir pour indiquer le nom d'un répertoire qui, s'il se trouve sous les répertoires personnels des utilisateurs, est censé contenir les pages Web. L'accès à ces dernières peut se faire par une URL de la forme http://*nom-hôte*/~*utilisateur*/, où *utilisateur* est le compte utilisateur Linux sur le serveur (ou le serveur virtuel) nom-hôte. Le nom par défaut de ce répertoire est public_html mais, bien qu'il n'y ait absolument aucun problème avec ce nom, j'ai toujours choisi le nom WWW depuis que j'ai commencé en administrant un serveur CERN 3.0, il y a plusieurs années. Une simple modification de la directive UserDir dans le fichier httpd.conf me permet de configurer cette valeur pour tous les utilisateurs sur le serveur :

```
UserDir WWW
```

Une fois cette ligne ajoutée au fichier httpd.conf et le serveur redémarré, chaque utilisateur peut placer des fichiers dans un sous-répertoire WWW de son répertoire personnel et Apache est en mesure de fournir ces fichiers aux clients. Les requêtes pour les pages Web d'un utilisateur typique ressemblent à :

```
http://jackal.hiwaay.net/~caulds/index.html
```

La directive UserDir précise un nom ou un motif utilisé pour faire correspondre une requête pour un répertoire utilisateur à un répertoire spécial fichiers Web de celui-ci. Cette directive peut prendre l'une des trois formes suivantes :

- **Un chemin relatif** – C'est normalement le nom d'un répertoire qui, s'il est sous le répertoire personnel d'un utilisateur, devient le DocumentRoot pour les ressources Web de cet utilisateur :

```
UserDir public_html
```

C'est la façon la plus simple d'implémenter des répertoires utilisateurs et c'est celle que je conseille, car elle donne à chaque utilisateur un répertoire Web sous son répertoire d'accueil sur le système. Cette forme tire parti du fait que, sous Unix, `~utilisateur` est toujours un raccourci pour désigner le répertoire personnel de `utilisateur`. En indiquant le répertoire utilisateur sous forme de chemin relatif, le serveur recherche en fait le répertoire d'accueil de l'utilisateur sur le système (en consultant le fichier `/etc/passwd`), puis recherche le répertoire Web de cet utilisateur sous celui-ci.

ATTENTION Faites attention lorsque vous utilisez la forme chemin relatif pour la directive `UserDir`, car cela peut exposer des répertoires qui ne devraient pas être accessibles sur le Web. Ainsi, lorsqu'on utilise l'URL `http://hostname/~root/`, le raccourci Linux pour `~root` correspond à un répertoire réservé aux fichiers système sur la plupart des systèmes Linux ; or, si vous avez essayé de désigner le répertoire d'accueil de chaque utilisateur comme étant son répertoire Web (en utilisant `UserDir /`), cette URL correspond donc au répertoire `/root`. Lorsque vous utilisez la forme chemin relatif pour désigner les répertoires Web des utilisateurs, verrouillez tous les comptes qui ont des répertoires personnels sur les systèmes de fichiers verrouillés (voir la section « Activer/désactiver les correspondances » plus loin dans ce chapitre). Le répertoire personnel de l'utilisateur `root` (ou superutilisateur) des systèmes Linux doit être protégé, car si quelqu'un réussit à placer un appel à un programme dans l'un des scripts de démarrage de `root` (`.profile` ou `.bashrc`, par exemple), ce programme s'exécutera chaque fois qu'un utilisateur légitime ou un administrateur se connectera sous le compte `root`.

- **Un répertoire absolu** – Un chemin absolu est combiné avec l'identificateur de l'utilisateur pour identifier son `DocumentRoot` :

```
UserDir /home/httpd/userstuff
```

Cet exemple donne à chaque utilisateur son propre répertoire Web, qui porte le nom de l'utilisateur et qui est placé sous `/home/httpd/userstuff` : il est donc en dehors de son répertoire d'accueil sur le système. La gestion d'un répertoire spécial pour chaque utilisateur en dehors des répertoires d'accueil n'est pas conseillé s'il y a beaucoup d'utilisateurs, car ceux-ci ne pourront pas maintenir leurs propres espaces Web comme ils le pourraient sous leurs répertoires personnels : la responsabilité de ces mises à jour reviendra donc à l'administrateur. Utilisez la forme absolue uniquement s'il y a peu d'utilisateurs, et de préférence s'ils sont suffisamment compétents pour s'assurer que leurs répertoires Web sont protégés des autres utilisateurs du système.

- **Un chemin absolu avec un emplacement** – Un chemin absolu peut contenir le caractère `*` (appelé emplacement), qui est remplacé par l'identificateur de l'utilisateur lorsqu'Apache recherche le `DocumentRoot` pour les ressources Web de celui-ci. Comme le chemin absolu décrit plus haut, cette forme peut faire correspondre la requête à un répertoire situé en dehors du répertoire personnel de l'utilisateur :

```
UserDir  /home/httpd/*/www
```

Apache substitue à `*` l'identificateur de l'utilisateur pris dans les URL des requêtes de la forme `http://`*`nom-hôte/~utilisateur/`* pour produire le chemin vers le répertoire Web de cet utilisateur, comme dans cet exemple :

```
/home/httpd/caulds/www
```

Si tous les utilisateurs ont leur répertoire personnel sous le même répertoire, l'emplacement `*` dans le chemin absolu peut mimer la forme utilisant les chemins relatifs, car il suffit de spécifier :

```
UserDir  /home/*/www
```

Cependant, le comportement de la recherche est légèrement différent : dans la forme relative, le répertoire d'accueil de l'utilisateur est déduit de la lecture du fichier `/etc/passwd`, alors que dans la forme absolue ce fichier n'est pas consulté et que le répertoire Web de l'utilisateur doit exister dans le chemin indiqué. L'avantage de la forme absolue est qu'elle empêche des URL comme `http://`*`hostname/~root`* de correspondre à un emplacement auquel les clients Web ne devraient jamais pouvoir accéder.

L'inconvénient de la forme « chemin absolu avec emplacement » est qu'elle oblige tous les répertoires Web personnels à résider sous un répertoire que vous pouvez désigner avec le chemin absolu. Si vous avez besoin de placer les répertoires Web des utilisateurs dans d'autres emplacements (peut-être même sur d'autres systèmes de fichiers), vous devez créer des liens symboliques qui font pointer les répertoires Web utilisateurs vers l'emplacement réel des fichiers. Pour un système de taille moyenne, c'est une tâche qui peut être effectuée une fois pour chaque utilisateur et qui n'est pas très onéreuse ; toutefois, s'il y a de nombreux utilisateurs, vous souhaiterez très certainement vous passer de cette tâche.

L'utilisation de la directive `UserDir` est mieux illustrée par des exemples. Chacune des trois formes de la directive que nous avons citées plus haut ferait, respectivement, correspondre une requête pour

```
http://jackal.hiwaay.net/~caulds/index.html
```

aux chemins pleinement qualifiés suivants :

1. `~caulds/public_html/index.html`
2. `/home/httpd/userstuff/caulds/index.html`
3. `/home/httpd/caulds/www/index.html`

Rediriger les requêtes pour les répertoires utilisateurs

Le chapitre 9 détaille les outils d'Apache pour les redirections, mais le sujet vaut bien un rapide survol ici, dans le contexte des répertoires utilisateurs.

Un serveur ne peut pas forcer un navigateur à récupérer une ressource provenant d'un autre emplacement que celui demandé. Il envoie un code d'état indiquant que le serveur n'a pas pu répondre aux requêtes du navigateur, ainsi qu'un en-tête `Location` précisant un autre emplacement vers lequel le navigateur est prié de rediriger sa requête. Si `UserDir` est utilisée, le serveur produit une demande de redirection au client qui, très probablement, redemandera la ressource au nouvel emplacement indiqué, sans intervention de l'utilisateur. Le paramètre de `UserDir` peut également prendre la forme d'une URL plutôt que d'un répertoire, auquel cas la correspondance est renvoyée au client sous la forme d'une requête de redirection ; c'est la forme la plus utile lorsqu'on redirige les requêtes pour les répertoires des utilisateurs vers d'autres serveurs. La directive `UserDir` suivante :

```
UserDir http://server2.hiwaay.com/~*/
```

ferait qu'une requête pour

```
http://jackal.hiwaay.net/~caulds/docfiles/index.html
```

et produirait une URL de requête de redirection, qui enverrait le demandeur vers la ressource suivante, située sur un autre serveur :

```
http://server2.hiwaay.net/~caulds/docfiles/index.html
```

Activer/désactiver les correspondances

Une autre forme de la directive `UserDir` utilise les mots-clés `enabled` ou `disabled` de trois façons possibles.

La première,

```
UserDir disabled <utilisateur1 utilisateur2 ...>
```

désactive les correspondances utilisateurs-répertoires pour la liste d'utilisateurs indiquée, où les différents utilisateurs sont séparés par un espace. Par exemple :

```
UserDir disabled root webmaster
```

ATTENTION Si vous utilisez une version 1.3 d'Apache, il est fortement conseillé d'inclure une déclaration `UserDir disabled root` dans votre configuration.

La seconde, avec le mot-clé `disabled` sans identificateur d'utilisateur,

```
UserDir disabled
```

désactive toutes les correspondances utilisateurs-répertoires (elles sont toutes activées par défaut). Cette forme est généralement utilisée avant une directive `UserDir enabled` qui énumère explicitement les utilisateurs pour lesquels on souhaite que les correspondances aient lieu.

La troisième, enfin,

```
UserDir enabled <utilisateur1 utilisateur2 …>
```

active les correspondances utilisateurs-répertoires pour la liste d'utilisateurs indiquée, où les différents utilisateurs sont séparés par un espace. Elle suit généralement une directive `UserDir disabled`. Exemple :

```
UserDir disabled
UserDir enabled caulds csewell webteam
```

Utiliser suEXEC avec les répertoires utilisateurs

La plupart des sites qui acceptent les répertoires utilisateurs autorisent également les utilisateurs à créer et à lancer leurs propres processus CGI qui, s'ils s'exécutent avec les droits du serveur Web, peuvent avoir des effets désastreux. En effet, un tel script aurait les mêmes privilèges que le serveur lui-même, ce qui n'est généralement pas souhaitable. Pour protéger le serveur des scripts CGI bogués ou malveillants, ainsi que pour protéger les utilisateurs les uns des autres, ces scripts sont généralement lancés à partir d'un programme appelé *wrapper* CGI (enveloppe CGI). Un *wrapper* CGI sert à lancer un processus CGI sous un compte utilisateur et un groupe différents de ceux ayant invoqué ce processus. En d'autres termes, alors que les processus CGI normaux s'exécutent sous l'identité de l'utilisateur et du groupe du serveur Apache (il s'agit, par défaut, de l'utilisateur et du groupe `nobody`), il est possible, avec un *wrapper* CGI, d'invoquer les processus CGI pour qu'ils s'exécutent sous une autre identité. Dans la plupart des cas, cela sert à restreindre l'accès d'un script aux seuls fichiers et répertoires qui sont permis au propriétaire effectif du script, c'est-à-dire au compte utilisateur sous lequel `suEXEC` exécute le script. On l'utilise, le plus souvent, pour donner aux utilisateurs ordinaires (non privilégiés) du système la possibilité de lancer des scripts CGI qui ne peuvent avoir accès qu'aux autres fichiers de cet utilisateur.

Il existe plusieurs de ces *wrappers* CGI, mais seul `suEXEC` fait partie de la distribution standard d'Apache dans toutes les versions postérieures à 1.2 (bien qu'il ne soit pas activé par défaut). `suEXEC` est très facile à installer et encore plus à utiliser. Il peut être utile aux administrateurs Apache sur deux points, dont le plus important est de permettre aux utilisateurs de lancer, à partir de leurs propres répertoires, des scripts CGI qui s'exécuteront sous leurs droits, plutôt que sous ceux du serveur.

`suEXEC` peut également être utilisé par Apache avec les hôtes virtuels. Dans ce cas, il modifie le compte utilisateur et le groupe sous lesquels s'exécutent tous les scripts CGI définis pour chaque hôte virtuel. Cela permet de donner aux administrateurs des hôtes virtuels la possibilité d'écrire et de lancer leurs propres scripts CGI sans compromettre la sécurité du serveur Web principal (ou des autres hôtes virtuels).

Configurer Apache pour utiliser suEXEC

`suEXEC` se configure très facilement avec le script d'installation APACI, qui possède un certain nombre d'options spécialement réservées, dont la plus importante est `--enable-suexec`, nécessaire pour activer `suEXEC`. Toutes les autres options ont des valeurs par défaut que vous pourrez connaître en parcourant le fichier `makefile` situé à la racine des sources d'Apache. Sur mon système, j'ai choisi d'utiliser toutes les options, même quand celles par défaut me convenaient, en les incluant dans mon script `build.sh` après avoir emprunté les valeurs par défaut du `makefile` et les avoir modifiées aux endroits souhaités.

Le listing 4.1 montre le script `build.sh` utilisé pour construire la version 2.0.36 d'Apache avec le support de `suEXEC`. Les lignes commençant par `--with-suexec-` sont un peu différentes de la plupart des autres options de configuration car, au lieu de définir la configuration d'Apache, elles fournissent les valeurs qui seront compilées dans le wrapper `suexec` par mesure de sécurité. Comme elles sont « codées en dur » et définies à la compilation, ces valeurs ne peuvent pas être surchargées par des directives ou des paramètres de la ligne de commande. Elles sont fixées jusqu'à ce que `suexec` soit recompilé (ou remplacé par une mauvaise version dans un but peu avouable, ce qui est le plus gros risque de sécurité lorsqu'on utilise `suexec`). Les permissions par défaut de `suexec` (et du répertoire `bin` dans lequel il est installé) ne doivent pas être modifiées car elles garantissent que seul un utilisateur ayant les droits administrateur peut modifier ou remplacer le wrapper.

Listing 4.1 – Un script build.sh pour compiler Apache 2.0.36 avec le support de suEXEC

```
#!/bin/sh
##
##  config.status -- APACI auto-generated configuration restore script
##
##  Use this shell script to re-run the APACI configure script for
##  restoring your configuration. Additional parameters can be supplied.
##
##LIBS=‘perl -MExtUtils::Embed -e ldopts‘ \
##CFLAGS=‘perl -MExtUtils::Embed -e ccopts‘ \
./configure \
“--with-layout=Apache” \
“--enable-mods-shared=all” \
“--enable-ssl” \
“--enable-proxy” \
“--enable-proxy-http” \
“--enable-proxy-ftp” \
“--enable-cache” \
“--enable-disk-cache” \
“--enable-mem-cache” \
“--enable-suexec” \
“--with-suexec-caller=nobody” \
“--with-suexec-docroot=/home/httpd/” \
“--with-suexec-logfile=/usr/local/apache2/logs/suexec_log” \
“--with-suexec-userdir=public_html” \
“--with-suexec-uidmin=100” \
“--with-suexec-gidmin=100” \
“--with-suexec-safepath=/usr/local/bin:/usr/bin:/bin” \
“$@”
```

Pour compiler et installer Apache avec `suEXEC`, j'ai tapé les trois lignes suivantes dans le répertoire des sources d'Apache (`build.sh` est un script `shell` contenant les lignes ci-dessus) :

```
# sh build.sh
# make
# make install
```

Si `suEXEC` n'est pas disponible, Apache démarre mais `suEXEC` est désactivé. Vous devez y prêter attention ; en effet, il est dommage, lorsque `suEXEC` est désactivé, qu'Apache ne produise aucun avertissement lorsqu'il démarre, ni à l'écran, ni dans ses fichiers journaux. Le journal n'indique que les cas où suEXEC est activé : vous devez donc vérifier dans ce fichier (qui se nomme logs/error.log, sauf si vous avez modifié cette valeur par défaut) qu'il contient bien la ligne suivante accompagnée d'une étiquette temporelle (elle est généralement située juste avant la ligne indiquant qu'Apache a démarré) :

```
suEXEC mechanism enabled (wrapper: /usr/local/apache2/bin/suexec)
```

Si suEXEC n'est pas activé au démarrage d'Apache, vérifiez qu'il existe dans le répertoire bin d'Apache, et qu'il appartient à root :

```
# ls -al /usr/local/apache2/bin/suexec
-rwsr-xr-x    1 root     root   57543 Jun  5 20:19 suexec
```

Remarquez la permission s pour le propriétaire : elle indique que le bit setuid a été positionné. En d'autres termes, le fichier s'exécute sous le compte de son propriétaire, root ici, quel que soit l'utilisateur qui l'a lancé. Par exemple, le processus httpd d'Apache qui appelle suexec est sûrement lancé sous le compte nobody, mais le processus suexec qu'il lance s'exécute avec les droits de root, son propriétaire. Seul root peut invoquer les appels systèmes setuid() et setgid() de Linux pour modifier les propriétaires des processus fils qu'il produit (les scripts CGI qui s'exécutent sous son contrôle). Si suexec n'appartient pas à root et si son bit setuid n'est pas positionné, corrigez-le en tapant les lignes suivantes sous le compte root :

```
# chown root /usr/local/apache2/bin/suexec
# chmod u+s /usr/local/apache2/bin/suexec
```

Si vous souhaitez désactiver suEXEC, la méthode la plus simple consiste à supprimer ce bit setuid :

```
# chmod u-s /usr/local/apache2/bin/suexec
```

Non seulement cela désactive suEXEC, mais cela sécurise un peu plus le programme suexec, puisqu'il ne s'exécute plus sous le compte root (sauf s'il est directement invoqué par celui-ci).

Utiliser suEXEC

Si suEXEC est facile à configurer, il est encore plus simple à utiliser. Une fois qu'il a été activé dans votre processus Apache, tous les scripts CGI appelés à partir du répertoire Web d'un utilisateur s'exécutent avec les droits du propriétaire et du groupe de ce répertoire. En d'autres termes, si j'invoque un script avec une URL comme http://jackal.hiwaay.net/~caulds/cgi-bin/unscript.cgi, il s'exécute sous le compte et le groupe de l'utilisateur *cauld*. Tous les scripts CGI qui s'exécutent sous le contrôle du wrapper suEXEC doivent se trouver dans le répertoire Web de l'utilisateur (~/public_html par défaut, bien que cela puisse être modifié avec la configuration --with suexec-userdir) ou un sous-répertoire de celui-ci.

Dans le cas des hôtes virtuels, le compte et le groupe sous lesquels s'exécutent les scripts CGI sont définis par la directive SuexecUserGroup dans le conteneur de l'hôte virtuel (cette unique directive remplace les directives User et Group des versions d'Apache antérieures à 2.0) :

```
<VirtualHost 192.168.1.1>
  ServerName vhost1.hiwaay.net
  ServerAdmin caulds@hiwaay.net
  DocumentRoot /home/httpd/NamedVH1
  SuexecUserGroup vh1admin vh1webteam
</VirtualHost>
```

Rediriger la requête simple

Le chapitre 9 présente en détail la redirection des requêtes HTTP, notamment avec mod_rewrite, qui autorise l'utilisation d'une série de règles pour effectuer des réécritures d'URL très sophistiquées. La réécriture d'URL est un moyen très souple de rediriger les requêtes, mais il est également assez complexe. Pour les redirections simples, la directive Alias, qui fait partie des directives essentielles, est très utile. Pour montrer comment elle permet d'accéder facilement à des documents HTML situés en dehors de l'arborescence DocumentRoot de mon serveur, je montrerai comment j'ai redirigé l'accès à la documentation de la base de données MySQL sur mon système, qui est située à l'extérieur de l'arborescence des documents Apache.

De nombreuses applications pour Linux contiennent une documentation sous forme de pages HTML liées entre elles et habituellement placées en dehors de la hiérarchie des documents du serveur. Celle d'Apache n'y fait pas exception puisque, sur mon système, elle est installée dans le répertoire /usr/local/apache2/htdocs/manual. J'ai utilisé la directive Alias pour créer deux alias pour deux répertoires situés en dehors de l'arborescence DocumentRoot : le premier concerne la documentation de MySQL qui, sur mon système, est installée dans /usr/share/doc/mysql-3.23.49.

```
# pwd
/usr/share/doc/mysql-3.23.49
# ls
COPYING  COPYING.LIB  INSTALL-SOURCE  manual.texi  manual.txt
manual_toc.html mysqld_error.txt  README
```

J'ai créé un lien symbolique vers le fichier HTML de premier niveau, afin qu'il soit désigné par le nom que recherchera Apache lorsque l'URL demandée ne contiendra qu'un nom de répertoire et non un fichier particulier (c'est-à-dire un nom correspondant à l'un de ceux indiqués par la directive DirectoryIndex) :

```
# ln -s manual_toc.html index.html
```

L'utilisation d'un lien symbolique au lieu d'une copie ou d'un renommage du fichier assure que seule une copie de ce fichier existe, mais qu'on peut y accéder en utilisant un autre nom. La dernière étape a consisté à insérer deux directives Alias dans httpd.conf. Placez-les à un endroit qui vous semble logique, sûrement quelque part dans la configuration principale du serveur, afin que vous puissiez facilement les retrouver plus tard.

```
Alias /MySQL/ /usr/share/doc/mysql-3.23.49
Alias /ApacheDocs/ "/usr/local/apache2/htdocs/manual/"
```

Tout utilisateur peut désormais accéder à ces documentations sur mon serveur en utilisant ces URL :

```
http://jackal.hiwaay.net/MySQL/
http://jackal.hiwaay.net/ApacheDocs/
```

Index de répertoires

Je terminerai ce chapitre en présentant un ensemble de directives très importantes qui concernent les répertoires d'Apache : bien qu'elles ne fassent pas partie du module de base, elles sont si essentielles à la distribution standard qu'elles sont utilisées sur tous les serveurs Apache. Vous avez peut-être remarqué que la plupart des pages Web ne sont pas demandées en fournissant un nom de fichier spécifique. Au lieu d'utiliser une URL comme celle-ci :

```
http://jackal.hiwaay.net/nomRep/index.html
```

vous utilisez généralement :

```
http://jackal.hiwaay.net/nomRep
```

Cette URL correspond en fait à un répertoire sur le serveur, nommé nomRep et situé à la racine de l'arborescence des documents (définie par la directive DocumentRoot). Ce n'est qu'au moyen d'un module standard d'Apache, mod_dir, qu'une page précise est envoyée au client qui demande une URL correspondant à un répertoire ; sans lui, la deuxième URL ne désignerait pas une ressource unique et serait donc incorrecte, provoquant une réponse HTTP 404 (Not Found) de la part du serveur.

Le module `mod_dir` a deux fonctions importantes. Premièrement, chaque fois qu'une requête correspondant à un répertoire est reçue, mais qu'elle n'a pas de barre de fraction terminale (/), comme dans :

```
http://jackal.hiwaay.net/nomRep
```

`mod_dir` envoie une requête de redirection au client, lui indiquant que sa requête devrait plutôt être adressée à l'URL suivante :

```
http://jackal.hiwaay.net/nomRep/
```

Cela nécessite une seconde requête de la part du client pour corriger ce qui, techniquement, est une erreur dans la requête initiale. Bien que le temps nécessaire pour cette deuxième requête soit habituellement minime et que le client ne le remarque pas, vous devriez ajouter la barre de fraction terminale chaque fois que vous utilisez des URL correspondant à des répertoires plutôt qu'à des fichiers : c'est plus correct et plus efficace.

La seconde fonction de `mod_dir` consiste à rechercher et à fournir une page pour le répertoire indiqué dans la requête. Cette page s'appelle par défaut `index.html` ; comme nous le verrons plus bas, ce nom peut-être modifié par la seule directive de `mod_dir`, `DirectoryIndex`. Le nom de ce fichier vient du fait qu'il était initialement destiné à fournir au demandeur un index des fichiers du répertoire mais, bien que fournir un index de répertoire soit encore utile, ce fichier sert bien plus souvent à fournir une page Web par défaut pour l'URL racine : c'est cette page qu'on appelle souvent page d'accueil. N'oubliez pas que ce comportement n'est pas inné : il faut avoir inclus et activé `mod_dir` dans la configuration du serveur pour que cela fonctionne.

La directive DirectoryIndex

Comme nous l'avons dit, le fichier par défaut fourni par `mod_dir` est `index.html`. En d'autres termes, si la configuration d'Apache ne contient pas de directive `DirectoryIndex`, le serveur recherche et tente de fournir un fichier nommé `index.html` chaque fois qu'une URL de requête correspond à un répertoire. Bien que ce soit un comportement par défaut, la configuration standard d'Apache crée la ligne suivante dans le fichier `httpd.conf` qu'elle installe :

```
DirectoryIndex index.html index.html.var
```

Le fichier avec l'extension .var est un fichier de correspondance de types, qui permet à Apache de fournir sa page par défaut d'après les préférences de langues exprimées dans la configuration du navigateur client. L'utilisation des fichiers de correspondance de types est décrite au chapitre 15.

La dernière modification que j'ai effectuée a consisté à ajouter un second nom de fichier à la directive `DirectoryIndex` : j'ai ajouté une entrée pour `index.htm`, afin qu'Apache recherche également les fichiers portant ce nom, qui auraient pu être créés sur un système suivant les conventions Microsoft de l'extension sur trois lettres. Les fichiers sont indiqués selon leur ordre de préférence, de gauche à droite : si le répertoire contient à la fois un `index.html` et un `index.htm`, le serveur fournit `index.html`.

```
# DirectoryIndex index.html index.html.var
DirectoryIndex index.html index.htm
```

Index de répertoires améliorés

J'ai décrit le comportement d'Apache lorsqu'il reçoit une requête correspondant à un répertoire sur le serveur. Il consiste, grâce à `mod_dir`, à fournir le fichier portant le nom défini dans la directive `DirectoryIndex` (ou `index.html` si cette directive n'est pas utilisée) de ce répertoire. Si ce fichier n'existe pas, Apache utilise un second module, `mod_autoindex`, pour créer un index ou un listing des fichiers de ce répertoire. La figure 4.1 montre l'index par défaut que ce module fournit au client.

Le fichier `httpd.conf` par défaut d'un serveur Apache 2.0 contient la ligne suivante dans la section sur la configuration du serveur principal :

```
IndexOptions FancyIndexing VersionSort
```

Cette directive active l'utilisation d'une indexation plus agréable, fournie par `mod_autoindex`, qui donne à l'administrateur un contrôle total sur tous les aspects du listing construit par Apache lorsqu'un répertoire ne contient pas de fichier index. Le fichier `httpd.conf` par défaut utilise plusieurs de ces directives, que je décrirai dans les sections suivantes, pour configurer l'aspect des index de répertoires sur votre serveur.

Les anciennes versions d'Apache incluaient `mod_autoindex` mais, par défaut, désactivaient l'indexation personnalisée. À moins de le reconfigurer manuellement, un serveur Apache antérieur à la version 2.0 affiche un répertoire comme le montre la figure 4.2. La suppression de la directive `IndexOptions FancyIndexing` de la configuration de votre serveur produit également ce résultat.

La nouvelle option d'indexation `VersionSort` utilisée dans la configuration par défaut d'Apache 2.0 force le serveur à trier de façon logique les fichiers contenant des numéros de versions dans leurs noms. C'est pour cette raison, par exemple, qu'un fichier nommé `httpd-2.0.9.gz` apparaît avant celui qui s'appelle `httpd-2.0.12.gz`, ce que ne ferait pas un simple tri alphanumérique.

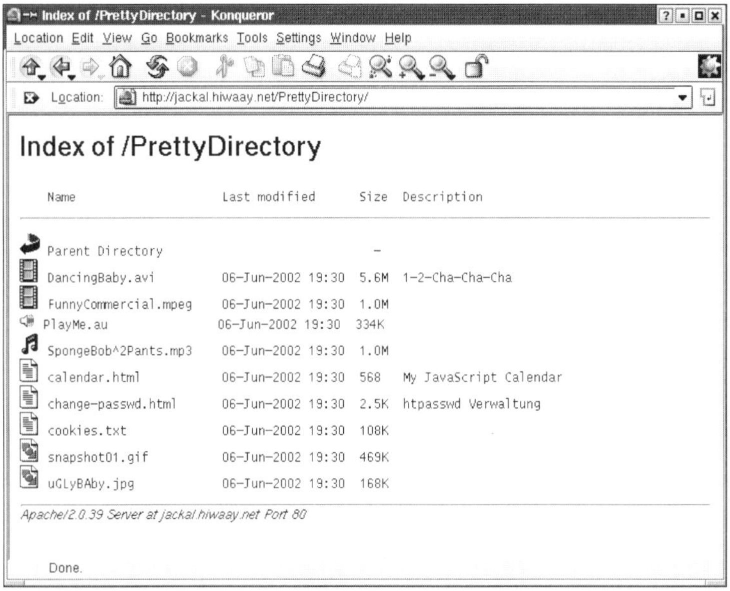

Figure 4.1
Listing de répertoire amélioré.

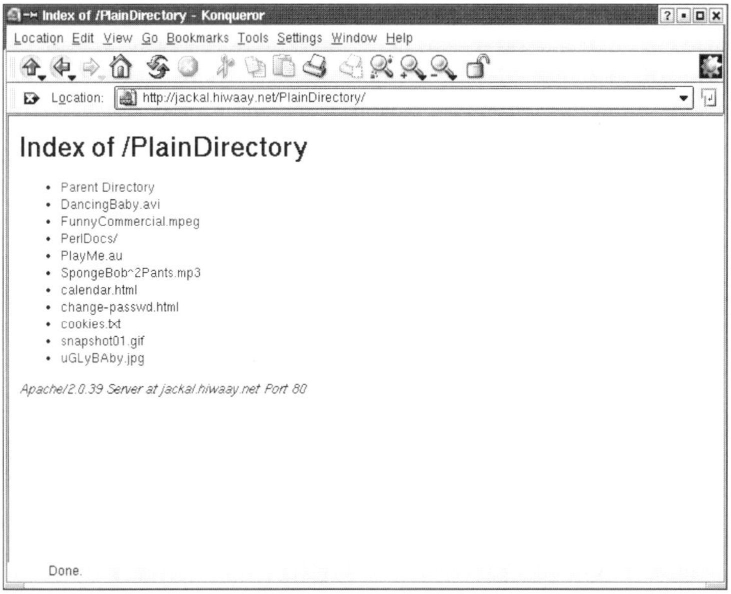

Figure 4.2
Listing de répertoire simple.

Options de l'indexation

IndexOptions permet également de paramétrer un certain nombre d'autres options pour configurer les index de répertoires. On peut, entre autres, préciser la taille des icônes utilisées, supprimer l'affichage de n'importe quelle colonne associée au nom du fichier et décider si le fait de cliquer sur l'en-tête d'une colonne trie les lignes selon les valeurs de cette colonne. De plus, nombre de ces options permettent de désactiver le formatage qui n'est pas correctement affiché sur les anciens navigateurs. Bien qu'elles offrent une grande souplesse dans l'affichage des répertoires, la plupart des utilisateurs se satisfont parfaitement des valeurs par défaut fournies par Apache. Le tableau 4.1 décrit toutes les options possibles, utilisables avec la directive IndexOptions.

Tableau 4.1 – Options des Index

Option	Description
DescriptionWidth=*n*	Définit la largeur (en caractères) de la colonne de description du fichier.
FancyIndexing	Active les index améliorés.
FoldersFirst	Liste les sous-répertoires (dossiers) avant les fichiers du répertoire.
HTMLTable	Utilise des tableaux HTML pour afficher le répertoire (peut ne pas fonctionner avec certains navigateurs).
IconsAreLinks	Rend les icônes des fichiers cliquables.
IconHeight=*pixels*	Fixe la hauteur (en pixels) des icônes affichées dans le listing. Cela a le même effet que la balise HTML <IMG HEIGHT=*pixels*...>.
IconWidth=*pixels*	Fixe la largeur (en pixels) des icônes affichées dans le listing. Cela a le même effet que la balise HTML <IMG WIDTH=*pixels*...>.
IgnoreClient	Ignore toutes les variables de requête du client, y compris le tri par colonne.
NameWidth=*n*	Définit la largeur (en caractères) de la colonne du nom du fichier, en tronquant si nécessaire. L'utilisation de NameWidth=* force la colonne du nom à être aussi large que le plus long nom du répertoire.
ScanHTMLTitles	Force l'extraction de la description du fichier à partir de la balise HTML <TITLE>, si elle existe. La directive AddDescription surcharge cette option pour les fichiers individuels.
SuppressColumnSorting	Désactive le comportement normal consistant à insérer des en-têtes cliquables en haut de chaque colonne pour choisir le critère de tri du listing.
SuppressDescription	Désactive l'affichage de la colonne Description.
SuppressHTMLPreamble	Désactive le formatage HTML automatique du fichier d'en-tête si on en a indiqué un pour le listing. Aucune balise <HTML>, <HEAD> ou <BODY> ne peut précéder le fichier en-tête ; elles doivent être placées manuellement dans le contenu du fichier, si nécessaire.
SuppressIcon	Désactive l'affichage des icônes.
SuppressLastModified	Désactive l'affichage de la colonne Last Modified.
SuppressRules	Désactive l'affichage des règles horizontales.
SuppressSize	Désactive l'affichage de la colonne Size.

Tableau 4.1 – Options des Index (*suite*)

Option	Description
`TrackModified`	Renvoie la date de la dernière modification et le marqueur d'entité (ou Etag) du répertoire courant dans l'en-tête de la réponse HTTP. Ces informations sont utilisées par les caches.
`VersionSort`	Tente de trier dans l'ordre logique les noms de fichiers contenant des numéros de version.
`None`	Désactive la production d'un index amélioré.

Les options sont toujours héritées des répertoires parents, bien que ce comportement puisse être surchargé en préfixant les options du signe + ou - pour les ajouter ou les supprimer de la liste des options en cours. Chaque fois qu'une option est rencontrée et qu'elle ne comprend pas l'un de ces préfixes, la liste des options en cours est immédiatement remise à zéro. Considérez cet exemple :

```
IndexOptions +ScanHTMLTitles -IconsAreLinks SuppressSize
```

Si cette directive apparaît dans le fichier `.htaccess` d'un répertoire, l'effet est le même que pour la directive suivante, quelles que soient les options dont ce répertoire héritait de ses répertoires parents :

```
IndexOptions SuppressSize
```

En effet, l'option `SuppressSize` n'étant préfixée ni par +, ni par -, la liste des options a été immédiatement réinitialisée.

Indiquer les icônes

En plus d'`IndexOptions`, `mod_autoindex` fournit d'autres directives qui agissent sur l'aspect de l'affichage du répertoire. Vous pouvez, par exemple, associer une icône par défaut aux ressources non reconnues, changer l'icône ou la description qui s'affiche pour une ressource particulière en utilisant son type MIME, son nom de fichier, ou son type d'encodage (`GZIP-encoded`, par exemple). Vous pouvez également préciser un champ par défaut qui sera utilisé pour trier l'affichage, ou indiquer un fichier dont le contenu s'affichera au début du répertoire.

La directive AddIcon

`AddIcon` indique l'icône qui est associée à un fichier lorsqu'on utilise un index amélioré pour afficher le contenu d'un répertoire. L'icône est désignée par une URL relative désignant le fichier image. Cette URL est directement intégrée dans le document envoyé au navigateur client, qui récupère ensuite le fichier image par une requête HTTP séparée.

Le paramètre `name` peut être une extension de fichier, une expression générique, un nom de fichier complet ou l'une des deux formes spéciales, comme dans les exemples suivants :

```
AddIcon /icons/image.jpg *jpg*
AddIcon (IMG, /icons/image.jpg) .gif .jpg .bmp
```

Le second exemple illustre une autre façon d'indiquer l'icône : lorsqu'on utilise des parenthèses pour entourer les paramètres de la directive, le premier paramètre est le texte de remplacement à associer à la ressource. Le second est l'icône à afficher, indiquée sous la forme d'une URL relative désignant un fichier image. Le texte de remplacement, `IMG`, est affiché par les navigateurs qui ne savent pas afficher des images. L'inconvénient de cette méthode est que le texte de remplacement ne peut pas contenir d'espaces, ni de caractères spéciaux. La forme suivante n'est pas correcte :

```
AddIcon ("JPG Image", /icons/image.jpg) .jpg
```

À la place du nom de fichier, vous pouvez utiliser deux expressions spéciales dans la directive `AddIcon` pour indiquer les images qui serviront d'icônes. `^^BLANKICON^^` permet d'indiquer l'icône pour les lignes vides du listing, `^^DIRECTORY^^` permet d'indiquer une icône pour les répertoires :

```
AddIcon /icons/folder.gif ^^DIRECTORY^^
AddIcon /icons/blank.gif ^^BLANKICON^^
```

Il y a un autre cas spécial que vous devez connaître : le parent du répertoire dont on affiche le contenu est indiqué par le nom « .. » ; vous pouvez modifier l'icône qui lui est associée avec une directive comme celle-ci :

```
AddIcon /icons/up.gif ..
```

INFO L'Apache Software Foundation recommande d'utiliser `AddIconByType` plutôt que `AddIcon` chaque fois que c'est possible. Bien qu'il semble qu'il n'y ait pas vraiment de différence entre les deux (sur un système Linux, le type MIME d'un fichier est déduit de l'extension de son nom), on considère qu'il est plus propre d'utiliser le type MIME qu'emploie Apache pour ce fichier, plutôt que d'examiner directement son nom de fichier. Cependant, il est fréquent qu'un fichier n'ait pas de type MIME associé, auquel cas vous devez utiliser `AddIcon` pour configurer l'image associée à celui-ci.

La directive AddIconByType

`AddIconByType` indique l'icône à afficher pour les fichiers qui ont des types MIME particuliers. Cela fonctionne comme la directive `AddIcon` que nous venons de décrire, mais se fie aux déductions d'Apache, fondées sur le type MIME du fichier (comme nous le verrons au chapitre 15, Apache détermine généralement le type MIME d'un fichier d'après son nom).

```
AddIconByType /icons/webpage.gif text/html
AddIconByType (TXT, /icons/text.gif) text/*
```

Cette directive s'utilise presque comme `AddIcon` : lorsque des parenthèses entourent les paramètres, le premier est un texte de remplacement associé à la ressource et le deuxième est l'URL relative, pointant vers le fichier image de l'icône. Le dernier paramètre n'indique pas une extension de nom, mais un type MIME. Consultez le fichier `conf/mime.types` dans le répertoire d'Apache (généralement `/usr/local/apache2`) pour connaître la liste des types que connaît Apache.

La directive AddIconByEncoding

`AddIconByEncoding` sert à indiquer l'icône qui s'affiche à côté des fichiers utilisant un encodage MIME particulier. Comme je l'explique au chapitre 15, l'encodage MIME désigne souvent les schémas de compression et donc les actions nécessaires pour décoder le fichier. Parmi les schémas d'encodage classiques, on trouvera :

```
AddIconByEncoding /icons/gzip.gif x-gzip
AddIconByEncoding /icons/tarimage.gif x-gtar
```

Icône par défaut

Une directive spéciale, `DefaultIcon`, permet d'indiquer l'icône qui s'affiche pour les fichiers qui n'ont pas d'icônes associées, c'est-à-dire pour lesquels aucune des directives précédentes ne s'applique. Cette directive identifie simplement un fichier image par son URL relative :

```
DefaultIcon /icons/inconnu.pcx
```

Ajouter des textes de remplacement pour les images

Lorsqu'une image s'affiche dans une page Web, les balises HTML utilisées pour intégrer l'image au document permettent de produire un texte de remplacement qui s'affiche dans les navigateurs qui ne peuvent pas afficher de graphiques. Dans un navigateur graphique, ce texte s'affiche également sous la forme d'une bulle d'aide si l'utilisateur fait un clic droit sur l'image ou, sur certains navigateurs, si le curseur reste un certain moment au-dessus de cette image.

Mod_autoindex fournit trois directives pour configurer le texte de remplacement associé à un fichier dans les index améliorés. Chacune d'elles ressemble aux directives AddIcon vues plus haut et utilise la même syntaxe.

La directive AddAlt

La directive AddAlt indique le texte de remplacement qui s'affiche pour un fichier à la place de son icône dans les navigateurs en mode texte. Comme son homologue AddIcon, cette directive utilise un nom de fichier, complet ou partiel, ou une expression contenant des caractères génériques pour identifier les fichiers :

```
AddAlt "Image JPG" *jpg*
AddAlt "Fichier image" .gif .jpg .bmp
```

Vous remarquerez qu'on peut utiliser ici une chaîne entre apostrophes doubles, contenant des espaces ou des caractères spéciaux, ce qui est impossible avec AddIcon.

La directive AddAltByType

AddAltByType indique le texte de remplacement qui s'affiche pour un fichier d'après le type MIME tel qu'il est identifié par Apache. Le fonctionnement de cette directive ressemble beaucoup à celui de son homologue, AddIconByType.

```
AddAltByType "Document HTML"  text/html
```

La directive AddAltByEncoding

AddAltByEncoding indique le texte de remplacement qui s'affiche pour un fichier, d'après l'encodage MIME de son contenu tel qu'il est identifié par Apache.

```
AddAltByEncoding "Fichier gzip" x-gzip
```

Descriptions de fichiers

La directive AddDescription permet d'indiquer le texte qui s'affiche dans la colonne Description pour des fichiers spécifiques. Les fichiers peuvent être identifiés par un chemin complet ou partiel :

```
AddDescription "Ma page d'accueil" index.html
```

Cet exemple configure une description qui s'applique à tous les fichiers nommés index.html. Pour l'appliquer à un fichier spécifique, utilisez son chemin complet et unique :

```
AddDescription "Ma page d'accueil" /home/httpd/html/index.html
```

AddDescription peut également être utilisée avec des noms de fichiers génériques pour configurer des descriptions qui s'appliquent à des classes entières de fichiers (identifiés ici par leur extension) :

```
AddDescription "Image PCX" *.pcx
AddDescription "Fichier TAR" *.tgz *.tar.gz
```

Lorsque plusieurs descriptions s'appliquent au même fichier, c'est la première trouvée qui s'applique ; vous devez donc toujours indiquer la plus spécifique en premier :

```
AddDescription "Logo Powered By Apache" poweredby.gif
AddDescription "Image GIF" *.gif
```

En plus de AddDescription, mod_autoindex peut utiliser une autre méthode pour déterminer ce qu'il doit afficher dans la colonne Description d'un listing de répertoire. Si IndexOptions ScanHTMLTitles s'applique à un répertoire, mod_autoindex lit tous les fichiers HTML et extrait les descriptions à afficher des éléments <TITLE> de ces documents. Cette fonctionnalité est pratique si le répertoire contient un nombre relativement petit de fichiers HTML, ou si on n'y accède pas souvent. En fait, cette option nécessite l'ouverture et la lecture de tous les documents HTML du répertoire ce qui, pour un grand nombre de fichiers, peut impliquer une charge importante. Pour cette raison, cette option est désactivée par défaut.

Ajouter un en-tête et un pied de page

Le module mod_autoindex fournit deux directives qui vous permettent d'insérer le contenu d'un fichier au début de l'index, comme un en-tête, ou en bas, comme un pied de page.

La directive HeaderName indique un nom de fichier en utilisant un URI relatif à celui utilisé pour accéder au répertoire. Le contenu de ce fichier est placé dans le listing immédiatement après la balise ouvrante <BODY> de ce listing. Il est généralement souhaitable de placer le fichier d'en-tête dans le répertoire qu'il décrit, ce qui facilite sa désignation. Le fichier httpd.conf fourni avec Apache contient la directive suivante, qui n'a pas vraiment besoin d'être modifiée :

```
HeaderName HEADER.html
```

Les fichiers désignés par la directive HeaderName doivent être du type MIME majeur texte. Si le fichier est identifié comme étant de type text/html (par son extension généralement), il est inséré tel quel ; sinon, il est placé entre les balises <PRE> et </PRE>. On peut utiliser un script

CGI pour produire les informations de l'en-tête (soit en HTML, soit en texte pur), mais il faut d'abord associer le script CGI à un type MIME principal (texte généralement), de la façon suivante :

```
AddType text/html .cgi
HeaderName HEADER.cgi
```

La directive `ReadmeName` fonctionne presque de la même façon que `HeaderName` pour indiquer un fichier (ici aussi relatif à l'URI utilisé pour accéder au répertoire concerné) qui sera placé dans le listing juste avant la balise fermante `</BODY>`. J'ai changé la valeur par défaut du fichier `httpd.conf` fourni avec Apache pour qu'elle décrive mieux sa fonction de placement d'un « pied de page » sur la page du répertoire :

```
#   Valeur par défaut d'Apache
# ReadmeName README.html
#   Ma directive modifiée
ReadmeName FOOTER.html
```

Fichiers ignorés

La directive `IndexIgnore` sert à indiquer un ensemble de noms de fichiers qui sont ignorés par `mod_autoindex` lorsqu'il prépare le listing du répertoire. Ces noms de fichiers peuvent être spécifiés par des caractères génériques :

```
IndexIgnore FOOTER*
```

INFO Le fichier `httpd.conf` par défaut fourni avec Apache contient une directive `IndexIgnore` qui empêche `mod_autoindex` d'afficher dans le listing les noms de fichiers commençant par `README` ou `HEADER`. Ces noms de fichiers sont donc des candidats évidents (mais pas obligés) pour les en-têtes et les pieds de page des listings.

Trier le listing

La directive `IndexOrderDefault` sert à modifier l'ordre par défaut du listing produit par `mod_autoindex`, qui est l'ordre croissant des noms de fichiers. Cette directive attend deux paramètres : le premier est soit `Ascending`, soit `Descending`, pour indiquer le sens du tri ; le second précise un seul nom de champ qui servira de clé primaire pour le tri et qui peut être `Name`, `Date`, `Size`, ou `Description` :

```
IndexOrderDefault Descending Size
```

La clé secondaire du tri est toujours le nom de fichier par ordre croissant.

Exemple

Pour illustrer quelques utilisations typiques de certaines directives de `mod_autoindex`, j'ai créé un fichier `.htaccess` dans le même répertoire que celui montré par la figure 4.2. Ce fichier contient les directives suivantes, qui sont toutes utilisées par `mod_autoindex` pour personnaliser le listing du répertoire. Le résultat de l'application de ces directives est illustré dans la figure 4.3.

```
IndexOptions FancyIndexing VersionSort +ScanHTMLTitles
AddIcon /icons/small/sound.gif .au
AddDescription "1-2-Cha-Cha-Cha" DancingBaby.avi
AddAltByType "Ceci est une image JPG" image/jpeg
ReadmeName FOOTER.html
```

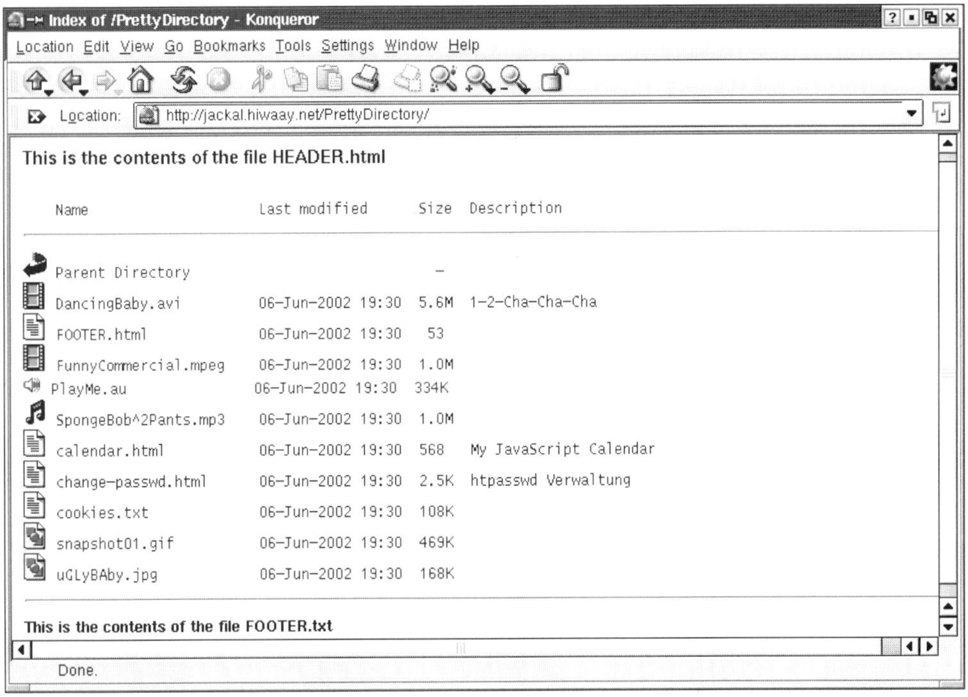

Figure 4.3
Un listing mod_autoindex personnalisé.

La directive `IndexOptions` sert à activer l'extraction des descriptions de fichiers à partir des balises `<TITLE>` des fichiers HTML (techniquement, les fichiers de type MIME `text/html`), ce que vous pouvez vérifier dans la figure 4.3 pour les fichiers ayant une extension `.html`. Si l'un de ces fichiers s'était appelé `index.html`, le listing n'aurait pas été produit du tout ; c'est ce fichier `index.html` qui aurait été envoyé (par `mod_dir`) au client.

J'ai également donné l'exemple d'un ajout d'icône avec la directive `AddIcon` et d'une description avec `AddDescription`. Les résultats de ces directives peuvent être aisément constatés dans la figure 4.3. Le texte de remplacement des images JPEG (ajouté par la directive `AddAltByType`) n'est pas montré dans la figure, mais aurait pris la place de l'icône dans des navigateurs en mode texte. Il serait également apparu dans un navigateur graphique, sous la forme d'une bulle d'aide, lorsque le curseur reste sur l'icône concernée. Cela donne au développeur de la page un moyen pratique pour ajouter un texte d'aide à une page contenant beaucoup d'images, ce qui peut être particulièrement utile lorsque l'icône ou l'image fait partie d'une ancre (un lien cliquable) et peut invoquer une action.

Pour illustrer l'utilisation des directives `HeaderName` et `ReadmeName`, j'ai inclus des fichiers avec ces noms, dont les contenus sont inclus comme, respectivement, l'en-tête et le pied de page du listing. Vous remarquerez que j'ai surchargé la valeur par défaut de la directive `ReadmeName`, qui recherche normalement un fichier `README.html`, un nom que je trouve peu évocateur de son rôle de pied de page. Les deux fichiers contiennent une seule ligne de texte peu explicite. Le fichier d'en-tête contient des balises HTML de formatage (`<H3> </H3>`), qui permettent de l'afficher en caractères gras et dans une police plus grande, tandis que le fichier pied de page contient des balises `<H4>` pour qu'il soit moins imposant. L'en-tête et le pied de page peuvent être plus longs et contenir bien plus d'éléments formatés : faites preuve d'imagination.

En résumé

De nombreux concepts ont été introduits dans ce chapitre ; beaucoup des fonctionnalités d'Apache sont maintenant intégrées dans les directives de configuration de ses modules de base, plutôt que dans des modules d'extension optionnels. Nous avons commencé par le concept essentiel qu'est le contexte d'une directive, ou la portée dans laquelle des directives particulières peuvent s'appliquer. Puis, nous avons étudié les directives permettant de configurer l'environnement de base du serveur et la façon dont il attend les connexions. Elles sont fondamentales pour le fonctionnement d'Apache et tout administrateur doit les connaître.

Les sections suivantes ont exploré les directives servant à créer et à gérer les répertoires Web des utilisateurs. Elles ne sont pas seulement une fonction essentielle pour les fournisseurs d'accès Internet, mais sont également beaucoup utilisées dans les intranets.

Le prochain chapitre passe des modules essentiels à l'utilisation de modules tiers, que vous pouvez télécharger gratuitement, et s'intéresse aux techniques qui vous permettent de les intégrer à votre serveur Apache.

5

Modules Apache

Nous avons déjà évoqué l'importance des modules dans la conception d'Apache. Sans le concept d'extension par modules, Apache n'aurait probablement pas reçu ce soutien des développeurs extérieurs qui ont amené son phénoménal succès dès les premiers jours du Web. Apache doit la majeure partie de son succès au fait que tout programmeur suffisamment compétent peut produire des modules supplémentaires qui s'adressent directement aux mécanismes internes du serveur. En tant qu'administrateurs, nous tirons grandement parti de la disponibilité de ces modules tiers.

Si vous utilisez un module tiers avec Apache 1.3.x et si vous souhaitez migrer vers la version 2.0, assurez-vous bien que le module a lui aussi été mis à jour. En effet, en raison des changements apportés à l'interface de programmation, les modules de la version 1.3.x ne fonctionneront pas avec Apache 2.0, sauf s'ils ont été modifiés pour appeler les nouvelles fonctions de l'interface. La plupart des modules, lorsqu'ils ont été portés vers la version 2.0, devraient fonctionner exactement comme leurs homologues 1.3.x.

Dans ce chapitre, nous présenterons les différents types de modules disponibles, leur mécanisme, puis nous verrons comment les lier à Apache sous forme d'objets dynamiques partagés (ODP) et où trouver des modules tiers, non inclus dans la distribution d'Apache. Nous montrerons pour finir un exemple d'installation étape par étape de l'un de ces modules.

Types de modules Apache

Si on excepte le code du noyau, qui est très élémentaire, presque toutes les possibilités d'un serveur Apache sont implémentées sous forme de modules. On classe habituellement ces derniers en quatre groupes :

- **Le module principal (core)** est, à la différence de la plupart des autres modules, chargé à partir de deux fichiers, `core.c` et `httpd_core.c`. C'est le seul module qui doit toujours être lié au noyau d'Apache et le seul qui soit absolument essentiel pour un serveur Apache ; il ne peut pas en être ôté et les fonctions qu'il propose sont toujours disponibles dans tous les serveurs Apache (ce sont les seules que nous avons présentées pour l'instant).
- **Les modules standards** sont fournis avec la distribution Apache et sont maintenus par l'Apache Software Foundation comme partie du serveur Apache lui-même. La plupart des modules standards sont compilés par les scripts d'installation (décrits au chapitre 3) dans le code Apache. Cependant, à la différence du module principal, l'administrateur peut retirer n'importe lequel de ces modules. Il peut être amené à le faire pour des raisons de sécurité par exemple. Mais le plus souvent, le but est de réduire le volume mémoire utilisé par chaque instance du serveur. En effet, n'oubliez pas qu'Apache gère un ensemble de processus serveurs pour traiter les requêtes des clients ; comme chaque processus de cet ensemble nécessite son propre espace mémoire, l'économie mémoire réalisée en éliminant les modules inutilisés peut être multipliée par le nombre de processus dans cet ensemble.
- **Les modules tiers** sont écrits, maintenus et distribués par des sources extérieures à l'Apache Group. Ils ne sont pas fournis avec la distribution d'Apache et doivent être obtenus séparément. Progressivement, de nombreux modules qui étaient initialement distribués comme modules tiers ont été intégrés à la distribution d'Apache. Cependant, cette intégration n'a lieu que s'il y a une forte demande pour les module et si leurs développeurs peuvent garantir leur fiabilité et leur bon fonctionnement. La distribution d'Apache contient maintenant tous les modules les plus utiles et les plus connus ; de nombreux administrateurs de sites n'auront jamais besoin d'installer des modules tiers. Parmi les modules qui ont récemment été ajoutés à la distribution d'Apache, citons `mod_auth_dbm`, présenté au chapitre 13, et `mod_dav`, dont le fonctionnement est expliqué dans l'annexe B.
- **Les modules `mod_perl`** sont écrits en Perl, qui est un langage de programmation populaire depuis toujours chez les programmeurs Web et les développeurs CGI. Alors que les modules des trois types précédents doivent être écrits en C, `mod_perl` offre une deuxième interface de programmation (API) vers les structures de données et les fonctions internes d'Apache, mais qui permet d'écrire des modules en Perl.

Fonctionnement des modules

Apache est conçu de telle sorte que les modules ne contrôlent pas directement les actions du serveur : ils restent sous le contrôle d'Apache et enregistrent des rappels pour les fonctions qu'ils fournissent. Une fonction de rappel est enregistrée auprès d'Apache pour qu'Apache puisse l'exécuter. Cet enregistrement a lieu dans des points d'entrée (hooks), qui seront traités à des moments précis de son cycle de traitement des requêtes. Ce dernier commence lorsque

Apache reçoit une requête et se termine lorsqu'il envoie une réponse à son client. Habituellement, Apache ferme la connexion réseau avec le client à la fin du cycle de traitement de la requête, mais ce n'est pas toujours vrai : souvent, il traite plusieurs requêtes au cours d'une même connexion.

Apache 2.0 compte 21 points d'entrée du cycle de requête où les modules peuvent enregistrer les fonctions de rappel à exécuter. Cela représente presque le double des 11 points définis dans Apache 1.3. La plupart des modules enregistrent les fonctions à appeler en plus d'un point du cycle de requêtes, bien que seules quelques-unes aient besoin de plus de deux ou trois hooks.

Le cycle de traitement des requêtes par Apache se décompose en quatre phases principales au cours desquelles les modules peuvent enregistrer les fonctions de rappel ou même surcharger les fonctions standards d'Apache :

- **Phase d'analyse de la requête** – Dans cette étape, Apache reçoit la requête de ressource de la part d'un client (navigateur) qui lui fournit des informations par l'en-tête de requête HTTP décrit au chapitre 1. La requête elle-même est contenue dans une URL, analysée pendant cette phase et résolue pour produire une unique ressource ou action ; il s'agit généralement d'un fichier dans le système de fichiers du serveur. La requête peut également provoquer une redirection ; dans ce cas, elle est traduite et resoumise. La redirection d'URL sera décrite au chapitre 9.
- **Phase de sécurité** – À ce stade, le serveur peut agir de deux façons. Tout d'abord, il peut identifier le client (authentication), généralement en demandant une paire identificateur/mot de passe. Ensuite, certains moyens permettent de savoir si le client est autorisé à recevoir la ressource demandée (autorisation). Cette phase sera présentée au chapitre 13.
- **Phase de préparation** – L'activité la plus importante de cette phase, qui intervient juste avant de fournir la réponse, consiste à déterminer le type de ressource (langue, jeu de caractères, encodage) qui sera envoyée au serveur. Les types de ressources et la négociation de contenu, qui a lieu à cette étape, seront présentés au chapitre 15.
- **Phase de traitement** – Il s'agit de la phase du cycle de requête pendant laquelle s'effectue l'essentiel du travail. La ressource concernée est envoyée au client ; elle peut être le résultat d'un programme ou d'un script ou bien aussi simple que le contenu non modifié d'un fichier statique.

Intégrer les scripts Perl avec mod_perl

Il existe déjà des modules Apache pour toutes les opérations classiques effectuées par les serveurs Web : la plupart des administrateurs n'auront donc jamais besoin d'écrire les leurs. Cependant, si vous avez l'intention d'écrire vos propres modules, ou simplement d'utiliser des modules écrits par d'autres administrateurs système, vous devez connaître le module `mod_perl`. Comme vous le verrez au chapitre 8, Perl est le langage de script le plus largement utilisé par les administrateurs système et `mod_perl` est l'outil qui le rend disponible pour Apache.

Avant `mod_perl`, on ne pouvait écrire des modules Apache qu'en C. Dans le cas de serveurs en production, il n'est pas certain qu'un langage de script aurait été adapté à cette tâche, même s'il avait été possible d'en utiliser un. Le module `mod_perl` a changé tout cela : avec son interpréteur résident en mémoire et sa possibilité de compiler une fois pour toutes et de mettre en cache les scripts Perl, il met fin à l'une des critiques de Perl les plus justifiées : sa lenteur par rapport à du code binaire compilé à partir d'un source écrit dans un langage comme C.

Le module `mod_perl` fournit un gestionnaire intégré pour chacun des 21 points d'entrée du cycle de requête d'Apache, par lesquels un programme peut entrer et interrompre le traitement du serveur pour réaliser le sien à la place. Voilà qui facilite grandement l'appel d'une fonction Perl à n'importe quel moment situé entre la réception d'une requête et l'envoi de la réponse au client. Par exemple, si vous voulez qu'Apache appelle une fonction Perl immédiatement après la réception d'une requête d'un client, vous pouvez l'enregistrer comme une fonction de rappel, en plaçant les lignes suivantes dans `httpd.conf` :

```
PerlModule Apache::MonModule
PerlPostReadRequestHandler Apache::MonModule::mafonction
```

La première ligne précharge le module dans l'espace de noms `Apache::`, tandis que la seconde enregistre la fonction `mafonction` dans ce module sous la forme d'une fonction de rappel à traiter pendant la phase `PostReadRequest` du cycle de requête. Lorsqu'une requête arrive, Apache appelle `mafonction`, qui est déjà chargée et compilée par `mod_perl`. Cette fonction a accès aux structures de données et aux fonctions internes d'Apache via les appels de l'API Perl du serveur (chacun de ces appels invoque, à son tour, une fonction de l'API Apache).

Bien que le but de `mod_perl` soit de permettre l'écriture d'extensions dans un langage que de nombreux programmeurs trouvent plus facile que le C, la plupart des utilisateurs de `mod_perl` ne créent, en fait, jamais leurs propres modules. Les administrateurs Apache installent le plus souvent `mod_perl` pour tirer parti des modules tiers, qui ajoutent des fonctionnalités et améliorent les performances des scripts Perl s'exécutant sur leurs serveurs. C'est pourquoi nous présenterons ce module au chapitre 8 comme un outil de programmation Web, plutôt que dans ce chapitre qui est uniquement consacré aux modules des trois autres types, toujours écrits en C.

La plupart des scripts Perl écrits pour s'exécuter comme des scripts CGI fonctionnent bien lorsqu'ils sont lancés à partir de `mod_perl`. Cependant, il y a quelques différences subtiles dans la façon dont ils fonctionnent par rapport aux mêmes scripts lancés à partir du shell de Linux ou comme des scripts CGI classiques. La différence principale est qu'ils s'exécutent dans un « environnement » qui ne change pas entre les appels au script : en d'autres termes, si un script configure une variable globale (c'est-à-dire qui est visible dans tout le programme), sa valeur persiste et le prochain utilisateur qui lance ce script voit la même valeur de variable si elle n'a pas été réinitialisée. Cela peut être un problème assez sérieux si, par exemple, cette variable contient un mot de passe ou un numéro de carte bancaire.

Installer les modules tiers

Les modules tiers d'Apache ne sont pas obligés de respecter une spécification rigide, mais il existe des lignes de conduite qui définissent ce qu'est un module Apache « au comportement correct ». Les modules sont pour la plupart plutôt standards et donc assez simples à installer et à configurer.

Les deux méthodes d'édition des liens

Vous pouvez installer les modules Apache soit dans l'arborescence des sources d'Apache, soit en dehors. Les premiers deviennent une composante d'Apache, même si leur inclusion est facultative. Les modules standards (ceux qui font partie de la distribution d'Apache) font partie de cette catégorie. Quelques modules tiers peuvent également être installés de cette façon, notamment s'ils dépendent des modifications du code source d'Apache. Dans ce cas, le code source du module est généralement placé dans le répertoire `/src/modules`, avec le reste des sources d'Apache. On utilise des options de configuration spéciales du script `configure` pour compiler le module avec le reste du code, le lier avec l'exécutable et procéder aux modifications nécessaires dans le fichier `httpd.conf` pour activer le module.

Cependant, la plupart des modules tiers se trouvent plutôt en dehors de l'arborescence des sources d'Apache, sous forme d'objets dynamiques partagés (ODP) ; ils ne sont chargés que lors de l'exécution du serveur.

Il est fortement déconseillé de placer le code d'un module dans l'arborescence des sources d'Apache, tout en le compilant comme un ODP. En effet, si vous avez l'intention d'utiliser un module sous forme d'ODP, mieux vaut le compiler séparément à l'extérieur des sources du serveur avec un utilitaire nommé `apxs` (qui fait partie de la distribution Apache). Si vous procédez ainsi, l'avantage est que le module résultant, doté de l'extension `.so` pour indiquer qu'il s'agit d'un objet partagé (*shared object*), est autonome et peut être utilisé avec différentes versions du serveur. Vous pouvez alors mettre à jour vos modules sans recompiler Apache ou encore mettre à jour votre serveur sans qu'il soit nécessaire de relancer la configuration de tous les modules.

Il existe quasiment autant de procédures d'installation que de modules. Certaines installent dans l'arborescence d'Apache, mais la plupart permettent de compiler séparément ; les unes compilent simplement un ODP et vous laissent modifier manuellement `httpd.conf`, d'autres le configurent pour vous. Avant de compiler un module, lisez attentivement son fichier `INSTALL`, au moins pour vous faire une idée du fonctionnement de l'installation et des options possibles. Cependant, la plupart des modules tiers se compilent mieux en ODP avec l'utilitaire conçu spécifiquement à cet effet : `apxs`. C'est la méthode que nous avons retenue dans ce chapitre. Les seuls modules que nous recommandons d'installer comme modules liés statiquement sont ceux fournis avec la distribution Apache : ils sont automatiquement liés à Apache durant l'installation du serveur, sauf si vous utilisez au moins une des options `--enable-shared` de `configure`. Reportez-vous au chapitre 3 pour savoir comment les modules standards sont choisis et identifiés comme modules statiques ou modules ODP.

Faire un choix

Presque tous les modules Apache peuvent être liés statiquement ou compilés comme des ODP ; c'est généralement à l'utilisateur de faire son choix. Pour la plupart des sites Apache, la méthode ODP fournit plus de souplesse et une maintenance facilitée, au prix d'une petite perte de performances malgré tout. Les modules statiques sont préconisés uniquement si les mises à jour des configurations Apache sont assez rares. Le tableau 5.1 résume les caractéristiques de ces deux méthodes d'éditions de liens.

Tableau 5.1 – Liaison statique et liaison dynamique

Fonctionnalité	Liaison statique	Liaison ODP
Installé avec	`configure`	`apxs`
Emplacement du code source	Dans l'arborescence des sources Apache	En dehors de l'arborescence des sources Apache
Impact sur la taille de l'exécutable Apache	Augmente la taille de l'exécutable	Minimise la taille de l'exécutable
Vitesse de chargement	Le plus rapide	Augmente le chargement du module d'environ 20 %
Chargement du module	Toujours chargé, même s'il est désactivé et inutilisé	Chargé uniquement si c'est indiqué dans `httpd.conf`
Recommandé quand	La configuration d'Apache est simple, ne nécessite que quelques modules supplémentaires et peu de modifications, quand la vitesse de chargement est un critère important	La configuration d'Apache change souvent, les modules sont souvent modifiés, mis à jour ou installés pour des tests

Utiliser les modules liés dynamiquement

Les modules ODP sont chargés à l'exécution d'Apache, c'est-à-dire au démarrage du serveur. Ils sont conçus pour être chargés dynamiquement dans l'espace d'adresses du serveur et peuvent accéder directement aux structures de données internes d'Apache pour les modifier. Le chargement d'un module ODP est d'environ 20 % plus lent que s'il avait été compilé statiquement dans le noyau du serveur. Cependant, une fois chargé, un module ODP fait partie intégrante d'Apache et il n'y a aucune perte de performances due à l'exécution d'un module ODP plutôt que d'un module statique.

Tous les modules distribués avec Apache peuvent être compilés comme des modules dynamiques, à deux exceptions près. La première concerne le module principal, qui doit toujours être lié statiquement dans le noyau d'Apache. La seconde, pour des raisons évidentes, concerne le module qui permet au serveur de charger des objets dynamiques. Aucun module ODP ne peut être chargé par le serveur sans `mod_so` et ce module doit toujours être lié statiquement dans le noyau d'Apache lorsque ce dernier est compilé. Quand au moins une des options `--enable-shared=` est utilisée avec le script `configure` (voir le chapitre 3), `mod_so` est automatiquement lié à Apache, ce que vous pouvez constater en lançant `httpd` avec l'option `-l` :

```
# /usr/local/apache2/bin/httpd -l
Compiled in modules:
  core.c
  prefork.c
  http_core.c
  mod_so.c
```

Cet exemple montre le démon `httpd` le plus élémentaire pour Apache 2.0. Les modules principaux (`core.c` et `http_core.c`) doivent toujours lui être liés statiquement, de même qu'un module de multitraitements (MMT), qui détermine comment Apache traitera les connexions simultanées de plusieurs clients (dans le cas de Linux, il s'agit presque toujours `prefork.c`). Il peut également contenir le module `mod_so`, qui permet d'utiliser des modules ODP. Tous les autres modules sont liés dynamiquement au processus `httpd` lors de son exécution. `mod_so` ajoute une nouvelle directive, `LoadModule`, dans le fichier de configuration d'Apache, pour désigner un module qu'on souhaite lier dynamiquement. Au cours de son initialisation, lorsque le serveur rencontre une directive `LoadModule` dans sa configuration, `mod_so` charge le module et le rend immédiatement disponible. Seuls les modules ODP sont concernés par cette directive.

Vous pouvez tester si un module a été chargé et s'il est disponible en remplaçant l'extension du nom de fichier du module `.so` par `.c`. Le test suivant, par exemple, ne parcourt les lignes du fichier `ssl.conf` (qui contient les directives spécifiques à SSL et à `mod_ssl`) que si ce module a été chargé ; dans le cas contraire, la directive `Include` comprise entre les balises `<IfModule>` et `</IfModule>` (et toute autre directive qui pourrait se trouver également là) est ignorée.

```
<IfModule mod_ssl.c>
  Include conf/ssl.conf>
</IfModule>
```

Les anciennes versions d'Apache utilisent l'ordre de chargement des ODP pour déterminer leur ordre d'appel par Apache pour traiter les URL. Il incombe aux administrateurs Apache de bien ordonner les lignes de `httpd.conf` qui initialisent les modules (en utilisant une directive maintenant obsolète, `AddModule`). Avec Apache 2.0, l'ordre de chargement et d'initialisation des modules n'a plus d'importance : les modules eux-mêmes expriment une préférence sur la priorité qu'ils souhaitent avoir par rapport aux autres modules enregistrés pour le même point d'entrée. Cependant, c'est toujours Apache qui décide au final de l'ordre dans lequel les différents modules enregistrés pour un point d'entrée donné sont appelés. En tant qu'administrateur, cela ne nous concerne pas et l'ordre des lignes `LoadModule` dans `httpd.conf` n'a plus d'importance.

Utiliser apxs

Depuis la version 1.3, Apache est fourni avec un script Perl nommé `apxs` (*APache eXtenSion*). Cet utilitaire relativement simple permet de compiler et d'installer des modules tiers. `apxs` sait traiter les modules composés de plusieurs fichiers sources , ce qui représente un avantage non négligeable par rapport à `configure`, qui ne sait pas le faire.

Quelques modules ont des exigences d'installation particulières ; ils s'accompagnent généralement d'instructions détaillées (habituellement écrites dans un fichier nommé `INSTALL`) qui doivent être scrupuleusement suivies. En principe, les modules qui doivent modifier le code source d'Apache ne peuvent pas être installés par la procédure décrite ; c'est le cas, par exemple, du module `OpenSSL` (`mod_ssl`), présenté au chapitre 14. Comme vous le verrez, ce module effectue de nombreuses modifications et ajouts au code source d'Apache durant son installation et il nécessite une recompilation d'Apache pour fonctionner.

Ces exceptions mises à part, presque tous les modules Apache peuvent être configurés avec `apxs` : une bonne maîtrise du script est donc indispensable.

Vous pouvez appeler `apxs` en combinant les options suivantes pour contrôler son fonctionnement :

- `-g` – Produit un modèle de module pour les développeurs ; si on fournit un nom de module (avec l'option `-n`), cette option crée un répertoire portant ce nom et y installe un `makefile` et un fichier d'exemple de code source en C. Cet exemple de programme est un module complet, qui peut être installé mais ne fait rien d'autre qu'afficher une ligne indiquant qu'il s'exécute. Exemple :

```
# apxs -g -n mod_MonModule
```

- `-q` – Demande au script `apxs` d'afficher une ou plusieurs de ses valeurs par défaut. Lors de la création de ce script pendant l'installation d'Apache, les valeurs par défaut des variables suivantes sont codées en dur dans le script : `TARGET`, `CC`, `CFLAGS`, `CFLAGS_SHLIB`, `LD_SHLIB`, `LDFLAGS_SHLIB`, `LIBS_SHLIB`, `PREFIX`, `SBINDIR`, `INCLUDEDIR`, `LIBEXECDIR`, `SYSCONFDIR`. Exemples :

```
# /usr/local/apache2/bin/apxs -q TARGET
httpd
# /usr/local/apache2/bin/apxs -q CFLAGS
-DLINUX=2 -DMOD_SSL=204109 -DUSE_HSREGEX
-DEAPI -DUSE_EXPAT -I../lib/expat-lite
# /usr/local/apache2/bin/apxs -q PREFIX
/usr/local/apache2
```

ASTUCE La valeur par défaut de n'importe quelle variable codée en dur dans `apxs` peut être surchargée en précisant une nouvelle valeur avec l'option `-S`. Par exemple :

```
# apxs -S PREFIX="/usr/local/apachetest" -c -n MonModule.so
```

- `-c` – Compile et lie un module ODP à partir d'un (ou plusieurs) fichier source dont on a fourni le nom et, éventuellement, d'une liste de bibliothèques. L'utilisation de l'option `-c` de `apxs` active les options suivantes :
  - `-o` ***fichier*** – Précise le nom du module résultant. En l'absence de cette option, le nom résultant est déduit du nom du fichier d'entrée.
  - `-D` ***nom-valeur*** – Précise les directives à utiliser pour compiler le module.
  - `-I` ***répertoire*** – Ajoute un répertoire à la liste des répertoires de fichiers en-têtes parcourus par le compilateur.
  - `-l` ***bibliothèque*** – Ajoute une bibliothèque à la liste des bibliothèques qu'il faut lier au module.
  - `-L` ***répertoire*** – Ajoute un répertoire à la liste des répertoires de bibliothèques parcourus.
  - `-Wc,` ***options*** – Passe des options au compilateur. Chaque option doit être spécifiée comme si elle était passée sur la ligne de commande et la virgule est obligatoire. Exemple :

```
# axps -c -Wc,-O3 MonModule.c
```

  - `-Wl,` ***options*** – Passe des options à l'éditeur de liens. Chaque option doit être spécifiée comme si elle était passée sur la ligne de commande et la virgule est obligatoire. Exemple :

```
# axps -c -Wl,-t MonModule.c
```

- -i – Installe un module ODP déjà créé avec apxs -c dans son emplacement correct, déterminé par la variable PREFIX codée en dur dans apxs, à moins qu'elle n'ait été surchargée par l'option -S. L'utilisation de cette option en active deux autres :
  - -a – Modifie le fichier de configuration d'Apache (httpd.conf) en lui ajoutant les directives LoadModule qui activeront le nouveau module installé.
  - -A – Ajoute ces lignes, mais les laisse commentées, pour qu'elles ne s'appliquent pas au démarrage d'Apache.
- -e – Fonctionne exactement comme -i.
- -n – Donne au module un nom différent de celui du fichier ODP. Exemple :

```
# apxs -i -a -n mod_MonModule MonModule.so
```

Généralement, les options -c et -i sont utilisées conjointement. La ligne suivante compile un ODP à partir d'un unique fichier source, l'installe et modifie la configuration d'Apache pour charger le module à son prochain lancement :

```
# apxs -c -i -a MonModule.so
```

Où trouver les modules ?

Les modules tiers pour Apache sont disponibles à partir de centaines de sources, mais le site officiel est le *Apache Module Registry* (modules.apache.org). Ce site n'essaie pas de maintenir un dépôt de modules à télécharger ; il donne des informations sur tous les modules Apache, en décrivant brièvement le fonctionnement de chacun d'eux, en présentant leur auteur et, plus important encore, en fournissant un lien vers le site où peut être téléchargée la dernière version d'un module. La figure 5.1 montre le formulaire de recherche de ce site, le premier endroit à consulter lors de la recherche des modules. Cependant, il n'est pas rare de constater que de nouvelles versions de modules sont introduites sur des sites comme freshmeat.net ou sourceforge.net, qui soutiennent tous les deux des équipes et des projets de développement open-source.

ASTUCE Pour obtenir la liste de tous les modules disponibles sur le site modules.apache.org, entrez simplement une chaîne de recherche vide.

Exemple d'installation de module

Pour conclure ce chapitre, étudions un exemple complet d'installation, de configuration et d'utilisation d'un module typique. Celui que j'ai choisi est mod_random de Brian Aker (figure 5.2), qui effectue trois tâches très simples. La première tâche de mod_random consiste à

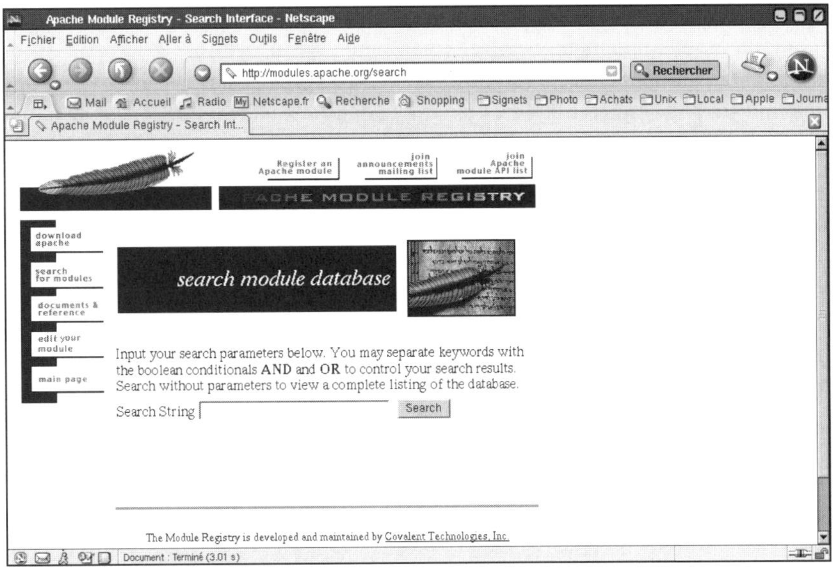

Figure 5.1
La base des modules Apache.

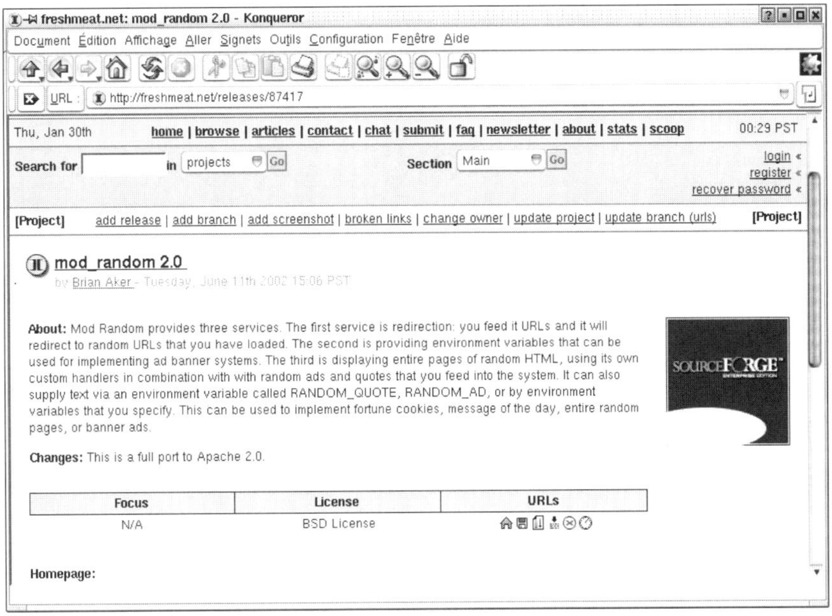

Figure 5.2
La page de freshmeat.net pour mod_random.

rediriger une requête vers une URL choisie au hasard dans une liste. Vous pouvez utiliser cette fonctionnalité pour implémenter un schéma simple de répartition de charge, en redirigeant aléatoirement les clients vers différents serveurs. Vous pouvez aussi utiliser ce module simplement par plaisir, pour intégrer un lien hypertexte dans une page qui récupère aléatoirement par leur URL différentes images ou bannières publicitaires.

La deuxième fonction de ce module consiste à configurer des variables d'environnement pour les bannières publicitaires. La troisième et dernière fonction permet de récupérer des pages entières de code HTML aléatoire. Ces deux fonctions sont aussi simples d'utilisation que la redirection aléatoire, et le fichier `README` qui accompagne le module donne des exemples complets pour les deux.

Seule la redirection aléatoire sera décrite de façon détaillée.

1. Commencez par télécharger le module à partir du site de son auteur, www.tangent.org/mod_random (ou de freshmeat.net). Récupérez la dernière archive du module, qui était `mod_random-1.4_tar.gz` à l'heure où nous écrivons ces lignes. Décompactez cette archive dans un emplacement comme `/usr/local/src` :

```
# pwd
/usr/local/src
# tar xvzf /downloads/mod_random-1.4.tar.gz
mod_random-2.0/
mod_random-2.0/README
mod_random-2.0/ChangeLog
mod_random-2.0/Makefile
mod_random-2.0/LICENSE
mod_random-2.0/MANIFEST
mod_random-2.0/VERSION
mod_random-2.0/mod_random.c
mod_random-2.0/modules.mk
mod_random-2.0/INSTALL
mod_random-2.0/faq.html
# cd mod_random-1.4/
```

Comme vous pouvez le constater, ce module contient peu de choses : le seul fichier dont vous ayez vraiment besoin est le code source C (`mod_random.c`). Les autres fichiers (documentation, aide) ne sont pas indispensables. Le cœur du module n'est composé que d'une centaine de lignes C faciles à comprendre, qui méritent d'être étudiées si vous avez l'intention d'écrire votre propre module en C. L'installation et la configuration du module prennent environ cinq minutes.

2. Assurez-vous que vous vous trouvez dans le répertoire où vous avez extrait les fichiers :

```
# cd mod_random-2.0/
# ls -al
total 60
drwxr-xr-x    2 caulds   caulds     4096 Jun  9 14:06 .
drwxr-xr-x    7 root     root       4096 Jun  9 16:12 ..
-r—r—r—    1 caulds   caulds      487 Jun  9 14:06 ChangeLog
-r—r—r—    1 caulds   caulds     5075 Jun  9 14:11 faq.html
-r—r—r—    1 caulds   caulds      189 Jun  9 14:11 INSTALL
-r—r—r—    1 caulds   caulds     1656 Jun  9 14:11 LICENSE
-r—r—r—    1 caulds   caulds     2419 Jun  9 14:11 Makefile
-r—r—r—    1 caulds   caulds       92 Jun  9 14:11 MANIFEST
-r—r—r—    1 caulds   caulds    11205 Jun  9 14:11 mod_random.c
-r—r—r—    1 caulds   caulds      156 Jun  9 14:11 modules.mk
-r—r—r—    1 caulds   caulds     1787 Jun  9 14:11 README
-r—r—r—    1 caulds   caulds        4 Jun  9 14:06 VERSION
```

3. Lorsque vous en serez arrivé à ce point, je vous conseille de lire les instructions d'installation (`INSTALL`) et d'examiner le contenu du `makefile`, qui contient les instructions pour une compilation et une installation en ligne de commande, et probablement même des lignes pour arrêter, démarrer et relancer le serveur Apache. Ces lignes sont ajoutées par l'option de construction de modèle de `apxs`, `-g`, décrite dans la section précédente.

4. Je trouve plus pratique d'utiliser une seule commande pour compiler (`-c`) et installer (`-i`) le module, puis pour configurer (`-a`) Apache afin qu'il l'utilise (mais vous pourriez le faire en deux étapes) :

```
# /usr/local/apache2/bin/apxs -i -a -c mod_random.c
/usr/local/apache2/build/libtool —silent
   —mode=compile gcc -prefer-pic
   -DAP_HAVE_DESIGNATED_INITIALIZER -DLINUX=2
   -D_REENTRANT -D_XOPEN_SOURCE=500
   -D_BSD_SOURCE -D_SVID_SOURCE -g -O2
   -pthread -DNO_DBM_REWRITEMAP
   -I/usr/local/apache2/include  -c -o
   mod_random.lo mod_random.c && touch
   mod_random.slo
/usr/local/apache2/build/libtool —silent
   —mode=link gcc -o mod_random.la -rpath
   /usr/local/apache2/modules -module -avoid-
   version  mod_random.lo
/usr/local/apache2/build/instdso.sh
   SH_LIBTOOL='/usr/local/apache2/build/libtoo
```

```
   l' mod_random.la /usr/local/apache2/modules
/usr/local/apache2/build/libtool
   --mode=install cp mod_random.la /usr/local/apache2/modules/
cp .libs/mod_random.so /usr/local/apache2/modules/mod_random.so
cp .libs/mod_random.lai /usr/local/apache2/modules/mod_random.la
cp .libs/mod_random.a /usr/local/apache2/modules/mod_random.a
ranlib /usr/local/apache2/modules/mod_random.a
chmod 644 /usr/local/apache2/modules/mod_random.a
PATH="$PATH:/sbin" ldconfig -n /usr/local/apache2/modules
-----------------------------------
Libraries have been installed in:
   /usr/local/apache2/modules
If you ever happen to want to link against installed libraries
in a given directory, LIBDIR, you must either use libtool, and
specify the full pathname of the library, or use the '-LLIBDIR'
flag during linking and do at least one of the following:
   - add LIBDIR to the 'LD_LIBRARY_PATH' environment variable
     during execution
   - add LIBDIR to the 'LD_RUN_PATH' environment variable
     during linking
   - use the '-Wl,--rpath -Wl,LIBDIR' linker flag
   - have your system administrator add LIBDIR to '/etc/ld.so.conf'
See any operating system documentation about shared libraries for
more information, such as the ld(1) and ld.so(8) manual pages.
-----------------------------------
chmod 755 /usr/local/apache2/modules/mod_random.so
[activating module 'random' in /usr/local/apache2/conf/httpd.conf]
```

5. Assurez-vous que la procédure d'installation a bien modifié `httpd.conf` pour qu'Apache utilise le nouveau module. Pour cela, vous pouvez utiliser la commande `grep` de Linux afin de rechercher la chaîne `mod_random` dans `httpd.conf` :

```
# grep mod_random /usr/local/apache2/conf/httpd.conf
LoadModule random_module      modules/mod_random.so
```

6. Pour être bien certain que tout fonctionne, relancez le serveur :

```
# /usr/local/apache2/bin/apachectl restart
```

7. Puis consultez la page des informations du serveur pour vérifier que `mod_random` est prêt à fonctionner (figure 5.3). Cette page d'état du serveur sera étudiée plus en détails dans le chapitre 10.

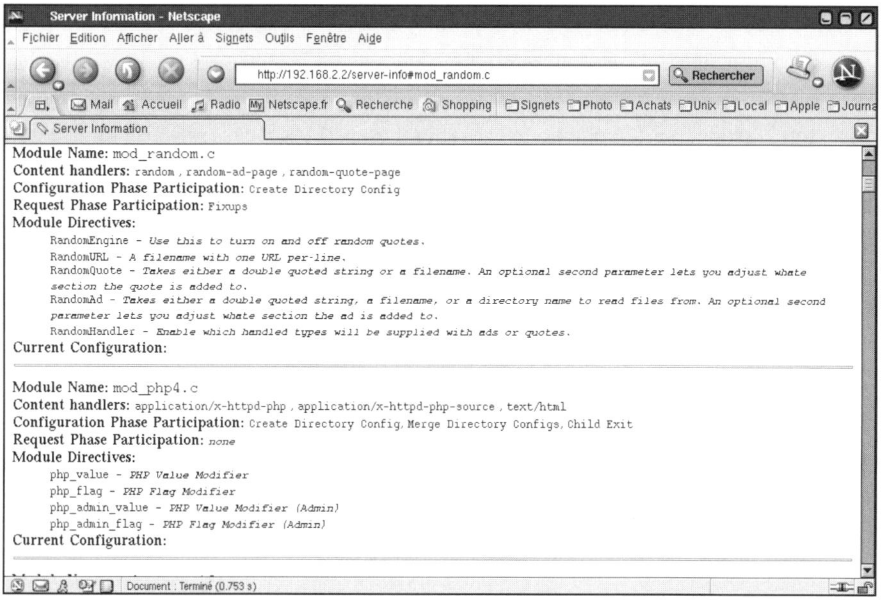

Figure 5.3
La page d'information du serveur pour mod_random.

8. Il y a toujours une partie manuelle dans toute installation de module. Ici, il s'agit d'éditer la configuration d'Apache pour qu'il utilise le module, généralement en déclarant le module comme handler et en incluant les directives fournies par ce module. J'ai ajouté la section suivante à mon `httpd.conf` pour tirer parti de la redirection vers un site aléatoire :

```
# Configuration du module mod_random de Brian Aker
#
<Location /randomize>
    SetHandler random
    RandomURL http://www.acme.com/
    RandomURL http://www.apple.com/macosx/inside.html
    RandomURL http://www.asptoday.com/
    RandomURL http://atomz.com/
    RandomFile /usr/local/apache2/conf/random.conf
</Location>
```

9. J'ai d'abord créé un conteneur `<Location>` qui s'applique à `/randomize` ; il ne s'agit pas d'un nom de répertoire, mais d'une URL partielle. Toutes les directives contenues dans `<Location>` s'appliquent à toutes les requêtes vers une URL se terminant par `/randomize`.
10. À l'aide de la directive `RandomURL`, j'ai ajouté manuellement quelques URL qui seront choisies au hasard par le module, puis j'ai utilisé la directive `RandomFile` pour désigner un fichier contenant une liste d'URL (une par ligne) qui seront ajoutées à celles de `mod_random`.
11. Après avoir créé le conteneur `<Location>` dans `httpd.conf`, j'ai relancé le serveur pour m'assurer que les modifications avaient été prises en compte, puis j'ai fait pointer un navigateur vers mon site, en utilisant l'URL suivante :

```
http://jackal.hiwaay.net/randomize
```

12. J'ai immédiatement été redirigé vers l'un des sites que j'avais indiqués dans ma sélection d'URL dans `httpd.conf`.

Il est possible que vous n'ayez pas l'utilité du module `mod_random`, mais la procédure que je viens de présenter est la même pour tous les modules que vous souhaiterez ajouter :

1. Téléchargez le fichier archive.
2. Décompactez-le dans votre répertoire de travail.
3. Compilez-le et installez-le (après avoir lu les instructions du fichier `INSTALL`).
4. Vérifiez que le module a été ajouté dans votre fichier `httpd.conf`.
5. Éditez manuellement le fichier de configuration pour installer votre module comme gestionnaire.
6. Enfin, testez la configuration.

En résumé

Depuis le tout début, le serveur Web Apache a été conçu pour être facilement étendu. Pour cela, un ensemble de fonctions a été mis à la disposition des programmeurs pour qu'ils puissent écrire aisément des modules d'extension. La prise en charge des objets dynamiques partagés a été ajoutée à partir de la version 1.3. Les ODP permettent de compiler des modules séparément du serveur. L'administrateur peut alors choisir de les charger au lancement d'Apache ou de les ignorer s'il veut économiser l'espace mémoire requis par chaque copie d'Apache.

L'architecture modulaire d'Apache est un facteur important de son succès. Grâce à son interface de programmation simple, il existe un grand nombre de modules (gratuits) écrits par des sources extérieures au projet.

6

Hébergement virtuel

Le terme d'hébergement virtuel désigne le fait de gérer plusieurs sites Web sur une seule machine serveur. L'administrateur différencie ces sites par des alias de noms ou, plus rarement, par des adresses IP distinctes si le serveur appartient à plusieurs réseaux (*multi-homed*) et possède donc plusieurs adresses. C'est grâce à l'hébergement virtuel que les fournisseurs d'accès Internet et les services d'hébergement Web permettent à leurs clients de partager un même serveur tout en ayant chacun leur propre site Web, accessible via leur propre nom de domaine enregistré. Ce procédé est différent de celui que nous avons présenté au chapitre 4, où les sites Web individuels existent mais partagent tous le même nom de domaine ; dans ce cas, les navigateurs doivent fournir des informations supplémentaires dans l'URL pour choisir un site particulier. Pour un navigateur moderne (c'est-à-dire reconnaissant HTTP/1.1), les hôtes virtuels sont tranparents, et il ne fera pas la différence entre des sites virtuels hébergés par un même serveur et des sites situés sur des serveurs différents. Comme le nombre de sites Web sur Internet ne cesse d'augmenter, l'hébergement de plusieurs sites sur un même serveur est une fonctionnalité essentielle des logiciels de serveurs Web. Apache a été l'un des premiers à permettre la création de sites virtuels, sans nécessiter d'extension à la distribution standard. Il est aujourd'hui parfaitement adapté à l'hébergement d'un grand nombre de sites Web sur seulement quelques machines serveur.

Dans ce chapitre, vous découvrirez les trois méthodes de base pour configurer un serveur Apache : l'hébergement virtuel par adresse IP, l'hébergement virtuel par nom et l'hébergement virtuel dynamique. Nous nous intéresserons principalement aux fonctionnalités offertes par le module standard d'Apache pour l'hébergement virtuel, `mod_virtual`, qui prend en charge (depuis la version 1.1) deux types d'hôtes virtuels :

- **Les hôtes virtuels par adresse IP** sont identifiés par l'adresse IP à laquelle arrivent les requêtes des clients. Chaque hôte virtuel de ce type dispose de sa propre adresse IP et répond à toutes les requêtes qui y arrivent.
- **Les hôtes virtuels par nom** tirent parti d'une fonctionnalité de HTTP/1.1 qui évite de réserver de précieuses adresses IP aux hôtes virtuels. Au chapitre 1, nous avons vu que les requêtes HTTP/1.1 devaient comporter un en-tête `Host` identifiant le nom du serveur auquel s'adresse le client. Pour les serveurs sans hôtes virtuels, ce nom est identique à la valeur `ServerName` qui est configurée pour le serveur primaire. Cependant, cet en-tête sert également à identifier un hôte virtuel pour qu'il réponde à la requête : c'est ce qu'on appelle un hôte virtuel par nom.

Nous présenterons également le concept d'hébergement virtuel dynamique, qui fait appel à un autre module : `mod_vhost_aliases`. Les hôtes virtuels dynamiques n'ont pas de configuration fixe : elle est déterminée (à l'aide d'un modèle prédéfini) à partir de l'URL de la requête. L'avantage de cette méthode est qu'on peut configurer de très nombreux hôtes virtuels dynamiques sur un même serveur sans avoir à les configurer un à un ; il suffit de quelques lignes de code modèle.

En général, vous utiliserez les hôtes virtuels par adresse IP chaque fois que vous souhaiterez accepter les requêtes provenant de navigateurs qui ne prennent pas en charge HTTP/1.1 (leur nombre décroît rapidement), à condition toutefois de pouvoir affecter une adresse IP unique à chaque hôte virtuel (le nombre d'adresses IP décroît également). Cependant, les sites préfèrent généralement utiliser les hôtes virtuels par nom. Notez que dans ce cas, les navigateurs non-HTTP/1.1 n'ont aucun moyen de préciser les hôtes virtuels et ils se connectent donc toujours au site Web par défaut de votre serveur Apache.

Directives pour les hôtes virtuels

La directive conteneur `<VirtualHost>` contient les directives qui s'appliquent à un hôte virtuel donné, qu'il soit par adresse ou par nom. Toutes ces directives sont également valables dans le contexte d'un serveur monosite ordinaire. Cependant, leur comportement peut être modifié lorsqu'elles s'appliquent à un hôte virtuel. Lorsque vous étudierez les exemples de configuration d'hôtes virtuels de ce chapitre, n'oubliez pas les règles suivantes :

- Une directive placée dans un conteneur `<VirtualHost>` ne s'applique qu'à cet hôte virtuel.
- Les directives du fichier de configuration qui ne sont pas dans un conteneur `<VirtualHost>` définissent le serveur principal. Elles peuvent donc être considérées comme les valeurs par défaut de tous les hôtes virtuels, puisque ceux-ci héritent toujours de la configuration du serveur principal. Cependant une directive d'un `<VirtualHost>` surcharge la même directive héritée de la configuration du serveur principal. Vous utiliserez généralement `ServerName` pour surcharger le nom canonique du serveur primaire et `DocumentRoot` pour définir l'arborescence des documents de l'hôte virtuel. En dehors de

ces deux directives, évitez d'utiliser trop de directives spécifiques aux hôtes virtuels et ne surchargez celles du serveur primaire que lorsque c'est nécessaire.

- Avant de définir des hôtes virtuels, pensez à utiliser la directive `Listen` (décrite au chapitre 4) pour préciser les interfaces réseaux et les ports d'écoute du serveur primaire. Cette directive n'est pas autorisée dans le contexte d'un hôte virtuel.

Hébergement virtuel par adresse IP

Les hôtes virtuels par adresse doivent tous avoir une adresse IP unique, qui les définit. Aucune machine serveur ne peut avoir plus de quelques interfaces réseau physiques. Il est donc probable que les différents hôtes virtuels partageront la même interface réseau, utilisant pour cela une technique appelée alias d'interface réseau (détaillée plus loin dans cette section).

La couche des sockets sécurisées (SSL, qui sera présentée au chapitre 14) exige que chaque serveur Web SSL possède une adresse IP unique associée à son nom d'hôte. La plupart des services d'hébergement et des fournisseurs d'accès qui proposent des sites Web SSL à leurs clients le font en utilisant un hébergement virtuel par adresse. Ils font généralement correspondre plusieurs adresses IP à quelques interfaces réseau sur chaque serveur. La demande pour les hôtes virtuels par adresse a ainsi augmenté (alors même que leur utilisation déclinait en faveur de l'hébergement virtuel par nom), de même que la demande des adresses IP.

INFO En septembre 2000, l'un des trois registres mondiaux pour les adresses IP, l'American Registry for Internet Numbers (ARIN), a annoncé qu'il n'accepterait plus l'hébergement virtuel par IP comme justification des demandes de nouvelles adresses (www.arin.net/policy/ipv4.html). L'utilisation d'adresses pour ce type d'hébergement virtuel n'est ni restreint ni interdit, mais ce changement de politique complique l'obtention de blocs IP par les sites qui veulent les utiliser dans cette optique.

Les hôtes virtuels par adresse sont relativement faciles à mettre en place : on utilise un conteneur `<VirtualHost adresse_IP>` pour regrouper les directives qui ne s'appliquent qu'à l'hôte virtuel défini par `adresse_IP`.

Pour créer deux hôtes virtuels par adresse sur mon serveur Apache, j'ai placé la section suivante dans mon fichier `httpd.conf`, en m'assurant qu'elle se situe après les directives de portée globale. En d'autres termes, toutes les directives qui doivent s'appliquer aux processus démons d'Apache et fournir des valeurs par défaut à tous les hôtes virtuels sont placées au début du fichier et doivent être lues en premier au lancement d'Apache.

Pour que les définitions suivantes fonctionnent, les deux adresses IP (`192.168.1.4` et `192.168.1.5`) doivent être des adresses correctes pour le serveur : il faut donc qu'elles soient sur des interfaces distinctes ou (comme chez moi) sur la même interface en utilisant des alias.

```
<VirtualHost 192.168.1.4>
   ServerName vhost1.hiwaay.net
   DocumentRoot /home/httpd/html/vhost1
</VirtualHost>
<VirtualHost 192.168.1.5>
   ServerName vhost2.hiwaay.net
   DocumentRoot /home/httpd/html/vhost2
</VirtualHost>
```

Ces définitions sont assez simples. L'annexe A énumère toutes les directives qui peuvent être utilisées dans un contexte d'hôte virtuel. Je n'en ai défini ici que deux pour chaque hôte : `ServerName` pour donner le nom de l'hôte virtuel et `DocumentRoot` pour indiquer la racine de ses documents. Si on se connecte au premier site en utilisant l'URL suivante :

```
http://192.168.1.4/
```

le serveur offre les documents stockés dans `/home/httpd/html/vhost1`. Généralement, nous ne voulons pas que les utilisateurs soient obligés d'entrer l'adresse IP. La meilleure façon de fournir un accès simple à l'hôte virtuel consiste à créer un enregistrement dans le serveur de noms (DNS) du domaine, qui fait correspondre l'adresse IP à un nom d'hôte. Il est alors possible, et plus pratique, de se connecter à l'hôte virtuel en utilisant cette URL :

```
http://vhost1.hiwaay.net/
```

N'oubliez pas que, dans le cas des hôtes virtuels par adresse, le nom de machine n'a aucune importance (sauf pour les humains) car Apache détermine l'hôte qui sera utilisé pour traiter une connexion uniquement d'après son adresse IP. Comme nous le verrons plus loin, c'est le nom de machine qui est le facteur déterminant dans le cas de l'hébergement virtuel par nom. La figure 6.1 illustre le processus complet de requête/résolution pour un hébergement virtuel par adresse ; nous le comparerons plus tard avec le diagramme équivalent pour l'hébergement par nom.

Utiliser les hôtes virtuels par défaut

Avec l'hébergement virtuel par adresse IP, si aucune directive `<VirtualHost adresse_IP>` ne correspond (c'est-à-dire si le serveur peut être atteint sur une adresse (ou plusieurs) pour laquelle aucun hôte virtuel n'est défini), le serveur primaire répondra à la requête du client. Notez que le serveur primaire contient toutes les directives qui ne sont pas incluses dans la portée d'un `<VirtualHost>`. Par conséquent, si vous utilisez des hôtes virtuels par adresse, il est préférable de déclarer un serveur par défaut afin d'éviter qu'Apache n'utilise le serveur principal : c'est précisément le rôle des hôtes virtuels définis par le mot-clé `_default_`.

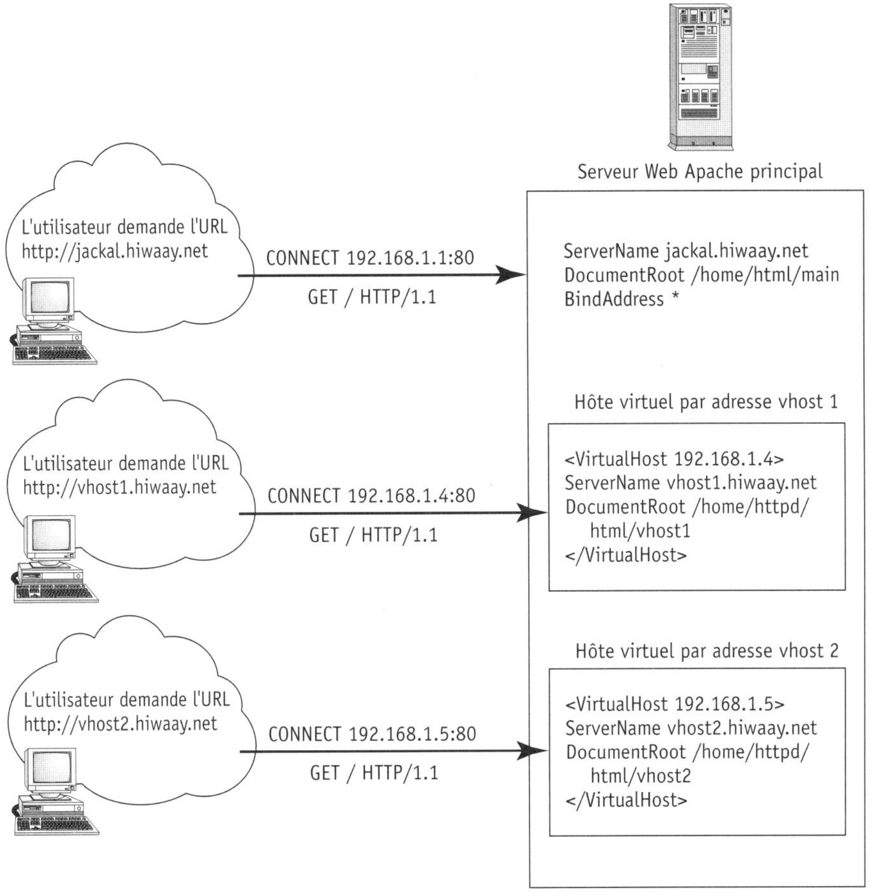

Figure 6.1
Hébergement virtuel par IP sur un serveur ayant plusieurs adresses.

Réservez plutôt la configuration du serveur primaire à la mise en place des directives qui s'appliquent par défaut à tous les hôtes. Tous les hôtes virtuels `_default_` (nous verrons plus loin qu'il peut y en avoir plusieurs) répondent aux requêtes adressées aux hôtes virtuels inconnus. Ils peuvent être configurés pour, par exemple, renvoyer un message d'erreur au navigateur client, ou rediriger la requête vers l'un des hôtes virtuels légitimes. Un hôte virtuel `_default_` permet de gérer facilement un grand nombre de requêtes mal orientées.

Pour définir un hôte virtuel par défaut, on utilise une forme spéciale de la directive `<VirtualHost>` :

```
<VirtualHost _default_:*>
   DocumentRoot   /home/http/html/defaultvh
</VirtualHost>
```

Nous avons défini ici un hôte virtuel qui répond aux requêtes adressées à tout port qui n'est pas déjà assigné à un autre <VirtualHost> dont l'adresse IP est correcte. On peut également indiquer un numéro de port unique, qui sera utilisé par un hôte virtuel par défaut :

```
<VirtualHost _default_:443>
   DocumentRoot    /home/httpd/html/securedefault
</VirtualHost>
<VirtualHost _default_:*>
   DocumentRoot    /home/httpd/html/defaultvh
</VirtualHost>
```

Cet exemple montre qu'on peut définir plusieurs hôtes virtuels par défaut. Le premier conteneur <VirtualHost _default_> définit un hôte virtuel par défaut particulier, utilisé pour les connexions inconnues sur le port TCP 443, celui de SSL, et qui fournit les documents placés dans /home/http/html/securedefault. Le second conteneur traite les connexions inconnues sur tous les autres ports et fournit les documents de /home/http/html/defaultvh. Comme le port 443 est déjà assigné à un autre hôte virtuel, la seconde directive <VirtualHost _default_ > ignore les connexions sur celui-ci.

Alias d'interface réseau sous Linux

La plupart des systèmes d'exploitation modernes permettent d'assigner plusieurs adresses IP à la même interface réseau ; Linux n'y fait pas exception. Souvent désigné sous le terme d'alias d'interface réseau, ou parfois multiplexage d'adresses, il s'agit d'un moyen de mettre en place plusieurs hôtes virtuels par adresse, même si vous n'avez qu'une seule interface. C'est la méthode que j'ai utilisée pour configurer mon système afin qu'il gère plusieurs adresses IP sur une seule carte Ethernet. Vous trouverez ci-dessous les commandes que j'ai utilisées pour créer des adresses séparées, que j'ai ensuite assignées aux hôtes virtuels. Pour que ce schéma fonctionne, vous devez créer dans le DNS une entrée séparée pour chaque hôte virtuel, chacun avec sa propre adresse IP.

L'attribution de plusieurs adresses IP à une carte réseau pour autoriser des hôtes virtuels supplémentaires présente un inconvénient : comme tous les hébergements virtuels par adresse, cela consomme les adresses IP, qui sont une denrée rare. Cependant, cela facilite la mise en place d'hôtes virtuels pouvant fonctionner avec d'anciens navigateurs. Bien que ces clients tendent à disparaître (de nombreux navigateurs annoncent qu'ils ne sont pas complètement conformes à HTTP/1.1, mais reconnaissent quand même Host), il en reste encore beaucoup. Si vous pouvez attribuer une adresse IP à chaque hôte virtuel, utilisez la technique décrite ici. Cette technique s'avère particulièrement utile pour lancer plusieurs hôtes virtuels SSL sur une même machine car, pour des raisons que nous expliquerons au chapitre 14, SSL ne peut pas utiliser les hôtes virtuels par nom.

Pour ajouter des adresses IP virtuelles à une carte réseau d'un serveur Linux, connectez-vous sous le compte `root` et utilisez la commande `ifconfig`. Dans l'exemple suivant, j'ai ajouté deux interfaces Ethernet virtuelles à la seule carte du serveur (eth0) ; ces adresses n'ont pas besoin de se suivre, mais elles doivent appartenir au même sous-réseau.

```
# /sbin/ifconfig eth0:0   192.168.1.4
# /sbin/ifconfig eth0:1   192.168.1.5
```

Pour vérifier que la modification de la configuration a réussi, il suffit d'entrer la commande `ifconfig` sans paramètre, afin d'obtenir les informations montrées dans le listing 6.1. Comme prévu, les nouvelles interfaces virtuelles, (`eth0:0` et `eth0:1`) apparaissent avec la même adresse physique (`Hwaddr 00:60:08:A4:E8:82`), celle de la carte Ethernet.

Listing 6.1 – La commande ifconfig de Linux, montrant les interfaces réseau physique et virtuelles

```
# /sbin/ifconfig
eth0      Link encap:Ethernet  HWaddr 00:60:08:A4:E8:82
          inet addr:192.168.1.1  Bcast:192.168.1.255  Mask:255.255.255.0
          UP BROADCAST RUNNING MULTICAST  MTU:1500  Metric:1
          RX packets:463 errors:0 dropped:0 overruns:0 frame:0
          TX packets:497 errors:0 dropped:0 overruns:0 carrier:0
          collisions:0 txqueuelen:100
          Interrupt:11 Base address:0x6100
eth0:0    Link encap:Ethernet  HWaddr 00:60:08:A4:E8:82
          inet addr:192.168.1.4  Bcast:192.168.1.255  Mask:255.255.255.0
          UP BROADCAST RUNNING MULTICAST  MTU:1500  Metric:1
          Interrupt:11 Base address:0x6100
eth0:1    Link encap:Ethernet  HWaddr 00:60:08:A4:E8:82
          inet addr:192.168.1.5  Bcast:192.168.1.255  Mask:255.255.255.0
          UP BROADCAST RUNNING MULTICAST  MTU:1500  Metric:1
          Interrupt:11 Base address:0x6100
lo        Link encap:Local Loopback
          inet addr:127.0.0.1  Mask:255.0.0.0
          UP LOOPBACK RUNNING  MTU:3924  Metric:1
          RX packets:58 errors:0 dropped:0 overruns:0 frame:0
          TX packets:58 errors:0 dropped:0 overruns:0 carrier:0
          collisions:0 txqueuelen:0
```

INFO La dernière interface du listing 6.1, `lo`, est celle de `loopback`. Il s'agit d'une interface réseau virtuelle spéciale, destinée essentiellement aux tests, et qui est toujours active sur un système Linux. L'adresse IP spéciale `127.0.0.1` est réservée à cette interface virtuelle sur tous les systèmes Linux.

J'ai ensuite défini un hôte virtuel par adresse pour chaque interface virtuelle créée sur le serveur :

```
<VirtualHost 192.168.1.4>
   ServerName vhost1.hiwaay.net
   DocumentRoot /home/httpd/html/vhost1
</VirtualHost>
<VirtualHost 192.168.1.5>
   ServerName vhost2.hiwaay.net
   DocumentRoot /home/httpd/html/vhost2
</VirtualHost>
```

Le protocole de résolution d'adresse

Même si Linux facilite la création des alias d'interface réseau, reste à savoir comment faire connaître ces nouvelles adresses IP au reste du réseau et s'assurer que les paquets envoyés à ces adresses seront dirigés vers la machine et l'interface Ethernet concernées. En fait, la publicité de ces adresses et le routage sont automatiquement gérés par le protocole de résolution des adresses (ARP).

Votre routeur se présente lui-même aux autres routeurs comme un portail ou une passerelle vers votre réseau. Si vous disposez d'un routeur Internet correctement configuré, n'importe qui sur Internet peut envoyer des données sur votre réseau via ce routeur. Pour qu'une machine de votre réseau soit accessible au monde entier, il suffit que votre routeur sache atteindre cette machine par son adresse IP.

ARP est un « protocole de découverte » qu'utilise un hôte pour découvrir les informations sur un autre. Lorsque vous utilisez `ifconfig` pour ajouter une adresse IP à une interface réseau Linux, vous informez le système qu'il doit répondre aux demandes ARP pour cette nouvelle adresse par l'adresse physique de l'interface réseau. Cette adresse, souvent appelée adresse MAC (Media Access Control) apparaît dans le listing ci-dessus, identifiée par `HWaddr`. Le constructeur de l'unité d'accès au support (MAU), ici une carte Ethernet, s'entend avec les autres constructeurs pour s'assurer que cette adresse soit unique. Certaines cartes Ethernet permettent de modifier leur adresse physique, mais la plupart ont une adresse intégrée, qui ne peut pas être changée.

INFO ARP est utilisé avec les réseaux Ethernet ou Token Ring. Notre présentation repose sur Ethernet, mais s'applique également à Token Ring, bien que les adresses MAC des cartes Token Ring soient différentes de celles des cartes Ethernet.

L'ajout de l'adresse IP `192.168.1.5` à mon interface Ethernet (`eth0`) a prévenu mon serveur Linux qu'il devait répondre aux requêtes ARP pour cette adresse par l'adresse Ethernet de cette interface. Lorsque mon routeur reçoit un paquet IP adressé à `192.168.1.5`, il diffuse un paquet ARP au réseau `192.168.1.0` : toutes les machines de ce réseau le reçoivent, mais la plupart l'ignorent. Ma machine Linux, maintenant configurée pour répondre aux requêtes ARP pour `192.168.1.5`, envoie une réponse ARP au routeur lui indiquant d'envoyer tous les paquets adressés à `192.168.1.5` à l'adresse Ethernet de son interface `eth0`.

Il peut y avoir conflit si deux hôtes du réseau répondent à la requête ARP en prétendant tous deux qu'ils utilisent cette adresse IP. La plupart des systèmes d'exploitation savent prévenir ce type de conflit en détectant au démarrage la présence d'autres systèmes sur le réseau utilisant déjà une adresse IP qui leur est assignée (pour cela, ils utilisent d'ailleurs ARP) : en ce cas, le système désactive l'interface Ethernet qui provoque le conflit. En d'autres termes, la machine qui utilise déjà l'adresse IP la conserve et les nouvelles machines tentant de l'utiliser y renoncent.

La figure 6.2 illustre comment ARP permet à d'autres stations de travail (ici une machine NT4) de découvrir l'adresse Ethernet IP d'une machine Linux configurée comme ci-dessus (pour communiquer en utilisant les trois adresses IP de la même interface Ethernet).

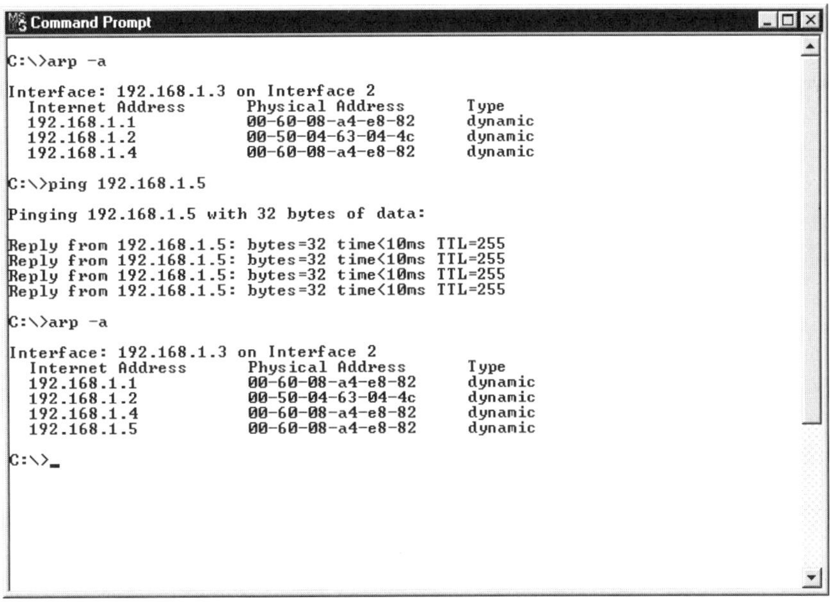

Figure 6.2
Découverte d'adresse par ARP.

Hébergement virtuel par nom

L'hébergement virtuel par nom tire parti d'un en-tête de requête spécial introduit par HTTP/1.1 : le navigateur client HTTP/1.1 envoie un en-tête `Host` pour préciser le nom de la machine serveur qui doit répondre à sa requête. Une requête HTTP/1.0 standard consiste généralement en une seule ligne identifiant la méthode de requête, l'URI (qui est la partie finale de l'URL, sans le protocole ni le nom d'hôte) et le protocole :

```
GET / HTTP/1.0
```

Le serveur qui reçoit cette requête ne connaît que l'adresse IP de l'interface sur laquelle il l'a reçue, il n'a aucun moyen de connaître le nom DNS qu'a utilisé le client pour déterminer cette adresse. Pour être conforme avec HTTP/1.1, il doit y avoir un deuxième en-tête, même dans une requête minimale, pour identifier l'hôte désiré : généralement, il s'agit du serveur primaire, mais cela peut être n'importe quel hôte virtuel défini dans la configuration d'Apache. Une requête HTTP/1.1 ressemble à celle-ci :

```
GET / HTTP/1.1
Host: jackal.hiwaay.net
```

Le nom d'hôte (et éventuellement le numéro de port TCP) placé dans l'en-tête `Host` par le navigateur du client est déterminé à partir de l'URL de la requête. Si le serveur Web utilise un hébergement virtuel par adresse, ou pas d'hébergement virtuel, l'en-tête `Host` est généralement ignoré ; en revanche, s'il utilise un hébergement virtuel par nom, cet en-tête devient très important, car il permet d'identifier l'hôte virtuel à qui est adressé la requête.

INFO L'oubli de l'en-tête `Host` est considéré comme une erreur si le client s'identifie comme étant conforme à HTTP/1.1. Un client ne souhaitant pas envoyer cet en-tête ne doit pas indiquer HTTP/1.1 dans sa requête. À l'inverse, Netscape Communicator 4.7 envoie une requête HTTP/1.0, mais également un en-tête `Host`. Ce n'est pas une erreur ; je soupçonne Netscape de préférer s'identifier comme un client HTTP/1.0 parce qu'il n'implémente pas certains autres aspects de la spécification HTTP/1.1.

Les hôtes virtuels par nom qui, comme ceux par adresse, sont gérés par le module `mod_virtual`, utilisent la directive spéciale `NameVirtualHost`. L'adresse IP qu'elle indique ne devient disponible que pour un hébergement virtuel par nom ; elle n'est plus accessible pour les clients non HTTP/1.1 (sauf pour se connecter au serveur par défaut) et ne peut servir à un hébergement virtuel par adresse.

Lorsque Apache rencontre la directive `NameVirtualHost` dans `httpd.conf`, il met en place une table d'hôte virtuel pour l'adresse IP indiquée. Pour une adresse IP donnée, il ne peut y avoir qu'une seule directive `NameVirtualHost` l'affectant à l'hébergement virtuel par nom. Cependant, plusieurs hôtes virtuels peuvent être définis (dans des conteneurs `<VirtualHost>`) pour une même adresse, chacun ayant son propre nom. Lorsqu'il lit `httpd.conf`, Apache dresse une liste des hôtes virtuels déclarés pour chaque adresse IP.

Quand il reçoit une requête sur une adresse IP spécifiée par la directive `NameVirtualHost`, Apache la recherche dans la liste des hôtes virtuels associés. S'il trouve un hôte virtuel ayant une directive `ServerName` correspondant à l'en-tête `Host` de la requête, il répond en utilisant la configuration définie dans le conteneur de cet hôte virtuel. Ce processus a été illustré plus haut, dans la figure 6.1.

Dans l'hébergement virtuel par nom, illustré par la figure 6.3, l'hôte virtuel sélectionné pour répondre à une requête est toujours déterminé à partir de l'en-tête `Host` de cette requête. Si

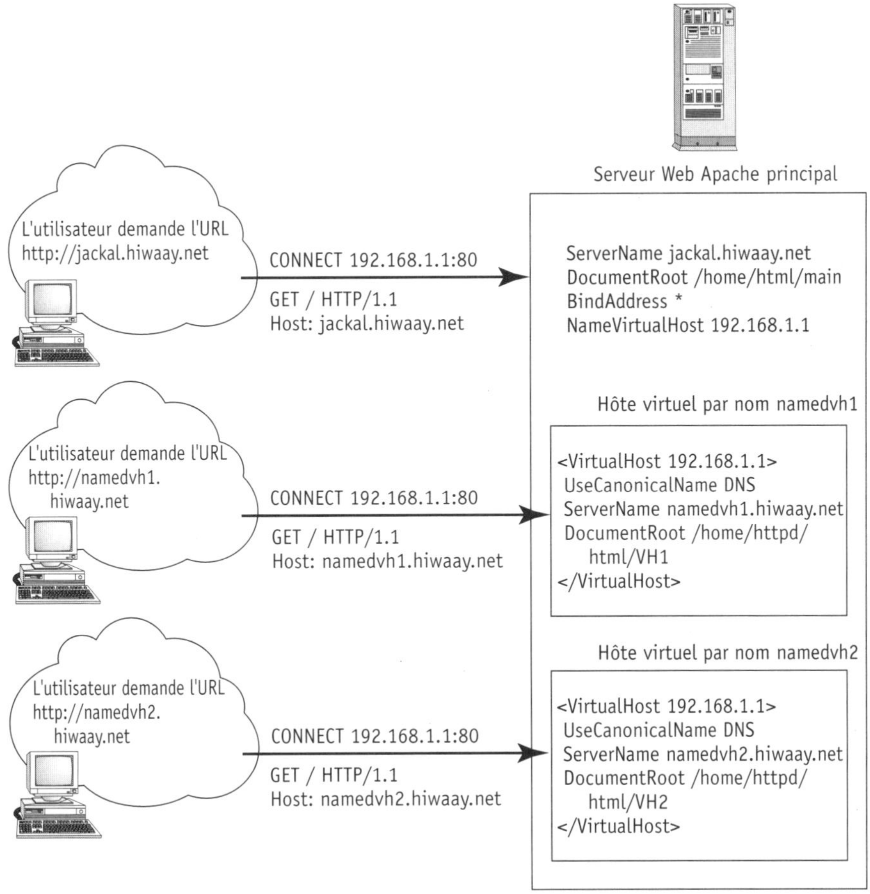

Figure 6.3
Hébergement virtuel par nom sur un serveur n'ayant qu'une seule adresse IP.

aucune correspondance n'est trouvée pour l'hôte demandé par le client, c'est le premier hôte virtuel défini pour l'adresse IP qui est sélectionné : l'hôte virtuel primaire, qu'il ne faut pas confondre avec le serveur primaire (défini par les directives extérieures à tous les conteneurs d'hôtes virtuels). Toutes les requêtes pour un hôte virtuel par nom doivent correspondre à une adresse IP désignée pour ce rôle par une directive `NameVirtualHost`. Seuls les hôtes virtuels par nom sont choisis par une adresse ainsi désignée ; le serveur primaire ne répond jamais à un client se connectant sur une adresse IP désignée pour l'hébergement virtuel.

Si Apache ne reconnaît pas l'en-tête `Host` ou si ce dernier est absent (HTTP/1.0) dans une requête envoyée à une adresse IP servant à l'hébergement virtuel par nom, l'hôte virtuel primaire traite la requête. La directive `<VirtualHost _default_>` ne peut jamais définir un hôte virtuel par nom car, dans ce cas, la directive `<VirtualHost>` doit toujours contenir une adresse IP correcte.

Avec l'hébergement virtuel par nom, il vaut mieux inclure des directives pour le serveur principal qui s'appliquent à tous les hôtes virtuels, plutôt que d'essayer d'utiliser le serveur principal comme un dépôt de directives s'appliquant à l'hôte virtuel par « défaut ». Les directives pour cet hôte doivent être placées dans le conteneur d'hôte virtuel primaire. N'oubliez pas que l'hôte virtuel primaire pour une adresse d'hébergement virtuel par nom est le premier que vous définissez dans `httpd.conf` pour cette adresse.

Sur mon système, j'ai défini deux hôtes virtuels par nom très simples (voir le listing 6.2).

Listing 6.2 – Définition de deux hôtes virtuels par nom

```
NameVirtualHost 192.168.1.1
<VirtualHost 192.168.1.1>
   UseCanonicalName off
   ServerName namedvh1.hiwaay.net
   DocumentRoot /home/httpd/html/
</VirtualHost>
<VirtualHost 192.168.1.1>
   UseCanonicalName off
   ServerName namedvh2.hiwaay.net
   DocumentRoot /home/httpd/html/NamedVH2
</VirtualHost>
```

La directive `NameVirtualHost` est essentielle, car elle identifie l'adresse `192.168.1.1` comme interface pour les hôtes virtuels par nom. Toutes les requêtes reçues sur cette adresse sont traitées par l'un des hôtes virtuels associés à cette adresse. Dès qu'Apache lit la directive `NameVirtualHost 192.168.1.1`, le serveur principal ne peut plus être atteint à cette adresse ; le serveur crée alors une liste d'hôtes virtuels pour cette adresse et y ajoute les noms indiqués par la directive `ServerName` au fur et à mesure qu'il traite les configurations d'hôtes virtuels qui suivent. Lorsque ce serveur est chargé, il contient une liste d'hôtes virtuels pour l'adresse `192.168.1.1`, avec les hôtes `namedvh1.hiwaay.net` et `namedvh2.hiwaay.net`. Lorsque les requêtes arrivent, le nom indiqué dans l'en-tête `Host` de chaque requête est comparé à cette liste et, si une correspondance est trouvée, le serveur connaît l'hôte virtuel qui traitera cette requête.

N'oubliez pas qu'à la différence de l'hébergement virtuel par adresse, toutes les requêtes reçues sur l'adresse `192.168.1.1` qui n'identifient pas l'un des hôtes virtuels par nom seront traitées par le premier d'entre eux : dans le listing 6.2, `namedvh1.hiwaay.net` devient donc l'hôte virtuel par défaut pour l'adresse `192.168.1.1`. Pour cette raison, j'ai explicitement configuré son `DocumentRoot` pour qu'il corresponde à celui de mon serveur principal. Cette configuration explicite a uniquement pour but d'améliorer la lisibilité du fichier de configuration : il n'est pas nécessaire de configurer cette valeur puisque les hôtes virtuels héritent du serveur principal la valeur de cette directive et de toutes les autres.

Le deuxième hôte virtuel du listing 6.2 possède un `DocumentRoot` distinct et, pour les navigateurs HTTP/1.1 qui se connectent à `http://namedvh2.hiwaay.net`, il apparaît comme un site totalement différent de tous les autres sur ce serveur. Le seul point indiquant qu'il s'agit d'un hôte virtuel parmi d'autres est qu'il a la même adresse IP que les autres serveurs Web (ce qui n'apparaît pas aux clients qui ne connaissent ce serveur que par son nom). Lorsqu'on configure des hôtes virtuels par nom s'appliquant à la même adresse IP, il faut entrer les noms de ces machines comme des enregistrements de noms canoniques, ou CNAME, dans le serveur DNS du domaine. Cet enregistrement les place dans le DNS comme des alias du seul vrai nom d'hôte qui devrait exister (sous forme d'enregistrement Adresse ou A) dans le DNS.

Vous noterez que dans le listing 6.2, l'hôte virtuel `namedvh2.hiwaay.net` ne peut être atteint que par les navigateurs qui envoient un en-tête `Host` de HTTP/1.1 ; il ne peut en principe pas être atteint par les autres. Nous allons maintenant expliquer comment les navigateurs qui ne produisent pas l'en-tête `Host` de HTTP/1.1 peuvent accéder à des serveurs virtuels par nom.

Prendre en charge les clients non HTTP/1.1

Les navigateurs qui n'implémentent pas HTTP/1.1 sont de moins en moins nombreux et certains navigateurs qui prétendent ne pas être totalement conformes à 1.1 envoient malgré tout l'en-tête `Host`. Lorsque vous créez des sites virtuels sur Internet, vous ne savez pas quels sont les navigateurs qui y accéderont. Vous devez donc prendre certains points en considération lorsque vous voulez servir des pages à partir de sites virtuels par nom aux navigateurs non HTTP/1.1 (pour un intranet, c'est un peu différent car vous pouvez imposer l'utilisation d'un navigateur particulier). Comme je l'ai mentionné dans la section précédente, toutes les requêtes qui arrivent sur une adresse IP désignée pour un hébergement virtuel par nom sont servies par le premier hôte virtuel nommé si cette requête ne contient pas un en-tête `Host` : les clients HTTP/1.0 qui ne fournissent pas cet en-tête sont donc toujours servis par le même hôte virtuel.

Apache dispose de la directive ServerPath pour permettre aux hôtes virtuels par nom de répondre aux requêtes des clients non HTTP/1.1. Cette directive est bancale et vous ne l'utiliserez certainement pas, sauf si vous devez permettre aux navigateurs HTTP/1.0 d'accéder à des hôtes virtuels nommés.

Lorsque cette directive est utilisée pour indiquer un chemin d'URL dans un conteneur <VirtualHost>, Apache utilise cet hôte virtuel pour répondre à toutes les requêtes sur les URL correspondant à ce chemin. Considérez cet exemple :

```
NameVirtualHost 192.168.1.1
    <VirtualHost 192.168.1.1>
        ServerName SomethingBogus.com
        DocumentRoot /home/httpd/
    </VirtualHost>
    <VirtualHost 192.168.1.1>
       ServerName www.innerdomain.com
       ServerPath /securedomain
       DocumentRoot /home/httpd/domain
    </VirtualHost>
```

Ici, j'ai défini un hôte virtuel avec la directive ServerName www.innerdomain.com. Les clients HTTP/1.1 peuvent se connecter directement à www.innerdomain.com et les clients HTTP/1.0 atteignent par défaut l'hôte virtuel SomethingBogus.com (même s'ils ne l'ont pas indiqué), car c'est le premier défini. Ils peuvent également accéder à l'hôte innerdomain.com en utilisant une URL qui correspond au ServerPath, comme www.innerdomain.com/securedomain. Notez cependant, qu'ils choisissent l'hôte virtuel non avec un en-tête Host qui correspond au ServerName, mais à l'aide d'une URL qui correspond au ServerPath. En fait, le nom de machine utilisé par un client non HTTP/1.1 n'a pas d'importance tant qu'il se connecte à 192.168.1.1 et que l'URL de sa requête se termine par /securedomain.

Si maintenant, vous publiez l'URL http://www.innerdomain.com, les clients HTTP/1.1 n'ont aucun problème pour atteindre le nouvel hôte virtuel, mais vous devez trouver un moyen d'indiquer aux clients non HTTP/1.1 qu'ils doivent utiliser une autre URL : c'est le but du premier hôte virtuel. Comme c'est le premier de la liste, c'est sa page par défaut qui est envoyée aux clients qui n'utilisent pas un en-tête Host. Choisissez un ServerName pour cet hôte auquel aucun client ne se connecte directement : c'est un hôte de « repli », qui ne répond qu'aux requêtes des clients n'ayant pas fourni un en-tête Host correct. Dans le répertoire DocumentRoot de cet hôte virtuel, placez une page comme celle qui suit pour rediriger les clients non HTTP/1.1 vers http://www.innerdomain.com/securedomain :

```
<HTML>
<TITLE>
Page d'accueil pour les utilisateurs de navigateurs non HTTP/1.1.
```

```
</TITLE>
<BODY>
Si vous utilisez un ancien navigateur non compatible HTTP/1.1,
Ajoutez cette page dans vos favoris :
<BR>
<A HREF=/securedomain>http://www.innerdomain.com/securedomain
</A>
</BODY>
</HTML>
```

De plus, pour que cela fonctionne, utilisez toujours des liens relatifs (`fichier.html` ou `../icons/image.gif` par exemple) dans les pages de l'hôte virtuel `www.innerdomain.com`. Pour les clients HTTP/1.1, ils sont relatifs à `www.innerdomain.com` ; pour les clients HTTP/1.0, ils sont relatifs à `www.innerdomain.com/securedomain`.

Hébergement virtuel dynamique

Les techniques décrites ci-dessus pour les hébergements virtuels par adresse et par nom suffisent à la plupart des applications, mais le nombre d'hôtes virtuels qui peuvent être mis en place et administrés est limité. Le nombre de sites Web sur Internet s'est accru de telle sorte qu'il n'est plus possible de maintenir chaque site sur un unique serveur ou de leur dédier une adresse IP à chacun. De nombreux sites sont donc maintenant administrés par des services d'hébergement Web qui gèrent de grosses « fermes de serveurs », où chaque serveur héberge des centaines, voire des milliers, de sites Web. Il s'agit généralement d'hôtes virtuels par nom, chacun ayant son propre nom Internet et une entrée DNS. Les fournisseurs d'accès Internet qui offrent ce service à leurs milliers de clients doivent trouver une solution pour héberger ce grand nombre d'hôtes virtuels. L'hébergement virtuel par nom est lui aussi difficile à mettre en place et à maintenir pour un tel nombre de sites lorsqu'un administrateur doit configurer chacun d'eux manuellement (même si quelques lignes dans le fichier `httpd.conf` suffisent pour chacun d'eux).

Un très grand nombre de sites Web utilisent une autre technique, appelée hébergement virtuel de masse configuré dynamiquement. Un module standard fourni avec la distribution d'Apache, `mod_vhost_aliases`, implémente les hôtes configurés dynamiquement en spécifiant des modèles pour `DocumentRoot` et `ScriptAlias` qui seront utilisés pour créer les vrais chemins vers ces répertoires après examen de l'URL de la requête. Il s'agit d'un module très simple, contrôlé par seulement quatre directives : deux pour l'hébergement virtuel dynamique par nom, et deux pour l'hébergement virtuel dynamique par adresse.

Les directives suivantes implémentent l'hébergement virtuel dynamique par nom :

- **`VirtualDocumentRoot`** – Indique comment le module construit un chemin vers `DocumentRoot` pour un hôte virtuel dynamique à partir de l'URL de la requête.

- **VirtualScriptAlias** – Fonctionne comme ScriptAlias pour construire à partir de l'URL de la requête un chemin vers un répertoire contenant les scripts CGI.
- Ces directives implémentent l'hébergement virtuel dynamique par adresse :
- **VirtualDocumentRootIP** – Comme VirtualDocumentRoot, mais construit le chemin vers DocumentRoot à partir de l'adresse IP sur laquelle a été reçue la requête.
- **VirtualScriptAliasIP** – Comme VirtualScriptAlias, mais construit le chemin vers le répertoire des scripts CGI à partir de l'adresse IP sur laquelle a été reçue la requête.

Comme mod_vhost_aliases construit les chemins pour les hôtes dynamique au fur et à mesure de l'arrivée des requêtes sur le serveur, DocumentRoot et ScriptAlias deviennent essentiellement des variables qui changent selon l'hôte virtuel que le client essaie d'atteindre : elles n'ont donc plus besoin d'être explicitement indiquées pour chaque hôte virtuel défini dans httpd.conf. En fait, il n'y a plus besoin de définir d'hôte virtuel dans httpd.conf ; l'administrateur doit seulement s'assurer qu'il existe un répertoire pour chaque hôte virtuel sur le serveur. Si ce répertoire n'existe pas, le client reçoit le message standard Not Found (ou, si vous êtes plus convivial, votre message d'erreur personnalisé).

Chacune des quatre directives utilise un ensemble de spécificateurs permettant d'extraire des éléments de l'URL de la requête puis de les insérer dans l'un des deux chemins pour le DocumentRoot ou le ScriptAlias de l'hôte virtuel dynamique. Ces spécificateurs sont répertoriés dans le tableau 6.1.

Tableau 6.1 – Spécificateurs pour les alias des hôtes virtuels dynamiques

Spécificateur	Signification
%	Traduit par un unique caractère % dans le chemin.
%p	Le numéro de port TCP de l'hôte virtuel dynamique.
%0	Le nom complet du serveur, tel qu'il est déterminé par la directive UseCanonicalName (voir la section suivante).
%N	La énième partie du nom du serveur. Si le nom complet est jackal.hiwaay.net, %1 donne jackal, %2 hiwaay, etc.
%N+	La énième partie du nom du serveur et tout ce qui suit. Si le nom complet est jackal.hiwaay.net, %2+ donne hiwaay.net.
%-N	La énième partie du nom du serveur en partant de la fin de la chaîne. Si le nom complet est jackal.hiwaay.net, %-1 donne net et %-2 hiwaay.
%-N+	La énième partie du nom du serveur en partant de la fin de la chaîne, et tout ce qui précède. Si le nom complet est jackal.hiwaay.net, %-2+ donne jackal.hiwaay.

Chaque partie qui a pu être extraite du nom du serveur peut encore être découpée en précisant une sous-partie avec le spécificateur %N.M, où N est la partie principale et M la sous-partie. Si la directive évaluée désigne un nom d'hôte, par exemple, chaque partie de l'URL est séparée par le caractère / et les sous-parties sont les différents caractères de chaque partie. Une URL commençant par `http://caulds.homepages.hiwaay.net` donnerait les parties suivantes :

```
%1 = caulds
%2 = homepages
%3 = hiwaay
%4 = net
```

Chacune d'elles peut encore être divisée en sous parties :

```
%1.1 = c
%1.2 = a
%1.3 = u
```

...etc.

Un exemple simple devrait illustrer le fonctionnement sur un vrai serveur d'hébergement Web. Le module `mod_vhost_aliases` traduit la directive `VirtualDocumentRoot` indiquée ci-dessous en un chemin `DocumentRoot`, comme illustré à la figure 6.4. Dans la section suivante, nous expliquerons le but de la directive `UseCanonicalName`.

```
UseCanonicalName off
VirtualDocumentRoot /home/httpd/%1/%p
```

Cet exemple utilise deux spécificateurs pour créer un `VirtualDocumentRoot` : le premier (`%1`) renvoie la première portion du nom du serveur qui est, ici, fourni par le client dans l'en-tête `Host` de sa requête HTTP (comme nous le verrons avec `UseCanonicalName` dans la section suivante). Le second (`%p`) renvoie le port TCP de la requête pour l'hôte virtuel dynamique (ici, le port 443 de SSL, car ce serveur Apache a été configuré pour attendre les connexions sur ce port). Pour lancer des scripts CGI à partir des hôtes virtuels dynamiques, il faut utiliser une directive `VirtualScriptAlias` exactement de la même façon, afin de définir un chemin vers les scripts qui sera construit dynamiquement.

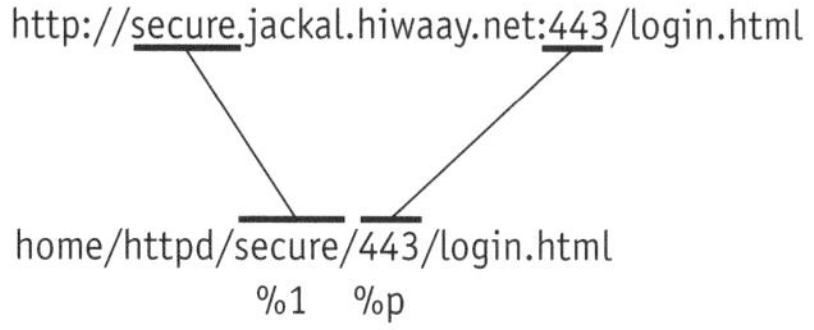

Figure 6.4
Un hôte virtuel dynamique simple.

Dans l'exemple suivant, un fournisseur d'accès Internet autorise ses clients à posséder leurs propres hôtes virtuels ; il a de plus organisé les répertoires Web personnels en sous-répertoires dont le nom dépend des deux premiers caractères de leurs identificateurs. La figure 6.5 montre comment la requête initiale est utilisée pour produire un chemin en utilisant certaines de ces parties et sous-parties.

```
UseCanonicalName off
VirtualDocumentRoot /home/httpd/users/%2.1/%2.2/%2/%1
```

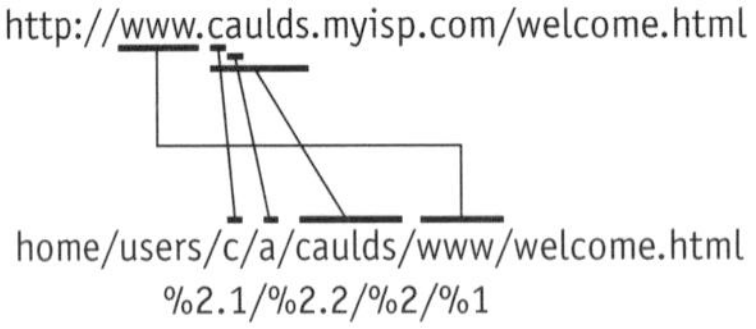

Figure 6.5
Hébergement virtuel dynamique utilisant des sous-parties de l'URL.

La directive UseCanonicalName

Un serveur Apache a souvent besoin de construire une URL pour se désigner lui-même : une telle URL s'appelle URL d'auto-référence. Le nom du serveur fait partie de cette URL et doit pouvoir être résolu en une adresse IP par une requête DNS ; on le désigne souvent sous le terme de nom canonique du serveur.

Sur mon réseau local, je me connecte à mon serveur Web en utilisant son nom non qualifié, avec une URL comme `http://jackal` qui ne fonctionnerait par sur Internet : lorsque mon serveur compose une URL d'autoréférence, il utilise donc toujours un nom de machine pleinement qualifié et (éventuellement) un numéro de port TCP. C'est la directive `UseCanonicalName` qui contrôle la façon dont Apache détermine le nom de machine du système lorsqu'il construit cette URL d'autoréférence. Cette directive peut être utilisée de trois façons :

- **`UseCanonicalName on`** – Pour créer une URL d'autoréférence, Apache construit un nom canonique pour le serveur en utilisant les informations fournies par les directives `ServerName` et `Listen` de la configuration du serveur.
- **`UseCanonicalName off`** – Pour créer une URL d'autoréférence, Apache utilise le nom de machine et le numéro de port indiqués dans l'en-tête `Host` fourni par les clients HTTP/1.1. Si le client utilise le protocole HTTP/1.0 et ne fournit pas d'en-tête `Host`, Apache construit le nom canonique à partir des directives `ServerName`. La forme `UseCanonicalName off` est généralement utilisée avec les hôtes virtuels par nom.
- **`UseCanonicalName DNS`** – Apache construit une URL d'auto-référence en utilisant le nom de machine déterminé par une recherche DNS inverse effectuée à partir de l'adresse IP sur laquelle s'est connecté le client. Cette possibilité est essentiellement conçue pour être

utilisée avec les hôtes virtuels par adresse, bien qu'elle puisse servir dans un contexte serveur. En revanche, elle n'a aucun effet dans un contexte d'hôte virtuel par nom.

La directive `UseCanonicalName` ne se limite pas à la construction des URL d'autoréférence : elle initialise également deux variables, `SERVER_NAME` et `SERVER_PORT`, qui pourront être consultées par les scripts CGI via leur « environnement ». Si vous étudiez un script CGI qui affiche les variables d'environnement, comme celui que nous présenterons au chapitre 8, vous constaterez aisément que la modification de la directive `UseCanonicalName` affecte la valeur de ces deux variables.

Hôtes virtuels dynamiques par adresse

Les hôtes virtuels dynamiques peuvent également être basés sur l'adresse IP, bien que cela ne soit pas courant puisque chaque hôte a alors besoin d'une adresse IP unique. Comme l'hébergement virtuel dynamique est typiquement utilisé dans des situations où l'on doit gérer un grand nombre d'hôtes virtuels sur un même serveur, la méthode par adresse consomme bien trop de précieuses adresses IP pour être envisageable. Mais, au cas où cela vous intéresserait, un exemple simple illustrera leur fonctionnement.

Les deux directives fournies par `mod_vhost_aliases`, `VirtualDocumentRootIP` et `VirtualScriptAliasIP`, peuvent être utilisées pour l'hébergement virtuel dynamique par adresse :

```
UseCanonicalName DNS
VirtualDocumentRootIP     /home/httpd/vhost/%4
VirtualScriptAliasIP      /home/httpd/vhost/cgi-bin/%4
```

La seconde partie de chaque directive doit définir un chemin construit à partir de l'adresse IP sur laquelle a été reçue la requête HTTP. Le `%4` est remplacé par la quatrième partie de l'adresse de la requête (le quatrième nombre dans le format traditionnel des quadruplets pointés). Par conséquent, si une requête arrive sur une interface d'adresse `127.129.71.225`, les chemins de ces deux directives seront traduits, respectivement en :

```
/home/httpd/vhost/225
/home/httpd/vhost/cgi-bin/225
```

Pour pouvoir produire une réponse adéquate, ces répertoires doivent exister sur le serveur. Comme chacune des parties d'une adresse IP peut prendre une valeur de 1 à 254, ce schéma permet de mettre en place jusqu'à 254 hôtes virtuels par adresse. Les directives suivantes en autoriseraient 64516 (254 x 254), avec des chemins de la forme `/home/httpd/vhost/116/244`, mais nécessiteraient également une adresse IP pour chacun d'eux : je les montre donc uniquement à titre d'exemple, car vous ne verrez jamais cela dans le monde réel.

```
UseCanonicalName DNS
VirtualDocumentRootIP     /home/httpd/vhost/%3/%4
VirtualScriptAliasIP      /home/httpd/vhost/cgi-bin/%3/%4
```

Dans ces exemples, vous remarquerez également qu'on n'utilise pas la directive `ServerName` pour donner un nom à chaque hôte virtuel : si le serveur doit former une URL d'auto-référence pour l'un de ces hôtes virtuels, la directive `UseCanonicalName DNS` lui demande d'effectuer une recherche DNS inverse pour déterminer le nom du serveur à partir de l'adresse IP. Il n'est pas nécessaire qu'Apache effectue cette recherche inverse pour servir les requêtes de cet hôte virtuel.

Quelques règles pour l'hébergement virtuel

Vous pouvez éviter de nombreux problèmes avec les hôtes virtuels d'Apache si vous respectez ces règles simples :

- Utilisez toujours une adresse IP avec les directives `<VirtualHost>` et `Listen`, jamais un nom de machine, car la nécessité d'une résolution DNS peut empêcher Apache de démarrer.
- Assurez-vous d'utiliser une directive `ServerName` dans tous les hôtes virtuels ; ne vous fiez pas aux DNS inverses pour connaître le nom de serveur d'un hôte virtuel.
- Les hôtes virtuels par adresse et par nom sont indépendants. Il est toutefois possible d'avoir en même temps ces deux types d'hébergement sur le même serveur : vous devez simplement vous assurer que les adresses IP utilisées par chacun d'eux n'entrent pas en conflit.
- Créez toujours un conteneur `<VirtualHost _default_:*>` ne contenant aucune page, ou bien une simple page d'erreur ; sinon, c'est la configuration du serveur principal qui sera utilisée comme configuration par défaut. Vous devez éviter cette situation en créant un hôte virtuel par défaut, avec un comportement que vous avez choisi.
- Assurez-vous que la directive `NameVirtualHost` n'est utilisée qu'une et une seule fois pour chaque adresse IP sur laquelle vous avez l'intention d'héberger des hôtes virtuels par nom.

ASTUCE Lorsque vous mettez en place des configurations d'hôtes virtuels, il est souvent pratique d'utiliser la commande `httpd -S` : elle ne lance pas le serveur, mais affiche une description de la lecture de `httpd.conf` par Apache. Examinez attentivement les adresses IP et les noms des serveurs pour détecter les erreurs de configuration.

Tous les exemples que nous avons vus jusqu'à maintenant, y compris ceux pour l'hébergement virtuel par nom, n'ont utilisé que des adresses IP dans les directives `<VirtualHost>`. Apache ne l'exige pas, mais c'est la meilleure façon de procéder : bien qu'il puisse sembler plus intuitif d'utiliser le nom d'hôte pour les hôtes virtuels par nom, il ne faut jamais le faire. Cet exemple montre pourquoi :

```
<VirtualHost vhost1.hiwaay.net>
   ServerAdmin caulds@hiwaay.net
   DocumentRoot /home/httpd/html/vhost1
</VirtualHost>
```

Le problème ici, c'est qu'Apache doit connaître au moins une adresse IP pour l'hôte virtuel et que nous ne lui en avons pas fourni. Lorsqu'il démarre et lit ces lignes dans son fichier `httpd.conf`, il effectue une recherche DNS pour connaître l'adresse IP de l'hôte dont on a donné le nom dans la directive `<VirtualHost>` ; si, pour une raison ou une autre, il n'arrive pas à joindre un serveur DNS, cette recherche échoue et Apache désactive cet hôte virtuel. Dans les versions antérieures à 1.2, Apache interrompait même son lancement.

Si j'échange simplement le nom d'hôte avec une adresse IP pour corriger ce problème, j'en introduis un second :

```
<VirtualHost 192.168.1.4>
   ServerAdmin caulds@hiwaay.net
   DocumentRoot /home/httpd/html/vhost1
</VirtualHost>
```

Apache n'a plus besoin d'effectuer une recherche DNS pour la valeur de `<VirtualHost>`, mais je n'ai pas fourni une autre information importante, nécessaire à tout hôte virtuel : son `ServerName`. Dans ce cas, Apache tente de le déterminer en effectuant une recherche DNS inverse pour trouver le nom d'hôte associé à `192.168.1.4`. Cette dépendance par rapport à un serveur DNS lors du démarrage d'Apache signifie que nous n'avons toujours pas résolu notre problème. L'ajout de la directive `ServerName` pour cet hôte virtuel élimine la dépendance vis à vis du DNS. La spécification de cet hôte doit donc être :

```
<VirtualHost 192.168.1.4>
   ServerName vhost1.hiwaay.net
   ServerAdmin caulds@hiwaay.net
   DocumentRoot /home/httpd/html/vhost1
</VirtualHost>
```

En résumé

L'hébergement virtuel sert à gérer plusieurs sites Web sur une même machine serveur, qui sont généralement identifiés par des alias dans le DNS. Les hôtes virtuels peuvent utiliser l'adresse IP (celle sur laquelle arrive la requête identifie l'hôte virtuel qui la traitera) ou un nom d'hôte (le client désigne l'hôte virtuel qui traitera sa requête en utilisant l'en-tête `Host` de HTTP/1.1).

Le module `mod_vhost_aliases` permet de créer des hôtes virtuels dynamiques, à propos desquels le serveur ne sait rien tant qu'une requête n'est pas arrivée. Toutes les informations sur un hôte virtuel dynamique sont déduites de l'URL de la requête ou de l'adresse IP sur laquelle elle est parvenue. Les hôtes virtuels dynamiques servent généralement à gérer de grands nombres d'hôtes virtuels sur un même serveur au prix de quelques modifications minimes dans la configuration du serveur Apache ; ils peuvent également être par adresse ou par nom, bien qu'on utilise rarement les premiers, car ils nécessitent une adresse IP unique par hôte.

Jusqu'à maintenant, nous avons montré comment mettre en place un serveur Apache ; je vais maintenant m'intéresser à la façon dont ce serveur répond aux requêtes et à la personnalisation de ses réponses. En d'autres termes, nous étudierons plus que le seul moteur Apache, qui est assez simple : nous examinerons les requêtes et les réponses et nous verrons comment personnaliser ces dernières, soit en modifiant la configuration, soit en ajoutant des modules, soit par programmation. Le chapitre suivant présente l'une des techniques les plus simples, bien que très efficace, pour personnaliser les pages Web : Server-Side Includes.

Partie 3

Options de configuration avancée

7

Server-Side Includes

Server-Side Includes (SSI) est le moyen le plus simple d'ajouter un contenu dynamique à une page Web. Lorsque le serveur reçoit une requête pour une page qui contient des commandes SSI, il parcourt cette page pour les trouver et les traite via le module Apache qui implémente SSI (habituellement `mod_include`). Ce traitement peut être aussi simple qu'afficher la date de dernière modification du document ou aussi complexe que le résultat de l'exécution d'un script CGI. Le résultat remplace le code SSI dans le document HTML envoyé au client. En fait, les commandes SSI sont des commentaires HTML (insérés entre les marqueurs `<!--` et `-->`) qui ont une signification spéciale pour le module de traitement SSI. Une page contenant des commandes SSI est conforme aux spécifications HTML et ces commandes sont ignorées (comme le sont les commentaires) si la page atteint un navigateur sans qu'elles ait été lues, traitées et remplacées par le serveur.

Apache reconnaît SSI depuis très longtemps. Bien qu'il soit implémenté par un module optionnel, SSI est compilé dans le serveur lorsqu'on utilise l'option `--enable-mods-shared=most` et il est disponible sur presque tous les serveurs Apache. Pour des fonctions simples, comme l'inclusion automatique de la date de dernière modification, SSI est bien plus facile à utiliser et plus efficace qu'un programme CGI. Je pense que tout serveur Apache devrait être configuré de façon à pouvoir traiter des documents SSI à chaque fois que cela est nécessaire.

SSI n'est pas assez puissant pour remplacer un langage de programmation dans la production de pages HTML complètes ou dans l'interrogation d'une base de données, ou pour tout ce qui nécessite de la vraie programmation (bien qu'il puisse appeler des scripts CGI pour traiter ces tâches complexes). Il ne peut remplacer aucune des techniques que nous présenterons dans le chapitre 8 pour la programmation Web et ne doit pas être considéré comme une alternative à l'une d'entre elles. Je préfère considérer SSI comme une fonctionnalité intégrée à Apache, qui permet de compléter ces techniques.

La version de SSI fournie avec Apache est XSSI (pour eXtended Server-Side Includes), qui est utilisée depuis si longtemps qu'elle est généralement considérée comme le SSI standard. Vous avez peut-être entendu parler d'une autre version, SSI+, qui ajoute quelques marqueurs principalement utilisés par les programmeurs Win32, le plus important d'entre eux étant un marqueur `ODBC` servant à interroger des bases de données via les pilotes Open Database Connectivity de Microsoft.

Configurer Apache pour SSI

Les documents SSI sont un exemple d'une technique appelée HTML analysé côté serveur. Les documents de ce type ont besoin de deux choses : un traitement spécial et un moyen d'identifier les documents qui doivent être ainsi traités.

Pour utiliser SSI sur un serveur, vous devez effectuer quelques modifications dans la configuration d'Apache. Tout d'abord, vous devez vous assurer que le module `mod_include` est correctement installé ; il peut être lié statiquement au noyau d'Apache lors de sa compilation, mais une meilleure méthode consiste à le compiler comme ODP (voir le chapitre 5) :

1. Vérifiez le fichier de configuration d'Apache. Si la ligne `LoadModule` ci-dessous est commentée, décommentez-la ; si elle manque, ajoutez-la. Assurez-vous également que le répertoire `modules` contient une copie de `mod_include.so` :

```
LoadModule include_module modules/mod_include.so
```

2. 2.Utilisez une directive `Options` pour activer le répertoire (ou les répertoires) `Includes` dans lequel vous comptez placer vos pages traitées côté serveur :

```
Options Includes
```

ASTUCE J'ai d'abord essayé de configurer `Options +Includes` afin de dire « active l'option `Includes` » mais, à ma grande surprise, cela ne fonctionnait pas ! L'opérateur + ajoute des options à une liste d'options déjà existantes et, comme il n'y en avait pas pour mon répertoire `DocumentRoot`, cette instruction n'avait aucun effet. Il m'a fallu ôter le + pour que la directive `Options` soit prise en compte.

3. Ajoutez un filtre de sortie Apache pour les fichiers `.shtml` :

```
AddOutputFilter INCLUDES .shtml
```

INFO Le choix de .shtml comme extension pour les fichiers SSI est une convention qui n'est pas strictement nécessaire.

4. Vérifiez la syntaxe du fichier de configuration d'Apache :

```
# /usr/local/apache2/bin/apachectl configtest
Syntax OK
```

5. Puis relancez le serveur :

```
# /usr/local/apache2/bin/apachectl restart
/usr/local/apache2/bin/apachectl restart: httpd restarted
```

Marqueurs SSI

Une partie de l'intérêt de SSI est qu'il est implémenté par un mécanisme très simple : du HTML standard intégrant des marqueurs n'ayant une signification spéciale que pour le parseur SSI. Les commandes SSI sont des commentaires HTML ordinaires, apparaissant entre les balises `<!--` et `-->` ; elles seraient ignorées par le navigateur du client si elles n'étaient pas traitées et supprimées par le serveur. La syntaxe générale de ces commandes est :

```
<!--#commande attribut=valeur attribut=valeur ... -->
```

Vous pouvez utiliser deux directives d'Apache pour définir les chaînes qu'utilise `mod_include` comme marqueurs de début et de fin des données SSI intégrées dans un document, mais il n'y a généralement aucune raison de le faire. Les marqueurs par défaut fonctionnent bien pour la bonne raison qu'ils sont ignorés par les navigateurs Web (commentaires HTML) s'ils n'ont pas été traités par le parseur SSI. Si vous avez le goût de l'aventure, vous pouvez, par exemple, placer les directives suivantes dans le fichier `httpd.conf` pour indiquer vos propres marqueurs de début et de fin pour SSI :

```
SSIStartTag "<SSI-"
SSIEndTag "-SSI>"
```

Les commandes SSI nécessitent pour la plupart au moins une paire `attribut=valeur`, bien que quelques-unes (`printenv` par exemple) puissent s'en passer. Pour empêcher les confusions dans l'interprétation d'une ligne SSI, il est conseillé d'entourer la valeur d'apostrophes doubles, même s'il ne s'agit pas d'une chaîne de caractères (un entier, par exemple). Le marqueur de fin de commentaire (`-->`) doit être précédé d'un espace (ce n'est pas toujours nécessaire, mais j'ai rencontré des problèmes avec SSI lorsque je ne séparais pas l'élément SSI final du terminateur de commentaire).

Les commandes SSI sont analysées sur place et n'ont pas besoin d'être au début d'une ligne ; elles peuvent servir à remplacer un mot au milieu d'une phrase. Dans le listing 7.1 et dans ce qu'il produit (figure 7.1), vous verrez que les commandes SSI peuvent servir à insérer des valeurs en plein milieu d'une ligne de texte.

Le marqueur <config>

Le marqueur `config` sert à préciser le formatage et l'affichage de certains éléments SSI. En SSI standard, ce marqueur a trois attributs :

- **`errmsg`** – Sa valeur s'affiche dans le navigateur du client si le traitement du document SSI produit une erreur (voir la figure 7.1, qui affiche une erreur en bas de la page pour chaque ligne qui n'a pas pu être analysée). Le message d'erreur personnalisé que nous avons créé pour cet exemple est incapable de nous indiquer la nature de l'erreur (ce qui signifie que SSI ne permet quasiment pas de traiter les erreurs) et n'est qu'à peine mieux que le message d'erreur par défaut, « an error occurred while processing this directive ». L'erreur de la figure 7.1 s'est produite parce que j'ai donné un chemin absolu à l'attribut `include file`, alors qu'il attend toujours un chemin relatif au répertoire de la page SSI.
- **`sizefmt`** – Indique comment SSI affichera les tailles de fichiers obtenues par le marqueur `fsize`. La valeur de cet attribut peut être `bytes` ou `abbrev` (qui affiche la taille en Ko ou en Mo, en choisissant ce qui est le plus approprié). Cet attribut n'affecte que l'utilisation du marqueur `fsize` et n'a aucune autre incidence ; vous en verrez un exemple plus loin, lorsque nous présenterons `fsize`.
- **`timefmt`** – Permet une grande souplesse dans le formatage des chaînes utilisées pour afficher les dates et les heures. Cette option sera familière à ceux qui connaissent la commande `date` de Linux. Pour appliquer les spécificateurs de format du tableau 7.1, SSI appelle la fonction système `strftime()`.

Tableau 7.1 – Spécificateurs de format utilisés avec le marqueur <config> de SSI

Spécificateur	Signification
`%%`	Annule la signification spéciale du caractère % .
`%a`	Forme abrégée du jour de la semaine (Wed)
`%A`	Nom complet du jour de la semaine (Wednesday)
`%w`	Numéro du jour de la semaine (0-6 ; dimanche a le numéro 0)
`%b`	Forme abrégée du mois (Oct)
`%B`	Nom complet du mois (October)
`%d`	Jour du mois (01-31)

Tableau 7.1 – Spécificateurs de format utilisés avec le marqueur <config> de SSI (*suite*)

Spécificateur	Signification
%e	Jour du mois (1-31)
%H	Heure du jour, mesurée sur 24 heures (00-23)
%I	Heure du jour, mesurée sur 12 heures (01-12)
%j	Jour de l'année (001-366)
%M	Minutes (00-59)
%p	a.m. ou p.m.
%S	Secondes (00-59)
%y	Les deux derniers chiffres de l'année (00-99)
%Y	L'année sur quatre chiffres
%Z	La zone horaire (CST)

Le listing 7.1 est un exemple de page Web formatée en HTML et utilisant la plupart des formats de date du tableau 7.1 ; la figure 7.1 montre comment s'afficherait cette page dans un navigateur. Comme on l'a vu au chapitre 2, HTML (HyperText Markup Language) est une méthode standard de formatage des documents pour qu'ils soient ensuite affichés dans des navigateurs. La plupart des navigateurs modernes reconnaissent HTML 4, qui inclut quasiment tous les éléments ou marqueurs dont on a besoin (la version 4 de HTML est décrite sur www.w3.org/TR/html4/). HTML est en constante évolution et il a produit plusieurs variantes (comme eXtended HTML ou Dynamic HTML), mais tous les navigateurs savent reconnaître son sous-ensemble de base.

Listing 7.1 – Document de test du marqueur config de SSI

```
<HTML>
<HEAD>
<TITLE>Page de test de l'élément"config" de SSI</TITLE>
</HEAD>
<BODY>
<center>
<H1> Page de test de l'élément"config" de SSI</H1>
</center>
<!--#config errmsg="mod_include n'a pas pu analyser votre code !" -->
<!--#config timefmt="%A" -->
Nous sommes <!--#echo var="DATE_LOCAL"-->.
<!--#config timefmt="%B %d, %Y" -->
Le <!--#echo var="DATE_LOCAL"-->
<!--#include file="footer.html"-->
```

Listing 7.1 – Document de test du marqueur config de SSI (*suite*)

```
<!--#include file="/home/httpd/html/footer.html">
</BODY>
</HTML>
```

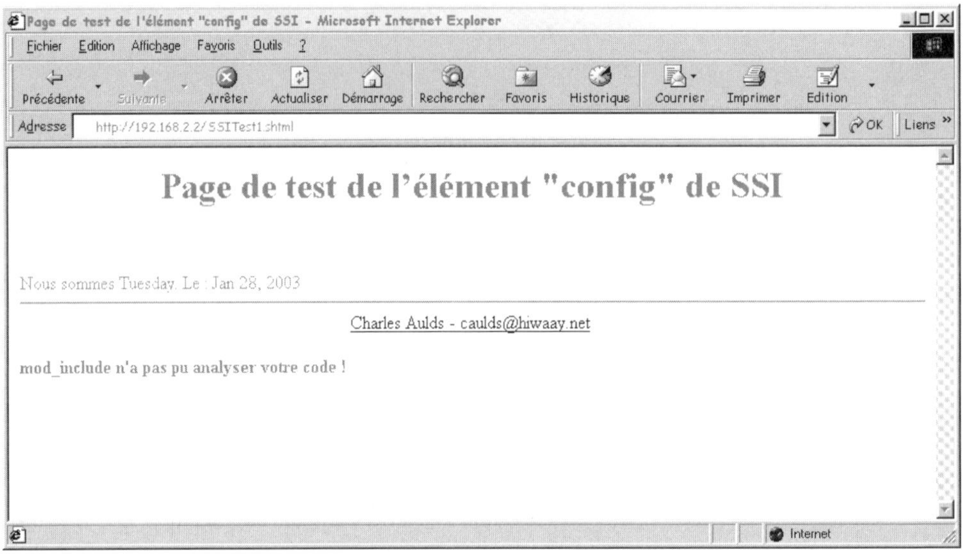

Figure 7.1
Le document de test de config affiché dans un navigateur.

Il faut un peu connaître HTML pour comprendre les exemples SSI de ce chapitre. Cependant, nous ne détaillerons que les marqueurs SSI (facilement repérables par ils sont entourés les symboles `<!--#` et `-->`). Le premier marqueur SSI du listing 7.1, `<!--#config`, modifie le message d'erreur par défaut qui s'affiche lorsque le parseur SSI rencontre un problème. L'un des deux marqueurs `include file`, qui tentent d'importer des documents HTML dans celui-ci pour former un pied de page, est incorrect et provoque donc l'affichage de ce message d'erreur ; l'autre est correct, comme vous pouvez le constater dans la figure 7.1. Vous remarquerez que les marqueurs HTML de ce pied de page sont correctement rendus (sous la forme d'un lien hypertexte).

Cet exemple permet également d'illustrer l'utilisation du marqueur `config timefmt` pour afficher la date et l'heure courantes du système. Comparez ces marqueurs avec ce qu'ils produisent et, en vous reportant au tableau 7.1, vous pourrez facilement comprendre leur fonctionnement.

Au lieu de placer `<config errmsg …>` et `<config timefmt …>` dans les corps de vos documents traités côté serveur, une meilleure solution consiste à les inclure à la configuration d'Apache une seule fois, pour tous les documents SSI. Pour cela, vous disposez de deux directives ; les exemples suivants auraient le même effet que le traitement de l'exemple du listing 7.1, sauf qu'ils seraient globaux et s'appliqueraient à tous les documents SSI du serveur. Par contre, il n'y a pas de possibilité de configurer globalement `<config sizefmt …>`.

```
SSIErrorMsg "mod_include n'a pas pu analyser votre code !"
SSITimeFormat "%B %d, %Y"
```

Comme vous pouvez le constater, il y a au moins une instruction du code HTML qui n'a pas pu être analysée ; mais laquelle ? D'où vient le lien vers mon adresse de courrier ? Pourquoi il y a-t-il deux références distinctes à un fichier `footer.html` ? Les réponses à toutes ces questions sont liées, ce qui n'est guère surprenant. Le lien vers mon adresse fait partie de mon pied de page standard, qui s'affiche lorsqu'on appelle mon fichier `footer.html`. L'une des instructions `#include` est correcte et affiche le pied de page, tandis que l'autre est mal écrite et provoque l'affichage du message d'erreur. Vous verrez quelle est vraiment cette erreur lorsque nous étudierons le marqueur `#include`, plus loin dans ce chapitre.

Le marqueur <echo>

Le marqueur `echo` affiche les valeurs de variables SSI et requiert au moins un attribut : le nom de la variable à afficher. Si cette variable n'est pas initialisée, elle s'affiche comme `(none)` et aucune erreur n'est produite. En plus des variables de l'environnement CGI standard (leur liste complète sera donnée au chapitre 8), SSI configure également les variables suivantes, qui lui sont spécifiques :

- **`DATE_GMT`** – La date courante du système, en GMT (Greenwich Mean Time).
- **`DATE_LOCAL`** – La date courante du système, dans le fuseau horaire local.
- **`DOCUMENT_NAME`** – Le nom de fichier du document SSI demandé par l'utilisateur.
- **`DOCUMENT_URI`** – Le chemin de l'URL menant au document SSI demandé par l'utilisateur.
- **`LAST_MODIFIED`** – La date de dernière modification du document SSI demandé par l'utilisateur (lorsqu'elle est affichée par `echo`, la date est formatée selon le format spécifié par `config timefmt`).

Le listing 7.2 illustre l'utilisation du marqueur `echo` pour afficher les valeurs des quatre variables ci-dessus, ainsi que celles de quelques variables de l'environnement CGI ; la figure 7.2 montre le résultat produit dans un navigateur. Les trois variables temporelles (`DATA_LOCAL`, `DATE_GMT` et `LAST_MODIFIED`) sont affichées selon le format par défaut de SSI, mais cet affichage peut être adapté en les faisant précéder d'un marqueur `config timefmt`, comme on l'a décrit dans la section précédente.

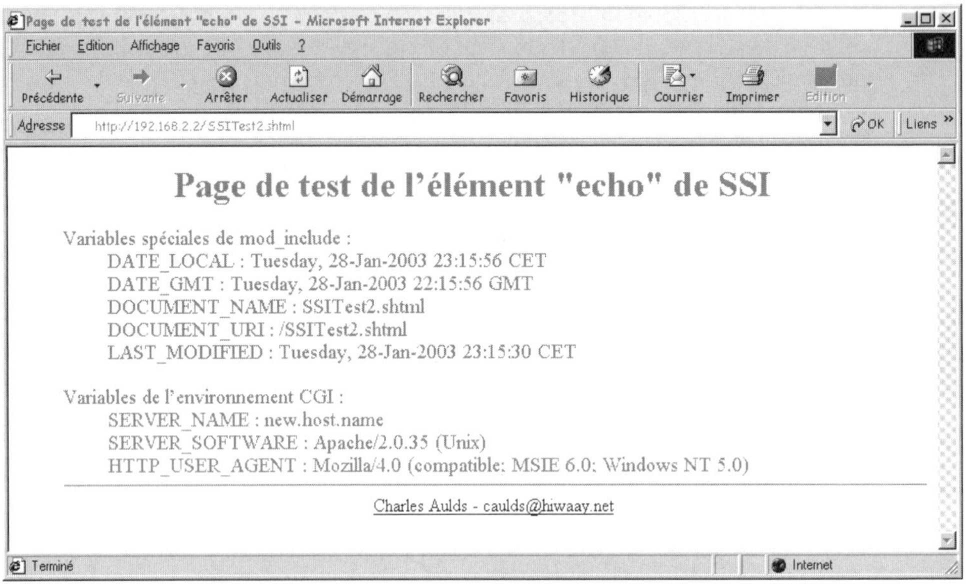

Figure 7.2
Le document de test de echo affiché dans un navigateur.

Listing 7.2 – Document de test du marqueur echo de SSI

```
<HTML>
<HEAD>
<TITLE>Page de test de l'élément "echo" de SSI</TITLE>
</HEAD>
<BODY>
<center>
<H1>Page de test de l'élément "echo" de SSI </H1>
</center>
<FONT SIZE=+1>
<ul>
Variables spéciales de mod_include :
<ul>
DATE_LOCAL : <!--#echo var="DATE_LOCAL"--> <br>
DATE_GMT : <!--#echo var="DATE_GMT"--> <br>
DOCUMENT_NAME : <!--#echo var="DOCUMENT_NAME"--> <br>
DOCUMENT_URI : <!--#echo var="DOCUMENT_URI"--> <br>
LAST_MODIFIED : <!--#echo var="LAST_MODIFIED"--> <br>
<p>
</ul>
```

Listing 7.2 – Document de test du marqueur echo de SSI (*suite*)

```
Variables de l'environnement CGI :
<ul>
SERVER_NAME : <!--#echo var="SERVER_NAME"--> <br>
SERVER_SOFTWARE : <!--#echo var="SERVER_SOFTWARE"--> <br>
HTTP_USER_AGENT : <!--#echo var="HTTP_USER_AGENT"--> <br>
</ul>
</FONT>
<!--#include file="footer.html"-->
</BODY>
</HTML>
```

Le marqueur <exec>

Le marqueur `exec` lance une commande externe et affiche la sortie standard (`stdout`) de celle-ci. Il peut s'agir d'une commande `shell` de Linux au format suivant :

```
<!--#exec cmd="commande-shell param1 param2 ..." -->
```

par exemple :

```
<!--#exec cmd="/usr/bin/parser.sh rfc2626.html" -->
```

ou un script CGI :

```
<!--#exec cgi="/cgi-bin/moncgi.cgi" -->
```

Si le script renvoie un en-tête HTTP `Location:` au lieu d'afficher un résultat quelconque, cet en-tête est traduit en une ancre HTML (lien hypertexte). Le listing 7.3 montre un exemple d'utilisation de ce marqueur. Le script CGI qu'il appelle ne contient que trois lignes ; il pourrait faire bien d'autres choses, mais il se contente de renvoyer une chaîne `Location:` (SSI est suffisamment évolué pour la traduire en lien hypertexte) :

```
#!/usr/bin/perl -Tw
# Script ancre.cgi
print "Location: http://www.apache.org\n\n";
```

La figure 7.3 montre le résultat produit dans un navigateur.

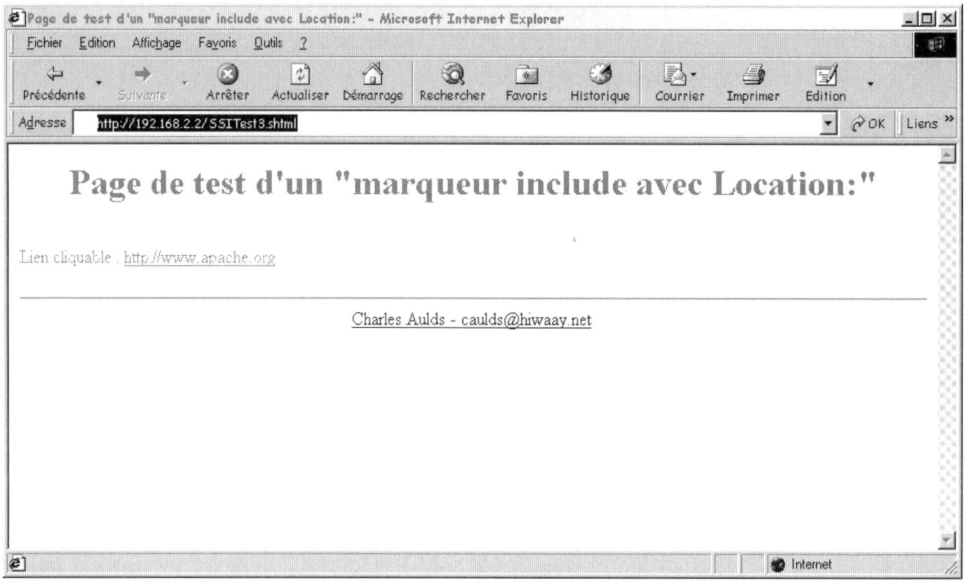

Figure 7.3
Marqueur exec de SSI utilisé comme ancre.

Listing 7.3 – Document de test du marqueur exec de SSI

```
<HTML>
<HEAD>
<TITLE>Page de test d'un “marqueur include avec Location:”</TITLE>
</HEAD>
<BODY>
<center>
<H1>Page de test d'un “marqueur include avec Location:” </H1>
</center>
<br>
Lien cliquable:  <!--#exec cgi=”/cgi-bin/ancre.cgi” -->
<p>
<!--#include file=”footer.html”-->
</BODY>
</HTML>
```

Si une option `IncludesNOEXEC` s'applique au répertoire contenant le fichier SSI à analyser, le marqueur `exec` est ignoré. La directive `Options IncludesNOEXEC` doit se trouver dans le fichier `.htaccess` du répertoire ou dans le fichier `httpd.conf`.

ATTENTION Pour des raisons de sécurité, évitez d'utiliser le marqueur `<exec cgi>` de SSI, car il exécutera un fichier situé n'importe où dans le système de fichiers. Cela viole une pratique couramment acceptée dans Apache, dans laquelle les scripts CGI ne doivent se trouver que dans des répertoires protégés spéciaux et avoir des extensions de nom spécifiques. Utilisez plutôt `<include virtual>`, qui ne peut exécuter que des scripts CGI standards, accessibles via une URL acceptable par Apache : cela lui permet d'appliquer les mesures de sécurité qui sont en vigueur pour les scripts CGI ordinaires.

Le marqueur <fsize>

Le marqueur `fsize` insère la taille d'un fichier donné dans le fichier HTML traité par le serveur. Il peut prendre deux formes, correspondant à deux façons de trouver le fichier dont on veut afficher la taille :

- **`file`** – Identifie un nom de fichier et un chemin relatifs au répertoire contenant le document SSI à analyser. Le chemin ne peut pas contenir « `../` » et ne peut pas être absolu. Cela vous empêche d'inclure des fichiers situés en dehors de l'arborescence des documents d'Apache ou de vous trouver au dessus du document SSI dans le système de fichiers du serveur. Le fichier doit donc être dans le même répertoire que le document SSI qui l'appelle, ou dans un sous-répertoire.

INFO Évitez d'utiliser le marqueur `<file>` ; utilisez plutôt le marqueur `<virtual>`.

- **`virtual`** – La variable virtuelle est initialisée avec le nom du fichier ou un chemin relatif à la racine des documents d'Apache. Utilisez cette forme si vous souhaitez désigner un fichier à l'aide d'une URL partielle.

Les marqueurs `fsize` et `flastmod` sont des exemples de ce que j'apprécie le plus avec SSI : ils ont tous les deux une syntaxe très simple et offrent un moyen très efficace de réaliser ce qu'ils font. De plus, aucun d'eux n'essaie d'en faire trop ; ils sont tous les deux très pratiques. La section suivante les présente dans le même exemple (listing 7.4), car ils s'utilisent exactement de la même façon ; la figure 7.4 montre comment ces deux marqueurs sont rendus par un navigateur.

ASTUCE Pour formater la taille du fichier affichée par `fsize`, utilisez le marqueur `config timefmt` comme on l'a décrit plus haut.

Le marqueur <flastmod>

Le marqueur `flastmod` insère la date de dernière modification du fichier indiqué dans le document SSI. Comme avec `fsize`, on peut indiquer l'emplacement du fichier de deux façons :

- `file` – Identifie un nom de fichier et un chemin relatifs au répertoire contenant le document SSI analysé. Comme pour l'élément `<fsize>`, le fichier nommé ne peut pas se trouver au dessus du document SSI dans le système de fichiers du serveur.
- `virtual` – La variable virtuelle est initialisée avec le nom de fichier ou le chemin relatif à la racine des documents d'Apache. Utilisez cette forme lorsque vous voulez désigner un fichier par une URL partielle.

ASTUCE Le format de la date affichée par le marqueur `flastmod` est contrôlé par le marqueur `config timefmt`, déjà décrit.

Le listing 7.4 est un exemple de document utilisant les deux marqueurs `fsize` et `flastmod` de SSI : en regardant la figure 7.4, vous pouvez aisément déterminer l'effet de chacun d'eux. Vous remarquerez que le premier marqueur `fsize` utilise le mot-clé `file` pour indiquer que le fichier concerné est relatif au répertoire du document SSI (dans ce cas, ils doivent être dans le même répertoire). Le second marqueur `fsize` utilise le mot-clé `virtual` pour indiquer que le fichier est relatif au `DocumentRoot` d'Apache (il doit se trouver dans le sous-répertoire `docs` de ce répertoire).

Listing 7.4 – Document de test des marqueurs fsize et flastmod de SSI

```
<HTML>
<HEAD>
<TITLE>Page de test des éléments "fsize" et "flastmod" de SSI</TITLE>
</HEAD>
<BODY>
<center>
<H2> Page de test des éléments "fsize" et "flastmod" de SSI </H2>
<H3>Test de fsize et de flastmod</H3>
</center>
<!--#config sizefmt="bytes" -->
<!--#config timefmt="%I:%M %P on %B %d, %Y" -->
<p>Taille de ce fichier (en octets) : <!--#fsize file="SSItest4.shtml" -->
<br>Dernière modification de ce fichier : <!--#flastmod virtual="/SSItest4.shtml"
-->
<p>Taille de suexec.html (en octets) : <!--#fsize virtual="/docs/suexec.html" -->
<!--#config sizefmt="abbrev" -->
<br>Taille de suexec.html (en Ko) : <!--#fsize virtual="/docs/suexec.html" -->
<!--#config sizefmt="abbrev" -->
<!--#include file="footer.html"-->
</BODY>
</HTML>
```

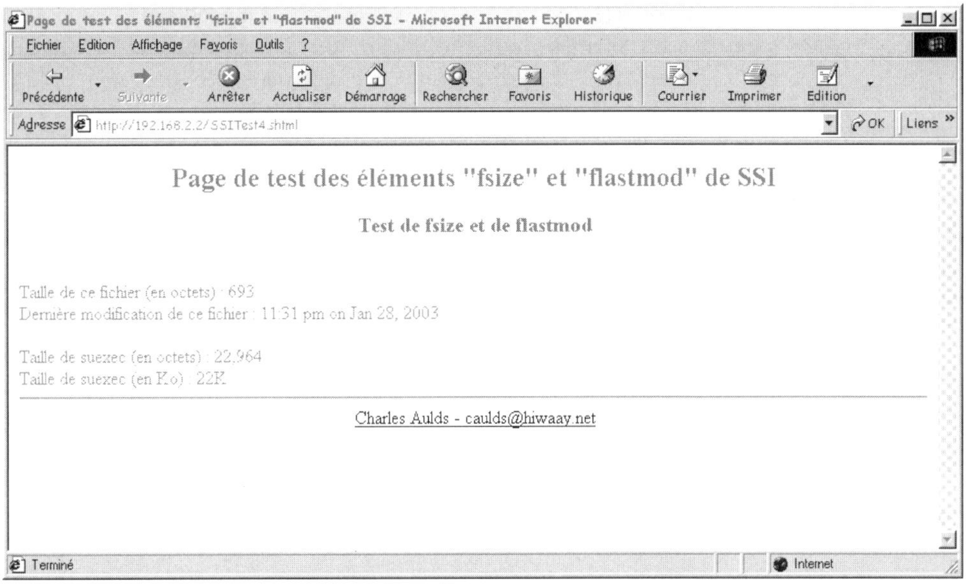

Figure 7.4
Le document de test de fsize et flastmod affiché dans un navigateur.

Le marqueur <include>

Le marqueur `include` lance un fichier externe, capture ses sorties et les place dans le document analysé. Ce marqueur a deux formats possibles :

- **`include file`** – Le marqueur `include file` de SSI sert dans tous les exemples de ce chapitre pour inclure un fichier HTML comme pied de page ; il s'agit de sa plus simple utilisation possible. Utilisé ainsi, le fichier inclus doit être indiqué par un chemin relatif au répertoire du document appelant (un chemin absolu ne fonctionnerait pas, c'est la raison de l'erreur du listing 7.1). Toutes les restrictions d'accès au répertoire du fichier appelé continuent de s'appliquer pour son inclusion dans le document appelant.
- **`include virtual`** – Le meilleur moyen d'utiliser le marqueur `include` consiste à indiquer `include virtual`, qui identifie la ressource incluse par une URL relative et non par un nom de fichier ou par un chemin. Cette méthode est préférable, car la conception du Web est prévue pour s'assurer que toutes les ressources sont référencées par une URL, ce qui rend leur emplacement aussi indépendant que possible des chemins du système. Utilisé de cette façon, `mod_include` construit une URL à partir de la commande `include virtual` et intègre le résultat de celle-ci (ce qu'elle aurait renvoyée si elle avait été appelée directement par le client) dans le document appelant. Si la ressource indiquée par l'URL contient elle-même des commandes SSI, celles-ci sont résolues, ce qui permet d'imbriquer les inclusions de fichiers .

Quelle que soit la méthode d'appel, la ressource incluse peut également être un script CGI et `include virtual` est le meilleur moyen d'intégrer du texte produit par CGI dans des documents traités par le serveur (utilisez toujours cette méthode plutôt que `exec cgi`). De plus, si vous devez passer des informations à un script CGI à partir d'un document SSI, vous devez utiliser `include virtual` ; vous ne pouvez pas le faire avec `exec cgi`.

L'initialisation des variables d'environnement (comme `QUERY_STRING`) à partir d'une page SSI pour passer des données à un script CGI ne fonctionne pas ; cela configure une variable qui n'est accessible qu'à `mod_include` et ne modifie pas la variable d'environnement du même nom. Passez plutôt des variables aux scripts CGI en ajoutant `?variable=valeur` à la chaîne de requête de l'URL d'appel. Le listing 7.5 montre comment appeler un script CGI, lui passer une variable et une valeur et comment intégrer sa sortie dans un document HTML. La figure 7.5 correspond au résultat qui s'afficherait dans un navigateur.

Listing 7.5 – Document de test pour le marqueur include de SSI

```
<HTML>
<HEAD>
<TITLE>Page de test de include virtual</TITLE>
</HEAD>
<BODY>
<center>
<H1>Test du marqueur include virtual de SSI</H1>
</center>
<!--#include virtual="/cgi-bin/test1.cgi?testvar=Testing+for+Carl" -->
<!--#include file="footer.html"-->
</BODY>
</HTML>
```

Le listing 7.6 montre le contenu du script CGI inclus dans le listing 7.5 ci-dessus. Ce script doit se trouver dans un répertoire désigné dans le fichier `httpd.conf` comme emplacement pour les scripts CGI (à l'aide de la directive `ScriptAlias`). Il s'agit en tous points d'un script CGI standard, qui peut être appelé (avec une URL qui le référence directement) indépendamment de toute page SSI.

Listing 7.6 – Le script CGI utilisé par le document de test du marqueur include

```
#!/usr/bin/perl -Tw
# Script test1.cgi
#
# Recherche une valeur dans un tableau
use strict;
```

Listing 7.6 – Le script CGI utilisé par le document de test du marqueur include (*suite*)

```
use CGI qw(:standard);
use CGI::Carp;
my $sortie=new CGI;
my $TEST=param('testvar') if (param('testvar') );
print $sortie->header;
print h3("Variable passée à et renvoyée par le script CGI :");
print h4("$TEST");
print $sortie->end_html;
```

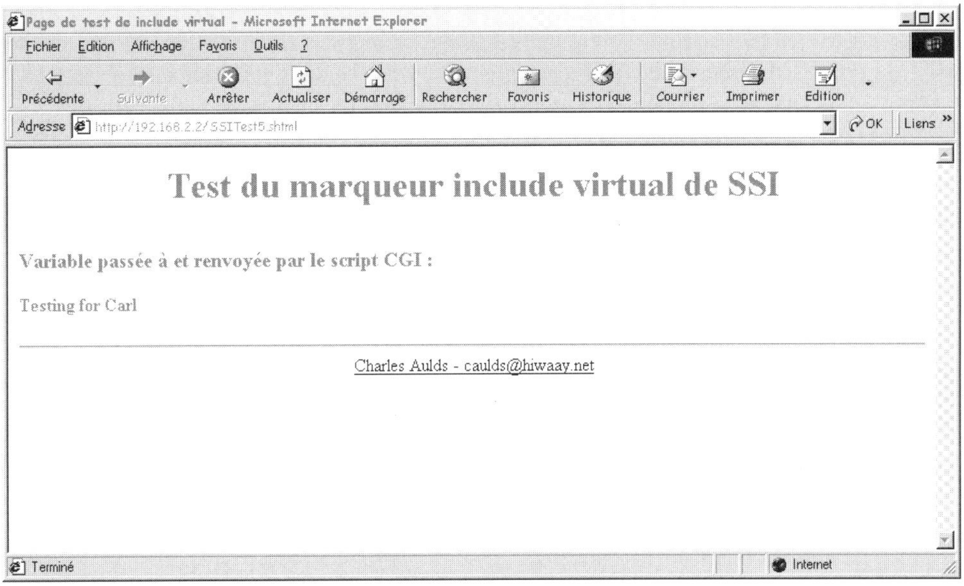

Figure 7.5
Le document de test du marqueur include, affiché dans un navigateur.

Le marqueur <printenv>

De tous les marqueurs SSI, `printenv` est sûrement le plus simple à utiliser. Il n'a pas d'attribut et n'effectue qu'une seule action : renvoyer toutes les variables d'environnement du système sous la forme d'une liste non formatée. Il est généralement conseillé d'entourer les marqueurs `printenv` de marqueurs `<pre>` ou `<code>`, conçus pour entourer du texte non formaté dans une page HTML :

```
<pre>
<!--#printenv -->
</pre>
```

Le marqueur <set>

Le marqueur `set` initialise la valeur d'une variable, créant cette variable si elle n'existe pas déjà. Il prend deux attributs : le nom de la variable à initialiser et la valeur à affecter. Ces deux attributs, `var` et `value`, doivent être précisés séparément :

```
<!--#set var="TRUC" value="unevaleur" -->
```

Bien que les variables configurées de cette façon puissent être utilisées dans des tests conditionnels du contrôle de flot rudimentaire de SSI (que nous verrons dans les sections suivantes), elles servent généralement à stocker des données qu'on affichera plus tard (avec le marqueur `<echo>`) dans un endroit quelconque du document HTML. Si on tente d'afficher une variable qui n'a pas été initialisée, SSI affichera `(none)`. `mod_include` fournit une directive peu utilisée, `SSIUndefinedEcho`, permettant de changer ce comportement par défaut. Si par exemple, vous voulez afficher un autre message pour les variables non initialisées, vous pouvez inclure la directive suivante dans le fichier `httpd.conf` d'Apache :

```
SSIUndefinedEcho "Variable non initialisée !Unset"
```

Contrôler le flot

Les éléments SSI de contrôle de flot n'implémentent que l'élément le plus simple du contrôle d'exécution, l'opérateur `if/else` ; ils ne fournissent pas les fonctions de branchement ou d'imbrications qui existent dans les vrais langages de programmation. Voici l'implémentation de base du marqueur `if` dans SSI :

```
<!--#if expr="condition_du_test" -->
    texte en HTML
<!--#elif expr="condition_du_test" -->
    texte en HTML
<!--#else -->
    encore du texte en HTML
<!--#endif -->
```

`expr` est un mot-clé et il est obligatoire. L'élément `if expr` fonctionne comme l'instruction `if` d'un vrai langage de programmation : la condition du test est évaluée et, si le résultat est vrai, le texte compris entre elle et le prochain marqueur `elif`, `else`, ou `endif` est inclus dans le flux de sortie et les autres tests `elif` sont ignorés. Si le résultat est faux, le prochain `elif` est évalué de la même façon.

Les conditions des tests SSI sont presque toujours de simples comparaisons de chaînes, qui renvoient Vrai ou Faux d'après le résultat des opérations suivantes :

Syntaxe	Valeur
chaîne	Vrai si *chaîne* n'est pas vide ; faux sinon.
chaîne1 != *chaîne2*	Vrai si *chaîne1* est différente de *chaîne2*.
chaîne1 < *chaîne2*	Vrai si *chaîne1* est alphabétiquement inférieure à *chaîne2*.
chaîne1 <= *chaîne2*	Vrai si *chaîne1* est alphabétiquement inférieure ou égale à *chaîne2*.
chaîne1 > *chaîne2*	Vrai si *chaîne1* est alphabétiquement supérieure à *chaîne2*.
chaîne1 >= *chaîne2*	Vrai si *chaîne1* est alphabétiquement supérieure ou égale à *chaîne2*.
condition1 && *condition2*	Vrai si les deux conditions sont vraies (opérateur `ET`).
condition1 || *condition2*	Vrai si l'une des deux condtions est vraie (opérateur `OU`).

On peut également comparer une chaîne à une expression rationnelle. Si, dans l'une des opérations précédentes, `chaîne2` est exprimée sous la forme `/chaîne2/`, `chaîne1` sera comparée à une expression rationnelle :

```
<!---if expr=chaîne1=/chaîne2/ -->
```

Généralement, lorsque vous utiliserez les expressions rationnelles, vous ne rechercherez que l'existence d'une correspondance (avec l'opérateur =) :

```
<!--if expr=$DOCUMENT_URI=/^cgi-bin/ -->
```

Cependant, vous pouvez également tester une expression qui ne correspond pas, en utilisant l'opérateur != :

```
<!--if expr=$DOCUMENT_URI!=/^cgi-bin/ -->
```

Pour plus de clarté dans les comparaisons composées, utilisez des parenthèses et des apostrophes doubles :

```
<!--#if expr="($a = test1) && ($b = test2)" -->
```

L'exemple suivant sera évalué à Vrai si l'URI demandée commence par `/cgi-bin/` ou `/cgi-vep/`, à `faux` sinon :

```
<!--#if expr="($DOCUMENT_URI=/^\/cgi-bin/) ||
   ($DOCUMENT_URI=/^\/cgi-vep/)" -->
```

Le listing 7.7 illustre une utilisation très pratique du marqueur `if/else` en SSI. Si l'adresse IP de l'hôte qui se connecte (et qui est stockée dans la variable d'environnement `REMOTE_ADDR`) correspond à l'expression rationnelle de la première expression `expr`, cela indique que le client est sur le même sous-réseau que le serveur Apache et on présente alors à l'utilisateur des informations que les clients externes ne verront jamais. Si `REMOTE_ADDR` ne correspond pas à cette expression, le client n'est pas dans le sous-réseau local et le texte de la clause `else` lui est envoyé : il contient une ligne qui lui indique simplement que certains aspects de cette page lui seront cachés. En pratique, vous ne le leur direz même pas et vous leur présenterez un document conçu spécifiquement pour eux. La figure 7.7 montre le résultat, tel qu'il s'affiche dans un navigateur.

Figure 7.6

Le document de test du contrôle de flot SSI affiché dans un navigateur.

Listing 7.7 – Document de test du contrôle de flot SSI

```
<HEAD>
<TITLE>Page de test SSI</TITLE>
</HEAD>
<BODY>
<center>
<H1>Page de test SSI</H1>
<!--#if expr="$REMOTE_ADDR = /^192.168.1./" -->
    <H3>Vous vous connectez du réseau local !</H3>
<!--#else -->
    <H3>Les utilisateurs distants ne peuvent pas tout voir dans cette page !</H3>
<!--#endif -->
<center>
<FORM METHOD = “POST” ACTION = “mailto:caulds@hiwaay.net”>
<INPUT TYPE = “SUBMIT” VALUE="Cliquez ici pour m'envoyer un courrier"></FORM>
</center>
<HR>
<ADDRESS>
<center>
<A HREF="mailto:caulds@hiwaay.net">Charles Aulds - caulds@hiwaay.net</A>
<BR>
</ADDRESS>
</center>
</BODY>
</HTML>
```

La directive XBitHack

`mod_include` étend le serveur Apache en lui ajoutant la possibilité d'analyser un certain nombre de marqueurs supplémentaires, mais ce module n'ajoute qu'une seule directive à Apache, et elle est plutôt étrange. La directive `XBitHack` porte très bien son nom, car elle est une véritable alternative aux méthodes « propres ». Elle utilise les droits d'accès à un fichier pour un tout autre but que celui pour lequel ils sont conçus : pour cette raison, il est déconseillé de l'utiliser. Toutefois, si vous en avez besoin, elle fonctionne comme suit.

`XBitHack` autorise l'administrateur système à identifier des documents HTML ordinaires comme des candidats à une analyse côté serveur. À chaque fois que cette directive est appliquée à un répertoire (dans `httpd.conf` ou dans un fichier `.htaccess`), tous les documents de celui-ci qui sont identifiables comme étant de type MIME text/HTML peuvent être traités par `mod_include`, en fonction des permissions Linux de ces fichiers.

La directive XBitHack peut prendre trois valeurs, dont les comportements sont décrits ci-dessous :

- **XbitHack Off** – Désactive les traitements des fichiers text/HTML comme documents SSI.
- **XbitHack On** – Teste chaque document text/HTML dans la portée de la directive pour voir s'il doit être traité par mod_include comme un document SSI. Si le bit d' « exécution par l'utilisateur » est positionné, le document est traité comme un document SSI. Dans l'exemple ci-dessous, si une directive XbitHack On était appliquée au répertoire, index.html ne serait pas considéré comme un document SSI tant que la commande chmod n'a pas positionné le droit d'exécution par l'utilisateur :

```
# ls -al index.html
-rw-r--r--   1 www      www          3844 Jan 28 14:58 index.html
# chmod u+x index.html
# ls -al index.html
-rwxr--r--   1 www      www          3844 Jan 28 14:58 index.html
```

- **XbitHack Full** – Fonctionne exactement comme XbitHack On, sauf qu'en plus de tester le bit d'exécution par l'utilisateur, elle teste également celui du groupe. S'il est positionné, l'en-tête de réponse Last-Modified contient la date de dernière modification du fichier ; sinon, l'en-tête Last-Modified n'est pas envoyé. Cette fonctionnalité de XBitHack sert lorsqu'on veut que les mandataires mettent en cache les documents SSI traités ; vous ne l'utiliserez normalement pas si le document contient des données (provenant de l'inclusion d'un CGI, par exemple) qui changent entre deux appels. Voici comment positionner le bit d'exécution par le groupe :

```
# ls -al index.html
-rw-r--r--   1 www      www          3916 Mar 10 08:25 index.html
# chmod g+x index.html
# ls -al index.html
-rw-r-xr--   1 www      www          3916 Mar 10 08:25 index.html
```

En résumé

Server-Side Includes, ou SSI (souvent appelé HTML analysé côté serveur), propose l'un des moyens les plus simples pour produire des pages Web dynamiques sans vraiment programmer. Il est implémenté via des marqueurs SSI spéciaux, mais les autres instructions sont formées de texte HTML standard. SSI sert généralement à offrir des fonctionnalités telles que l'affichage de la date, de l'heure, de la date de dernière modification du fichier, ou pour inclure du texte standard à partir d'autres documents. Bien que ce soit rarement une bonne alternative à un vrai langage de programmation, il peut servir à des tâches comme l'interrogation ou la mise à jour d'une base de données, l'envoi d'un message électronique ou, en utilisant des instructions conditionnelles, à déterminer si certaines actions doivent être entreprises ou si un certain texte doit être affiché.

Dans le prochain chapitre, nous commencerons un voyage à travers les techniques de programmation les plus connues et les plus utilisées aujourd'hui par les concepteurs de sites Web. En tant qu'administrateur Apache, vous devez connaître suffisamment chacune d'entre elles et, notamment, savoir comment elles s'interfacent avec Apache. Le prochain chapitre vous enseigne tout ce que vous devez savoir pour installer et utiliser les méthodes de programmation qui font la puissance de la majorité des sites Web dynamiques d'Internet.

8

Scripts et programmation avec Apache

Aux débuts d'Internet, la programmation servait généralement à améliorer un site Web en apportant une interactivité simple avec l'utilisateur, ou en offrant un accès à certains services de base sur le serveur. Cette programmation consistait essentiellement à interpréter ce que saisissait l'utilisateur et à produire dynamiquement (« à la volée ») un contenu spécifique pour cet utilisateur. Un programme Web simple pouvait, par exemple, utiliser les informations fournies par l'utilisateur pour contrôler un moteur de recherche ou pour effectuer une recherche dans une base de données.

La programmation Web a évolué pour passer de ces programmes très simples à des applications qui constituent souvent des systèmes de production à part entière, des boutiques en ligne complètes ou des frontaux vers des bases de données complexes et puissantes. De telles applications sont souvent implémentées selon un modèle informatique trois tiers, où le serveur forme généralement le tiers du milieu et le navigateur le tiers inférieur ou l'interface utilisateur. Le tiers supérieur de ce modèle est le plus souvent un gros système serveur de bases de données et n'a pas de liaison directe avec l'utilisateur final (ou tiers inférieur).

Les changements dans ces besoins de programmation sont la conséquence directe du changement de rôle du serveur. Le Web n'est plus simplement un moyen de délivrer des pages statiques ; si vous écrivez aujourd'hui des programmes destinés au Web, il y a de fortes chances qu'ils fassent partie intégrante d'une stratégie Internet commerciale. Votre capacité à programmer une application, même la plus simple, est sûrement essentielle au succès de votre projet Web.

Bien que les sites les plus importants soient en principe gérés par un webmestre et un fournisseur de contenu, dont les responsabilités sont souvent clairement réparties, ces deux rôles se fusionnent de plus en plus sur de nombreux sites. Je ne connais aucun administrateur Apache pointu qui ne s'intéresse pas de près aux techniques de programmations pour le Web. Comme la sécurité (présentée aux chapitres 13 et 14 de ce livre), la programmation est l'un de ces aspects autrefois périphériques qui sont devenus partie intégrante des connaissances indispensables à un administrateur Apache.

Ce chapitre présente plusieurs approches différentes de la programmation pour le serveur Apache : aucune ne correspond à la solution idéale pour toutes les applications. En fait, aucun langage n'est nettement supérieur aux autres : chacun à ses partisans et, dans de nombreux cas, ses militants zélés. Il y aura toujours quelqu'un pour vous expliquer qu'il n'y a qu'une seule façon de programmer une application Web et que, si vous n'utilisez pas cette technologie, vous êtes dépassé. Ne le croyez pas : le choix d'un langage de programmation ou d'une méthodologie ne doit pas se fonder sur ce qui est le plus connu à un moment donné, mais sur son adéquation à votre besoin particulier et aux compétences que vous possédez déjà. Lorsque vous choisissez une méthodologie de programmation, faites-le en fonction de vos compétences et de ce qui vous plaît le plus ; tous les outils pour la programmation Web qui sont présentés dans ce chapitre permettent le développement d'applications de qualité professionnelle.

Dans ce chapitre, nous commencerons par l'approche qui est encore la plus répandue : CGI (Common Gateway Interface) ou sa nouvelle variante, FastCGI, ainsi que par le langage Perl. Les sections suivantes présenteront certains outils et techniques plus récents, dont PHP, Apache/Tomcat, ASP, JSP et Resin. Chacun d'eux peut servir à créer des applications Web pratiques ; ils peuvent tous cohabiter sur le même serveur et une même application peut utiliser simultanément plusieurs d'entre eux.

Le but de ce chapitre n'est pas de vous apprendre à « programmer » dans les langages qui sont présentés : il existe des livres entiers sur ces sujets. Nous nous intéresserons plutôt à la façon d'utiliser ces outils avec Apache. Pour chacun, un exemple de programmation simple sert à montrer les bases de son utilisation ; il s'agit d'extraire des informations d'une base de données à l'aide d'une requête SQL (Structured Query Language) simple. En fait, chacun de ces exemples est une application trois tiers complète fournissant un simple formulaire de saisie pour l'utilisateur (premier tiers) ainsi qu'un programme serveur (deuxième tiers) qui prend ce qu'a entré l'utilisateur et l'utilise pour interroger le dernier tiers, une base de données pouvant se trouver sur un serveur totalement distinct.

Pour plus d'informations sur toutes les méthodologies de programmation mentionnées dans ce chapitre, n'hésitez pas à vous reporter aux liens cités à l'annexe D : les meilleurs fournissent de nombreux exemples de code. Je suis convaincu que l'étude des exemples de programmes est indubitablement la meilleure façon d'apprendre les techniques de programmation ; c'est pourquoi j'ai fourni des exemples fonctionnels pour chaque sujet présenté dans ce chapitre.

CGI, l'interface commune de communication

CGI (Common Gateway Interface) est un mécanisme très simple qui permet à un serveur Web d'appeler n'importe quel programme, de capturer sa sortie, de l'envelopper dans des en-têtes HTTP les plus simples et de la renvoyer à un navigateur. Cette description est à peine simplifiée : CGI est vraiment simple ; comme il est fourni par l'un des modules standards (`mod_cgi`), il est disponible sur tous les serveurs Apache. Je considère CGI comme acquis, comme une fonctionnalité que je m'attends à trouver sur tous les serveurs Web. Parmi les différentes interfaces de programmation d'Apache, c'est l'équivalent de l'éditeur de texte `vi` : il est toujours présent et convient aux applications les plus essentielles.

mod_cgi et mod_cgid

Apache 2.0 est désormais distribué avec deux modules offrant une interface CGI au serveur. Le premier, `mod_cgi` est le même que celui qui était fourni avec toutes les versions antérieures. Le deuxième est nouveau : il a pour but d'améliorer les performances de CGI lorsqu'on utilise un module multithread (MPM, ou Multi-Processing Module). Lorsqu'on utilise des threads pour gérer les connexions simultanées de différents clients à Apache, les processus fils « pré-forkés » pour gérer les requêtes de connexion, qui sont le mécanisme traditionnel d'Apache, peuvent se révéler gourmand en ressources. Cependant, dans les versions actuelles de Linux, un processus est un unique thread et il n'y a aucun avantage à utiliser `mod_cgid` au lieu de `mod_cgi`. C'est pourquoi nous n'en parlerons plus dans ce livre : les utilisateurs de Linux doivent toujours utiliser `mod_cgi`.

CGI a été implémenté pour la première fois dans le serveur Web `httpd` du NCSA et a rapidement été adopté comme l'interface de programmation de facto pour le Web : il est aujourd'hui disponible sur tous les principaux serveurs Web. La spécification actuelle de CGI (version 1.1) remonte à 1995 et, bien qu'elle soit encore un projet de standard IETF, une version 1.2 est en cours d'élaboration. La progression de cette version 1.2 a été extraordinairement lente et il semble qu'il n'y ait pas une grosse demande pour les modifications qu'elle propose. Dans la plupart des situations, CGI peut être considéré comme un mécanisme assez statique. Son apprentissage a l'avantage d'être un investissement, car vous n'aurez pas besoin de passer tout de suite à une nouvelle méthodologie et vous ne risquez pas de voir vos applications devenir soudainement obsolètes.

Tout programme pouvant être exécuté à partir de la ligne de commande sur le serveur peut être utilisé avec CGI. Cela inclut les programmes C ou C++ compilés, voire ceux écrits en COBOL ou en Fortran, bien que les langages de scripts comme Perl, Tcl ou les différents shells, soient les moyens les plus utilisés, car les scripts sont généralement bien plus rapides à écrire que les programmes compilés. Comme le navigateur du client fournit à celui-ci l'interface dont il a besoin pour les applications Web, un script CGI ne contient que le code de base pour les entrées-sorties des données : il est donc plus court et plus facile à maintenir. De plus les modifications mineures du code ne nécessitent pas une recompilation, ni une nouvelle édition de liens, ce qui accélère la conception, les tests et la maintenance.

En tant qu'interface de programmation à tout faire, CGI offre certains avantages par rapport aux interfaces de programmation Web propriétaires comme NSAPI de Netscape ou ISAPI de Microsoft et même sur l'interface de programmation d'Apache. Bien que ces interfaces offrent au programmeur de bien meilleures performances et un accès facilité aux mécanismes internes du serveur Web, on utilise plus souvent CGI et ce, pour plusieurs raisons. La première est qu'il est indépendant de l'architecture du serveur et du langage de programmation, ce qui donne une grande liberté au programmeur dans le choix du langage le mieux adapté à une tâche particulière. J'utilise régulièrement une combinaison de C, Tcl, Perl et même de scripts shells pour ma programmation CGI.

CGI offre également une isolation complète des processus : un programme CGI s'exécute dans son propre espace d'adresses et ne communique avec le serveur que par ses entrées-sorties. L'exécution des programmes CGI à l'extérieur de l'espace d'adresses d'Apache ne protège pas seulement le serveur des processus CGI mal écrits (même les erreurs les plus sérieuses d'un programme CGI ne peuvent pas affecter le serveur Web) ; elle permet également d'offrir une protection contre les tentatives délibérées d'attaques contre la sécurité ou la stabilité du serveur, si les scripts CGI sont correctement écrits. Si vous avez l'intention d'utiliser CGI, assurez-vous de lire attentivement la section ci-dessous, intitulée « Conseils généraux pour une utilisation sécurisée de CGI » et prenez également le temps de lire quelques références en ligne, comme la FAQ sur la sécurité du World Wide Web (www.w3.org/Security/Faq/).

Enfin, mais ce n'est certainement pas le moindre de ses avantages, CGI est une interface simple à apprendre et à utiliser. Il offre suffisamment de performances et de fonctionnalités pour la plupart des tâches de programmation, sans imposer un lourd tribut au programmeur.

Les langages de scripts sont si populaires pour la programmation CGI que de nombreux textes parlent de scripts et non de programmes CGI. En fait, le langage Perl doit une bonne partie de son succès à sa rapide adoption par les administrateurs de sites Web pour écrire des applications CGI. Au cours des dernières années, il a été largement utilisé comme langage de script à tout faire, notamment lorsque les problèmes de compatibilité entre plates-formes entraient en jeu ; de nombreux programmeurs le considèrent comme le standard de fait pour l'écriture des scripts CGI. En réalité, on peut utiliser quasiment n'importe quel langage pour écrire des programmes CGI, même du C. Perl est le plus connu et c'est celui que j'ai choisi pour illustrer au mieux l'utilisation de CGI. Rappelez-vous simplement que CGI n'est pas limité aux langages de script et que Perl n'est pas limité à la programmation Web.

Les exemples CGI donnés dans cette section ont tous été écrits dans des langages de script, bien qu'il n'y ait aucune raison pour laquelle on ne pourrait utiliser un langage compilé comme le C. Les accélérateurs de scripts côté serveur (comme `mod_perl`, qui sera présenté plus loin) ont énormément réduit la différence des vitesses d'exécution entre les langages compilés et interprétés ; cependant, si cette vitesse est vraiment primordiale à vos yeux, utilisez un langage compilé (généralement C) pour vos programmes.

Fonctionnement de CGI

Les programmes qui s'exécutent sous CGI n'ont besoin d'aucun point d'entrée dans le serveur Web et n'utilisent aucun appel de l'API spécifique à CGI. Les communications entre Apache et le programme CGI ne font pas appel à un protocole spécial : CGI reste aussi simple et générique que possible en employant deux mécanismes auxquels tous les programmes peuvent accéder : l'environnement du processus et les canaux d'entrées et sorties standards.

> **L'environnement système**
>
> Sous Linux, un programme appelé reçoit un ensemble de données, appelé environnement du processus, sous la forme d'une liste de paires *nom=valeurs*. Généralement, un processus appelé par un autre processus hérite d'une copie de l'environnement de ce dernier (on dit qu'il hérite de l'environnement de son processus père) : cela permet à un processus de passer des données au fils qu'il crée. En adaptant son propre environnement avant de lancer un processus, le processus père peut contrôler l'environnement de son fils.

Lorsqu'Apache reçoit une requête pour une ressource qu'il identifie comme un script ou un programme CGI, il crée le processus en faisant les appels système adéquats. Ce processus est totalement indépendant d'Apache, avec une exception importante : sa sortie standard reste connectée au processus du serveur Apache afin que celui-ci reçoive tout ce que produit le programme sur sa sortie standard (`stdout`). Si le programme CGI est un script shell, comme dans l'exemple ci-dessous, l'instruction `echo` sert à envoyer du texte sur `stdout`. Dans la section « Un script pour renvoyer l'environnement », plus loin dans ce chapitre, nous formaterons un peu la sortie de ce script pour qu'il corresponde à la copie d'écran de la figure 8.1.

```
#!/bin/sh
echo "Content-type: text/plain"
echo
echo "Variables d'environment définies :"
echo
env
```

Apache ne communique pas directement avec le processus qu'il crée mais, en tant que parent, il peut contrôler quelque peu l'environnement d'exécution de son fils. Pour passer des données au processus créé, Apache les place dans des variables d'environnement qui peuvent être lues par celui-ci. Dans le simple processus CGI ci-dessus, la commande `env` lit cet environnement et le renvoie sur la sortie standard du script (`stdout`). Apache reçoit cette sortie via le canal qu'il maintient avec la sortie du script et l'envoie à l'utilisateur qui a appelé ce script.

Pour tester ce programme, créez un fichier dans un répertoire défini par une directive `ScriptAlias` dans `httpd.conf` (voir chapitre 4) et placez-y les instructions ci-dessus. Une autre méthode consiste à associer les fichiers dont le nom a une extension spécifique à un gestionnaire Apache, comme nous le verrons dans la section suivante. Vous pourriez, par exemple, utiliser la configuration suivante, qui marque tous les fichiers avec l'extension `.cgi` comme exécutables :

```
# AddHandler cgi-script .cgi
```

Si vous supprimez le caractère # qui indique que cette ligne est un commentaire, Apache traite tous les fichiers dont le nom se termine par `.cgi` comme des scripts CGI et ceux-ci s'exécutent alors en utilisant le mécanisme CGI. Avec Linux, il n'est pas nécessaire d'identifier chaque type de script par une extension différente ; j'utilise `.cgi` pour identifier tous les scripts CGI de mes systèmes, quel que soit le contenu de ces fichiers. La première ligne de chaque script doit contenir le chemin absolu menant à l'interpréteur, précédé des caractères `#!`, comme dans cet exemple :

```
#!/bin/sh
```

En général, vous devez utiliser cette directive dans un conteneur `<Directory>` ou `<Location>` pour indiquer quels sont les fichiers à interpréter comme des scripts. Cela dit, la méthode `ScriptAlias` est préférable et on l'utilise généralement pour s'assurer que seuls les fichiers stockés à un endroit précis sont chargés et exécutés comme des scripts CGI.

Identifier les ressources CGI

Gardons bien à l'esprit que, pour qu'une ressource puisse être exécutée comme un script CGI (qu'elle soit identifiée par son nom ou son extension, ou bien par son emplacement dans l'arborescence des documents d'Apache), elle doit être associée à un gestionnaire fourni par le module `mod_cgi`. Apache peut identifier les ressources candidates à un traitement CGI de plusieurs façons, qui seront toutes décrites séparément dans les sections suivantes.

Le concept de gestionnaire

Apache utilise le concept de gestionnaire pour déterminer comment traiter les scripts ou autres ressources dynamiques avant d'envoyer les résultats au client. Tout gestionnaire Apache est généralement associé à un module particulier, qui effectue le travail. En définissant un gestionnaire pour traiter une ressource ou un ensemble de ressources, on spécifie en fait un module qui reçoit et traite la ressource avant de la délivrer au client.

La distribution d'Apache fournit plusieurs gestionnaires intégrés, dont un pour les programmes CGI, `cgi_script`, fourni par le module standard `mod_cgi`. Configurer un script ou un programme pour qu'il soit traité comme une ressource CGI est aussi simple que d'écrire que `cgi-script` est son gestionnaire. Dans les sections suivantes, je montrerai quatre façons de procéder.

INFO Toute ressource qui n'est pas associée à un gestionnaire spécifique est traité par un gestionnaire nommé (sans surprise) `default-handler`, fourni par le module de base.

Définir les répertoires

Le moyen le plus courant pour définir les ressources à exécuter comme programmes CGI consiste à désigner un (ou plusieurs) répertoire comme un conteneur de programmes CGI. Lorsque ces programmes résident dans un nombre réduit de répertoires spécifiques, la sécurité est améliorée, à condition que l'accès à ces répertoires soit strictement contrôlé et qu'on ait bien porté attention aux propriétaires et aux permissions des fichiers qui s'y trouvent.

Deux directives légèrement différentes permettent d'indiquer qu'un répertoire peut contenir des CGI : `ScriptAlias` (présentée au chapitre 4) et `ScriptAliasMatch`. Toutes deux fonctionnent comme une simple directive `Alias` en faisant correspondre une requête à un répertoire qui peut ne pas se trouver sous `DocumentRoot` et en le désignant comme un conteneur de scripts CGI. Comme `ScriptAlias` est plus simple, nous commencerons par cette directive.

La ligne suivante, qu'on trouve dans la configuration par défaut de la distribution standard d'Apache, définit un répertoire qui pourra contenir des scripts CGI :

```
ScriptAlias /cgi-bin/ "/usr/local/apache2/cgi-bin/"
```

Lorsqu'une requête arrive avec une URL comme `http://jackal.hiwaay.net/cgi-bin/exemple.cgi`, Apache recherche un fichier nommé `exemple.cgi` dans le répertoire `/usr/local/apache2/cgi-bin` et, s'il le trouve, l'exécute comme un script CGI. Dans cette URL, `cgi-bin` semble être un sous-répertoire de `DocumentRoot` ; cependant, le vrai nom et l'emplacement de ce répertoire sont arbitraires et il peut se trouver n'importe où sur le système de fichiers.

Faites très attention aux permissions des répertoires désignés pour recevoir les scripts CGI, car Apache n'effectue aucune vérification concernant la sécurité des répertoires identifiés par `ScriptAlias` : c'est à l'administrateur de s'assurer que seuls les utilisateurs désignés peuvent écrire ou exécuter des fichiers dans ces répertoires. Si des utilisateurs veulent gérer leurs propres scripts, mais pas ceux des autres, utilisez plusieurs directives `ScriptAlias` pour désigner plusieurs répertoires CGI et attribuez des permissions d'accès distinctes aux différents groupes Linux. Assurez-vous également que le compte sous lequel s'exécutent les processus fils d'Apache a la permission de lire et d'exécuter les fichiers de ces répertoires, bien que la permission d'écriture puisse lui être ôtée afin d'empêcher Apache de créer ou de modifier des scripts CGI : il s'agit là d'une mesure de sécurité contre la possibilité qu'un script malveillant force Apache à écrire des données dans un répertoire contenant des scripts CGI. N'oubliez jamais que la seule sécurité fournie pour les scripts CGI est celle du système d'exploitation Linux et qu'Apache n'est pas lui-même concerné par la protection de ces ressources.

Lorsqu'Apache est installé, vous remarquerez qu'il donne les répertoires et les fichiers de son arborescence (généralement `/usr/local/apache2`) à l'utilisateur qui l'a installé (habituellement, l'administrateur système *root*). Seul cet utilisateur a le droit d'écrire dans les répertoires d'Apache : les processus fils ne peuvent le faire. Tous les autres utilisateurs ont uniquement le droit de lire les fichiers et les répertoires d'Apache. Dans le cas du répertoire `cgi-bin`, il faut donner les droits de lecture et d'exécution aux fichiers qui y sont stockés pour qu'ils puissent s'exécuter comme des scripts CGI. Les commandes suivantes attribuent les droits de lecture, d'écriture et d'exécution au propriétaire du répertoire et les droits de lecture et d'exécution aux membres du groupe propriétaire (qui est également *root* sur les installations typiques d'Apache sur des serveurs Linux) :

```
# chmod -R 775 cgi-bin
```

Notez l'utilisation de l'option `-R` (récursif), qui applique cette commande non seulement aux répertoires de cette ligne de commande, mais aussi à tous leurs sous-répertoires et fichiers.

Sur tous les serveurs Apache que j'ai administrés, j'ai créé un groupe *www* contenant les comptes utilisateurs de tous les membres de l'équipe Web, mais pas celui sous lequel s'exécute Apache : ce groupe est le propriétaire du répertoire d'Apache et de tous ses sous-répertoires. Désormais, seuls les membres du groupe privilégié *www* (et l'utilisateur *root*, bien sûr) peuvent créer ou modifier les fichiers d'Apache. Les commandes suivantes créent un groupe *www* (on suppose qu'il n'existe pas déjà), puis le déclarent propriétaire de tous les fichiers et sous-répertoires du répertoire d'Apache :

```
# groupadd www
# chgrp -R www /usr/local/apache2
```

Vous trouverez ci-dessous le listing de l'un de mes répertoires CGI. Vous pouvez remarquer que tous les scripts appartiennent à l'utilisateur *root* et que seul cet utilisateur et les membres du groupe *www* ont tous les privilèges. Les autres utilisateurs (dont celui sous le compte duquel s'exécutent les processus fils d'Apache) peuvent lire et exécuter les scripts, mais ne peuvent pas écrire dans ce répertoire ou dans ses éventuels sous-répertoires.

```
# ls -al cgi-bin/
total 80
drwxrwxr-x    2 root     www          4096 May 10 16:06 .
drwxr-xrwx   10 root     www          4096 Jul 13 17:02 ..
-rwxrwxr-x    1 root     www          2867 May 10 16:06 col66.cgi
-rwxrwxr-x    1 root     www          3522 May 10 16:06 col67.cgi
-rwxrwxr-x    1 root     www          3876 May 10 16:06 col68.cgi
-rwxrwxr-x    1 root     www          3193 May 10 16:06 CookieTest.cgi
-rwxrwxr-x    1 root     www          2467 May 10 16:06 download.cgi
-rwxrwxr-x    1 root     www           349 May 10 16:06 environ.cgi
-rwxrwxr-x    1 root     www         11914 May 10 16:06 upload.cgi
```

```
-rwxrwxr-x   1 root    www          820 May 10 16:06 gd_example.cgi
-rwxrwxr-x   1 root    www         4433 May 10 16:06 guestbook.cgi
-rwxrwxr-x   1 root    www          186 May 10 16:06 POReceipts
-rwxrwxr-x   1 root    www          274 May 10 16:06 printenv
-rwxrwxr-x   1 root    www         3854 May 10 16:06 table.cgi
-rwxrwxr-x   1 root    www           86 May 10 16:06 temp.cgi
-rwxrwxr-x   1 root    www          324 May 10 16:06 test1.cgi
-rwxrwxr-x   1 root    www          757 May 10 16:06 test-cgi
```

Définir les URL de requête

La directive `ScriptAliasMatch` fonctionne exactement comme `ScriptAlias`, mais utilise une correspondance avec une expression rationnelle au lieu d'une URL relative pour faire correspondre la requête. Dans l'exemple suivant, `ScriptAliasMatch` produit le même comportement que `ScriptAlias` dans la section précédente :

```
ScriptAliasMatch ^/cgi-bin(.*) /usr/local/apache2/cgi-bin$1
```

Ici, toute requête dont l'URL commence par `/cgi-bin` (suivi d'un nombre quelconque de caractères) est mise en correspondance avec le système de fichiers en utilisant le chemin fixe `/usr/local/apache2/cgi-bin` auquel est ajoutée la première référence arrière de l'expression rationnelle. La référence arrière `$1` est remplacée par la partie de l'URL qui correspond à l'expression rationnelle entre parenthèses : ici, elle devrait toujours commencer par une barre oblique suivie du nom de fichier du script.

En général, n'utilisez `ScriptAliasMatch` que si vous ne pouvez pas exprimer la correspondance de votre URL par une comparaison de chaînes classique. Je n'ai jamais eu besoin d'utiliser `ScriptAliasMatch` et je considère que les expressions rationnelles sont inutilement compliquées pour cette tâche.

Définir les fichiers

Bien que le moyen le plus simple et le plus utilisé pour identifier les fichiers comme des scripts CGI soit de les placer dans des répertoires réservés, vous pouvez également identifier des fichiers individuels au moyen de la directive `AddHandler`, qui fait correspondre un gestionnaire Apache aux fichiers se terminant par certaines extensions de noms de fichiers. La ligne suivante, par exemple, indique que le gestionnaire standard `cgi-script` est utilisé pour traiter tous les fichiers se terminant par les extensions `.pl` ou `.cgi`. Typiquement, les scripts CGI ont l'extension `.cgi` mais, comme ils peuvent être écrits dans différents langages, vous pouvez préférer garder l'extension `.pl` pour identifier plus facilement les scripts écrits en Perl.

```
AddHandler cgi-script .cgi .pl
```

La directive AddHandler n'est autorisée que dans une portée de répertoire, soit dans un conteneur <Directory> de httpd.conf, soit dans un fichier .htaccess. Elle ne peut pas être utilisée comme une directive globale et ne peut donc pas servir pour indiquer que tous les fichiers ayant une certaine extension seront considérés comme des scripts CGI, quel que soit leur emplacement.

Définir les méthodes

La directive Script fournie par le module mod_actions invoque un script CGI chaque fois que le client utilise une méthode de requête HTTP particulière, pouvant être GET, POST ou DELETE.

La ligne suivante appelle un script CGI pour gérer toutes les requêtes DELETE des clients :

```
Script DELETE /cgi-bin/deleteit.cgi
```

Vous n'aurez probablement jamais besoin de cette directive.

Définir les types MIME

Le module mod_actions fournit une dernière méthode pour définir des scripts CGI. Plutôt que d'écrire un module pour ajouter un gestionnaire à Apache, on peut utiliser la directive Action pour définir un programme (ou un script) externe qui servira de gestionnaire. Cette directive appelle un script CGI chaque fois qu'une ressource d'un certain type MIME est demandée. Vous pourriez utiliser ce mécanisme pour invoquer, par exemple, un script CGI qui traiterait toutes les pages HTML servies afin de rechercher et de remplacer les mots grossiers dans toutes ces pages avant de les délivrer aux lecteurs susceptibles :

```
Action text/html  /home/httpd/cgi-bin/ParseMe.cgi
```

Lorsqu'un fichier HTML quelconque est demandé, il est d'abord passé au script ParseMe.cgi, qui recherche les chaînes grossières et les remplace par un texte plus correct.

Contrôler l'environnement

J'ai déjà indiqué qu'un script CGI ne recevant ses données d'Apache que par l'environnement système qu'il hérite du serveur lorsqu'il est lancé. Cette section répertorie toutes les variables d'environnement disponibles pour un script CGI, bien que certaines d'entre elles ne soient pas toujours configurées. Dans la plupart des cas, toutes les informations dont a besoin le script sont contenues dans ces variables.

Les variables d'environnement suivantes sont configurées pour toutes les requêtes :

SERVER_SOFTWARE	Le nom et la version du logiciel serveur répondant à la requête (et exécutant CGI). Format : nom/version.
SERVER_NAME	Le nom d'hôte du serveur, l'alias DNS ou l'adresse IP, comme cela apparaîtrait dans les URL d'autoréférence.
GATEWAY_INTERFACE	La version de la spécification CGI à laquelle se conforme le serveur. Format : CGI/version.

Les variables d'environnement suivantes sont spécifiques à la requête traitée par le programme CGI :

SERVER_PROTOCOL	Le nom et la version du protocole annoncé par la requête. Format : protocole/version, comme dans HTTP/1.1.
SERVER_PORT	Le numéro de port sur lequel a été envoyée la requête.
REQUEST_METHOD	La méthode avec laquelle a été créée la requête. Pour HTTP, il s'agit de `GET`, `HEAD`, `POST`, etc.
PATH_INFO	Les informations supplémentaires de chemin, telles qu'elles sont fournies par le client. En d'autres termes, les scripts peuvent être atteints par leur chemin virtuel suivi d'informations placées à la fin de celui-ci : ce sont elles qui sont envoyées dans `PATH_INFO`. Le serveur doit décoder ces informations si elles viennent d'une URL avant qu'elles ne soient passées au script CGI. Notez que cette variable d'environnement est toujours vide si la directive `AcceptPathInfo` est explicitement à *Off*, ce que je ne conseille pas.
PATH_TRANSLATED	Le serveur fournit une version traduite de `PATH_INFO`, qui prend le chemin et lui applique toutes les correspondances virtuel vers physique.
SCRIPT_NAME	Un chemin virtuel vers le script exécuté, utilisé pour les URL d'autoréférence.
QUERY_STRING	Les informations de requête placées après le point d'interrogation dans l'URL qui a appelé ce script. Ces informations ne doivent pas être décodées. Cette variable est toujours configurée lorsqu'il y a des informations de requête, quel que soit le décodage de la ligne de commande.
REMOTE_HOST	Le nom de l'hôte qui a effectué la requête. Si le serveur n'a pas cette information, il doit configurer `REMOTE_ADDR` et laisser `REMOTE_HOST` non configurée. Cette variable d'environnement sera toujours vide si `HostnameLookups` vaut *Off*.
REMOTE_ADDR	L'adresse IP de l'hôte distant qui a effectué la requête.
AUTH_TYPE	Si le serveur reconnaît l'authentification utilisateur et si le script est protégé, cette variable contient la méthode d'authentification, spécifique au protocole, qui est utilisée pour authentifier l'utilisateur.
REMOTE_USER	Configuré uniquement si le script CGI est sujet à authentification. Si le serveur reconnaît l'authentification utilisateur et si le script est protégé, cette variable contient le nom de l'utilisateur utilisé pour l'authentification.
REMOTE_IDENT	Si le serveur reconnaît l'identification RFC 931, cette variable contient le nom de l'utilisateur distant récupéré par le serveur. L'utilisation de cette variable est limitée à la connexion uniquement et elle ne doit être configurée que si `IdentityCheck` vaut *on*.
CONTENT_TYPE	Le type des données, pour les requêtes avec des informations attachées, comme celles créées par les méthodes `POST` et `PUT` de HTTP.
CONTENT_LENGTH	La longueur du contenu, fournie par le client.

Les variables suivantes ne sont pas définies par la spécification CGI, mais sont ajoutées par Apache pour plus de commodité :

DOCUMENT_ROOT	Le chemin indiqué par la directive DocumentRoot d'Apache.
PATH	Correspond à la variable d'environnement PATH telle qu'elle était configurée lorsqu'Apache a été lancé.
REMOTE_PORT	Le port TCP utilisé du côté client de la connexion HTTP.
SERVER_ADDR	L'adresse IP sur laquelle le serveur a reçu la connexion.
SCRIPT_FILENAME	Le chemin absolu vers le script CGI.
SERVER_ADMIN	L'adresse e-mail fournie par la directive ServerAdmin d'Apache.

Les variables suivantes ne sont pas définies par la spécification CGI, mais sont ajoutées par le module mod_rewrite lorsqu'il est utilisé :

SCRIPT_URI	L'URL absolue, contenant le protocole, le nom d'hôte, le port et la requête.
SCRIPT_URL	Le chemin de l'URL vers le script appelé.
REQUEST_URI	Le chemin de l'URL reçue du client et qui a provoqué l'appel du script.

En plus des en-têtes ci-dessus, les en-têtes de la requête du client sont également placés dans l'environnement. Ceux-ci sont préfixés par HTTP_ et tous les caractères - (tirets) du nom de l'en-tête sont transformés en caractères _ (soulignés). Le serveur peut choisir d'exclure les en-têtes qu'il a déjà traités et placés dans l'environnement, comme Authorization ou Content-type. À titre d'exemple, un script CGI trouve la valeur de l'en-tête User-Agent de la requête dans la variable d'environnement HTTP_USER_AGENT.

Modifier l'environnement CGI

Deux modules, tous les deux compilés dans la configuration par défaut du serveur Apache, fournissent un mécanisme permettant au serveur de configurer dans son environnement des variables qui seront transmises aux scripts CGI. La configuration de variables d'environnement est un des moyens de passer des données quelconques aux scripts. Je montrerai plus tard comment configurer une variable d'environnement pour indiquer aux scripts CGI que le demandeur a été identifié comme un robot d'indexation de pages Web. En pratique, je trouve que cette technique est d'un intérêt limité, principalement parce que la plupart des informations sont déjà disponibles pour le script CGI via les variables d'environnement existantes. Tous les en-têtes HTTP de la requête, par exemple, sont passés à chaque script CGI.

Vous devriez lire cette section pour savoir ce que font les directives et constater qu'elles sont aisément disponibles via deux modules standards d'Apache. Lorsque vous aurez vraiment besoin de ce qu'elles vous proposent, mettez-les dans votre boîte à outils.

Le module mod_env

Le premier de ces modules qui configurent les variables d'environnement passées aux scripts CGI est `mod_env`. Il contient trois directives très simples : `SetEnv`, `UnsetEnv` et `PassEnv`.

La directive SetEnv

La directive `SetEnv` configure la valeur d'une variable d'environnement à passer aux scripts CGI et crée cette variable si elle n'existe pas déjà :

```
SetEnv PATH /usr/local/bin
```

Cette ligne change la valeur de la variable `PATH` passée aux scripts CGI pour qu'elle ne contienne qu'un seul chemin. Tous les programmes appelés par le script CGI devront se trouver dans ce répertoire (ou être appelés par leur chemin complet), sauf si l'auteur du script modifie manuellement la valeur de `PATH`.

La directive UnsetEnv

La directive `UnsetEnv` supprime une (ou plusieurs) variable de l'environnement avant de le passer aux scripts CGI :

```
UnsetEnv PATH
```

De nombreux administrateurs de sites préfèrent supprimer la variable `PATH` de l'environnement CGI pour empêcher un pirate de placer un cheval de Troie quelque part dans ce `PATH` où il serait exécuté à la place d'un programme légitime que le script essaie d'appeler. Ils référencent tous les scripts externes ou les programmes utilitaires par leur chemin complet. Il s'agit certainement d'une bonne mesure de sécurité, mais il vaut mieux que le `PATH` transmis à un script CGI (hérité du processus `httpd` d'Apache qui a appelé le script) ne contienne que des répertoires protégés, où les utilisateurs non privilégiés n'ont pas le droit d'écrire.

La directive PassEnv

La directive `PassEnv` indique une (ou plusieurs) variable de l'environnement du serveur à passer aux scripts CGI :

```
PassEnv USER
```

La directive `PassEnv` ne peut pas servir à créer une nouvelle variable d'environnement ; elle ne peut que désigner une variable dans l'environnement du processus `httpd`, qui est incluse dans l'environnement hérité par les scripts CGI. Dans la ligne ci-dessus, on passe la valeur de `USER`, qui contient l'identifiant de l'utilisateur Linux (`UID`) sous lequel s'exécute le processus `httpd` (par défaut, il s'agit de l'`UID -1`, qui correspond à l'utilisateur *nobody*). Vous pouvez alors faire en sorte que votre script se termine avec un message d'erreur si cette valeur n'est pas celle qu'il attend.

Le module mod_setenvif

Le module `mod_setenvif` fournit quatre directives supplémentaires pour configurer les variables d'environnement en fonction de certaines conditions spécifiées dans ces directives elles-mêmes : `SetEnvIf`, `SetEnvIfNoCase`, `BrowserMatch` et `BrowserMatchNoCase`. Cependant, pour plus d'efficacité et de simplicité, il est préférable de confier au script CGI ces tests sur les en-têtes des requêtes et les actions à entreprendre : remplacez, par exemple, la directive `BrowserMatch` par un test de l'en-tête `User-Agent` dans votre programme, afin qu'il identifie lui-même le navigateur utilisé pour envoyer la requête et qu'il agisse en conséquence.

La directive SetEnvIf

La directive `SetEnvIf` définit une (ou plusieurs) variable d'environnement d'après un attribut associé uniquement à la requête en cours de traitement. Dans la plupart des cas, cet attribut est l'un des en-têtes de requête HTTP (comme `Remote_Addr`, `User_Agent`, `Referer`). Sinon, l'attribut est testé pour voir s'il s'agit du nom d'une variable d'environnement déjà configurée (par une autre directive `SetEnv` ou `SetEnvIf`) dans le cycle de traitement de la requête courante (ou dans une portée plus large, comme celle du serveur).

La syntaxe de cette directive est :

```
SetEnvIf attribut expr_rat var_env[=valeur] [...]
```

Si l'attribut correspond à `expr_rat`, `var_env` est initialisée avec la valeur indiquée (s'il y en a une) ; sinon, elle est initialisée à `1`. Si l'attribut ne correspond pas à l'expression rationnelle, cette directive est sans effet.

La directive SetEnvIfNoCase

La directive `SetEnvIfNoCase` teste la correspondance avec l'expression rationnelle sans tenir compte de la casse des caractères. Son comportement est identique à celui de la directive `SetEnvIf`.

La directive BrowserMatch

La directive `BrowserMatch` définit des variables d'environnement selon la valeur de l'en-tête `User-Agent` de la requête uniquement. Le premier paramètre est une expression rationnelle qui est comparée à cet en-tête : s'il y a correspondance, le reste des paramètres configure les variables d'environnement et (éventuellement) définit les valeurs à leur affecter.

Dans cette directive, les noms de variables peuvent être définis de trois façons :

- *nom_var* – Initialise nom_var à 1.
- !*nom_var* – Réinitalise ou supprime la variable si elle existe.
- *nom_var=valeur* – Initialise la variable avec la valeur indiquée.

Si une chaîne `User-Agent` correspond à plusieurs entrées, ces dernières sont fusionnées. Les entrées sont traitées dans l'ordre de leur apparition et les dernières peuvent surcharger les premières. Exemple :

```
BrowserMatch ^Robot IS_ROBOT
```

S'il teste la présence de la variable d'environnement `IS_ROBOT`, qui indique que sa sortie sera envoyée à un moteur d'indexation de pages Web, le comportement d'un script CGI peut alors être adapté à ces moteurs. En effet, les moteurs d'indexation ignorent généralement les graphiques et les bannières publicitaires et ne les téléchargent pas : la page qui leur est renvoyée devrait contenir uniquement du texte et des mots-clés pour permettre l'indexation.

INFO Les directives `BrowserMatch` et `BrowserMatchNoCase` sont des cas particuliers des directives `SetEnvIf` et `SetEnvIfNoCase` ; elles n'offrent aucune fonctionnalité supplémentaire.

La directive BrowserMatchNoCase

La directive `BrowserMatchNoCase` fonctionne comme `BrowserMatch`, sauf qu'elle ne tient pas compte de la casse lors des recherches de correspondances.

Sécuriser les scripts CGI

CGI est souvent critiqué pour son manque de sécurité lors de l'exécution des programmes sur un serveur Web. Bien qu'on ait découvert des trous de sécurité dans un certain nombre de scripts CGI fréquemment utilisés, ils ne sont pas inhérents à une quelconque faiblesse de CGI. Les problèmes de ces scripts tout prêts qui peuvent être téléchargés sur Internet sont habituellement le résultat d'une mauvaise compréhension de leur utilisation et la plupart d'entre eux ont été améliorés pour les rendre plus sûrs. Lorsque vous utilisez des scripts que vous n'avez pas écrits, assurez-vous de disposer de la dernière version et vérifiez si l'auteur s'est préoccupé de la sécurité avec CGI.

CGI est utilisé pour la programmation Web dynamique depuis très longtemps (depuis 1993) : la plupart des vulnérabilités inhérentes à son utilisation sont donc bien connues. Ces problèmes ne sont pas insolubles tant que vous prenez garde aux détails, notamment si vous faites attention aux saisies de l'utilisateur qui sont transmises à un autre programme par le shell (l'adresse électronique de l'utilisateur passée à un agent de courrier comme `sendmail`, par exemple). Les sections suivantes expliqueront comment écrire des scripts CGI sécurisés.

N'oubliez pas qu'on a déjà prétendu qu'Unix était moins sécurisé que Microsoft Windows NT/2000 : cette critique était surtout due au fait que les vulnérabilités d'Unix étaient bien plus exposées ; en effet, maintenant que NT/2000 est plus souvent utilisé comme serveur, il souffre également (peut-être à tort) de l'image de faiblesse de son modèle de sécurité réseau. Lorsqu'on évoque la sécurité, Linux et NT/2000 n'ont pas d'avantage indéniable l'un par rapport à l'autre : ces deux plates-formes contiennent des vulnérabilités qui peuvent être exploitées par un utilisateur malveillant. Cela dit, je pense que la communauté Linux est plus à l'écoute des risques de sécurité et qu'elle agit donc plus rapidement pour les résoudre dès qu'ils sont découverts.

Un script CGI correctement écrit n'est pas moins sécurisé que tout autre programme Web. Les quelques conseils suivants vous aideront à écrire des scripts CGI sécurisés.

Conseils généraux pour une utilisation sécurisée de CGI

Il existe quelques règles générales pour utiliser CGI de façon sécurisée : ces règles ne garantissent pas que les scripts seront absolument sûrs, mais les suivre vous protégera des vulnérabilités les plus sérieuses et les plus exploitées.

- **N'exécutez jamais Apache sous le compte `root`.** Le démon principal d'Apache, qui ne répond pas aux connexions des clients, doit appartenir à *root*, mais les processus fils `httpd` qu'il crée doivent appartenir à un compte ayant des privilèges limités. Cet aspect sera détaillé au chapitre 13.
- **Évitez de passer au shell tout ce qu'a saisi l'utilisateur.** Les scripts Perl transmettent de différentes façons les données au shell pour qu'il les traite. En général, on crée un nouveau processus shell pour exécuter les commandes, en les entourant de guillemets inverses (' ') ou en les incluant comme paramètres des appels de fonctions `system()` ou `exec()` : il faut éviter cela. Les exemples qui suivent montrent comment les données de l'utilisateur peuvent être interprétées par un processus shell :

```
system("/usr/lib/sendmail -t $adresse_truc < $fichier_entree");
```

ou

```
$resultat='/usr/lib/sendmail -t $adresse_truc < $fichier_entree';
```

Dans ces deux lignes, on passe au shell les données de l'utilisateur sous forme d'un paramètre de la commande `sendmail`. Dans les deux cas, le shell qui traite la ligne peut être trompé et exécuter une partie de `$fichier_entree` comme un processus distinct. Si un pirate a pu piéger votre système en lançant une ligne comme celle-ci :

```
rm *
```

cela pourrait poser un problème. C'est la principale raison pour laquelle les processus Apache répondant aux requêtes des utilisateurs ne doivent jamais s'exécuter sous le compte `root`. Le code ci-dessous montre une meilleure manière de procéder pour passer des données à un processus. Vous remarquerez que, bien que le shell soit utilisé pour exécuter `sendmail`, les entrées de l'utilisateur sont transmises au processus `sendmail` via un canal ; le shell ne voit jamais le contenu de la variable `$machin`.

```
open(MAIL, "|/usr/lib/sendmail -t");
print MAIL "To: $destinataire\n";
print MAIL $machin;
```

- **Configurez explicitement la valeur de la variable d'environnement `PATH` dans tous vos scripts CGI**, au lieu de vous contenter de la valeur héritée du processus Apache. Je vous conseille de l'initialiser avec un seul répertoire, dans lequel vous placerez les scripts ou les autres exécutables auxquels vous faites confiance. J'ai déjà montré une façon de le faire au moyen des directives `SetEnv` et `UnsetEnv`, mais vous pouvez faire de même à partir de vos scripts si, par exemple, vous n'avez pas les privilèges suffisants pour modifier `httpd.conf` (et donc l'environnement de tous les scripts). Dans un script CGI en Perl, la ligne suivante supprime toutes les variables d'environnement et affecte à `PATH` un répertoire « sûr » :

```
delete @ENV{qw(IFS CDPATH ENV BASH_ENV)};
$ENV{"PATH"} = "/usr/local/websafe";
```

Vous pouvez également initialiser `PATH` avec une chaîne vide et appeler tous les programmes externes par leur chemin complet. Avant d'effectuer un appel système, nettoyez `PATH` à l'aide d'une instruction comme celle-ci :

```
$ENV{"PATH"} = "";
```

- **Activez toujours les avertissements de Perl et utilisez le pragma `strict`.** Les avertissements sont activés en passant le paramètre `-w` sur la ligne du *shebang* (la première ligne d'un script), comme dans `#!/usr/bin/perl -w`. Le pragma `strict` s'active par une instruction `use strict;` placée au début du script ; son utilisation est notamment recommandée si vous utilisez `mod_perl`, qui est très exigeant sur la portée des variables. Bien qu'elle ne soit pas absolument nécessaire, l'utilisation de cette ligne vous aidera à éviter de nombreux pièges difficiles à déboguer et aura l'avantage supplémentaire de faire de vous un meilleur programmeur Perl.
- **Prenez toujours les dernières versions des modules CGI.** Pour Perl, par exemple, assurez-vous de télécharger les versions à jour de `cgi-lib.pl` ou `CGI.pm`.

- **Utilisez toujours le mode *taint* de Perl**. Ce mode sera détaillé dans la section suivante.

Utiliser le mode taint de Perl

Perl peut fonctionner dans un mode appelé mode *taint*, qui résout les problèmes de sécurité des scripts lancés avec des privilèges spéciaux par des utilisateurs inconnus ou non privilégiés. C'est exactement ce qui se passe lorsqu'on utilise CGI : on autorise des utilisateurs extérieurs à lancer des programmes sur notre serveur avec le niveau de privilège de celui-ci.

Avec Perl 5, vous pouvez activer ce mode en invoquant Perl à l'aide de l'option `-T` ; la première ligne d'un script CGI devrait donc ressembler à celle-ci (l'option `-w` active les messages d'avertissement) :

```
#!/usr/bin/perl -T -w
```

INFO Avec `mod_perl`, vous ne pouvez pas utiliser l'option `-T` : vous devez inclure la directive `PerlSwitch` dans `httpd.conf` pour activer le mode *taint*.

Le mode *taint* doit son nom au fait que Perl considère que toutes les données provenant d'une source extérieure (une saisie utilisateur non modifiée ni examinée, par exemple) sont suspectes. Perl n'autorisera pas l'utilisation de ces variables douteuses dans les commandes nécessitant la création d'un sous-shell, ni dans le nom d'un fichier manipulé par le script. Si le mode *taint* est activé et que vous tentez de créer un shell pour lui passer des données que Perl considère comme douteuses, votre script sera arrêté et Perl affichera un message d'erreur comme celui-ci :

```
Insecure dependency in `` while running with -T switch at temp.pl line 4, <stdin>
chunk 1.
```

Un programmeur Web a souvent besoin d'utiliser des programmes extérieurs et de leur passer des données qu'un utilisateur inconnu a envoyées. L'un des exemples les plus classiques est l'utilisation d'un agent de transport de courrier (sous Linux, le plus connu est `sendmail`) pour envoyer des données par courrier électronique à partir d'informations fournies par un client. La ligne suivante est l'exemple le plus souvent cité de ce qu'il ne faut absolument pas écrire dans un script CGI :

```
system("/usr/sbin/sendmail -t $adresse < $fichier_demande");
```

Elle utilise une adresse et un nom de fichier saisis par l'utilisateur pour envoyer le fichier à celui-ci. Qu'il y a-t-il d'incorrect là-dedans ? En insérant un point-virgule dans la commande `$fichier_demande`, on peut facilement tromper le *shell* et lui faire croire qu'on n'a passé qu'une seule commande, séparée de la suivante par ce caractère spécial du shell. Le shell se fera généralement un plaisir d'exécuter la seconde commande, qui peut alors se livrer à des opérations coupables.

Si Perl fait tant attention à ne pas utiliser les saisies douteuses du client, comment peut-on transmettre des données en toute sécurité ? Il y a essentiellement deux façons de procéder.

La première consiste à éviter de passer directement les données au shell. En effet, la plupart des pirates essaient de détourner le shell lui-même pour le forcer à exécuter des commandes non autorisées. Pour mettre en place cette méthode de prévention, ouvrez un canal système vers le programme qui est censé recevoir les données en remplaçant la commande `system` précédente par les lignes suivantes :

```
open(PIPE, "| /usr/sbin/sendmail -t");
print PIPE "To: $adresse\n";
open (INFILE, "$fichier_demande");
while (<INFILE>) {
   print PIPE $_;
}
```

Ici, le shell ne voit jamais les données entrées par l'utilisateur, car elles sont directement passées à l'exécutable `sendmail` au moyen du canal. Cela contrecarre toutes les tentatives de détournement du shell.

La seconde méthode consiste à « blanchir » les données : on utilise une expression rationnelle pour extraire les données de la variable suspecte en se servant des groupes entre parenthèses et des références arrière pour créer de nouvelles variables. Perl considère toujours les nouvelles variables créées de cette façon comme sûres. Bien sûr, Perl n'a aucun moyen de savoir si ces variables ont été examinées soigneusement et si elles ne présentent pas de risque lorsqu'elles sont passées au *shell*, mais il laisse le bénéfice du doute au programmeur : il suppose que tout programmeur ayant appliqué une expression rationnelle à des variables douteuses en a également ôté les métacaractères dangereux. C'est au programmeur de s'assurer que cette supposition est la bonne.

Dans l'exemple du courrier électronique, vous pourriez blanchir la variable `$fichier_demandé` à l'aide du code suivant :

```
if ($fichier_demande =~ /(\w{1}[\w-\.]*)\@([\w-\.]+)/) {
  $fichier_demande = "$1\@$2";
} else {
   warn ("LES DONNÉES ENVOYÉES PAR $ENV{'REMOTE_ADDR'} NE FORMENT PAS UNE ADRESSE
CORRECTE :       $fichier_demande: $!");
   $fichier_demande = ""; # on n'a pas trouvé de correspondance correcte
}
```

Dans cet exemple, la variable est analysée pour vérifier qu'elle correspond à un format d'adresse e-mail correct. L'expression rationnelle de la première ligne demande un petit effort d'interprétation. Rappelez-vous que les accolades {} entourent une valeur indiquant le nombre de répétitions du caractère précédent, que les crochets [] définissent un caractère qui sera pris parmi ceux qu'ils entourent et que \w désigne une lettre de mot (c'est un raccourci pour [a-zA-Z0-9]). La première ligne signifie donc « si le contenu de $fichier_demande est une chaîne contenant au moins une lettre, suivie d'un nombre quelconque de lettres, de tirets ou de points, suivis du caractère @, suivi d'au moins une lettre, d'un tiret ou d'un point, alors exécuter le bloc suivant ». Les parenthèses servent à définir des sections de l'expression qui seront ensuite remplacées par les références arrière $n, où $n est ce qui correspond à la énième paire de parenthèses. Dans la ligne suivante, la première paire de parenthèses (qui correspond à la portion de la variable à gauche du @) est remplacée par $1 et la seconde (à droite de @) par $2. Cette substitution remplace l'ancienne valeur de $fichier_demande qui, comme elle a été traitée par une expression rationnelle est maintenant considérée comme sûre.

La clause else de l'instruction if traite les cas où l'expression rationnelle ne correspond pas à $fichier_demande, ce qui signifie que la variable n'a pas le format d'une adresse e-mail. Dans ce cas, le script produit un message qui est inscrit dans le fichier journal d'Apache, accompagné de l'adresse IP de l'hôte distant qui a envoyé les données douteuses et de ces données. Ces informations permettront de localiser un pirate qui essaie d'exploiter une faiblesse de CGI sur le serveur. Après ce compte-rendu, le script vide la variable $fichier_demande, ce qui revient à éliminer ce qu'a saisi l'utilisateur.

Ne choisissez pas la solution de facilité en décidant de blanchir vos variables Perl sans les vérifier. Dans l'exemple précédent, il aurait été facile de le faire en deux lignes de code :

```
$fichier_demande =~ /(.*)/;
$fichier_demande = $1;
```

Ce fragment utilise une expression rationnelle, puis se contente d'écraser la variable par son contenu : par conséquent, Perl suppose qu'on a testé une entrée suspecte et blanchi la variable, bien que rien n'ait été fait. Le programmeur qui écrit ces lignes ferait mieux de désactiver le mode *taint* plutôt que de recourir à cet artifice ; en effet, il bernera sûrement les autres programmeurs qui croiront que son script est sûr, parce qu'il utilise le mode *taint*.

Déboguer les scripts CGI

Pour faciliter le débogage des scripts CGI, le module mod_cgi dispose d'une journalisation spéciale des erreurs. Plutôt que de mélanger vos erreurs CGI à celles d'Apache, vous pouvez capturer la sortie et les messages d'erreurs des scripts dans un fichier distinct.

La directive ScriptLog permet à la fois d'activer la journalisation des scripts et de préciser le fichier qui mémorisera les sorties CGI (en indiquant un chemin absolu ou relatif à ServerRoot). Voici la directive pour un chemin absolu :

```
ScriptLog /var/log/cgilog
```

Voici celle qui utilise un chemin relatif à `ServerRoot` :

```
ScriptLog logs/cgilog
```

Le propriétaire du processus `httpd` d'Apache doit avoir le droit d'écriture sur le fichier journal indiqué. Notez que cette directive ne s'applique que dans un contexte serveur : vous ne pouvez pas la placer dans une directive conteneur et, en particulier, vous ne pouvez pas préciser des fichiers journaux différents pour les différents hôtes virtuels.

INFO Cette journalisation est un outil de débogage utilisé pendant l'écriture des scripts CGI. Elle n'est pas prévue pour être activée sur les serveurs en production, car elle n'est pas optimisée.

Comme les sorties de tous les scripts CGI sont mémorisées (pas seulement les messages d'erreur), votre fichier journal tend à grossir rapidement. La directive `ScriptLogLength` permet de limiter sa croissance en précisant la taille maximale (en octets) qu'il peut atteindre (la valeur par défaut est de 1 Mo). La ligne suivante fixe cette limite à 0,5 Mo :

```
ScriptLogLength 524288
```

Lorsque la valeur de cette directive est atteinte, aucune autre inscription n'est effectuée dans le fichier ; la journalisation est simplement désactivée.

Une autre directive permet de contrôler cette journalisation : il s'agit de `ScriptLogBuffer`, qui sert à limiter la taille des entrées consignées dans le journal. Elle peut être notamment utile pour limiter la croissance de ce fichier lorsqu'on mémorise les contenus des requêtes `PUT` ou `POST` (avec lesquelles le navigateur client envoie des données au serveur). La valeur par défaut de cette directive est de 1 Ko (1024 octets) et la ligne suivante limite les entrées du fichier journal de CGI au quart de cette taille :

```
ScriptLogBuffer 256
```

Utiliser CGI.pm

`CGI.pm` de Lincoln Stein est un très gros module qui utilise des objets Perl 5 pour effectuer des tâches Web simples, comme le balisage des nombreux éléments HTML (en-têtes de sections, formulaires, tableaux, etc.). Il gère également l'interface de CGI vers le serveur Web en fournissant un mécanisme pour capturer les entrées de l'utilisateur dans un hachage, ou tableau associatif. Ce hachage contient les variables d'environnement et leurs valeurs, sous forme de paires facilement accessibles. Dans un script, vous pouvez par exemple accéder à (ou déréférencer) la valeur de la variable d'environnement QUERY_STRING en utilisant $ENV{QUERY_STRING}.

Ce module fournit également quelques-unes des fonctionnalités les plus avancées pour les scripts CGI, dont le téléchargement des fichiers, les cookies, les feuilles de styles HTML, les PUSH du serveur et les cadres. Il peut être utilisé avec du CGI standard ou par le module mod_perl (qui sera présenté plus loin) et simplifie l'utilisation de ces techniques de programmation sans pour autant les remplacer. Ce module est bien trop gros pour être étudié en détail ici, mais les exemples CGI de ce chapitre l'utilisent et illustrent certaines de ses méthodes (ou fonctions, pour ceux qui ne pensent pas encore en termes d'objets). Puisqu'on évoque l'orientation objet, on peut utiliser les méthodes (ou fonctions) internes de CGI.pm comme des objets Perl 5 ou comme des fonctions traditionnelles : vous pouvez choisir l'une de ces deux formes, ou les deux si vous le souhaitez. Le module émule même la fonction ReadParse de cgi-lib.pl (une bibliothèque Perl/CGI sur laquelle de nombreux programmeurs se sont cassés les dents) : vous n'avez donc pas besoin de réécrire les scripts Perl/CGI « historiques » pour utiliser CGI.pm.

CGI.pm peut être téléchargé à partir de la page de recherche de CPAN (Comprehensive Perl Archive Network), sur http://search.cpan.org/.

Un script pour renvoyer l'environnement

Sous Linux, chaque processus est lancé par le système d'exploitation et hérite d'un espace mémoire appelé environnement du processus. Avant de lancer un processus, Linux configure cet environnement en créant les variables et en leur affectant des valeurs que le processus peut ensuite consulter ; c'est par cet environnement qu'on passe des informations aux scripts CGI. Lorsqu'Apache lance un processus CGI, il configure un ensemble de variables d'environnement ; le processus peut les lire pour connaître, par exemple, les en-têtes et l'URL de la requête du client (dans le cas d'une requête GET, cette URL peut contenir des données provenant d'un formulaire).

Le listing 8.1 est un script Perl qui renvoie une liste formatée de toutes ses variables d'environnement.

Listing 8.1 – Le script Environ.cgi

```
#!/usr/bin/perl
# Environ.cgi - Affiche les variables d'environnement configurées par le serveur
#
print "Content-type: text/html\n\n";
print "<HTML><HEAD><TITLE>Variables d'environnementTITLE></HEAD><BODY>";
print "<H2>Variables d'environnement :</H2>";
```

Listing 8.1 – Le script Environ.cgi (*suite*)

```
print "<HR>\n";
foreach $var_env (keys (%ENV)){
        print "<B>$var_env :</B> $ENV{$var_env}<BR>";
}
print "</BODY></HTML>\n";
```

La première ligne indique que Perl est l'interpréteur de ce script : en d'autres termes, il s'agit d'un script Perl (l'extension `.cgi` n'indique rien sur le contenu du fichier, mais garantit qu'Apache le lancera avec CGI). La sortie du script (ce qui est produit par les instructions `print`) est redirigée vers le navigateur du client sous la forme d'une réponse HTTP. Vous remarquerez que la première ligne de cette réponse est l'en-tête `Content-type`, qui force le navigateur à afficher les autres lignes comme du texte formaté en HTML. Cet en-tête est suivi de deux caractères de retour à la ligne (`\n\n`), ce qui est une convention HTTP pour séparer les en-têtes du contenu. La figure 8.1 montre cette page affichée dans un navigateur.

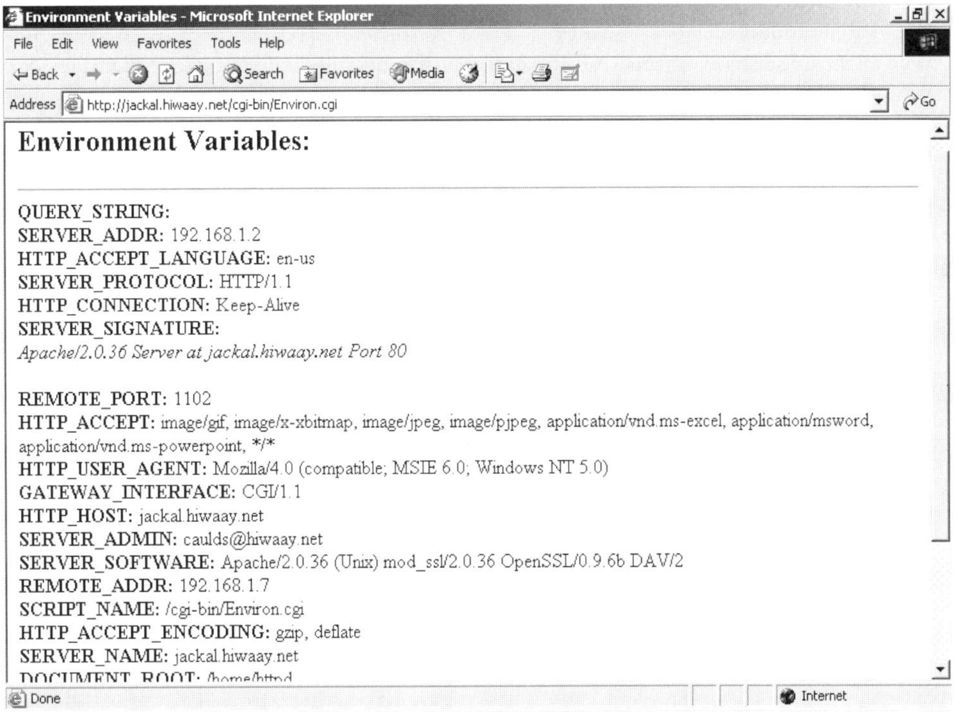

Figure 8.1
Environ.cgi dans un navigateur.

Si vous connaissez un peu Perl, vous constaterez que ce script utilise un hachage (ou tableau associatif) nommé `%ENV` et qu'il le parcourt pour afficher ses couples clé/valeur. Ce hachage contient l'environnement hérité par tous les scripts Perl ; l'accès à cet environnement ne nécessite donc aucun effort spécial : il est fourni par l'interpréteur Perl.

Ce script est très pratique. Prenez le temps de l'installer et de l'exécuter à partir d'un navigateur, car il vous permettra de visualiser l'environnement fourni par CGI . Vous pourrez également constater qu'il est modifié lorsqu'on ajoute certains modules ou qu'on utilise des méthodes de requêtes différentes. Sur mon serveur, je peux y accéder par l'URL suivante :

```
http://jackal.hiwaay.net/cgi-bin/Environ.cgi
```

Vous pouvez passer une variable à n'importe quel script CGI en utilisant une URL comme celle-ci :

```
http://jackal.hiwaay.net/cgi-bin/Environ.cgi?unevariable=unevaleur
```

Si vous essayez sur votre serveur, vous verrez que la variable passée apparaît dans la variable d'environnement `QUERY_STRING` : *unevariable=unevaleur*. C'est ainsi que les informations sont passées aux scripts CGI lorsqu'on utilise une méthode `GET`. Cependant, les données sont le plus souvent envoyées par une méthode `POST` : dans ce cas, Apache utilise l'entrée standard du script (`stdin`) pour lui envoyer les données sous forme de flux. Un script CGI qui doit gérer les requêtes `POST` est un peu plus difficile à écrire, mais des outils comme le module `CGI.pm` (présenté plus haut) facilitent beaucoup les traitements ; bien qu'il ne soit pas nécessaire pour utiliser Perl avec CGI et Apache, il mérite vraiment le temps passé à l'apprendre.

Une méthode plus rarement utilisée pour transmettre des données à un script consiste à les inclure dans l'URL à la suite du nom du script et en les séparant par une barre de fraction, comme si elles faisaient vraiment partie du chemin. Par exemple, testez cette URL :

```
http://jackal.hiwaay.net/cgi-bin/Environ.cgi/extra/chemin/info
```

Cette fois-ci, les données apparaissent dans une variable nommée `PATH_INFO`, plutôt que dans `QUERY_STRING`.

Un exemple simple d'interrogation d'une base de données

Pour donner un exemple d'utilisation des différentes techniques Web présentées dans ce chapitre, j'ai créé une petite base de données relationnelle formée d'une seule table contenant un peu plus de 47000 codes postaux sur 5 chiffres associés à leurs bureaux distributeurs. J'ai fait ce choix parce que ces données appartiennent au domaine public et qu'il m'était possible de les récupérer à partir d'un fichier de 47000 lignes au format *CSV*.

N'importe quel système de bases de données SQL pouvait convenir. J'ai choisi MySQL, un système de gestion de bases de données relationnelles (SGBDR) libre très puissant.

MySQL, un SGBDR simple pour Linux

De nombreux exemples de programmation de ce livre interrogent un système de gestion de bases de données relationnelles en utilisant SQL. Moyennant peu de modifications, ils fonctionneront sur quasiment tous les SGBDR que vous pouvez trouver pour Linux.

MySQL est un système de base de données open-source et gratuit. Sur le site http://mysql.com/, vous pouvez récupérer les toutes dernières versions de développement ou la dernière version stable, ainsi que des distributions précompilées ou des RPM. J'ai téléchargé son code source et j'ai trouvé qu'il était simple à compiler et à installer mais, comme je n'avais besoin que du moteur SQL et que l'optimisation du code ne m'intéressait pas, j'ai ensuite préféré l'installer à partir des RPM. Vous pouvez les trouver sur le site mysql.com, mais je préfère utiliser RPMFind.net.

Les numéros de version de MySQL changent assez rapidement et la version que j'ai installée n'est sûrement plus la dernière à l'heure où vous lisez ces lignes. C'est un serveur de bases de données et il effectue un travail assez banal si vous y accédez directement ; le fait de ne pas avoir la dernière version n'est pas un problème tant que vous possédez un moteur SQL stable et toujours disponible.

Pour disposer d'un système complet, vous devrez assembler quelques pièces. J'ai installé la version 3.23.49 de trois RPM, qui se trouvent sur le troisième disque de la distribution Red Hat 7.3 (dans le répertoire `RedHat/RPMS`) :

- **`mysql-3.23.49-3.i386.rpm`** – Les clients standards de MySQL et leurs bibliothèques. Vous aurez besoin des programmes de ce RPM pour effectuer des tâches critiques comme la création des bases et la sécurisation du système à partir de la ligne de commande. Vous aurez également besoin des fichiers de ce RPM pour installer les autres : par conséquent, installez-le toujours en premier.
- **`mysql-server-3.23.49-3.i386.rpm`** – Ce RPM contient le moteur de bases de données MySQL et les composantes serveur, ainsi que quelques outils d'administration et leurs fichiers associés.
- **`mysql-devel-3.23.49-3.i386.rpm`** – Les fichiers en-têtes et les bibliothèques de développement nécessaires pour écrire des applications clientes. Bien qu'ils ne soient pas strictement nécessaires, l'éditeur de liens aura besoin de ces fichiers lorsque vous compilerez une application MySQL (comme un pilote DBD pour Perl). Je vous conseille de toujours installer ce RPM (il est relativement petit).

L'installation de MySQL est aussi simple que celle de ces RPM dans l'ordre suivant :

```
# rpm -i mysql-3.23.49-3.i386.rpm

# rpm -i mysql-server-3.23.49-3.i386.rpm

# rpm -i mysql-devel-3.23.49-3.i386.rpm
```

J'ai cependant effectué une étape de plus pour installer son excellente documentation sur mon serveur, afin de la consulter via un navigateur Web. En ajoutant la ligne suivante dans mon `httpd.conf`, je peux lire les manuels de MySQL en utilisant l'URL http://jackal.hiwaay.net/MySQL :

```
Alias /MySQL "/usr/share/doc/mysql-3.23.49/ manual_toc.html"
```

MySQL, un SGBDR simple pour Linux (*suite*)

La documentation fournie avec MySQL est la même que celle qu'on consulte en ligne sur mysql.com/documentation. Elle est simplement plus rapide à lire et mieux adaptée à une impression ; la version en ligne étant indexée, je l'utilise également pour faire des recherches rapides.

La première chose à faire immédiatement après l'installation de MySQL consiste à créer un mot de passe pour l'utilisateur *root*, qui car, par défaut, est vide. La commande suivante appelle `mysqladmin` sous le compte `root` et affecte le mot de passe *secret* à l'utilisateur `root`. N'oubliez pas ce mot de passe, car vous en aurez besoin.

```
mysqladmin -u root password secret
```

Le programme `mysqladmin` sert à créer de nouvelles bases de données dans MySQL.

```
# mysqladmin -p create codespostaux
Enter password:
Database "codespostaux" created.
```

L'option `-p` de cette ligne de commande (et des exemples suivants) force MySQL à demander le mot de passe de l'utilisateur. L'utilisateur MySQL est celui qui a appelé la commande (et j'étais ici sous le compte *root*). Pour lancer MySQL et ouvrir la base de données, utilisez la commande suivante (dans les versions « sûres » de MySQL, comme celle fournie par Red Hat, l'option `--local-infile=1` est nécessaire pour pouvoir lire sur le système local) :

```
# mysql -p codespostaux --local-infile=1
Enter password:
Reading table information for completion of table and column names
You can turn off this feature to get a quicker startup with -A
Welcome to the MySQL monitor.  Commands end with ; or \g.
Your MySQL connection id is 7 to server version: 3.23.49
Type 'help;' or '\h' for help. Type '\c' to clear the buffer.
mysql>
```

J'ai créé une seule table dans la base, nommée `codes`. Cette table est formée de deux champs : une chaîne de 25 caractères pour le nom du bureau distributeur et une chaîne de 5 caractères pour le code postal, qui est l'index primaire de la table et ne peut donc pas être vide (`NOT NULL`).

```
mysql> create table codes (bureau char(25),
    -> cp char(5) NOT NULL, primary key (cp) );
Query OK, 0 rows affected (0.00 sec)
```

Les 46796 lignes de la table ont été récupérées à partir d'un fichier texte en utilisant la ligne de commande suivante :

```
mysql> LOAD DATA LOCAL INFILE "codespostaux.txt" INTO TABLE codes
   FIELDS TERMINATED BY ',' ENCLOSED BY '"';
Query OK, 46796 rows affected (2.15 sec)
Records: 46796  Deleted: 0  Skipped: 0  Warnings: 0
```

Cette commande précise que le séparateur de champs est une virgule et que les chaînes du fichier original sont entourées d'apostrophes doubles. Même sur mon ancien Pentium 200 MMX, cette table se chargeait (et était indexée) en moins de trois secondes, ce qui est assez impressionnant.

Pour tous les langages de programmation et techniques présentés dans ce chapitre, je donnerai un exemple de demande à l'utilisateur de saisir un code postal dans un formulaire Web et d'afficher le bureau distributeur correspondant. Cela montrera à la fois comment programmer une application qui attend des données d'un client Web et comment interfacer cette application à un système de base de données, l'interroger et renvoyer les résultats au client. Bien qu'elle soit assez simple, cette application décrit les mécanismes de base de la programmation Web, notamment les accès aux bases de données, ce qui est l'une des tâches les plus courantes des serveurs Web.

Le formulaire d'entrée sera le même pour tous les exemples utilisant la base de données des codes postaux ; il s'agit d'un formulaire HTML très simple, qui n'attend qu'une seule entrée : le code postal à rechercher dans la base. Ce formulaire est présenté dans la figure 8.2.

Figure 8.2
Le formulaire d'interrogation des codes postaux.

Le code HTML de ce formulaire est tout aussi simple, comme vous pouvez le constater avec le listing 8.2.

Listing 8.2 – Code HTML pour produire le formulaire d'interrogation des codes postaux

```
<!DOCTYPE HTML PUBLIC "-//IETF//DTD HTML//EN">
<HTML><HEAD><TITLE>Formulaire d'interrogation des codes postaux</TITLE>
</HEAD><BODY><H1>Formulaire de requête pour la base MySQL des codes postaux</H1>
<FORM METHOD="POST" ACTION="http://Jackal.hiwaay.net/
  cgi-bin/codespostaux.cgi" ENCTYPE="application/x-www-form-urlencoded">
  <EM>Saisissez un code postal sur 5 chiffres :</EM><BR>
  <INPUT TYPE="text" NAME="cp"  SIZE=6>
  <P><INPUT TYPE="reset" VALUE="RAZ">
  <INPUT TYPE="submit" NAME=".submit" VALUE="Lancer la recherche">
</FORM>
<HR>
<ADDRESS>Charles Aulds</ADDRESS><BR>
<A HREF="/">Page d'accueil</A>
</BODY></HTML>
```

Je n'ai pas vraiment écrit le code HTML ci-dessus car `CGI.pm` a fait l'essentiel du travail pour moi. Ce module, en plus des fonctionnalités que j'ai déjà évoquées, permet de créer la plupart des éléments d'un document HTML en utilisant les paradigmes de programmation « traditionnelle » ou orientée objet. La première méthode utilise les appels de fonctions standards de Perl et peut être plus intuitive pour les programmeurs qui ne sont pas complètement à l'aise avec la programmation orientée objet. Elle est utilisée dans le listing 8.3, qui décrit le script CGI produisant le code HTML du listing 8.2.

Listing 8.3 – Utilisation de CGI.pm pour créer le code HTML d'un formulaire Web

```
#!/usr/bin/perl -Tw
use CGI;
use CGI qw/:standard/;
print header;
print start_html("Formulaire d'interrogation des codes postaux");
print "<H1>Formulaire de requête pour la base MySQL des codes postaux</H1>\n";
&print_saisie($requete);
&print_fin;
print end_html;
sub print_saisie {
my($requete) = @_;
```

Listing 8.3 – Utilisation de CGI.pm pour créer le code HTML d'un formulaire

```
print startform(method=>"POST",
                action=>"http://Jackal.hiwaay.net/cgibin/codespostaux.cgi ");
print "<EM>Saisissez un code postal sur 5 chiffres :</EM><BR>";
print textfield(-name=>'cp', -size=>6);
print "<P>",reset('RAZ');
print submit(-value=>'Lancer la recherche');
print endform;
print "<HR>\n";
}
sub print_fin {
print <<END;
<ADDRESS>Charles Aulds</ADDRESS><BR>
<A HREF="/">Page d'accueil</A>
END
}
```

Pour utiliser `CGI.pm` dans un style orienté objet, vous devez créer un objet CGI puis utiliser les méthodes et les propriétés qu'il met à votre disposition. Je conseille cette forme pour deux raisons : la première est qu'il s'agit d'un paradigme de programmation moderne, la deuxième est que tous les exemples que vous trouverez sur `CGI.pm` l'utilisent, y compris ceux de sa documentation. Le listing 8.4 est le même script, mais écrit en utilisant des méthodes de l'objet CGI plutôt que des fonctions.

Listing 8.4 – Utilisation orientée objet de CGI.pm

```
#!/usr/bin/perl -Tw
use CGI;
$requete = new CGI;
print $requete->header;
print $requete->start_html("Formulaire d'interrogation des codes postaux");
print "<H1>Formulaire de requête pour la base MySQL des codes postaux</H1>\n";
&print_saisie($requete);
&print_fin;
print $requete->end_html;
sub print_saisie {
my($requete) = @_;
print $requete->startform(-method=>"POST",->action="http://Jackal.hiwaay.net/cgi-
bin/codespostaux.cgi");
print "<EM> Saisissez un code postal sur 5 chiffres :</EM><BR>";
```

Listing 8.4 – Utilisation orientée objet de CGI.pm (*suite*)

```
print $requete->textfield(-name=>'cp', -size=>6);
print "<P>",$requete->reset('RAZ');
print $requete->submit(-value=>'Lancer la recherche');
print $requete->endform;
print "<HR>\n";
}
sub print_fin {
print <<END;
<ADDRESS>Charles Aulds</ADDRESS><BR>
<A HREF="/">Page d'accueil</A>
END
}
```

Signalons plusieurs points dans ces deux exemples. Tout d'abord, les scripts CGI ne sont prévus que pour renvoyer une page HTML au navigateur du client ; ils ne contiennent aucun code de manipulation de données, ni d'opérations d'entrées-sorties, ni de calculs. On pourrait donc penser qu'il est bien plus facile d'écrire le code HTML et de le sauvegarder dans un fichier `nomfic.html` sur le serveur. Ici, c'est sûrement vrai, mais lorsque vous devrez générer du HTML à la volée, `CGI.pm` compensera les efforts que vous avez consentis pour apprendre à l'utiliser. Utilisez la commande `perldoc CGI` pour consulter l'excellente documentation de ce module ; elle comporte de précieux exemples.

Vous remarquerez également que de nombreuses fonctions (ou méthodes) ont des paramètres par défaut. J'ai par exemple fait confiance au comportement par défaut de la fonction (ou méthode) `header`, qui envoie cet en-tête HTML au client :

```
Content-Type: text/html
```

Vous pouvez surcharger ce paramètre par défaut en précisant votre propre type de contenu à l'aide de ces appels, qui sont équivalents :

```
print header('type-mime/sous-type')
```

ou

```
print $query->header('type-mime/sous-type');
```

Le troisième point est la facilité avec laquelle on peut créer un formulaire HTML avec `CGI.pm` : il n'est plus nécessaire de connaître les marqueurs HTML utilisés par le navigateur pour afficher la page. Si vous comparez ces scripts CGI avec le code HTML produit, vous pouvez aisément constater comment le script crée le formulaire. La meilleure façon d'apprendre ce module consiste à pratiquer exactement de cette façon : en comparant un script avec ce qu'il produit. Plus loin dans ce chapitre je montrerai comment utiliser `CGI.pm` pour recevoir les données de l'utilisateur.

Enfin, même si vous utilisez `CGI.pm`, vous remarquerez que vous pouvez utiliser des instructions `print` pour produire ce que vous souhaitez. C'est exactement ce que j'ai fait pour les lignes les plus simples, qui produisent directement du HTML avec ses marqueurs.

Le listing 8.5 présente le script CGI qui effectue la recherche dans la base de données : il ne prend qu'un paramètre, le code postal saisi par l'utilisateur dans le formulaire. Ce script charge également `CGI.pm`, qui facilite énormément la réception des données provenant d'un formulaire car il fournit la fonction (ou méthode) `param`. Cette fonction peut être appelée en lui passant en paramètre le nom d'un champ de formulaire afin qu'elle renvoie la valeur saisie dans celui-ci. Dans cet exemple, la valeur saisie dans le champ `cp` est obtenue par l'appel `param('cp')`.

Listing 8.5 – Le script codespostaux.cgi pour interroger la base de données

```
#!/usr/bin/perl -w
# Recherche une ligne dans une table MySQL et la renvoie dans un document HTML
#
use strict;
use DBI;
use CGI qw(:standard);
#
# Création d'un objet CGI
my $resultat=new CGI;
#
# Qu'a saisi l'utilisateur dans le formulaire ?
my $cp_saisi=param('cp') if (param('cp') );
my($serveur, $sock, $db);
#
# Connection à la base mySQL, renvoie un descripteur de base de données ($dbh)
my $dbh=DBI->connect("DBI:mysql:codespostaux:jackal.hiwaay.net",
                    "root","secret");
#
# Préparation d'une requête SQL, renvoie un descripteur d'instruction ($sth)
my $sth=$dbh->prepare("Select * from codes where cp=$cp_saisi");
#
# Exécution de l'instruction préparée
$sth->execute;
```

Listing 8.5 – Le script codespostaux.cgi pour interroger la base de données (*suite*)

```
my @ligne;
print $resultat->header;
print $resultat->start_html("Code postal");
print h1("Code postal");
#
# Renvoie les lignes dans un tableau Perl
while (@ligne=$sth->fetchrow_array() ) {
print "Bureau postal du code <font size=+1> <b>$row[1]</b></font> : <font size=+2>
       <b>$row[0]</b></font>\n";
}
print "<p>\n";
print "<h3>GATEWAY_INTERFACE=$ENV{GATEWAY_INTERFACE}</h3>";
print $resultat->end_html;
#
# Appel de la méthode disconnect() sur le descripteur de la base
# pour fermer la connexion à la base de données MySQL
$dbh->disconnect;
```

L'interrogation de la base de données est effectuée à l'aide du module `DBI.pm` (présenté ci-dessous). Bien que DBI ait un grand nombre de fonctions, son utilisation la plus simple consiste à créer une connexion, à composer et à effectuer une requête, puis à fermer cette connexion (les commentaires du listing 8.5 expliquent ce que fait chaque ligne). À l'aide de cet exemple, vous devriez pouvoir écrire rapidement votre propre script pour vous connecter et interroger une base de données relationnelle sur votre propre serveur. Vous n'êtes pas obligé d'utiliser MySQL comme je l'ai fait : en changeant une seule ligne de ce script (celle qui appelle la méthode `DBI->connect`), il fonctionnera avec les principaux serveurs de bases de données relationnels.

DBI.pm

Le module DBI (`DBI.pm`) est certainement l'un des modules Perl les plus utiles. DBI signifie DataBase Independent ; il propose un ensemble standard de fonctions permettant d'interroger un grand nombre de bases de données. Une présentation complète de DBI sort du cadre de ce livre, mais j'ai utilisé ce module pour illustrer l'interrogation des bases de données à partir de scripts CGI standards.

Le module DBI s'installe une fois pour toutes. Puis, on installe le module DBD (DataBase Dependent) correspondant au SGBDR qu'on souhaite utiliser. Comme pour la plupart des modules Perl, les dernières versions de ces modules se trouvent sur CPAN (Comprehensive Perl Archive Network) à l'URL search.cpan.net. Mieux encore : en utilisant le module `CPAN.pm`, vous pouvez les télécharger et les installer en une seule opération. Ainsi, pour installer le dernier module `DBI.pm` et le DBD correspondant à MySQL, j'ai utilisé ces deux commandes après avoir installé `CPAN.pm` (voir chapitre 1) :

DBI.pm (*suite*)

```
# cpan

cpan> install DBI

cpan>install DBD::mysql
```

`DBD::CSV` est également un module très intéressant, que j'utilise assez fréquemment, car il permet de manipuler un fichier contenant des lignes à champs délimités comme s'il s'agissait d'une vraie base de données. Chaque ligne est considérée comme un enregistrement et ses valeurs, séparées par des virgules, sont considérées chacune comme un champ. En utilisant ce module, vous pouvez développer des applications manipulant des bases de données sans devoir pour autant accéder à un vrai SGBDR. Lorsque tout fonctionne, il suffit de modifier l'application pour utiliser un pilote d'une vraie base de données (en installant le module DBD adéquat).

FastCGI

CGI a été le premier mécanisme standard pour la programmation Web et il est resté longtemps l'interface la plus utilisée pour créer des applications utilisant un serveur Web. Cependant, il a toujours été freiné par un problème de performances : chaque fois qu'une application CGI est appelée, le serveur doit créer un nouveau shell pour exécuter le processus. La charge de requêtes imposée à la plupart des serveurs Web modernes est si grande qu'on a recherché et mis au point des mécanismes plus rapides, qui prennent maintenant le pas sur CGI. Parmi eux, FastCGI est un standard qui permet à un script CGI légèrement modifié de ne se charger qu'une fois en mémoire et d'y rester pour répondre aux requêtes suivantes.

INFO À l'heure nous rédigeons ces livres, FastCGI pour Apache 2.0 est toujours en phase de développement. Par conséquent, cette section utilisera Apache 1.3 ; sachez que les choses pourront être sensiblement différentes dans la version finale d'Apache 2.0. Comme FastCGI fonctionne séparément du serveur, son comportement devrait toutefois être presque identique.

FastCGI est formé de deux composantes. La première est un module Apache, `mod_fastcgi.so`, qui modifie le serveur Web pour qu'il identifie et exécute correctement les programmes conçus pour FastCGI. La seconde est un ensemble de fonctions nécessaires à vos programmes. Pour les langages compilés, elles sont intégrées dans une bibliothèque partagée ; pour Perl, elles sont fournies par le module `FCGI.pm`.

Pour que les fonctions de ces bibliothèques soient accessibles, vous devez inclure un fichier en-tête C ou, dans le cas de langages de script comme Tcl ou Perl, ajouter une ligne au début du script pour inclure le code nécessaire à FastCGI. Ces bibliothèques sont disponibles pour C, Perl, Java, Python et Tcl. Dans cette section, nous allons voir comment modifier la configuration d'Apache et les scripts pour l'interrogation des codes postaux afin qu'ils fonctionnent avec FastCGI.

Fonctionnement de FastCGI

FastCGI repose sur un concept très simple. Lorsqu'un programme FastCGI est chargé en mémoire, il y reste jusqu'à ce que le serveur Web soit lui-même arrêté. En d'autres termes, les programmes identifiés par le serveur comme étant des scripts FastCGI sont lancés dans des processus persistants. Le surcoût occasionné par la mise en place d'un nouveau processus et le chargement du script CGI dans son espace mémoire devient donc négligeable, puisque ces opérations ne sont exécutées qu'une seule fois, à savoir, la première fois que le programme est demandé par un client. Pour que cela fonctionne, il faut modifier les programmes CGI classiques pour y inclure une boucle infinie : un programme CGI passe le plus clair de son temps à ne rien faire jusqu'à ce qu'un signal provenant du module `mod_fastcgi` le réveille pour qu'il traite une requête. Lorsqu'il reçoit ce signal, le script fait un nouveau tour de boucle, qui traite toutes les fonctions normales d'un script CGI : il lit les nouvelles informations dans l'environnement ou sur son entrée standard, il les traite et produit quelque chose sur sa sortie standard. N'oubliez pas qu'avec FastCGI, l'environnement peut changer au cours de la vie du processus, chaque fois qu'une nouvelle requête doit être traitée.

Installer et compiler mod_fastcgi

Pour commencer, téléchargez la dernière version de `mod_fastcgi` à partir du site www.fastcgi.com. Le module se compile et s'installe très facilement en module dynamique.

1. Téléchargez la dernière version de ce module (2.2.10 à l'heure de la rédaction de ce livre) puis utilisez cette commande dans le répertoire `/usr/local/src` pour décompacter l'archive :

```
# tar xvfz /home/caulds/mod_fastcgi_2_2_4_tar.gz
```

2. Allez dans le répertoire source qui vient d'être créé, puis appelez `apxs` pour compiler et installer le module à l'aide d'une seule commande :

```
# cd mod_fastcgi_2.2.4
# /usr/local/apache/bin/apxs -i -a -o mod_fastcgi.so -c *.c
```

3. Vérifiez ensuite que les lignes suivantes ont été ajoutées à `httpd.conf` :

```
LoadModule fastcgi_module     libexec/mod_fastcgi.so
AddModule mod_fastcgi.c
```

4. La dernière étape consiste à relancer le serveur. Vous êtes prêt à travailler.

Modifier les scripts CGI pour fonctionner avec FastCGI

FastCGI a été conçu pour que la conversion des scripts existants soit aussi simple que possible. Pour illustrer cette conversion, étudiez le listing 8.6 qui est une simple modification du script `Environ.cgi` du listing 8.1. Vous devez d'abord récupérer le module `FCGI.pm` pour Perl : si vous utilisez le module `CPAN.pm` (voir l'encart précédent sur `DBI.pm`) pour gérer vos modules Perl, cette opération consiste uniquement à lancer la commande `install FCGI` à l'invite de `CPAN.pm`. Le fait d'ajouter la ligne `use FCGI;` au début d'un script Perl garantit qu'il fonctionnera avec CGI (pour obtenir le même résultat avec un langage compilé, il faudrait lier le code objet à la bibliothèque FCGI).

Créez ensuite une boucle qui s'exécute chaque fois qu'un appel à `FCGI::accept` renvoie une valeur positive ou nulle. Lorsque le résultat de cet appel est négatif, la boucle se termine, ainsi que le programme. Tout ce qui se trouve dans cette boucle est du CGI normal. À l'occasion, utilisez l'utilitaire `ab` fourni avec Apache pour faire des tests de rapidité : j'ai constaté que la vitesse de ce script était supérieure de 328 % à celle du script CGI classique lorsqu'il s'appliquait à 10 000 requêtes. Il s'agit d'une très nette amélioration.

Listing 8.6 – Le script FastCGI Environ.fcgi

```
#!/usr/bin/perl -Tw
# Environ.fcgi - Affiche les variables d'environnement configurées par le serveur
use FCGI; # Importation de la bibliothèque ; cette ligne est obligatoire
while (FCGI::accept >= 0) {
  print "Content-type: text/html\n\n";
  print "<HTML><HEAD><TITLE>Variables d'environnement</TITLE></HEAD><BODY>";
  print "<H2>Variables d'environnement :</H2>";
  print "<HR>\n";
  foreach $var_env (keys (%ENV)){
    print "<B>$var_env :</B> $ENV{$var_env}<BR>";
  }
  print "</BODY></HTML>\n";
}
```

Vous remarquerez qu'une nouvelle variable d'environnement apparaît lorsque le résultat de ce script s'affiche dans un navigateur :

```
FCGI_APACHE_ROLE= RESPONDER
```

Elle indique que FastCGI utilise l'un des trois rôles d'application qu'il peut assumer. Le rôle `Responder` offre les fonctionnalités classiques de CGI, ce qui n'est pas le cas des deux autres rôles. Avec le rôle `Filter`, le script FastCGI sert à traiter un fichier avant qu'il ne soit renvoyé au client. Le rôle Authorizer, quant à lui, permet à l'application FastCGI de prendre des décisions sur l'acceptation d'une requête ; FastCGI agit alors comme un module d'autorisation, de la même façon que ceux qui seront décrits au chapitre 13. Ces deux rôles sont trop complexes pour être abordés ici et ne sont pas souvent utilisés : si vous souhaitez les étudier plus en détail, commencez par le site www.fastcgi.com.

Vous remarquerez que les autres modules Perl peuvent toujours être utilisés comme ils l'étaient dans les scripts CGI classiques. Le listing 8.7 illustre ce propos : il s'agit d'une réécriture FastCGI du listing 8.4, visant à mettre en avant l'efficacité de FastCGI..

Listing 8.7 – Script FastCGI pour produire le formulaire d'interrogation de la base

```
#!/usr/bin/perl -Tw
use CGI;
use FCGI; # Importation de la bibliothèque ; cette ligne est obligatoire
$requete = new CGI;
# Boucle de réponse
while (FCGI::accept >= 0) {
  print $requete->header;
  print $requete->start_html("Formulaire d'interrogation des codes postaux");
  print "<H1>Formulaire de requête pour la base MySQL des codes postaux</H1>\n";
  &print_saisie($requete);
  &print_fin;
  print $requete->end_html;
  sub print_saisie {
  my($requete) = @_;
  print $requete->startform(-method=>"POST",
                 -action=>"http://Jackal.hiwaay.net/cgi-bin/codespostaux.cgi ");
  print "<EM>Saisissez un code postal sur 5 chiffres :</EM><BR>";
  print $requete->textfield(-name=>'cp', -size=>6);
  print "<P>",$requete->reset('RAZ');
  print $requete->submit(-value=>'Lancer la recherche');
  print $requete->endform;
  print "<HR>\n";
}
sub print_fin {
print <<END;
<ADDRESS>Charles Aulds</ADDRESS><BR>
<A HREF="/">Page d'accueil</A>
END
}
} # Fin de la boucle FCGI
```

Le listing 8.8 montre un script FastCGI simple, écrit en C.

Listing 8.8 – Un script C simple, utilisant FastCGI

```
#include <fcgi_stdio.h>
int main(void)
{
   int i = 0;
   while(FCGI_Accept() >= 0) {
      printf("Content-type: text/html\r\n\r\n");
      printf("<H1>Bonjour tout le monde !</H1>");
      printf("<p>Vous avez demandé %d fois cette page FastCGI.\n", i++);
   }
}
```

La ligne `#include` est nécessaire pour utiliser FastCGI. Le programme rentre dans une boucle qui est exécutée chaque fois que l'appel `FCGI_Accept()` renvoie une valeur positive ou nulle. On initialise un compteur à l'extérieur de cette boucle afin que vous puissiez constater que chaque requête de ce programme modifie sa valeur et qu'il n'est donc initialisé qu'une seule fois.

mod_perl, l'accélérateur Perl

Perl, en tant que langage interprété, a toujours eu la mauvaise réputation, en partie justifiée, d'être relativement lent. Perl n'est sûrement pas un monstre de vitesse mais, dans la plupart des cas, les performances des scripts ne sont rien par rapport au fait que l'interpréteur doive être chargé en mémoire chaque fois qu'un script est lancé. Sur un serveur Web pouvant faire tourner des milliers de scripts Perl via l'interface CGI, le lancement d'un interpréteur dans un nouveau processus shell pour chaque requête peut avoir un impact non négligeable sur ses performances.

Au chapitre 3, j'ai mentionné `mod_perl` comme une alternative au langage C pour l'écriture de modules Apache. Les développeurs de modules préfèrent généralement utiliser Perl, principalement parce que `mod_perl` fournit un grand nombre de directives simples à utiliser pour chaque étape du cycle de traitement des requêtes. Ces directives permettent de spécifier des modules Perl pour traiter quasiment n'importe quelle tâche, sans ajouter explicitement ces modules à la configuration d'Apache.

Ces modules sont apparus en grand nombre, ajoutant de multiples fonctionnalités à Apache (leurs noms sont préfixés par `ModPerl::`, ce qui facilite leur identification ou leur recherche sur search.cpan.org). Beaucoup sont des modules autonomes, qui n'ont besoin que d'Apache et du module `mod_perl`. D'autres sont conçus comme des briques que les programmeurs peuvent utiliser pour construire leurs propres modules, augmentant ainsi l'expertise des autres programmeurs de la communauté Perl.

Pour utiliser l'un de ces modules ou créer un module Apache en Perl, vous devez d'abord installer `mod_perl` qui est lui-même un module Apache (écrit en C) fournissant les équivalents Perl de l'API (fonctions et structures de données en C). Avec lui, vous codez en Perl quasiment tout ce que vous pouvez faire en C.

Parmi tous ces modules tiers tirant parti de `mod_perl`, l'un des plus intéressants est certainement `ModPerl::Registry`, qui est distribué avec `mod_perl` et qui serait inutile sans lui. Son but consiste à émuler un environnement CGI pour les scripts Perl, leur permettant de fonctionner sans les modifications imposées par d'autres accélérateurs CGI comme FastCGI. À la différence du CGI standard, qui crée ou *forke* un nouveau processus Perl pour traiter chaque requête d'un script, `ModPerl::Registry` ne charge et ne compile un script qu'une fois (en fait, une fois par serveur fils) et le conserve en mémoire pour accélérer significativement son exécution pour les prochaines requêtes. Cela élimine quasiment tous les surcoûts associés à Perl/CGI et place Perl dans la même catégorie que les techniques les plus rapides de programmation Web côté serveur.

Sans rentrer dans les détails, `mod_perl` lie la bibliothèque Perl au serveur Apache, ce qui donne à chaque exécution du serveur son propre interpréteur Perl. Pour cela, deux méthodes sont possibles : les bibliothèques de fonctions Perl peuvent être soit liées statiquement au processus `httpd` (ce qui oblige à recompiler Apache), soit liées au module ODP `mod_perl`, qui est chargé par Apache lorsqu'il démarre. Si cette dernière option est choisie, vous pouvez obtenir le RPM de l'objet dynamique ou le compiler vous-même (les différentes méthodes d'installation de `mod_perl` sont présentées dans les sections suivantes). Nul besoin alors de lancer une nouvelle instance de l'interpréteur Perl dans un processus distinct à chaque appel d'un script CGI, d'où une amélioration conséquente des temps de réponse et du temps total d'exécution des scripts. De ce fait, le nombre de requêtes pouvant être traitées à un instant donné augmente considérablement.

Le module `ModPerl::Registry` crée son propre espace de noms et compile les scripts Perl appelés via `mod_perl` dans cet espace de noms. Chaque script est associé à une étiquette temporelle : la prochaine fois que le script sera utilisé, si les fichiers sources ne sont pas plus récents que le code compilé dans l'espace de noms de `ModPerl::Registry`, le module n'est pas recompilé. Les codes Perl qui sont souvent appelés par les différents scripts (`CGI.pm`, par exemple) ne sont compilés qu'une fois.

L'un des principaux intérêts de `mod_perl` est le fait que presque tous les scripts Perl fonctionnent avec lui sans qu'aucune modification soit nécessaire. Il suffit d'indiquer que `mod_perl` remplacera `mod_cgi` comme gestionnaire de ces scripts. Sur mon serveur, j'ai configuré `mod_cgi` pour qu'il traite les requêtes adressées à `/cgi-bin` et `mod_perl` pour qu'il traite celles adressées à `/perl`.

Installer mod_perl à partir des sources

Pour éviter les problèmes avec mod_perl, installez-le toujours à partir de son code source, que vous pouvez obtenir sur CPAN (search.cpan.org) ou directement sur son site (perl.apache.org/dist/). Prenez la dernière archive dont le nom commence par mod_perl-2. Dans les exemples qui suivent, j'utilise mod_perl-1.99_04.tar.gz, l'une des dernières préversions (bêta) de mod_perl pour Apache 2.0. Lorsque vous lirez ce livre, il existera sûrement une version définitive, mais elle devrait s'installer et fonctionner comme je vais l'indiquer.

Après avoir récupéré l'archive, décompactez-la dans un répertoire de travail, que je place toujours sous /usr/local/src :

```
# cd /usr/local/src
# tar xzf /downloads/mod_perl-1.99_04.tar.gz
# cd mod_perl-1.99_04/
```

Pour compiler mod_perl comme un module dynamique, placez-vous dans le répertoire en tant que *root*. Les commandes suivantes compilent le module et l'installent dans le répertoire modules d'Apache :

```
# perl Makefile.PL MP_AP_PREFIX=/usr/local/apache2
# make
# make install
```

Lorsque l'installation est terminée, vous devez trouver le module dynamique, nommé mod_perl.so, dans le répertoire modules d'Apache. Sa taille (plus de 1 Mo sur ma machine) peut sembler énorme, mais n'oubliez pas qu'il contient tout l'interpréteur Perl.

```
# ls -s /usr/local/apache2/modules/mod_perl.so
1128 /usr/local/apache2/modules/mod_perl.so
```

Vous pouvez réduire quelque peu cette taille en ôtant les symboles de débogage à l'aide de la commande strip :

```
# strip /usr/local/apache2/modules/mod_perl.so
# ls -s /usr/local/apache2/modules/mod_perl.so
1048 /usr/local/apache2/modules/mod_perl.so
```

Cette réduction de 7 % semble modeste, mais n'est pas négligeable, puisque le module est chargé par chaque serveur fils lancé par Apache.

La dernière étape consiste à vérifier que le fichier httpd.conf contient la directive pour charger le module. La version finale modifiera sûrement cette ligne, mais vérifiez qu'elle est là et ajoutez-la si nécessaire avec les autres directives LoadModule :

```
LoadModule perl_module modules/mod_perl.so
```

Attention aux blocs BEGIN et END

Si vos scripts Perl contiennent des blocs BEGIN et END, ceux-ci ne fonctionnent pas avec mod_perl comme vous vous y attendez. Comme les scripts sont compilés et mémorisés par ModPerl::Registry pour être ensuite réutilisés, ces blocs ne sont pas exécutés à chaque appel du script (comme c'est habituellement le cas). Au lieu de cela, le bloc BEGIN n'est exécuté qu'une fois, lorsque le script est chargé par ModPerl::Registry. Le bloc END bénéficie d'un traitement spécial de la part de mod_perl. Dans le cas de scripts chargés en cours d'exécution par ModPerl::Registry, ce bloc est appelé lorsque le script termine son exécution, pour tous les appels à ce script. Pour les scripts chargés au démarrage du serveur (avec PerlModule ou PerlRequire), le bloc END n'est exécuté qu'une fois, à l'arrêt du serveur principal.

Le comportement des blocs BEGIN et END avec mod_perl ne les rend pas inutilisables, mais vous devez les éviter, surtout le bloc BEGIN, avec les scripts conçus pour être mis en cache par ModPerl::Registry.

Exécuter des scripts avec mod_perl

En général, mod_perl fonctionne comme un remplacement pur et simple de CGI (uniquement pour les scripts Perl, bien sûr). Son utilisation ne requiert aucune modification des scripts, mais il les exécute plus rapidement que ne le ferait le CGI standard. Cette section décrit la configuration de ce module pour lancer des scripts Perl, puis présente quelques modules utilisant les fonctionnalités qu'il ajoute à Apache. Bien que l'utilisation la plus courante de mod_perl soit d'accélérer Perl/CGI, ces modules d'extension sont de plus en plus utilisés dans les applications Web ; ils placent mod_perl dans la même catégorie que des concurrents comme PHP ou les servlets Java (décrits plus loin dans ce chapitre).

Passer des données aux scripts mod_perl

Comme mod_perl émule l'interface CGI pour que les scripts CGI normaux puissent s'exécuter sans modification, la meilleure façon de passer des données aux scripts mod_perl consiste à utiliser l'environnement dont il hérite. Pour cela, vous pouvez utiliser deux directives de httpd.conf afin de transmettre des données à ces scripts ; elles ressemblent aux directives SetEnv et PassEnv que nous avons déjà présentées, mais elles doivent être utilisées à la place de celles-ci pour modifier l'environnement spécial que mod_perl configure pour les scripts qui s'exécutent sous son contrôle. La directive PerlSetEnv crée une nouvelle variable d'environnement et configure sa valeur pour qu'un script Perl puisse la récupérer via le hachage %ENV :

```
PerlSetEnv logfile /var/logs/Mylog.txt
```

La seconde directive, `PerlPassEnv`, inclut dans l'environnement du script une variable de l'environnement du serveur principal (habituellement, il s'agit de l'environnement de l'utilisateur qui a lancé Apache, généralement *root*) :

```
PerlPassEnv USER
```

Si vous ne passez pas de données à vos scripts `mod_perl` via l'environnement, vous pouvez demander à `mod_perl` de ne pas configurer d'environnement pour ses scripts. Les gains en vitesse et en mémoire ne sont généralement pas suffisants pour justifier la désactivation de cette fonctionnalité, mais vous pouvez l'utiliser pour améliorer encore un peu les performances :

```
PerlSetupEnv Off
```

La directive `PerlSetVar` de `mod_perl` permet de passer aux scripts des paires variable/valeur quelconques sans utiliser l'environnement. Cette directive est surtout un outil pour les programmeurs de modules et n'est généralement pas utilisée par les programmeurs de scripts. Pour récupérer les informations transmises par cette directive, il faut utiliser un appel à une méthode spéciale, `dir_config()`, ce qui nécessite une modification des scripts CGI standards. `PerlSetVar` s'utilise de la façon suivante :

```
PerlSetVar MaVariable une_donnee_quelconque
```

Passer des options à Perl

La première ligne d'un script Perl/CGI classique indique le chemin vers l'interpréteur et ressemble généralement à `#!/usr/bin/perl`. Avec `mod_perl` cependant, cette ligne est ignorée puisque `ModPerl::Registry` ne connaît (et n'utilise) qu'un seul interpréteur : celui qui a été lié à `mod_perl` lors de son installation. Comme cette ligne est ignorée lors du traitement des scripts par `mod_perl`, les options passées à l'interpréteur sur cette ligne le sont également. Évitez d'utiliser ces options dans vos scripts Perl, car ils produiraient des mises en garde ou des erreurs.

Parmi ces options, la seule que `mod_perl` reconnaîtra et utilisera est `-w`, qui active les messages d'avertissement. L'autre option est généralement importante pour les programmeurs est `-T`, qui active le mode *taint*. `mod_perl` fournit une directive spéciale pour passer ces options à l'interpréteur Perl ; je la trouve très utile et je l'ai donc ajoutée à mon fichier `httpd.conf` :

```
PerlWarn On
```

Modules Apache fournis avec mod_perl

Pour l'administrateur qui veut simplement produire des contenus Web dynamiques ou interactifs, ou accéder à des bases de données au moyen de formulaires HTML, le véritable avantage de `mod_perl` ne vient pas de son API, mais du nombre de modules écrits pour fonctionner avec lui et Apache. Certains font partie de la distribution de `mod_perl` afin d'étendre ses possibilités, mais il en existe d'autres qui effectuent un grand nombre de fonctions différentes. Parmi eux, on trouve des modules pour authentifier les clients à l'aide de diverses bases de données et de schémas d'authentification ou des modules qui implémentent l'analyse de documents côté serveur en utilisant ASP ou SSI. On trouve également des modules maintenant des connexions partagées et persistantes vers des serveurs de bases de données pour accéder le plus rapidement possible aux boutiques en ligne.

Tous les modules Apache, y compris les anciennes versions, sont archivés et disponibles sur :

http://www.cpan.org/modules/by-module/Apache/

Pour ne trouver que les versions les plus récentes, rendez-vous sur CPAN et recherchez les modules correspondant à la chaîne `Apache`. Vous pouvez utiliser l'URL suivante, qui est un raccourci de cette recherche :

search.cpan.org/search?mode=module&query=Apache

Le module ModPerl::Registry

De tous les modules dont dépend `mod_perl`, `ModPerl::Registry` est sans aucun doute le plus important : il l'est tellement qu'on ne peut installer ou utiliser `mod_perl` sans lui. Les deux modules fonctionnent main dans la main et de nombreuses fonctions qu'on croit faire partie de `mod_perl` sont en fait apportées par le module `ModPerl::Registry`. Tout d'abord, il fournit une émulation complète de l'environnement CGI, ce qui permet aux scripts de s'exécuter avec `mod_perl` sans modifications. N'oubliez pas que `mod_perl` ne fait que fournir au programmeur une interface vers Apache et qu'il intègre un interpréteur Perl dans le noyau du serveur. Ce sont ces fonctions de `mod_perl` qui sont utilisées par `ModPerl::Registry` pour fournir l'émulation CGI à Apache et à son interpréteur Perl. Bien qu'il s'agisse d'un module séparé, `ModPerl::Registry` ne peut être dissocié de `mod_perl` et chacun d'eux dépend de l'autre.

La seconde fonction fondamentale de `ModPerl::Registry` est la mise en cache de script. Les scripts Perl/CGI sont automatiquement chargés dans un espace de noms géré par `ModPerl::Registry` et y sont mémorisés au lieu d'être ôtés de la mémoire après leur utilisation. Cela signifie qu'un programme CGI n'est chargé et compilé que la première fois qu'il est appelé et que les appels suivants s'exécutent avec le code mis en cache. Cela accélère beaucoup le débit du moteur Perl, comme nous le verrons dans la section sur la mesure des performances de `mod_perl`.

Bien que ce soit `ModPerl::Registry` qui fournisse l'émulation CGI et la mise en cache des scripts, ces fonctionnalités sont généralement attribuées à `mod_perl`. Pour cette raison, lorsque je parlerai désormais de `mod_perl`, il s'agira en fait de `mod_perl` avec `ModPerl::Registry` et d'autres modules de moindre importance. Sans eux, `mod_perl` ne servirait pas à grand chose pour un administrateur Apache et serait simplement une interface de programmation.

Configurer Apache pour utiliser ModPerl::Registry

Pour que les scripts CGI s'exécutent avec `mod_perl`, vous devez déclarer que `ModPerl::Registry` est le gestionnaire de ces scripts. Sur mon serveur, j'ai utilisé la section `<Location>` suivante pour indiquer que `ModPerl::Registry` est le gestionnaire des URL se terminant par `/perl` :

```
<Location /perl>
   SetHandler perl-script
   PerlHandler ModPerl::Registry
   PerlSendHeader On
   Options +ExecCGI
</Location>
```

La ligne `PerlSendHeader On` force `mod_perl` à produire des en-têtes HTTP classiques, exactement comme `mod_cgi` le fait lorsqu'il traite du CGI standard (par défaut, `mod_perl` n'envoie pas d'en-têtes). Il est conseillé de toujours activer la directive `PerlSendHeader`, notamment lorsqu'on utilise des scripts CGI non modifiés avec `mod_perl`.

J'ai utilisé la directive `Alias` suivante pour affecter un répertoire situé en dehors du `DocumentRoot` d'Apache à l'URL `/perl` :

```
Alias /perl/ /home/httpd/perl/
```

Le répertoire ainsi défini n'a pas besoin de se trouver sous le `DocumentRoot` d'Apache. J'ai utilisé les commandes Linux suivantes pour créer le nouveau répertoire, y copier le script `Environ.cgi`, puis donner ce répertoire et son contenu à l'utilisateur *nobody* et au groupe *www*. Sur votre système, assurez-vous que le fichier appartienne à l'utilisateur qui fait tourner les processus `httpd` et que le groupe soit celui des administrateurs Web.

```
# mkdir /home/httpd/perl
# cp /home/httpd/cgi-bin/Environ.cgi /home/httpd/perl
# chown -R nobody.www /home/httpd
```

Après avoir installé `mod_perl`, j'ai appelé `http://jackal.hiwaay.net/perl/Environ.cgi`. Les modifications apportées au serveur sont en gras :

```
QUERY_STRING:
SERVER_ADDR: 192.168.1.2
HTTP_ACCEPT_LANGUAGE: en-us
SERVER_PROTOCOL: HTTP/1.1
HTTP_CONNECTION: Keep-Alive
SERVER_SIGNATURE:Apache/2.0.36 Server at jackal.hiwaay.net Port 80
REMOTE_PORT: 1193
HTTP_ACCEPT: */*
HTTP_USER_AGENT: Mozilla/4.0 (compatible; MSIE 6.0; Windows NT 5.0)
GATEWAY_INTERFACE: CGI-Perl/1.1
HTTP_HOST: jackal.hiwaay.net
SERVER_ADMIN: caulds@hiwaay.net
SERVER_SOFTWARE: Apache/2.0.36 (Unix) mod_perl/1.99_03-dev Perl/v5.6.1 DAV/2
REMOTE_ADDR: 192.168.1.7
SCRIPT_NAME: /perl/Environ.cgi
HTTP_ACCEPT_ENCODING: gzip, deflate
SERVER_NAME: jackal.hiwaay.net
DOCUMENT_ROOT: /home/httpd
REQUEST_URI: /perl/Environ.cgi
MOD_PERL: mod_perl/1.99_04-dev
UNIQUE_ID: tzpbE38AAAEAADLrW40AAAAB
REQUEST_METHOD: GET
SCRIPT_FILENAME: /home/httpd/perl/Environ.cgi
PATH:bin:/sbin:/usr/bin:/usr/sbin:/usr/local/bin:/usr/local/sbin:Â;  /usr/bin/
X11:/usr/X11R6/bin:/root/bin:/usr/java/jdk1.3.1_01/bin:.
SERVER_PORT: 80
```

ModPerl::ASP et ModPerl::DBI

Deux autres modules Apache pour Perl, `ModPerl::ASP` et `ModPerl::DBI`, méritent d'être mentionnés, mais sont trop complexes pour être détaillés ici. Tous deux vous permettent d'ajouter de nombreuses fonctionnalités à Apache. Par ailleurs, comme ils utilisent les mécanismes de `mod_perl`, ils sont efficaces et rapides. Vous pouvez les trouver, avec leur documentation sur les sites perl.apache.org et search.cpan.org.

Apache::ASP

Ce module Perl implémente ASP (Active Server Pages), technologie développée par Microsoft pour son serveur IIS. La version Microsoft d'ASP pour IIS permet d'intégrer du code Perl, VBScript et JScript dans les documents HTML. Avec `Apache::ASP`, les programmeurs qui connaissent déjà ASP avec les serveurs IIS peuvent améliorer cette compétence en programmant des pages ASP en Perl.

Apache::DBI

Ce module (qui ne doit pas être confondu avec le module standard DBI.pm) active la mise en cache des descripteurs de bases de données de la même façon que le code Perl est mis en cache et réutilisé par les scripts. Il sera présenté en détail dans la section « Connexions persistantes aux bases de données », plus loin dans ce chapitre.

Solutions d'intégration de Perl

Une technique très prisée des programmeurs Web consiste à intégrer du Perl dans du code HTML, exactement comme on le fait avec ASP. Les deux techniques d'intégration les plus connues sont conçues spécifiquement pour Perl et, pour des raisons d'efficacité, forment une couche au dessus du module mod_perl d'Apache. Je décrirai brièvement ces deux systèmes, qui sont tous deux des systèmes de développement pouvant servir à produire des applications Web complètes.

HTML::EmbPerl

Bien que mod_perl et mod_include, lorsqu'ils sont utilisés conjointement, permettent d'intégrer du code HTML dans des pages HTML traitées par le serveur, EmbPerl propose une autre méthode pour cette intégration. Ce module utilise ses propres marqueurs et commandes pour traiter des instructions conditionnelles et itératives, pour évaluer du code Perl et pour construire des structures HTML comme les tableaux ou les listes de choix. En fait, EmbPerl définit une nouvelle spécification pour les contenus intégrés à HTML. Ce module, bien documenté (http://perl.apache.org/embperl/), nécessite l'apprentissage d'une nouvelle méthode non standard pour SSI. Il offre bien plus de fonctions que mod_include et constitue un bel outil de développement pour les programmeurs qui préfèrent intégrer le code dans les documents dynamiques. EmbPerl est activement maintenu par son auteur et par une communauté importante de développeurs ; c'est sans nul doute l'une des principales raisons de l'utiliser.

HTML::Mason

Le nouveau module HTML::Mason semble à première vue fonctionner exactement comme son cousin EmbPerl, mais il y a quelques différences essentielles entre eux. Alors que EmbPerl tend vers une approche basique en partant de HTML pour l'améliorer, Mason a une vue inverse, descendante. Avant que le code HTML ou Perl n'entre en jeu, Mason utilise un plan principal dans lequel les pages Web sont le produit de composants (généralement des mélanges d'HTML, de Perl intégré et de commandes spéciales). L'accent est porté sur la conception de site et la structure des pages, plutôt que sur la seule intégration de fonctions Perl dans des documents HTML ; cela encourage la réutilisation du code et des composants. Mason est doté de fonctions facilitant cette réutilisation, soit par une simple inclusion dans un document, soit par des filtres (qui modifient la sortie d'un composant), soit par des modèles (qui fonctionnent un peu comme les feuilles de style pour appliquer un format à un répertoire entier de pages).

HTML::Mason n'est pas vraiment une extension d'Apache ; il fonctionne de façon autonome ou avec CGI, mais ses développeurs conseillent fortement de l'utiliser avec Apache et mod_perl. Son site, www.masonhq.com/, contient sa documentation très complète, ainsi qu'une petite bibliothèque de composants écrits par des utilisateurs ; vous pouvez la télécharger, l'utiliser ou l'étudier pour apprendre à vous servir de ce module.

Améliorer les performances de mod_perl

Les techniques présentées ici ne sont pas nécessaires pour utiliser mod_perl, mais elles permettent d'améliorer ses performances de façon significative. Ce module repose sur un interpréteur Perl résident en mémoire, qui lui permet d'accélérer l'exécution des scripts Perl/CGI ; il utilise la mise en cache pour faire le reste. Je présenterai deux façons d'améliorer le moteur de cache de mod_perl et, grâce à quelques tests de performances, nous vérifierons que ce module a un effet important sur les performances des scripts Perl.

Connexions persistantes aux bases de données

Nous avons rendu notre exemple d'interrogation d'une base de données plus efficace à l'aide de mod_perl, parce que les modules DBI et DBD::mysql ont été mis en cache et réutilisés. Cependant, la majeure partie du surcoût de ces modules a lieu lors de la connexion à la base. C'est notamment vrai si cette connexion a lieu vers un SGBDR distant, ce qui est relativement courant sur les réseaux actuels. Pour plus d'efficacité, on peut utiliser des connexions persistantes, qui ne s'établissent qu'une fois et sont partagées entre tous les clients qui en ont besoin.

Le module Apache::DBI offre une mise en cache et un partage automatiques des connexions. S'il est utilisé à la place du module DBI.pm habituel, il gère toutes les requêtes DBI effectuées via mod_perl et, à l'instar de ModPerl::Registry pour les scripts, il met en cache les connexions aux bases de données. Pour chaque processus httpd, seul le premier appel DBI->connect crée véritablement une nouvelle connexion ; chaque fois qu'un script effectue ensuite cet appel, c'est ce descripteur de base de données mémorisé qui lui est renvoyé, au lieu d'un nouveau descripteur provenant d'une nouvelle connexion. Lorsque le script utilise l'appel à disconnect pour fermer le descripteur, Apache::DBI remet le descripteur dans le cache plutôt que de réellement fermer la connexion à la base de données. L'utilisation de connexions persistantes partagées accélère énormément les opérations DBI.

Pour utiliser Apache::DBI, installez-le à l'aide de CPAN.pm :

```
# cpan
cpan shell    CPAN exploration and modules installation (v1.54)
ReadLine support enabled
cpan> install Apache::DBI
```

Puis supprimez les lignes `use DBI` des scripts qui doivent utiliser les descripteurs de bases de données mis en cache ; les appels aux fonctions DBI ne sont alors plus prises en charge par le module DBI standard, mais par `Apache::DBI`.

N'essayez jamais d'établir une connexion à une base de données pendant le démarrage d'Apache (à partir d'un script de démarrage de `mod_perl`, par exemple). Cela semble peut-être un moyen logique d'ouvrir des connexions qui seraient utilisées plus tard, mais les descripteurs ainsi créés seraient alors partagés par tous les processus fils `httpd`, au lieu d'être ouverts pour chacun d'eux. Des conflits pourraient survenir entre les processus `httpd` tentant d'utiliser simultanément le même descripteur.

Précharger des modules

Comme on l'a vu, pour traiter les requêtes des utilisateurs, le processus `httpd` principal crée des processus fils qui héritent de son espace de noms. Chaque processus fils reçoit sa propre copie des modules Perl chargés par le serveur principal pour disposer de `mod_perl`. À chaque traitement d'une requête pour un script CGI, les processus chargent également leur propre copie de `ModPerl::Registry` et gèrent leur propre cache de scripts déjà compilés. Généralement, ces `httpd` fils sont supprimés après avoir répondu à un nombre donné de requêtes (configuré par la directive `MaxRequestsPerChild`) ; cela atténue les problèmes de fuites mémoire, mais supprime également le cache de ce processus, qui doit donc être reconstruit en repartant de zéro. Au cours de la vie du serveur principal, cette situation peut arriver des milliers de fois.

Pour empêcher que le code Perl ne soit supprimé en même temps que le processus qui l'a chargé, `mod_perl` utilise deux directives de configuration, qui permettent aux scripts Perl d'être préchargés dans l'espace de noms du serveur principal et donc d'être hérités par tous ses processus fils.

La première est `PerlRequire`, qui indique un seul script Perl qu'on souhaite charger au démarrage d'Apache :

```
PerlRequire startup.pl
```

Généralement, ce script contient des instructions `use` pour charger d'autres codes Perl. Cette directive sert à précharger des modules externes communs à plusieurs scripts.

```
# contenu de startup.pl
use ModPerl::Registry;
use CGI;
use Apache::DBI;
```

Le script indiqué doit se trouver dans l'un des répertoires du tableau `@INC` (décrit dans la section suivante).

La seconde directive est PerlModule, qui indique un unique module à charger au démarrage d'Apache. Le script startup.pl qu'on vient de voir pourrait donc être entièrement réécrit dans httpd.conf à l'aide de ces quatre directives :

```
PerlModule ModPerl::Registry
PerlModule CGI
PerlModule Apache::DBI
```

L'avantage de PerlModule est qu'il n'a pas besoin d'un script externe ; en revanche, on ne peut pas précharger plus de 10 modules avec cette méthode. Dans la plupart des cas, cette limite n'a pas d'importance, mais si vous devez précharger plus de 10 modules, vous devrez utiliser un script de démarrage.

Gérer les redémarrages du serveur

Le comportement par défaut de mod_perl consiste à conserver tout le code Perl mis en cache lorsque le serveur est redémarré par apachectl restart (ce qui est différent d'un arrêt suivi d'un démarrage). La directive PerlFreshRestart garantit que le code mis en cache par les directives PerlRequire et PerlModule de httpd.conf est nettoyé lorsqu'Apache redémarre :

```
PerlFreshRestart on
```

Évaluer les performances de mod_perl

Pour constater l'accélération de mod_perl par rapport à un script CGI classique utilisant l'interface CGI, j'ai utilisé l'excellent outil de mesure de performances fourni avec Apache : ab (ApacheBench), qui se trouve dans le répertoire bin de l'arborescence Apache (généralement /usr/local/apache2/bin/ab).

Le listing 8.9 montre un script CGI très simple, qui se contente de renvoyer l'environnement système.

Listing 8.9 – Script de test utilisé avec ApacheBench

```
#!/usr/bin/perl
# Environ.cgi - Affiche les variables d'environnement configurées par le serveur
#
print "Content-type: text/html\n\n";
print "<HTML><HEAD><TITLE>Variables d'environnementTITLE></HEAD><BODY>";
print "<H2>Variables d'environnement :</H2>";
print "<HR>\n";
foreach $var_env (keys (%ENV)){
```

Listing 8.9 – Script de test utilisé avec ApacheBench (*suite*)

```
        print "<B>$var_env :</B> $ENV{$var_env}<BR>";
}
print "</BODY></HTML>\n";
```

J'ai utilisé ab pour exécuter ce script comme un CGI classique à l'aide de la commande suivante :

```
# ab -n 10000 -c 20 192.168.1.1:80/cgi-bin//Environ.cgi
```

Ici, -n représente le nombre de requêtes à effectuer et -c précise le nombre de connexions simultanées qui seront ouvertes sur mon serveur par ab.

J'ai collecté les statistiques sur 10000 requêtes de /cgi-bin//Environ.cgi, puis j'ai exécuté la commande suivante pour faire de même avec /perl/Environ.cgi, qui est géré par mod_perl et ModPerl::Registry.

```
# ab -n 10000 -c 20 192.168.1.1:80/perl/Environ.cgi
```

Les résultats de ces tests (tableau 8.1) montrent qu'avec la version mod_perl, Apache peut répondre à 3,5 fois plus de requêtes qu'avec la version classique.

Tableau 8.1 – Résultats des tests de rapidité de Perl/CGI et mod_perl

	Apache 1.3.9/CGI	Apache 1.3.9/mod_perl 1.21
Serveur	192.168.1.1	192.168.1.1
Port	80	80
Chemin	/cgi-bin/Environ.cgi	/perl/Environ.cgi
Niveau	20	20
Durée	355.110 seconds	96.444 seconds
Requêtes abouties	10000	10000
Requêtes échouées	0	0
Total transféré	13001694 bytes	13590000 bytes
HTML transféré	11480000 bytes	11110000 bytes
Nombre de requêtes par seconde	28.16	103.69
Temps moyen de connection	709 ms	178 ms
Taux de transfert	35.75 Kbps received	137.60 Kbps received

Ces résultats parlent d'eux-mêmes : l'utilisation de mod_perl fait passer le nombre de requêtes par secondes de 28 à 104 (quadruplant presque le nombre de connexions que le serveur peut gérer à un instant donné). Le temps de connexion des utilisateurs chute, lui aussi, de 0,7 s à moins de 0,2 s (c'est moins significatif et c'est imperceptible pour la plupart des utilisateurs).

Si on avait ajouté l'efficacité supplémentaire introduite par le partage des connexions persistantes, ces résultats auraient été encore plus impressionnants. C'est pourquoi j'ai lancé le deuxième jeu de tests, dont les résultats sont répertoriés dans le tableau 8.2.

Ce tableau montre une accélération encore plus notable lorsqu'on utilise mod_perl. Cette commande interroge 1 000 fois la base de données codespostaux :

```
# ab -n 1000 -c 20 192.168.1.1:80/cgi-bin/codespostaux.cgi?cp="35016"
```

Celle-ci fait de même pour la version mod_perl :

```
# ab -n 1000 -c 20 192.168.1.1:80/perl/codespostaux.cgi?cp="35016"
```

Ce test donne vraiment à mod_perl l'occasion de briller, car il ne se contente pas de tirer parti de l'interpréteur Perl intégré, qui élimine le surcoût dû à la création du processus shell associé à CGI. Il permet également à ModPerl::Registry d'ouvrir une connexion vers la base de données et de passer le descripteur aux processus qui, sinon, auraient dû établir et fermer leurs propres connexions. Sans aucun effort d'optimisation de mod_perl, on constate que le nombre de connexions par seconde a plus que quadruplé. Je ne suis pas un expert des tests de performance et ces résultats ne sont pas scientifiquement prouvés, mais ils suffisent à me convaincre que mod_perl l'emporte haut la main par rapport au CGI classique.

Tableau 8.2 – Résultats des tests de performance avec le partage de connexion à une base de données

	Apache 1.3.9/CGI	Apache 1.3.9/mod_perl 1.21
Serveur	192.168.1.1	192.168.1.1
Port	80	80
Chemin	/cgi-bin/ zipcodes.cgi?zip="35801"	/perl/ zipcodes.cgi?zip="35801"
Niveau	10	10
Durée	258.722 seconds	63.691 seconds
Requêtes abouties	200	200
Requêtes échouées	0	0
Total transféré	127000 bytes	131843 bytes
HTML transféré	89200 bytes	90200 bytes

Tableau 8.2 – Résultats des tests de performance avec le partage de connexion à une base de données (*suite*)

	Apache 1.3.9/CGI	Apache 1.3.9/mod_perl 1.21
Nombre de requêtes par seconde	0.77	3.20
Temps moyen de connection	12518 ms	424 ms
Taux de transfert	0.48 Kbps received	2.05 Kbps received

Programmer avec mod_perl

Non content d'accélérer les scripts Perl lancés par Apache via CGI, `mod_perl` offre également deux autres fonctionnalités pour la programmation Apache. La première permet d'écrire des modules entièrement en Perl (ce qui évite aux développeurs de devoir utiliser C). La seconde, bien moins utile, permet d'inclure du code Perl dans `httpd.conf` pour que les directives Apache soient créées dynamiquement au chargement du serveur.

Utiliser les gestionnaires Perl

En plus de lier l'interpréteur Perl au noyau Apache, `mod_perl` a une autre fonctionnalité importante : il permet d'écrire des modules en Perl. Pour cela, on utilise des directives spéciales de `mod_perl` dans `httpd.conf`, afin d'indiquer les programmes Perl qui serviront de fonctions de rappel pendant le cycle de traitement des requêtes. Ces programmes fourniront également un grand nombre de fonctions Perl correspondant aux fonctions de l'API d'Apache (qui n'étaient auparavant accessibles qu'aux programmes C).

Les directives suivantes correspondent, chacune, à une phase précise du cycle de traitement des requêtes par Apache :

```
PerlOpenLogsHandler
PerlPostConfigHandler
PerlChildInitHandler
PerlPreConnectionHandler
PerlProcessConnectionHandler
PerlPostReadRequestHandler
PerlTransHandler
PerlInitHandler
PerlHeaderParserHandler
PerlAccessHandler
PerlAuthenHandler
PerlAuthzHandler
PerlTypeHandler
PerlFixupHandler
PerlResponseHandler
```

```
PerlLogHandler
PerlCleanupHandler
PerlInputFilterHandler
PerlOutputFilterHandler
```

Vous pouvez avoir l'impression d'entrer sur le territoire des programmeurs, mais tous ces gestionnaires sont, en fait, très simples à utiliser. Ils vous permettent d'indiquer le code Perl qui s'exécutera lors des différentes étapes de la gestion d'une requête HTTP sans devoir utiliser les fonctions spécialisées de l'API Apache (qui restent toujours disponibles.

Le listing 8.10 montre un programme Perl très simple, qui inscrit dans un fichier journal les informations d'écriture sur une base de données MySQL. Le `$r` de cet exemple est un objet qui représente les en-têtes de la requête HTTP ; il est extrait d'un autre objet passé au script par `mod_perl`, qui contient tout ce que sait Apache à propos de cette requête.

Listing 8.10 – Programme de journalisation pour mod_perl

```
package Apache::LogMySQL;
use Apache::compat;
use strict;
# Décommenter si l'on n'utilise pas Apache::DBI
# use DBI ();
use Apache::Util qw(ht_time);
sub handler {
   my $orig = shift;
   my $r = $orig->last;
   my $date    = ht_time($orig->request_time, '%Y-%m-%d %H:%M:%S', 0);
   my $host    = $r->get_remote_host;
   my $method  = $r->method;
   my $url     = $orig->uri;
   my $user    = $r->connection->user;
   my $referer = $r->header_in('Referer');
   my $browser = $r->header_in('User-agent');
   my $status  = $orig->status;
   my $bytes   = $r->bytes_sent;
   my $dbh =
      DBI->connect("DBI:mysql:mydblog:jackal.hiwaay.net","root","secret")
          || die $DBI::errstr;
   my $sth = $dbh->prepare("INSERT INTO accesslog VALUES(?,?,?,?,?,?,?,?,?)")
              | die $dbh->errstr;
  $sth->execute($date,$host,$method,$url,$user,
                 $browser,$referer,$status,$bytes) || die $dbh->errstr;
```

Listing 8.10 – Programme de journalisation pour mod_perl (*suite*)

```
    return OK;
}
1;
__END__
```

Si ce fichier est enregistré sous le nom `LogMySQL.pm` dans le répertoire des paquetages d'Apache (`/usr/lib/perl5/site_perl/5.6.1/i386-linux/Apache2` sur mon système), il peut servir de gestionnaire pour la phase de journalisation du cycle de requête ; il suffit d'ajouter cette simple directive :

```
PerlLogHandler Apache::LogMySQL
```

Chaque fois qu'une requête est traitée, il est appelé lors de la phase de journalisation. Vous remarquerez qu'il crée son propre espace de noms (`Apache::LogMySQL`). Il y a peu de choses à dire sur ce script, sauf que `$r` désigne l'objet de requête d'Apache et que toutes les informations nécessaires au journal en sont extraites. Une fonction spéciale du module `Apache::Util`, `ht_time()`, sert à formater l'étiquette temporelle de la requête mémorisée dans le journal. Remarquez également que la ligne `Use DBI` est mise en commentaire : elle n'est nécessaire que si on n'a pas indiqué `Use Apache::DBI` dans un script de démarrage pour que ces connexions soient partagées. Dans cet exemple, comme on utilise `Apache::DBI`, l'appel `DBI->connect` renvoie un descripteur d'une connexion déjà ouverte. Ce descripteur est libéré à la fin du script et réutilisé encore et encore.

Cet exemple n'est qu'un simple squelette de ce qui est nécessaire pour mettre en place d'un gestionnaire Perl : bien que ce soit un exemple qui fonctionne, il est minimal. Étudiez les modules de journalisation DBI existants (`Apache::DBILogConfig` ou `Apache::DBILogger`) avant d'écrire le vôtre. Vous trouverez ces modules par une simple recherche sur http://search.cpan.org/.

Utiliser mod_perl pour modifier httpd.conf

`mod_perl` améliore également Apache en permettant d'inclure du code Perl dans des sections `<Perl>` de `httpd.conf`. Ces sections sont interprétées au démarrage du serveur et servent à produire dynamiquement des directives de configuration. Je ne trouve pas cette possibilité très intéressante ; au contraire, elle a tendance à compliquer la configuration du serveur. De plus, bien que l'utilisation de code Perl dans votre `httpd.conf` puisse simplifier et raccourcir ce fichier, la configuration chargée par Apache et stockée en mémoire est identique à celle qui aurait été construite avec les directives traditionnelles. Il n'y a aucun avantage, en termes de performances, à utiliser des sections Perl.

Dans certaines situations cependant, cette possibilité peut simplifier le processus de configuration. Utilisez les sections <Perl> lorsque les directives peuvent être produites par programme (en récupérant, par exemple, leurs valeurs dans une base de données). Elles peuvent également servir lorsque vous pouvez utiliser une boucle pour configurer un ensemble de sections (lorsque, par exemple, vous utilisez une liste d'hôtes virtuels pour construire un certain nombre de sections <VirtualHost>).

Pour activer cette possibilité, utilisez PERL_SECTIONS=1 lorsque vous installez mod_perl avec APACI ou apxs :

```
perl Makefile.PL PERL_SECTIONS=1
```

Pour utiliser des sections <Perl>, il suffit de créer des variables de même nom que des directives de configuration et de leur affecter des valeurs scalaires ou des listes Perl qui sont interprétées ensuite comme des chaînes délimitées par des espaces. En d'autres termes, si vous vouliez créer une directive Listen et lui affecter la valeur 80, vous pourriez utiliser la section <Perl> suivante :

```
<Perl>
   $Listen=80;
</Perl>
```

Lorsqu'Apache démarre et qu'il lit ce fichier de configuration, ces variables sont converties en directives classiques qui sont ensuite traitées comme si elles apparaissaient textuellement dans le fichier. Deux exemples illustreront ce fonctionnement. Voici une section Perl pour configurer quelques directives générales du serveur :

```
<Perl>
@PerlModule = qw(Apache::Include Apache::DBI CGI);
$User="wwwroot";
$Group="wwwgroup";
$ServerAdmin="caulds@hiwaay.net";
__END__  # Le texte suivant cet élément est ignoré par le préprocesseur
</Perl>
```

L'exemple suivant montre comment utiliser les hachages pour stocker le contenu des directives conteneurs. Les conteneurs imbriqués sont stockés dans des hachages Perl imbriqués.

```
<Perl>
$Directory{"/secure/"} = {
   @AllowOverride = (FileInfo AuthConfig Limit);
```

```
    AuthUserFile => "/usr/local/adminpwds";
    AuthGroupFile => "/usr/local/groups";
    AuthType => "Basic";
    Limit => {
       METHODS => "GET POST",
       Require => "group Webteam";
    }
}
__END__
</Perl>
```

Évidemment, les sections Perl de ces exemples n'offrent aucun avantage sur des directives ordinaires. En revanche, un code Perl apporte un réel bénéfice lorsqu'il s'agit de créer dynamiquement des hôtes virtuels (qui peuvent être des centaines). Supposons, par exemple, qu'on dispose d'un fichier texte `sites.conf` contenant des définitions d'hôtes virtuels, à raison d'une par ligne. Voici un exemple très simple, qui ne teste quasiment aucun cas d'erreur et qui génère les conteneurs correspondant à des hôtes virtuels par adresse. Chaque fois qu'un hôte doit être ajouté, supprimé ou modifié, on effectue les changements dans `sites.conf` et `httpd.conf` n'a pas besoin d'être modifié :

```
<Perl>
open SITECONF, "< /usr/local/apache2/conf/sites.conf " or die "$!";
while (<SITECONF>) {
    chomp;
    next if /^s*#/ || /^s*$/; # Ignore les commentaires et les lignes vides
    my @champs = split(/:/,$_,-1);
    die "Le fichier sites.conf a un format incorrect" unless scalar(@champs)==6;
    my ($nomsite, $sadmin, $ip, $http_dir, $errlog, $tfrlog)= @champs;
    $VirtualHost{$ip} = {
       ServerName => $nomsite,
       ServerAdmin => $sadmin,
       DocumentRoot => "/home/httpd/".$http_dir,
       ErrorLog => "logs/".$errlog,
       TransferLog => "logs/".$tfrlog
    };
}
close SITECONF;
__END__
</Perl>
```

Si vous choisissez d'utiliser des sections Perl pour configurer dynamiquement les hôtes virtuels, n'oubliez pas que vous pouvez lancer `httpd -S` pour afficher leur configuration.

INFO Nombreuses sont les documentations de qualité sur mod_perl, mais elles sont souvent difficiles à trouver. Vous devriez vous procurer tout ce dont vous avez besoin sur le site officiel de mod_perl, http://perl.apache.org/. Les informations sur mod_perl pour Apache 2.0, notamment, sont disponibles sur http://perl.apache.org/docs/2.0/. Si vous comptez utiliser sérieusement mod_perl pour développer des applications Web complètes, lisez l'excellent guide de Stas Bekman (http://perl.apache.org/docs/1.0/guide/).

PHP

Si vous vous êtes intéressé au développement de sites Web au cours de ces cinq dernières années, vous avez sûrement entendu parler de PHP (qui s'appelait initialement Personal Home Page Tools). Conçu en 1994 comme un simple outil pour intégrer du code à HTML (analysé côté serveur) et créer un contenu dynamique dans les pages Web, PHP s'est rapidement transformé en un puissant outil de développement. Il est également devenu l'un des plus populaires. En fait, c'est de loin le module d'extension le plus utilisé. Une étude de mai 2002, menée par SecuritySpace (www.securityspace.com), montre que les sites Internet qui utilisent PHP sont deux fois plus nombreux que ceux utilisant mod_perl. PHP repose sur des années de travail de nombreux contributeurs et il est distribué sous une licence open-source à partir de www.php.net. PHP est bien plus qu'un SSI amélioré.

PHP s'est construit une réputation de langage de script puissant, mais suffisamment simple pour attirer les concepteurs de sites qui ne sont pas nécessairement des programmeurs professionnels. En ce sens, il a remarquablement atteint son but. L'intégration de code dans des pages HTML paraît naturelle et intuitive pour de nombreux concepteurs Web (bien que nombres de programmeurs trouvent encore cette approche inélégante) et j'ai moi-même été surpris de constater la rapidité avec laquelle je pouvais créer des applications utiles avec PHP. Tout ce qui peut être fait en CGI classique peut également être réalisé en PHP, même si mod_perl ouvre un nouveau monde pour la programmation.

PHP donne ses lettres de noblesse aux scripts intégrés qui s'exécutent côté serveur et il a sa place dans la boîte à outils de n'importe quel programmeur Web. Cela dit, le mélange de code avec HTML est une bonne chose pour les besoins simples, mais lorsque le volume du code dépasse de beaucoup celui de HTML, les pages perdent en lisibilité ; les avantages du code intégré à HTML peuvent notamment être remis en cause dans le cas des pages qui insèrent des documents ou des scripts externes.

PHP a toujours été parfait pour le développement rapide de pages Web dynamiques ; avec l'apparition de la version 4.0, en mai 2000, sa vitesse d'exécution a progressé et il possède désormais les fonctionnalités nécessaires à un environnement de développement d'applications Web professionnelles.

Documentation PHP

L'un des avantages de PHP est la documentation fournie par les développeurs. Elle est riche, précise et utile. Vous pouvez télécharger le manuel complet, dans l'une des 12 langues disponibles, sous la forme d'un énorme fichier PDF, où télécharger sa version HTML et la placer sur votre propre serveur. Le manuel PHP est également disponible pour les ordinateurs de poche, aux formats Palm DOC ou iSilo. Toutes ces documentations sont également au format Windows Help.

Cependant, le plus prisé est le manuel PHP en ligne : comme PHP contient des centaines de fonctions, la possibilité de les retrouver toutes très facilement dans ce manuel bien organisé constitue réellement un avantage dont on ne peut se passer. Ajoutez cette documentation en ligne à vos favoris ; elle est disponible sur php.net ou l'un de ses 80 sites miroirs tout autour du monde (figure 8.3).

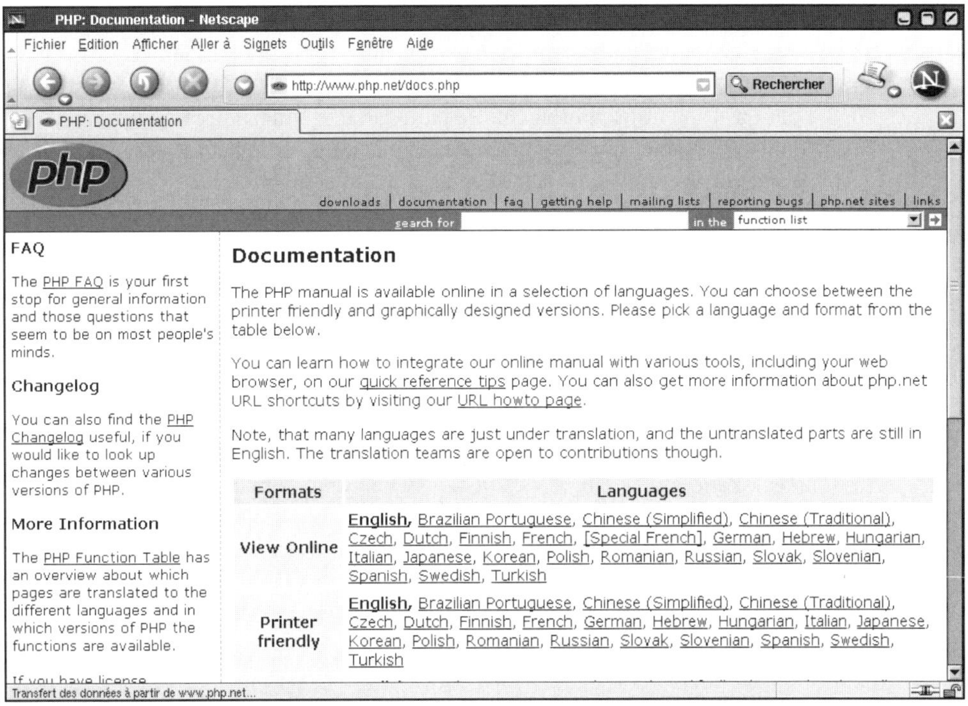

Figure 8.3
PHP est remarquablement documenté.

L'une des fonctionnalités les plus intéressantes de cette documentation en ligne est la section sur les remarques des utilisateurs, à la fin de chaque page. Les lecteurs peuvent soumettre des remarques sur une page et lire celles des visiteurs précédents : ces commentaires sont souvent intéressants et améliorent énormément la documentation des développeurs. De telles informations seraient fort intéressantes sur les documentations en ligne des autres sites.

PHP 4.0

PHP 4.0 a fait son apparition en mai 2000 et ce sont les fonctionnalités ajoutées par cette version qui ont rendu PHP vraiment intéressant. Soulignons l'excellent travail de l'équipe de développement de PHP, qui a éliminé dans cette version les faiblesses principales de PHP 3.0, au lieu de se contenter d'ajouter autant de fonctionnalités tape à l'œil que possible. PHP 4.0 a fait de gros progrès en corrigeant la majorité des défauts de PHP sur un serveur en production, notamment ses faibles performances et l'absence d'orientation objet. Si vous comptez utiliser PHP, je vous conseille vraiment de télécharger cette dernière version.

Le changement le plus important dans PHP 4.0 est une réécriture complète du moteur de script, qui intègre désormais un analyseur du langage : le moteur Zend, de Zend Technologies Ltd. (www.zend.com). Dans un curieux renversement de situation, la licence du moteur Zend, propriété de Zend Technologies, a été ensuite cédée au PHP Group (les inventeurs du langage PHP) pour qu'il soit utilisé librement. Ce partenariat original entre l'équipe de développement open-source de PHP et une société commerciale a eu un impact d'une portée considérable. Avec le moteur Zend, Zend Technologies a également offert un outil appelé optimisateur Zend, qui examine le code PHP et effectue des optimisations pouvant doubler la vitesse d'exécution de la plupart des applications PHP.

Quel intérêt a Zend Technologies Ltd à agir de la sorte ? Alors que Zend accélère la pénétration de PHP dans la communauté des développeurs grâce aux produits libres qu'on vient de mentionner, cette société vend des extensions à PHP. Il existe ainsi Zend Studio, environnement de développement graphique pour les développeurs PHP et Zend Encoder, qui fonctionne comme le compilateur de Java (il compile PHP dans un code qui n'est pas plus rapide, mais qui devient illisible, pour les développeurs voulant distribuer leurs produits sans fournir les sources). Zend Accelerator est également un autre produit commercial, destiné aux sites en production recherchant les meilleures performances possibles pour leurs applications PHP. Cet accélérateur a pour but d'augmenter le débit du moteur Zend (bien que les détails sur la façon dont il procède soient un peu obscurs).

PHP et les bases de données

L'une des raisons qu'on donne souvent pour expliquer le succès de PHP est son très bon comportement avec les bases de données. La dernière version de PHP reconnaît les SBGD suivants (bien qu'il faille fournir une directive de configuration spéciale pour chacun d'eux afin de compiler le gestionnaire dans un module) :

- Adabas D

- DBase
- DBMaker
- Empress
- FilePro
- FrontBase
- Hyperwave
- IBM DB2
- Informix
- Ingres
- InterBase
- LDAP
- Linux/Unix DBM
- Microsoft SQL Server
- mSQL
- MySQL
- Oracle
- Ovrimos
- PostgresSQL
- Solid Embedded Engine
- Sybase
- Velocis

Un léger inconvénient de l'intégration dans PHP des gestionnaires de toutes ces bases est que vous ne pouvez pas ajouter le gestionnaire d'un nouveau SGBDR aussi facilement qu'on ajoute un pilote DBD en Perl. Il vous faut recompiler PHP pour inclure les bibliothèques (si elles sont fournies) pour la nouvelle base de données. De plus, comme PHP n'utilise pas de couche d'abstraction (comme DBI de Perl ou JDBC de Java), il dispose de fonctions totalement différentes pour chaque base de données, ce qui peut induire une certaine confusion lorsque vous travaillez avec plusieurs bases. Cependant, les performances apportées par ce support natif des bases de données (les connexions persistantes sont acceptées par la plupart d'entre elles) l'emportent sur ces petits tracas.

Installer PHP

Le meilleur moyen d'installer PHP consiste à construire un module partagé à partir d'un code source à jour : si vous me pardonnez un mauvais jeu de mots, allez à la source du code source de PHP (www.php.net). La section *Downloads* de ce site contient les sources des dernières versions stables, ainsi que ceux des anciennes versions qui ne sont plus maintenues (ils remontent au moins jusqu'à la version de PHP 3.0 datant du 6 juin 1998).

Pour Apache 2.0, je conseille toujours de télécharger la dernière version de PHP, sauf si vous savez qu'il existe une incompatibilité avec votre version d'Apache. Cela dit, PHP fonctionne en grande partie en dehors du serveur et n'est donc généralement pas trop exigeant sur la version de celui-ci. C'est la même version de PHP qui est distribuée, que vous utilisiez Apache 2.0 ou 1.3 et c'est au moment de la compilation qu'il identifie la version de votre serveur et en tient compte dans son installation.

Comme d'habitude, j'ai extrait les fichiers sources dans le répertoire `/usr/local/src` de mon serveur Linux :

```
# tar xzf /downloads/php-4.2.1.tar.gz
```

Puis, je me suis placé dans le répertoire des sources PHP :

```
# cd php-4.2.1
```

La configuration de PHP peut utiliser un nombre impressionnant d'options. Elles sont trop nombreuses pour que l'on puisse toutes les énumérer ici ; pour en connaître la liste, lancez le script `configure` avec l'option `-h`. Pour plus de simplicité, j'ai créé un fichier `build.sh` contenant toutes les options de configuration que j'utilise ; c'est un sous-ensemble minimal qui convient parfaitement à ce que je fais avec PHP :

```
# cat build.sh
./configure --with-apxs2=/usr/local/apache2/bin/apxs \
--enable-debug=no \
--enable-safe-mode \
--with-mysql=/usr \
--with-oracle=/oracle/product/9.0.1 \
--with-oci8=/oracle/product/9.0.1 \
--with-exec-dir=/usr/bin \
--with-regex=system \
--with-xml
```

Dans la plupart des cas, les valeurs par défaut fournies par PHP sont bien pensées et conviennent parfaitement. Les seules options essentielles que j'utilise ici sont `--with-apxs2`, qui active l'utilisation de `apxs` pour compiler et installer PHP comme un module ODP, `--with-mysql`, qui compile le gestionnaire de MySQL dans le module, ainsi que les options qui intègrent les gestionnaires d'Oracle 7 et d'Oracle 8. Il faut que MySQL et Oracle soient installés sur votre serveur pour que cela fonctionne. J'ai ajouté ici les lignes pour Oracle afin de vous prouver la facilité d'intégration de n'importe quelle base de données dans PHP. Si Oracle n'est pas installé sur votre système, ôtez les deux lignes concernées ; sinon, la compilation échouera lorsque PHP tentera de trouver les bibliothèques Oracle.

Si vous le souhaitez, vous pouvez activer les gestionnaires d'autres SGBDR : sans base de données, PHP n'est que la moitié de lui-même.

Toutes les options de `configure` sont décrites dans la documentation de PHP, mais il y a fort à parier que vous n'aurez besoin d'en connaître que quelques-unes. Faites simple : cela ne vaut sûrement pas le coup de gaspiller votre temps à lire les nombreuses pages de la documentation qui présentent toutes les options. Si vous avez un jour besoin d'une fonctionnalité supplémentaire, vous pourrez aisément trouver les options de `configure` qui conviennent.

La procédure de compilation et d'installation de PHP ressemble à la plupart de celles qui sont décrites dans ce livre : lancez le script `configure` (en l'appelant par un script shell comme `build.sh`, ou directement en ligne de commande). PHP est un gros logiciel : sa configuration prend un certain temps et affiche des centaines de lignes pour indiquer ce qu'elle fait. Quand cette configuration est terminée, lancez `make`, puis `make install` pour terminer l'installation :

```
# ./build.sh
# make
# make install
```

Cette dernière étape place le module partagé dans un répertoire à partir duquel Apache peut le charger, puis modifie `httpd.conf`. Cela devrait fonctionner correctement, bien que ma préversion de PHP 4.0 n'ait pas réussi à ajouter les entrées correctes dans `httpd.conf`.

Configurer Apache pour PHP

La compilation du code source et l'exécution `make install` ont dû automatiquement ajouter à votre configuration Apache toutes les instructions nécessaires. Assurez-vous quand même que votre fichier `httpd.conf` contient les deux lignes suivantes :

```
LoadModule php4_module        modules/libphp4.so
AddType application/x-httpd-php .php
```

Vous devez maintenant savoir lire ces lignes : la directive `LoadModule` charge le module PHP afin de le rendre disponible pour Apache ; la directive `AddType` indique que les fichiers dont les noms se terminent par.`php` seront de type `x-httpd-php` et donc traités par PHP (en d'autres termes, lorsqu'Apache lit un fichier ayant cette extension, il le passe à PHP pour que celui-ci le traite avant de le renvoyer au client).

Directives de configuration facultatives

Le module PHP dispose de directives de configuration facultatives qui peuvent être placées, non seulement aux emplacements classiques des directives de configuration d'Apache (`httpd.conf` ou les fichiers `.htaccess`), mais aussi dans un fichier spécial qui doit s'appeler `php.ini`. Ce fichier n'est lu qu'une seule fois, au démarrage d'Apache, et n'offre aucun avantage par rapport au placement des directives PHP dans `httpd.conf`. Cela dit, c'est un moyen pratique de séparer ces directives de la configuration de base d'Apache. Le chemin du fichier `php.ini` (s'il est utilisé) est compilé dans PHP en utilisant l'option suivante de `configure` :

```
--with-config-file-path=CHEMIN
```

On peut également préciser ce chemin en utilisant la variable d'environnement `PHPRC`. PHP est fourni avec un gros fichier `php.ini-dist` contenant tous les paramètres de configuration possibles, initialisés avec leurs valeurs par défaut. Vous pouvez le renommer en `php.ini` et le faire charger par PHP au démarrage, ce qui n'a aucun effet tant que vous n'avez pas modifié au moins l'une de ses lignes. Par contre, cela facilite grandement une éventuelle modification ultérieure du comportement de PHP. Ce fichier est bien commenté et peut donc également servir de référence ou de guide d'apprentissage de la configuration de l'exécution de PHP. Toutes ces options sont présentées au chapitre 3 du manuel PHP et méritent qu'on y jette un coup d'œil, mais la plupart des administrateurs n'auront jamais besoin de modifier les valeurs par défaut qu'ont choisi les développeurs PHP.

Une autre technique très utile, notamment pour les débutants, consiste à utiliser la directive `AddType` pour associer les fichiers ayant une extension particulière à un nouveau type MIME apporté par PHP :

```
AddType application/x-httpd-php-source .phps
```

Cette technique tire parti d'une fonctionnalité ingénieuse pour déboguer les pages HTML contenant des commandes PHP. Lorsqu'un fichier dont le nom se termine par `.phps` est demandé par un client, le code PHP qu'il contient s'affiche dans le navigateur au lieu d'être exécuté par le serveur. Ce code est colorisé afin de le distinguer facilement du code HTML. Dans le cas d'applications simples, la visualisation de ce code est très instructive ; pour de grosses applications contenant beaucoup de code PHP par page, c'est une aide précieuse au débogage. Pour utiliser cette fonctionnalité, il vous suffit de prendre des fichiers sources PHP normaux (ils ont généralement une extension `.php` ou `.php4`) et de les copier sous un nom ayant l'extension `.phps`.

Quelques exemples PHP

Pour tester votre installation et vous assurer que tout fonctionne, créez un fichier contenant les quelques lignes du listing 8.11. Assurez-vous que ce fichier soit accessible par le Web (placé dans le `DocumentRoot` d'Apache, par exemple) et qu'il ait l'extension `.php` (ou `.php3` si vous utilisez PHP 3.0). Chargez cette page dans un navigateur : vous devriez voir quelque chose qui ressemble à la figure 8.4.

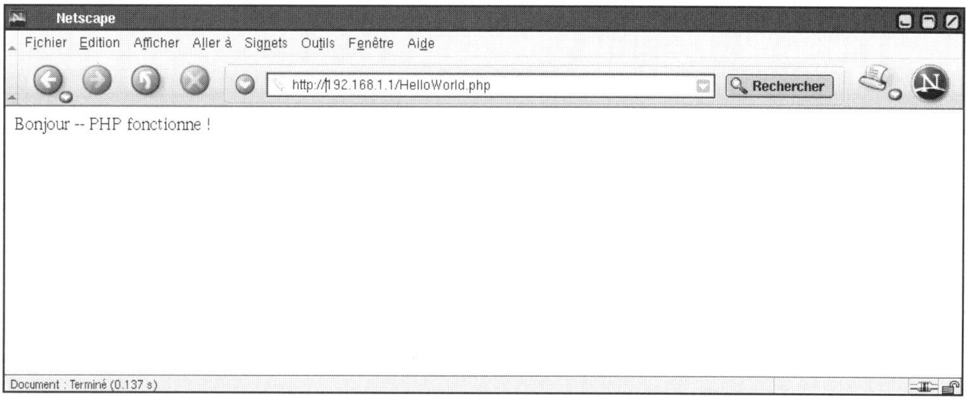

Figure 8.4
Le plus simple des exemples PHP affiché dans un navigateur.

Dans les versions les plus récentes de PHP, la configuration par défaut active un mode de fonctionnement appelé mode sécurisé. Dans ce mode, les scripts PHP ne peuvent accéder qu'aux fichiers qui appartiennent à l'utilisateur propriétaire du script. Ce mode de fonctionnement est surtout utile sur les serveurs qui autorisent l'exécution de scripts appartenant à de nombreux utilisateurs (c'est le cas des fournisseurs d'accès Internet qui permettent à leurs clients d'insérer du code PHP dans leurs pages Web). En revanche, il n'est pas nécessaire sur les serveurs qui ne sont pas partagés entre plusieurs développeurs travaillant séparément : la plupart des administrateurs voudront donc désactivent donc ce mode. Pour cela, il suffit de copier le fichier `php.ini-dist` dans le fichier lu par PHP lorsqu'il démarre, `/usr/local/lib/php.ini`, puis de mettre à *`Off`* la ligne concernant `safe_mode` :

Listing 8.11 – Le plus simple des exemples PHP

```
safe_mode = Off
<!-- HelloWorld.php -->
<html>
<body>
```

Listing 8.11 – Le plus simple des exemples PHP (*suite*)

```
<?php echo "Bonjour  -- PHP fonctionne !" ?>
</body>
</html>
```

L'exemple `HelloWorld` est le plus simple de tous les scripts PHP et ne sert qu'à tester le serveur. Le script du listing 8.12 est simple lui aussi, mais il fait beaucoup plus de choses. Il appelle une fonction intégrée, `phpinfo()`, et affiche ce qu'elle produit. Le résultat est illustré à la figure 8.5 : il contient une mine d'informations sur PHP, notamment la commande de configuration exacte utilisée pour compiler PHP : utile, n'est-ce pas ? Prenez le temps de parcourir toutes ces informations. Je vous conseille de conserver ce script sous un nom plus évocateur pour pouvoir le réutiliser ensuite, mais veillez à bien le cacher, voire à restreindre son accès (comme on l'expliquera au chapitre 13), car il contient des informations qu'il est préférable de ne pas divulguer.

Listing 8.12 – PHPinfo.php

```
<!- PHPinfo.php -->
<html>
<body>
<?php
  phpinfo();
?>
</body>
</html>
```

Vous remarquerez autre chose dans le listing 8.12 : le marqueur d'ouverture de PHP est ici `<?php`, au lieu de la forme plus courte `<?` du listing 8.11. Les deux formes sont correctes, mais la forme courte entre en conflit avec la spécification XML (Extended Markup Language). Si vous n'utilisez pas XML sur votre serveur, vous pouvez sans crainte utiliser la forme courte, mais son usage est déconseillé et il est préférable de l'éviter totalement. En fait, l'une des options de configurations de PHP, `--disable-short-tags`, permet d'interdire l'utilisation de ce marqueur. Utilisez toujours `<?php` et vous n'aurez jamais de problème.

Le listing 8.13 est un exemple un peu plus compliqué, mais il est assez facile à comprendre. Il teste simplement si le navigateur de l'utilisateur est Microsoft Internet Explorer et affiche une ligne si c'est le cas ; il renvoie la chaîne d'identification du navigateur dans le cas contraire. Cela permet à l'administrateur du serveur de personnaliser les documents en fonction du navigateur du client.

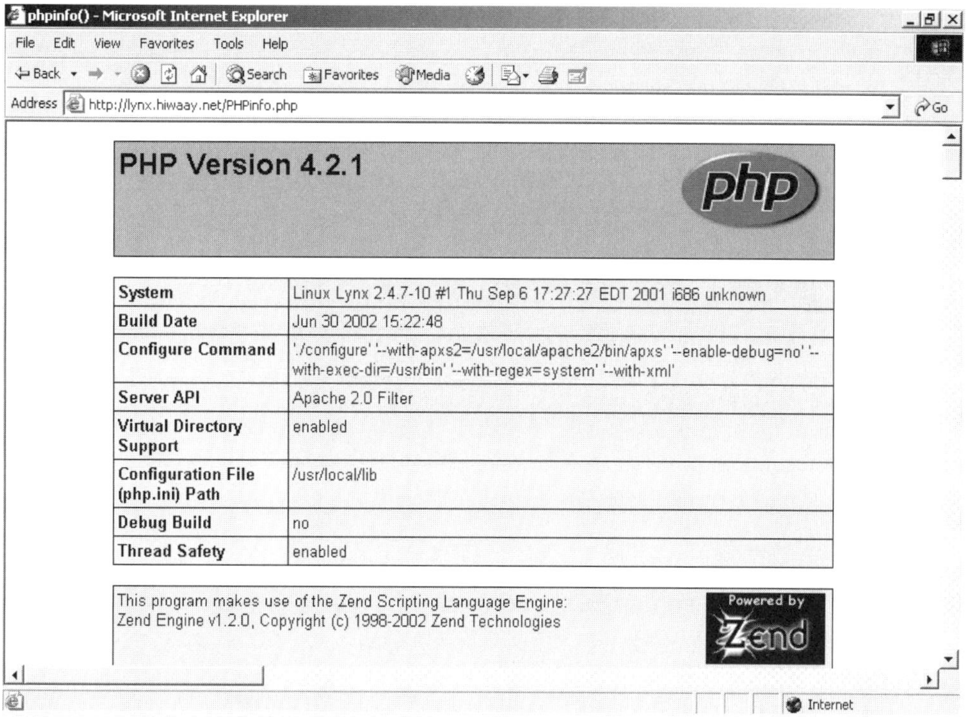

Figure 8.5
Résultat de l'exécution de PHPinfo.php.

Autres marqueurs

En plus des marqueurs `<?` et `<?php`, il existe deux autres moyens d'intégrer du code PHP dans HTML : il est certainement préférable de ne pas utiliser. Le premier est un marqueur générique pour indiquer la présence d'un script dans un document HTML :

```
<script language="php">
  echo "Mettre ici des commandes PHP ";
</script>
```

Le second semblera familier à ceux qui connaissent ASP :

```
<%
  echo "Ceci est du PHP";
%>
```

Cette dernière forme doit être explicitement autorisée en utilisant la directive de configuration suivante dans `httpd.conf`, dans un fichier `.htaccess`, ou dans `php.ini` :

```
asp_tags on
```

Listing 8.13 – BrowserTest.php

```
<!-- BrowserTest.php -->
<HTML>
<HEAD>
<TITLE></TITLE>
</HEAD>
<BODY>
<H1>Script PHP de test des navigateurs</H1>
<?php
  if(strstr($_SERVER[HTTP_USER_AGENT], "MSIE")) {
?>
Vous utilisez <b>Internet Explorer</b>
<?php
} else {
  echo "Votre navigateur est identifié comme : <b>$HTTP_USER_AGENT</b><p>";
}
?>
</BODY>
</HTML>
```

L'un des points qui simplifie grandement l'utilisation de PHP est qu'il rend automatiquement un grand nombre d'informations disponibles sous forme de variables classiques. Cela n'inclut pas seulement les valeurs de tous les en-têtes HTTP, mais cela concerne également toutes les données passées au serveur par le navigateur, comme celles qui ont été saisies dans un formulaire (la fonction `phpinfo()` que nous avons utilisée précédemment affiche toutes ces variables et leurs valeurs). Dans le listing 8.13, j'utilise la fonction PHP `strstr()` pour comparer le contenu de la variable d'environnement `HTTP_USER_AGENT` avec la chaîne *MSIE*. Si ces deux chaînes sont égales, les lignes de la clause `if` (celles qui sont dans la première paire d'accolades) sont traitées. Cependant, ce qui peut ne pas être complètement intuitif est que la ligne que nous voulons afficher dans le navigateur n'est pas du PHP : elle est précédée du marqueur fermant `?>` afin qu'elle ne soit pas traitée comme du PHP, mais comme du texte formaté en HTML.

La clause `else` devrait être assez facile à comprendre. Elle n'est traitée que si le navigateur du client n'est pas identifié comme Internet Explorer (c'est-à-dire si la variable `HTTP_USER_AGENT` ne contient pas la chaîne *MSIE*). Remarquez cependant que la ligne à afficher se trouve entre des marqueurs `<?php` et `?>`. La fonction `echo` doit être utilisée pour produire cette ligne, qui contient des marqueurs HTML et une valeur de variable à interpréter.

Étudiez cet exemple jusqu'à ce que vous l'ayez totalement compris car il contient les éléments essentiels de PHP (contrôle du flot d'exécution, appel de fonction, test de variable). Essayezle sur votre machine et modifiez-le pour qu'il fasse d'autres choses, ou pour qu'il teste d'autres variables.

Le dernier exemple introduit l'une des fonctionnalités les plus intéressantes de PHP : sa gestion des bases de données. Le listing 8.14 est le formulaire HTML que nous avons déjà présenté plus haut pour l'interrogation de la base de données des codes postaux. Ici, le marqueur `<FORM>` n'appelle pas un script CGI, mais un fichier PHP (listing 8.15) qui se trouve dans le `DocumentRoot` de mon serveur. Cela signifie qu'avec PHP, on a tendance à mettre au même endroit les fichiers contenant les documents HTML statiques et les fichiers contenant les scripts : il n'y a rien de mauvais là-dedans ; en fait, PHP est même prévu pour faciliter ce mélange. Cette technique bouscule la pratique de programmation des CGI traditionnels, qui impose que le code soit placé dans des répertoires réservés, protégés et bien séparés des pages statiques. J'admets que cela m'a un peu gêné au début, notamment lorsque j'ai réalisé la puissance de PHP. Cependant, l'analyseur PHP a été conçu pour éviter les brèches de sécurité connues, ce qui fait que les pages PHP ne gagnent pas en sécurité si on modifie leur emplacement sur le serveur. Essayez d'abandonner la fausse croyance selon laquelle des fichiers PHP dans un répertoire spécial sont automatiquement plus sûrs.

Listing 8.14 – PHPForm.html

```
<!-- PHPForm.html -->
<HTML><HEAD><TITLE>Formulaire d'interrogation des codes postaux</TITLE>
</HEAD><BODY><H1>Formulaire de requête pour la base MySQL des codes postaux</H1>
<FORM METHOD="POST"
   ACTION="http://Jackal.hiwaay.net/codespostaux.php"
   ENCTYPE="application/x-www-form-urlencoded">
<EM>Entrez un code postal sur 5 chiffres :</EM><BR>
<INPUT TYPE="text" NAME="cp"  SIZE=6><P>
<INPUT TYPE="reset" VALUE="RAZ">
<INPUT TYPE="submit" NAME=".submit" VALUE="Lancer la recherche"></FORM><HR>
<ADDRESS>Charles Aulds</ADDRESS><BR>
<A HREF="/">Page d'accueil</A>
</BODY></HTML>
```

Listing 8.15 – codespostaux.php avec utilisation de MySQL

```
<!-- codepostaux.php -->
<HTML>
<HEAD>
<TITLE>Code postal</TITLE>
<H1>Code postal</H1>
```

Listing 8.15 – codespostaux.php avec utilisation de MySQL

```
</HEAD>
<BODY>
<?php
  $db=mysql_connect("localhost", "dbuser", "secret");
  mysql_select_db("codespostaux", $db);
  $resultat = mysql_query("SELECT * FROM codes WHERE cp = '$cp'");
  while ($maligne = mysql_fetch_array($resultat)) {
      printf("Le bureau postal <font size=+1><b>$maligne[cp]</b></font>
              est : <font size=+2><b>$maligne[bureau]");
  }
?>
</body>
</html>
```

Cet exemple utilise quatre instructions PHP spécifiques à MySQL : `mysql_connect`, `mysql_select_db`, `mysql_query` et `mysql_fetch_array`. Si vous aviez utilisé un autre SGBDR, vous auriez dû les remplacer par les appels équivalents, spécifiques à cet autre système : cette solution est un peu moins élégante que l'utilisation de l'interface Perl/DBI, indépendante de tout SGBDR, qui n'implique pas de modifier le code lorsqu'on change de base de données. Cependant, ces fonctions spécifiques sont optimisées pour un SGBDR précis et procurent une plus grande efficacité et une vitesse de traitement supérieure. PHP dispose d'au moins une interface de programmation indépendante des bases de données : ODBC (Open DataBase Connectivity) lui permet d'interroger n'importe quelle base conforme à ce standard. Il s'agit souvent de bases de données sur un serveur Windows NT ou Windows 2000, qui proposent des interfaces via un nom de source de données (DSN).

PHP dispose également d'une autre fonction, qui peut s'appliquer à la plupart des bases de données qu'il prend en charge (dans le cas de MySQL, il s'agit de `mysql_pconnect`). Cette fonction ouvre une connexion persistante (qui ne se ferme pas à la fin du script) : tout comme avec `mod_perl`, les demandes de connexions suivantes pour cette même base de données et pour le même utilisateur renvoient simplement un descripteur correspondant à cette connexion déjà ouverte.

Vous remarquerez que `codespostaux.php` contient le mot de passe pour se connecter à MySQL. Pour des raisons de sécurité, il est conseillé de stocker ces informations confidentielles plutôt dans un autre fichier, situé ailleurs que dans `DocumentRoot`. Dans `codespostaux.php`, vous pourriez par exemple utiliser une instruction `include` juste après le marqueur `<?php` pour insérer ensuite ce fichier :

```
include "/usr/local/apache2/conf/dbinfo.php";
```

Le contenu du fichier indiqué par l'instruction `include` devrait ressembler au code suivant :

```
<?php
  $username="dbuser";
  $password="secret";
?>
```

Les marqueurs PHP indiquent à Apache qu'il doit considérer ce fichier comme du PHP et les valeurs des variables qu'il contient peuvent ensuite être utilisées par la fonction `mysql_connect`. Si vous procédez ainsi, assurez-vous que le nom de ce fichier a une extension correspondant à celle utilisée par les fichiers PHP. Si vous préférez utiliser une extension spéciale, `.inc` par exemple, configurez Apache pour qu'il traite les fichiers `.inc` comme du PHP.

Le listing 8.16, qui ne comporte pas d'explications, est le même script modifié pour utiliser l'interface Oracle 8 (OCI8 ou Oracle8 Call Interface) afin d'accéder à une base Oracle (Oracle 9i en ce qui me concerne).

Listing 8.16 – codespostaux.php avec utilisation d'Oracle

```
<!-- codepostaux.php -->
<HTML>
<HEAD>
<TITLE>Code postal</TITLE>
<H1>Code postal</H1>
</HEAD>
<BODY>
<?php
  $db = ociplogon("dbuser", "secret");
  mysql_select_db("codespostaux", $db);
  $sql = "SELECT * FROM codes WHERE cp = '$cp'";
  $instruction = ociparse($DB_Connection, $sql);
  ociexecute($instruction);
  while (ocifetchinto($instruction, &$maligne, OCI_ASSOC))
  {
      printf("Le bureau postal <font size=+1><b>$maligne[cp]</b></font>
               est : <font size=+2><b>$maligne[bureau]");
  }
  ocifreestatement($instruction);
?>
</body>
</html>
```

ASP pour Apache

ASP (Active Server Pages), ou Active Scripting, est une invention de Microsoft et a été pendant longtemps l'environnement de développement Web favori pour Microsoft Internet Information Server (IIS). Actuellement, le seul ASP open-source disponible pour Apache est le module Perl `Apache::ASP`, qui n'est pas trop mauvais et qui permet de programmer en ASP (uniquement avec des scripts Perl, bien sûr) avec Apache. Les programmeurs ASP expérimentés devraient jeter un coup d'œil à ce module : son auteur promet qu'il sera prêt à fonctionner avec Apache 2.0 dès que `mod_perl 2.0` apparaîtra. N'oubliez pas que vous ne pourrez utiliser ce module qu'à partir de scripts Perl.

Les adeptes d'ASP sont généralement des transfuges de l'environnement IIS de Microsoft et la plupart d'entre eux ont appris à coder en VBScript ou, éventuellement, en JScript. Il existe actuellement deux produits commerciaux permettant d'utiliser ASP pour Apache avec ces deux langages spécifiques à Microsoft : *InstantASP* d'Halcyon Software permet d'utiliser ASP sur n'importe quel serveur Web employant des servlets Java.

L'autre produit est diffusé par la société Chili!Soft (www.chilisoft.com) et fait maintenant partie de l'environnement Sun Open Net Environment (plus connu sous le nom de Sun ONE). Sun ONE Active Server Pages permet d'écrire des applications Web en ASP, qui seront fonctionnellement équivalentes à celles de Microsoft. Le marché visé par ce produit est celui des sociétés voulant augmenter les compétences de leurs programmeurs qui connaissent déjà bien ASP avec Microsoft IIS. L'une des fonctionnalités de Sun ONE ASP pour Linux est particulièrement intéressante : le produit contient un portage des ADO (Microsoft Active Data Objects), ce qui permet d'utiliser ces objets spécifiques à Microsoft pour accéder à des bases de données hébergées sur des systèmes non Microsoft. Ce produit permet également d'accéder aux objets du monde CORBA (Common Object Request Broker Architecture), même si la plupart de ceux qui utilisent cette technique fortement orientée Unix ne feront probablement pas appel à une technologie Microsoft comme ASP.

Une dernière solution ASP mérite notre attention, notamment pour les sites qui veulent passer définitivement de ASP sur IIS à PHP4 sur Apache. `asp2php`, écrit par Michael Kohn (http://asp2php.naken.cc), convertit en PHP des pages ASP écrites en VBScript ; bien que la FAQ de cet utilitaire reconnaisse que tout ne passera pas, l'auteur propose d'aider ceux pour lesquels la conversion échoue (vous ne rencontrerez pas tous les jours ce type d'assistance technique, même pour des produits commerciaux).

Apache/Tomcat

Sun Microsystems (http://java.sun.com) a présenté le langage de programmation Java en 1995. À cette époque, les logiciels qui révolutionnaient l'informatique ne venaient pas des grands acteurs comme Sun. Java était simplement un outil de développement. Difficile de croire que Java ait eu des débuts si timides !

Bien que les prédictions de ses apôtres les plus dévoués aient fait long feu (Java n'a certainement pas remisé les PC sous Windows aux oubliettes), il s'est imposé comme environnement de programmation pour les applications Internet. Au début, Java ne servait qu'à écrire des applets, programmes qui sont téléchargés par le navigateur du client et qui s'exécutent sur sa machine à l'aide d'une machine virtuelle Java spéciale (également appelée JRE, Java Runtime Environment), fournie avec la plupart des navigateurs modernes. Ce modèle a permis un développement d'applications mettant l'accent sur la décomposition en objets, le traitement des transactions et une forte connectivité avec les bases de données. La pierre angulaire des applications Web développées en Java est désormais un serveur Web capable d'exécuter des servlets, qui ne sont rien d'autre que des programmes Java s'exécutant sur le serveur. Sun contrôle fortement le développement futur de Java en produisant les outils de développement de base (comme le Java Development Kit, ou JDK), les spécifications de l'interface de programmation que tous les produits Java doivent respecter et les classes qui implémentent cette API.

Je ne doute pas qu'il laissera bientôt la place à un « nouveau paradigme de programmation à la mode », mais Java est actuellement présenté comme la base du serveur d'applications Web de demain, avec Sun ONE prenant l'initiative de définir le standard de ce futur. Si vous ne prêtez pas attention à ces campagnes publicitaires, vous découvrirez que la programmation des applications Web commence par un conteneur de servlets, qui n'est qu'un cadre pour exécuter un code Java comme une application Web. Tomcat est un de ces conteneurs.

En 1998, Sun Microsystems et l'Apache Software Foundation ont formé le projet Jakarta (http://jakarta.apache.org) pour mettre en place une implémentation de référence, complète et officielle, de la spécification Java Server Pages. Cette implémentation devrait s'exécuter comme une servlet respectant la dernière spécification de l'API des servlets Java. Tomcat est développé par le groupe Jakarta (un sous-projet de l'Apache Software Foundation) comme un environnement ouvert ; il est placé sous la licence Apache. Pour en savoir plus sur ce projet et sur Tomcat, visitez le site jakarta.apache.org.

Sachez quand même que l'essentiel de la documentation de Tomcat concerne sa configuration comme serveur autonome (en attente de connexions HTTP/1.1) et qu'il est tout à fait possible de l'utiliser de cette manière, sans avoir besoin d'un serveur Web conventionnel comme Apache. Tomcat permet notamment de créer des hôtes virtuels ; il peut être sécurisé par SSL et sait servir des pages statiques. Dans ce chapitre toutefois, nous présenterons Tomcat en partant du principe que vous avez décidé (comme la plupart des administrateurs de Tomcat) d'utiliser un « vrai » serveur comme frontal : Tomcat tournera en tâche de fond et ne répondra qu'aux requêtes provenant de ce serveur Web.

Vous pourriez vous demander pourquoi choisir Tomcat comme conteneur de servlets avec Apache comme frontal. La raison principale est que, à la différence d'Apache, Tomcat n'a pas été conçu pour traiter de nombreuses connexions simultanées provenant de plusieurs clients. Une bonne partie du travail fait sur Apache a consisté à le rendre robuste et rapide sous une charge importante, comportement que vous ne pourrez pas obtenir avec Tomcat.

Architecture d'Apache/Tomcat

Bien que Tomcat puisse fonctionner indépendamment, il doit l'essentiel de sa popularité à son étroite association avec Apache (et à la relation des développeurs du projet Jakarta avec ceux d'Apache). Vous verrez qu'on désigne souvent Tomcat sous l'appellation « Apache/Tomcat » qui indique qu'il est utilisé comme une extension d'Apache.

Comme le montre la figure 8.6, Apache/Tomcat se compose de deux parties distinctes. La première, un module Apache écrit en C, permet à Apache de communiquer avec Tomcat ; dans la figure, il s'agit de `mod_webapp`, le module que j'ai choisi pour les besoins de mon explication. La seconde est le code Java qui implémente l'API des servlets dans une machine virtuelle Java ; c'est Tomcat. Ces deux composantes communiquent en utilisant un protocole spécial, Warp (Tomcat comprend aussi d'autres protocoles, dont HTTP/1.1).

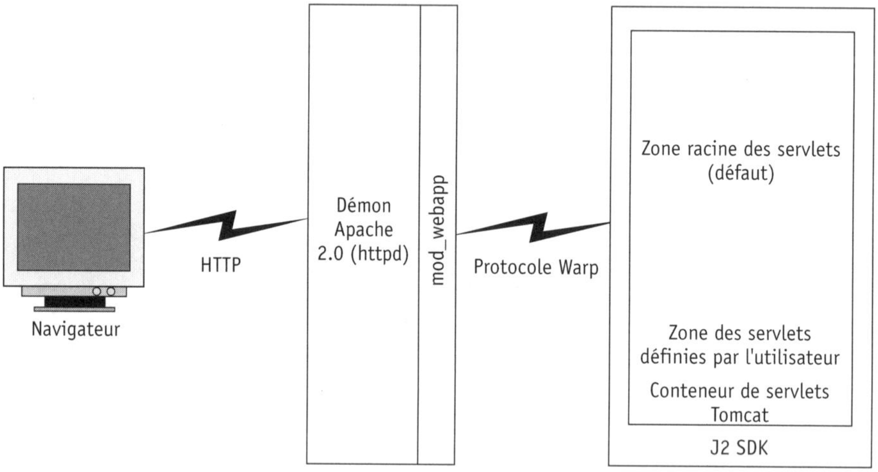

Figure 8.6
Architecture d'Apache/Tomcat.

La composante côté Apache (`mod_webapp`) ne s'occupe que de l'échange des informations entre Apache et la composante Java (Tomcat). Celle-ci n'a aucun contact direct avec le client et ne communique avec `mod_webapp` que par le protocole Warp.

INFO Pour profiter au maximum de ces explications sur Tomcat, vous devez connaître le langage Java. Ce chapitre n'a pas pour but d'apprendre Java, mais pour présenter les exemples pratiques de l'interface Apache/Tomcat, j'utilise de nombreuses techniques Java susceptibles de rebuter les débutants.

La version actuelle de Tomcat implémente la spécification 2.3 de l'API des servlets de Sun. Pour installer et utiliser Apache avec le conteneur de servlets Tomcat, quatre composantes essentielles sont indispensables :

1. un serveur Apache en fonctionnement ;
2. le kit de développement Java 2, ou J2SDK version 1.4 (J2SDK1.4) ;
3. les classes Java qui composent le lanceur de servlets Jakarta Tomcat ;
4. un module Apache, ou connecteur (`mod_webapp`, qui sera présenté plus loin dans ce chapitre) pouvant utiliser l'un des protocoles de communication pour s'interfacer avec Apache.

Certains pourraient dire que la communauté Java a tendance à compliquer ce qui est simple et Java peut sembler assez confus la première fois qu'on y est confronté. Cela dit, n'oubliez pas que ce que fait Tomcat est simple : il permet tout bonnement d'utiliser des servlets Java, c'est-à-dire des programmes qui s'exécutent sur le serveur plutôt que dans le navigateur du client (comme dans le cas d'une applet). Une servlet n'est finalement qu'un programme Java ordinaire qui utilise certaines classes pour pouvoir s'exécuter dans le contexte d'un serveur Web (ses sorties sont alors généralement en HTML).

La possibilité de lancer des servlets est nécessaire pour utiliser les autres technologies qui sont écrites sous cette forme. L'une des plus importantes est JSP (Java Server Pages), présentée plus loin. Comme n'importe quel programme Java, les servlets ou les applications JSP sont compilées en classes par un compilateur Java et ont besoin d'une machine virtuelle Java (JVM) pour s'exécuter. Le J2SDK que vous téléchargerez sur le site de Sun Microsystems installe ces composants. Même si Sun est très fortement impliqué dans le développement du langage (il le contrôle), il n'est plus la seule source pour le JDK. Celui de Sun pour Solaris convient sûrement à vos besoins, au moins au départ. Sachez qu'il existe d'autres JDK qui sont, pour la plupart, des portages de celui de Sun mais optimisés pour d'autres plates-formes.

Installer SDK Java 2

Avant d'installer Apache/Tomcat, vous devez vous assurer que vous disposez de tous les composants Java nécessaires : cela revient essentiellement à installer un kit de développement Java (ou JDK) que vous pouvez obtenir en téléchargeant le *J2SDK* (*Java 2 Software Development Kit*) à partir du site de Sun, http://java.sun.com/j2se/downloads.html. Veillez bien à prendre la version requise par la version de Tomcat que vous comptez utiliser : les exemples de ce chapitre utilisent Tomcat 4.0.4, qui fonctionne mieux avec la version 1.4 du J2SDK de Sun, disponible au format RPM. Ce paquetage ne contient rien de spécifique à la distribution Red Hat ; vous pouvez donc l'installer sur n'importe quelle distribution Linux utilisant ce système de paquetages.

Ce RPM est distribué de façon un peu inhabituelle : il doit être extrait d'un script shell (à partir de la ligne de commande) avant d'être passé au programme `rpm`. Ce script a l'extension `.bin` :

le fichier que j'ai téléchargé pour installer la version 1.4 du J2SDK s'appellait j2sdk-1_4_0_01-linux-i586-rpm.bin. Les étapes suivantes illustrent tout le processus d'extraction et d'installation de ce RPM :

```
# ls -sl j2sdk-1_4_0_01-linux-i586-rpm.bin
38640 j2sdk-1_4_0_01-linux-i586-rpm.bin
# sh j2sdk-1_4_0_01-linux-i586-rpm.bin
# ls -sl j2*
38956 j2sdk-1_4_0_01-fcs-linux-i386.rpm
38640 j2sdk-1_4_0_01-linux-i586-rpm.bin
# rpm -i j2sdk-1_4_0_01-fcs-linux-i386.rpm
```

Il est conseillé de s'assurer que les environnements des utilisateurs qui lanceront des applications Java ont bien le répertoire bin du JDK dans leur variable PATH, ainsi que le répertoire racine de celui-ci dans les variables CLASSPATH et JAVA_HOME. Je vous expliquerai comment configurer ces variables dans le script de démarrage de Tomcat. Cependant, ce n'est pas nécessaire si l'utilisateur de Tomcat les a déjà configurées correctement en ajoutant les lignes suivantes dans le fichier .bash_profile de son répertoire d'accueil :

```
$ grep java /root/.bash_profile
PATH=$PATH:$HOME/bin:/usr/java/j2sdk1.4.0_01/bin
CLASSPATH=/usr/java/j2sdk1.4.0_01
JAVA_HOME=/usr/java/j2sdk1.4.0_01
export PATH CLASSPATH JAVA_HOME
```

Remarquez la dernière ligne, qui exporte ces variables dans l'environnement. Elle est nécessaire pour que les valeurs de ces variables durent tout le temps de la session de l'utilisateur ; sinon, elles s'évanouiraient dès la fin du script .bash_profile. Après avoir modifié le profil d'un utilisateur, connectez-vous (ou reconnectez-vous) sous le compte de cet utilisateur et lancez java pour vérifier que le JDK est installé et qu'il est accessible :

```
$ java -version
java version "1.4.0_01"
Java(TM) 2 Runtime Environment, Standard Edition (build 1.4.0_01-b03)
Java HotSpot(TM) Client VM (build 1.4.0_01-b03, mixed mode)
```

Installer Tomcat

Je conseille toujours de compiler les extensions d'Apache à partir des sources lorsque c'est possible, mais pas dans le cas d'Apache/Tomcat. Il y a deux raisons à cela. La première est que vous ne pouvez pas vous contenter d'utiliser la commande make ; vous devez utiliser un outil nommé Ant. Ant est également produit par le groupe Jakarta et il est décrit comme un « outil de compilation Java ; en théorie, c'est une sorte de make sans les rides, et avec la portabilité totale du code Java pur ». Pour être honnête, Ant a encore un peu de progrès à faire avant d'être utilisé à grande échelle et de pouvoir être considéré au même titre que les autres outils d'installation.

La deuxième raison est que les binaires de Tomcat sont fournis avec un certain nombre de paquetages de classes Java. Si vous le compilez en partant des sources, vous devrez télécharger chacun d'eux séparément et les installer. Une installation standard de Tomcat 4 met à disposition des applications Web les API suivantes (en plaçant leurs archives Java, ou fichiers jar, dans common/lib ou dans lib) :

- Java API for XML Processing, ou JAXP (xalan.jar) ;
- Java Activation Framework (activation.jar) ;
- Java Secure Sockets Extension (JSSE) ;
- JDBC 2.0 Optional Package (jdbc2_0-stdext.jar) ;
- Java Naming and Directory Interface (JNDI) 1.2 base API classes (jndi.jar) ;
- Java Transaction APIs (jta-spec1_0_1) ;
- n JavaMail 1.2 (mail.jar) ;
- API servlet 2.3 et JSP 1.2 (servlet.jar) ;
- Source de données compatible Tyrex XA, de tyrex.exolab.org (tyrex-0.9.7.0.jar) ;
- Processeur XML Xerces 1.4.3 (xerces.jar).

Je conseille donc d'installer Tomcat à partir d'une distribution binaire afin d'éviter de vous battre avec les sources. Les utilisateurs de Red Hat passeront sûrement directement à la section suivante, qui décrit comment installer Tomcat à partir du RPM de Red Hat Linux : celui-ci contient les scripts permettant de lancer automatiquement le serveur au démarrage du système et de l'exécuter sous un compte non privilégié pour plus de sécurité.

L'installation de Tomcat à partir d'un fichier binaire est aussi simple qu'une installation peut l'être. Il vous suffit de télécharger ce fichier et de l'extraire dans le répertoire qui deviendra celui de l'application Tomcat. Les versions de Tomcat 4.0 (sous formes de binaires, de RPM ou de sources) sont disponibles sur http://jakarta.apache.org/builds/jakarta-tomcat-4.0/release. Pour installer Tomcat 4.0.4, j'ai téléchargé le fichier binaire et l'ai extrait dans le répertoire /usr/local de mon serveur Linux :

```
# cd /usr/local
# tar xvf /downloads/jakarta-tomcat-4.0.4.tar.gz
# ls jakarta-tomcat-4.0.4/
```

```
bin                           RELEASE-NOTES-4.0-B3.txt
classes                       RELEASE-NOTES-4.0-B4.txt
common                        RELEASE-NOTES-4.0-B5.txt
conf                          RELEASE-NOTES-4.0-B6.txt
lib                           RELEASE-NOTES-4.0-B7.txt
LICENSE                       RELEASE-NOTES-4.0-RC1.txt
logs                          RELEASE-NOTES-4.0-RC2.txt
README.txt                    RELEASE-NOTES-4.0.txt
RELEASE-NOTES-4.0.1-B1.txt    RELEASE-PLAN-4.0.1.txt
RELEASE-NOTES-4.0.1.txt       RELEASE-PLAN-4.0.txt
RELEASE-NOTES-4.0.2-B1.txt    RUNNING.txt
RELEASE-NOTES-4.0.2-B2.txt    server
RELEASE-NOTES-4.0.2.txt       temp
RELEASE-NOTES-4.0.4.txt       webapps
RELEASE-NOTES-4.0-B1.txt      work
RELEASE-NOTES-4.0-B2.txt
```

Le répertoire où vous avez extrait les fichiers de Tomcat contient un sous-répertoire `bin`, dans lequel se trouve un script shell pour lancer Tomcat (`startup.sh`) et un autre pour l'arrêter (`shutdown.sh`). Ils sont très simples à utiliser, mais ils requièrent une petite configuration préalable.

Ces scripts doivent pouvoir trouver les fichiers Java que vous avez installés avec le J2SDK et les classes qui implémentent Tomcat (ils ne les recherchent pas tout seuls). Bien que vous puissiez préciser ces emplacements en modifiant directement ces scripts, la meilleure méthode consiste à initialiser des variables d'environnement pour l'utilisateur qui veut lancer Tomcat. Vérifiez que la variable `PATH` de cet utilisateur contient un chemin vers le répertoire `bin` du J2SDK et que la racine d'installation de ce dernier est spécifiée dans la variable `JAVA_HOME`. La valeur de `CATALINA_HOME` doit également contenir la racine de votre installation Tomcat (CATALINA est le nom sous lequel se connaît Tomcat). Les lignes suivantes sont tirées du `.bash_profile` de l'utilisateur qui démarre Tomcat, qui peut être n'importe quel utilisateur n'ayant pas les privilèges *root* sur votre serveur. Remarquez la dernière ligne, qui exporte les valeurs de ces variables dans l'environnement de l'utilisateur.

```
PATH=$PATH:$HOME/bin:/usr/java/j2sdk1.4.0_01/bin
CLASSPATH=/usr/java/j2sdk1.4.0_01
JAVA_HOME=/usr/java/j2sdk1.4.0_01
CATALINA_HOME=/usr/local/jakarta-tomcat-4.0.4
export PATH CLASSPATH JAVA_HOME CATALINA_HOME
```

Si tout est correctement configuré, le lancement de Tomcat consiste simplement à appeler le script `startup.sh` :

```
$ /usr/local/jakarta-tomcat-4.0.4/bin/startup.sh
Using CATALINA_BASE:   /usr/local/jakarta-tomcat-4.0.4
Using CATALINA_HOME:   /usr/local/jakarta-tomcat-4.0.4
Using CATALINA_TMPDIR: /usr/local/jakarta-tomcat-4.0.4/temp
Using JAVA_HOME:       /usr/java/j2sdk1.4.0_01
```

Vous remarquerez que les valeurs de ces répertoires reflètent l'environnement de l'utilisateur ayant appelé le script. Si l'une d'elles est incorrecte, corrigez le fichier `.bash_profile` qui se trouve dans le répertoire personnel de l'utilisateur, déconnectez-le puis reconnectez-le, ou utilisez l'un des raccourcis du shell pour forcer la relecture du profil dans le contexte du shell courant, en les tapant exactement comme on le montre ici (le premier point est séparé du reste de la commande par un espace) :

```
# . $HOME/.bash_profile
```

Puis, arrêtez Tomcat avec le script `shutdown.sh`. Pourrait-on rêver plus simple ?

```
$ /usr/local/jakarta-tomcat-4.0.4/bin/shutdown.sh
Using CATALINA_BASE:   /usr/local/jakarta-tomcat-4.0.4
Using CATALINA_HOME:   /usr/local/jakarta-tomcat-4.0.4
Using CATALINA_TMPDIR: /usr/local/jakarta-tomcat-4.0.4/temp
Using JAVA_HOME:       /usr/java/j2sdk1.4.0_01
```

Installer Tomcat à partir du RPM

Les utilisateurs de Red Hat Linux devraient récupérer le RPM de Tomcat, qui est également disponible à partir de

http://jakarta.apache.org/builds/jakarta-tomcat-4.0/release

Il ne simplifie pas seulement l'installation, mais configure également Tomcat comme un service système, qui lancera Tomcat automatiquement sous un compte spécial appelé `tomcat4`.

Vous remarquerez le RPM de Tomcat, qui contient le mot *full* dans son nom ; il inclut maintenant tout ce qu'il faut pour lancer Apache et les autres RPM dont il dépend doivent être récupérés au même endroit et installés séparément. Cette version inclut la prise en charge des expressions rationnelles (`jakarta-regexp`), le processeur XML (`Xerces`), JavaMail, JNDI, ainsi qu'un gestionnaire complet de l'API des servlets Java.

Assurez-vous de récupérer également le RPM `Webapps`, qui contient une servlet Java complète et des applications JSP vous permettant de tester votre configuration. Ce paquetage contient également de très bons exemples d'utilisation des différentes classes Java pour envoyer du courrier, gérer des sessions utilisateurs, accéder à des bases de données via JDBC etc.

```
# ls -s /downloads/tomcat*
2396 /downloads/tomcat4-4.0.4-full.2jpp.noarch.rpm
1396 /downloads/tomcat4-webapps-4.0.4-full.2jpp.noarch.rpm
```

Installer ces RPM est aussi simple qu'écrire les lignes suivantes :

```
# rpm -i /downloads/tomcat4-4.0.4-full.2jpp.noarch.rpm
Don't forget to setup vars in /etc/tomcat4/tomcat4.conf to
adapt the RPM to your configuration.
Also edit/create /etc/java.conf to define your default JDK
For security purposes, tomcat4 service is installed
but not activated by default.
use your service installer for such purposes
ie: ntsysv
# rpm -i /downloads/tomcat4-webapps-4.0.4-full.2jpp.noarch.rpm
```

Ce RPM inclut `activation.jar`, `javamail.jar`, JDBC2EXT, Tyrex 0.9.7.0, `jndi.jar` pour JDK 1.2, jakarta-regexp 1.2, les API servlet 2.3 et Xerces 1.44.

À la différence de la distribution binaire, la version RPM de Tomcat utilise des fichiers de configuration (`.conf`) pour stocker les informations nécessaires au démarrage. Vérifiez que la variable `JAVA_HOME` du fichier `/etc/tomcat4/tomcat4.conf` pointe vers votre J2SDK :

```
JAVA_HOME="/usr/java/j2sdk1.4.0_01"
```

Utilisez la commande `chkconfig` de Red Hat pour que ce service soit lancé lorsque le système entre dans le `runlevel 3` (mode multi-utilisateurs), 4 ou 5 (X Window) :

```
# chkconfig --list tomcat4
tomcat4         0:off   1:off   2:off   3:off   4:off   5:off   6:off
# chkconfig --level 345 tomcat4 on
# chkconfig --list tomcat4
tomcat4         0:off   1:off   2:off   3:on    4:on    5:on    6:off
```

Comme pour tous les services Red Hat, vous pouvez également lancer ou stopper manuellement Tomcat en utilisant la commande `service` :

```
# service tomcat4 start
[  OK  ] tomcat4: [  OK  ]
# service tomcat4 stop
Stopping tomcat4:
```

```
Using CATALINA_BASE:   /var/tomcat4
Using CATALINA_HOME:   /var/tomcat4
Using CATALINA_TMPDIR: /var/tomcat4/temp
Using JAVA_HOME:       /usr/java/j2sdk1.4.0
```

Lancer votre première application Web dans Tomcat

Tomcat devrait maintenant être installé. S'il démarre, vous pouvez le tester et accéder aux servlets Java et aux Java Server Pages ayant été installées en même temps que lui.

Connectez-vous à votre serveur sur le port 8080 (le port TCP par défaut de Tomcat en mode autonome) : vous devriez voir apparaître la page de la figure 8.7.

Figure 8.7
Tomcat fonctionne !

Tomcat se configure au moyen d'un unique fichier XML, `server.xml`, qui se trouve dans le répertoire `conf` de l'arborescence Tomcat. C'est lui que vous modifierez pour activer les nouvelles applications Web (que Tomcat appelle contextes) et pour configurer les connecteurs sur lesquels Tomcat attend les requêtes.

Personnellement, je trouve que le format XML est pénible à utiliser, surtout lorsqu'on le compare au fichier `httpd.conf` d'Apache. Lorsque vous en avez compris les détails, il n'est pas compliqué à personnaliser, mais vous verrez qu'il peut sembler confus la première fois. Tel qu'il est, l'exemple de `server.xml` fourni avec Tomcat suffit pour le lancer et permet d'utiliser plusieurs connecteurs. Parmi eux, un mode autonome attend les connexions HTTP/1.1 sur le port TCP 8080, exactement comme un « vrai » serveur Web (vérifiez que votre Apache n'écoute pas déjà sur ce port, sinon Tomcat refusera de démarrer). Nous lancerons Tomcat dans ce mode et nous le testerons avec un navigateur pour vérifier qu'il fonctionne, mais je conseille de le désactiver ensuite si vous comptez utiliser Apache avec Tomcat (la section « Configuration d'Apache pour utiliser Tomcat » donnera les détails nécessaires).

Utiliser une configuration minimale de Tomcat avec Apache

Le fichier `server.xml` fourni avec Tomcat est un très bon exemple de configuration complexe, avec des connexions multiples, un serveur autonome avec des hôtes virtuels et un certain nombre de classes pré-chargées. Il est par ailleurs très largement documenté par de nombreux commentaires. Cependant, la majeure partie de ce fichier est inutile pour ce que nous voulons faire.

Il est plus que probable que vous placerez vos servlets ou vos pages JSP dans un emplacement de votre choix, mais vous pouvez les placer sous le répertoire `webapps`, dans une arborescence reflétant celle du répertoire `examples` de Tomcat. Pour cela, la méthode la plus simple consiste à créer une nouvelle section de contexte dans le fichier `server.xml`. Je vous conseille de supprimer tous les connecteurs, sauf celui de Warp (utilisé par `mod_webapp`), mais de conserver le contexte `examples` pour les tests.

Mon Apache/Tomcat fonctionne parfaitement avec la configuration minimale du listing 8.17. Vous remarquerez que j'ai déplacé toutes les applications du répertoire par défaut (qui est sous la racine de l'arborescence de Tomcat) dans un autre, indiqué par le paramètre `appbase` et le chemin absolu `/home/httpd`. Je peux alors créer de nouvelles applications Web en créant simplement des sous-répertoires sous celui-ci. Pour utiliser la servlet et les exemples JSP fournis avec Tomcat, copiez simplement le répertoire `examples` du répertoire `webapps` de l'arborescence Tomcat dans votre nouvelle arborescence :

```
# cp -R /usr/local/jakarta-tomcat-4.0.4/webapps/examples /home/httpd
```

Si vous avez installé Tomcat à partir du RPM de Red Hat, le chemin est un peu différent :

Listing 8.17 – Une configuration minimale de Tomcat

```
# cp -R /var/tomcat4/webapps/examples /home/httpd
<Server port="8005" shutdown="SHUTDOWN" debug="0">
 <Service name="Tomcat-Apache">
  <Connector
    className="org.apache.catalina.connector.warp.WarpConnector"
    port="8008" minProcessors="5" maxProcessors="75"
    enableLookups="true" appBase="/home/httpd"
    acceptCount="10" debug="0"/>
  <Engine className="org.apache.catalina.connector.warp.WarpEngine"
    name="jackal.hiwaay.net" debug="0">
   <Logger className="org.apache.catalina.logger.FileLogger"
     prefix="apache_log." suffix=".txt"
     timestamp="true"
   </Logger>
   <Realm className="org.apache.catalina.realm.MemoryRealm" />
  </Engine>
 </Service>
</Server>
```

Après avoir redémarré Tomcat avec cette nouvelle configuration, celui-ci recherche ses applications dans /home/httpd. Une application désignée par une URL comme http://<nomserveur>/codejava/HelloWorld.jsp est recherchée dans un fichier nommé /home/httpd/codejava/HelloWorld.jsp, pourvu que vous ayez ajouté la ligne suivante à votre fichier httpd.conf :

```
WebAppDeploy codejava conn /codejava
```

Installer le module mod_webapp d'Apache/Tomcat

Pour qu'Apache envoie des requêtes à Tomcat afin que celui-ci les traite, vous devez avoir un module Apache sachant accéder à Tomcat par l'un des ses connecteurs. Un grand nombre de ces connecteurs a vu le jour et les adeptes de chacun d'eux vous donneront les nombreuses raisons pour lesquelles vous devriez choisir celui-ci plutôt qu'un autre. Les versions actuelles de Tomcat prennent en compte cinq connecteurs différents : Coyote HTTP/1.1, Coyote JK 2, HTTP/1.1, JK, et Webapp.

De par mon expérience, Webapp est le connecteur le plus simple à utiliser avec Apache ; il est implémenté par le module mod_webapp. Je vous montrerai comment l'installer et le configurer. Je vous conseille de conserver ce connecteur tant que vous n'avez pas de bonnes raisons d'en utiliser un autre.

Dans la mesure du possible, recherchez et utilisez une version de mod_webapp.so (le module dynamique pour Apache) déjà compilée, ce qui devient de plus en plus difficile à trouver. Attention : les binaires mod_webapp.so disponibles sur jakarta.apache.org sont généralement compilés pour les anciennes versions 1.3 d'Apache. N'utilisez un module que s'il correspond à vos versions d'Apache et de Tomcat ; sinon, suivez les instructions suivantes pour le compiler.

Le code source de tous les connecteurs Apache/Tomcat se trouve sur le site du projet Jakarta (http://jakarta.apache.org/builds/jakarta-tomcat-connectors). Fouillez dans le répertoire webapp afin de trouver l'archive qui correspond à votre version de Tomcat, puis décompactez-la dans un répertoire d'où vous pourrez l'installer :

```
# cd /usr/local/src
# tar xzf /downloads/jakarta-tomcat-connectors-4.0.4-src.tar.gz
# ls jakarta-tomcat-connectors-4.0.4-src
build.xml  common    coyote   gump.xml  http11  jk
KEYS       lib       LICENSE   scandoc  util    webapp
```

Placez-vous dans le répertoire webapp pour appliquer les instructions suivantes :

```
# cd jakarta-tomcat-connectors-4.0.4-src/webapp
```

Assurez-vous que les scripts *shell* du répertoire support sont exécutables :

```
# chmod +x support/*.sh
```

Appelez ensuite le script buildconf.sh du répertoire support. C'est la phase de l'installation qui est susceptible de poser le plus de problèmes : si votre version d'autoconf n'est pas suffisamment récente, le script échoue en affichant un message d'avertissement. Dans ce cas, récupérez un RPM plus récent à partir d'un site comme rpmfind.net et utilisez la commande rpm -F pour « rafraîchir » cet outil : quoi qu'il en soit, il est toujours conseillé d'avoir sa dernière version. Si vous n'arrivez pas à trouver un RPM, allez sur http://www.gnu.org et téléchargez les sources (je vous laisse faire la compilation).

Si votre version d'autoconf est à jour, vous voyez apparaître les lignes suivantes :

```
# ./support/buildconf.sh
--- Checking "autoconf" version
autoconf version 2.53 detected.
```

```
--- Creating WebApp "configure" script
Creating configure ...
--- All done
```

`autoconf` devrait avoir créé un script `configure` que vous pourrez utiliser avec l'option `--with-apxs` pour créer tous les `makefile` nécessaires à la véritable compilation :

```
# ./configure --with-apxs=/usr/local/apache2/bin/apxs
```

Utilisez `make` pour créer le module :

```
# make
```

Après cette opération, la plupart d'entre nous a l'habitude de faire `make install` pour installer l'application. Cependant, pour une raison inconnue, les auteurs ne le permettent pas : si vous tentez de le faire, cela provoque une erreur :

```
# make install
make: *** No rule to make target 'install'.  Stop.
```

Il n'y a pas de quoi s'inquiéter. Si le module s'est bien compilé, vous le trouvez dans l'un des sous-répertoires et il suffit de le déplacer manuellement dans le répertoire des modules d'Apache :

```
# find . -name mod_webapp.so
./apache-2.0/mod_webapp.so
./build/mod_webapp.so
# cp ./apache-2.0/.libs/modwebapp.so /usr/local/apache2/modules/
```

Configurer Apache pour utiliser Tomcat

Avec le connecteur Webapp, on active Tomcat dans Apache en ajoutant la ligne suivante dans `httpd.conf` (placez-la avec les autres lignes `LoadModule`) :

```
LoadModule webapp_module modules/mod_webapp.so
```

Ce module fournit trois nouvelles directives dont j'expliquerai plus tard le fonctionnement ; pour l'instant, contentez-vous d'ajouter les deux lignes suivantes tout à la fin de votre fichier `httpd.conf`. Vous pourrez ensuite améliorer cette configuration et inclure ces deux lignes dans des conteneurs d'hôtes virtuels, les configurer pour des accès SSL ou protéger leur accès d'une façon ou d'une autre ; pour l'instant, elles sont ouvertes à tous les utilisateurs :

```
WebAppConnection conn warp jackal.hiwaay.net:8008
WebAppDeploy examples conn /examples
```

La directive `WebAppConnection` indique à `mod_webapp` comment se connecter à Apache et quel protocole utiliser pour communiquer avec le connecteur de Tomcat. Le premier paramètre nomme la connexion : ici, la connexion au port 8008 du système jackal.hiwaay.net s'appelle `conn` et le connecteur à l'autre bout utilise le protocole Warp (protocole utilisé par le connecteur `webapp` de Tomcat). Notez que ces paramètres doivent correspondre à ceux qui sont utilisés dans la configuration `server.xml` de Tomcat pour le contexte `webapp`.

C'est là que vous pouvez configurer Apache pour qu'il se connecte à d'autres serveurs Tomcat, le plus souvent parce que vous avez besoin de plusieurs versions différentes de l'API des servlets ou parce que vous devez répartir la charge du traitement de votre servlet entre plusieurs serveurs.

La directive `WebAppDeploy` sert à traduire une URL de requête en une requête Tomcat. Ici, les requêtes reçues par Apache qui ont une URL contenant `/example` sont envoyées par la connexion `conn` définie au-dessus ; elles sont interprétées dans le contexte `examples`, qui se trouve dans le répertoire des webapp sous l'arborescence de Tomcat. Ce répertoire et son contenu ont normalement été installés par la distribution binaire de Tomcat ou avec le RPM Webapps pendant l'installation du RPM de Tomcat.

Testons l'ensemble. Si vous avez relancé Apache après l'ajout de la directive `LoadModule` et des deux directives de `mod_webapp`, vous devriez pouvoir vous connecter à votre serveur avec l'une des URL suivantes (remplacez `<nomserveur>` par le nom du vôtre) :

```
http://<nomserveur>/examples/servlets/index.html
http://<nomserveur>/examples/jsp/index.html
```

La troisième et dernière directive fournie par `mod_webapp` est `WebAppInfo`, qui active une page d'information affichant tous les contextes de Tomcat disponibles pour Apache. Ajoutez-la avec une URL relative de votre choix, qui vous permet d'afficher cette page ; la ligne suivante me permet d'afficher la page d'état de la figure 8.8. Vous remarquerez cependant que je dois ajouter un caractère / à l'URL pour que cela fonctionne (ce qui n'est sûrement pas l'intention de l'auteur).

```
WebAppInfo /webapp-info
```

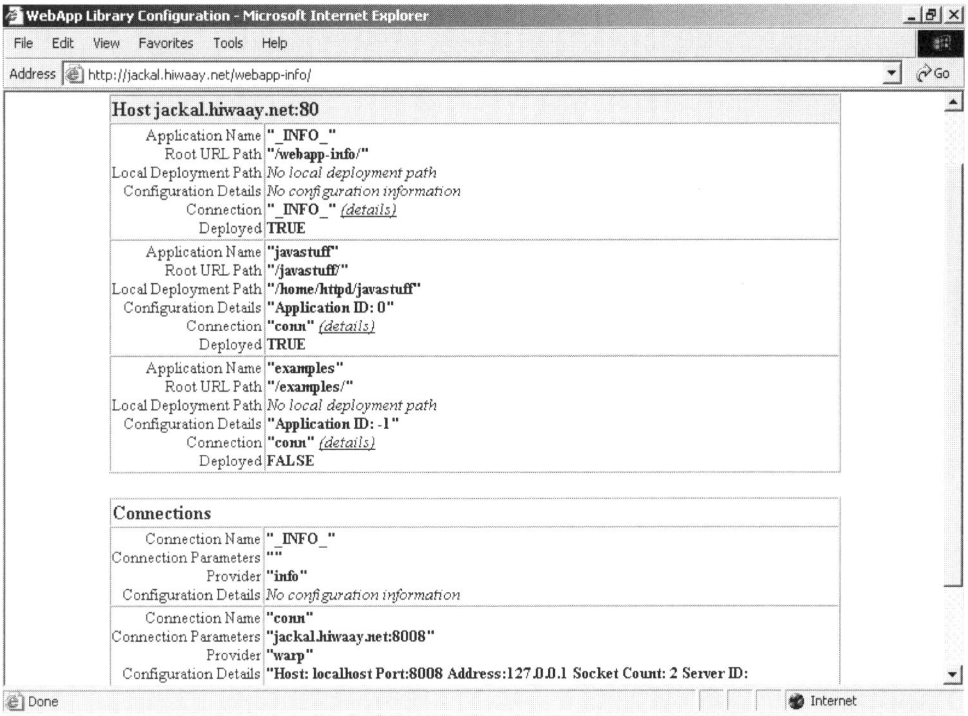

Figure 8.8
La page d'état de mod_webapp.

Interroger une base de données avec Apache et Tomcat

J'utiliserai à nouveau la base de données des codes postaux pour illustrer l'exécution par Tomcat d'une servlet très simple. Le code de cette servlet est montré dans le listing 8.18 : il reçoit les données provenant d'un formulaire HTML et interroge la base de données MySQL. Pour compiler le fichier `CodesPostaux.java`, il m'a fallu explicitement désigner les classes servlets (qui se trouvent dans le fichier `servlet.jar`), avec l'option `-classpath` du compilateur Java :

Listing 8.18 – Servlet Java pour interroger la base de données des codes postaux

```
# javac -classpath "/usr/local/jakarta-tomcat-4.0.4 /common/lib/servlet.jar"
ZipCodes.java
// /usr/local/apache/servlets/CodesPostaux.java
import java.io.*;
import java.sql.*;
```

Listing 8.18 – Servlet Java pour interroger la base de données des codes postaux

```
import javax.servlet.*;
import javax.servlet.http.*;
public class CodesPostaux extends HttpServlet
{
   public void service (HttpServletRequest requete, HttpServletResponse reponse)
      throws ServletException, IOException
    {
       super.service(requete, reponse);
    }
   public void doGet (HttpServletRequest requete, HttpServletResponse reponse)
      throws ServletException, IOException
   {
       // Création d'une chaîne contenant une requête SQL à partir du
       // code postal entré par l'utilisateur
      String req = "select * from codes where cp=\"" +
                   requete.getParameter("cp") +"\"";
       try {
         // Chargement du pilote JDBC pour MySQL
         Class.forName("org.gjt.mm.mysql.Driver").newInstance();
       }
       catch (Exception Err) {
           System.err.println("Impossible de charger le pilote JDBC.");
           Err.printStackTrace();
       }
       try {
           // Création d'une connexion vers la base des codes postaux
           // sur localhost, sous le compte root
          Connection conn = DriverManager.getConnection("jdbc:mysql://localhost/
            codespostaux?user=root&password="secret");
           try {
               // Création d'un objet instruction qui enverra la requête SQL
               Statement instr = conn.createStatement();
             // Envoi de la requête, stockage du résultat dans un objet ResultSet
               ResultSet resultat = instr.executeQuery(req);
               String titre = "Exemple de servlet avec base de données";
               // Fixe le type du contenu et les autres en-têtes de la  réponse
               reponse.setContentType("text/html");
               // puis, écrit les données
               PrintWriter out = reponse.getWriter();
               out.println("<HTML><HEAD><TITLE>");
```

Listing 8.18 – Servlet Java pour interroger la base de données des codes postaux

```
                out.println(titre);
                out.println("</TITLE></HEAD><BODY bgcolor=\"#FFFFFF\">");
                out.println("<H1>" + titre + "</H1>");
                out.println("<H2>Codes postaux<br></h2>");
                while (resultat.next()) {
                out.println("Le bureau distributeur <font size=+1><b>"
                + resultat.getString(2) + "</b></font> est <font size=+2><b>"
                + resultat.getString(1) + "</b></font><br>");
                }
                out.println("</BODY></HTML>");
                out.close();
                resultat.close();
                instr.close();
                conn.close();
            }
            catch (SQLException err) {
                System.out.println("Exception SQL : " +
                   err.getMessage() );
                System.out.println("État SQL :     " +
                   err.getSQLState() );
                System.out.println("Erreur logicielle :  " +
                   err.getErrorCode() );
            }
        }
        catch (SQLException err) {
                System.out.println("Exception SQL : " +
                   err.getMessage() );
                System.out.println("État SQL :     " +
                   err.getSQLState() );
                System.out.println("Erreur logicielle :  " +
                   err.getErrorCode() );

        }
    } //doGet()
} //Class
```

Cette servlet est installée dans `/usr/local/apache2/servlets`, qui est le dépôt de la zone des servlets `root` et qui correspond à l'URL de requête `/servlets`.

Comme Java peut effrayer les débutants, j'ai essayé de garder cet exemple aussi simple que possible. Pour être honnête, il y plus de code que j'en aurais souhaité pour un exemple aussi simple. Les commandes de gestion des exceptions, `try`, `throw`, et `catch` sont nécessaires ; si vous les ôtez, vous provoquez une erreur, car les objets Java exigent une gestion des exceptions. Je suis persuadé que cela augmente la fiabilité de mon code, mais cela oblige le programmeur à respecter une discipline draconienne (à vous de voir si c'est une bonne chose ou non).

Les instructions `import` permettent d'accéder aux classes dont on a besoin. Les classes `javax.servlet.*` et `javax.servlet.http.*` sont nécessaires aux servlets et sont fournies par le JSDK. Les classes `java.sql.*` implémentent les appels aux bases de données via JDBC, comme on l'explique dans l'encadré « Installer JDBC ».

Dans le code ci-dessus, je définis une classe `CodesPostaux` qui hérite de (ou étend) la classe `HttpServlet`. En procédant ainsi, je crée une nouvelle classe qui hérite de toutes les méthodes et attributs d'une servlet ; ma classe, par conséquent, implémente les méthodes standards de l'API Java des servlets. La méthode `service` est appelée par le moteur de servlets chaque fois qu'il faut traiter une nouvelle requête et, s'il s'agit d'une requête `GET`, la méthode standard `doGet` est appelée. Toutes les servlets que vous écrivez doivent implémenter au moins une des méthodes `doGet`, `doPost`, `doPut` ou `doDelete`, qui correspondent chacune à un type de requête HTTP.

La méthode `doGet` reçoit en paramètre deux objets fournis par le moteur de *servlet* : l'objet `requete` et l'objet `reponse` correspondant respectivement à la requête HTTP du client et à la réponse à celui-ci. Toutes les servlets agissent sur ces deux objets. Pour résumer rapidement, la saisie de l'utilisateur est récupérée par un appel à la méthode `getParameter` de l'objet `requete`. Cette méthode renvoie la valeur saisie dans le champ de formulaire dont on lui a passé le nom en paramètre. On utilise cette valeur pour construire une requête SQL, qui passe ensuite par un ensemble de méthodes et d'objets fournis par les classes du pilote JDBC de MySQL (`org.gjt.mm.mysql.Driver`). Ces méthodes et objets appartiennent en standard à l'interface de programmation JDBC et fonctionnent avec une autre base de données moyennant peu, voire pas du tout, de modifications. Vous devrez, bien sûr, fournir les classes JDBC appropriées pour chaque base de données que vous souhaitez utiliser. Consultez l'encadré « Installer JDBC » pour savoir comment récupérer et installer les pilotes JDBC pour MySQL.

Un exemple simple de JSP (Java Server Pages)

Le listing 8.19 est une application JSP très simple qui renvoie le texte *Hello World* en HTML, effectue un calcul très simple et configure une variable qu'on utilise ensuite. Il n'a pas pour but de servir à quelque chose, mais se contente d'illustrer l'utilisation la plus simple possible de JSP. La figure 8.9 montre le résultat dans un navigateur.

Installer JDBC

JDBC (Java DataBase Connectivity) est une interface de programmation pour les systèmes de bases de données relationnelles (SGBDR). Elle fournit un ensemble cohérent de méthodes permettant de programmer des applications de bases de données en Java indépendantes du SGBDR utilisé. Un passage de Sybase à Oracle, par exemple, ne nécessite que le changement de quelques pilotes JDBC pour que les programmes fonctionnent sans modification. Cela correspond bien au paradigme de la programmation Java qui a toujours été de créer des programmes qu'« on n'écrit qu'une fois et qui s'exécutent partout ». Si vous connaissez la programmation des bases de données en Perl, vous aurez remarqué que JDBC ressemble beaucoup au module Perl DBI (database independent API).

Les informations sur JDBC sont maintenues par Sun Microsystems à l'URL suivante :

```
http://java.sun.com/products/jdbc/
```

Pour écrire les exemples simples de ce chapitre, qui interrogent la base de données MySQL sur mon serveur Linux, j'ai dû télécharger un pilote JDBC pour MySQL. Le site de Sun gère une base de données des pilotes JDBC pour les différents moteurs de SGBD. En ce qui me concerne, j'ai choisi la dernière version du pilote MM MySQL de Mark Matthew, que j'ai directement téléchargée à partir de son site, http://mmmysql.sourceforge.net. L'archive est au format JAR, avec un nom curieux comme `mm.mysql-2.0.14-you-must-unjar-me.jar`. Elle contient quelques informations sur son installation :

```
# cd /usr/local
# jar x < /downloads/mm.mysql-2.0.14-you-must-unjar-me.jar
# ls
analog-5.24  bin                    include
man          share                  apache2
doc          jakarta-tomcat-4.0.4   META-INF
src          apache2.036            etc
lib             mm.mysql-2.0.14     var
apache2.039     games               libexec
```

L'une des choses les plus appréciables avec JDBC (comme avec la plupart des extensions Java) est qu'il s'agit d'un ensemble de classes Java. En d'autres termes, la seule chose dont on ait besoin pour installer JDBC est de s'assurer que la machine virtuelle Java saura trouver ces classes. Les classes JDBC sont empaquetées dans une archive Java (un fichier `.jar`), que je conseille d'utiliser telle quelle. Bien que vous puissiez aisément recompiler vous-même l'archive à partir des fichiers source `.java` et du `makefile` inclus avec le pilote, cela n'impliquerait pas nécessairement une optimisation pour votre matériel.

J'ai extrait MM MySQL dans mon répertoire `/usr/local` et la seule chose qu'il m'ait fallu faire pour que cela fonctionne a été d'ajouter le répertoire des classes JDBC à ma variable d'environnement `JAVA_HOME` (Tomcat n'examine pas le contenu de la variable `CLASSPATH`, mais il est préférable qu'elle ait le même contenu que `JAVA_HOME`). Pour cela, il suffit d'éditer le fichier `.bash_profile` situé dans le répertoire d'accueil de l'utilisateur qui lance Tomcat (ou le fichier `/etc/profile`, si on veut que cette configuration soit partagée par tous les utilisateurs) :

```
JAVA_HOME=/usr/java/j2sdk1.4.0_01
  :/usr/local/jakarta-tomcat-4.0.4:
  /usr/local/mm.mysql-2.0.14
```

Listing 8.19 – Un exemple très simple de JSP

```
<%
// Création et initialisation d'une variable chaîne, nommée titre
//
String titre = "Hello, world!";
%>
<!DOCTYPE HTML PUBLIC "-//W3C//DTD HTML 4.0 Transitional//EN">
<head>
<meta http-equiv="Content-Type" content="text/html; charset=ISO-8859-1">
<!--Les marqueurs d'expression interprètent les variables du script dans du HTML -
->
<title><%= titre %></title>
</head>
<body bgcolor=white>
<h1><%= titre %></h1>
<!-- JSP peut faire des calculs mathématiques -->
<h2>2 + 2 = <%= 2 + 2 %></H2>
</body>
```

Figure 8.9
Le résultat de la page JSP dans un navigateur.

Interroger une base de données avec JSP

Le codage de mon application d'interrogation d'une base de données en JSP est plus simple qu'avec une servlet Java. Avant tout, il n'est pas nécessaire d'utiliser la gestion des exceptions qui était requise pour la servlet (les blocs `try` et `catch`). Apparemment, JSP s'en occupe automatiquement, bien que je n'aie pas trouvé d'informations là-dessus dans la documentation. Tout ce que je sais est que mon application est bien plus courte en JSP : le listing 8.20 est aussi simple que je pourrais l'espérer. Lorsqu'elle est appelée à partir d'un formulaire HTML et qu'on lui passe un code postal, la page JSP effectue une recherche dans la base de données MySQL. On n'utilise pas du tout le code Java intégré dans la page pour produire le texte du résultat, car c'est bien plus simple de le faire directement en HTML, en insérant au bon endroit les valeurs des variables à l'aide des marqueurs `<%=` et `%>`.

Listing 8.20 – Un exemple d'interrogation de la base de données des codes postaux en JSP

```
<title>Exemple d'interrogation de MySQL avec JSP</title>
</head>
<H1><center>Exemple d'interrogation de MySQL avec JSP</H1>
<body bgcolor='white'>
<%
// Utilisation de l'objet request pour obtenir ce qu'a saisi l'utilisateur
String cp = request.getParameter("cp");
%>
<h1>Le code entré était : <%= cp %> </h1>
<%
// L'utilisation de JDBC avec JSP est vraiment facile
Class.forName("org.gjt.mm.mysql.Driver").newInstance();
Connection conn = DriverManager.getConnection(
   "jdbc:mysql://localhost/codespostaux?user=root&password=secret");
String req = "select * from codes where cp=\"" +
   request.getParameter("cp") + "\"";
Statement instruction = conn.createStatement();
ResultSet resultat = instruction.executeQuery(req);
%>
<h1><%= cp %> est le code postal du bureau distributeur
<%= resultat.getString(1) %>!
</body>
</html>
```

Bien que ce code soit ici bien plus simple qu'une servlet, JSP peut devenir plus brouillon qu'un simple mélange de code Java et HTML lorsque les choses se compliquent. Pour les applications complexes, on sépare généralement une partie du code Java du code HTML et on l'importe comme un Java Bean. JSP dispose d'un marqueur spécial, <jsp:useBean, qui permet de créer un objet instance d'une classe externe. Les attributs et les méthodes de cet objet peuvent alors être appelés dans les fragments de code intégrés dans la page JSP.

Un excellent guide d'utilisation avancée de JSP se trouve sur le site de Sun consacré aux technologies Java, http://java.sun.com/products/jsp/docs.html.

Resin

Ne vous y trompez pas : l'installation du support des servlets Java ou des Java Server Pages pour Apache peut s'avérer très confuse et souvent frustrante. Dans la première édition de cet ouvrage, je ne parlais de Tomcat (un produit immature, à l'époque) qu'en passant et je conseillais fortement aux lecteurs qui voulaient exécuter des applications Java sur leurs serveurs Apache d'utiliser un conteneur de servlets appelé Resin, créé par Caucho Technology (www.caucho.com). Malgré l'énorme travail effectué sur Tomcat au cours des ces deux dernières années et le soutien important de l'industrie pour ce « standard », je reste sur mes positions : Resin est de loin le conteneur de servlets le plus robuste et le plus efficace en termes de performances.

Comme le nouveau Tomcat, Resin est une solution unique qui implémente les servlets et JSP en une seule installation. Il est disponible gratuitement sous une licence open-source auprès de Caucho Technology. Bien qu'il ne bénéficie pas du même nombre de développeurs que d'autres serveurs d'applications Java, Resin semble très bien soutenu par une communauté d'utilisateurs très actifs, ce qui est un trésor inestimable pour les utilisateurs de logiciels libres. Resin est présenté comme « le moteur de servlets et de JSP le plus rapide du marché » et des tests de performance indépendants semblent confirmer cette affirmation. Resin a un bien meilleur comportement que Tomcat pour le « déploiement à chaud » (la possibilité d'ajouter des composants comme des JavaBeans, des servlets et des fichiers JSP sans devoir arrêter et relancer le serveur). Il dispose également de fonctionnalités comme la recompilation automatique des servlets et la répartition de charge qui ne sont pas (à mon avis) encore complètement matures dans Tomcat.

Resin suit relativement bien les perpétuels changements des spécifications Java de Sun Microsystems. La version que j'ai installée, bien qu'il s'agisse d'une bêta (Resin 1.1b6), est basée sur les spécifications JSP 1.2 et Java Servlet 2.3, les toutes dernières pour les logiciels de production. C'est exactement la même chose pour l'« implémentation de référence » de Tomcat par Sun et le projet Jakarta.

Comme le montre la figure 8.10, Resin sur Apache se compose de deux parties distinctes (comme Apache/Tomcat) : un module Apache (écrit en C) et un lanceur de servlets (écrit en Java, bien sûr). Une requête utilisateur identifiée dans la configuration de Resin comme un candidat à un traitement par servlet est envoyée au moteur via une connexion TCP standard. Le lanceur `srun` est un programme distinct qui lance les servlets (y compris celle qui traite les documents JSP) au moyen d'une machine virtuelle Java ou environnement d'exécution. Vous remarquerez la similitude avec l'architecture Apache/Tomcat décrite dans la figure 8.6.

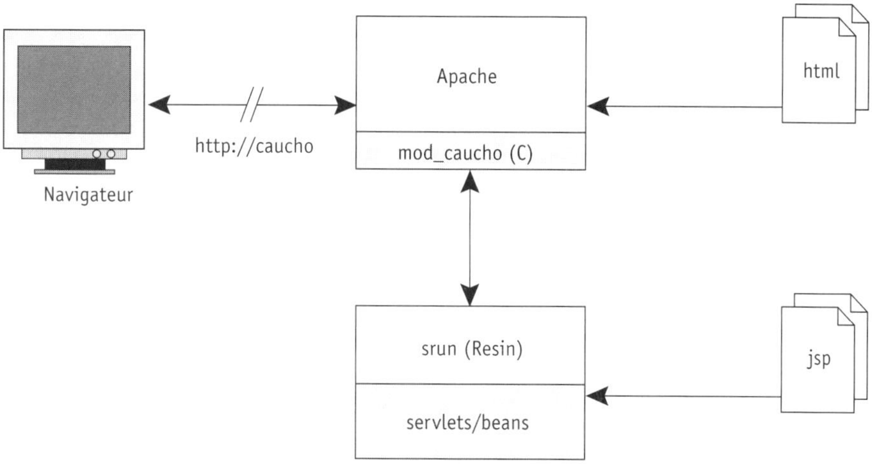

Figure 8.10
Architecture de Resin avec Apache.

Installer Resin

Bien que Resin soit d'abord conçu pour améliorer les performances des applications Java, il est également très simple à installer, à configurer, à mettre à jour et à comprendre.

La première étape consiste, bien sûr, à telécharger la dernière version sur www.caucho.com. J'ai donc récupéré l'archive de Resin Server version 2.1, `resin-2.1.3.tar.gz`, que j'ai extraite dans `/usr/local` :

```
# cd /usr/local
# tar xzf /downloads/resin-2.1.3.tar.gz
# cd resin-2.1.3
```

INFO Bien que Resin soit disponible gratuitement sous une licence open-source pour le téléchargement et pour son utilisation, ses auteurs maintiennent un *copyright* sur leur travail et encouragent les « projets sérieux » à acheter une licence du produit. Cette licence n'est pas nécessaire pour utiliser Resin, mais les développeurs pensent que ceux qui gagnent de l'argent grâce à Resin seront honnêtes et reverseront quelque chose pour assurer son évolution et sa qualité future. La licence ne coûte que 500 dollars par serveur. D'après moi, c'est justifié.

Vérifiez que JAVA_HOME est configurée. Le paquetage s'installe facilement moyennant trois commandes qu'on effectue dans le répertoire où on a compilé Resin (/usr/local/resin-2.1.3 dans mon cas) :

```
# cd /usr/local/resin-2.1.3
# echo $JAVA_HOME
/usr/java/j2sdk1.4.0
# ./configure --with-apxs=/usr/local/apache2/bin/apxs
# make
# make install
```

Dans la plupart des cas, l'installation de Resin modifie le fichier httpd.conf de votre serveur Apache pour qu'il charge le module mod_caucho et pour qu'il pointe vers le fichier de configuration resin.conf, situé dans le répertoire racine de Resin. Sur mon système, ces lignes ont été ajoutées tout à la fin de mon fichier httpd.conf (j'ai ensuite déplacé la ligne LoadModule pour qu'elle soit avec les autres LoadModule) :

```
LoadModule caucho_module modules/mod_caucho.so
<IfModule mod_caucho.c>
  CauchoConfigFile /usr/local/resin-2.1.2/conf/resin.conf
  <Location /caucho-status>
   SetHandler caucho-status
  </Location>
</IfModule>
```

Si l'une de ces lignes manque, ajoutez-la exactement comme elle apparaît ci-dessus, en ne modifiant que les chemins de fichiers s'ils diffèrent des vôtres. Ce bloc de configuration indique à mod_caucho où rechercher ses informations de configuration et ajoute un gestionnaire spécial pour la page d'état de Resin (voir la figure 8.11). Il est recommandé de supprimer la section <Location /caucho-status> des serveurs en production mais, pour les tests, elle peut être très utile.

Avant de démarrer le lanceur de servlets, il faut modifier le fichier resin.conf. Pour n'utiliser que des documents JSP et des servlets Java, j'ai utilisé la configuration suivante :

```
<caucho.com>
<http-server>
  <http host='localhost' port='6802'/>
     app-dir='/home/httpd/html'>
      <servlet-mapping url-pattern='/servlets/*'
          servlet-name='invoker'/>
      <servlet-mapping url-pattern='*.jsp'
```

```
          servlet-name='com.caucho.jsp.JspServlet'/>
      <servlet-mapping url-pattern='*.xtp'
          servlet-name='com.caucho.jsp.XtpServlet'/>
  </http-server>
</caucho.com>
```

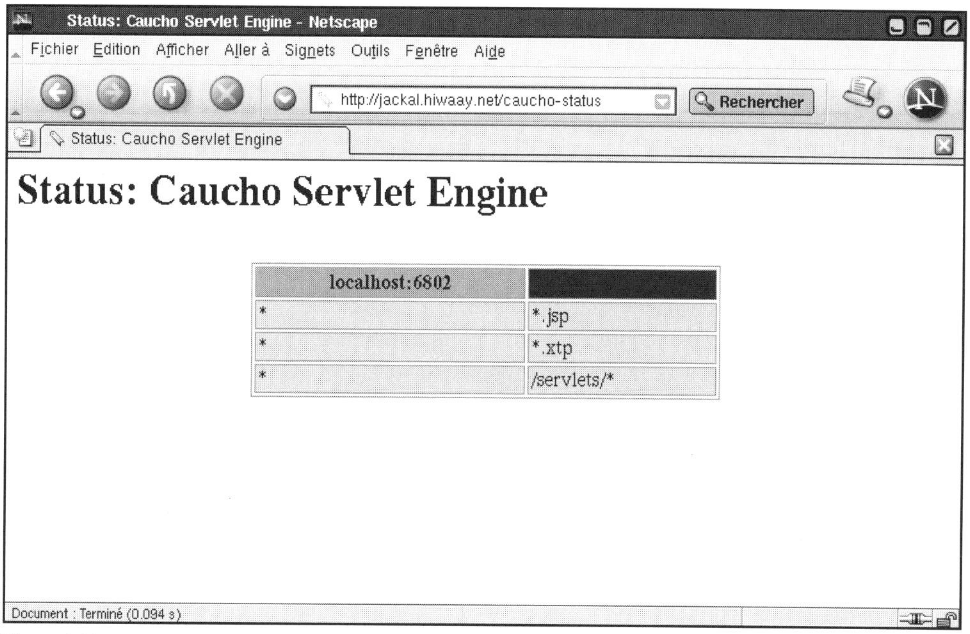

Figure 8.11
La page d'état de Resin.

Ces lignes indiquent que `mod_caucho.so` contacte le lanceur de servlets sur le port TCP 6802 du système local (`localhost`). On utilise ici trois règles de correspondance pour les servlets. La première identifie les servlets par leurs noms de classes. Le fichier de configuration par défaut fourni avec Resin recherche les classes des servlets dans `RESIN_HOME/doc/WEB-INF/classes`. Ce comportement est défini par la spécification *Java Servlet 2.3*, mais peut être modifié par la directive `<classpath>`. Vous pouvez par exemple placer les lignes suivantes juste après la directive `<httpd-server>` :

```
<classpath id='/home/httpd/html/classes'
    source='/home/caulds/servletsources'>
</classpath>
```

Ces lignes redéfinissent l'emplacement où Resin recherche les classes Java utilitaires et les classes des servlets. Le mot-clé facultatif `source` sert à indiquer le répertoire des sources des classes Java ; si vous l'utilisez, Resin compile automatiquement les classes pour vous lorsqu'elles sont modifiées (ou que le fichier `.class` n'existe pas).

J'ai modifié mon fichier de configuration Resin pour qu'il utilise mon `DocumentRoot` Apache comme `app-dir` et qu'il garde `/servlets/*` pour les correspondances d'URL. Cela signifie que si une requête est de la forme :

```
/servlets/uneclasse
```

le lanceur de servlets tente de lancer :

```
/home/httpd/html/WEB-INF/classes/uneclasse.class
```

Pour séparer les espaces de travail, Resin utilise soit les hôtes virtuels, soit WebApp. Chaque espace de travail est identifié par un chemin relatif à `app-dir` et contient un répertoire `WEB-INF` qui, à son tour, contient des sous-répertoires tels que `classes`. Bien que les développeurs de Caucho débattent encore de l'utilité de coder en dur cette dépendance vis à vis du répertoire `WEB-INF`, il faut indiquer ce répertoire dans `app-dir` ou `web-app`.

Ma seconde correspondance définit `com.caucho.jsp.JspServle` comme la servlet qui est lancée pour prétraiter ou analyser tous les fichiers désignés comme des documents JSP (par leur extension `.jsp`). La dernière correspondance précise que `com.caucho.jsp.XtpServlet` est la servlet pour traiter les règles XML ; elle peut être supprimée si vous n'en n'utilisez pas. Si vous tentez maintenant de charger un document JSP, vous rencontrerez sûrement une erreur indiquant que le lanceur de servlets n'a pas été lancé : le conteneur de servlets doit être lancé manuellement (généralement sous le compte *root*) ou à partir d'un script de démarrage au lancement du système.

Lorsque vous aurez fait toutes ces modifications, vous devriez pouvoir lancer manuellement le lanceur de servlets en utilisant la commande suivante :

```
# /usr/local/resin-2.1.2/bin/httpd.sh
Resin 2.1.3 (built Tue Jul 23 11:04:02 PDT 2002)
Copyright(c) 1998-2002 Caucho Technology.  All rights reserved.
Starting Resin on Sun, 28 Jul 2002 16:05:00 -0500 (CDT)
[2002-07-28 16:05:48.815] initializing application
http://localhost:8080/
[2002-07-28 16:05:48.816] initializing application
http://localhost:8080/java_tut
[2002-07-28 16:05:48.816] initializing application http://localhost:8080/
examples/basic
```

```
[2002-07-28 16:05:48.817] initializing application http://localhost:8080/
examples/tags
[2002-07-28 16:05:48.817] initializing application http://localhost:8080/
examples/tictactoe
[2002-07-28 16:05:48.818] initializing application http://localhost:8080/
examples/navigation
[2002-07-28 16:05:48.824] initializing application http://localhost:8080/
examples/xsl
[2002-07-28 16:05:48.824] initializing application  http://localhost:8080/
examples/templates
[2002-07-28 16:05:48.825] initializing application http://localhost:8080/
examples/login
http listening to *:8080
srun listening to 127.0.0.1:6802
```

Si vous lancez `httpd` sans paramètre (comme dans cet exemple), il tourne au premier plan et vous voyez apparaître les lignes ci-dessus, qui peuvent servir au débogage. En pratique, cependant, vous lancerez le serveur en tâche de fond (avec le paramètre `start`). Le but des lignes suivantes devrait être suffisamment clair, car elles ressemblent beaucoup au script `apachectl` d'Apache :

```
# ./httpd.sh start
Resin httpd start at Sun Jul 28 16:09:36 CDT 2002
# ./httpd.sh restart
# ./httpd.sh stop
Stopping httpd
```

Il ne vous reste plus qu'à configurer Linux pour qu'il démarre Resin au lancement du système.

En résumé

La plupart des comparaisons entre les méthodologies de programmation des serveurs Web insistent surtout sur les performances et citent des tests comparatifs prouvant qu'une technique est indubitablement meilleure qu'une autre. Ces tests mesurent généralement la possibilité de produire et de servir des pages HTML à un grand nombre de clients connectés simultanément. Les performances brutes ont un intérêt particulier lorsqu'on choisit une technique de programmation pour un site Web à très fort trafic, notamment s'il est alimenté par un très gros canal (plus gros qu'un simple circuit T1, qui a une bande passante à peine supérieure à 1.5 Mo).

En vérité, la plupart des sites Web ne reçoivent guère plus que quelques milliers de visites par jour et d'autres considérations que la vitesse pure peuvent être bien plus importantes lorsqu'il s'agit de choisir un outil de programmation Web.

La plus ancienne méthode pour interfacer des programmes externes à un serveur Web est CGI qui a été, de facto, le standard pour la programmation des applications Web. CGI reste une technique tout à fait valable pour la programmation Apache.

Le plus gros inconvénient du CGI traditionnel (ses faibles performances) a été en grande partie éliminé, d'abord grâce à FastCGI (implémenté par le module `mod_fastcgi`) et, plus récemment, par `mod_perl`. Ces deux extensions d'Apache éliminent le surcoût dû au démarrage d'un interpréteur Perl à chaque appel d'un script CGI. Le module `mod_perl` va un peu plus loin et utilise un mécanisme de mise en cache pour s'assurer que les scripts, une fois compilés en pseudocode Perl, seront immédiatement disponibles pour les appels suivants.

Ce chapitre a montré comment modifier Apache pour utiliser ces techniques de programmation et a illustré chacune d'elles par une application simple, mais utile, qui interroge une base de données relationnelle en utilisant une clé de recherche saisie par l'utilisateur.

Lorsque vous choisirez un outil ou une technique de programmation pour le Web, ne prenez pas votre décision en fonction d'un tableau de mesures de performances, mais en fonction des compétences et des talents dont vous disposez déjà. N'oubliez jamais non plus que les langages de programmation Web ne s'excluent pas mutuellement : vous n'avez pas à choisir une technique au détriment de toutes les autres.

9

Alias et redirections

Afin de simplifier la localisation des ressources, Apache suppose toujours que l'URL demandée désigne un chemin relatif à la racine du serveur (définie par la directive `DocumentRoot`). La plupart du temps, cette supposition est correcte et une URL correspond à un chemin d'accès dans le système de fichiers, ce qui permet d'accéder très rapidement à la ressource correspondante. Cependant, ce n'est pas toujours le cas. Dans certaines situations, l'URL demandée peut se trouver à un emplacement non standard. Elle peut être sous la racine à un endroit qui ne peut pas être déduit directement de l'URL, à un endroit complètement différent sur le même système, ou même sur un serveur totalement différent ! Dans ces conditions, l'administrateur Apache doit utiliser les techniques décrites dans ce chapitre pour permettre la résolution des URL qui ne correspondent pas directement au chemin d'accès de la ressource demandée.

Un alias consiste à associer l'URL demandée à un emplacement non standard et à récupérer automatiquement la ressource à cet endroit. Tout se passe sur le serveur ; le navigateur du client ne joue aucun rôle et n'est même pas informé.

Une redirection consiste à indiquer une nouvelle URL au navigateur et à lui enjoindre de demander cette nouvelle URL. La réponse comporte également un code d'état HTTP indiquant la raison de cette redirection. Toute une classe de codes d'état HTTP y est consacrée, même si, comme nous le verrons plus loin, seuls sept de ces codes sont actuellement utilisés.

Les alias et les redirections, bien que similaires, présentent des différences fondamentales. Alors qu'un alias est entièrement géré par le serveur, une redirection indique au navigateur d'émettre une nouvelle requête concernant un emplacement différent. Un alias est complètement transparent pour l'utilisateur ; celui-ci reçoit normalement le document demandé, sans être averti que son emplacement sur le serveur a été trouvé au moyen d'un alias. Au contraire, dans le cas d'une redirection, le client (c'est-à-dire le navigateur) reçoit une nouvelle URL, qui est indiquée dans la barre d'adresse. L'utilisateur peut garder une trace de cette URL pour un usage futur et elle peut être gardée en cache par le navigateur ou par un mandataire.

Une redirection a lieu entre autres quand une requête demandant un répertoire ne se termine pas par une barre oblique. Ce cas est probablement le plus fréquent. Nous avons vu au chapitre 4 de quelle façon `mod_alias` répondait par une redirection à ces requêtes techniquement incorrectes. Par exemple, sur mon serveur, si j'utilise l'URL http://jackal.hiwaay.net/Docs, où `Docs` est un sous-répertoire de ma racine, je ne reçois pas immédiatement une liste des fichiers du répertoire (ou une page d'index), mais la redirection suivante :

```
HTTP/1.1 301 Moved Permanently
Date: Mon, 17 Jul 2000 17:29:45 GMT
Server: Apache/1.3.12 (Unix) mod_perl/1.24 PHP/4.0.1pl2
Location: http://jackal.hiwaay.net/Docs/
Content-Type: text/html; charset=iso-8859-1
```

À la réception de cette réponse, mon navigateur émet une nouvelle requête vers l'URL donnée par l'en-tête `Location:`, c'est à dire http://jackal.hiwaay.net/Docs/. Cette deuxième requête est automatique, et je n'en ai connaissance que si je remarque l'ajout d'une barre oblique à la fin de l'URL que j'ai tapée dans la barre d'adresse de mon navigateur. Cette requête induit un délai supplémentaire, minime mais néanmoins superflu. Dans la mesure du possible, assurez-vous que les documents que vous fournissez contiennent des URL correctes pour les répertoires (avec une barre oblique à la fin).

La distribution Apache contient deux modules servant à gérer les alias et les redirections, `mod_alias` et `mod_rewrite`. Bien que `mod_alias` soit probablement le plus important et le plus utile des deux, plus de la moitié de ce chapitre est consacrée à `mod_rewrite`. L'espace qui lui est consacré reflète davantage sa complexité, sa taille et sa flexibilité que son utilité. En fait, `mod_alias` est généralement beaucoup plus efficace, et vous ne devriez utiliser `mod_rewrite` que lorsque vous avez vraiment besoin de sa flexibilité plus importante.

Le module mod_alias

Le module `mod_alias` assure des fonctions de base concernant tant les alias que les redirections. Ce module (compilé par défaut dans le serveur de base) est suffisamment flexible et puissant pour subvenir aux besoins de la plupart des administrateurs. Vous devriez vous efforcer de comprendre toutes les directives fournies par `mod_alias` et de les utiliser quand elles sont suffisantes pour répondre aux problèmes rencontrés.

Alias avec mod_alias

Le module `mod_alias` est le plus souvent utilisé pour mettre en place des alias, et presque toutes les configurations d'Apache utilisent au moins une des directives fournies par ce module. Les directives suivantes sont destinées à la mise en place d'alias :

- `Alias`
- `AliasMatch`
- `ScriptAlias`
- `ScriptAliasMatch`

La directive *Alias*

La directive `Alias` permet d'associer un nom de fichier à une URL de manière non standard. En d'autres termes, elle permet de stocker des documents ailleurs que sous la racine du serveur. Cette directive associe le chemin d'accès complet d'un fichier ou d'un répertoire à une URL donnée.

Un répertoire contenant des icônes ou des images est un excellent exemple d'alias. Voici un de ceux que j'utilise sur ma machine :

```
Alias /icons "/usr/local/apache2/icons"
```

J'utilise également la directive `Alias` pour autoriser l'accès à la documentation d'Apache depuis un navigateur, quand bien même elle ne se trouve pas sous ma racine :

```
Alias /ApacheDocs "/usr/local/apache2/htdocs"
```

Si l'URL déclarée par `Alias` se termine par une barre oblique, les requêtes devront aussi en comporter une. Dans l'exemple ci-dessus, si j'avais ajouté une barre oblique, le serveur répondrait aux requêtes destinées à http://jackal.hiwaay.net/ApacheDocs/, mais une requête pour http://jackal.hiwaay.net/ApacheDocs renverrait une erreur.

La directive AliasMatch

La directive `AliasMatch` fonctionne de la même façon qu'`Alias`, mais elle permet d'identifier l'URL demandée au moyen d'expressions rationnelles standards. Elle permet l'utilisation de références arrière, sur lesquelles nous reviendrons en détail plus loin dans ce chapitre. Par exemple, les deux directives ci-dessus sont équivalentes à :

```
AliasMatch ^/icons/(.*) "/usr/local/apache2/icons/$1"
AliasMatch ^/ApacheDocs(.*) "/usr/local/apache2/htdocs$1"
```

La directive ScriptAlias

La directive `ScriptAlias` associe un emplacement sur le système à une URL non standard, de façon analogue à la directive `Alias`. Elle effectue une opération importante en plus : elle identifie le contenu du répertoire concerné comme des scripts CGI (c'est à dire qu'elle associe le type MIME `application/x-httpd-cgi` à tous les fichiers contenus dans le répertoire).

Exemple :

```
ScriptAlias /cgi-bin/ "/usr/local/apache2/cgi-bin/"
```

Cette directive indique au serveur d'exécuter le fichier `/usr/local/apache2/cgi-bin/text.txt` comme un script CGI en réponse à une requête sur http://jackal.hiwaay.net/cgi-bin/test.txt. Si, comme son extension l'indique, ce fichier ne contient que du texte, il est peu probable qu'il puisse être exécuté comme un script `shell` (ce n'est néanmoins pas forcément impossible, en fonction de son contenu). Si le `shell` ne peut pas interpréter le contenu du fichier comme un script, le serveur renverra un code d'état HTTP 500 (erreur interne du serveur) et la page d'erreur par défaut, qui conseille de contacter l'administrateur. De plus, le message d'erreur « Premature end of script » sera consigné dans le journal d'Apache.

La directive ScriptAliasMatch

La directive `ScriptAliasMatch` est presque équivalente à `ScriptAlias`, si ce n'est qu'elle permet d'utiliser des expressions rationnelles standards pour identifier l'URL demandée. L'exemple d'utilisation de `ScriptAlias` peut aussi être écrit ainsi :

```
ScriptAliasMatch ^/cgi-bin/(.*) "/usr/local/apache2/cgi-bin/$1"
```

Redirection avec mod_alias

Le module `mod_alias` permet aussi de définir des redirections simples. Il peut (et devrait) être utilisé quand il existe une correspondance univoque entre l'URL requise et la destination vers laquelle vous voulez orienter le demandeur. Le module fournit les directives suivantes pour effectuer des redirections :

- `Redirect`
- `RedirectMatch`
- `RedirectTemp`
- `RedirectPermanent`

La directive Redirect

La directive `Redirect` est la plus simple parmi celles qu'Apache utilise pour les redirections. Sa syntaxe est la suivante :

```
Redirect [état] ancien_préfixe nouveau_préfixe
```

Cette directive commence par vérifier que l'URL demandée correspond à l'ancien préfixe. Si c'est le cas, elle est associée à une nouvelle URL, qui commence par le nouveau préfixe. Cette nouvelle URL est retournée au client, accompagnée d'un message de redirection qui indique que la ressource s'y trouve. C'est au client de récupérer cette ressource au moyen d'une nouvelle requête à la nouvelle URL. Les navigateurs le font généralement de façon transparente et presque invisible pour l'utilisateur. La directive `Redirect` accepte un argument optionnel, le code d'état HTTP qui doit être renvoyé au client. Les codes valides sont énumérés dans le tableau 9.1. Si le code d'état n'est pas précisé dans la directive `Redirect`, le code 302 est renvoyé par défaut. Le code d'état peut être une valeur numérique quelconque ou l'une des quatre valeurs suivantes, qui retournent chacune le code d'état correspondant :

- `permanent` – Code d'état 301 : déplacé définitivement.
- `temp` – Code d'état 302 : trouvé.
- `seeother` – Code d'état 303 : voir autre ressource (indique que la ressource a été remplacée plutôt que simplement déplacée).
- `gone` – Code d'état 410 : disparu (indique que la ressource n'existe plus ; le nouveau préfixe d'URL n'est pas donné).

Le nouveau préfixe doit être donné uniquement si un code d'état numérique compris entre 300 et 399 est renvoyé ; il doit être omis dans le cas contraire.

Tableau 9.1 – Codes de redirection HTTP

Code d'état	Signification	Explication
300	Choix multiples	Il existe plusieurs versions de la ressource demandée. Le serveur indique les URL de ces multiples versions ; le client doit en choisir une et la récupérer au moyen d'une nouvelle requête.
301	Déplacé définitivement	Une nouvelle URL a été affectée à la ressource. Le client doit rediriger sa requête vers cette nouvelle URL et utiliser la nouvelle URL à l'avenir.
302	Trouvé	La ressource est temporairement indisponible à l'URL utilisée, mais cette URL reste valide et doit continuer à être utilisée. Le client doit rediriger sa requête vers la nouvelle URL, mais il doit garder l'ancienne URL en cache.

Tableau 9.1 – Codes de redirection HTTP (*suite*)

Code d'état	Signification	Explication
303	Voir autre ressource	Redirige la requête temporairement, au même titre que le code d'état 307. La différence entre les codes 307 et 303 est subtile. Le code 303 ne doit pas être interprété comme un « autre emplacement pour la même ressource », mais utilisé quand la réponse canonique à la requête initiale est une redirection vers une autre URL (souvent produite par un programme).
304	Non modifié	Le client a émis une requête conditionnelle (par exemple en utilisant l'en-tête `If-Modified-Since:`) alors que le document requis n'a pas été modifié. Dans ce cas, le serveur renvoie le code d'état 304 pour indiquer au client d'utiliser le document déjà en sa possession. Techniquement, il ne s'agit pas d'une redirection.
305	Utiliser un mandataire	L'URL demandée est correcte, mais il faut passer par un mandataire pour accéder à la ressource. Le champ `Location:` de la réponse HTTP contient l'URL du mandataire, et non une autre URL désignant la ressource.
306	(Inutilisé)	Le code d'état HTTP 306 est obsolète. Il ne doit pas être utilisé avec la version actuelle du protocole.
307	Redirection temporaire	Fonctionne de la même façon que le code d'état 303. La ressource demandée est temporairement indisponible à l'URL utilisée par le client, mais cette adresse reste valable et le client doit continuer à l'utiliser. Le client doit rediriger la requête en cours, mais garder l'ancienne URL en cache. On utilise généralement le code d'état 307 avec les navigateurs récents conformes à la norme HTTP/1.1. Les navigateurs plus anciens, qui ne comprennent que le code 303, sont souvent en infraction à la spécification, qui précise que le navigateur ne doit pas changer la méthode d'une requête redirigée.

Par exemple, la directive suivante :

```
Redirect permanent /download http://dlserver.hiwaay.com/archives
```

Provoque la redirection d'une requête pour http://jackal.hiwaay.net/download/test.zip vers http://dlserver.hiwaay.com/archives/test.zip.

Le serveur vérifie si le début de l'URL demandée correspond à l'ancien préfixe ; si c'est le cas, le reste de l'URL est ajouté à la suite du nouveau préfixe.

INFO Peu importe l'ordre des déclarations dans le fichier de configuration, les directives `Redirect` sont toujours prioritaires par rapport aux directives `Alias` et `ScriptAlias`.

Utiliser des expressions rationnelles : la directive RedirectMatch

La directive `RedirectMatch` fonctionne de façon analogue à `Redirect`, mais elle permet d'utiliser des expressions rationnelles standards pour identifier le préfixe de l'URL demandée.

```
RedirectMatch (.*)\.gif$ http://2ndserver.hiwaay.com$1.jpg
```

Dans cet exemple, le serveur vérifie si l'URL demandée se termine par les caractères `.gif`. Le caractère `$` correspond à la fin de la chaîne de caractères. La barre oblique inverse est nécessaire pour protéger le caractère suivant, dans ce cas un point. En d'autres termes, elle indique au moteur d'expressions rationnelles d'interpréter le point littéralement ; c'est ce caractère-là que nous cherchons. Dans une expression rationnelle, le point signifie « n'importe quel caractère » ; c'est le cas du point précédent situé entre parenthèses. La partie entre parenthèses signifie « une chaîne contenant un nombre quelconque (*) de caractères quelconques (.) ». Cette portion de l'URL remplace la référence `$1` dans la partie de la directive correspondant à la nouvelle URL. Cette directive redirige une requête pour

```
http://jackal.hiwaay.net/images/uparrow.gif
```

vers

```
http://2ndserver.hiwaay.com/images/uparrow.jpg
```

Redirection temporaire : la directive RedirectTemp

La directive `RedirectTemp` est utile si vous devez déplacer temporairement des fichiers sur votre serveur. Sa syntaxe est la suivante :

```
RedirectTemp ancien_préfixe nouveau_préfixe
```

Cette directive retourne une redirection avec le code d'état 302 (trouvé). Elle est exactement équivalente à `Redirect temp`.

Exemple :

```
RedirectTemp /mystuff /home/caulds/
```

Cette directive très simple renvoie toutes les requêtes pour `/mystuff` vers `/home/caulds`. Pour mettre en place une redirection temporaire, l'utilisation de `RedirectTemp` à la place de `Redirect` n'a aucun avantage, dans la mesure où `Redirect` renvoie par défaut le code d'état 302. Le seul intérêt de cette directive est de rendre le fichier de configuration un peu plus clair.

Redirection permanente : la directive RedirectPermanent

Si vous déplacez définitivement des fichiers, utilisez la directive `RedirectPermanent`. Sa syntaxe est la suivante :

```
RedirectPermanent ancien_préfixe nouveau_préfixe
```

Cette directive renvoie une redirection avec le code d'état HTTP 301 (déplacé définitivement). Elle est équivalente à `Redirect permanent`. Par exemple, les deux directives suivantes ont le même effet :

```
RedirectPermanent /mystuff /home/caulds/
Redirect permanent /mystuff /home/caulds/
```

Le module mod_rewrite

La directive `Alias` est souvent suffisante pour des réécritures d'URL et des redirections de requêtes simples. Pour les cas plus compliqués, où la réécriture est conditionnelle, dépend d'informations extérieures à l'URL et nécessite des accès à des fichiers ou à des bases de données, il existe un module beaucoup plus puissant appelé `mod_rewrite`.

D'après son auteur Ralf S. Engelschall, `mod_rewrite` est un « moteur de réécriture à base de règles ». Son utilité peut être décrite en termes simples : il réécrit les URL demandées en utilisant un jeu de règles avant de rediriger le demandeur vers l'URL réécrite. L'intérêt de `mod_rewrite` réside dans la puissance et la flexibilité des règles de réécriture utilisées pour les redirections. Même si `mod_alias` suffit dans la plupart des cas, `mod_rewrite` a bon nombre d'usages sur beaucoup de serveurs Apache.

Ce module est complexe. Nous allons commencer par décrire sa conception. Une fois que vous connaîtrez le fonctionnement interne du module (et que vous aurez assez d'aisance avec les expressions rationnelles de base), vous pourrez étudier les exemples qui suivent. Je commencerai par les directives principales et les usages les plus simples de `mod_rewrite`, avant de décrire les directives optionnelles et de donner des exemples de leur utilisation. Gardez cependant à l'esprit que `mod_rewrite` est extrêmement puissant et flexible, et qu'il est impossible d'en décrire tous les usages possibles. Les exemples donnés dans ce chapitre n'illustrent qu'une petite fraction des possibilités de ce module ; sa seule véritable limite est celle de votre imagination.

Essayez d'apprendre à utiliser `mod_rewrite` petit à petit. Si vous comprenez tous les exemples donnés dans ce chapitre, vous connaîtrez assez bien `mod_rewrite` pour savoir s'il peut vous être utile. Le plus important n'est pas d'apprendre à configurer les règles de réécriture d'URL de `mod_rewrite`, mais de comprendre ce dont le module est capable. Un jour ou l'autre, vous serez confronté à un problème auquel il apportera une solution parfaite.

Fonctionnement de mod_rewrite

Comme expliqué au chapitre 5, la plupart des modules Apache peuvent déclarer certaines de leurs fonctions internes comme des fonctions de rappel auprès du serveur, qui peut alors appeler ces fonctions pendant le cycle de requête. Le module `mod_rewrite` déclare neuf de ces fonctions de rappel, mais l'essentiel du travail est fourni par deux d'entre elles. La première est appelée lors de la phase de traduction d'URL (`ap_hook_translate_name`), pendant laquelle l'URL est traduite en un nom de fichier présent sur le serveur. L'autre fonction, dans la phase de nettoyage (`ap_hook_fixups`), effectue les derniers traitements nécessaires à la satisfaction de la requête.

Lorsque le serveur reçoit une requête HTTP, la première phase du cycle de requête (`ap_hook_post_read_request`) est généralement employée à configurer le serveur pour répondre à cette requête. C'est notamment lors de cette phase que le serveur établit à quel hôte virtuel est destinée la requête. Elle est immédiatement suivie de la phase de traduction d'URL, pendant laquelle `mod_rewrite` accomplit sa tâche.

On peut aussi utiliser `mod_rewrite` indépendamment au niveau de chaque répertoire, sans appliquer les règles de réécriture à toutes les URL demandées. Dans ce cas, on ajoute souvent les directives correspondantes au fichier `.htaccess` du répertoire concerné. Toutefois, le fichier `.htaccess` n'est lu que bien après la phase de traduction d'URL ; Apache ne peut pas lire le bon fichier `.htaccess` sans connaître le nom de fichier associé à l'URL. Pour pouvoir traduire l'URL à ce moment, `mod_rewrite` doit faire un peu de « sorcellerie ». Le module déclare une fonction appelée pendant la phase de nettoyage, qui ne sert normalement qu'à effectuer quelques opérations sans importance alors que le véritable travail a déjà été effectué. C'est pendant cette phase que `mod_rewrite` applique les règles de réécriture spécifiques à chaque répertoire. Cependant, à ce moment, l'URL a déjà été transformée en un nom de fichier. Le module reconstruit donc l'URL, avant de soumettre une nouvelle requête au serveur ; le processus de réécriture recommence donc à partir du début. Ce processus complexe consomme beaucoup plus de ressources machine que la réécriture au niveau du serveur et elle peut avoir un impact important sur les performances de la machine. Même s'il n'y a pas véritablement de règle à ce sujet, vous devez toujours garder à l'esprit que la réécriture au niveau du répertoire est coûteuse et ne l'utiliser qu'en cas de réelle nécessité. Vous devez vous efforcer de minimiser le nombre d'URL traitées lors de cette réécriture.

Configurer mod_rewrite

Le module `mod_rewrite` fait partie de la distribution d'Apache. Il n'est pas nécessaire de le télécharger et de l'installer à part. Pour pouvoir utiliser ce module, vous devez passer l'argument `--enable-shared-most`, `--enable-shared-all` ou `--enable-rewrite` au script configure avant de compiler Apache. Assurez-vous ensuite que votre fichier httpd.conf contient la ligne suivante :

```
LoadModule rewrite_module  libexec/mod_rewrite.so
```

Cependant, si vous avez configuré des hôtes virtuels (voir chapitre 6), vous avez peut-être encore un peu de travail avant de pouvoir utiliser `mod_rewrite`. La première fois que j'ai voulu l'utiliser, j'ai passé des heures à comprendre ce qui ne marchait pas.

J'ai redémarré Apache avec le fichier de configuration d'origine, et `mod_rewrite` fonctionnait correctement en consignant ses actions dans le fichier journal que j'avais défini. Il semblait évident qu'une des modifications que j'avais faites dans ce fichier de configuration empêchait `mod_rewrite` de fonctionner correctement. Je soupçonnais l'un ou l'autre des modules que j'avais activés et j'ai commencé à enlever des lignes de mon fichier de configuration, une à une, en espérant trouver la directive ou le module fautif. Je n'ai compris ce qui se passait qu'en commençant à enlever les directives `<VirtualHost>`. J'avais fait de gros effort en configurant mes hôtes virtuels pour m'assurer que le serveur principal ne répondait à aucune requête. Comme expliqué au chapitre 6, il est souvent intéressant de configurer un hôte virtuel pour traiter les requêtes qui ne sont destinées à aucun autre hôte virtuel, afin d'empêcher le serveur principal de traiter quelque requête que ce soit. C'est ce que j'avais fait et Apache n'appelait jamais mes règles `mod_rewrite`, qui s'appliquaient au serveur principal.

Le problème est que les hôtes virtuels n'héritent pas des directives `mod_rewrite` du serveur principal, contrairement à ce qui se passe pour les autres directives de configuration. Pour utiliser des règles de réécriture avec des hôtes virtuels, vous devez ou bien définir ces règles pour chaque hôte virtuel séparément, ou bien utiliser la directive RewriteOption pour permettre l'héritage des règles de réécriture (voir la description de cette directive plus loin dans ce chapitre).

Quand `mod_alias` et `mod_rewrite` sont tous deux installés et configurés pour traiter la même requête, cette requête est traitée par `mod_rewrite` avant `mod_alias`. En effet, `mod_alias` convertit les URL en noms de fichiers. Si `mod_rewrite` traitait la requête après mod_alias, l'URL à laquelle il s'attend aurait déjà été convertie en nom de fichier et ne pourrait plus être traitée. Vous vous demandez peut-être pourquoi mod_rewrite n'empêche pas `mod_alias` de fonctionner, alors qu'il convertit lui aussi les URL en noms de fichiers. C'est ce qui se passe habituellement, mais il existe un drapeau qui indique à mod_rewrite de changer à nouveau la représentation interne de la requête une fois son travail terminé, pour qu'Apache la considère à nouveau comme une URL et non comme un nom de fichier. La description de cette option se trouve plus loin, avec celle de la directive RewriteRule.

Jeux de règles

Le moteur de réécriture d'URL de `mod_rewrite` travaille sur des jeux de règles qui comportent des règles de réécriture et leurs éventuelles conditions d'application. Une règle de réécriture ressemble beaucoup à la directive Redirect que nous avons vue dans la description de `mod_alias` ; elle se compose d'un motif qui est comparé à l'URL demandée comme une expression rationnelle et d'une substitution appliquée si l'URL correspond au motif.

Par exemple, ce que vous savez déjà à propos de `mod_alias` reste vrai pour une règle de réécriture simple comme la suivante :

```
RewriteRule /mystuff /home/caulds
```

En regardant une règle de réécriture simple comme celle-ci, vous vous demandez sûrement où est l'avantage de mod_rewrite par rapport à mod_alias. De fait, pour une redirection simple, il n'y en a pas. C'est pourquoi je recommande l'utilisation de mod_alias, plus simple, chaque fois que c'est possible. L'utilisation de mod_rewrite ne devient réellement avantageuse que lorsque plusieurs règles, y compris bien souvent des instructions conditionnelles, doivent être appliquées. C'est le rôle des jeux de règles.

Un jeu de règles mod_rewrite simple pourrait comporter une seule règle précédée d'une condition :

```
RewriteCond %{REMOTE_ADDR} "192\.168\.1\."
RewriteRule .* /localpages/ [R]
```

Vous comprendrez les détails de cet exemple simple (mais assez utile) en lisant la description des deux directives utilisées. Son but est de rediriger les requêtes soumises au serveur depuis le réseau local (le sous-réseau 192.168.1.*) vers des pages Web différentes. Le drapeau [R] à la fin de la directive RewriteRule est optionnel. Il signifie « Redirect » et il indique que le résultat de la substitution doit être renvoyé au client sous la forme d'une redirection HTTP.

Les jeux de règles du serveur se trouvent dans le fichier httpd.conf et sont lus une seule fois, lors du démarrage du serveur. Les jeux de règles propres à chaque répertoire se trouvent dans le fichier .htaccess du répertoire concerné ; ils sont lus quand le serveur suit le chemin d'accès du fichier correspondant à l'URL demandée.

L'ordre des directives d'un jeu de règles mod_rewrite est très important, mais elles ne sont pas forcément traitées séquentiellement. Le moteur de réécriture part du début du jeu de règles et poursuit jusqu'à la fin. Si l'URL ne correspond pas au motif indiqué dans une règle, le traitement de cette règle se termine et le moteur passe à la suivante. Quand mod_rewrite trouve une règle dont le motif correspond à l'URL, il n'applique pas immédiatement cette règle, mais il commence par évaluer les conditions de réécriture éventuelles. Tout comme une règle, une condition définit un motif qui est comparé à l'URL à la manière d'une expression rationnelle avec quelques améliorations propres à mod_rewrite. Ce motif renvoie un résultat vrai ou faux et la substitution définie par la règle de réécriture est appliquée ou non en fonction de ce résultat.

Après l'application d'une règle, le moteur passe aux suivantes du même jeu, à moins que la règle appliquée ne soit marquée du drapeau [L] (qui signifie qu'elle est la dernière à être appliquée). En général, il vaut mieux utiliser ce drapeau pour sortir de la boucle de traitement (de même qu'il vaut mieux utiliser l'instruction last de Perl ou l'instruction break du langage C pour sortir d'une boucle). Cependant, il arrive que l'application d'une règle doive être suivie de l'examen de la suite du jeu. Avec des jeux de règles complexes, il n'est pas rare que l'application de deux ou plusieurs règles soit nécessaire pour réécrire entièrement l'URL.

Les principales directives de réécriture

Pour fonctionner, mod_rewrite n'a réellement besoin que de deux directives. La première, RewriteEngine, active le moteur de réécriture. La deuxième, RewriteRule, est la seule à devoir impérativement se trouver dans tous les jeux de règles. Je vais commencer par décrire ces directives, puis je donnerai un exemple simple mais utile de jeu de règles ne comportant qu'une seule règle de réécriture.

Activer et désactiver le moteur de réécriture : la directive RewriteEngine

La directive RewriteEngine est très simple et indispensable au fonctionnement de mod_rewrite. Elle sert à autoriser ou à interdire la réécriture des URL :

```
RewriteEngine on|off
```

Par défaut, le moteur de réécriture est inactif et le module ne fait absolument rien. Pour utiliser mod_rewrite, vous devez avoir au moins une directive RewriteEngine on, qu'elle se trouve dans httpd.conf ou dans un fichier .htaccess.

Par défaut, les hôtes virtuels n'héritent pas de la configuration de mod_rewrite du serveur principal, contrairement à la plupart des autres directives de configuration du serveur. Vous avez donc normalement besoin d'une directive RewriteEngine pour chaque hôte virtuel avec lequel vous voulez utiliser mod_rewrite. Pour changer ce comportement, reportez-vous à la section sur la directive RewriteOptions plus loin dans ce chapitre.

Définir les jeux de règles : la directive RewriteRule

Vous ne serez probablement pas surpris d'apprendre que la directive RewriteRule est la plus importante de mod_rewrite. Sans elle, aucune autre directive n'a d'effet. Chaque directive RewriteRule indique une unique règle de la forme :

```
RewriteRule motif substitution
```

Une règle se compose d'un motif auquel est comparée l'URL et d'une action à entreprendre en cas de correspondance. Dans la plupart des cas, cette action consiste à remplacer l'ancienne URL par une nouvelle. Cette dernière peut contenir des morceaux de l'ancienne récupérés depuis l'environnement système ou depuis Apache lui-même, ainsi que des données extraites de fichiers ou encore d'une base de données.

Le motif est une expression rationnelle qui est comparée à l'URL telle qu'elle est lorsque la règle est appliquée. Cette URL peut donc être différente de celle de la requête initiale ; en effet, elle peut avoir été modifiée par d'autres directives RewriteRule ou par une directive Alias. La comparaison effectuée par mod_rewrite présente plusieurs améliorations par rapport aux comparaisons d'expressions rationnelles standards :

- Le caractère ! représente l'opérateur logique NON. Si une expression rationnelle en est précédée, sa négation est utilisée.
- La substitution peut comporter des références au motif de la directive RewriteRule. Ces références sont de la forme `$N`, où *N* est un entier compris entre 0 et 9, et renvoient au contenu de la *N*-ième paire de parenthèses du motif. Par exemple, dans la directive `RewriteRule` suivante, `$1` est remplacé par le contenu de la première paire de parenthèses et `$2` par le contenu de la deuxième paire :

```
RewriteRule ^/~(.*)/(.*) /home/$1/$2
```

- La substitution peut comporter des références arrière au motif de la directive RewriteCond. Elles sont de la forme `%N`, où *N* est un entier compris entre 0 et 9, et renvoient au contenu de la N-ième paire de parenthèses du motif de la dernière directive `RewriteCond`. Nous en verrons des exemples plus loin dans ce chapitre, avec la description de la réécriture conditionnelle et de la directive `RewriteCond`.
- Variables d'environnement : le format `%{variable}` représente une variable de l'environnement d'Apache. Cette syntaxe est particulièrement utile quand les directives `RewriteRule` précédentes ont affecté des valeurs à des variables d'environnement arbitraires. Nous verrons dans des exemples ultérieurs que les variables d'environnement jouent un rôle plus important dans les réécritures conditionnelles. Toutefois, vous pouvez parfois utiliser la valeur d'une variable d'environnement dans une règle de réécriture définie par `RewriteRule`.
- Mise en correspondance : il est possible d'appliquer une mise en correspondance définie au préalable par la directive `RewriteMap`. Un tel appel est de la forme `${`*correspondance*`:clé|défaut}`.

Toutes les règles de réécriture sont appliquées à la valeur de substitution dans l'ordre de leur définition dans le fichier de configuration. L'URL est complètement remplacée par la valeur de substitution et le processus se poursuit tant qu'il reste des règles ou jusqu'à ce qu'une règle termine explicitement le jeu au moyen du drapeau `[L]`.

Si la chaîne de substitution se compose du seul caractère - (moins), aucune modification n'est opérée et l'URL est passée telle quelle à la règle suivante. Cette fonctionnalité est utile quand vous voulez effectuer plusieurs comparaisons avant de réécrire l'URL, au moyen de plusieurs directives `RewriteRule` enchaînées à l'aide du drapeau `[C]`. Une autre utilisation possible est une règle qui ne modifie pas l'URL mais qui se termine par un drapeau renvoyant une réponse précise à l'utilisateur, par exemple le drapeau `[F]` qui renvoie une réponse accompagnée du code d'état HTTP 403 (interdit).

Une autre remarque : dans la chaîne de substitution, vous pouvez même créer des URL comportant une chaîne d'interrogation. Si la chaîne de substitution comporte un point d'interrogation, la suite est réinjectée dans la variable d'environnement `QUERY_STRING`. Si vous voulez effacer la chaîne d'interrogation existante, ajoutez un point d'interrogation à la fin de la chaîne de substitution. Utilisez le drapeau [QSA] pour ajouter la chaîne d'interrogation à la fin de la variable QUERY_STRING existante. La directive suivante extrait un nom de fichier de l'URL demandée et réécrit l'URL pour passer ce fichier à un script CGI (*parser.cgi*), qui va traiter le fichier avant de le renvoyer au client :

```
RewriteRule ^(.*)$ /cgi-bin/parser.cgi?file=$1
```

Si l'URL est réécrite sous la forme d'une URL relative, elle est renvoyée au serveur pour traitement. En revanche, si elle est précédée de http:// (ce qui en fait un URI), l'URL réécrite est retournée au client comme une redirection externe, et ce même en l'absence du drapeau [R].

INFO Quand la chaîne de substitution commence par http://cethôte[:ceport] (en d'autres termes, si elle indique le nom et le port de l'hôte local), ce préfixe est automatiquement éliminé par mod_rewrite. Cette réduction des URL entraînant une redirection externe implicite est utile et importante si le nom d'hôte est généré par une directive RewriteMap. Toutefois, cela interdit aussi de forcer une redirection externe vers votre propre serveur au moyen du préfixe http://cethôte. Vous pouvez toujours forcer une telle redirection au moyen du drapeau [R] (voir ci-dessous).

Vous pouvez de plus ajouter des options à la substitution en ajoutant un troisième argument [*drapeaux*] à la directive RewriteRule. La chaîne [*drapeaux*] est une liste de drapeaux parmi les suivants, séparés par des virgules.

- **R|redirect[=*code*]** – L'URL réécrite est traitée comme une redirection. Par défaut, le code d'état 302 (trouvé) est placé sur la réponse. Vous pouvez définir un autre code d'état entre 300 et 400 en ajoutant =*code* au drapeau [R]. Ce code peut être un nombre ou l'un des trois noms symboliques temp (la valeur par défaut), permanent ou seeother.
- **F|forbidden** – Une réponse HTTP avec le code d'état 403 (interdit) est immédiatement renvoyée au client.
- **G|gone** – Une réponse HTTP avec le code d'état 410 (disparu) est immédiatement renvoyée au client.
- **P|proxy** – Force le traitement de l'URL réécrite par le module mandataire mod_proxy. Ce module, qui sera décrit au chapitre 12, doit être chargé pour que cette redirection fonctionne. Ce drapeau provoque aussi l'arrêt immédiat du traitement par mod_rewrite, un drapeau [L] est implicitement ajouté.
- **L|last** – Provoque la fin du traitement de ce jeu de règles par mod_rewrite. Remarquez que ce drapeau n'a d'effet que si le motif correspond à l'URL. Si la comparaison échoue, la réécriture continue avec la directive RewriteRule suivante du même jeu de règles.
- **N|next** – Recommence le processus de réécriture avec la première règle du jeu de règles en cours. La réécriture recommence avec l'URL réécrite par la dernière directive RewriteRule.

- `C|chain` – Enchaîne la règle en cours et la règle suivante. Si une comparaison échoue dans une règle de la chaîne, toute la suite de la chaîne est ignorée.
- `T|type-`*`type MIME`* – Force le type MIME du fichier identifié par l'URL réécrite. Cette option est souvent utilisée pour émuler la directive `ScriptAlias`, qui force le type MIME de tous les fichiers du répertoire cible à `application/x-httpd-cgi`.
- `NS|nosubreq` – La règle en cours est ignorée si la requête est une sous-requête interne. Il arrive que les sous-requêtes des scripts CGI posent des problèmes et il vaut souvent mieux utiliser cette option quand l'URL réécrite désigne un script CGI qui émet des requêtes vers le serveur.
- `NC|nocase` – La comparaison entre le motif et l'URL ne tient pas compte de la casse.
- `QSA|qsappend` – Si l'URL d'origine comporte une chaîne d'interrogation et si l'URL réécrite en est une (c'est-à-dire si elle commence par un point d'interrogation), cette option force le moteur de réécriture à concaténer la chaîne d'interrogation réécrite à l'URL existante au lieu de la remplacer. Cette option est utile pour ajouter des données à une chaîne d'interrogation existante.
- `S|skip-`*`n`* – Indique au moteur de réécriture d'ignorer les n règles suivantes si le motif correspond à l'URL dans la règle en cours.
- `E|env-var:`*`valeur`* – Positionne une variable d'environnement si le motif correspond à l'URL dans la règle en cours. La valeur peut comporter des références arrière aux directives `RewriteRule` et `RewriteCond` (respectivement `$`*`N`* et `%`*`N`*). L'utilisation de cette option est similaire à celle de la directive SetEnvIf. On l'utilise souvent pour configurer un contrôle d'accès. Ce drapeau peut être utilisé plusieurs fois au sein d'une même directive `RewriteRule` pour positionner plusieurs variables d'environnement.
- `PT|passthrough` – Indique au moteur de réécriture d'affecter la valeur du champ filename de la structure interne `request_rec` au champ URI de la même structure. Dans la mesure où `mod_rewrite` convertit les URL en noms de fichiers, le serveur considère en interne l'URL réécrite comme un nom de fichier. Cette option ne change pas le résultat d'une directive `RewriteRule`, mais l'identifie comme un URI. De cette façon, ce résultat peut être à nouveau traité par d'autres traducteurs d'URI en noms de fichiers, comme les directives `Alias`, `ScriptAlias` et `Redirect` de `mod_alias`. Sans ce drapeau, ces directives ne pourront pas traiter la sortie de `mod_rewrite`.

Un exemple simple de redirection

Voici un exemple d'utilisation de la directive `RewriteRule` parmi les plus simples et les plus utiles. Cet exemple illustre toutes les notions indispensables à l'utilisation de la directive `RewriteRule`. Assurez-vous de bien le comprendre avant de lire la suite de ce chapitre. Pour commencer, voici un exemple de réécriture d'URL réellement utilisé sur mon serveur. Cet exemple est assez simple et la directive `Redirect` de `mod_alias` pourrait très bien faire l'affaire.

Cette règle intercepte les requêtes pour le fichier inexistant environ.html et appelle un CGI qui génère le code HTML. Le principal intérêt est de dissimuler l'utilisation d'un CGI.

```
# mod_rewrite
#
RewriteEngine on
RewriteRule ^/environ\.html$ /environ.cgi [L]
```

Ce jeu de règles se trouve dans mon httpd.conf, dans la configuration générale du serveur. Il commence par activer le moteur de réécriture (il suffit de le faire une fois dans le contexte général du serveur). Ensuite, la directive `RewriteRule` identifie les requêtes demandant le fichier environ.html de mon serveur et réécrit l'URL en `/environ.cgi`. Le drapeau `[L]` indique que cette règle est la dernière. Si cette règle est traitée (c'est à dire si l'URL demandée correspond à `environ.html`), le moteur de réécriture termine le traitement de ce jeu de règles et ignore toutes les directives `RewriteRule` suivantes.

ASTUCE Pour bien comprendre le fonctionnement de `mod_rewrite`, le meilleur moyen est de l'utiliser. Ajoutez une règle simple comme celle qui précède à votre `httpd.conf` et redémarrez le serveur. Modifiez les noms de fichiers utilisés. Dans la suite du chapitre, les exemples seront beaucoup plus faciles à comprendre si vous vous exercez avec. J'ai donc essayé de m'en tenir à des exemples suffisamment simples pour pouvoir êtres déployés sur n'importe quel serveur Apache utilisant `mod_rewrite`, sans nécessiter de changements importants.

Avec l'ajout du drapeau `[R]`, la directive `RewriteRule` ci-dessus provoque une redirection forcée :

```
RewriteRule ^/environ\.html$ /environ.cgi [L,R]
```

Ainsi, le navigateur va envoyer une nouvelle requête pour /environ.cgi et c'est cette URL qui sera affichée par le navigateur, contrairement à l'exemple précédent où l'utilisateur voyait seulement `environ.html`. Remarquez que le navigateur doit maintenant soumettre deux requêtes au lieu d'une seule. Remarquez aussi que l'accès à un script n'est plus caché, contrairement à l'exemple précédent qui était indiscernable de l'accès à une simple page HTML, ce qui était probablement votre intention.

Une redirection peut être forcée ou explicite comme dans l'exemple précédent. Elle peut aussi être implicite ; c'est le cas avec une directive `RewriteRule` modifiée de cette façon :

```
RewriteRule ^/environ\.html$ http://192.168.1.1/environ.cgi [L]
```

Remarquez que même en l'absence du drapeau `[R]`, l'ajout du préfixe `http://` provoque implicitement une redirection externe, à moins que le nom du serveur de l'URL réécrite corresponde au nom du serveur local défini par la directive `ServerName`. C'est pour cette raison que cette règle utilise l'adresse IP du serveur plutôt que son nom d'hôte ; dans le cas contraire, la redirection aurait été effectuée en interne. L'utilisation du préfixe `http://` dans l'URL réécrite est aussi le meilleur moyen de gérer les redirections vers des serveurs différents.

On peut tirer un autre enseignement de cet exemple. Une URL relative dans une directive de ce genre sera toujours évaluée relativement à la racine `DocumentRoot`. Ainsi, cet exemple :

```
RewriteRule ^/environ\.html$ /cgi-bin/environ.cgi [L,PT]
```

ne provoque pas une nouvelle requête externe se terminant par `/cgi-bin/environ.cgi`. Au contraire, elle est interprétée comme une redirection interne et Apache y répond en essayant de renvoyer un fichier `environ.cgi` situé dans un répertoire `cgi-bin` situé sous la racine. Cela ne fonctionnera pas comme prévu si vous n'avez pas autorisé l'exécution des CGI dans ce répertoire et ce n'est pas recommandé sur un serveur de production. Je préfère généralement garder le répertoire `/cgi-bin` à part, en dehors de la racine. Donc si, comme dans cet exemple, vous devez réécrire une URL pour rediriger une requête vers `/cgi-bin/environ.cgi`, qu'une directive `ScriptAlias` associe à une autre zone du système de fichiers, vous devrez ajouter le drapeau `[PT]` pour que l'URL réécrite soit traitée par `mod_alias`.

En interne, Apache considère normalement le résultat de la réécriture comme un chemin d'accès. L'utilisation du drapeau `[PT]` le force à considérer ce résultat comme une URL, qui sera donc traitée par les autres modules ayant enregistré des fonctions de réécriture d'URL, y compris `mod_alias`. Ainsi, le serveur ne considère plus `/cgi-bin/environ.cgi` comme un chemin d'accès relatif mais comme une URL et cette URL est traduite en un chemin d'accès au moyen de la directive `ScriptAlias` de `mod_alias`. Voici par exemple cette directive telle qu'elle est définie sur mon serveur :

```
ScriptAlias /cgi-bin/ "/home/httpd/cgi-bin/"
```

Réécriture conditionnelle : la directive RewriteCond

Toute directive `RewriteRule` peut être précédée de directives `RewriteCond`. Chacune de ces directives définit une unique condition qui prend pour valeur Vrai ou Faux. Avant d'appliquer une directive `RewriteRule`, le moteur évalue toutes les directives `RewriteCond` qui la précèdent. `RewriteRule` n'est appliquée que si toutes les directives `RewriteCond` qui la précèdent sont vraies ; elle est ignorée si une seule de ces conditions est fausse, à moins que plusieurs directives `RewriteCond` soient liées par des drapeaux `[OR]`. La syntaxe de la directive `RewriteCond` est la suivante :

```
RewriteCond chaîne motif
```

L'argument Chaîne

L'argument chaîne est une simple chaîne de caractères, qui peut en plus contenir les constructions suivantes. Ces constructions sont évaluées avant la comparaison de la chaîne et du motif.

- **Références à `RewriteRule`** – Ces références sont de la forme $*N*, où *N* est un entier compris entre 0 et 9. Une référence de cette forme est remplacée par le contenu de la *N*-ième paire de parenthèses du motif de la directive `RewriteRule` qui suit immédiatement le groupe de directives `RewriteCond` en cours.
- **Références à `RewriteCond`** – Ces références sont de la forme %*N*, où *N* est un entier compris entre 0 et 9. Une référence de cette forme est remplacée par le contenu de la *N*-ième paire de parenthèses du motif de la dernière directive `RewriteCond` pour laquelle le chaîne correspondait au motif.
- **Variables du serveur** – Ces variables sont de la forme `%{`*`NOM_DE_VARIABLE`*`}`, où *`NOM_DE_VARIABLE`* peut prendre une des valeurs suivantes :
  - **En-têtes HTTP** – `HTTP_USER_AGENT`, `HTTP_REFERER`, `HTTP_COOKIE`, `HTTP_FORWARDED`, `HTTP_HOST`, `HTTP_PROXY_CONNECTION`, `HTTP_ACCEPT`.
  - **Connexion et requête** – `REMOTE_ADDR`, `REMOTE_HOST`, `REMOTE_USER`, `REMOTE_IDENT`, `REQUEST_METHOD`, `SCRIPT_FILENAME`, `PATH_INFO`, `QUERY_STRING`, `AUTH_TYPE`.
  - **Valeurs internes du serveur** – `DOCUMENT_ROOT`, `SERVER_ADMIN`, `SERVER_NAME`, `SERVER_ADDR`, `SERVER_PORT`, `SERVER_PROTOCOL`, `SERVER_SOFTWARE`.
  - **Valeurs système** – `TIME_YEAR`, `TIME_MON`, `TIME_DAY`, `TIME_HOUR`, `TIME_MIN`, `TIME_SEC`, `TIME_WDAY`, `TIME`.
  - **Variables spéciales** – `API_VERSION`, `SCRIPT_URI`, `SCRIPT_URL`, `REQUEST_URI`, `REQUEST_FILENAME`, `IS_SUBREQ`.
- **Variables d'environnement** – Une chaîne de la forme `%{ENV:`*`variable`*`}` est remplacée par la valeur de la variable dans l'environnement d'Apache. Cette fonctionnalité est particulièrement intéressante pour lire des variables d'environnement initialisées par les directives `RewriteRule` précédentes.
- **En-têtes HTTP** – Une chaîne de la forme `%{HTTP:`*`en-tête`*`}` est remplacée par le contenu de l'en-tête dans la requête HTTP en cours.
- **Prévisions** – Une chaîne de la forme `%{LA-U:`*`variable`*`}` est remplacée par la valeur de la variable, qui devrait normalement être initialisée à un moment ultérieur du cycle de requête en fonction de l'URL. Par exemple, si vous voulez utiliser la valeur de la variable `REMOTE_USER` dans une directive `RewriteCond` définie dans le fichier `httpd.conf`, vous devez utiliser une prévision ; en effet, l'URL est traitée par `mod_rewrite` avant les phases d'autorisation pendant lesquelles cette variable est initialisée. En revanche, quand la directive `RewriteCond` se trouve dans un fichier `.htaccess`, elle est évaluée pendant la phase de nettoyage du cycle, après les phases d'autorisation. Des prévisions peuvent aussi prendre la forme `%{LA-F:`*`variable`*`}` ; dans ce cas, la variable est initialisée en fonction du nom de fichier et non de l'URL. Cette dernière forme est rarement utile.

L'argument Motif

L'argument *motif* d'une directive `RewriteRule` est une expression rationnelle, qui est comparée à l'argument *chaîne*. En cas de concordance, la directive `RewriteCond` retourne la valeur Vrai ; dans le cas contraire, elle retourne la valeur Faux. Cette expression rationnelle utilise possède certaines possibilités propres à `mod_rewrite` :

- Le motif peut être précédé d'un point d'exclamation ; dans ce cas, la directive retourne la valeur Vrai si la chaîne et le motif ne correspondent pas.
- Le motif peut être comparé à la chaîne selon les méthodes suivantes, plutôt que comme une expression rationnelle :
  - **<*Motif*** – Le motif est considéré comme une simple chaîne de caractères ; sa valeur lexicale est comparée à celle de la chaîne. La directive retourne la valeur Vrai si la chaîne est inférieure au motif.
  - **>*Motif*** – Le motif est considéré comme une simple chaîne de caractères ; sa valeur lexicale est comparée à celle de la chaîne. La directive retourne la valeur Vrai si la chaîne est supérieure au motif.
  - **=*Motif*** – Le motif est considéré comme une simple chaîne de caractères et comparé à la chaîne. La directive retourne la valeur Vrai si la chaîne et le motif sont égaux. Si le motif est juste une paire de guillemets `""`, la chaîne est comparée à la chaîne vide. Cela permet de déterminer si une variable est initialisée.
  - `-d` – Considère la chaîne comme un chemin d'accès et retourne Vrai s'il désigne un répertoire.
  - `-f` – Considère la chaîne comme un chemin d'accès et retourne Vrai s'il désigne un simple fichier.
  - `-s` – Considère la chaîne comme un chemin d'accès et retourne Vrai s'il désigne un fichier de taille non nulle.
  - `-l` – Considère la chaîne comme un chemin d'accès et retourne Vrai s'il désigne un lien symbolique.
  - `-F` – Considère la chaîne comme un chemin d'accès et retourne `Vrai` s'il est accessible compte tenu du contrôle d'accès du serveur. Pour cela, `mod_rewrite` émet une sous-requête interne et l'impact de cette option sur les performances du serveur est non négligeable.
  - `-U` – Considère la chaîne comme une URL et retourne Vrai si elle est accessible compte tenu du contrôle d'accès du serveur. Pour cela, `mod_rewrite` émet une sous-requête interne et l'impact de cette option sur les performances du serveur est non négligeable.
- Vous pouvez de plus utiliser certaines options en passant un troisième argument `[drapeaux]` à la directive `RewriteCond`. Vous pouvez positionner l'un des drapeaux suivants, ou les deux simultanément :

- `ornext|OR` – Combine la condition en cours et la suivante au moyen d'un `OU` logique, au lieu du `ET` implicite. En d'autres termes, si l'une ou l'autre des conditions retourne la valeur Vrai, les deux prises comme une seule entité retournent cette valeur.
- `nocase|NC` – Compare le motif et la chaîne sans tenir compte de la casse.

Un exemple de réécriture conditionnelle

Le jeu de règles du listing 9.1 réécrit la page par défaut d'un site en fonction de l'en-tête `User-Agent:` de la requête.

Listing 9.1 – Jeu de règles de réécriture conditionnelle en fonction du navigateur client

```
# Repère les chaînes commençant par Mozilla
RewriteCond  %{HTTP_USER_AGENT}  ^Mozilla.*
# Repère les chaînes qui ne contiennent pas MSIE
RewriteCond  %{HTTP_USER_AGENT}  !^.*MSIE.*
# Réécrit l'URL en /nscape.index.html
RewriteRule  ^/$                /nscape.index.html  [R,L]
# Si la règle précédente n'a pas été appliquée, repère
# les chaînes contenant MSIE, n'importe où dans la chaîne
RewriteCond  %{HTTP_USER_AGENT}  ^.*MSIE.*
# Réécrit l'URL en /ie.index.html
RewriteRule  ^/$                /ie.index.html  [R,L]
# Si aucune des règles précédentes n'a été appliquée, repère
# les chaînes commençant par Lynx
RewriteCond  %{HTTP_USER_AGENT}  ^Lynx.*
# Réécrit l'URL en /text.index.html
RewriteRule  ^/$                /text.index.html  [R,L]
# Si aucune des règles précédentes n'a été appliquée,
# l'URL est réécrite pour désigner la page index.html
# par défaut.
RewriteRule  ^/$                /index.html  [R,L]
```

Un visiteur qui utilise Netscape Navigator (qui s'identifie comme Mozilla, sans la chaîne `MSIE`) reçoit la page `nscape.index.html` optimisée pour son navigateur. Un utilisateur de Microsoft Internet Explorer (qui, bizarrement, s'identifie aussi comme Mozilla, mais avec la chaîne `MSIE`) reçoit `ie.index.html`. Un utilisateur de Lynx, un navigateur texte, reçoit la page `text.index.html`, composée entièrement de texte. Enfin, si aucune de ces conditions n'est remplie, l'utilisateur voit la page `index.html` par défaut. Peut-être certains sites procèdent-ils ainsi pour ne pas apparaître correctement dans les navigateurs concurrents ?

Le drapeau [R,L] à la fin de chaque directive RewriteRule indique qu'une redirection vers l'URL réécrite doit être envoyée au client et que cette directive doit être la dernière traitée dans le jeu de règles en cours. Par défaut, le client reçoit une réponse accompagnée du code d'état 302 (trouvé).

Exemple de création automatique de page

En utilisant mod_rewrite, il est possible de tester l'existence d'une page Web statique et de la créer au vol si elle n'existe pas. Le listing 9.2 indique la marche à suivre. Le drapeau !-s à la fin de la directive RewriteCond indique que la chaîne de caractères doit être considérée comme le chemin d'accès d'un fichier et que la condition est vraie si ce fichier existe et a une taille non nulle. Dans ce cas, ce fichier est renvoyé en réponse à la requête et n'est pas réécrit. Dans le cas contraire (si le fichier n'existe pas ou s'il est vide), la requête est redirigée pour invoquer le script CGI du listing 9.3. Ce script crée le fichier, le remplit et envoie son contenu au client. Le fichier nouvellement créé est renvoyé en réponse aux requêtes suivantes et le script n'est plus exécuté tant que ce fichier existe.

En pratique, quelle est l'utilité de ce genre de procédé ? Supposez que le serveur abrite une page qui doit être modifiée à intervalles réguliers, par exemple un affichage quotidien produit à partir d'autres fichiers du serveur. En tant qu'administrateur, vous pouvez planifier sa destruction à heure fixe, par exemple à minuit, au moyen de l'utilitaire cron de Linux. Le fichier sera recréé par le script CGI lors de la première requête suivant sa destruction.

Listing 9.2 – Jeu de règles pour la création d'une page Web à la demande

```
# Vérification de l'existence de REQUEST_FILENAME.
# L'opérateur ! signifie que la condition est vraie si le
# fichier n'existe pas, ou s'il a une taille nulle.
RewriteCond /home/httpd/html%{REQUEST_FILENAME}  !-s
#
# Réécriture de l'URL pour rediriger la requête vers
# le script dynindex.cgi.
RewriteRule dynindex\.html$ /cgi-bin/dynindex.cgi [L]
```

Listing 9.3 – Script Perl pour le jeu de règles de création de page

```
#!/usr/bin/perl
#
open(OUTFILE, "> /home/httpd/html/dynindex.html");
print OUTFILE <<END;
<HTML>
<HEAD>
```

Listing 9.3 – Script Perl pour le jeu de règles de création de page

```
<TITLE>Page de Charles Aulds</TITLE>
</HEAD>
<body background="IMAGES/ftbckgrd.jpg">
<center>
<h1>Ceci est ma page Web...</h1>
<p>
<FORM METHOD="POST" ACTION="mailto:caulds\@hiwaay.net">
<INPUT TYPE="SUBMIT" VALUE="Cliquez ici pour m'écrire."></FORM>
</center>
<HR>
<p>
</BODY>
</HTML>
END
close OUTFILE;
system("/bin/chown www.www
   /home/httpd/html/dynindex.html;/bin/chmod 755
   /home/httpd/html/dynindex.html");
print<<END;
Content-type: text/html\n\n
<HTML>
<HEAD>
<TITLE>Page de Charles Aulds</TITLE>
</HEAD>
<body background="IMAGES/ftbckgrd.jpg">
<center>
<h1>Ceci est ma page Web...</h1>
<p>
<FORM METHOD="POST" ACTION="mailto:caulds\@hiwway.net">
<INPUT TYPE="SUBMIT" VALUE="Cliquez ici pour m'écrire."></FORM>
</center>
<HR>
<p>
</BODY>
</HTML>
END
```

Exemple de réutilisation des conditions

Vous pouvez réutiliser le résultat d'une directive de `mod_rewrite` en initialisant une variable d'environnement que vous réutiliserez plus tard. Le listing 9.4 illustre cette technique. Tout d'abord, nous utilisons la directive `SetEnv` pour initialiser une variable d'environnement trustedhost à la valeur no. Nous regardons ensuite, au moyen de directives RewriteCond, si la requête provient d'un sous-réseau connu. Ces directives sont reliées par des drapeaux [OR], de sorte que le résultat est vrai si l'une des trois comparaisons retourne un résultat positif. La première directive RewriteRule n'est évaluée que si l'une des conditions précédentes est remplie. Cette directive n'effectue pas de véritable substitution (c'est l'effet du caractère -), mais elle utilise le drapeau [E] pour donner la valeur yes à la variable trustedhost, ce qui nous sert à indiquer que la requête provient d'un des trois sous-réseaux à qui nous faisons confiance.

Le reste du jeu de règles se compose de deux directives RewriteRule, dont une seule sera appliquée en fonction de la valeur de la variable trustedhost. La démarche est illustrée dans l'organigramme de la figure 9.1.

Listing 9.4 – Réutilisation du résultat d'une directive RewriteCond

```
# Création d'une nouvelle variable d'environnement
# initialisée à la valeur "no". Le module mod_env
# doit être chargé pour utiliser la directive SetEnv.
SetEnv trustedhost=no
# Compare l'URL de la requête à deux adresses IP
# et à un nom d'hôte.
RewriteCond %{REMOTE_ADDR} ^192\.168\.1\.* [OR]
RewriteCond %{REMOTE_ADDR} ^216\.78\.169\.* [OR]
RewriteCond %{REMOTE_HOST} ^rascal\.hiwaay\.net$
# Au moins une des conditions précédentes est vraie ;
# cette règle RewriteRule ne réécrit rien, mais le
# drapeau [E] affecte la valeur yes à la variable
# trustedhost.
RewriteRule .* - [E=trustedhost=yes]
# Vrai si trustedhost=no, faux sinon.
RewriteCond %{ENV:trustedhost} ^no$
# Hôte indigne de confiance, redirige le client vers le
# fichier index.html standard.
RewriteRule .* /index\.html [R]
# Vrai si trustedhost=no, faux sinon.
RewriteCond %{ENV:trustedhost} ^yes$
# Hôte digne de confiance, redirige le client vers le
# répertoire /trusted.
RewriteRule (.*) /trusted/$1 [R]
```

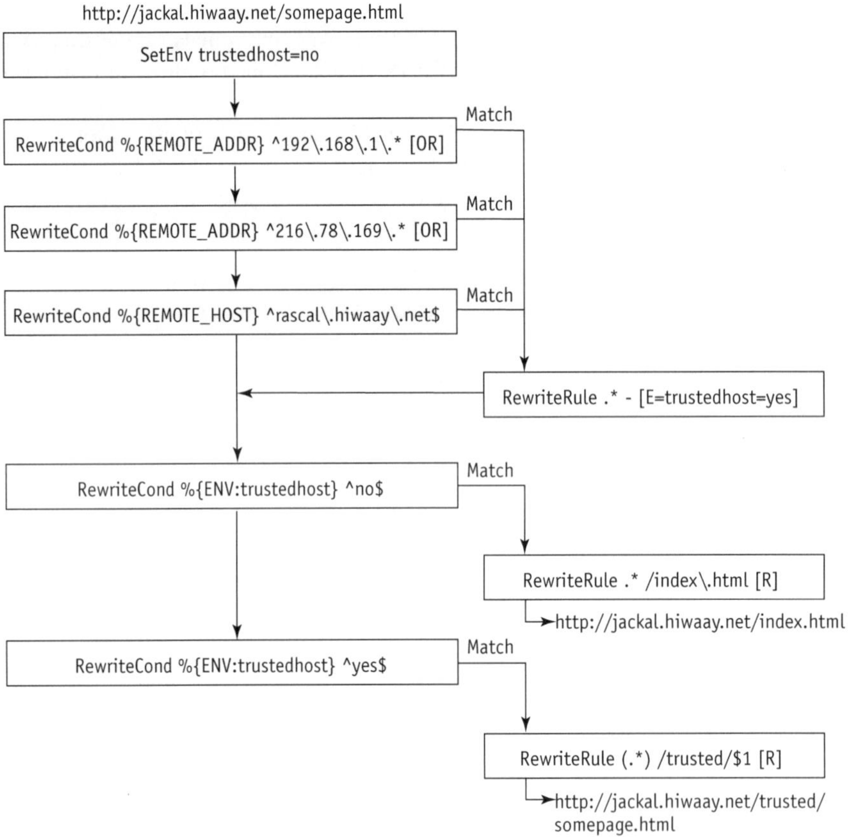

Figure 9.1
Organigramme de réutilisation d'une directive RewriteCond.

Règles spécifiques à un répertoire

Si vous voulez appliquer des règles de réécriture `mod_rewrite` à un répertoire donné plutôt qu'à la totalité du serveur, vous devrez tenir compte de quelques spécificités. Tout d'abord, le mécanisme de sécurité de `mod_rewrite` est quelque peu inhabituel. Pour que la réécriture soit possible au niveau d'un répertoire, l'option `FollowSymLinks` doit y être active. Si ce n'est pas le cas, le serveur consigne l'erreur suivante dans son journal :

```
[Thu Mar 30 09:58:14 2000] [error] [client 192.168.1.3] Options FollowSymLinks or
SymLinksIfOwnerMatch is off which implies that RewriteRule directive is forbidden:
/home/httpd/html
```

De plus, dans ce cas, toute requête pour une URL soumise à des règles de réécriture sera rejetée avec un code d'état HTTP 403 (interdit). Vous devez donc vous assurer qu'un fichier

.htaccess ou un bloc <Directory> qui contient des règles de réécriture mod_rewrite contient aussi les lignes suivantes :

```
RewriteEngine On
Options +FollowSymLinks
```

Vous devez également tenir compte des différences du comportement de mod_rewrite en contexte serveur et en contexte répertoire. En contexte répertoire, le préfixe correspondant au nom du répertoire est supprimé avant la réécriture, puis remis en place une fois celle-ci terminée. Ainsi, une règle de réécriture avec un motif de la forme ^/docs/.*$ qui concorderait en contexte serveur ne concorderait pas dans un répertoire appelé /docs (disons dans un fichier .htaccess contenu dans ce répertoire). En effet, dans ce cas, mod_rewrite commence par supprimer le préfixe /docs/ ; le motif devrait être réécrit sous la forme ^.*$. En d'autres termes, quand vous ajoutez une règle de réécriture dans un fichier .htaccess, assurez-vous que la chaîne ne contient pas le chemin d'accès au répertoire.

La directive RewriteOptions

Par défaut, les directives mod_rewrite ne sont pas transmises par héritage. Quand une telle transmission est désirée, elle doit être autorisée explicitement au moyen de la directive RewriteOptions. Cette dernière a été conçue comme une directive généraliste permettant de passer des options à mod_rewrite. À l'heure actuelle, elle reconnaît une seule option : inherit. Elle ne peut donc prendre qu'une seule forme :

```
RewriteOptions inherit
```

Cette directive, qui permet à mod_rewrite d'hériter d'une configuration provenant d'un autre contexte, peut être utilisée de deux façons différentes :

- **Hôte virtuel** – Un hôte virtuel où la directive RewriteOptions inherit est déclarée hérite de la configuration mod_rewrite du serveur principal. Cette configuration comprend les règles de réécriture, les conditions et les mises en correspondance (que nous aborderons plus loin avec la directive RewriteMap).
- **Répertoire** – Dans un contexte répertoire (par exemple quand la directive RewriteOptions inherit est déclarée dans un fichier .htaccess), la configuration de mod_rewrite définie dans le fichier .htaccess du répertoire parent est prise en compte si elle existe.

Journal des réécritures

Si vous utilisez `mod_rewrite`, il est souvent utile d'activer la journalisation pour le module, en particulier pour déboguer vos règles de réécriture. Le mécanisme de journalisation de `mod_rewrite` est extrêmement complet et utile. De plus, vous pouvez en apprendre beaucoup sur `mod_rewrite` en examinant la façon dont le moteur de réécriture parcourt les jeux de règles. Je vous conseille vraiment d'activer la journalisation sur tous les serveurs où vous utilisez `mod_rewrite`, même si vous vous contentez d'un faible niveau de volubilité sur des serveurs de production. Pour utiliser la journalisation, vous devrez indiquer dans quel fichier le journal se trouve et quel niveau d'information doit y être consigné ; `mod_rewrite` fournit une directive pour chacune de ces opérations.

Emplacement du fichier journal : la directive RewriteLog

La directive `RewriteLog` permet d'indiquer au serveur le chemin d'accès d'un fichier dans lequel il devra consigner les actions de `mod_rewrite`. Par exemple :

```
RewriteLog "/usr/local/apache2/logs/mod_rewrite.log"
```

Un chemin d'accès qui ne commence pas par une barre oblique est considéré comme un chemin relatif à la racine donnée par la directive `ServerRoot`. Un fichier de configuration ne devrait comporter qu'une seule directive `RewriteLog`.

La directive `RewriteLog "/dev/null"` ne désactive pas la journalisation. Bien que cette directive semble avoir l'effet désiré, elle se contente d'écrire le journal dans le trou noir `/dev/null` (qui sert principalement à détruire l'information). La journalisation s'effectue encore et continue à consommer des ressources. Pour l'arrêter complètement, vous pouvez soit enlever la directive `RewriteLog`, soit ajouter `RewriteLogLevel 0`.

Niveau de journalisation : la directive RewriteLogLevel

La directive `RewriteLogLevel` configure le niveau de volubilité de la journalisation de la réécriture. Au niveau 0, rien n'est consigné dans le journal, alors que presque toutes les opérations y sont notées au niveau 9. Exemple :

```
RewriteLogLevel 2
```

Le niveau 2 montre bien les différentes étapes de la réécriture et le journal permet d'examiner l'effet de chaque directive `RewriteCond` et `RewriteRule`. Les niveaux supérieurs induisent un ralentissement non négligeable du serveur ; ils ne devraient être utilisés que lors du débogage des règles de réécriture.

Au niveau 2, le journal résultant d'une seule requête traitée par une règle située dans mon fichier `httpd.conf` (c'est à dire en contexte serveur) est donné par le listing 9.5. La règle utilisée est celle de mon premier exemple d'utilisation de `mod_rewrite` :

```
RewriteRule     ^/environ\.html$        /environ.cgi [L]
```

Cet extrait de journal montre bien que même avec ce niveau de volubilité relativement faible, la plupart des actions sont consignées. Le journal de `mod_rewrite` peut s'avérer très utile pour comprendre tant les mécanismes de réécriture des URL que le comportement du module lorsqu'il traite vos règles de réécriture. Quand vous écrivez de nouvelles règles, regardez toujours le journal pour vous assurer de leur fonctionnement.

Listing 9.5 – Extrait d'un journal de mod_rewrite

```
192.168.1.3 - - [04/Apr/2000:09:33:31 -0500][jackal.hiwaay.net/sid#80bcb1c]
[rid#84cb144/initial](2)init rewrite engine with requested uri /environ.html
192.168.1.3 - - [04/Apr/2000:09:33:31 -0500][jackal.hiwaay.net/sid#80bcb1c]
[rid#84cb144/initial] (2) rewrite /environ.html -> /environ.cgi
192.168.1.3 - - [04/Apr/2000:09:33:31 -0500][jackal.hiwaay.net/sid#80bcb1c]
[rid#84cb144/initial] (2) local path result: /environ.cgi
192.168.1.3 - - [04/Apr/2000:09:33:31 -0500][jackal.hiwaay.net/sid#80bcb1c]
[rid#84cb144/initial] (2) prefixed with document_root to /home/httpd/html/
environ.cgi
192.168.1.3 - - [04/Apr/2000:09:33:31 -0500][jackal.hiwaay.net/sid#80bcb1c]
[rid#84cb144/initial] (1) go-ahead with /home/httpd/html/environ.cgi [OK]
192.168.1.3 - - [04/Apr/2000:09:33:31 -0500][jackal.hiwaay.net/sid#80bcb1c]
[rid#84cb144/initial] (1) [per-dir /home/httpd/html/] pass through /home/httpd/
html/environ.cgi
```

Fixer une URL de base : la directive RewriteBase

La directive `RewriteBase` fixe une URL de base pour la réécriture en contexte répertoire. Cette directive n'est appliquée que dans ce contexte, éventuellement dans un bloc `<Directory>`, mais plus souvent dans un fichier `.htaccess`. Elle est utile quand l'URL requise ne correspond pas au système de fichiers local, généralement suite à l'utilisation d'une directive `Alias` qui renvoie les requêtes hors de la racine `DocumentRoot`.

Pourquoi faut-il utiliser la directive `RewriteBase` ? Quand une règle de réécriture est appliquée en contexte répertoire, la réécriture proprement dite a lieu très tard dans le cycle de requête, après la quasi-totalité des autres actions. J'ai dit que `mod_alias` n'agissait normalement qu'après `mod_rewrite`. Toutefois, en contexte répertoire, les règles de réécriture de `mod_rewrite` sont appliquées après les règles de réécriture de `mod_rewrite` en contexte serveur, mais aussi après les règles de réécriture de `mod_alias`.

Pour que la réécriture propre à chaque répertoire fonctionne, l'URL obtenue après cette réécriture est à nouveau soumise au serveur en interne et un nouveau cycle de requête a lieu. On dit que l'URL est réinjectée dans le serveur. Quand une règle de réécriture est appliquée en contexte répertoire, l'URL est d'abord amputée de la valeur de `RewriteBase` (qui n'est normalement autre que le préfixe identifiant le répertoire courant), puis la règle elle-même est appliquée et finalement, le préfixe `RewriteBase` est ajouté au résultat. Dans le cas où l'URL demandée ne correspond pas directement à l'emplacement du répertoire dans le système de fichiers, `RewriteBase` devra être modifiée pour prendre comme valeur le préfixe correspondant à l'URL demandée et non pas le nom du répertoire courant.

Par exemple, supposons que le fichier `httpd.conf` contienne une directive `Alias` qui fasse correspondre l'URL `/docs` au répertoire `/usr/local/docs` et que ce répertoire contienne un fichier `.htaccess` dont le contenu est donné dans le listing 9.6.

Listing 9.6 – Jeu de règles utilisant la directive RewriteBase

```
# /usr/local/docs/.htaccess - fichier de configuration propre au répertoire
# La directive suivante se trouve dans le fichier de configuration du
# serveur. Elle redirige les requêtes pour /docs vers ce répertoire.
#
#        Alias /docs/ "/usr/local/docs/"
#
RewriteEngine On
#
#
RewriteBase   /docs
#
RewriteRule   ^FAQ\.html$  faqlist.html
```

Tout d'abord, la directive `Alias` traduit une requête pour `/docs/FAQ.html` en `/usr/local/docs/FAQ.html`. Ensuite, le fichier `.htaccess` est lu et la règle `RewriteRule` supprime le préfixe `/usr/local/docs` et traduit le reste (`FAQ.html`) en `faqlist.html`. Le moteur de réécriture fait précéder cette chaîne de la valeur de `RewriteBase` avant de réinjecter la requête. Finalement, l'URL `/docs/faqlist.html` est réinjectée. Si la directive `RewriteBase` était absente, `mod_rewrite` la remplacerait par sa valeur par défaut, à savoir le nom du répertoire. L'URL `/usr/local/docs/faqlist.html` serait réinjectée et refusée par le serveur.

Mettre en correspondance : la directive RewriteMap

La directive `RewriteMap` définit une correspondance qui peut être utilisée plus tard par une directive `RewriteRule`. Elle précise la source depuis laquelle il est possible d'associer des données à une clé afin d'utiliser ces données dans la chaîne de substitution d'une directive `RewriteRule`. Sa syntaxe est la suivante :

```
RewriteMap NomCorresp TypeCorresp:SourceCorresp
```

Voici une directive RewriteMap qui sera utilisée dans un exemple ultérieur :

```
RewriteMap userfile txt:/usr/local/apache/conf/userlist.txt
```

Une table de correspondance est l'équivalent d'un tableau de hachage Perl ou d'un objet dictionnaire JavaScript ou VBScript, composé d'un certain nombre de paires clé/valeur. L'objet le plus ressemblant en C serait probablement un tableau à *n* lignes et deux colonnes, où chaque ligne contient la clé dans la première colonne et la valeur correspondante dans la deuxième.

Pour utiliser une table de correspondance dans la chaîne de substitution d'une directive RewriteRule, insérez-y une sous-chaîne respectant une des deux syntaxes données ci-dessous. Si la clé se trouve dans la table de correspondance définie par RewriteMap, la sous-chaîne sera remplacée par la valeur correspondante. Dans le cas contraire, la valeur par défaut (si elle est définie) ou la chaîne vide (s'il n'y a pas de valeur par défaut) sera substituée.

```
${NomCorresp:CléRecherche}
${NomCorresp:CléRecherche|ValDéfaut}
```

Le fichier de configuration peut contenir plusieurs directives RewriteMap, une pour chaque table de correspondance (c'est à dire pour chaque fichier source). Une correspondance ne peut pas être déclarée en contexte répertoire, mais elle peut y être utilisée.

Les sources peuvent avoir les types suivants :

- texte brut standard (txt) ;
- texte aléatoire (rnd) ;
- fichier de hachage (dbm) ;
- fonction externe (prg) ;
- fonction interne (int).

INFO Pour les fichiers texte brut et les fichiers de hachage DBM, les clés déjà recherchées sont conservées par le serveur jusqu'au changement de la date de modification du fichier ou au redémarrage du serveur. De cette façon, l'utilisation de tables de correspondance dans des règles appliquées pour chaque requête ne ralentit que très peu le serveur, dans la mesure où la recherche elle-même n'est effectuée qu'une fois.

Texte brut standard

Dans la mise en correspondance la plus usuelle, la source est un fichier texte brut contenant une paire clé/valeur par ligne. Les lignes vides sont ignorées, ainsi que les commentaires commençant par le caractère #.

Par exemple, vous pouvez faire correspondre un répertoire à chaque nom d'utilisateur avec le fichier texte suivant :

```
##
## map.txt - table de correspondance
##

caulds  /            # Charles Aulds
csewell /carlstuff/ # Carl Sewell
larry   /larry/      # Larry H
```

Sauvegardez ce fichier sous le nom `/usr/local/apache2/conf/userlist.txt` ; pour le déclarer comme une table de correspondance utilisable dans les directives `RewriteRule` suivantes, utilisez cette directive `RewriteMap` :

```
RewriteMap userlist txt:/usr/local/apache2/conf/userlist.txt
```

ATTENTION Si une directive `RewriteMap` indique comme source un fichier inexistant, Apache consigne une erreur dans son journal et refuse de démarrer.

Pour utiliser cette table de correspondance, vous pouvez déclarer une règle de réécriture de ce genre :

```
RewriteRule ^.*\/userdir\/(.*)$ ${userlist:$1}
```

où la chaîne de substitution (`${userlist:$1}`) est de la forme

```
${NomCorresp:CléRecherche}
```

Le motif défini dans cette règle concorde avec les URL se terminant par `/userdir/` suivi d'une chaîne de caractères qui sera interprétée comme un nom d'utilisateur. Ce nom d'utilisateur est récupéré par la paire de parenthèses du motif et remplace le lexème `$1` dans la chaîne de substitution. Ainsi, le nom d'utilisateur (par exemple `caulds`) devient clé de recherche dans la correspondance `userdir` préalablement définie. La valeur retournée est utilisée telle quelle pour réécrire l'URL. En l'occurrence, cette valeur est un chemin d'accès relatif à la racine du serveur. Cet exemple ne fonctionnera pas si les répertoires des utilisateurs ne se trouvent pas sous la racine.

L'exemple de multiplexage d'accès qui se trouve plus loin dans ce chapitre donne une autre démonstration complète (et potentiellement utile) de l'utilisation d'un fichier texte brut comme table de correspondance.

Texte aléatoire

Cette table de correspondance est une variante de la précédente. La valeur est associée à la clé de la même manière, mais une opération supplémentaire est effectuée après la recherche. Si la valeur retournée contient une ou plusieurs barres verticales `|`, le moteur de réécriture considère que ces barres verticales séparent plusieurs valeurs possibles et choisit aléatoirement une de ces valeurs pour effectuer les substitutions définies dans les règles `RewriteRule`.

Cette fonctionnalité peut sembler inutile. En fait, elle a été conçue pour permettre la répartition de charge par un mandataire inversé, dans le cas où les valeurs retournées sont des noms de serveurs. La section intitulée « Un exemple d'URL produites aléatoirement », plus loin dans ce chapitre, illustre une utilisation possible de cette fonctionnalité.

Fichier de hachage

La correspondance par fichier de hachage s'utilise de la même façon qu'un fichier texte brut. La différence essentielle est que la source est un fichier binaire au format DBM. DBM est implanté sous Linux sous la forme d'une bibliothèque de routines gérant des fichiers de données contenant des paires clé/valeur. Ces routines sont optimisées pour accélérer la recherche des valeurs à partir des clés. Ce procédé accélère les recherches, mais dans la plupart des cas la recherche dans un fichier texte brut sera presque aussi rapide et un fichier texte est plus facile à maintenir qu'un fichier DBM. Les fichiers de hachage ne deviennent vraiment intéressants que pour des tables de réécriture de taille importante, plusieurs centaines de lignes au moins et si vous avez absolument besoin du moindre gain en rapidité.

Pour transformer un fichier texte brut en fichier DBM, vous pouvez utiliser n'importe quel outil DBM, par exemple le script Perl du listing 9.7.

Vous pouvez utiliser le script sans comprendre son fonctionnement. Utilisez un éditeur de texte pour le créer sur votre système. Vous pouvez lui donner un nom arbitraire, mais nous utiliserons le nom `txt2dbm` dans cet exemple. Assurez-vous que le script est exécutable (avec la commande `chmod 755` *`nom-du-script`*) et passez-lui comme argument le nom du fichier texte que vous voulez convertir en DBM, avec une commande de ce genre :

```
# txt2dbm unfichier.txt unfichier.dbm
```

Listing 9.7 – Script de conversion de texte brut en DBM

```
# !/chemin/vers/bin/perl
##
##  txt2dbm - conversion de texte en dbm
```

Listing 9.7 – Script de conversion de texte brut en DBM (*suite*)

```
## syntaxe : txt2dbm fichiertexte fichierdbm
($txtmap,$dbmmap) = @ARGV;
open(TXT, "<$txtmap");
dbmopen(%DB, $dbmmap, 0644);
while (<TXT>) {
   next if (m|^\s*#.*| or m|^\s*$|);
   $DB{$1} = $2 if (m|^\s*(\S+)\s+(\S+)$|);
}
dbmclose(%DB);
close(TXT);
```

Fonctions internes

Apache possède quatre fonctions internes qui peuvent être appelées comme des tables de correspondances :

- **toupper** – Convertit la clé en majuscules.
- **tolower** – Convertit la clé en minuscules.
- **escape** – Protège les caractères spéciaux de la clé en les codant en hexadécimal. Cette fonction formate la clé pour pouvoir l'utiliser dans une URL.
- **unescape** – Convertit les caractères protégés d'une URL (codés en hexadécimal) en caractères spéciaux.

Les deux premières fonctions ne sont pas très utiles, mais les deux dernières le sont bien davantage si vous avez besoin de traiter des URL contenant des caractères spéciaux, qui doivent être codés en hexadécimal. La règle de réécriture suivante protège les caractères spéciaux d'une URL qui a déjà été modifiée par d'autres directives `RewriteRule`, puis redirige la requête au moyen du drapeau `[R]` :

```
RewriteRule  ^(.*) ${escape:$1} [R]
```

Il est souvent nécessaire de protéger une URL si elle risque de contenir des caractères ayant une signification spéciale. Par exemple, si une URL contient un point d'interrogation non protégé, le serveur considérera qu'il indique des paramètres passés à un script.

Remarquez que ces fonctions peuvent être utilisées sans déclarer de source avec la directive `RewriteMap`, dans la mesure où elles sont incluses d'origine dans les tables de correspondance du serveur.

Programme de réécriture externe

La source de correspondance peut aussi être un programme indépendant. Peu importe le langage dans lequel il est écrit, il suffit qu'il puisse accepter des données sur son entrée standard (`stdin`), les manipuler et écrire le résultat sur sa sortie standard (`stdout`). Les langages interprétés (Perl en particulier) sont bien adaptés dans la mesure où le programme ne fait qu'associer des valeurs aux clés qu'il reçoit.

Le programme doit être exécutable (au sens Linux du terme). Il est lancé une seule fois, au démarrage du serveur Apache. Il doit entrer dans une boucle infinie, dans laquelle il attend des données sur son entrée standard. Quand `mod_rewrite` lui envoie une clé, le programme cherche la valeur associée et la renvoie, suivie d'un caractère « saut de ligne », pour qu'elle puisse être utilisée par une directive `RewriteRule`. Si le programme ne parvient pas associer une valeur à la clé qui lui est soumise, il doit retourner une chaîne vide ou la chaîne `NULL` (uniquement ces quatre caractères suivis d'un saut de ligne). Le programme doit être le plus simple et robuste possible. S'il bloque, le serveur Apache bloquera aussi lors du traitement de la directive `RewriteRule` qui lui envoie des données. L'exemple qui suit illustre l'utilisation d'un programme de réécriture externe pour authentifier des utilisateurs en utilisant une base MySQL.

Exemple de contrôle d'accès avec mod_rewrite

L'utilisation d'un programme externe à la place d'une table de correspondances statique offre un seul avantage important : l'information peut être stockée dans une base de données quelle qu'elle soit. Le listing 9.8 donne un exemple de programme de réécriture externe écrit en Perl. Cet exemple illustre une règle très importante pour l'écriture de tels programmes : il ne faut en aucun cas utiliser de tampons d'entrées/sorties. En Perl, vous pouvez supprimer ces tampons en affectant la valeur 1 à la variable spéciale `$|`.

Listing 9.8 – Un programme de réécriture externe

```
#!/usr/bin/perl
#/usr/local/bin/hosts_deny.pl
#
use strict;
use DBI;      # Utilisation de DBI pour la base de données
$| = 1;       # TOUJOURS utiliser des E/S brutes
#
# Création d'un descripteur pour la base de données
my $retval;  # Une variable pour le résultat de la recherche
my $dbh=DBI->connect("DBI:mysql:hostsdb:jackal.hiwaay.net","root","motdepasse");
while (<STDIN>) {
    my $sth=$dbh->prepare("Select value from denytable where key=$_");
```

Listing 9.8 – Un programme de réécriture externe (*suite*)

```
        $sth->execute;
        $retval=$sth->fetch();
        if ($retval) {
           print "$retval\n";
        }
        else {
           print "NULL\n";
        }
    }
}
```

Ce programme peut être utilisé avec les règles de réécriture suivantes :

```
RewriteMap hosts-deny prg:/usr/local/bin/hosts_deny.pl
RewriteCond ${hosts-deny:%{REMOTE_ADDR}|NOT_FOUND} !=NOT_FOUND
RewriteRule ^/.* - [F]
```

La directive `RewriteMap` définit une table de correspondance nommée `hosts-deny` utilisant le programme du listing 9.8. La directive `RewriteCond` envoie l'adresse IP du client (c'est-à-dire le contenu de l'en-tête HTTP `REMOTE_ADDR`) au programme externe, qui essaie de la trouver dans une base MySQL appelée `hostsdb`. Si aucune entrée de la table `denytable` ne concorde, la recherche de correspondance de la directive `RewriteCond` renvoie la valeur par défaut `NOT_FOUND`.

Cet exemple montre une utilisation possible du caractère spécial `-` dans la directive `RewriteRule`. Ici, cette directive ne réécrit rien. Le drapeau `[F]` à la fin de la directive indique que l'accès à l'URL demandée est interdit et le client reçoit une réponse portant un code d'état 403 (interdit). Toutefois, cette règle n'est appliquée que si la directive `RewriteCond` retourne la valeur Vrai. En d'autres termes, l'accès n'est interdit que si l'adresse IP du client se trouve dans la table MySQL des adresses interdites. Si l'adresse n'est pas dans cette table, la règle n'est pas appliquée et le client reçoit la réponse attendue.

La directive RewriteLock

La directive `RewriteLock` définit le nom d'un fichier servant de verrou de synchronisation, dont `mod_rewrite` peut avoir besoin pour communiquer avec des programmes de réécriture externes. Un verrou sert à empêcher plusieurs accès concurrents à un même fichier de données, ce qui peut se produire si plusieurs instances de `mod_rewrite` tentent d'ouvrir le même fichier au même moment depuis plusieurs processus `httpd`. Si une directive `RewriteLock` est utilisée, `mod_rewrite` crée le fichier verrou correspondant avant d'accéder au programme externe et le supprime une fois l'accès terminé. Si le programme ne modifie pas les données, le verrouillage n'est pas nécessaire, mais il vaut mieux l'utiliser si le programme écrit des données sur le disque ou modifie une base de données. De cette façon, vous aurez l'assurance que plusieurs instances de votre programme lancées par plusieurs instances d'Apache n'entrent pas en conflit. Un tel conflit peut se produire quand deux instances de httpd reçoivent simultanément des requêtes qui les conduisent à faire appel au même programme.

Remarquez que seuls les programmes de réécriture externes peuvent nécessiter des verrous, les autres types de tables de correspondance n'en ont jamais besoin. Le fichier verrou doit toujours être un fichier local, il ne doit jamais se trouver sur un système de fichiers monté par NFS.

Par exemple, ces directives définissent un fichier verrou qui empêche l'accès simultané au script hosts_deny.pl par plusieurs instances d'Apache :

```
RewriteLock /var/lock/rewrite_lock
RewriteMap hosts-deny  prg:/usr/local/bin/hosts_deny.pl
```

Exemple de multiplexage d'accès

Les tables de correspondance peuvent servir à rediriger des requêtes en fonction du contenu des en-têtes HTTP. Par exemple, une grande organisation internationale pourrait utiliser mod_rewrite pour rediriger les requêtes vers un serveur plus proche géographiquement du demandeur.

En pratique, ce genre de méthode marche mal à cause du grand nombre de sites dont le domaine de premier niveau (notamment .com) ne donne aucune indication géographique. La plupart des organisations qui possèdent un réseau mondial de sites miroirs se contentent de laisser l'utilisateur choisir le plus proche et cela fonctionne généralement assez bien. Ceci dit, je n'essaie pas ici de résoudre un problème lié à la nomenclature des machines sur Internet, mais de montrer comment extraire des données d'un en-tête HTTP et les faire traiter par une table de correspondance.

Dans cet exemple, une directive RewriteRule analyse l'en-tête REMOTE_HOST de la requête, qui donne le nom d'hôte Internet du système client et tente de choisir un site de téléchargement approprié en fonction de sa situation.

Commencez par créer un fichier texte donnant une correspondance univoque entre des domaines de premier niveau et des URL de serveurs de téléchargement se trouvant dans ces domaines. Ce fichier peut par exemple s'appeler /usr/local/apache2/conf/multi.txt et contenir ce qui suit :

```
com     http://dlsite.com/download    # domaine com
net     http://bigsite.net/download   # domaine net
edu     http://bigsite.edu/download   # domaine edu
```

```
org     http://bigsite.org/download   # domaine org
au      http://bigsite.au/download    # australie
de      http://bigsite.de/download    # allemagne
uk      http://bigsite.uk/download    # royaume uni
... éventuellement beaucoup d'autres...
```

La correspondance est utilisée par les règles de réécriture suivantes :

```
# définition d'une table de réécriture en texte brut appelée multiplexer
# qui utilise le fichier multi.txt
RewriteMap multiplexer txt:/usr/local/apache2/conf/multi.txt
#
# Conversion de l'URL demandée vers la forme :
# hôtedistant::<requête> et enchaînement avec la règle suivante
RewriteRule ^/download/(.*) ${REMOTE_HOST}::$1 [C]
#
# Recherche du nouveau préfixe d'URL dans la table de
# correspondance multiplexer (ou utilisation de la valeur par
# défaut dlsite.com) et concaténation de la requête
RewriteRule ^.+\.([a-zA-Z]+)::(.*)$
    ${multiplexer::$1|dlsite.com/download}/$2 [R,L]
```

La directive `RewriteMap` définit une table de correspondance appelée `multiplexer`, qui utilise les données du fichier `multi.txt`. La première directive `RewriteRule` intercepte toutes les URL de la forme *`/download/unfichier`* et les réécrit en *`domaine.du.client.tld::unfichier`*. Le drapeau `[C]` sert à enchaîner cette directive à la suivante. En d'autres termes, les deux directives `RewriteRule` sont indissociables : ou bien les deux sont appliquées avec succès, ou bien aucune des deux ne l'est et l'URL n'est pas modifiée par ce jeu de règles.

La dernière règle de réécriture reçoit l'URL réécrite sous la forme *`domaine.du.client.tld::unfichier`*. Elle en extrait le domaine de premier niveau (*`tld`*) et elle utilise une référence à sa valeur (`$1`) pour trouver une URL correspondante dans la table `multiplexer`. Si aucune correspondance n'est trouvée, la valeur par défaut *`dlsite.com/download/`* est utilisée. Le nom du fichier *`unfichier`* est concaténé à la fin de cette URL au moyen d'une autre référence arrière (`$2`).

Les drapeaux `[R,L]` indiquent que l'URL réécrite est renvoyée au client sous la forme d'une redirection et que les éventuelles règles de réécriture suivantes ne doivent pas être appliquées.

Un exemple d'URL produites aléatoirement

Voici un exemple très simple de redirection aléatoire vers une des URL définies dans un fichier texte de ce genre :

```
URL freshmeat.net|www.acme.com/|www.asptoday.com/
```

Remarquez que ce fichier se compose d'une seule ligne commençant par la clé URL. Le reste de la ligne donne une liste d'URL, séparées par des barres verticales, dont une sera choisie aléatoirement.

Les directives du listing 9.9 redirigent toute requête pour `outside.html` vers l'une des URL du fichier. Ce fichier est déclaré comme une table de correspondance appelée `servers`, de type texte aléatoire.

Listing 9-9 – URL générée de manière aléatoire.

```
# Définition d'une correspondance de type texte aléatoire
# dans le fichier servers.rnd
RewriteMap servers rnd:/usr/local/apache/conf/servers.rnd
#
# Redirection des requêtes pour outside.html vers un des
# serveurs donnés dans ce fichier, choisi aléatoirement
# remarque : la clé de recherche s'appelle URL
RewriteRule outside\.html$ http://${servers:URL} [R,L]
```

Répertoires personnels avec mod_rewrite

Une des nombreuses possibilités d'utilisation de `mod_rewrite` consiste à fournir l'accès aux répertoires Web des utilisateurs en réécrivant les URL demandées. La directive `RewriteCond` doit contenir une paire de parenthèses pour permettre l'utilisation d'une référence arrière, comme dans cet exemple :

```
RewriteCond %{HTTP_HOST} ^www\.(.+)\.jackal.hiwaay.net$
RewriteRule ^(.+) /home/%1$1
```

Voici ce qui se passe. Quand une URL de la forme `http://www.utilisateur.jackal.hiwaay.net/` est demandée, la condition de réécriture prend la valeur Vrai et la référence `%1` prend pour valeur le nom de l'utilisateur (par exemple `caulds`). Souvenez-vous que cette référence correspond à ce qui se trouve entre la première paire de parenthèses dans l'expression rationnelle de la dernière directive `RewriteCond`. Ensuite, la directive `RewriteRule` traduit l'URL. Elle récupère le nom de l'utilisateur dans la référence `%1` et elle la fait précéder de `/home/` et suivre du chemin de la ressource demandée (la référence `$1`). Ainsi, l'URL `http://www.caulds.jackal.hiwaay.net/uneressource.html` est équivalente à `http://jackal.hiwaay.net/home/caulds/uneressource.html`.

Quelques remarques à propos de cet exemple. Tout d'abord, vous devrez ajouter une entrée au DNS pour chaque utilisateur. En effet, le nom de l'utilisateur fait partie du nom d'hôte utilisé pour accéder au site. Remarquez aussi que, contrairement à de véritables hôtes virtuels, cette méthode ne permet pas d'utiliser des directives personnalisées pour chaque site (par exemple pour définir le fichier du journal ou l'adresse électronique de l'administrateur). L'avantage de cette méthode est qu'il suffit d'ajouter deux lignes au fichier `httpd.conf` pour fournir efficacement des sites à un nombre quelconque d'utilisateurs.

Encore une fois, cet exemple n'est là que pour vous donner une idée des possibilités. Il existe sans aucun doute de nombreuses façons de l'améliorer. Vous pouvez par exemple utiliser la directive `RewriteMap` pour définir un chemin d'accès pour chaque utilisateur. Si ces chemins ne renvoient pas tous à des sous-répertoires d'un même répertoire, vous pouvez ainsi éviter d'héberger trop d'utilisateurs sur un seul système de fichiers. Faites appel à votre imagination !

En résumé

Les alias et les redirections sont gérés par deux modules Apache, `mod_alias` et `mod_rewrite`. Un alias fait correspondre un emplacement non standard sur le serveur à une URL ; la substitution est effectuée sur le serveur lui-même et est invisible de l'extérieur. Une redirection associe l'URL demandée à une nouvelle URL et indique au client d'émettre une nouvelle requête pour cette nouvelle URL.

Le module `mod_alias` est beaucoup plus simple et moins complet que `mod_rewrite`. Il est aussi beaucoup plus utile, presque indispensable sur la plupart des serveurs. Il devrait être utilisé dans toutes les situations où la puissance et la flexibilité de `mod_rewrite` ne sont pas indispensables.

Le module `mod_rewrite` offre des fonctionnalités supplémentaires : réécriture conditionnelle, combinaison de plusieurs règles pour effectuer une seule opération, utilisation des variables d'environnement pour la réécriture. De plus, il peut utiliser des tables de correspondance définies au préalable pour réécrire les URL.

Jusqu'à maintenant, ce livre a progressé vers des sujets avancés comme la programmation et la réécriture d'URL ; nous nous sommes surtout intéressés à la manière de configurer Apache pour lui faire faire ce que vous souhaitez. Dans la suite de l'ouvrage, nous nous intéresserons à l'administration d'un serveur déjà configuré. Le chapitre suivant présentera les tâches d'administration les plus simples, à savoir l'arrêt et le démarrage du serveur. Toutefois, vous serez surpris par le nombre de possibilités existantes pour effectuer ces opérations.

10

Contrôler Apache

La configuration d'un serveur Web et sa gestion au quotidien sont souvent considérées comme deux activités totalement différentes : l'administrateur commence par configurer le serveur, puis se contente de le gérer après son démarrage (jusqu'au jour où une reconfiguration est nécessaire pour une raison ou une autre). Microsoft IIS, par exemple, dispose d'une interface de gestion appelée Console de gestion Microsoft, qui permet d'effectuer des opérations comme la création de fichiers journaux ou d'hôtes virtuels, ou encore de donner des droits d'accès aux clients Web. Ce modèle est beaucoup moins utile pour décrire l'administration d'Apache. En effet, pratiquement toutes les instructions sont passées au serveur sous la forme de directives dans le fichier `httpd.conf`. Même si vous utilisez un outil graphique, ce que vous faites n'a d'autre effet que modifier le fichier `httpd.conf` et redémarrer Apache. En d'autres termes, la gestion d'un serveur Apache implique presque toujours sa reconfiguration et la reconfiguration nécessite un redémarrage dans presque tous les cas.

Nous voici dans un chapitre de transition. Les précédents traitaient principalement de la syntaxe du fichier de configuration d'Apache et des services qu'il est capable d'offrir, tels que les hôtes virtuels, les alias ou les redirections. La suite de l'ouvrage traitera surtout de problèmes d'administration comme la gestion ou la sécurité. En tant qu'administrateur, vous ferez encore principalement de la configuration (c'est-à-dire que vous modifierez le fichier `httpd.conf`), mais le but sera surtout l'optimisation du serveur et de son activité. Dans ce chapitre, nous allons nous pencher sur les différentes façons d'effectuer ces opérations de routine que sont l'arrêt et le redémarrage du serveur. Ce thème peut sembler limité, mais l'existence de différentes possibilités est souvent déroutante pour les administrateurs Apache débutants.

Il existe plusieurs façons de contrôler Apache : l'invocation directe de la commande `httpd` suivie de divers arguments, l'utilisation du script shell `apachectl` fourni avec Apache, l'envoi de divers signaux Linux aux processus Apache en cours d'exécution, ou encore l'utilisation d'un certain nombre d'interfaces graphiques. Ce chapitre décrit toutes ces possibilités pour vous aider à trouver celle qui correspond le mieux à vos besoins.

Contrôle manuel

Des interfaces graphiques d'administration devraient apparaître bientôt sous Linux ; en tout cas, il s'agit d'une approche extrêmement prometteuse. Il est agréable de pouvoir accéder à toutes les options de configuration depuis une interface cohérente et les outils graphiques sont en général plus faciles à appréhender que la ligne de commande. Cependant, les outils disponibles à l'heure actuelle sont loin de la perfection. Je continuerai à utiliser la ligne de commande tant que je ne pourrai pas administrer complètement mon serveur depuis une unique interface graphique, d'autant plus qu'il s'agit de la seule interface commune à toutes les distributions de Linux. Je vous conseille d'apprendre à utiliser les principaux outils d'administration en ligne de commande et ce, même si vous préférez utiliser une interface graphique. En effet, on procède presque toujours de la même façon pour modifier la configuration d'Apache : d'abord éditer le fichier `httpd.conf`, puis redémarrer le serveur. Dans bien des cas, une interface graphique qui vous force à chercher parmi une centaine d'écrans avant de trouver le bon peut être plus gênante qu'utile.

Les arguments de httpd en ligne de commande

Apache peut être contrôlé par l'invocation de l'utilitaire `httpd` accompagné d'un ou plusieurs paramètres. Si vous l'invoquez sans argument, il lance le processus maître, qui engendre lui-même les processus fils qui sont chargés de répondre aux requêtes. Le démon `httpd` doit tourner sans interruption tout au long du fonctionnement du serveur. En fait, le serveur s'arrête proprement quand le démon reçoit un signal le lui indiquant (le signal Linux `TERM`). Avant de s'arrêter, le démon envoie lui-même un signal à chacun des processus qu'il a engendrés, pour leur indiquer de faire le ménage avant de cesser leurs activités. Pour voir ce dont `httpd` est capable, lancez-le avec l'option `-h` :

```
# ./httpd -h
Usage: ./httpd [-D name] [-d directory] [-f file]
               [-C "directive"] [-c "directive"]
               [-v] [-V] [-h] [-l] [-L] [-t] [-T]
Options:
  -D name          : define a name for use in
   <IfDefine name> directives
  -d directory     : specify an alternate initial ServerRoot
  -f file          : specify an alternate ServerConfigFile
```

```
-C "directive"    : process directive before reading config files
-c "directive"    : process directive after reading config files
-e level          : show startup errors of level (see LogLevel)
-E file           : log startup errors to file
-v                : show version number
-V                : show compile settings
-h                : list available command line options (this page)
-l                : list compiled in modules
-L                : list available configuration directives
-t -D DUMP_VHOSTS : show parsed settings
 (currently only vhost settings)
-t                : run syntax check for config
 files (with docroot check)
-T                : run syntax check for config
 files (without docroot check)
```

Voici les arguments possibles de la commande `httpd` :

- `-d` ***`répertoire`*** – Spécifie un répertoire `ServerRoot` à utiliser à la place de celui qui est défini dans le fichier `httpd.conf`. Exemple :

```
# /usr/local/apache2/bin/httpd -d /home/alternateWeb
```

- `-D` ***`nom`*** – Définit une valeur qui sera utilisée par la directive `<IfDefine>`. Dans l'exemple suivant, une variable `SSL` est initialisée pour indiquer à `httpd` d'utiliser la couche d'accès sécurisé SSL.

```
# /usr/local/apache2/bin/httpd -DSSL
```

- `-f` ***`fichier`*** – Indique un fichier de configuration à utiliser à la place du fichier défini lors de la compilation. Exemple :

```
# /usr/local/apache2/bin/httpd -f /usr/local/apache2/conf/test.conf
```

- `-C` ***`"directive"`*** – Évalue une directive avant la lecture du fichier de configuration. Exemple :

```
# /usr/local/apache2/bin/httpd -C "ScriptAlias /cgi-tmp /usr/tmp"
```

- `-c "directive"` – Évalue une directive après la lecture du fichier de configuration. Exemple :

```
# /usr/local/apache2/bin/httpd -c "DocumentRoot /home/altwebhome"
```

- `-v` – Affiche le numéro de version d'Apache. Exemple :

```
# ./httpd -v
Server version: Apache/2.0.39
Server built:   May 11 2002 12:42:02
```

- `-V` – Affiche la configuration définie à la compilation. Exemple :

```
# ./httpd -V
Server version: Apache/2.0.39
Server built:   May 11 2002 12:42:02
Server's Module Magic Number: 20020329:1
Architecture:   32-bit
Server compiled with....
 -D APACHE_MPM_DIR="server/mpm/prefork"
 -D APR_HAS_SENDFILE
 -D APR_HAS_MMAP
 -D APR_HAVE_IPV6
 -D APR_USE_SYSVSEM_SERIALIZE
 -D APR_USE_PTHREAD_SERIALIZE
 -D SINGLE_LISTEN_UNSERIALIZED_ACCEPT
 -D APR_HAS_OTHER_CHILD
 -D AP_HAVE_RELIABLE_PIPED_LOGS
 -D HTTPD_ROOT="/usr/local/apache2"
 -D SUEXEC_BIN="/usr/local/apache2/bin/suexec"
 -D DEFAULT_ERRORLOG="logs/error_log"
 -D SERVER_CONFIG_FILE="conf/httpd.conf"
```

- `-l` – Affiche la liste des modules inclus dans l'exécutable `httpd`. Exemple :

```
# ./httpd -l
Compiled in modules:
  core.c
  prefork.c
  httpd_core.c
  mod_so.c
```

- -L – Retourne une liste détaillée des directives de configuration utilisables. Exemple :

```
# ./httpd -L
<Directory (core.c)
        Container for directives affecting
   resources located in the specified
   directories
        Allowed in *.conf only outside
   <Directory>, <Files> or <Location>
<Location (core.c)
        Container for directives affecting
   resources accessed through the specified URL paths
        Allowed in *.conf only outside
   <Directory>, <Files> or <Location>
<VirtualHost (core.c)
        Container to map directives to a
   particular virtual host, takes one or more host addresses
        Allowed in *.conf only outside
   <Directory>, <Files> or <Location>
<Files (core.c)
        Container for directives affecting
   files matching specified patterns
        Allowed in *.conf anywhere and in .htaccess
        when AllowOverride isn't None
<Limit (core.c)
        Container for authentication
   directives when accessed using specified HTTP methods
        Allowed in *.conf anywhere and in .htaccess
        when AllowOverride isn't None
.../...
KeepAlive (http_core.c)
        Whether persistent connections should be On or Off
        Allowed in *.conf only outside
   <Directory>, <Files> or <Location>
LoadModule (mod_so.c)
        a module name and the name of a shared
   object file to load it from
        Allowed in *.conf only outside
   <Directory>, <Files> or <Location>
LoadFile (mod_so.c)
        shared object file or library to load
```

```
    into the server at runtime
         Allowed in *.conf only outside
    <Directory>, <Files> or <Location>
```

- `-t` – Vérifie la syntaxe des fichiers de configuration sans démarrer le serveur. Cette commande vérifie que toutes les racines définies par des directives `DocumentRoot` (celle du serveur principal et celles des hôtes virtuels) existent et sont bien des répertoires. Exemple :

```
# ./httpd -t
Syntax error on line 378 of /usr/local/apache2/conf/httpd.conf
DocumentRoot must be a directory
```

- `-t -D DUMP_VHOSTS` – Affiche les paramètres des hôtes virtuels. Exemple :

```
# ./httpd -t -D DUMP_VHOSTS
VirtualHost configuration:
192.168.1.15:80          vhost1.hiwaay.com
   (/usr/local/apache2/conf/httpd.conf:1046)
Syntax OK
```

- `-X` – Lance le serveur Apache comme un seul processus ordinaire. Il n'engendre pas de processus fils et ne se détache pas du terminal pour tourner en arrière-plan. Cette option sert uniquement au débogage et ne doit pas être utilisée en production.

Utiliser les signaux Linux

De même que pour n'importe quel autre démon Unix, l'administrateur ne dispose d'aucun moyen de communiquer directement avec un serveur Apache en cours d'exécution. Le démon Apache ne répond qu'aux signaux du noyau Linux. Au lieu de communiquer directement avec le démon, l'administrateur doit utiliser des programmes Linux pour indiquer au système d'envoyer des signaux au démon Apache (désigné par son PID, c'est à dire son numéro de processus). Pour cela, il peut utiliser la ligne de commande Linux, éventuellement via un script. Il existe des utilitaires conçus pour faciliter le procédé, par exemple le script `apachectl` fourni avec Apache (décrit plus loin dans ce chapitre), mais tous ces utilitaires utilisent les mêmes signaux Linux pour contrôler le serveur. Apache répond aux signaux Linux `TERM`, `HUP` et `USR1` et on utilise la commande Linux `kill` pour transmettre ces signaux. Dans cette section, je vais décrire l'utilisation de chacun de ces signaux. Cependant, pour utiliser cette technique, il est nécessaire de comprendre le rôle du numéro de processus.

ASTUCE La liste des signaux accompagnés de leur valeur numérique et de leur désignation mnémonique se trouve à un endroit assez inhabituel sur un système Linux, à savoir dans le fichier `/usr/include/bits/signum.h`. Vous pouvez aussi voir une liste des signaux existants avec la commande `kill -l`.

Le numéro de processus (PID)

Le numéro de processus du serveur Apache maître (le démon Apache) est sauvegardé dans un fichier appelé `httpd.pid`. Dans la configuration par défaut d'Apache, ce fichier se trouve dans le répertoire `/usr/local/apache2/logs`. Ce chemin d'accès peut être modifié par la directive `PidFile`. Dans la distribution RPM de Red Hat, ce fichier se trouve dans le répertoire `/var/run`.

INFO Le PID est un numéro qui identifie un processus de façon unique. Il sert aussi à garder une trace des relations de paternité entre processus ; le PID du père est un des attributs de chaque processus.

Si, pour une raison ou pour une autre, ce fichier n'existe pas ou s'il ne contient pas le PID du démon Apache, vous pouvez trouver ce PID au moyen de la commande `ps` :

```
# ps -ef | grep httpd
root    1090     1  0 17:21 ?     00:00:00 /usr/local/apache2/bin/httpd
nobody  1092  1090  0 17:21 ?     00:00:00 /usr/local/apache2/bin/httpd
nobody  1093  1090  0 17:21 ?     00:00:00 /usr/local/apache2/bin/httpd
nobody  1094  1090  0 17:21 ?     00:00:00 /usr/local/apache2/bin/httpd
nobody  1095  1090  0 17:21 ?     00:00:00 /usr/local/apache2/bin/httpd
nobody  1096  1090  0 17:21 ?     00:00:00 /usr/local/apache2/bin/httpd
root    1299  1010  0 18:35 pts/0     00:00:00 grep httpd
```

Le démon Apache est le premier processus (celui qui appartient à `root` et dont le PID, qui se trouve dans la deuxième colonne, est le moins élevé). C'est son PID qu'il faut utiliser pour démarrer et arrêter le serveur. La troisième colonne indique le PID du processus père. Remarquez que tous les processus `httpd` à l'exception du démon lui-même sont des fils de ce dernier. C'est cette relation de paternité gérée par Linux qui permet de contrôler tous les processus `httpd` à travers le processus père.

Ne tenez pas compte du dernier processus de la liste ; il s'agit du processus `grep` utilisé pour isoler les `httpd` de la liste des processus en cours d'exécution sur le système.

La commande kill et les signaux reconnus par Apache

La commande `kill`, invoquée depuis la ligne de commande Linux avec pour argument le PID du démon Apache, lui envoie un signal. Apache reconnaît les signaux suivants :

- TERM – Ce signal indique à un processus en cours d'exécution de s'arrêter proprement, après avoir fermé les fichiers ouverts et, de manière générale, après avoir « fait le ménage ». Quand le processus Apache père le reçoit, il tue tous ses fils avant de se suicider (il s'agit de la terminologie usuelle). Exemple :

```
# kill -TERM <pid>
```

où `<pid>` est le PID du démon Apache. Cette ligne peut aussi s'écrire :

```
# kill -TERM `cat /usr/local/apache2/logs/httpd.pid`
```

Cette deuxième forme est particulièrement utile dans un script. La commande qui se trouve entre les apostrophes inverses est exécutée par le shell ; elle retourne le contenu du fichier `httpd.pid`, qui est passé en argument à la commande `kill`.

INFO Sous Linux, la commande `kill` envoie par défaut un signal `TERM`. C'est ce signal qui sera utilisé si vous n'en indiquez pas sur la ligne de commande.

- HUP – Redémarre immédiatement le serveur. Quand le démon Apache reçoit ce signal, il tue tous ses processus fils (les processus `httpd` qui répondent aux requêtes), mais il ne meurt pas lui-même. Il ferme tous ses fichiers journaux, relit le fichier de configuration `httpd.conf` (et donc se réinitialise), rouvre les fichiers journaux et engendre de nouveaux fils pour répondre aux requêtes. Vous devez utiliser ce signal après avoir modifié la configuration d'Apache. Exemple :

```
# kill -HUP `cat /usr/local/apache2/logs/httpd.pid`
```

- USR1 – Indique au serveur de redémarrer proprement. Le démon demande à tous ses processus fils de s'arrêter après avoir terminé les opérations en cours. Les processus qui ne sont pas en train de répondre à un client meurent immédiatement. Le démon ferme ses fichiers journaux, relit le fichier `httpd.conf`, rouvre ses journaux et engendre de nouveaux fils pour remplacer ceux qui meurent suite à sa demande. Cela permet de redémarrer le serveur sans fermer brutalement les connexions et donc sans forcer les clients à attendre la fin d'un délai d'expiration. Exemple :

```
# kill -USR1 `cat /usr/local/apache2/logs/httpd.pid`
```

Même si le programme `kill` est souvent utilisé pour arrêter ou tuer des processus, son nom peut être trompeur ; sa finalité réelle est d'envoyer des signaux à des processus. Il se trouve simplement que plusieurs de ces signaux se traduisent par l'arrêt du processus cible.

Les noms des signaux donnés ci-dessus sont en réalité des équivalents mnémoniques de leurs numéros, qui peuvent aussi être utilisés. Par exemple, les deux lignes suivantes sont équivalentes ; elles envoient toutes les deux le signal `KILL` (qui signifie une mort certaine pour le processus, qui ne peut pas l'intercepter) au processus numéro 931 :

```
# kill -9 931
```

ou

```
# kill -KILL 931
```

Si la commande `kill` est invoquée avec un numéro de processus comme seul argument, son action par défaut est d'envoyer le signal `TERM` (15) au processus concerné. Quand un signal `KILL` (9) est envoyé, il n'est pas vraiment transmis à Apache ; dans ce cas, c'est le noyau Linux qui arrête le processus sans avertissement. Cette façon de tuer un processus est quelque peu maladroite, dans la mesure où le processus ne peut pas fermer les fichiers et les connexions à des bases de données qu'il avait ouverts. Le signal `KILL` ne devrait être utilisé qu'en dernière extrémité, quand le signal `TERM` ne suffit pas à arrêter Apache.

L'utilitaire apachectl

Apache est fourni avec un script shell appelé `apachectl` qui peut s'occuper de la plupart des tâches décrites plus haut. Au chapitre 3, nous avons rapidement évoqué `apachectl` en tant qu'outil servant à démarrer Apache après son installation. C'est un outil très intéressant, mais souvenez-vous qu'il ne s'agit que d'un script shell qui invoque `httpd` et qui envoie des signaux au démon Apache. Il peut juste simplifier ces tâches et vous pouvez l'invoquer depuis vos propres scripts ou vos propres programmes pour contrôler Apache. Vous pouvez très bien récupérer une partie du script, ou au contraire en réécrire une partie.

Le script `apachectl` se trouve dans le répertoire support des sources d'Apache. Il est recopié dans le sous-répertoire `bin` du répertoire d'installation d'Apache (par défaut, sous `/usr/local/apache2/bin/`).

Vous pouvez passer un (et un seul) des arguments suivants à `apachectl` lors de son invocation :

- `start` – Démarre Apache. Invoquer `apachectl` avec cette option revient à invoquer `httpd` sans arguments. Elle ne présente aucune particularité, mais c'est probablement celle que vous utiliserez le plus souvent. Exemple :

```
# /usr/local/apache2/bin/apachectl start
```

- `startssl` – Démarre Apache en mode SSL. Cela revient à invoquer `httpd -DSSL`. Exemple :

```
# /usr/local/apache2/bin/apachectl startssl
```

- `stop` – Arrête Apache. Ceci revient à entrer `kill -TERM <PID de httpd>`. Cette option est assez pratique dans la mesure où elle évite à l'administrateur d'avoir à chercher le PID du démon Apache. Exemple :

```
# /usr/local/apache2/bin/apachectl stop
```

- `restart` – Redémarre Apache s'il tourne déjà. Cela revient à entrer `kill -HUP <PID de httpd>`. Encore une fois, cette commande évite d'avoir à rechercher le PID du démon Apache. Si Apache a été lancé par `apachectl`, cette commande fonctionne quelle qu'ait été l'option utilisée pour le lancer, `start` ou `startssl`. Exemple :

```
# /usr/local/apache2/bin/apachectl restart
```

- `status` – Affiche un résumé de l'état du serveur. L'utilisation de cette option nécessite le navigateur Web Lynx et le module `mod_status`. Elle n'est pas très utile ; mieux vaut utiliser un navigateur Web pour accéder à l'écran d'état du serveur. Toutefois, il se peut que vous ayez besoin des informations fournies par cet écran alors que vous n'avez accès qu'à la ligne de commande (par exemple à travers une connexion `telnet`). Assurez-vous de passer la sortie de cette commande à travers le filtre `more` ; tout ne tiendra pas sur l'écran. Notez que le module `mod_status` doit être chargé pour que cette commande fonctionne, comme indiqué plus loin dans ce chapitre.
- `fullstatus` – Affiche un rapport complet de l'état du serveur. Cette option nécessite aussi le navigateur Lynx et le module `mod_status`. Sa sortie ressemble au résumé de l'option précédente, mais comporte davantage d'informations. La méthode permettant d'accéder à ces informations au moyen d'un navigateur Web est décrite plus loin dans ce chapitre. Vous préférerez probablement cette méthode, dans la mesure où le navigateur Web simplifie grandement la lecture, mais gardez à l'esprit que vous pouvez accéder à ce rapport sans navigateur ; vous pouvez par exemple en avoir besoin si vous accédez à la machine à travers une connexion par modem. Ici encore, `mod_status` doit être chargé.
- `graceful` – Redémarre Apache proprement. Apache ne tue pas les processus serveurs tant qu'ils n'ont pas terminé de répondre aux requêtes en cours. Cette option revient à entrer `kill -USR1 <PID de httpd>`. Exemple :

```
# /usr/local/apache2/bin/apachectl graceful
```

- `configtest` – Vérifie la syntaxe des fichiers de configuration d'Apache. Je m'appuie beaucoup sur cette option pour trouver les problèmes qui empêchent Apache de démarrer, en particulier pour la configuration des hôtes virtuels. Il vaut mieux utiliser cette commande avant de redémarrer Apache si vous avez fait des modifications importantes dans le fichier `httpd.conf`. Exemple :

```
# /usr/local/apache2/bin/apachectl configtest
Syntax error on line 641 of /usr/local/apache2/conf/httpd.conf:
ScriptAlias not allowed here
```

- `help` – Affiche la liste des options acceptées par `httpd`. Cette option est superflue ; elle retourne le même résultat que l'invocation d'`apachectl` sans arguments.

Démarrage automatique d'Apache

Les techniques décrites plus haut permettent de démarrer et d'arrêter Apache manuellement. Bien sûr, la plupart du temps, vous pouvez simplement le laisser démarrer automatiquement en même temps que Linux.

Apache 2.0 a été conçu pour donner le choix à l'administrateur parmi plusieurs modules de traitements multiples (MPM, pour Multiple-Processing Modules). Ce choix dépend en général du système d'exploitation sous lequel fonctionne Apache. Comme je l'ai écrit au chapitre 2, avec les versions récentes de Linux, on préfère souvent utiliser le MPM *prefork*, qui crée à l'avance une réserve de processus serveurs. Dans ce modèle, Apache se comporte comme un essaim de processus. Un unique processus démon (généralement un processus `httpd` tournant en tant que *`root`*) engendre un certain nombre de fils qui tournent sous l'identité d'un utilisateur non privilégié et qui répondent aux requêtes des clients. Le démon surveille les processus fils, en démarre de nouveaux quand c'est nécessaire afin de faire face à l'augmentation de la charge du serveur, et tue périodiquement les processus excédentaires. Ce mode de fonctionnement permet de garder une réserve de processus qui attendent de répondre à des requêtes. Dans la mesure où Linux partage bien le temps de calcul entre les processus, ce modèle se révèle efficace et permet d'éliminer l'excès de charge induit par la création de nouveaux processus.

Outils de configuration graphiques

En commençant à écrire ce chapitre, je n'avais aucune expérience des outils de configuration d'Apache et de Linux munis d'une interface graphique, mais j'espérais en trouver un qui puisse faciliter les tâches d'administration courantes et me faire gagner du temps. Malheureusement, les choses ne se sont pas si bien passées. J'ai essayé toutes les interfaces ; toutes présentent des avantages. Je ne doute pas qu'un jour, j'utiliserai une interface de ce type pour tout ce qui concerne l'administration de Linux. Cependant, cet outil devra offrir une interface unique et cohérente pour gérer les services systèmes et les applications, la configuration du matériel, le réseau et les comptes utilisateurs. C'est pour cette raison que j'évite les utilitaires de configuration spécifiques à Apache. J'utiliserais un des outils décrits ci-dessous s'il me permettait d'administrer correctement un serveur Apache sans rien connaître au fichier `httpd.conf`, mais à l'heure actuelle, c'est tout simplement impossible.

Un autre problème commun à beaucoup de ces outils est celui des dépendances. Rien n'est pire pour un bon utilitaire Linux que de dépendre de logiciels qui peuvent être installés ou non sur le système que vous administrez. Je ne suis pas intéressé par un outil qui m'impose d'être sur une console X Window. Les outils les plus prometteurs sont ceux qui offrent les interfaces les plus simples : une interface textuelle utilisable à travers une connexion `telnet` ou, mieux encore, une interface HTML utilisable depuis un navigateur Web.

Certes, les interfaces les plus agréables sont celles qui nécessitent la présence d'un support spécialisé sur le système. Cependant, cette qualité a un prix. Non seulement ces interfaces sont souvent difficiles à utiliser à travers un réseau, mais X Window et les bibliothèques de fonctions construites au-dessus (par exemple `Tk`) sont gourmandes en ressources, même sur les serveurs les plus puissants. Sur un vrai serveur Web où de nombreux clients sont connectés simultanément, si vous consacrez la moitié de vos ressources aux sessions X qui tournent sur la console, vous n'aurez même pas à vous poser de questions quant aux performances de vos programmes Web. Pendant que j'y suis, je voudrais rappeler que l'utilisation d'économiseurs d'écran gourmands en puissance de calcul sur votre console est une mauvaise idée si votre machine fait tourner des services utilisés par d'autres personnes.

En conclusion, la pratique des outils dont je vais parler m'a convaincu que l'interface Web est le compromis idéal entre un outil en ligne de commande et une interface graphique complète. Ce type d'interface offre à la fois une indépendance totale vis-à-vis de la plate-forme et une bonne efficacité en réseau. Ce genre d'outil a simplement toujours un peu moins de possibilités que ce que vous cherchez vraiment.

Comanche

Comanche (le nom signifie COnfiguration MANager for ApaCHE) est un logiciel libre développé par Covalent Technologies (voir http://www.covalent.net/projects/comanche/). Il s'agit d'un projet ambitieux, visant à développer une interface graphique multi-plate-forme pour l'administration d'Apache. Non seulement Comanche doit fonctionner sur toutes les plates-formes où Apache est disponible (les variantes d'Unix, Linux et NT), mais en plus il est de conception modulaire et prévu pour le multilinguisme. La figure 10.1 donne une idée de l'interface de Comanche sous X Window.

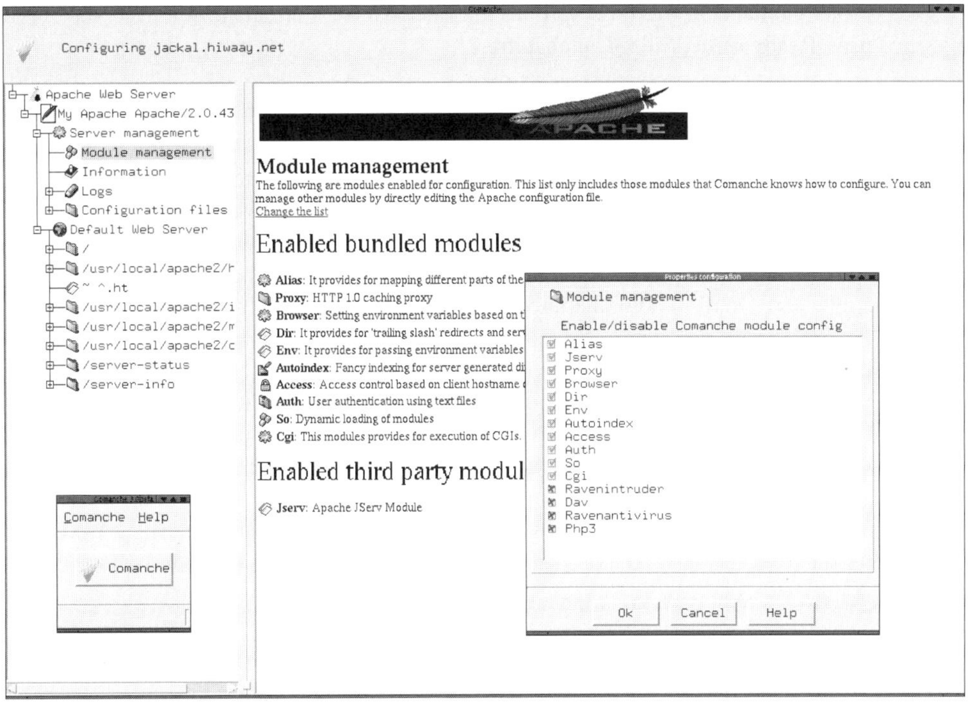

Figure 10.1

Comanche en environnement X Window.

Le paquet source de Comanche pour Unix dépend des bibliothèques `Tcl` et `Tk` et de l'interpréteur `Tk wish`. Ce n'est généralement pas un problème, dans la mesure où ils sont installés par défaut dans la plupart des distributions Linux usuelles. L'installation de Comanche a été la plus facile parmi tous les outils graphiques que je décrirai, car le paquet standard contient un (énorme) binaire qui comprend tout le nécessaire pour l'utiliser. Bien sûr, il nécessite aussi X Window ; il ne fonctionne pas en ligne de commande ou depuis un navigateur Web. Téléchargez la version Linux du logiciel, décompressez l'archive et lancez le plus gros fichier que vous trouverez dans le répertoire nouvellement créé ; vous verrez apparaître une nouvelle fenêtre vous indiquant que Comanche fonctionne.

Comanche a été développé comme un outil d'administration d'Apache et il est plutôt performant. Cependant, son utilisation est plutôt limitée, ce qui constitue son principal défaut. Comanche ne dispose ni d'interface texte, ni d'accès HTTP ; il ne peut pas être utilisé depuis une connexion non graphique, par exemple une session `telnet` ou `ssh`, pas plus que depuis un navigateur Web. Ce défaut est rédhibitoire si vous voulez administrer plusieurs serveurs Apache tournant sur plusieurs machines différentes. Même Covalent, qui soutient pourtant le projet Comanche, fournit sa propre interface Web d'administration avec son serveur Enterprise Ready server (décrit au chapitre 2).

Webmin

De tous les outils graphiques de configuration et d'administration de Linux, Webmin (http://www.webmin.com/webmin/) est de loin mon préféré (voir la figure 10.2). D'abord développé par un groupe indépendant, le projet Webmin a bénéficié d'une grosse poussée quand il a été acquis par Caldera, un des plus importants éditeurs de distributions Linux. Bien que Webmin soit encore l'outil d'administration standard de la distribution Caldera OpenLinux eServer, il est maintenant pris en charge par MSC.Software (http://www.msclinux.com/), qui fournit une distribution Linux principalement destinée à l'installation de grappes de serveurs à hautes performances. Webmin est un logiciel libre, qui peut être installé très facilement sur n'importe quelle distribution de Linux. Une seule commande suffit à l'installer et à activer l'accès à son interface Web sans nécessiter de configuration plus poussée. Remarquez que si le premier accès à Webmin se fait nécessairement à travers le compte `root`, des droits d'administration peuvent par la suite être accordés à d'autres utilisateurs depuis l'interface Web.

```
# rpm -U webmin-0.970-1.noarch.rpm
Operating system is Redhat Linux 7.2
Webmin install complete. You can now login to http://Lynx:10000/
```

Webmin est un logiciel modulaire et Apache n'est que l'un des nombreux serveurs pour lesquels un module d'administration est disponible. Vous pouvez très facilement ajouter de nouveaux modules (téléchargeables sous la forme d'un seul fichier à extension `.wbm` chacun) à une installation existante de Webmin. Vous pouvez même écrire vos propres modules d'extension. Cette possibilité est appréciable, dans la mesure où la licence BSD sous laquelle est distribué Webmin autorise quiconque à modifier le logiciel lui-même et à créer de nouveaux modules, que ce soit dans un cadre commercial ou non. Cette licence est vraiment très ouverte.

La possibilité d'utiliser SSL pour chiffrer les communications avec Webmin est un autre gros avantage. Il suffit pour cela d'installer la bibliothèque `OpenSSL` (son installation sera abordée au chapitre 14) et le module Perl `Net::SSLeay` (facile à installer au moyen du module Perl `CPAN`).

Le module d'administration Apache pourrait certes être un peu plus puissant, mais Webmin reste un bon outil, sain, bien documenté, efficace, sécurisé et extensible. Il s'agit d'un outil d'administration Linux généraliste très prometteur. Les interfaces Web ne sont peut-être pas les utilitaires d'administration les plus agréables à utiliser, mais Webmin permet d'accomplir la plupart des opérations d'administration d'un système Linux à partir d'un simple navigateur. Il ne suffit pas complètement à administrer un serveur Apache, pas plus que les autres interfaces graphiques, mais le soutien industriel dont il bénéficie lui donne un potentiel fabuleux.

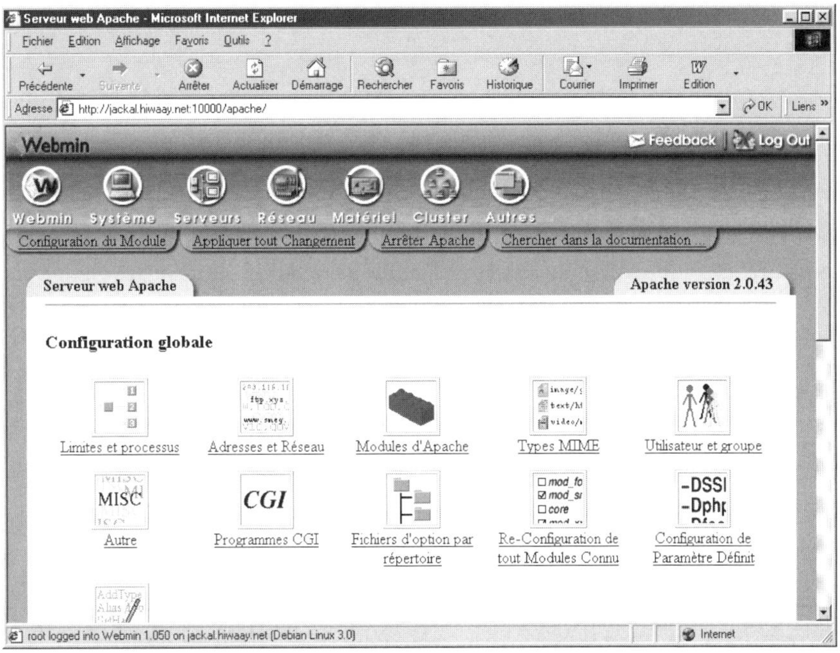

Figure 10.2
Le module d'administration Apache de Webmin.

Linuxconf

Linuxconf est un outil d'administration généraliste pour Linux, téléchargeable depuis http://www.solucorp.qc.ca/linuxconf/. Une version ou une autre de Linuxconf a longtemps été distribuée avec Red Hat Linux et Linuxconf a toujours été étroitement lié à cette distribution, mais il peut aussi être utilisé avec n'importe quelle autre. Assurez-vous que vous téléchargez bien le dernier RPM pour Red Hat et installez-le comme n'importe quel autre paquet.

Vous pouvez invoquer Linuxconf en tapant `linuxconf` en ligne de commande une fois connecté en tant que `root`. Si vous obtenez une erreur de segmentation, c'est probablement parce qu'un module est incapable de lire un fichier de configuration édité manuellement ; c'est un problème courant avec le serveur DNS BIND. Si Linuxconf refuse de démarrer à cause d'une erreur de segmentation, déchargez le module DNS avec la commande suivante avant d'essayer à nouveau de démarrer Linuxconf :

```
# linuxconf --unsetmod dnsconf
```

Si cela ne suffit pas, il se peut que vous soyez obligé de décharger d'autres modules, peut-être même le module Apache si vous avez modifié manuellement le fichier `httpd.conf` :

```
# linuxconf --unsetmod apache
```

Le fichier de configuration de Linuxconf fourni dans le paquet RPM contient une liste des modules disponibles (et quasiment rien d'autre). Vous pouvez regarder dans ce fichier, appelé `/etc/conf.linuxconf`, pour voir quels modules peuvent être déchargés si vous n'arrivez pas à démarrer Linuxconf. Cherchez les modules correspondant aux services que vous avez configurés manuellement (dans la plupart des cas en éditant des fichiers texte).

Le gros avantage de Linuxconf est la possibilité de l'utiliser à travers trois interfaces différentes. Vous pouvez employer indifféremment l'une ou l'autre ; elles modifient les mêmes fichiers et elles disposent des mêmes fonctionnalités (bien que l'interface HTML présente quelques limitations pour des raisons de sécurité). En fait, ces trois interfaces sont gérées par le même exécutable `/bin/linuxconf`.

- **Interface caractère** – L'interface caractère apparaît quand vous invoquez *Linuxconf* depuis une ligne de commande dans une session non graphique (par exemple une connexion `telnet` ou `ssh`). Cette interface est représentée par la figure 10.3. Bien que

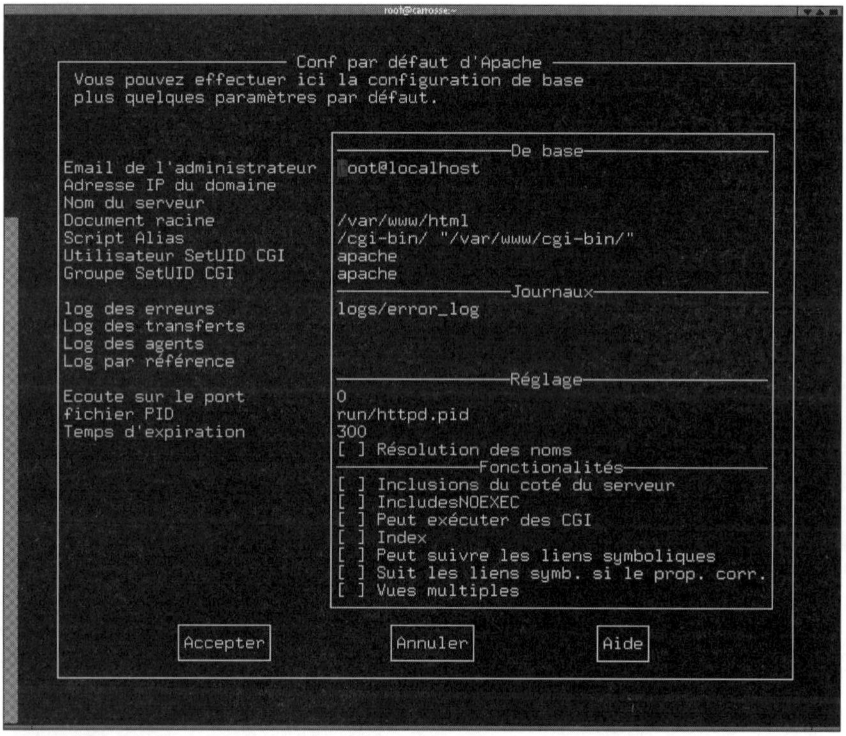

Figure 10.3
L'interface caractère de Linuxconf.

l'interface soit en mode texte, elle repose sur la bibliothèque `ncurses`, qui permet à une application d'utiliser des objets comme des fenêtres à défilement ou des représentations d'arbres. Pour que cette interface fonctionne, il suffit d'un terminal capable d'émuler un DEC VT100, par exemple un client `telnet`.

- **Interface graphique** – La figure 10.4 montre l'interface graphique de Linuxconf. Pour lancer cette interface, utilisez le même exécutable que pour l'interface caractère ; Linuxconf est assez intelligent pour déterminer s'il a été invoqué dans un environnement graphique et pour lancer l'interface adéquate.

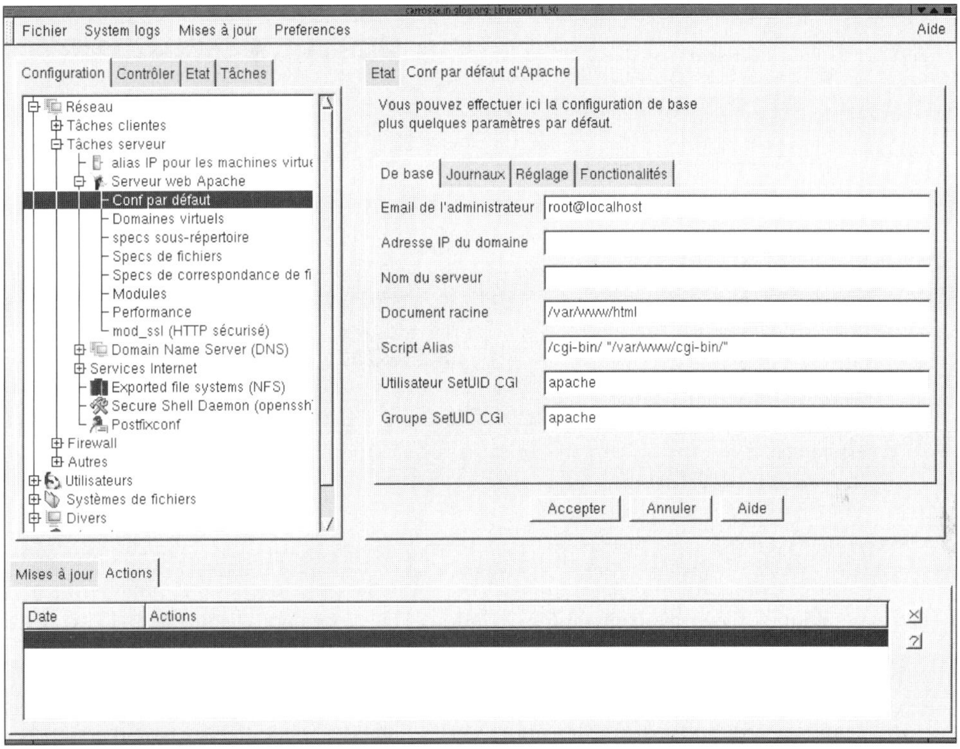

Figure 10.4
L'interface graphique de Linuxconf sous Gnome.

- **Interface Web** – L'interface Web est ma fonctionnalité préférée dans Linuxconf. Cette interface n'est certes pas la plus élaborée qui soit, mais elle est très pratique (figure 10.5). Remarquez que j'accède à Linuxconf en me connectant au port TCP 98 de mon serveur. Linuxconf est configuré pour traiter les requêtes avec le même exécutable que pour les interfaces texte et graphique (avec une option spéciale).

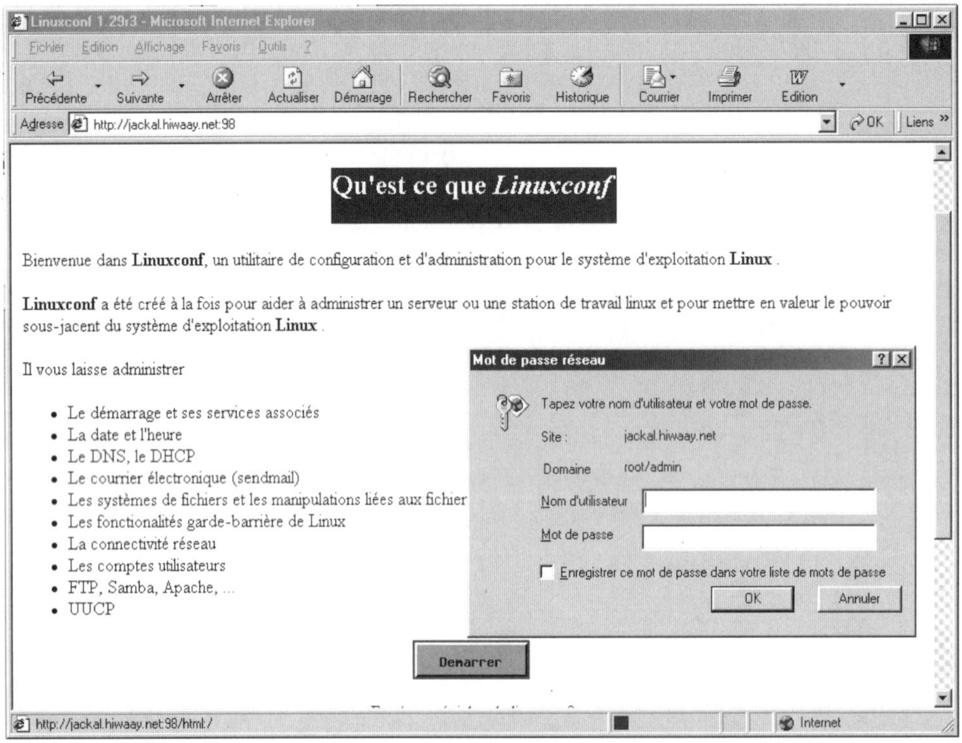

Figure 10.5
L'interface HTML de Linuxconf.

Linuxconf est écrit en C++. Il ne repose sur aucune bibliothèque spéciale et il ne nécessite aucune configuration particulière pour fonctionner. Bien sûr, pour utiliser l'interface graphique, il faut avoir installé X Window. Par expérience, l'interface HTML est tout-à-fait suffisante pour ce que je lui demande.

Un des inconvénients de l'interface Web de Linuxconf est qu'elle ne permet pas (encore) d'utiliser SSL pour chiffrer la connexion. Au lieu de cela, elle utilise deux autres mécanismes de sécurité. D'une part, vous devez donner une liste explicite des adresses IP depuis lesquelles Linuxconf doit accepter des connexions sur l'interface d'administration (le port TCP 98). La figure 10.6 montre comment le faire depuis l'interface graphique. D'autre part, vous devez activer l'interface Web, qui est désactivée par défaut pour des raisons de sécurité. Pour permettre le démarrage de ce service à l'amorçage de Linux, ouvrez le fichier `/etc/xinetd.d/linuxconf-web` avec un éditeur de texte et assurez-vous que la valeur `no` est affectée au paramètre `disable`, sans faire d'autres modifications (voir le listing 10.1).

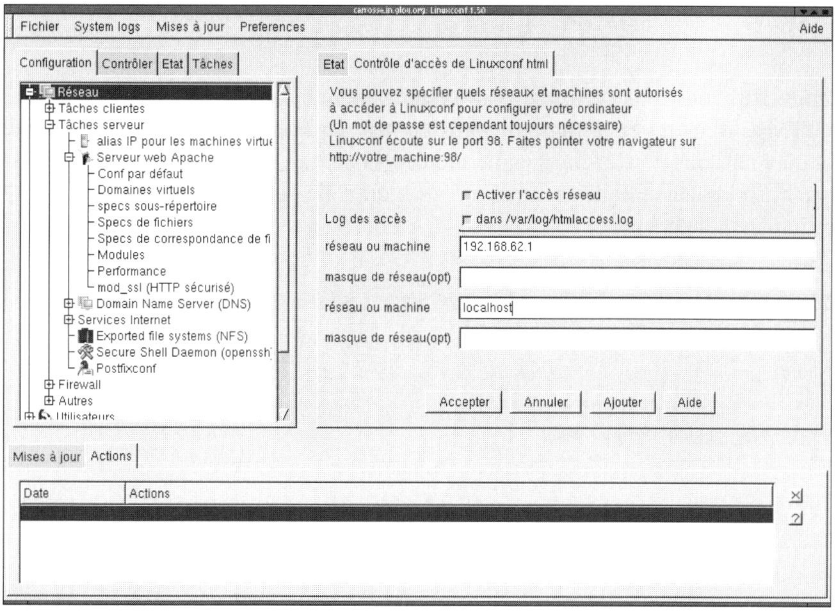

Figure 10.6
Configuration de Linuxconf pour les clients Web depuis l'interface graphique.

Listing 10.1 – Configuration de xinetd pour Linuxconf

```
# default: off
# description: The Linuxconf system can also be accessed via a web \
#              browser.  Enabling this service will allow connections to \
#              Linuxconf running in web UI mode.
service linuxconf
{
   socket_type= stream
   wait   = yes
   user   = root
   server = /sbin/linuxconf
   server_args= --http
   flags        = NOLIBWRAP
   disable= no
}
```

Après cette modification, le service Web de Linuxconf démarre automatiquement lors de l'amorçage de Linux ; vous pouvez aussi le démarrer manuellement en saisissant la commande suivante en tant que `root` :

```
# /sbin/service xinetd reload
```

La figure 10.7 illustre la facilité d'édition des paramètres de base de Linuxconf avec l'interface HTML. Remarquez la ligne de liens en haut de la page ; ils vous permettent de déterminer où vous vous trouvez dans la hiérarchie des pages HTML et de remonter dans la hiérarchie de l'arborescence. Il n'existe pas de vue complète de cette arborescence, mais c'est loin d'être indispensable.

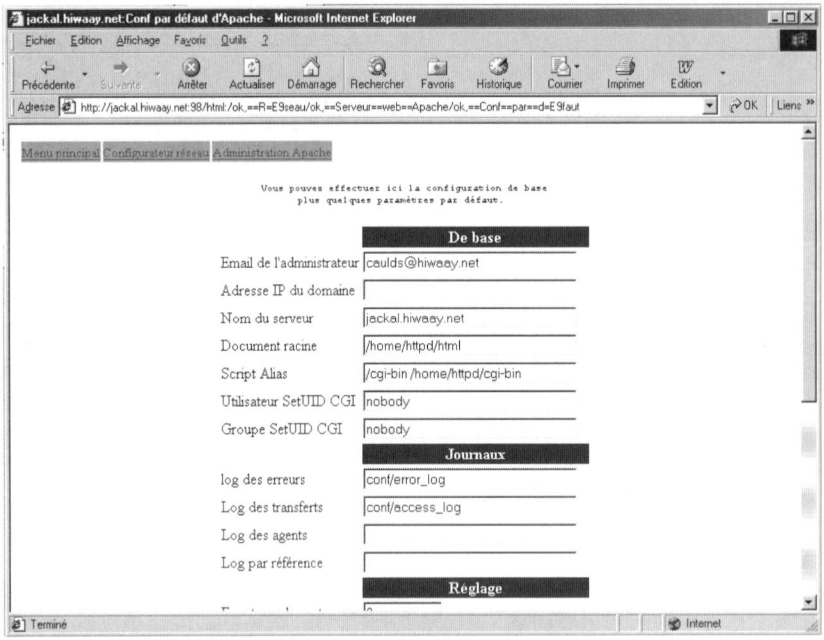

Figure 10.7

Paramètres de base du serveur dans l'interface HTML de Linuxconf.

Interfaces Web de surveillance natives d'Apache

Jusqu'à maintenant, ce chapitre a traité des outils servant à arrêter et à démarrer le serveur, mais nous ne nous sommes pas encore interrogés sur la façon de déterminer si ces opérations étaient nécessaires. Voici un examen rapide de deux modules, `mod_status` et `mod_info`, qui permettent la consultation de rapports d'état et d'informations sur le serveur lui-même. Les pages d'état construites par `mod_status` sont ce qui se fait de mieux pour surveiller Apache et pour obtenir le détail de sa configuration.

Quand `mod_status` est inclus dans Apache (en tant que code statique ou en tant que module ODP), il installe un nouveau module de gestion appelé `server-status`. Ce module peut gérer les requêtes destinées à l'URL `/server-status` en ajoutant les lignes suivantes au fichier `httpd.conf` :

```
<Location /server-status>
    SetHandler server-status
    Order deny,allow
    Deny from all
    Allow from 192.168.1.
</Location>
```

Cette section se trouve dans le fichier `httpd.conf` par défaut après l'installation, mais elle est mise en commentaire. Décommentez les lignes en question et assurez-vous de préciser le sous-réseau (ou les adresses IP individuelles) depuis lequel le rapport d'état (dont un exemple est donné par la figure 10.8) pourra être consulté. Dans l'exemple donné, ce rapport peut être consulté depuis un navigateur Web sur n'importe quelle machine du sous-réseau `192.168.1.*` et toute autre connexion sera rejetée.

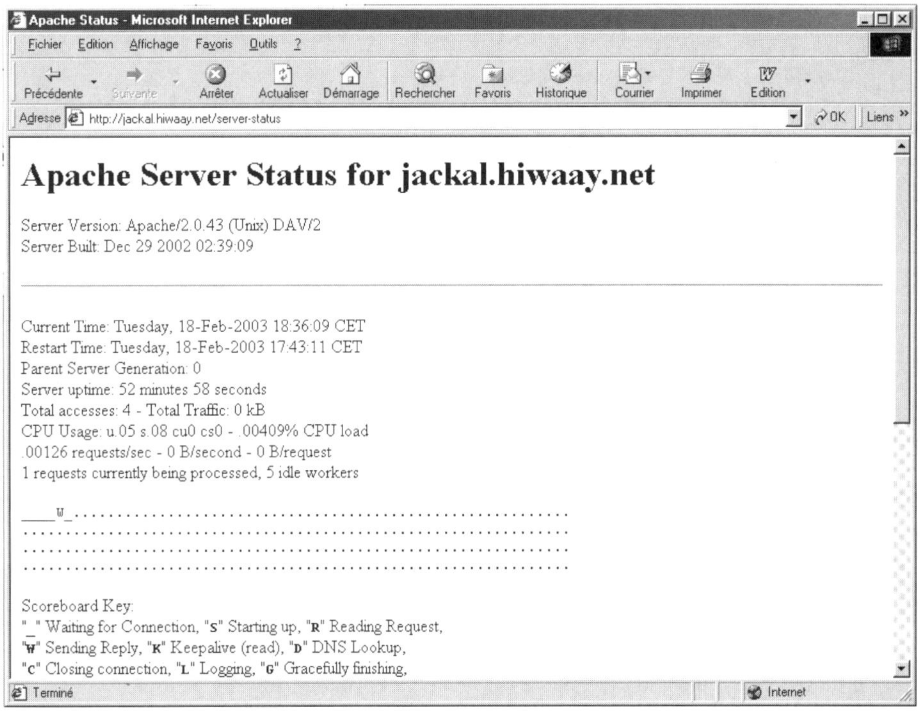

Figure 10.8
Le rapport d'état de base affiché par mod_status.

Le rapport d'état peut comprendre des informations supplémentaires, notamment la liste des requêtes les plus récentes auxquelles les processus `httpd` fils ont répondu (figure 10.9). C'est le rôle de la seule directive de `mod_status`, `ExtendedStatus` ; il suffit de lui donner la valeur `On`.

```
ExtendedStatus On
```

Cette directive se trouve également en commentaire dans le fichier `httpd.conf` par défaut. Décommentez la ligne correspondante pour afficher des rapports étendus à `mod_status`.

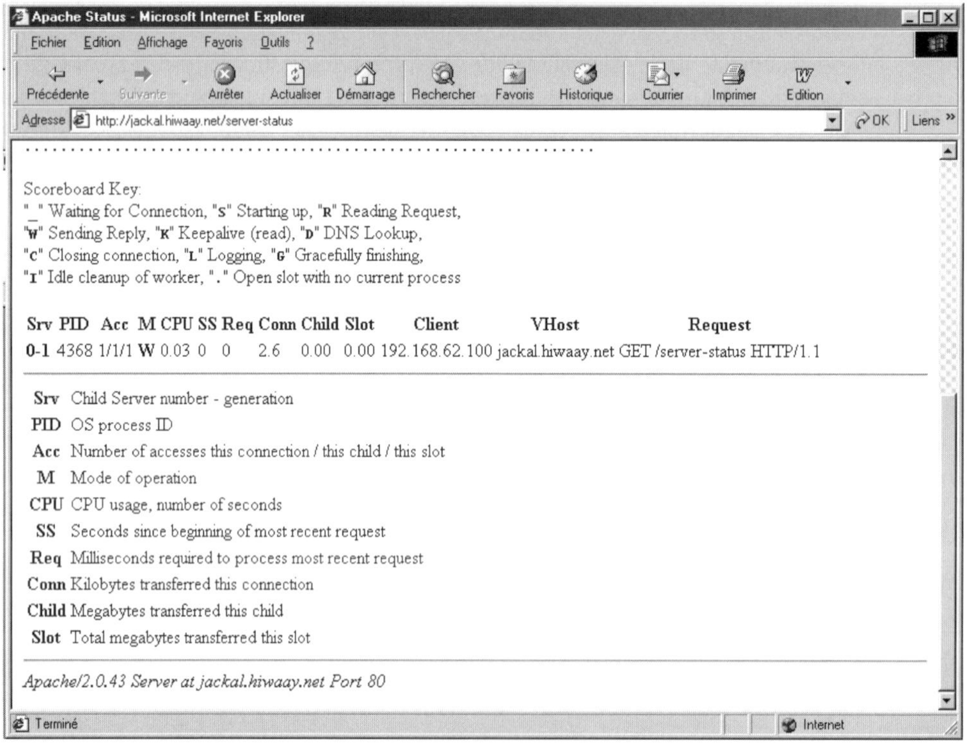

Figure 10.9

Pour obtenir plus de détails, utilisez la directive ExtendedStatus On.

Vous pouvez spécifier plusieurs options lors de l'accès aux pages produites par `mod_status`. Une des plus utiles est l'option `refresh`. Pour que votre navigateur mette la page à jour toutes les `N` secondes, il suffit d'ajouter `?refresh=N` à la fin de l'URL. Exemple :

```
http://jackal.hiwaay.net/server-status?refresh=5
```

Si vous ne précisez pas le délai entre deux mises à jour, elles se font toutes les secondes :

```
http://jackal.hiwaay.net/server-status?refresh
```

Par défaut, la page HTML produite utilise des tableaux. Si vous voulez voir cette page dans un navigateur qui ne les gère pas (ce qui est très rare de nos jours), vous pouvez ajouter l'option `notable` :

```
http://jackal.hiwaay.net/server-status?notable
```

Finalement, l'option `auto` retourne une page de données brutes, destinées à être interprétées par un script ou par un programme :

```
http://jackal.hiwaay.net/server-status?auto
```

Vous pouvez aussi combiner plusieurs de ces options :

```
http://jackal.hiwaay.net/server-status?notable?refresh=5
```

Le module `mod_info` (installé par défaut avec un Apache standard) permet d'accéder à des informations sur la configuration du serveur (voir figure 10.10). Une autre directive `<Location>` permet l'accès à ces informations ; encore une fois, elle se trouve sous forme de commentaire dans le fichier `httpd.conf` par défaut.

```
<Location /server-info>
    SetHandler server-info
    Order deny,allow
    Deny from all
    Allow from 192.168.1.1
    Allow from 192.168.1.3
</Location>
```

Le module `mod_info` ne donne accès qu'à des informations statiques ; le résultat ne changera d'une invocation à l'autre que si les fichiers de configuration sont modifiés entre temps. Les informations proviennent des fichiers de configuration ; elles ne correspondent pas forcément à l'état de ces fichiers au démarrage du serveur.

Malgré tout, les pages d'informations fournies par `mod_info` peuvent être très utiles. Elles montrent non seulement les paramètres du démon Apache, mais aussi la liste des modules actifs et elles indiquent brièvement le rôle de chaque module. En faisant défiler la page (qui

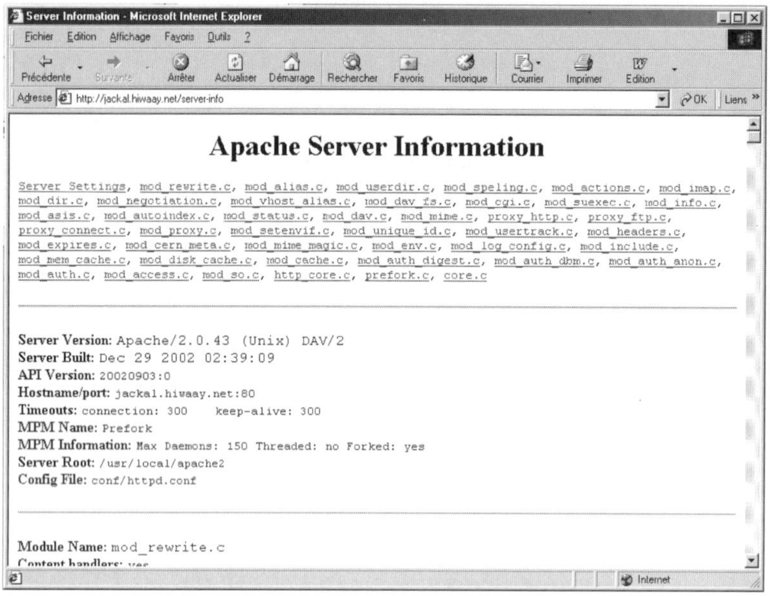

Figure 10.10
La page d'informations du serveur Apache.

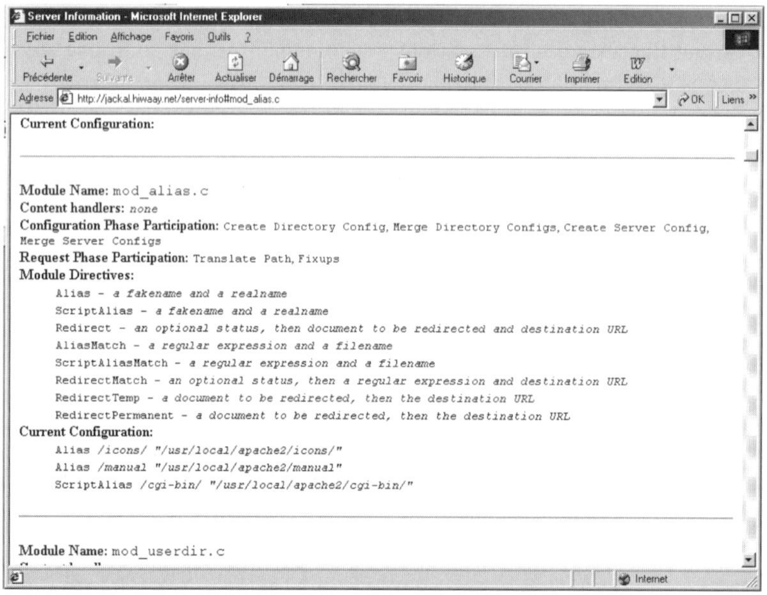

Figure 10.11
Les informations sur les modules données par mod_info.

est probablement très longue), vous verrez que mod_info donne des détails à propos de chaque module : les listes des gestionnaires qu'il installe, des phases du cycle de requête HTTP pendant lesquelles il agit et des directives qu'il fournit.

En résumé

Ce chapitre présente les différentes manières de contrôler Apache : démarrage, arrêt et autres opérations de routine. Le grand nombre de méthodes différentes pour effectuer ces opérations peuvent, de prime abord, rebuter les administrateurs Apache débutants.

Nous avons d'abord décrit les outils permettant de démarrer et d'arrêter Apache manuellement : les arguments acceptés par httpd en ligne de commande, les signaux Linux transmis à Apache par la commande kill et le script shell apachectl. Ensuite, il a été question de quelques-uns des utilitaires graphiques permettant d'administrer Apache. Si chacun d'eux présente des qualités certaines, je les ai pour ma part tous abandonnés pour retourner aux méthodes d'administration « traditionnelles ». Pour un administrateur Linux expérimenté, les fichiers texte de configuration d'Apache offrent une flexibilité qu'aucune des interfaces graphiques actuelles n'est capable d'égaler.

La dernière section a montré de quelle façon les modules mod_status et mod_info permettaient de surveiller le serveur, de façon à ce que vous sachiez quand il nécessite un redémarrage manuel.

Le chapitre suivant traitera encore de la surveillance d'Apache ; il décrira les outils de gestion des journaux.

Partie 4

Maintenir un serveur

11

Journaux d'Apache

Dans le chapitre précédent, vous avez appris à consulter l'état et la configuration d'un serveur Apache. Même si ces informations sont importantes, l'administrateur ne peut pas s'en contenter pour identifier les problèmes exceptionnels ou pour étudier l'usage que les clients font du serveur. De telles informations sont consignées en permanence dans des fichiers journaux qui permettent de garder une trace de l'historique de l'activité du serveur et de tous les problèmes rencontrés. Il en existe deux types principaux importants pour l'administrateur. Les journaux de requêtes (ou journaux de transferts) enregistrent l'activité réseau du serveur ; ils contiennent toutes les informations concernant les requêtes traitées et les logiciels clients utilisés pour émettre ces requêtes. Le plus important de ces journaux est le journal d'accès, qui contient une ligne pour chaque requête reçue par le serveur. L'autre type est le journal d'erreurs, où le serveur enregistre les erreurs, avertissements et tout ce qui concerne les anomalies rencontrées pendant son fonctionnement.

Apache dispose de capacités de journalisation très complètes et extrêmement configurables. Le journal d'erreurs, qui est intimement lié au fonctionnement interne du serveur, est maintenu par le module principal d'Apache. Le journal de requêtes standard, qui est maintenu par le module `mod_log_config`, est conçu pour recevoir des informations à propos de toutes les requêtes des clients, ainsi qu'à propos des erreurs produites par le serveur ou par les processus qu'il engendre (par exemple les scripts CGI). Des modules supplémentaires conçus pour suivre une série de requêtes émises par un même utilisateur (une session) fournissent des données que vous pouvez utiliser pour déterminer les habitudes des utilisateurs et pour prévoir leur comportement. Ce chapitre traite aussi bien des possibilités standards de journalisation que de l'utilisation de modules supplémentaires pour suivre des sessions. Il comprend aussi un examen de deux analyseurs de journaux que j'ai pu utiliser, Analog et Webalizer, et d'un autre analyseur commercial, Analysis Suite de WebTrends.

Journal d'erreurs

Toute installation standard d'Apache comprend deux journaux de base : un journal de requêtes et un journal d'erreurs. La plus grande partie de ce chapitre traite des journaux de requêtes ; en effet, il s'agit d'un sujet complexe et les possibilités d'Apache en ce domaine sont très riches. Au contraire, les journaux d'erreurs sont beaucoup plus simples.

Sur un serveur fonctionnant normalement, le journal d'erreurs doit être relativement petit et l'administrateur peut l'examiner directement pour trouver les problèmes à corriger. Ces problèmes sont en majorité des requêtes HTTP incorrectes, souvent dues à des pages Web contenant des liens erronés. Toutefois, des erreurs sont aussi consignées en cas de problèmes dans le fonctionnement du serveur. L'administrateur doit essayer de corriger ces erreurs, en particulier celles qui se produisent juste après le démarrage du serveur. Typiquement, il s'agit de problèmes de chargement des modules, de directives de configuration erronées ou d'hôtes virtuels mal configurés.

Le journal d'erreur est géré par le module principal d'Apache (`mod_core`). C'est dans ce journal qu'Apache consigne toutes les erreurs causées par l'un ou l'autre de ses propres modules comme par les processus externes (par exemple les scripts CGI). Vous n'avez rien à faire pour activer la journalisation des erreurs. Par défaut, Apache les consigne dans le fichier `logs/error_log` du répertoire défini par la directive `ServerRoot`. La directive `ErrorLog` permet d'utiliser un autre fichier ou d'arrêter complètement la journalisation des erreurs. Elle peut prendre plusieurs formes ; voici un exemple de chacune d'entre elles.

Cette ligne définit un nouveau fichier journal en donnant son chemin d'accès complet :

```
ErrorLog /var/log/apache2/error_log
```

Cette ligne définit aussi un nouveau fichier, mais sans donner son chemin complet :

```
ErrorLog logs/nouveaunom_log
```

Si le chemin d'accès ne commence pas par une barre oblique (`/`), il est interprété comme un chemin relatif au répertoire donné par la directive `ServerRoot`.

La directive suivante utilise le mot-clé `syslog`, qui indique que le journal doit être géré par le démon de journalisation `syslogd` :

```
ErrorLog syslog
```

Ce démon se trouve sur tous les systèmes Linux. Non seulement il gère les journaux du noyau système, mais en plus, les applications peuvent l'utiliser au moyen d'une série de services définis dans le fichier /etc/syslog.conf. Par défaut, Apache utilise le service local7. Si vous regardez dans le fichier /etc/syslog.conf, vous y trouverez une ligne de ce genre :

```
local7.*  /var/log/boot.log
```

Si vous utilisez la directive ErrorLog syslog sans définir le service syslog à utiliser, les erreurs d'Apache sont consignées avec le reste dans le journal d'amorçage du système (/var/log/boot.log). Si vous voulez utiliser syslogd pour gérer le journal d'erreurs d'Apache, vous devez définir un nouveau service dédié à cette utilisation. Pour cela, ajoutez la ligne suivante dans le fichier /etc/syslog.conf :

```
local5.*  /var/log/apache2/httpd_error.log
```

J'utilise ici un des services de syslogd prévus pour les applications (il en existe huit, de local0 à local7). Pour que cette modification soit prise en compte, vous devez redémarrer le service syslogd. Sur un système Red Hat, il suffit de saisir cette commande :

```
# service syslog restart
Arrêt de l'enregistreur chronologique du noyau :           [  OK  ]
Arrêt de l'enregistreur chronologique du système :         [  OK  ]
Démarrage de l'enregistreur chronologique du système :     [  OK  ]
Démarrage de l'enregistreur chronologique du noyau :       [  OK  ]
```

Une autre méthode utilisable sur n'importe quel système Linux consiste à envoyer le signal HUP au processus syslogd. Utilisez la commande ps pour déterminer son numéro de processus (302 dans l'exemple qui suit) et la commande kill pour lui envoyer le signal HUP :

```
# ps -aux | grep syslogd
root  302  0.0  0.8  1156  528 ?      S   07:34   0:16 syslogd -m 0
root  580  0.0  0.7  1168  456 pts/1  S   16:24   0:00 grep syslogd
# kill -HUP 302
```

Une fois syslogd configuré pour utiliser ce nouveau service, vous devez ajouter la directive suivante dans votre fichier httpd.conf pour qu'Apache lui envoie les données à journaliser :

```
ErrorLog syslog:local5
```

ASTUCE J'ai trouvé l'utilisation de `syslog` particulièrement utile après avoir installé `syslog-ng` (http://www.balabit.hu/en/downloads/syslog-ng/). Il est conçu pour remplacer le `syslogd` standard et il permet de filtrer les messages en y cherchant des chaînes particulières au moyen d'expressions rationnelles.

La dernière forme de la directive `ErrorLog` ouvre un tube système vers un programme ou un script qui traite les données écrites dans le journal. Le processus est lancé au démarrage d'Apache et le tube reste ouvert jusqu'à son arrêt. Les tubes système constituent un procédé de communication entre processus qui peut s'avérer efficace pour traiter le contenu d'un journal, particulièrement si vous voulez analyser le flux de données :

```
ErrorLog |/usr/local/apache2/bin/logfilter.pl
```

Ici, `logfilter.pl` est un script Perl conçu pour accepter en entrée les données consignées dans le journal d'erreurs d'Apache. Le tube envoie les messages directement sur son entrée standard, où le script les lit ligne par ligne. Un tel processus peut par exemple analyser les données et ignorer les messages inintéressants au lieu de les écrire dans le journal. On pourrait facilement écrire un script Perl pour avertir immédiatement l'administrateur en cas d'écriture de certains messages spécifiques dans les journaux, que ce soit par courrier électronique, par pager, par un message sur la console, ou par une combinaison de ces trois méthodes.

ATTENTION Si le journal d'erreurs défini par la directive `ErrorLog` est un tube vers un programme, ce programme tourne sous l'identité de l'utilisateur qui a démarré `httpd`. Le plus souvent, il s'agit de *`root`*. Il convient donc de s'assurer que le programme est en sûreté (c'est à dire qu'un utilisateur ordinaire ne peut pas le modifier).

La directive `LogLevel` indique à Apache le niveau des données à consigner dans le journal d'erreurs. La liste des huit niveaux possibles se trouve dans le tableau 11.1 ; ces niveaux correspondent à ceux qui sont définis par `syslog`. Pour positionner le niveau du journal à `error` (il vaut mieux ne pas le positionner plus bas), utilisez la directive suivante :

```
LogLevel error
```

La journalisation est automatiquement activée pour les niveaux qui se trouvent au-dessus du niveau spécifié dans le tableau 11.1. Autrement dit, si vous positionnez le niveau de journalisation à `warn`, Apache consigne aussi les erreurs correspondant aux niveaux `emerg`, `alert`, `crit` et `error`. La directive `LogLevel` est une des directives de base d'Apache ; elle est toujours disponible et elle s'applique à tous les modules qui utilisent un journal. La valeur par défaut correspond à la directive `LogLevel error`, ce qui suffit généralement à diagnostiquer les erreurs sur un serveur en production. Toutefois, je recommande d'utiliser un niveau supérieur (`warn`) ; sur mes propres serveurs, j'utilise généralement le niveau `info`. Beaucoup de données supplémentaires associées à ce niveau sont utiles, mais elles ne sont pas nombreuses au point de remplir les journaux trop vite. La directive `LogLevel debug` n'est vraiment utile que pour les programmeurs, en particulier ceux qui écrivent des modules spécialement pour émettre des messages de débogage ; un tel niveau de journalisation ne devrait jamais être utilisé sur un serveur de production. Par ailleurs, vous ne devriez jamais utiliser un niveau inférieur à `crit` (en d'autres termes, n'utilisez pas les niveaux `emerg` ou `alert`) ; vous seriez privé de messages utiles pour identifier des problèmes existants ou imminents.

Tableau 11.1 – Niveaux de journalisation des erreurs

Niveau	Description	Exemple
`emerg`	Problèmes urgents rendant le serveur inutilisable.	« No active child processes: shutting down. »
`alert`	Problèmes demandant une action immédiate.	« Child 1234 returned a Fatal error. Apache is exiting! »
`crit`	Problèmes critiques	« Parent: Path to Apache process too long. »
`error`	Erreurs	« master_main: create child process failed. Exiting. »
`warn`	Avertissements	« Child process 1234 did not exit; sending another SIGHUP. »
`notice`	Informations n'indiquant rien d'anormal.	« httpd: SIGUSR1 received. Doing graceful restart. »
`info`	Informations indicatives	« Shutdown event signaled. Shutting the server down. »
`debug`	Messages de débogage	« Loaded module mod_vhosts.c. »

Journal de requêtes

En plus des erreurs, la configuration standard d'Apache permet à l'administrateur de garder une trace de tous les accès au serveur. Le journal d'accès est également connu sous le nom de journal de requêtes.

Les fondements de la journalisation des requêtes sous Apache sont assurés par le module standard `mod_log_config`, qui peut être compilé en dur dans le serveur ou séparément en tant que ODP. Ce module remplace les anciens `mod_log_common`, `mod_log_agent` et `mod_log_referer`, qui gardaient respectivement une trace des accès utilisateurs, des agents (navigateurs) utilisés et des URL sources. Ils sont obsolètes depuis l'apparition de `mod_log_config` et ne devraient plus être utilisés avec les versions d'Apache supérieures à 1.3. Regardez s'ils sont activés dans votre fichier `httpd.conf`. S'ils le sont, vérifiez que `mod_log_config` est compilé en dur dans Apache ou chargé au démarrage en tant que module ODP et enlevez les autres.

Le module `mod_log_config` fournit un certain nombre de directives pour gérer la journalisation standard. Il utilise le format de journal commun (CLF, Common Log Format), qui est décrit dans la section suivante. La plus simple de ces directives est la directive `TransferLog`. Elle sert à activer la journalisation des accès dans un fichier qu'elle désigne :

```
TransferLog /usr/local/apache2/logs/access_log
```

Quand un fichier journal est défini de cette façon, les données y sont écrites dans le format décrit par la directive `LogFormat` la plus récente, ou le CLF si aucun autre format n'a été défini au préalable. Tout comme `ErrorLog`, la directive `TransferLog` peut envoyer ses données sur l'entrée standard d'un programme filtre au travers d'un tube.

Le module `mod_log_config` fournit la directive `TransferLog` pour des raisons de compatibilité avec le module `mod_log_common`, maintenant obsolète. Ce module, très simple, ne permettait de consigner que des données au format CLF dans un unique fichier. Le module `mod_log_config`, lui, est capable de définir plusieurs fichiers journaux, chacun avec son propre format de données. Ce module a remplacé `mod_log_common` dans la configuration standard d'Apache. Dans cette configuration, la directive `TransferLog` est obsolète ; `mod_log_config` la remplace par les directives `LogFormat` et `CustomLog`. Ces directives, décrites plus bas, gèrent tous les journaux, y compris les journaux CLF traditionnels. Vous pouvez toujours utiliser `TransferLog`, mais je vous conseille plutôt d'apprendre à utiliser ces nouvelles directives.

Contrairement au journal d'erreurs, qui est consigné à un emplacement par défaut en l'absence de directive `ErrorLog`, les accès ne sont consignés que si un journal d'accès est défini par une directive `TransferLog` ou `CustomLog`.

ATTENTION Si le journal d'accès défini par la directive `TransferLog` est un tube vers un programme, ce programme tournera sous l'identité de l'utilisateur qui a démarré Apache, de la même façon que pour le journal d'erreurs. Cet utilisateur est normalement `root`, aussi les mêmes précautions devraient être prises pour s'assurer que le programme en question est sûr.

Le format de journal commun CLF

La plupart des serveurs Apache utilisent le formal CLF ou une variante de ce format pour leurs journaux d'accès. Ce format a été approximativement défini lors des débuts du World Wide Web consortium (W3C) ; il est documenté à l'adresse http://www.w3.org/Daemon/User/Config/Logging.html. Ce format n'est pas très complexe et sa définition n'a rien de rigide, mais il est devenu le format par défaut des journaux de la plupart des serveurs Web sous Unix et il a toujours été le format par défaut des journaux d'accès d'Apache.

Chaque requête reçue par le serveur correspond à une ligne du fichier journal et une ligne au format CLF est définie comme suit :

```
hôtedistant identd utilisateur [date] "URL demandée" état octets
```

Voici la signification des différents champs :

- ***hôtedistant*** – L'adresse IP du client qui a émis la requête, ou son nom d'hôte complètement qualifié si la résolution des noms est active. L'émission d'une requête DNS pour chaque requête HTTP reçue peut provoquer un ralentissement non négligeable d'un serveur Apache ; voyez la description de `logresolve` plus loin dans ce chapitre.
- ***identd*** – Si le protocole `identd` est utilisé pour identifier le client, ce champ contient le nom d'utilisateur qu'il retourne. `identd` est un protocole d'identification d'utilisateurs défini par la RFC 1413. Il permet d'interroger une machine pour connaître l'identité de l'utilisateur à qui appartient le processus ayant ouvert une connexion TCP. Ce protocole n'est pas très répandu et il impose au serveur d'attendre les réponses `identd` des clients, qui ne sont la plupart du temps de toute façon pas compatibles avec `identd`. L'interrogation `identd` est donc inactive par défaut et ce champ ne comporte qu'un tiret.
- ***utilisateur*** – Si la requête concerne un document accessible uniquement par les utilisateurs authentifiés par un mot de passe, ce champ contient l'identité de l'utilisateur. Dans le cas contraire, il contient un tiret.
- ***[date]*** – Une estampille donnant la date et l'heure de la requête, d'après l'horloge du serveur.
- ***"URL demandée"*** – L'URL demandée par le client, entre guillemets et sans le préfixe `http://nomduserveur`.
- ***état*** – Le code d'état HTTP à trois chiffres renvoyé au client.
- ***octets*** – La taille en octets du corps de la réponse renvoyée au client (sans tenir compte de l'en-tête).

Les champs d'une ligne CLF sont séparés par un espace. Les deux champs qui contiennent souvent des espaces sont délimités par des caractères spéciaux : l'estampille par des crochets et l'URL par des guillemets. Un analyseur de journaux CLF doit être capable de traiter ces caractères.

Voici trois lignes extraites de mon journal d'accès, pour vous donner une idée de l'allure du format CLF tel qu'il est utilisé par Apache :

```
192.168.1.2 - - [20/May/2002:13:33:27 -0500] "GET / HTTP/1.1" 200 3918
192.168.1.2 - - [20/May/2002:13:37:41 -0500] "GET / HTTP/1.1" 304 -
192.168.1.2 - caulds [20/May/2002:13:38:41 -0500] "GET /AuthTest/secret.html HTTP/
1.1" 200 221
```

La première ligne correspond à une requête pour ma page principale (l'URL est simplement /), qui a reçu une réponse OK (code 200) accompagnée d'un corps de 3 918 octets (ma page `index.html`). La seconde ligne, qui correspond à une requête similaire, est plus intéressante. Le navigateur que j'ai utilisé, conforme à HTTP/1.1, a accompagné la requête d'un en-tête spécial, `If-Modified-Since`, indiquant la date et l'heure de la ressource qu'il avait déjà récupérée et qui était dans son cache. Dans la mesure où la ressource n'avait pas changé depuis cette date, le serveur s'est contenté de renvoyer le code d'état 304 (inchangé). Joli, n'est-ce pas ? Pour de gros fichiers, par exemple des images, cette fonctionnalité peut réduire le temps de réponse perçu par le client et diminuer la charge à laquelle le serveur est soumis.

La dernière ligne correspond à une requête pour une ressource protégée. J'ai dû donner un mot de passe et mon nom d'utilisateur, qui est maintenant consigné dans le troisième champ.

Le format CLF est, comme son nom l'indique, le format de journaux Web le plus commun. Bien que plusieurs autres formats « standards » aient été développés, aucun autre n'a jamais été aussi largement utilisé. La plupart des sites qui n'utilisent pas le format CLF en emploient une variante, en général seulement légèrement modifiée.

Une tentative de standardisation du CLF a donné le format de journal commun étendu (Extended Common Logfile Format), également connu sous le nom de format de journal combiné, qui est apparu avec NCSA HTTPd 1.4. Il s'agit du CLF auquel ont été rajoutés deux champs, `provenance` et `agent`, qui apparaissent dans cet ordre à la fin de la ligne entre guillemets. Même si ce format n'est pas standardisé, c'est l'alternative la plus courante au CLF et la plupart des serveurs Web et des analyseurs de journaux le reconnaissent. Le champ `provenance` reçoit le contenu de l'en-tête HTTP `Referer` s'il existe. La présence de ce champ indique que la requête a été émise suite à un clic sur un lien d'une autre page Web et son contenu est l'URL de la page en question. Le champ `agent` contient une chaîne qui identifie le navigateur du client. Le format de journal commun étendu a été défini par le W3C dans le document de travail WD-logfile-960323 (http://www.w3.org/TR/WD-logfile.html).

Contenu du journal : la directive LogFormat

La directive `LogFormat` est la plus importante parmi celles que `mod_log_config` définit. Elle permet d'obtenir une énorme flexibilité en définissant le format de chaque ligne inscrite dans un journal (défini par la directive `CustomLog` qui est abordée dans la section suivante). La directive `LogFormat` se décompose en deux parties : une chaîne décrivant le format lui-même et un nom (optionnel) servant à le désigner. Dans le fichier `httpd.conf` par défaut, vous trouverez la ligne suivante, qui définit le CLF (entre guillemets) et qui lui assigne le nom `common`.

```
LogFormat "%h %l %u %t \"%r\" %>s %b" common
```

Par défaut, la valeur de la directive `LogFormat` n'est autre que le CLF, sans nom. Si une directive `CustomLog` ne précise pas de format, c'est le CLF qui est utilisé. La flexibilité de la directive `LogFormat` réside dans la grande variété des paramètres utilisables, qui comprennent tous les en-têtes HTTP de la requête et toutes les variables d'environnement. Ces paramètres sont indiqués dans la chaîne de description du format par des lexèmes précédés du caractère %. Voici la liste des lexèmes possibles :

- **%a** – L'adresse IP de l'hôte distant.
- **%A** – L'adresse IP locale.
- **%B** – Le volume (en octets) des données envoyées, en excluant les en-têtes HTTP.
- **%b** – Le volume (en octets) des données envoyées, en excluant les en-têtes HTTP. Envoie un tiret (-) plutôt que le chiffre 0 quand rien n'est envoyé, en accord avec la définition du CLF.
- **%{VAR ENV}e** – Le contenu de la variable d'environnement VAR ENV.
- **%f** – Le nom du fichier journal.
- **%h** – Le nom de l'hôte distant. Si ce nom ne peut pas être déterminé par une requête DNS inverse, ou si cette requête n'est pas autorisée par la directive HostnameLookups, l'adresse IP de l'hôte distant est notée à la place de son nom.
- **%H** – La version du protocole utilisée (par exemple HTTP/1.1).
- **%{en-tête}i** – Le contenu d'un ou plusieurs des en-têtes HTTP de la requête, chacun étant indiqué entre accolades.
- **%l** – Le nom de l'utilisateur fourni par l'hôte distant via identd (si la directive IdentityCheck est active et si l'hôte distant est compatible avec identd).
- **%m** – La méthode utilisée pour la requête (généralement GET).
- **%{note}n** – Une (ou plusieurs) note envoyée par d'autres modules.
- **%{en-tête}o** – Le contenu d'un (ou plusieurs) en-tête HTTP de la réponse envoyée au client.
- **%p** – Le port TCP canonique du serveur répondant à la requête (déterminé par la directive de configuration Port).
- **%P** – Le numéro du processus fils httpd répondant à la requête.
- **%q** – La chaîne d'interrogation (qui commence par le caractère ? si elle existe ; une chaîne vide dans le cas contraire).
- **%r** – La première ligne de la requête.
- **%s** – L'état de la requête d'origine, pour les requêtes redirigées en interne. Pour obtenir l'état de la dernière requête, utiliser %>s.
- **%t** – La date et l'heure au format CLF (le format anglais standard).

- `%{format}t` – La date et l'heure, sous la forme donnée par la chaîne de formatage entre accolades. Cette chaîne doit être dans un format reconnu par la fonction `strftime` de Linux.
- `%T` – Le temps consacré à répondre à la requête, en secondes.
- `%u` – Le nom de l'utilisateur distant. Cette information n'est pas fiable si le code d'état (`%s`) est 401 (non autorisé). Ce code d'état peut signifier que l'identité indiquée par l'utilisateur est fausse, ou que l'identité est correcte mais que le mot de passe est faux.
- `%U` – L'URL demandée.
- `%v` – Le nom canonique du serveur répondant à la requête (défini par la directive `ServerName`).
- `%V` – Le nom du serveur déterminé en fonction du paramètre `UseCanonicalName`.

Options de journalisation personnalisée

Le fichier `httpd.conf` fourni par défaut avec Apache contient la ligne suivante, qui définit le format de journal commun étendu dont il a été question plus haut. Apache le connaît sous le nom `combined`.

```
LogFormat "%h %l %u %t \"%r\" %>s %b \"%{Referer}i\" \"%{User-Agent}i\"" combined
```

Cependant, ce format n'est utilisé que si une directive `CustomLog` utilise explicitement le format `combined`.

De plus, il est possible d'ajouter un ou plusieurs codes de réponse HTTP après le caractère `%` pour ajouter le champ correspondant de façon conditionnelle. Par exemple, la ligne suivante ne consigne la provenance de la requête dans le journal que si elle échoue avec un code 404 (non trouvé) ; en d'autres termes, elle garde une trace des pages Web comportant un lien vers une ressource absente du site.

```
LogFormat "%h %l %u %t \"%r\" %s %b %404{Referer}i"
```

Vous pouvez aussi faire précéder cette liste de codes d'état HTTP du symbole de négation `!` pour ne garder l'information que lorsque le code d'état ne figure pas dans la liste.

```
LogFormat "%h %l %u %t \"%r\" %s %b %!200,304,302{Referer}i"
```

Dans ce cas, la provenance n'est ajoutée à la ligne que si le code d'état est différent de 200 (OK), 302 (trouvé) ou 304 (inchangé). Remarquez que la négation s'applique à toute la liste et non pas seulement au code qu'elle précède.

Voici deux exemples d'utilisation de la directive `LogFormat`, suivies d'exemples de lignes inscrites dans un journal utilisant ces formats.

```
LogFormat "%h %l %u %t \"%r\" %>s %b" common
192.168.1.2 - - [23/Mar/2000:12:44:20 -0600] "GET / HTTP/1.0" 304 -

LogFormat "%h %l %u %t \"%r\" %>s %b %{User-Agent}i" common
192.168.1.2 - - [23/Mar/2000:12:44:48 -0600] "GET / HTTP/1.0" 304 - Mozilla/
4.7[en] (WinNT; I)
```

Dans ces deux cas, le premier champ (qui correspond au lexème `%h`) contient l'adresse IP du client. Les deux champs suivants, qui ne contiennent ici que des tirets, ne sont renseignés que si la requête nécessite une authentification (voir chapitre 13). Le second champ, qui correspond à l'identifiant `%l`, contient le nom de l'utilisateur sur la machine distante renvoyé par `identd` et n'est que rarement utilisé. Le troisième champ, qui contient également un tiret dans ces deux exemples, donne le nom sous lequel l'utilisateur s'est authentifié si l'authentification est activée et si un nom d'utilisateur et un mot de passe ont été envoyés avec cette requête.

Créer le fichier journal : la directive CustomLog

Que vous construisiez vous-même un format de journal personnalisé avec la directive `LogFormat` ou que vous décidiez d'utiliser le CLF configuré par défaut, vous aurez besoin de la directive `CustomLog` pour indiquer à Apache d'utiliser ce format. Cette directive crée un fichier journal et permet son utilisation. Elle indique le nom et l'emplacement du fichier et éventuellement le nom d'un format défini auparavant à utiliser pour ce fichier. Si aucun format n'est indiqué, la directive `CustomLog` utilise celui qui a été défini par la dernière directive `LogFormat` qui n'a pas associé de nom au format défini. Si aucun format n'a été défini de cette façon, la directive `CustomLog` utilise le CLF.

Le fichier de configuration par défaut d'Apache utilise les deux directives suivantes pour consigner les requêtes dans le fichier `access_log` en utilisant le format CLF :

```
LogFormat "%h %l %u %t \"%r\" %>s %b" common
CustomLog /usr/local/apache2/logs/access_log common
```

Il est aussi possible d'obtenir le même résultat, peut-être plus simplement, en le définissant avec une directive `LogFormat` anonyme suivie d'une directive `CustomLog` également anonyme :

```
LogFormat "%h %l %u %t \"%r\" %>s %b"
CustomLog /usr/local/apache2/logs/access_log
```

En fait, dans la mesure où le format par défaut est le CLF, la directive `LogFormat` est superflue même dans l'exemple simple ci-dessus.

Le fichier de configuration par défaut d'Apache définit aussi trois autres formats :

```
LogFormat "%h %l %u %t \"%r\" %>s %b \"%{Referer}i\" \"%{User-Agent}i\"" combined
LogFormat "%{Referer}i -> %U" referer
LogFormat "%{User-Agent}i" agent
```

Des directives `CustomLog` utilisant ces formats sont définies sous forme de commentaires :

```
#CustomLog logs/acces_log combined
#CustomLog logs/referer_log referer
#CustomLog logs/agent_log agent
```

Ces deux dernières directives définissent des fichiers journaux additionnels distincts du fichier `access_log` habituel. Le format `combined` est prévu pour être utilisé à la place du CLF ; vous ne devriez pas décommenter la ligne correspondante à moins de commenter celle qui correspond au format `common`. Dans le cas contraire, vous aurez deux directives `CustomLog` écrivant dans le même fichier. Ce n'est pas impossible, mais ce fichier contiendra deux lignes légèrement différentes pour chaque requête.

Écriture conditionnelle dans un journal

La directive `CustomLog` peut être utilisée avec un format conditionnel spécial qui indique si une requête particulière doit être consignée dans le journal en fonction de l'existence ou de l'absence d'une variable d'environnement. Ce format est généralement utilisé avec une directive `SetEnvIf`, comme dans l'exemple ci-dessous :

```
SetEnvIf Request_URI \.gif$ image
SetEnvIf Request_URI \.jpg$ image
SetEnvIf Request_URI \.png$ image
CustomLog logs/images_log common env=image
CustomLog logs/access_log common env=!image
```

Ici, le but est de consigner les requêtes demandant des images dans un fichier journal à part. Les directives `SetEnvIf` définissent une variable d'environnement `image` pour les URL demandant des images. Les entrées de journal seront inscrites dans un des deux fichiers, en fonction de l'existence (`env=image`) ou non (`env=!image`) de cette variable.

Voici un autre exemple servant à consigner toutes les requêtes en provenance d'un réseau donné dans un répertoire à part, utilisable par exemple si vous soupçonnez que ce réseau est la source de tentatives d'attaques. Remarquez que les entrées de journal correspondantes seront écrites deux fois, une fois dans le fichier access_log traditionnel et une fois dans le fichier intruder_log.

```
CustomLog logs/access_log common
SetEnvIf Remote_Addr ^208\.229\.24 intruder
CustomLog logs/intruder_log common env=intruder
```

Journaux pour les hôtes virtuels

Si vous hébergez des hôtes virtuels (décrits au chapitre 6) sur votre serveur, il est souvent utile de maintenir des journaux séparés pour chacun d'entre eux. Pour cela, vous pouvez utiliser des directives différentes dans chaque bloc <VirtualHost>, de façon à ce que toutes les requêtes traitées par l'hôte virtuel concerné soient consignées dans un journal distinct de ceux des autres hôtes virtuels et du serveur principal. Si, au contraire, un bloc <VirtualHost> ne contient pas de directive TransferLog ou CustomLog, l'hôte virtuel correspondant hérite de la configuration du serveur principal.

Chaque fichier journal ouvert par Apache consomme un descripteur de fichiers ; le noyau Apache limite leur nombre à un maximum fixe. Même si ces limites sont très élevées dans les versions récentes d'Apache et ne posent donc pas de problèmes, Apache pourrait se trouver à court de descripteurs de fichiers si vous disposez de nombreux hôtes virtuels dont chacun ouvre deux fichiers journaux (un journal d'accès et un journal d'erreurs). Une autre possibilité consiste à ajouter le nom du serveur virtuel concerné par chaque entrée dans le journal du serveur principal. La spécification de format %v correspond au nom du serveur qui traite la requête. Cette technique est illustrée par le format revised défini ci-dessous, qui est une variante du format CLF.

```
LogFormat "%h %l %u %t \"%r\" %>s %b Serving Host: %v" revised
CustomLog /usr/local/apache2/logs/access_log revised
```

Une requête pour http://namedvh2.hiwaay.net/ apparaît comme suit dans le journal :

```
192.168.1.2 - - [23/Mar/2000:15:35:55 -0600] "GET /oracle-b.gif HTTP/1.0" 404 281
Serving Host: namedvh2.hiwaay.net
```

Fichiers journaux et sécurité

Il convient de prendre des mesures pour empêcher les utilisateurs non privilégiés d'accéder aux journaux d'Apache, cela pour deux raisons. D'abord, les données contenues dans ces journaux devraient être considérées comme sensibles : elles peuvent fournir des informations sur la configuration de votre serveur, informations potentiellement utiles pour une tentative d'intrusion. D'autre part, dans la mesure où l'utilisateur *root* écrit dans ces journaux, vous devez vous assurer qu'il est seul à pouvoir le faire. En effet, un pirate disposant d'un accès en écriture pourrait créer un lien symbolique d'un fichier journal vers un fichier système important ; au redémarrage d'Apache suivant, ce fichier serait ouvert en lieu et place du journal et finirait par être corrompu.

Invoquez les commandes suivantes dans le répertoire des journaux d'Apache pour positionner correctement la propriété et les permissions de ce répertoire et des fichiers qu'il contient. Le groupe *www* doit être créé manuellement et son nom peut être remplacé par un autre de votre choix ; je vous recommande de créer un tel groupe et de n'y donner accès qu'aux administrateurs Apache dignes de confiance.

```
# pwd
/usr/local/apache2/logs
# chown root.www . *
# chmod 750 .
# chmod 640 *
# ls -la
total 799
drwxr-x---   2 root    www      1024 Jul 29 14:43 .
drwxr-x---  12 root    www      1024 Jul 29 12:24 ..
-rw-r-----   1 root    www   1107233 Jul 29 15:41 access_log
-rw-r-----   1 root    www     31705 Jul 29 12:55 error_log
-rw-r-----   1 root    www         5 Jul 29 12:55 httpd.pid
```

La première commande, `pwd`, me sert à m'assurer que je suis bien dans le bon répertoire. La commande `chown` donne la propriété du répertoire et de son contenu à l'utilisateur `root` et au groupe `www`. Les effets des commandes `chmod` (la première concerne le répertoire et la deuxième son contenu) apparaissent dans la liste des fichiers affichée par la dernière commande. Ces commandes donnent un accès en lecture et en écriture à l'utilisateur `root`, en lecture seule aux membres du groupe `www` et aucun accès aux autres utilisateurs. Les membres du groupe *www* peuvent lire les journaux ou lancer des analyseurs, mais pas y écrire.

Suivi des sessions utilisateur

Le suivi des utilisateurs, c'est-à-dire le fait de garder une trace de l'origine de chaque requête Web, permet un examen ultérieur des habitudes et des préférences des clients. Quelles pages Web un utilisateur particulier a-t-il visitées ? Où se trouvait le lien qu'il a suivi pour arriver sur le site (d'après l'en-tête HTTP `Referer`) ? Combien de temps le visiteur a-t-il passé sur le site ? Cette analyse sert généralement à déterminer le comportement de l'utilisateur type. En conjonction avec des données démographiques (fournies volontairement par les utilisateurs), les données de suivi contenues dans les fichiers journaux peuvent servir à déterminer les habitudes de consultation et de consommation de différents groupes de population. La proliférationtion du commerce électronique a beaucoup augmenté l'importance du suivi de sessions, dans la mesure où les entreprises utilisent leurs journaux d'accès Web pour élaborer les profils de leurs clients et de leur utilisation du Web.

Cependant, les journaux standards d'Apache que nous avons décrits jusqu'à présent ne suffisent pas à fournir ces informations. À première vue, l'adresse IP semble suffire à identifier chaque utilisateur, mais en pratique ça ne marche pas. De plus en plus d'utilisateurs professionnels sont cachés derrière des pare-feux ou des mandataires qui masquent leur adresse IP, de telle sorte que toutes les connexions correspondantes semblent venir des mandataires. De plus, la plupart des fournisseurs d'accès à Internet attribuent des adresses IP dynamiques à leurs utilisateurs, ce qui empêche l'identification d'un utilisateur particulier.

Apache est livré avec un module répondant à ces besoins, `mod_usertrack`. Ce module essaie de suivre chaque utilisateur en lui attribuant un identifiant qui est consigné dans le journal avec chaque requête émanant de l'utilisateur en question. Ce module sera décrit dans la section suivante.

Les cookies

Les cookies, d'abord élaborés par Netscape, se sont rapidement répandus comme un outil efficace de suivi des informations utilisateur. Un cookie est un petit ensemble de données produit par le serveur Web et conservé par le navigateur du client. Quand le même navigateur émet de nouvelles requêtes vers le même serveur, le cookie est envoyé en même temps que ces requêtes. Cela permet au serveur d'identifier l'utilisateur, par exemple pour lui renvoyer une page personnalisée ou pour restaurer l'état d'une transaction en cours.

Les cookies sont très simples à utiliser. Pour en déposer un sur la machine du client, le serveur ajoute un en-tête `Set-Cookie` à sa réponse HTTP. Cet en-tête a l'allure suivante, comportant cinq champs (dont un seul est obligatoire) sans ordre spécifique :

```
Set-Cookie: nom=valeur; expires=date; path=chemin; domain=domaine; secure
```

Le navigateur écrit alors le cookie quelque part sur le disque dur du client, à moins qu'il ne reconnaisse pas les cookies (très improbable de nos jours) ou que l'utilisateur l'ait configuré pour les refuser. Voici la signification des champs de l'en-tête `Set-Cookie` :

- ***name*** – Le nom du cookie. C'est le seul attribut obligatoire. Lorsque le cookie est positionné par `mod_usertrack`, ce nom peut être configuré au moyen de la directive `CookieName` ; par défaut, sa valeur est Apache.

- **`expires`** – Une chaîne de caractères donnant une date au-delà de laquelle le cookie doit être considéré comme ayant expiré et peut être détruit par la machine du client. La directive `CookieExpires` de `mod_usertrack` permet de positionner ce champ. Si ce champ optionnel est absent, le cookie expire à la fin de la session en cours (en général à la fermeture du navigateur).

- `path` – Les URL du serveur pour lesquelles le cookie est valide. En cas d'absence de ce champ optionnel, il prend la valeur du chemin de la requête dont la réponse a positionné le cookie.
- `domain` – Utilisé comme clé pour identifier le cookie dans le fichier où il est conservé. Habituellement, ce paramètre prend pour valeur le nom du serveur ou du domaine ayant émis le cookie. Si ce champ optionnel est absent, il prend le nom du serveur comme valeur par défaut.
- `secure` – Ce mot-clé, s'il est présent, indique que le cookie ne peut être transmis que sur un canal de communication chiffré (généralement un canal SSL). Si ce mot-clé est absent, le cookie est envoyé comme n'importe quel trafic non chiffré.

Les cookies de Netscape ont d'abord été implantés dans Apache sous la forme d'un module appelé `mod_cookies`, maintenant obsolète. Depuis, ce module a été remplacé par `mod_usertrack`, qui réalise le suivi des utilisateurs (en utilisant essentiellement le journal standard d'Apache) au moyen de cookies. Pour activer ce module, il suffit de passer l'option `--enable-shared` au script `configure` d'Apache.

La simplicité est un des gros avantages des cookies et du module `mod_usertrack`. Ce dernier est actif dans la configuration par défaut d'Apache et il devrait être disponible sur n'importe quel serveur Apache standard. Pour utiliser les cookies afin de suivre les utilisateurs, il suffit d'utiliser la directive `CookieTracking` :

```
CookieTracking on
```

Une fois activé de cette façon, `mod_usertrack` commence à fabriquer des cookies pour toutes les nouvelles requêtes concernant des ressources situées dans le champ d'application de la directive. La directive `CookieTracking` peut s'appliquer à un hôte virtuel ou à un répertoire (qu'elle se trouve dans un fichier `.htaccess` ou dans un bloc `<Directory>`), mais elle ne peut pas se trouver dans un bloc `<Files>`. Cela signifie qu'il est impossible de désactiver l'utilisation des cookies pour un type de fichier particulier, par exemple les images GIF ; en revanche, il est possible de ne pas les utiliser dans un répertoire réservé aux fichiers de ce type :

```
CookieTracking on
<Directory /images>
  CookieTracking off
</Directory>
```

La directive `CookieName` sert à changer le nom des cookies créés pour le suivi d'utilisateurs. Si cette directive n'est pas utilisée, `mod_usertrack` positionne systématiquement des cookies appelés `Apache`. La directive `CookieExpires` définit la durée de validité d'un cookie. Elle accepte un seul argument, qui peut être exprimé soit sous la forme d'un nombre de secondes, soit sous celle d'une période exprimée (en anglais) en années, mois, semaines, heures, minutes et secondes. L'exemple ci-dessous illustre l'utilisation de ces trois directives :

```
CookieTracking on
CookieName MonCookieApache
CookieExpires "2 days 1 hour"
```

Après avoir ajouté ces trois directives dans mon fichier `httpd.conf`, j'obtiens un en-tête de ce genre en réponse à une requête HTTP simple :

```
HTTP/1.1 200 OK
Date: Wed, 26 Jun 2002 23:07:20 GMT
Server: Apache/2.0.39 (Unix) DAV/2 mod_webapp/1.2.0-dev
Content-Location: index.html.en
Vary: negotiate,accept,accept-language,accept-charset
TCN: choice
Set-Cookie: MonCookieApache=192.168.1.7.1025132840572593; path=/;    expires=Sat,
29-Jun-02 00:07:20 GMT
Last-Modified: Sat, 01 Jun 2002 01:48:14 GMT
ETag: "7c700-5b0-8e533380;7c719-94f-8e533380"
Accept-Ranges: bytes
Content-Length: 1456
Keep-Alive: timeout=15, max=100
Connection: Keep-Alive
Content-Type: text/html; charset=ISO-8859-1
Content-Language: en
```

La ligne `Set-Cookie` indique le nouveau nom des cookies de mon serveur, associé à une valeur unique correspondant à cette session. Remarquez que le serveur envoie une date d'expiration calculée à partir de sa propre horloge, plutôt que d'envoyer le délai d'expiration et de laisser le client faire le calcul.

Voici un exemple de requête HTTP de la suite de cette session :

```
GET / HTTP/1.1
Accept: */*
Accept-Language: en-us
Accept-Encoding: gzip, deflate
User-Agent: Mozilla/4.0 (compatible; MSIE 6.0; Windows NT 5.0)
Host: jackal.hiwaay.net:80
Connection: Keep-Alive
Cookie: MonCookieApache=192.168.1.7.1025132840572593
```

Le format des cookies des exemples précédents, qui est le format par défaut de `mod_usertrack`, a été développé par Netscape peu après les débuts du Web. Il est généralement connu comme le style Netscape. Même si ce format est reconnu par la plupart des navigateurs, son emploi n'est pas recommandé ; mieux vaut lui préférer le standard défini par la RFC 2965 (intitulée HTTP State Management Mechanism). Pour utiliser ce format récent, vous pouvez ajouter cette directive à votre fichier `httpd.conf` :

```
CookieStyle RFC2965
```

Cette directive indique à `mod_usertrack` de renvoyer un en-tête `Set-Cookie2`, qui indique l'utilisation de cookies au format RFC 2965 (tous les en-têtes sont montrés, mais seule la ligne en gras est importante) :

```
HTTP/1.1 200 OK
Date: Wed, 26 Jun 2002 23:58:41 GMT
Server: Apache/2.0.39 (Unix) DAV/2 mod_webapp/1.2.0-dev
Content-Location: index.html.en
Vary: negotiate,accept,accept-language,accept-charset
TCN: choice
Set-Cookie2: MonCookieApache=192.168.1.7.1025135921548778; path=/; max-age=176400
Last-Modified: Sat, 01 Jun 2002 01:48:14 GMT
ETag: "7c700-5b0-8e533380;7c719-94f-8e533380"
Accept-Ranges: bytes
Content-Length: 1456
Keep-Alive: timeout=15, max=100
Connection: Keep-Alive
Content-Type: text/html; charset=ISO-8859-1
Content-Language: en
```

Il vaut mieux connaître une autre directive de `mod_usertrack`, même s'il est probable que vous ne l'utiliserez jamais. Il s'agit de la directive `CookieDomain`. Elle permet d'indiquer un nom de domaine qui est ajouté au cookie et elle est utilisée dans le cas où plusieurs serveur Web sont configurés comme une « ferme de serveurs », pour que n'importe lequel d'entre eux puisse répondre aux requêtes du même navigateur pour la même URL. La directive

```
CookieDomain .hiwaay.net
```

indique au serveur Apache d'ajouter le nom de domaine aux cookies qu'il émet, comme dans l'exemple ci-dessous (où la partie résultant de l'ajout de la directive `CookieDomain` est en gras) :

```
Set-Cookie2: MonCookieApache=192.168.1.7.1025136323057554; path=/; max-
age=176400; domain=.hiwaay.net; version=1
```

Le navigateur reconnaît tous les cookies émis par les serveurs du domaine `.hiwaay.net` comme provenant du même serveur (pour toutes les URL affectées par cette directive). Remarquez que le point précédant le nom de domaine est obligatoire ; son oubli provoque une erreur de syntaxe et empêche Apache de démarrer.

Analyser les journaux

La taille des journaux d'accès d'Apache s'accroît rapidement sur tout serveur ayant un trafic un tant soit peu élevé, au point qu'un bon programme d'analyse est nécessaire pour en extraire les données. Pour ceux qui ont le temps et l'envie de les écrire, de simples scripts Perl s'acquittent très bien de cette tâche. Toutefois, la plupart des administrateurs peuvent aussi bien utiliser l'un ou l'autre des nombreux analyseurs de bonne qualité téléchargeables sur Internet.

Quelles sont les qualités d'un bon analyseur ? Le plus important est l'efficacité ou la vitesse d'analyse des journaux. J'ai utilisé des analyseurs qui produisaient des statistiques très utiles, mais qui étaient si lents que la production des résultats prenait littéralement des heures. Un bon analyseur doit aussi être assez flexible pour comprendre une grande variété de formats de journaux. Idéalement, vous devriez pouvoir configurer votre analyseur pour comprendre n'importe quel format décrit au moyen de la directive `LogFormat` présentée plus haut. Le dernier critère est l'utilité des données et leur présentation dans un format compréhensible. Le but essentiel est de savoir quelles sont les pages les plus visitées, où se trouve la majorité de vos clients, quelles pages ont causé des erreurs et quels autres sites renvoient au vôtre.

Il existe beaucoup d'analyseurs de journaux. J'en présenterai deux que je connais bien : Analog et Webalizer.

Analog

Pendant des années, je n'ai utilisé qu'un seul analyseur de journaux : Analog, du docteur Stephen Turner (http://www.analog.cx/) ou auparavant son prédécesseur getstats, de Kevin Hughes. Ces deux logiciels ont longtemps été les plus répandus et il y avait de bonnes raisons à cela. Analog répond à tous les critères de qualité d'un analyseur de journaux : il est rapide, très configurable et sa sortie, modifiable à volonté, comprend pratiquement tout ce qui peut être extrait d'un journal d'accès.

Analog est facile à compiler et à installer. Commencez par télécharger l'archive source la plus récente (un fichier appelé `analog-5.24.tar.gz` à l'heure où j'écris ces lignes). Contrairement à beaucoup de logiciels, Analog n'est pas conçu pour s'installer dans une arborescence de travail après sa compilation, mais dans un répertoire à part. Décompactez l'archive dans le répertoire parent de l'endroit où vous voulez installer Analog, puis entrez dans le nouveau répertoire :

```
# pwd
/usr/local
# tar xzf /downloads/analog-5.24.tar.gz
# cd analog-5.24
```

Analog dispose d'un fichier de configuration appelé `analog.cfg`, où vous pouvez initialiser de nombreuses variables afin de contrôler le logiciel. Chacune de ces valeurs (des variables C) est aussi initialisée dans les fichiers d'en-tête (des fichiers à extension `.h`). Avant de compiler le programme, vous pouvez éditer ces fichiers pour modifier les valeurs par défaut, mais ce n'est pas recommandé. Je vous conseille plutôt d'éditer le fichier `analog.cfg` pour changer la configuration. Les variables de configuration sont très nombreuses et très peu d'entre elles vous seront véritablement utiles. Vous trouverez des informations précieuses à leur sujet, tant dans la documentation HTML fournie avec le logiciel que sur le site Web d'Analog.

La compilation d'Analog est simple, il suffit de saisir :

```
# make
```

Une fois le programme compilé, l'installation est terminée. Vous trouverez un unique fichier exécutable (appelé `analog`) dans le répertoire où vous avez installé le programme. Invoquez-le pour obtenir un rapport :

```
# ls -al analog
-rwxr-xr-x    1 root     root      343034 Jun 26 19:56 analog
# ./analog
```

Je n'essaierai pas de montrer ici ne serait-ce qu'une petite partie des options de configuration utilisables dans Analog. Je vais plutôt donner une liste des options de configuration que vous voudrez probablement changer et vous préciser les valeurs que j'utilise pour chacune d'entre elles. J'ai changé ou ajouté les sept options suivantes dans le fichier `analog.cfg` avant de lancer Analog pour la première fois :

- **`HOSTNAME`** – C'est simplement le nom qui apparaît en haut du rapport d'Analog ; il ne s'agit pas forcément d'un nom d'hôte. Mettez la valeur entre guillemets si elle contient des espaces.

```
HOSTNAME "Mon serveur Apache"
```

- **`HOSTURL`** – Le nom donné par le paramètre `HOSTNAME` est un lien hypertexte sur la page HTML du rapport. Le paramètre `HOSTURL` indique l'URL correspondante.

```
HOSTURL "http://jackal.hiwaay.net/"
```

- **ANALOGDIR** – Le répertoire dans lequel Analog cherche ses fichiers annexes et sa configuration.

```
ANALOGDIR "/usr/local/analog-5.24"
```

- **LOGFILE** – L'emplacement de votre journal d'accès Apache.

```
LOGFILE "/usr/local/apache2/logs/access_log"
```

- **OUTFILE** – Par défaut, ce paramètre vaut `stdout` (la sortie standard de Linux). Vous pouvez vouloir le remplacer par un nom de fichier, comme je l'ai fait, ou bien lancer Analog depuis un script redirigeant la sortie vers un fichier dont il fabrique le nom (par exemple comportant une date).

```
OUTFILE "/home/httpd/html/analog.html"
```

- **IMAGEDIR** – Le répertoire où sont entreposées les images utilisées pour les pages HTML produites par Analog. Cette valeur est utilisée pour construire les URL des images ; il doit s'agir d'un répertoire accessible sur le serveur Web. J'ai copié les images distribuées avec Analog dans le répertoire ad hoc de mon serveur et initialisé ce paramètre comme suit :

```
IMAGEDIR "icons/"
```

- **LOGFORMAT** – Ce paramètre est similaire à la directive `LogFormat` d'Apache. En fait, la documentation d'Analog renvoie à celle d'Apache à propos de cette variable.

```
LOGFORMAT "%h %l %u %t \"%r\" %>s %b \"%{Referer}i\" \"%{User-Agent}i\""
```

Si Analog est bien configuré, il trouve les journaux d'Apache et sait où écrire son rapport. Par défaut, il l'envoie sur sa sortie standard, c'est-à-dire votre écran. Vous devez rediriger cette sortie dans un fichier HTML que vous pourrez ensuite consulter avec un navigateur Web.

```
# /usr/local/analog-5.24/analog > /home/httpd/May24Log.html
```

Avec mon fichier `analog.cfg` modifié comme je l'ai indiqué plus haut, je n'ai eu qu'à entrer la commande suivante pour obtenir un rapport à partir de mes journaux Apache :

```
# /usr/local/analog-5.24/analog
```

J'ai pu instantanément consulter le résultat sur mon serveur (voir figure 11.1).

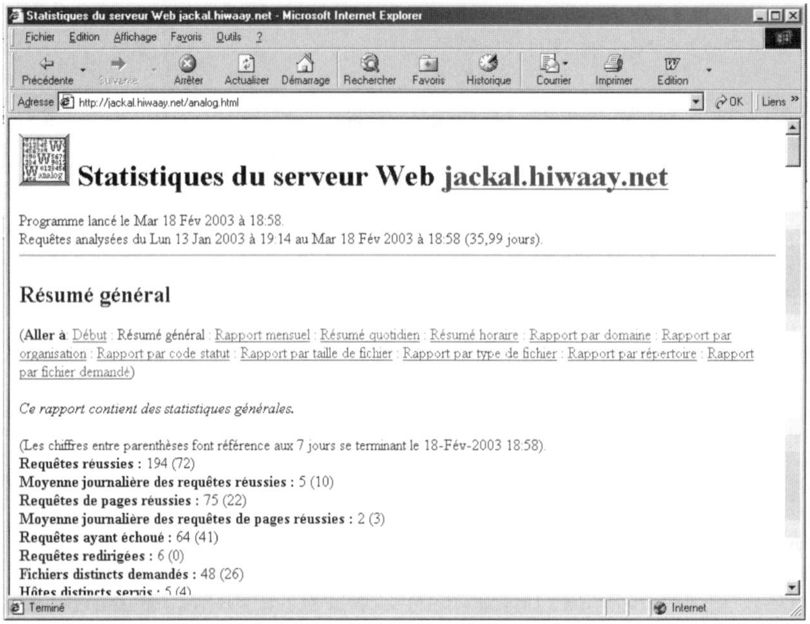

Figure 11.1
Un rapport produit par Analog.

Un autre avantage d'Analog est la possibilité de choisir la langue de ses rapports. À l'heure où j'écris ces lignes, il prend en charge pas moins de 31 langues et d'autres devraient être ajoutées. Pour utiliser cette fonctionnalité, il suffit de renseigner la variable `LANGUAGE` dans le fichier de configuration. Reportez-vous à la documentation pour la liste des langues reconnues. La valeur par défaut est :

```
LANGUAGE ENGLISH
```

Vous pouvez aussi faire rédiger des rapports à Analog dans une autre langue en lui fournissant un fichier de description spécial ; vous pouvez télécharger de tels fichiers sur le site Web d'Analog ou vous les procurer auprès d'autres utilisateurs.

```
LANGFILE lang/hindi.lng
```

Analog peut aussi écrire ses rapports en texte brut plutôt qu'en HTML. Cette possibilité est fort utile pour copier des extraits d'un rapport dans un autre document, ou encore pour envoyer le rapport par courrier électronique. Pour cela, utilisez le paramètre suivant :

```
OUTPUT ASCII
```

Le listing 11.1 est un extrait d'un rapport d'Analog en texte brut. Il ne montre qu'une partie des 13 types de rapports différents que peut délivrer Analog.

```
Statistiques du serveur Web Mon serveur Apache
==============================================
Programme lance le Sam 18 Jan 2003 a 22:46.
Requetes analysees du Dim 12 Jan 2003 a 05:49 au Sam 18 Jan 2003 a 22:33 (6,70
jours).
--------------------------------------------------------------------------
Resume general
--------------
Ce rapport contient des statistiques generales.
Requetes reussies : 2 284
Moyenne journaliere des requetes reussies : 340
Requetes de pages reussies : 1 131
Moyenne journaliere des requetes de pages reussies  : 168
Requetes ayant echoue : 273
Requetes redirigees : 10
Fichiers distincts demandes : 315
Hotes distincts servis : 447
Donnees transferees : 19,41 mega-octets
Quantite moyenne journaliere de donnees transferees : 2,90 mega-octets
--------------------------------------------------------------------------
Rapport mensuel
---------------
Ce rapport liste l'activite de chaque mois.
Chaque unite (+) represente 30 requetes de pages ou une fraction.
     mois: Nb de req.: pages:
---------: ----------: -----:
Jan  2003:       2284:  1131: ++++++++++++++++++++++++++++++++++++++
Mois le plus actif : Jan 2003 (1 131 requetes de pages).
--------------------------------------------------------------------------
Resume quotidien
----------------
Ce rapport liste l'activite totale par jour de la semaine, additionnee sur
  toutes les semaines du rapport.
```

```
Chaque unite (+) represente 8 requetes de pages ou une fraction.
jour: Nb de req.: pages:
----: ----------: -----:
 Dim:        486:   382: ++++++++++++++++++++++++++++++++++++++++++++++++
 Lun:        249:   140: ++++++++++++++++++
 Mar:        370:   185: ++++++++++++++++++++++++
 Mer:        288:   102: +++++++++++++
 Jeu:        340:   153: ++++++++++++++++++++
 Ven:        293:    98: +++++++++++++
 Sam:        258:    71: +++++++++
---------------------------------------------------------------------------
Resume horaire
--------------
Ce rapport liste l'activite totale par heure du jour, additionnee sur tous
  les jours du rapport.
Chaque unite (+) represente 8 requetes de pages ou une fraction.
heure: Nb de req.: pages:
-----: ----------: -----:
   00:         88:    29: ++++
   01:         84:    30: ++++
   02:         65:    32: ++++
   03:         11:     7: +
   04:          9:     9: ++
   05:          5:     3: +
   06:         15:    11: ++
   07:         23:    12: ++
   08:         12:     5: +
   09:         48:    29: ++++
   10:         46:    28: ++++
   11:         84:    45: ++++++
   12:        132:    53: +++++++
   13:         86:    43: ++++++
   14:         95:    41: ++++++
   15:        106:    48: ++++++
   16:        448:   348: ++++++++++++++++++++++++++++++++++++++++++++
   17:        229:    67: +++++++++
   18:        182:    67: +++++++++
   19:        115:    51: +++++++
   20:        168:    73: ++++++++++
   21:         73:    37: +++++
   22:         94:    43: ++++++
   23:         66:    20: +++
---------------------------------------------------------------------------
```

```
Rapport par code statut
-----------------------
Ce rapport liste les codes de statut HTTP pour toutes les requetes.
Affichage des codes statut, tries par ordre numerique.
Nb de req.: code statut
----------: -----------
      2133: 200 OK
        65: 206 Contenu partiel
        10: 301 Document definitivement deplace
        86: 304 Non modifie depuis le dernier acces
       273: 404 Document non trouve
---------------------------------------------------------------------------
Rapport par type de fichier
---------------------------
Ce rapport liste les extensions des fichiers demandes.
Affichage des extensions representant au moins 0,1% du trafic, triees par la
quantite de trafic.
Nb de req.: % octets: extension
----------: --------: ---------
       827:   33,67%: .html [Hypertext Markup Language]
       327:   27,07%: .png  [PNG graphics]
       113:   13,37%: .jpeg [JPEG graphics]
       304:   11,52%: [repertoires]
       110:    5,87%: .gif  [GIF graphics]
       261:    5,02%: .jpg  [JPEG graphics]
        12:    1,51%: .pdf  [Adobe Portable Document Format]
         5:    0,91%: .ps   [PostScript]
       312:    0,78%: .css  [Cascading Style Sheets]
        12:    0,27%: [pas d'extension]
         1:         : [non listees: 1 extension]
---------------------------------------------------------------------------
Rapport par repertoire
----------------------
Ce rapport liste les repertoires contenant les fichiers demandes. (Les
  chiffres de chaque repertoire incluent tous ceux de ses sous-repertoires).
Affichage des repertoires representant au moins 0,01% du trafic, tries par
  la quantite de trafic.
Nb de req.: % octets: repertoire
----------: --------: ----------
      1986:   82,89%: /~arnaud/
       143:   15,95%: /newsdist/
       122:    1,14%: [repertoire racine]
        25:    0,02%: /icons/
```

```
         8:    0,01%: [non listes: 1 repertoire]
---------------------------------------------------------------------

Cette analyse a ete produite par analog 5.31.
Temps d'execution: 1 seconde.
```

La meilleure façon de vous faire une idée des possibilités d'Analog est de le compiler et de le lancer sur les journaux de votre serveur. Même si vous utilisez déjà un autre analyseur, il est très probable que l'une ou l'autre de ses fonctionnalités vous sera utile.

Webalizer

Le seul autre analyseur de journaux que j'aie utilisé régulièrement est Webalizer, de Brad Barrett (http://www.mrunix.net/webalizer/), principalement pour son excellent usage des graphes. Alors qu'Analog est parfait quand il s'agit de fournir des statistiques détaillées concernant l'activité de votre serveur Web, Webalizer fournit de très bons résumés d'un niveau plus élevé en présentant les données sous forme d'histogrammes, de graphiques circulaires et de tableaux, qui montrent bien leur évolution au cours du temps (figure 11.2). Webalizer compile des résumés horaires, quotidiens, hebdomadaires et annuels dans des graphes et des tableaux de formats variés.

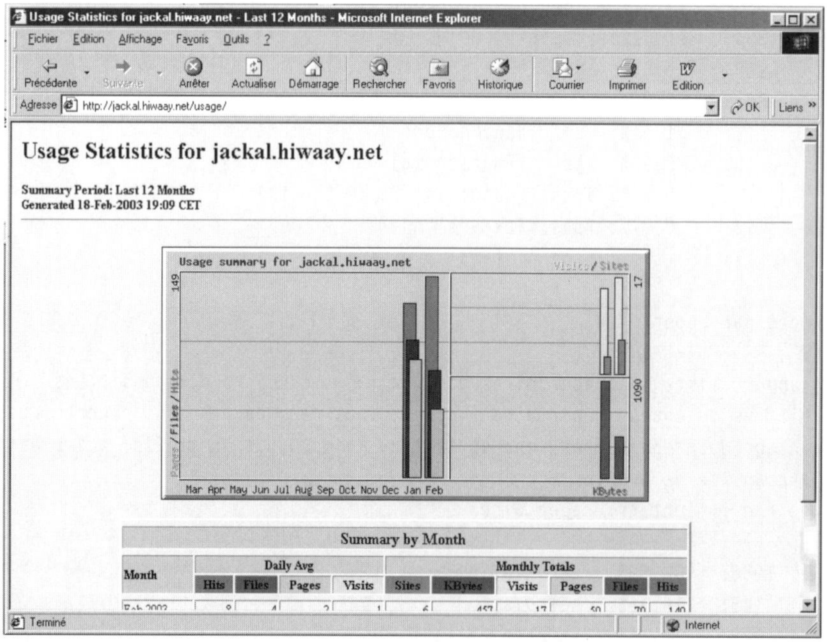

Figure 11.2

Webalizer peut fournir une synthèse des statistiques d'accès au serveur Web.

Webalizer est un outil intéressant quand il est utilisé en complément à d'autres analyseurs de journaux. Une de ses grosses limitations est l'absence de prise en charge des formats de journaux personnalisés. À l'heure actuelle, il ne traite que les formats CLF, combiné et deux autres moins répandus, les journaux de `Squid` et de `wu-ftp`. La prise en charge des journaux IIS et du format étendu du W3C est prévu dans la prochaine version.

INFO Le format du W3C (http://www.w3.org/TR/WD-logfile) est un format extensible dont les spécifications se trouvent dans le journal lui-même (un peu comme XML).

Webalizer utilise la bibliothèque GD pour le rendu des graphes. Honnêtement, je ne pensais pas l'avoir installée sur mon système, car je ne m'en étais jamais servi auparavant. Elle était quand même installée sur mon système Red Hat et j'ai pu me contenter de ces simples commandes pour compiler et installer Webalizer :

```
# ./configure
# make
# make install
```

Par défaut, l'exécutable de Webalizer est installé en tant que `/usr/local/bin/webalizer`. L'installation copie aussi un exemple de fichier de configuration en `/etc/webalizer.conf.sample`. Ce fichier doit être renommé en `webalizer.conf` et modifié en fonction de vos besoins. J'y ai fait deux modifications, pour indiquer l'emplacement des fichiers journaux d'Apache et celui des rapports de Webalizer. Ceux-ci sont écrits dans le répertoire en question sous la forme de fichiers HTML accompagnés d'images PNG, dont les noms reflètent la date de création.

```
LogFile       /usr/local/apache2/logs/access_log
OutputDir     /home/httpd/html/webalizer
```

Webalizer peut effectuer un traitement incrémentiel, de façon à traiter des extraits de journaux de petite taille plutôt qu'un énorme journal contenant des traces de plusieurs semaines ou plusieurs mois de fonctionnement du serveur. Vous pouvez par exemple faire tourner vos journaux toutes les semaines et traiter chaque journal hebdomadaire séparément pour en combiner les résultats. Les synthèses mensuelles sont également conservées, ce qui permet d'établir des rapports portant sur de longues périodes sans avoir besoin des anciens journaux.

Webalizer est très rapide et relativement simple d'utilisation. Il peut ne pas répondre à tous les besoins en matière d'analyse des journaux, mais je le recommande chaudement à tous les administrateurs Apache, même ceux qui sont déjà satisfaits par l'utilisation d'un autre analyseur.

Les analyseurs de journaux avancés

Dans le monde du commerce électronique, l'analyse du trafic d'un site Web est souvent beaucoup plus sophistiquée que les méthodes que j'ai décrites. Les outils modernes d'analyse des habitudes d'accès au Web (ce qu'on appelle souvent l'analytique du Web) fonctionnent en général de façon à peu près semblable aux méthodes standards d'analyse de journaux que j'ai décrites. Cependant, la plupart essaient en plus de tirer des conclusions quant aux habitudes des utilisateurs. Ce genre de méthode fait souvent correspondre les données extraites des journaux avec des données démographiques fournies par les utilisateurs du site et conservées dans ses bases de données. Ce genre d'examen des profils des utilisateurs ne sert en général pas seulement à déterminer les parties du site auxquelles accèdent les visiteurs, mais aussi la façon dont ils y sont arrivés et les chemins qu'ils empruntent une fois sur place.

La plupart de ces analyseurs de journaux commerciaux peuvent travailler avec un grand nombre de formats, même si le format de journal commun étendu est le plus fréquemment utilisé sur les serveurs Apache. Ces analyseurs avancés devraient être considérés comme des applications à part et non pas comme des modules additionnels pour Apache. C'est pour cette raison que je ne vais en mentionner qu'un comme exemple de ce qui se fait de mieux dans les analyseurs. Bien que le nombre d'applications commerciales de suivi de site Web augmente sans cesse et que le marché soit en perpétuel mouvement, l'application la plus populaire pour les serveurs Apache sous Linux est actuellement l'Analysis Suite de WebTrends (http://www.webtrends.com/). Vous pouvez voir sur leur site Web un exemple de tous les rapports et autres graphes que leur logiciel est capable de produire et vous pouvez même télécharger un exemplaire d'évaluation gratuite. WebTrends développe aussi un analyseur de journaux, Log Analyzer, dont la licence coûte environ 500 $ par serveur Web. Cet utilitaire n'est certes pas très cher, mais pour la plupart des administrateurs il n'offre guère d'avantages par rapport aux logiciels libres décrits plus haut.

La véritable valeur ajoutée des analyseurs de journaux commerciaux haut de gamme réside dans l'efficacité avec laquelle ils peuvent faire la synthèse de fichiers journaux gigantesques (d'après WebTrends, leur logiciel peut analyser des journaux quotidiens de plus de 160 millions de lignes) et dans la qualité des rapports qu'ils établissent à partir de ces données. WebTrends fournit des rapports aux formats HTML et Microsoft Word pour la consultation et Microsoft Excel pour l'analyse.

Une approche encore plus récente du suivi des utilisateurs est l'analyse comportementale. Cette méthode utilise des métadonnées incluses dans le code des pages HTML (en général il s'agit de code JavaScript qui tourne directement dans le navigateur du client). Quand le document est affiché, le code en question est exécuté et enregistre des informations à propos du client ; le plus souvent, il s'agit de données temporaires collectées sur la durée d'une session et qui ne sont pas écrites dans les fichiers journaux pour être récupérées par la suite. Encore une fois, WebTrends est actuellement très bien placé dans ce domaine avec le produit haut de gamme Intelligence Suite (anciennement CommerceTrends).

Rotation des journaux d'Apache

Sur les serveurs Apache à fort trafic, les journaux grossissent souvent très vite. La plupart des sites utilisent une méthode ou une autre pour faire tourner ces fichiers. En d'autres termes, à intervalles réguliers (en général quotidiennement à un moment où le trafic est faible), ils arrêtent d'enregistrer des données dans le fichier journal en cours, le ferment, le renomment et recommencent à écrire dans un nouveau fichier. À première vue, fermer et renommer un fichier activement utilisé par Apache peut sembler, sinon impossible, du moins fortement déconseillé. Cependant, les développeurs d'Apache ont tout fait pour faciliter ce procédé et vous pouvez en fait changer le fichier journal actif sans devoir arrêter complètement le serveur. C'est même assez simple et totalement sûr, à condition d'utiliser l'astuce adaptée.

Apache ne connaît pas le fichier journal par son nom, mais par son i-nœud. Il s'agit d'un numéro désignant une référence dans un tableau, qui dépend des unités d'allocation du disque appartenant à ce fichier. Quand vous changez le nom d'un fichier, le fichier lui-même n'est pas modifié sur le disque. Comme Apache utilise l'i-nœud pour écrire dans le fichier, le changement de nom n'a pas d'effet ; Apache continue à écrire dans le fichier une fois qu'il est connu sous son nouveau nom. Vous pouvez donc utiliser une commande de ce style pour changer le nom du fichier journal au vol :

```
# mv /usr/local/apache2/logs/access_log /usr/local/apache2/logs/access.0730
```

Pour cela, vous pouvez utiliser un script, qui est en général lancé automatiquement par l'utilitaire `cron` de Linux. Une fois le fichier renommé, Apache peut être redémarré par le signal `USR1`. Ce signal provoque un redémarrage en douceur d'Apache, de façon à ce que les connexions en cours ne soient pas coupées avant leur terme et que le service ne soit pas interrompu. En redémarrant, Apache relit ses fichiers de configuration, crée un nouveau fichier en utilisant le nom donné par la directive `TransferLog` ou `CustomLog` du fichier de configuration et il commence à y écrire son journal. Pour redémarrer Apache, vous pouvez utiliser l'utilitaire Linux `kill` ou le script `apachectl` (voir le chapitre 10).

```
# kill -USR1 'cat /usr/local/apache2/logs/httpd.pid'
# /usr/local/apache2/bin/apachectl graceful
```

Même si ce processus est assez simple et peut facilement être automatisé, il reste essentiellement manuel. Toutefois, Apache propose une autre méthode. Dans son répertoire `bin`, vous trouverez un utilitaire appelé `rotatelogs`. Il est conçu pour être utilisé en lui envoyant les données du journal à travers un tube, comme expliqué plus haut dans ce chapitre. Pour l'utiliser, il suffit de définir le journal comme un tube à destination de l'utilitaire, comme dans l'exemple suivant :

```
TransferLog "|rotatelogs /usr/local/apache2/logs/access_logs 86400"
ErrorLog "|rotatelogs /usr/local/apache2/logs/error_log 86400"
```

Dans cet exemple, `rotatelogs` fait automatiquement tourner les journaux en ajoutant la valeur de l'horloge du système au nom du fichier, c'est-à-dire que les fichiers d'archives créés ont des noms du genre `error_log.0964828800`. Le nombre à la fin du nom est le nombre de secondes écoulées depuis un point d'origine appelé l'époque ; cet entier (de type `large`) est incrémenté toutes les secondes. Sans faire le calcul, je crois sur parole les concepteurs de Linux qui affirment que l'époque se situe à `00:00:00 UTC` (temps universel) le premier janvier 1970.

L'argument numérique passé à `rotatelogs` est le nombre de secondes entre deux rotations. Dans l'exemple, `rotatelogs` renomme le fichier `access_log` en `access_log.`*nnnn* et ouvre un nouveau fichier `access_log` toutes les 86400 secondes (24 heures).

Un des inconvénients de `rotatelogs` est qu'il ne laisse que peu de contrôle sur les noms des fichiersd'archives. De plus, l'extension qu'il leur ajoute peut se révéler gênante. Vos analyseurs de journaux ne se préoccupent pas de cette grande extension (ils n'utilisent que les dates contenues dans le fichier pour préparer leurs synthèses), mais un administrateur humain peut avoir du mal à retrouver le journal correspondant à une date donnée. Pour cette raison, vous pouvez préférer un logiciel libre nommé `cronolog` (http://www.cronolog.org/) à `rotatelogs`. Ce programme fonctionne d'une façon assez similaire à `rotatelogs`, si ce n'est qu'il détermine la fréquence de rotation des journaux et le chemin d'accès des archives en fonction d'un modèle qui utilise les mêmes indicateurs de format que la commande Linux `date`. Par exemple, si vous voulez faire tourner vos journaux tous les jours, vous pouvez utiliser un modèle de ce genre :

```
CustomLog "|/bin/cronolog /usr/local/apache2/logs/%Y/%m/%d/access.log" common
ErrorLog "|/bin/cronolog /usr/lcoal/apache2/logs/%Y/%m/%d/errors.log"
```

Ce patron conserve les fichiers d'archives dans des répertoires séparés pour chaque année, chaque mois et chaque jour, comme suit :

```
/usr/local/apache2/logs/2000/07/27/access.log
/usr/local/apache2/logs/2000/07/27/errors.log
```

Utiliser logresolve

Apache peut être configuré pour résoudre les noms de toutes les machines accédant au serveur afin de consigner ces noms dans ses journaux, mais il vaut mieux éviter de le faire sur un serveur chargé. Les requêtes DNS inverses (c'est à dire l'interrogation du DNS pour trouver le nom associé à une adresse IP) prennent du temps et bloquent les processus Apache dans l'état `wait` (attente) le temps de la recherche du résultat. La suppression de ces requêtes élimine ces attentes coûteuses. Vous ne devriez activer la directive `HostnameLookups` que sur des serveurs peu chargés.

Si vous voulez tout de même disposer des noms d'hôtes et non des adresses IP dans les analyses de vos journaux, vous pouvez utiliser un programme appelé `logresolve`, fourni avec Apache, qui effectue les résolutions DNS inverses sur la totalité du fichier journal avant l'analyse. Ce programme se trouve dans le sous-répertoire `bin` du répertoire d'installation d'Apache (en général `/usr/local/apache2`).

Vous ne pouvez pas utiliser `logresolve` sur un journal ouvert, mais après la rotation du fichier (décrite dans la section précédente), vous pouvez le lancer sur ce fichier pour convertir toutes les adresses IP en noms d'hôtes (à condition que ces adresses IP puissent être résolues par le DNS). Cet outil très simple lit les données sur son entrée standard et les écrit sur sa sortie standard. Vous pouvez utiliser des redirections d'entrées/sorties pour préciser les fichiers source et destination, comme suit :

```
logresolve < access.log > access.log.resolved
```

L'utilitaire `logresolve` accepte deux arguments optionnels. L'argument `-s` indique à `logresolve` d'écrire les statistiques qu'il regroupe dans un fichier à part :

```
logresolve -s logstats.txt < access.log > access.log.resolved
```

L'option `-c` indique à `logresolve` d'émettre deux requêtes DNS afin de contrôler que l'adresse IP appartient bien à l'hôte dont il a trouvé le nom, pour éviter les noms d'hôtes fictifs. Après avoir associé un nom d'hôte à l'adresse IP au moyen d'une requête DNS inverse, `logresolve` interroge à nouveau le DNS pour obtenir les adresses IP de cet hôte (il peut y en avoir plusieurs). Le logiciel n'accepte le nom d'hôte qu'il a obtenu que si une de ces adresses IP correspond à celle du départ. Il n'est pas conseillé d'utiliser cette fonctionnalité, et ce pour deux raisons : la durée de traitement s'en trouve largement augmentée et les bénéfices sont minimes. L'utilisation de ce genre de méthode par `logresolve` n'améliore en rien la sécurité de votre serveur et les erreurs trouvées ont beaucoup plus de chance de correspondre à des serveurs DNS mal configurés qu'à des tentatives délibérées d'usurper un nom d'hôte.

En résumé

La tenue de journaux est une fonction essentielle de tout serveur Web. Ce chapitre a décrit la façon dont Apache s'acquitte de cette tâche, à travers son module principal pour les journaux d'erreurs et à travers le module `mod_log_config` pour les journaux de requêtes. Il a indiqué comment configurer Apache pour tenir ces journaux, comment spécifier leur emplacement, déterminer la gravité des erreurs qui doivent y être consignées et modifier le format des journaux de requêtes.

Bien que les journaux d'accès soient souvent examinés en détail, en général pour déterminer l'action provoquée par une requête spécifique, ils sont tellement volumineux qu'ils sont habituellement étudiés sous forme synthétique pour analyser les habitudes et les préférences des clients. Des langages de script comme Perl ou Python sont très utiles pour élaborer ces synthèses. Cependant, pour la plupart des administrateurs, l'utilisation d'un des nombreux analyseurs de journaux écrits dans ce but est plus pratique. Parmi les meilleurs logiciels, certains sont disponibles gratuitement en tant que logiciels libres. J'en ai donné deux exemples. L'un produit une sortie graphique, orientée vers la présentation, alors que l'autre produit des données textuelles classées dans des tableaux. J'ai trouvé ces deux logiciels plutôt utiles. Il existe aussi un nouveau genre d'analyseurs de journaux, conçus dans l'optique du commerce électronique et généralement prévus pour créer des profils de consommateurs, en général en corrélation avec des données démographiques obtenues par d'autres moyens.

Le chapitre suivant traitera encore de l'administration d'un serveur fonctionnel ; il décrira de nombreuses manières d'améliorer les performances d'un serveur Apache, en particulier par l'utilisation de mandataires et de caches.

12

Mandataires et optimisation

Maintenant que votre serveur fonctionne, vous voulez probablement le régler pour améliorer son rendement. Cela implique de minimiser le temps d'attente perçu par les utilisateurs avant la réponse à leurs requêtes et de maximiser le nombre de requêtes qui peuvent être traitées pendant un temps donné.

En fait, vous ne pouvez pas améliorer le rendement d'Apache de manière significative. Ce n'est en général pas nécessaire ; Apache est déjà largement optimisé et le plus gros de l'effort des développeurs de la version actuelle se porte plus sur l'amélioration du rendement que sur l'ajout de fonctionnalités.

Dans ce chapitre, je vais décrire les quelques directives que vous avez à disposition en tant qu'administrateur pour agir sur le rendement du serveur. J'examinerai ensuite l'un des outils les plus importants pour minimiser les temps d'attente sur un réseau local : le cache Web fourni par Apache en tant que mandataire.

Directives affectant les performances

Pour optimiser le rendement d'Apache, vous pouvez augmenter le nombre de processus capables de tourner en parallèle pour répondre aux requêtes. Comme cela a été expliqué au chapitre 2, Apache démarre le serveur principal à l'amorçage. Ce processus principal démarre ensuite la réserve (ou essaim) de processus, qui peut compter jusqu'à 256 instances du serveur Apache traitant les requêtes HTTP. Cette réserve de serveurs est contrôlée par le processus principal, qui ne répond pas lui-même aux requêtes des clients. Le nombre de processus de la réserve n'est pas fixe ; il change en fonction des besoins. L'administrateur peut jouer sur trois paramètres dans le fichier `httpd.conf` pour contrôler le nombre de processus lancés au démarrage d'Apache. C'est justement le rôle des directives suivantes (qui affectent tout le serveur) :

- `MinSpareServers` – Il s'agit du nombre minimal de serveurs supplémentaires (des serveurs qui attendent les connexions sans rien faire) dans la réserve de processus. Le serveur principal s'assure qu'il reste toujours au moins ce nombre de serveurs en réserve pour répondre aux requêtes. En général, la valeur par défaut (cinq processus) n'est changée que sur des systèmes très chargés ou au contraire très peu chargés. Sur un système chargé, cette valeur sera supérieure, de façon à ce qu'il y ait toujours suffisamment de serveurs pour éviter aux clients d'attendre la création de nouveaux processus. Sur un système très peu chargé, elle peut être inférieure pour éviter que des serveurs inutilisés ne consomment de la mémoire.
- `MaxSpareServers` – Il s'agit du nombre maximal de serveurs supplémentaires dans la réserve de processus. Si le nombre de processus inactifs dépasse ce maximum, le serveur principal les tue l'un après l'autre jusqu'à ce que leur nombre redevienne inférieur au maximum. En général, la valeur par défaut de 10 n'est modifiée que sur des systèmes très chargés ou très peu chargés.
- `StartServers` – Il s'agit du nombre de serveurs supplémentaires créés au démarrage d'Apache. La valeur par défaut de 5 n'a que rarement besoin d'être changée, même si elle peut être supérieure sur un serveur très chargé, de façon à ce que la réserve contienne assez de processus pour pouvoir répondre à un grand nombre de connexions simultanées. Sur mes serveurs, je donne généralement la même valeur à ce paramètre qu'à la directive `MinSpareServers`.

Voici un exemple. Mon serveur Apache, que j'utilise principalement pour des essais et pour héberger des ressources partagées avec des collègues, est très peu chargé, avec quelques centaines de connexions par jour. Le listing 12.1 est un extrait du fichier `httpd.conf`, qui lance 10 processus serveurs au démarrage d'Apache (le double de la valeur par défaut) et qui s'assure qu'il en reste toujours au moins 10 en réserve :

Listing 12.1 – Allocation de processus serveurs

```
#MinSpareServers 5   Valeur par défaut
MinSpareServers 10
#MaxSpareServers 10  Valeur par défaut
MaxSpareServers 20
#
# Nombre de serveurs à lancer au démarrage
# La valeur par défaut semble raisonnable
#StartServers 5      Valeur par défaut
StartServers 10
```

Un utilitaire de test de performances comme ApacheBench (dont il a été question au chapitre 8) ou WebStone (un logiciel libre téléchargeable sur le site de MindCraft, http://www.mindcraft.com/webstone) peut être utilisé pour déterminer s'il faut augmenter ces valeurs. Si vous pouvez utiliser ces outils sur un serveur hors production, vous devriez faire des essais avec des URL variées en changeant le nombre de processus serveurs et le nombre de processus clients concurrents. Essayez d'obtenir une estimation de référence du nombre de requêtes que peut traiter votre serveur ; cherchez le point d'arrêt au-delà duquel l'augmentation du nombre de processus ne se traduit plus par une augmentation des performances. WebStone peut être configuré pour incrémenter le nombre de processus clients à chaque itération d'un test donné. Les résultats peuvent ensuite être utilisés pour prévoir la baisse de performances induite par une augmentation de la charge des requêtes.

Il n'existe aucune règle simple pour déterminer le nombre optimal de processus `httpd` ; généralement, vous devez accroître le nombre de serveurs supplémentaires dès que les délais de connexion commencent à augmenter (ce qui indiquent que les clients sont mis en file d'attente en attendant qu'un processus serveur se libère). Procéder régulièrement à des tests reste le meilleur moyen de suivre l'évolution de la charge et des temps de réponse du serveur. Il vous faut faire des essais en modifiant les valeurs des paramètres cités ci-dessus pour les optimiser sur votre serveur, mais les valeurs par défaut conviennent très bien pour la plupart des sites.

Contrôler les connexions clientes

En plus de celles qui permettent de contrôler les processus serveurs, Apache dispose de directives servant à contrôler le nombre et la taille des connexions clientes.

- `MaxClients` – Cette directive limite le nombre de processus `httpd` qui peuvent tourner simultanément (chaque connexion cliente en utilise un). La valeur par défaut est 256, ce qui est également la valeur maximale qui peut être atteinte sans modifier le paramètre `HARD_SERVER_LIMIT` dans le fichier `include/httpd.h` des sources d'Apache et recompiler le serveur. Augmenter ce paramètre est rarement nécessaire. Si vous le faites quand même, assurez-vous que le système peut supporter la charge induite (ce qui requiert un processeur et des disques rapides, mais surtout beaucoup de mémoire). Le but de cette limite est d'empêcher votre système de tomber sous la charge et sa valeur doit être supérieure d'environ 25 % au nombre réel de clients.

  Si votre serveur est trop chargé (256 processus sont insuffisants), vous devez envisager d'ajouter une autre machine à votre réseau. En revanche, si votre système n'a que des ressources limitées (en particulier si vous n'avez que 32 ou 64 Mo de mémoire), vous pouvez envisager de réduire le nombre maximal de serveurs tournant simultanément. Il n'existe pas vraiment de règle pour déterminer le nombre maximal de processus que votre système peut supporter ; vous allez devoir faire des tests. Cependant, si votre système tombe en panne à cause d'un trop grand nombre de processus Apache, réduisez immédiatement le nombre maximal donné par cette directive.

- `ListenBacklog` – Apache ne refuse pas immédiatement les nouveaux clients quand le nombre de processus `httpd` atteint la limite définie par `MaxClients`. Au lieu de cela, il les place dans une file d'attente pour les faire traiter par les processus `httpd` qui se libèrent. Cette file d'attente peut s'allonger jusqu'à comporter le nombre de requêtes défini par la directive `ListenBacklog`. Quand la file d'attente atteint cette limite, les connexions supplémentaires sont rejetées avec un code d'état HTTP 503 (service indisponible). Par défaut, cette valeur est initialisée à 511 et il est rarement nécessaire de la changer. Si le nombre de clients en attente de connexion sur votre serveur atteint régulièrement cette valeur, vous devez essayer de réduire cette attente plutôt que d'augmenter la taille de la file.
- `Timeout` – Apache utilise cette valeur pour déterminer à quel moment il doit interrompre une connexion en l'absence de réponse d'un client. La connexion est fermée quand l'un de ces trois délais dépasse la valeur définie par la directive Timeout :
  - le délai entre la connexion du client et la réception d'une requête `GET` ;
  - le délai entre la réception de deux paquets TCP d'une requête `POST` ou `PUT`, pendant laquelle le serveur reçoit un flux de données du client ;
  - le délai entre l'envoi d'un paquet TCP par le serveur et l'accusé de réception (`ACK`) correspondant.

  La valeur par défaut de la directive `Timeout` est de 300 secondes, soit 5 minutes. S'il s'agit d'une durée extrêmement longue pour n'importe lequel de ces trois délais. Pour la plupart des serveurs, cette limite peut sans problème être réduite à 60 secondes au moyen de la directive suivante :

```
Timeout 60
```

  Un client qui se trouve sur une ligne très lente pourrait être déconnecté prématurément, mais 60 secondes n'est pas un délai spécialement court sur Internet actuellement.

- `SendBufferSize` – Cette valeur (exprimée en octets) définit la taille du tampon de sortie TCP. La taille par défaut de ce tampon est fixée par le noyau Linux, mais vous pouvez la modifier, en particulier si vous avez besoin de mettre des données en attente sur une liaison à haute latence (sur laquelle le délai entre l'envoi d'un paquet et l'accusé de réception est de l'ordre de 100 ms ou plus). Cette directive doit être utilisée avec prudence, dans la mesure où tous les tampons TCP/IP créés par Apache prendront cette valeur comme taille : une valeur importante peut avoir des conséquences non négligeables sur la consommation mémoire, en particulier sur un serveur où tournent beaucoup de processus Apache fils.
- `KeepAlive` – Cette directive simple peut prendre pour valeur *`On`* ou *`Off`*, ce qui a pour effet d'autoriser ou d'interdire les connexions persistantes. Les navigateurs conformes à HTTP/1.1 utilisent ces connexions persistantes pour soumettre plusieurs requêtes en

n'établissant qu'une seule connexion TCP avec le serveur Web. Cette fonctionnalité permet généralement un gain de rapidité énorme par rapport au protocole HTTP traditionnel, où le client doit ouvrir une nouvelle connexion pour chaque requête. Si une page Web contient par exemple plusieurs images, le navigateur peut toutes les récupérer en utilisant la même connexion au lieu d'ouvrir une connexion pour chaque image.

Par défaut, cette directive vaut *On*, ce qui autorise Apache à accepter les connexions persistantes des navigateurs qui les utilisent (c'est-à-dire la quasi-totalité des navigateurs actuels). Cette fonctionnalité ne doit pas être désactivée, à part pour les navigateurs qui requièrent des connexions persistantes alors qu'ils ne savent pas les gérer. Dans la configuration par défaut, Apache identifie deux navigateurs de ce genre et leur interdit les connexions persistantes en initialisant la variable d'environnement `nokeepalive` au moyen d'une directive `BrowserMatch`. Vous pouvez aussi positionner cette variable pour interdire les connexions persistantes au cas par cas, mais la directive `KeepAlive on` de la configuration par défaut ne présente pas de problèmes.

- **`KeepAliveTimeout`** – Spécifie la durée pendant laquelle Apache doit attendre la requête suivante après la réception d'une requête comportant un en-tête HTTP `Keep-Alive`, qui demande une connexion persistante. La valeur par défaut est de 15 secondes ; elle est définie dans le fichier de configuration par défaut par la directive suivante :

```
KeepAliveTimeout 15
```

  Si le serveur ne reçoit aucune autre requête dans ce délai, il termine le traitement de la requête en cours avant de fermer la connexion.

- **`MaxKeepAliveRequests`** – Limite le nombre de requêtes qui peuvent être traitées par la même connexion persistante. Par défaut, cette valeur est de 100, ce qui devrait être suffisant pour n'importe quel site :

```
MaxKeepaliveRequests 100
```

  Si cette valeur est positionnée à 0, le nombre de requêtes par connexion ne sera pas limité. Je vous déconseille de procéder ainsi. En effet, cela exposerait votre serveur à une attaque par déni de service pour laquelle un client mal intentionné ouvrirait un grand nombre de connexions persistantes et ne les refermerait jamais.

- **`LimitRequestBody`** – Indique la limite (en octets) de la taille du corps d'une requête HTTP. Cette directive peut prendre une valeur comprise entre 0 (la valeur par défaut, qui indique une taille illimitée) et 2147483647 octets (2 Go). Elle sert à limiter le volume des données envoyées par un client au moyen d'une requête HTTP `POST` ou `PUT`. Cette directive est valide en contexte répertoire. Pour limiter la valeur à 10 Ko pour les scripts CGI qui reçoivent des données envoyées par le client, utilisez la directive suivante :

```
<Location /cgi-bin/*>
LimitRequestBody 10240
</Location>
```

INFO Avec la version 2.4 du noyau Linux, qui est maintenant le noyau par défaut de beaucoup de distributions, la limite de la taille du corps d'une requête HTTP à 2 Go n'est plus d'actualité.

- **LimitRequestFields** – Permet à l'administrateur de limiter le nombre de champs d'en-têtes qu'une requête HTTP peut comporter. La valeur par défaut est 100, ce qui dépasse de loin le nombre habituel d'en-têtes d'une requête (rarement plus de 20). L'utilisation de cette directive est rarement nécessaire, mais beaucoup d'administrateurs choisissent d'imposer une limite plus basse que la valeur par défaut pour se protéger contre des requêtes HTTP mal formées, de cette façon :

```
LimitRequestFields 40
```

- **LimitRequestFieldSize** – Limite la taille (en octets) de chaque champ d'en-têtes d'une requête HTTP. Encore une fois, il est rarement nécessaire d'imposer une valeur différente de la valeur par défaut de 8 190 octets. Si vous voulez quand même diminuer ou augmenter cette limite, vous pouvez procéder comme suit :

```
LimitRequestFieldSize 1000
```

  Pour augmenter cette valeur au-delà de 8 190 octets, vous devez modifier la valeur du paramètre `DEFAULT_LIMIT_REQUEST_FIELDSIZE` dans le fichier `include/httpd.h` des sources d'Apache avant de recompiler le serveur.

- **LimitRequestLine** – Limite la taille (en octets) d'une ligne de requête HTTP. La ligne de requête se compose de la méthode HTTP, de l'URI demandé et éventuellement du numéro de version du protocole. La valeur par défaut de 8 190 octets convient généralement et il est rarement nécessaire de la changer. Pour la réduire, utilisez une directive de ce genre :

```
LimitRequestLine 500
```

  Pour utiliser une valeur supérieure à la valeur par défaut, vous devez modifier le paramètre `DEFAULT_LIMIT_REQUEST_LINE` dans le fichier `include/httpd.h` des sources d'Apache et recompiler le serveur.

Le listing 12.2 est un extrait d'un fichier `httpd.conf` qui contrôle le nombre et la taille des connexions clientes.

Listing 12.2 – Contrôle des connexions clientes

```
MaxClients 512
ListenBacklog 1000
Timeout 45
KeepAlive on
KeepAliveTimeout 30
MaxKeepAliveRequests 50
LimitRequestBody 10000
LimitRequestFields 40
LimitRequestLine 1000
```

La directive `MaxClient 512` double le nombre de connexions simultanées possibles par rapport à la valeur par défaut (256). Ensuite, la directive `ListenBacklog 1000` augmente le nombre de connexions TCP qui attendront la disponibilité d'un processus `httpd` (la valeur par défaut est 511) ; le but est d'éviter que le serveur, qui est chargé, rejette des connexions.

La durée maximale pendant laquelle le serveur peut attendre une réponse de la part d'un client avant de fermer la connexion est aussi abaissée à 45 secondes au lieu de 300 secondes (5 minutes, la valeur par défaut).

La directive `SendBufferSize` n'est généralement modifiée que si le serveur Apache doit communiquer sur des liens à haute latence (par exemple des lignes inter-continentales) ; ce n'est pas le cas dans cet exemple.

La directive `KeepAlive on` permet l'utilisation des connexions persistantes à la norme HTTP/1.1 et la directive `KeepAliveTimeout 30` double la durée pendant laquelle le serveur attend une nouvelle requête sur une connexion persistante ouverte (15 secondes par défaut). La directive `MaxKeepAliveRequests 50` limite le nombre de requêtes qui peuvent être traitées avec une seule connexion persistante ; la valeur par défaut est de 100, le double.

Les clients ne sont pas autorisés à envoyer des fichiers sur ce serveur (au moyen de la requête `PUT`) ; la taille des requêtes HTTP peut donc être limitée par la directive `LimitRequestBody 10000`. La directive `LimitRequestFields 40` limite ensuite le nombre de lignes d'en-têtes qui peuvent être envoyées au sein d'une requête ; la valeur par défaut de 100 est beaucoup trop élevée pour une requête légitime. Encore une fois, le but est de restreindre la possibilité d'abus sur le serveur. Sans directive `LimitRequestFieldSize`, le serveur utilise la limite par défaut (tout ait correcte) de 8 190 octets pour la taille de l'en-tête HTTP. Enfin, la directive `LimitRequestLine 1000` réduit la longueur maximale de la ligne de requête ; la valeur par défaut de 8 190 est probablement largement assez élevée pour répondre à tous les besoins, mais elle n'est pas non plus déraisonnable et cette ligne ne se trouve dans cet exemple que pour illustrer l'utilisation de la directive `LimitRequestFieldSize`.

Utiliser Apache comme mandataire

Jusqu'à maintenant, ce chapitre vous a montré comment optimiser le rendement d'Apache en ajustant les valeurs d'un certain nombre de paramètres liés aux processus serveurs et aux connexions clientes. Vous avez aussi vu que les bénéfices d'une telle approche étaient limités, dans la mesure où la configuration par défaut d'Apache présente déjà un très bon niveau d'optimisation.

Grâce au module `mod_proxy`, Apache peut aussi faire office de serveur mandataire (ou serveur proxy), ce qui peut améliorer sensiblement les performances sur un intranet ou un réseau local en plus d'améliorer la sécurité. Le reste de ce chapitre traite des différentes approches de la mise en place de mandataires et de relais inverses et présente les outils fournis par `mod_proxy`.

Fonctionnement d'un mandataire

La figure 12.1 illustre le principe de fonctionnement d'un mandataire. Remarquez qu'il se trouve à l'extérieur du pare-feu protégeant le réseau local et qu'il répond aux requêtes des machines internes demandant des ressources situées sur Internet. Le mandataire relaie ces requêtes vers le serveur destinataire, souvent parce que le client n'a pas d'accès direct à Internet (en général pour des raisons de sécurité). La requête n'est pas transmise à proprement parler ; le mandataire en émet une nouvelle avec un nouvel en-tête IP. Le serveur distant répond directement au mandataire sans savoir que la requête vient d'une autre machine. Quand le mandataire reçoit la réponse, il remplace son en-tête IP par un nouvel en-tête portant l'adresse de l'hôte depuis lequel la requête d'origine a été émise.

La plupart des mandataires peuvent remplir cette fonction pour un certain nombre de protocoles applicatifs. Les plus courants sont HTTP (les connexions Web), HTTP sécurisé (HTTPS) et le protocole de transfert de fichiers FTP. L'intérêt premier des mandataires était de permettre l'accès à Internet à travers un pare-feu, mais ce rôle a beaucoup évolué depuis l'origine. À l'heure actuelle, alors que de plus en plus de serveurs Web sont utilisés dans des intranets, le rôle le plus important du mandataire devient de plus en plus celui d'un cache. Un mandataire configuré comme cache garde une copie de chaque objet Web (page, image, fichier) qu'il récupère au nom des clients. Ces copies sont conservées sur le disque du mandataire. Si une requête ultérieure demande un objet en cache (qui n'a pas encore expiré), le mandataire renvoie l'exemplaire en sa possession au lieu d'émettre une nouvelle requête vers l'hôte d'origine de cet objet. Du point de vue du client, ce procédé accélère énormément la vitesse de récupération des données.

Un cache HTTP apporte deux types d'amélioration des performances sur un réseau local. Tout d'abord, quand un objet se trouve déjà dans le cache, on évite une requête HTTP, ce qui améliore la latence de la requête de façon significative. En d'autres termes, le client accède beaucoup plus rapidement à un objet qui se trouve dans le cache. Le réseau semble donc beaucoup plus rapide qu'il ne l'est réellement. La deuxième amélioration résulte de l'économie de bande passante. Toute requête qui peut être satisfaite en utilisant les données présentes dans le

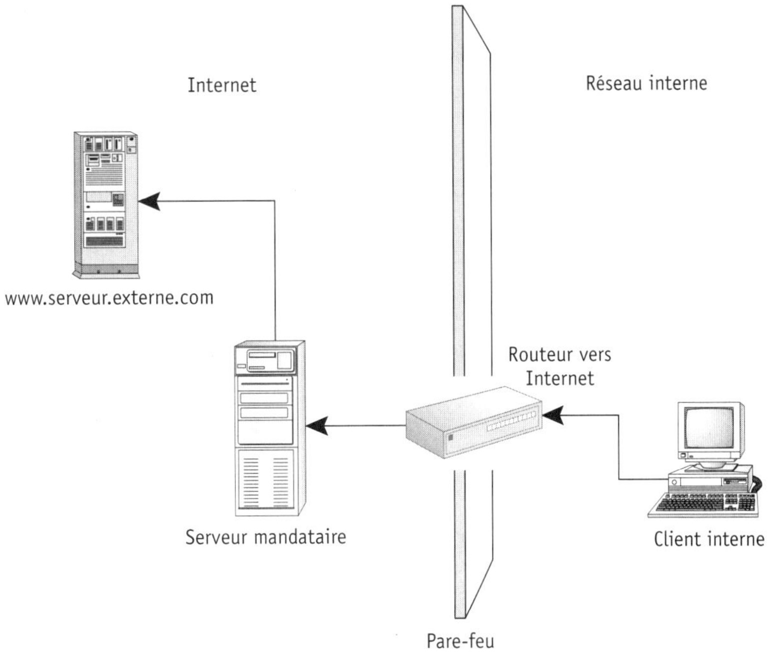

Figure 12.1
Un serveur mandataire.

cache réduit le trafic sur la liaison vers Internet. Bien sûr, ces améliorations reposent sur la supposition que sur un réseau donné, une proportion importante des requêtes sont émises vers un nombre relativement faible de sites dont le contenu a une durée de vie suffisamment longue.

La plupart des navigateurs Web sont capables de maintenir un cache des documents qu'ils récupèrent. Pour des ressources qui changent peu et qui sont fréquemment réutilisées (comme des images ou des icônes), l'utilisation d'un cache qui évite d'avoir à contacter le serveur distant trop souvent peut réduire de manière significative le temps nécessaire au chargement d'une page Web. Le cache d'un navigateur est souvent appelé cache privé. Quand le cache se trouve sur un serveur mandataire qui peut fournir des copies des documents à plusieurs navigateurs clients, on parle de cache partagé.

Dans les anciennes versions d'Apache, le cache était géré par `mod_proxy`, mais dans la version 2.0, le mandataire et le cache sont gérés par deux modules distincts, même si ces deux fonctions sont souvent très liées. Le cache est géré par `mod_cache`, qui doit être installé pour cacher les informations récupérées par `mod_proxy`. Vous avez même besoin d'un troisième module pour l'utiliser. Il s'agira probablement de `mod_disk_cache`, qui permet de maintenir un cache traditionnel sur le disque dur, mais il peut aussi s'agir de `mod_mem_cache`, qui maintient le cache en mémoire et qui sera décrit plus loin dans ce chapitre. La plupart des administrateurs Apache choisissent de combiner `mod_disk_cache` et `mod_proxy` pour obtenir le meilleur compromis en termes de vitesse accompagné d'un cache limité uniquement par l'espace disque disponible.

Sur mon réseau local, j'ai installé mod_proxy sur le serveur Apache et j'ai configuré tous mes navigateurs pour effectuer toutes leurs requêtes HTTP et FTP par son intermédiaire. J'ai ensuite ajouté un cache en utilisant mod_cache et mod_disk_cache. Dans la mesure où je n'ai qu'un petit nombre de stations de travail, je ne m'attendais pas à ce que le cache ait un gros impact sur la vitesse de mes navigateurs. J'ai donc été surpris de constater que le cache associé au mod_proxy de mon serveur Apache étaient nettement plus rapide que ceux de mes navigateurs, en particulier quand il s'agit de récupérer un document comportant un grand nombre d'images. Même si cela semble surprenant et même si je ne peux pas garantir que vous aurez les mêmes résultats, je recommande vivement l'utilisation de mod_proxy et de mod_cache même sur un petit réseau local avec une connexion à Internet partagée. Cette solution semble se comporter presque aussi bien à petite échelle que sur des réseaux plus importants.

Relais inverse

Comme le montre la figure 12.2, un mandataire peut aussi être configuré pour fonctionner dans l'autre sens. On parle alors de relais inverse. Un tel serveur se trouve à l'extérieur du pare-feu du réseau où sont situés les serveurs et il est configuré pour répondre aux requêtes HTTP des clients situés sur Internet qui cherchent à accéder à des ressources situées sur les serveurs Web internes. Dans ce modèle, le relais fait suivre ces requêtes vers le bon serveur sur le réseau interne. Le principal intérêt d'un relais inverse est la sécurité ; il permet d'accéder à des données internes qui ne sont pas accessibles directement depuis le monde extérieur. En général, quand on utilise un relais inverse, le cache n'est qu'un avantage secondaire.

Dans les sections suivantes, je vais vous montrer comment configurer mod_proxy en tant que mandataire aussi bien qu'en tant que relais inverse. Gardez à l'esprit qu'un seul serveur peut tout à fait remplir ces deux rôles simultanément ; il n'est pas nécessaire de choisir un rôle à l'exclusion de l'autre.

Le module mod_proxy

Un mandataire ou un relais peut être réalisé sous Apache au moyen du module mod_proxy. Ce module peut traiter les protocoles HTTP/0.9, HTTP/1.0 et FTP. Il peut aussi être configuré pour se connecter à d'autres mandataires gérant ces protocoles ou d'autres à l'aide du protocole CONNECT, qui gère par défaut les ports TCP 443 pour SSL et 563 pour Snews.

Configurer un mandataire

Pour mettre en place un mandataire au moyen de mod_proxy, il suffit que le module soit lié statiquement dans le noyau d'Apache ou compilé en tant qu'objet ODP et chargé dynamiquement au lancement du serveur. Vous pouvez vérifier sa présence, comme celle de n'importe

Figure 12.2
Un relais inverse.

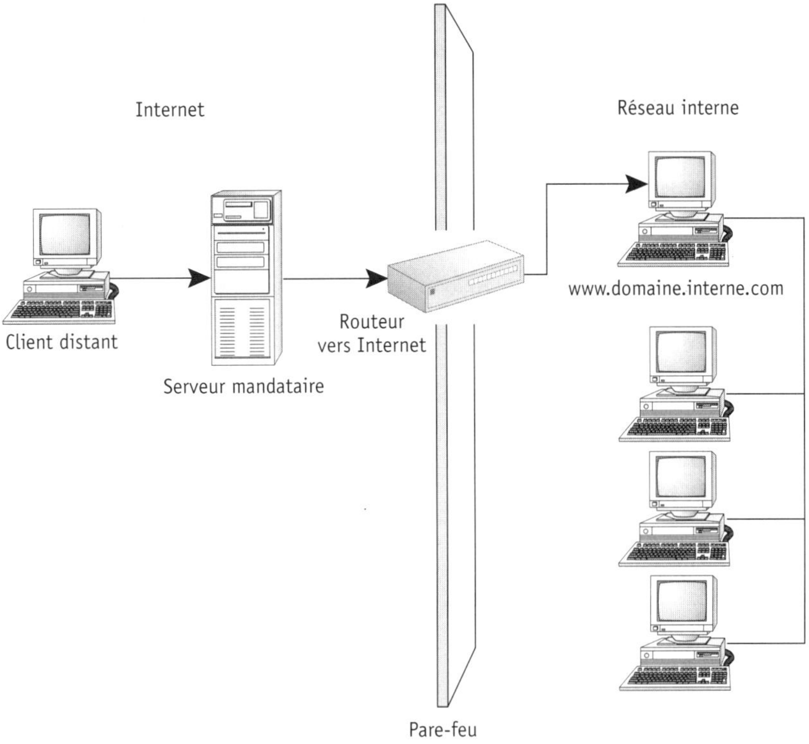

quel autre module, avec la commande `httpd -l` ou en ouvrant l'URL /server-info si votre serveur l'autorise (voir chapitre 10).

Si vous avez passé l'argument `--enable-shared=most` au script `configure` d'Apache, ce module est présent sous le nom `mod_proxy.so`. Assurez-vous que votre fichier `httpd.conf` contient les directives nécessaires pour le charger et l'utiliser :

```
LoadModule proxy_module modules/mod_proxy.so
LoadModule proxy_ftp_module modules/mod_proxy_ftp.so
LoadModule proxy_http_module modules/mod_proxy_http.so
```

Si `mod_proxy` est bien installé, votre fichier de configuration `httpd.conf` contient un certain nombre de directives de configuration dédiées dans une section étiquetée Proxy server directives. Comme toutes les directives optionnelles, elles sont commentées par défaut et vous devrez les décommenter. Vous n'aurez probablement pas besoin de changer quoi que ce soit à ces directives pour utiliser Apache comme mandataire, mais ce chapitre les décrit toutes et vous devriez essayer de comprendre le rôle de chacune d'entre elles. La plus importante de celles que vous devez activer est la suivante :

```
ProxyRequests on
```

Une fois le mandataire activé, Apache continue à répondre aux requêtes situées sur le serveur sans changer de comportement. En revanche, il va aussi relayer les requêtes demandant d'autres ressources en essayant de récupérer la ressource sur le serveur nommé dans l'URL et en la renvoyant au client demandeur. Sur un réseau où un pare-feu bloque les accès directs à Internet depuis les machines internes, c'est la seule façon pour ces machines d'accéder aux sites Web externes.

Même s'il est parfaitement possible de laisser votre serveur Apache principal relayer les requêtes demandant des documents qu'il ne peut pas servir directement lui-même, je préfère en général confier cette tâche un hôte virtuel qui écoute sur un port TCP différent du port 80 de la configuration par défaut. Mon fichier `httpd.conf` contient ce bloc `<VirtualHost>` :

```
<VirtualHost 192.168.1.1:8080>
  ServerName jackal.hiwaay.net
  ProxyRequests on
</VirtualHost>
```

Ce bloc fait en sorte que seules les requêtes reçues sur le port TCP 8080 soient relayées. Il ne s'agit que d'une convention, mais ce port est souvent utilisé par les mandataires et vous le trouverez généralement dans les documentations décrivant la configuration d'un client Web pour l'utilisation d'un mandataire. Remarquez que mon fichier `httpd.conf` contient aussi une directive `Listen 8080` (en dehors du bloc `<VirtualHost>`) pour indiquer à Apache d'accepter les connexions sur ce port.

La directive `ProxyRequests` peut aussi servir à arrêter un mandataire de la façon suivante (c'est même sa configuration par défaut) :

```
ProxyRequests off
```

Je doute que vous ayez jamais besoin d'utiliser cette directive sous cette forme.

Miroirs de sites distants

Il est assez courant d'utiliser un mandataire pour faire un miroir d'un site Web distant et pour le faire apparaître comme un site local. La directive `ProxyPass` sert à associer une URL apparemment locale à une URL située sur un autre serveur.

Par exemple, la directive suivante peut être utilisée pour donner l'impression que les documents du projet de documentation de Linux sont conservés localement sur le serveur (de fait, une fois qu'une ressource a été récupérée par le mandataire, c'est une copie locale conservée dans le cache qui est envoyée aux clients) :

```
ProxyPass /LinuxDocs/ http://www.tldp.org/
```

Ici, quand mon serveur mandataire reçoit une requête destinée à http://jackal.hiwaay.net/LinuxDocs/, cette requête est renvoyée de façon transparente vers le projet de documentation Linux (http://www.tldp.org/).

Configurer un relais inverse

Le module mod_proxy vous permet aussi de configurer votre serveur Apache comme relais inverse, afin de donner un accès vers vos serveurs internes aux clients situés à l'extérieur, sans que ces serveurs aient à recevoir des connexions directes de l'extérieur. De fait, dans la plupart des situations où un relais est utilisé de cette façon, un pare-feu cache complètement les serveurs, qui ne sont par conséquent pas accessibles directement par le monde extérieur.

Comme pour un mandataire, la première étape de l'installation d'un relais inverse consiste à s'assurer que mod_proxy est compilé statiquement dans le serveur Apache ou dynamiquement comme un module ODP. Et tout comme un mandataire, le relais est activé au moyen de la directive suivante :

```
ProxyRequests On
```

Contrairement à un mandataire, la mise en place d'un relais inverse demande un peu de réflexion. Tout d'abord, le but est de permettre aux clients externes d'accéder aux ressources des serveurs internes sans permettre de connexions directes à ces serveurs. Ces clients ne voient qu'un seul serveur, le relais, et ne se connectent qu'à ce système, qui semble répondre à toutes les requêtes. Pour cela, il faut un moyen d'associer une URL sur un serveur interne à l'URL demandée par chaque requête. Ce moyen, c'est la directive ProxyPass. Il vous en faut une pour associer à chaque requête la ressource correspondante sur un serveur interne. Voici un exemple qui envoie les requêtes destinées au répertoire /CPAN du relais sur un serveur appelé archive.fubar.com, alors que les images proviennent d'un autre serveur, rascal.fubar.com :

```
ProxyPass /CPAN/ http://archive.fubar.com/CPAN/
ProxyPass /images/ http://rascal.fubar.com/images/
```

Le second élément de configuration nécessaire pour un relais inverse est la directive ProxyPassReverse. Le serveur interne qui répond réellement à la requête indique son propre nom dans l'en-tête `Location` des redirections envoyées au client et le relais doit remplacer ce nom par le sien propre ; c'est le rôle de cette directive. Cela permet au relais de recevoir les requêtes redirigées par les serveurs Web internes.

Pour vous faciliter les choses, la directive `ProxyPassReverse` accepte les mêmes arguments que `ProxyPass` et vous pouvez facilement écrire une directive `ProxyPassReverse` correspondant à chaque directive `ProxyPass`.

```
ProxyPassReverse /CPAN/ http://archive.fubar.com/CPAN/
ProxyPassReverse /images/ http://rascal.fubar.com/images/
```

Configurer un navigateur pour utiliser un mandataire

Une fois `mod_proxy` configuré pour que votre serveur Apache se comporte comme un mandataire pour les requêtes HTTP et FTP, il vous suffit de reconfigurer votre navigateur pour qu'il émette ses requêtes vers ce serveur au lieu de se connecter directement au serveur disposant de la ressource demandée.

Quand un navigateur est configuré pour utiliser un mandataire, il se connecte au mandataire et lui demande explicitement de récupérer une ressource sur un serveur distant. Pour cela, chaque navigateur dispose de sa propre procédure de configuration. Je décris ici la procédure pour Netscape Communicator ou Navigator, uniquement à titre d'illustration de la démarche.

Sous Communicator, choisissez l'option Préférences du menu Édition, ouvrez le nœud Avancées de l'arborescence et cliquez sur Proxy. La fenêtre ressemble alors à celle de la figure 12.3.

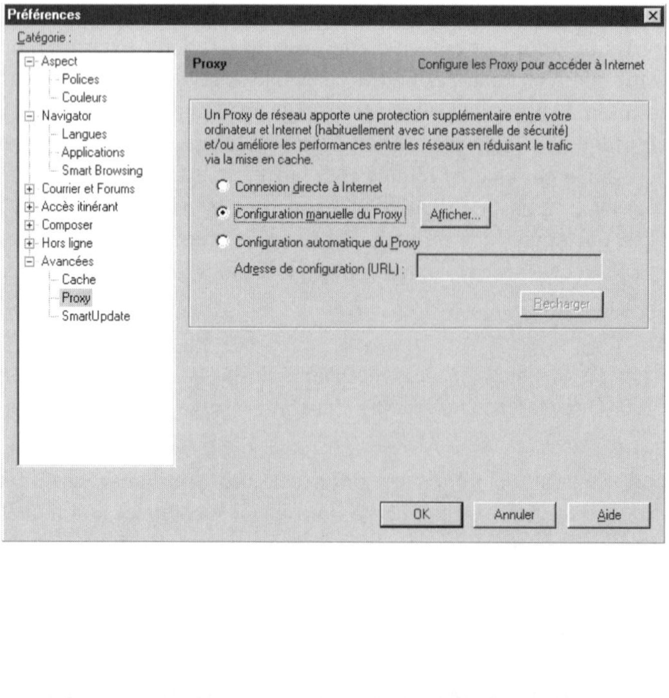

Figure 12.3

Pour configurer un mandataire sous Netscape Communicator/ Navigator, commencez par ouvrir la fenêtre Préférences.

Sélectionnez l'option Configuration manuelle du proxy et cliquez sur le bouton Afficher. Dans la nouvelle boîte de dialogue qui apparaît alors (figure 12.4), configurez le navigateur pour qu'il se connecte au port TCP 8080 du serveur Apache pour les requêtes HTTP et FTP. Ce port TCP est souvent utilisé par les mandataires, même s'il est arbitraire. En fait, je configure souvent mes serveurs Apache pour relayer les requêtes reçues sur le port HTTP standard (le port TCP 80). Le module `mod_proxy` ne relaie alors que les requêtes auxquelles le serveur ne peut pas répondre directement (en d'autres termes, celles qui sont destinées à des serveurs externes).

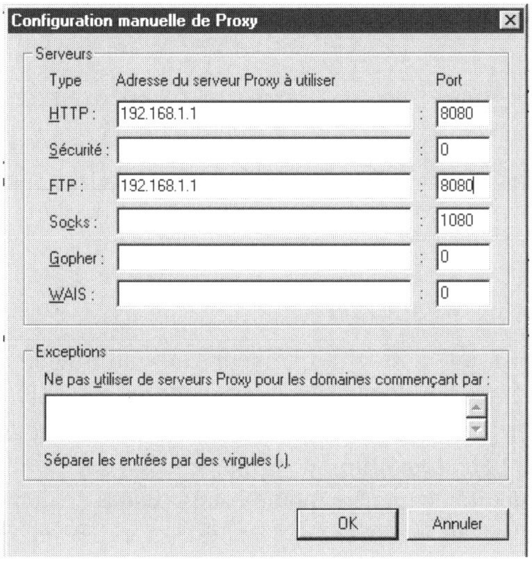

Figure 12.4
Configuration manuelle d'un mandataire sous Netscape.

Maintenant que Netscape est configuré pour passer par le mandataire lorsqu'il veut accéder aux ressources distantes, quand vous vous connectez à une URL comme `http://www.apache.org/`, le navigateur se connecte au port TCP 8080 du serveur et lui demande la ressource `proxy://www.apache.org/`, ce qui indique au serveur de relayer la requête.

Si vous avez beaucoup de navigateurs clients derrière un pare-feu et si vous avez besoin de tous les configurer pour utiliser un mandataire, distribuez ces instructions à vos utilisateurs. La configuration d'un navigateur Web pour utiliser un mandataire est assez simple et un administrateur ne devrait pas avoir besoin de perdre du temps à effectuer cette configuration sur tous les postes clients.

Contrôler le moteur du mandataire

Le module `mod_proxy` contient un certain nombre de directives qui se répartissent grossièrement en deux catégories : celles qui contrôlent la récupération de ressources au nom des clients et celles qui contrôlent la mise en cache des ressources déjà récupérées et conservées par le moteur. Cette section traite de la première catégorie ; j'ai déjà décrit deux directives, ProxyPass et ProxyPassReverse. La section suivante, « Mettre en place un mandataire cache », traitera de la deuxième catégorie.

Augmenter le débit des requêtes

Même s'il est rarement nécessaire d'améliorer les réglages de mod_proxy, il existe une directive spécialement conçue pour augmenter le débit. Cette directive, ProxyReceiveBufferSize, permet à l'administrateur de préciser la taille du tampon des requêtes HTTP et FTP. Cette directive accepte comme unique argument la taille du tampon en octets (qui doit être supérieure à 512) :

```
ProxyReceiveBufferSize 4096
```

Sous Linux, je préfère positionner explicitement le tampon à 0, ce qui force l'utilisation du tampon par défaut du système. Ce tampon fait par défaut 64 Ko, ce qui est aussi le maximum permis par Linux.

Domaine par défaut pour un mandataire

Sur un intranet, il peut être intéressant de permettre aux utilisateurs d'omettre le nom de domaine des URL quand ils demandent des ressources internes. Pour cela, vous pouvez utiliser la directive ProxyDomain pour indiquer un domaine par défaut dont le serveur Apache fait partie. Ce domaine par défaut est utilisé de la même façon que celui du système Linux lui-même : si le mandataire reçoit une requête qui ne comporte pas de nom de domaine, il ajoute le domaine défini par la directive ProxyDomain avant d'essayer d'y répondre.

Par exemple, avec la directive suivante :

```
ProxyDomain .intranet.maboite.com
```

le mandataire interpréterait une requête pour

```
http://unhote/docs/index.html
```

en récupérant la ressource

```
http://unhote.intranet.maboite.com/docs/index.html.
```

Enchaîner plusieurs mandataires

Il est souvent intéressant de configurer un mandataire pour rediriger une partie des requêtes vers d'autres mandataires. Cette démarche permet de répartir la charge et le cache entre plusieurs machines. Pour cela, vous pouvez utiliser la directive ProxyRemote pour définir des mandataires auxquels le serveur enverra la requête au lieu d'essayer de la satisfaire lui-même. Voici un exemple de l'utilisation de cette directive :

```
ProxyRemote http://www.cesite.org/ http://proxy.maboite.com
```

Ici, quand mon serveur Apache local, qui agit en tant que mandataire, reçoit une requête destinée à www.cesite.org, il la relaie automatiquement vers le serveur mandataire de l'entreprise. Ce mandataire ne se contente pas de maintenir un cache des sites Web externes, c'est aussi le seul passage ouvert à travers le pare-feu ; il répond donc à deux besoins : une sécurité accrue et une meilleure efficacité de l'accès au Web.

Dans la mesure ou mod_proxy ne sait communiquer qu'en HTTP, cette directive ne gère aucun autre protocole pour la communication avec le mandataire distant. En revanche, tant que l'URL de ce mandataire indique le protocole HTTP, vous pouvez rediriger des requêtes utilisant d'autres protocoles :

```
ProxyRemote ftp http://ftpproxy.mondomaine.com:8080
```

Ici, toutes les connexions FTP sont relayées vers un mandataire FTP (qui est probablement un serveur dédié à ce protocole, mais qui peut aussi être un autre mandataire Apache 2.0). Remarquez que dans ce cas, le protocole HTTP est utilisé pour communiquer avec l'autre mandataire ; la requête FTP est encapsulée dans une connexion HTTP, ce qui n'est probablement pas la technique la plus efficace qui soit. Dans ce cas, il vaut généralement mieux configurer les navigateurs clients pour utiliser des mandataires différents pour les protocoles HTTP et FTP.

Une astérisque peut être utilisée pour indiquer « toutes les requêtes », comme dans l'exemple suivant où toutes les requêtes sont relayées vers un autre mandataire :

```
ProxyRemote * http://proxy.mondomaine.com
```

La directive NoProxy sert à ignorer les directives ProxyRemote pour des hôtes, domaines, sous-réseaux et adresses IP particuliers. Par exemple :

```
ProxyRemote * http://proxy.mondomaine.com
NoProxy 192.168.1.0/24 www.maboite.com
```

Dans ce cas, la directive ProxyRemote indique que toutes les requêtes doivent être relayées vers un mandataire distant et la directive NoProxy exempte tous les sites du réseau local ainsi qu'un serveur Web particulier de cette règle. Le mandataire Apache traite directement les requêtes destinées à ces sites et relaie toutes les autres vers le mandataire distant.

Bloquer les demandes de relais

Il peut être nécessaire d'empêcher l'accès à certains sites distants via le mandataire ou, au contraire, d'empêcher certains clients de l'utiliser. La directive `ProxyBlock` accomplit la première de ces missions. Elle prend en argument une liste de mots, de noms d'hôtes ou de noms de domaines et elle bloque toutes les requêtes contenant ces mots-clés et ces noms de sites.

```
ProxyBlock domainebloque.com gambling
```

Dans l'exemple ci-dessus, le mandataire refuse de relayer les requêtes à destination du site `domainebloque.com` et celles dont l'URL contient la chaîne de caractères *gambling*. Ce n'est pas vraiment le meilleur moyen de couper l'accès à un grand nombre de sites, mais cela peut s'avérer pratique si vous voulez empêcher l'accès à quelques sites depuis un réseau local dont le mandataire est l'unique passerelle vers Internet.

Remarquez un point intéressant : si vous indiquez un nom d'hôte dont l'adresse IP peut être résolue au démarrage d'Apache, cette adresse IP est gardée en cache et les utilisateurs ne peuvent pas contourner votre directive `ProxyBlock` en utilisant l'adresse IP du site à la place de son nom d'hôte.

Alors que la directive `ProxyBlock` est utile pour bloquer l'accès à certains sites distants depuis votre mandataire, elle ne peut pas servir à interdire l'accès au mandataire à certains clients. Pour cela, vous pouvez vous servir du fait que lorsqu'un navigateur est configuré pour émettre ses requêtes à travers un mandataire, il lui soumet des URL commençant par `proxy://` et non par `http://`. Vous pouvez donc déclarer un bloc `<Directory>` comme celui qui suit pour interdire l'accès à des clients particuliers :

```
<Directory proxy:*>
  Order deny,allow
  Deny from all
  Allow from 192.168.1
</Directory>
```

Dans ce cas, je n'autorise l'accès au mandataire qu'aux clients connectés à mon réseau local (`192.168.1`).

Mettre en place un mandataire cache

En plus des fonctionnalités de mandataire de mod_proxy, vous voudrez probablement garder les ressources récupérées en cache. Les directives décrites dans cette section proviennent de deux modules, mod_cache et mod_disk_cache. Vous aurez besoin de ces deux modules pour installer un mandataire cache. Si vous compilez Apache à partir des sources, vous devrez passer les arguments --enable-cache et --enable-disk-cache au script configure. Si ces modules sont compilés en tant qu'objets ODP, vous devrez ajouter les lignes suivantes à votre fichier httpd.conf pour les charger :

```
LoadModule cache_module modules/mod_cache.so
LoadModule disk_cache_module modules/mod_disk_cache.so
```

Dans la mesure où des directives provenant de ces deux modules sont utilisées simultanément pour la mise en place d'un cache, il vaut mieux laisser ces deux directives ensemble dans le fichier httpd.conf, comme je le fais dans le listing 12.3 qui donne un exemple de configuration d'un mandataire cache pour un petit réseau local. Vous pouvez recopier cet exemple tel quel dans votre fichier httpd.conf pour configurer votre serveur Apache en tant que mandataire cache, ou vous pouvez vous en inspirer comme d'un exemple complet de configuration.

Listing 12.3 – Un mandataire cache fonctionnel

```
#
# Configuration du mandataire. Décommentez les lignes suivantes
# pour activer le serveur mandataire.
#
<IfModule mod_proxy.c>
ProxyRequests On
<Proxy *>
    Order deny,allow
    Deny from all
    Allow from 192.168.1
</Proxy>
#
# Permet ou non la gestion des en-têtes "Via:" de HTTP/1.1
# ("Full" précise la version du serveur mandataire;
# "Block" enlève les en-têtes Via: des requêtes émises)
# Une valeur parmi : Off | On | Full | Block
#
ProxyVia On
#
# Pour activer le cache, activez et décommentez les lignes suivantes :
```

Listing 12.3 – Un mandataire cache fonctionnel (*suite*)

```
# (pas de cache sans CacheRoot)
#
<IfModule mod_cache.c>
CacheOn On
CacheGcInterval 1.5
CacheDefaultExpire 259200
CacheMaxExpire 604800
CacheLastModifiedFactor 0.1
<IfModule mod_disk_cache.c>
CacheEnable disk /
CacheRoot "/tmp/proxy"
CacheSize 40960
CacheDirLevels 3
CacheDirLength 2
CacheForceCompletion 75
</IfModule>
</IfModule>
# Fin de la configuration du mandataire.
```

Les modules `mod_cache` et `mod_disk_cache` fournissent les directives suivantes :

- **`CacheOn`** – La valeur par défaut de cette directive est `Off`. Passez-lui le paramètre *On* pour activer le cache ; laissez-la à `Off` ou commentez-la pour le désactiver.
- **`CacheGcInterval`** – Indique l'intervalle (en heures) entre deux passages du ramasse-miettes, qui efface les plus vieux documents en cache de façon à maintenir sa taille en-deçà du maximum donné par la directive `CacheSize`. Attention : si vous n'initialisez pas cette valeur, le ramasse-miettes ne sera jamais lancé et votre cache grossira indéfiniment. Sur mon serveur, il passe toutes les 90 minutes.

```
CacheGcInterval 1.5
```

- **`CacheDefaultExpire`** – Indique le délai d'expiration par défaut (en secondes) utilisé pour les ressources n'ayant pas de date d'expiration propre. Cette directive n'a aucun effet sur les ressources dont l'en-tête HTTP indique une date d'expiration, alors que ces ressources sont affectées par la limite donnée par la directive `CacheMaxExpire`. La valeur par défaut est de 24 heures, mais je l'ai augmentée à 72 heures (3 jours) :

```
CacheDefaultExpire 259200
```

- `CacheMaxExpire` – Indique un délai maximal pendant lequel les données gardées en cache sont envoyées au client sans vérifier leur validité auprès du serveur d'origine. Cette directive donne une durée maximale pendant laquelle un document en cache est considéré comme valide. Cette restriction s'applique même si le serveur d'origine du document indique une date d'expiration ultérieure ou si la valeur de la directive `CacheDefaultExpire` est plus élevée. La valeur par défaut est de 86400 secondes, c'est-à-dire une journée. Sur mon serveur, je l'ai élevée à sept jours :

```
CacheMaxExpire 604800
```

- `CacheLastModifiedFactor` – Précise le facteur utilisé pour estimer la date d'expiration d'un document quand le serveur d'origine n'en fournit pas. La durée de validité d'un document dépend dans ce cas de la date de sa dernière modification, d'après la formule suivante : *durée d'expiration = temps écoulé depuis la dernière modification × facteur.*

  Si le facteur vaut 0.1 (la valeur par défaut, que j'utilise sur mon serveur), cette formule donne une durée d'expiration égale à un dixième de la durée écoulée depuis la dernière modification du document. En d'autres termes, si un document n'a pas été modifié depuis 10 jours, le mandataire le considère comme valide pour une journée.

- `CacheEnable` – Cette directive indique à `mod_cache` quelles ressources (quelles URL) doivent être gardées en cache et quel type de cache utiliser. Elle indique une URL racine et toutes les URL qui se trouvent sous cette racine sont conservées. Pour un cache disque sur un serveur mandataire typique, cette directive prend la forme suivante, qui indique que toutes les URL commençant par le caractère `/` (en d'autre termes toutes les URL) doivent être conservées dans un cache disque (réalisé au moyen de `mod_disk_cache`). Remarquez que cette directive affecte aussi bien les URL locales que celles que le mandataire récupère sur des serveurs distants.

```
CacheEnable disk /
```

  Il existe aussi une directive `CacheDisable` qui interdit la conservation en cache de certaines URL avec une syntaxe similaire à celle de `CacheEnable`. Il vaut mieux ne pas utiliser cette directive avec un serveur mandataire, dans la mesure où il n'est généralement pas possible de déterminer a priori les ressources qu'un mandataire doit ou non conserver en cache. La directive `CacheDisable` est plus adaptée à la conservation de ressources locales dans un cache mémoire au moyen du module `mod_mem_cache` qui sera brièvement décrit plus loin. Dans ce contexte, l'administrateur peut identifier des ressources qu'il vaut mieux ne pas garder en cache (par exemple de gros fichiers images).

- `CacheRoot` – Indique le nom du répertoire qui doit contenir les fichiers du cache. Cette directive est nécessaire au fonctionnement du cache ; cependant, si elle est absente, Apache n'émet pas de message d'erreur et se contente de ne pas activer le cache.

L'utilisateur sous l'identité duquel tournent les processus fils Apache doit avoir le droit d'écrire dans le répertoire indiqué par la directive `CacheRoot`. Il peut se trouver n'importe où sur votre système ; assurez-vous simplement que l'utilisateur désigné par la directive `User` du fichier `httpd.conf` a les droits d'écriture. Avec la configuration par défaut, qui est tout à fait acceptable, cet utilisateur est *nobody*. Je ne veux pas inclure le cache d'Apache dans mes sauvegardes quotidiennes ; pour moi, il s'agit de données temporaires et je trouve sensé de les conserver à un endroit adapté.

```
CacheRoot /tmp/proxy
```

- **`CacheSize`** – Indique la taille maximale du cache en kilo-octets. Le cache peut grossir au-delà de cette limite, mais dans ce cas le ramasse-miettes le ramènera en-deçà lors de son prochain passage. La valeur par défaut, environ 1 Go, est probablement beaucoup trop importante. Sur mon serveur personnel, le cache est limité à seulement 40 Mo :

```
CacheSize 40960
```

- **`CacheDirLevels`** – Indique le nombre de niveaux de sous-répertoires utilisés pour gérer le cache. Si votre cache est très important, un nombre de niveaux assez élevé peut accélérer les recherches. Toutefois, la valeur pas défaut, 3, est généralement suffisante.
- **`CacheDirLength`** – Indique le nombre de caractères dans les noms des sous-répertoires du cache. Les noms de ces sous-répertoires sont construits à partir de lettres des URL utilisées pour accéder aux ressources correspondantes. Une valeur de 1, par exemple, indique à Apache d'utiliser des noms de répertoires comme `/tmp/proxy/A/n/w`. La valeur par défaut est 2 et je n'ai jamais eu besoin de la changer.
- **`CacheForceCompletion`** – Précise un pourcentage au-delà duquel la récupération d'un document doit être menée à terme même si le client coupe la connexion HTTP. Par exemple, si ce pourcentage vaut 60 (la valeur par défaut) et si le client coupe la connexion alors que le transfert est effectué à 50 %, la partie du fichier déjà récupérée sera perdue. Par contre, si le transfert est effectué à 65 % lors de la coupure de la connexion, le mandataire va continuer à récupérer le document et le placer en cache. Sur mon serveur, je positionne cette valeur à 75, légèrement plus haut que la valeur par défaut.

```
CacheForceCompletion 75
```

Il existe d'autres types de caches en plus du cache disque, mais ils servent principalement à conserver des ressources locales sur un serveur chargé et ils ne sont pas vraiment intéressants pour un mandataire. Le cache mémoire du module `mod_mem_cache` sera décrit plus loin dans ce chapitre.

Contrôler l'expiration

L'expiration d'une ressource ou d'un document est un concept essentiel pour la gestion d'un cache. La vitesse n'est pas le seul point important pour les utilisateurs ; l'accès à des données à jour l'est tout autant. Un mandataire cache a besoin d'un moyen de déterminer si une ressource en cache peut être envoyée à un utilisateur ou s'il faut en chercher une version plus récente sur le serveur d'origine. C'est le rôle de l'en-tête HTTP `Expires`, qui est aussi l'outil le plus important pour contrôler le comportement des serveurs caches. Les serveurs joignent cet en-tête à leurs réponses HTTP pour indiquer comment la ressource envoyée doit être traitée par les caches, qu'il s'agisse de mandataires ou des caches intégrés des navigateurs Web. Cet en-tête contient une date et une heure (exprimées en heure GMT) au-delà desquelles le document ne doit plus être considéré comme valide a priori et doit être validé auprès de son serveur d'origine avant d'être renvoyé par le cache.

Pour valider un document, le mandataire vérifie auprès du serveur d'origine s'il a été modifié d'une quelconque façon depuis qu'il a été récupéré et placé dans le cache. Le mandataire ne récupère un nouvel exemplaire du document que si le serveur d'origine indique que sa dernière mise à jour est plus récente. Si c'est le cas, le mandataire récupère un nouvel exemplaire du document et écrase celui qui se trouvait dans le cache.

Le module `mod_expires` permet à l'administrateur du serveur Apache de contrôler cet en-tête `Expires` ; vous devez vous assurer que ce module est bien chargé par votre serveur. Il a probablement été compilé avec votre serveur Apache, du moins si vous avez passé l'option `--enable-shared=most` au script de configuration. Ce module est facile à utiliser ; il ne fournit que trois directives pour contrôler l'en-tête `Expires`, à savoir `ExpiresActive`, `ExpiresDefault` et `ExpiresByType`.

> **L'en-tête Cache-Control**
>
> Dans le protocole HTTP/1.1, l'en-tête `Expires` a été supplanté par un en-tête `Cache-Control` (décrit plus loin dans le paragraphe « Gérer les caches dans HTTP/1.1 »). Cette directive n'a cependant pas encore été totalement incorporée dans les gestionnaires de cache (qu'il s'agisse des mandataires ou des navigateurs). Le module `mod_proxy` d'Apache, par exemple, ne reconnaît pas cet en-tête. En attendant qu'il se répande, l'en-tête `Expires` reste le moyen principal de contrôler la mise en cache des ressources Web. Les administrateurs Apache peuvent utiliser les deux en-têtes simultanément pour augmenter les chances d'obtenir des caches le comportement souhaité.

Utiliser l'en-tête Expires

La directive `ExpiresActive` autorise ou non l'utilisation d'en-têtes `Expires` pour les documents situés dans sa portée. Par exemple, si vous la placez dans un fichier `.htaccess`, elle n'affecte l'usage de l'en-tête `Expires` que pour les documents situés dans le répertoire concerné. Elle prend un seul argument qui peut valoir *`on`* ou *`off`*.

```
ExpiresActive on
```

Valeur par défaut pour l'en-tête Expires

La directive `ExpiresDefault` indique une durée servant de base à la création de l'en-tête `Expires` par défaut pour les documents affectés par cette directive. Vous pouvez ajouter cette directive à plusieurs blocs `<Directory>` et autres fichiers `.htaccess` pour indiquer des délais d'expiration différents pour plusieurs parties du site. La durée peut être utilisée pour produire l'en-tête `Expires` à partir de la dernière modification du document ou à partir de son dernier accès par le client.

L'intervalle peut être exprimé de deux façons différentes. L'un des formats est plus économique mais plus difficile à déchiffrer, alors que l'autre est plus verbeux et plus clair. Dans le premier format, l'intervalle est exprimé en secondes et précédé d'un `A` s'il doit être calculé à partir du dernier accès ou d'un `M` s'il est calculé à partir de la dernière modification. Dans cet exemple, la date d'expiration est fixée à une semaine (604800 secondes) après le dernier téléchargement :

```
ExpiresActive on
ExpiresDefault A604800
```

Le format simple exprime l'intervalle en années, mois, semaines, jours, heures, minutes et secondes à partir du dernier accès ou de la dernière modification. Cette syntaxe proche de l'anglais est décrite en détail dans la documentation du module. Dans la mesure où la directive `ExpiresDefault` attend un unique argument, une chaîne comportant plusieurs mots doit être placée entre guillemets. Avec cette syntaxe, l'exemple précédent s'écrit comme suit :

```
ExpiresActive on
ExpiresDefault "access plus 1 week"
```

Après avoir activé l'en-tête `Expires` avec les directives qui précèdent, j'obtiens l'en-tête suivant en réponse à une requête HTTP :

```
HTTP/1.1 200 OK
Date: Tue, 30 May 2000 16:20:00 GMT
Server: Apache/1.3.12 (Unix)
Cache-Control: max-age=604800
Expires: Tue, 06 Jun 2000 16:20:00 GMT
Last-Modified: Wed, 24 May 2000 13:45:21 GMT
ETag: "34062-f66-392bdcf1"
Accept-Ranges: bytes
```

```
Content-Length: 3942
Connection: close
Content-Type: text/html
```

Remarquez que la date donnée par l'en-tête `Expires` se situe exactement une semaine après la requête. Remarquez aussi que `mod_expires` ajoute un en-tête `Cache-Control` indiquant que ce document ne doit en aucun cas être envoyé par un cache s'il y est resté plus de 604 800 secondes (une semaine). Les navigateurs et les mandataires conformes à HTTP/1.1 doivent honorer cette demande du serveur.

Le module `mod_expires` semble, au moins partiellement, conforme à HTTP/1.1. L'examen du code source montre que la directive `max-age` de l'en-tête `Cache-Control` est gérée. La production de cet en-tête est un petit plus de `mod_expires`, mais vous ne pourrez pas l'utiliser au maximum avec ce module (pas plus qu'avec `mod_proxy`, qui ne le gère pas encore). L'en-tête `Expires` est l'outil à utiliser pour contrôler la mise en cache des documents fournis par votre serveur Apache en attendant la généralisation de HTTP/1.1.

En-tête Expires pour un type MIME particulier

La directive `ExpiresByType` précise la valeur de l'en-tête `Expires` pour un type MIME spécifique (par exemple `text/html`). Encore une fois, l'en-tête peut être produit relativement à la dernière modification du fichier ou au dernier accès par le client. Voici un exemple dans lequel l'en-tête est créé en fonction de la dernière modification pour les pages HTML (de type `text/html`) et du dernier accès pour les images GIF (de type `image/gif`) :

```
ExpiresActive on
ExpiresByType text/html M604800
ExpiresByType image/gif A2592000
```

ou encore, avec l'autre syntaxe :

```
ExpiresActive on
ExpiresByType text/html "modification plus 1 week"
ExpiresByType image/gif "access plus 1 month"
```

Cette distinction peut être pertinente si les images font partie de la charte graphique du site (par exemple le logo de l'entreprise) et changent beaucoup moins souvent que le texte. Bien sûr, cet exemple ne doit pas être suivi si les images et le texte sont intimement liés.

Mandataire et autres protocoles

La méthode CONNECT n'est pas vraiment définie par la norme HTTP, mais elle est réservée pour l'usage des mandataires. Il s'agit d'une méthode de requête HTTP (comme GET ou PUT) qui permet d'établir un tunnel pour faire passer à travers un mandataire HTTP une connexion utilisant un autre protocole. La directive AllowConnect indique une liste de numéros de ports TCP sur lesquels les clients peuvent se connecter à votre mandataire Apache pour utiliser cette méthode. La méthode CONNECT est souvent utilisée par les navigateurs SSL qui se connectent au mandataire avec une URL commençant par https:// pour établir un tunnel vers un autre serveur, par exemple pour établir une connexion sécurisée avec un site de commerce électronique. Le mandataire établit et maintient la connexion vers le serveur distant en utilisant le protocole indiqué par le client au moyen de la commande CONNECT. Tout le trafic de cette connexion est relayé vers le client, qui maintient également ouverte sa connexion vers le mandataire.

La configuration par défaut autorise la méthode CONNECT sur les ports correspondant à deux des protocoles où ce genre de tunnel est le plus souvent utilisé : les ports TCP 443 (SSL) et 563 (Snews). Pour remplacer, par exemple, Snews par telnet (port TCP 23), utilisez la directive suivante :

```
AllowConnect 443 23
```

Un navigateur Web configuré pour utiliser un mandataire pour d'autres protocoles que HTTP ou FTP (par exemple pour le protocole telnet) se connecte au mandataire et émet une requête CONNECT. Dans l'exemple du protocole telnet, le client établit une connexion HTTP ordinaire et y écrit une requête de ce genre :

```
CONNECT hotedistant.com:23 HTTP/1.0
```

Le mandataire établit une connexion sur le port TCP 23 de la machine hotedistant.com (où un démon telnet devrait accepter la connexion) et maintenir la connexion HTTP comme un tunnel pour la connexion telnet.

Gérer les caches dans HTTP/1.1

Le protocole HTTP/1.1, décrit par la RFC 2616, améliore sensiblement la gestion des mandataires caches avec l'ajout de deux nouveaux en-têtes. Le module mod_proxy d'Apache, qui n'est encore qu'un mandataire HTTP/1.0, ne prend en charge qu'un seul de ces deux en-têtes, Via. En revanche, il ne gère pas complètement l'en-tête Cache-Control, qui est au cœur des mécanismes de gestion du cache de HTTP/1.1. Ce nouvel en-tête peut contenir jusqu'à 19 directives destinées aux caches, qu'il s'agisse de mandataires ou des caches des navigateurs.

Tout gestionnaire de cache conforme à HTTP/1.1 doit obéir à ces directives et les relayer vers tous les caches situés en aval (plus près du client).

Les directives qui peuvent être indiquées dans un en-tête `Cache-Control` se répartissent en quatre catégories, qui définissent de façons différentes ce qui peut être conservé en cache. La première catégorie de directives indique les types de réponses HTTP qui peuvent être conservés, la seconde catégorie indique les types de ressources qui peuvent l'être, la troisième catégorie indique combien de temps les données doivent être conservées (et remplace de fait l'en-tête `Expires` de HTTP/1.0) et la quatrième catégorie contrôle les mécanisme de validation des données déjà en cache. Un exemple typique d'en-tête `Cache-Control` ressemble à cela :

```
Cache-Control: max-age=3600
```

Cet en-tête indique à tous les caches de considérer qu'un exemplaire du document concerné datant de plus d'une heure (3 600 secondes) est potentiellement périmé. Après ce délai, le cache doit, lors de chaque requête, vérifier auprès du serveur d'origine s'il existe une version plus récente et, dans l'affirmative, la télécharger pour remplacer l'ancienne.

Une autre utilisation courante de l'en-tête `Cache-Control` est la suivante :

```
Cache-Control: must-revalidate
```

Cet en-tête indique au mandataire de se connecter au serveur d'origine à chaque requête d'un client pour vérifier s'il dispose de la dernière version du document. Le mandataire permet quand même de gagner du temps en évitant de récupérer tout le document s'il est encore d'actualité.

Dans son incarnation actuelle, `mod_proxy` n'est pas compatible avec HTTP/1.1. Je vais me contenter de mentionner quelques-unes des directives `Cache-Control` que le module reconnaît et qui seront à terme les directives à utiliser pour contrôler n'importe quel cache HTTP :

- **`public`** – Indique que la réponse du serveur HTTP peut être conservée en cache même si elle ne devrait normalement pas l'être. Par exemple, un cache partagé ne conserve pas par défaut les documents protégés par un mot de passe ; cette directive indique qu'un tel document peut être conservé.
- **`private`** – Indique que la réponse est destinée à un seul utilisateur (d'où son nom) et ne doit jamais être conservée par un cache partagé (c'est à dire un cache qui a potentiellement plusieurs utilisateurs). En revanche, le document peut être conservé dans le cache d'un navigateur.
- **`no-cache`** – Force les caches (les mandataires comme les navigateurs) à toujours valider une requête auprès du serveur d'origine avant de renvoyer un document en cache. Le client peut toujours recevoir l'exemplaire du document qui se trouvait dans le cache, mais

cet exemplaire doit d'abord être validé par le serveur d'origine (pour authentifier le client ou pour vérifier que le document est à jour).

- `max-age=[n]` – Indique la durée maximale (en secondes) pendant laquelle le document doit être considéré comme étant d'actualité.
- `s-maxage=[n]` – Similaire à `max-age`, mais ne s'applique qu'aux caches partagés (c'est-à-dire aux mandataires), pas aux navigateurs.
- `max-stale` – Cette directive peut être placée dans un en-tête `Cache-Control` par un navigateur client pour indiquer aux caches que le client accepte les réponses dont la date d'expiration est dépassée. Un serveur peut utiliser la directive `must-revalidate` pour annuler celle-ci.
- `must-revalidate` – Indique au cache de valider toutes les requêtes ultérieures pour le même objet auprès du serveur d'origine. Cela sert à éviter qu'un serveur cache ignore les durées d'expiration fixées par le serveur. L'efficacité de cette directive repose sur l'obéissance aux directives de l'en-tête `Cache-Control` par tous les caches conformes à HTTP/1.1.
- `proxy-revalidate` – Comme `must-revalidate`, mais ne s'applique qu'aux mandataires caches, pas aux caches privés des navigateurs.

Utiliser les caches HTTP/1.1 avec Apache

J'ai mentionné huit des directives utilisables avec l'en-tête `Cache-Control` de HTTP/1.1. Ce sont probablement les plus utiles et elles devraient suffire à vous donner une idée des avantages que cette méthode de contrôle des caches présentera quand elle sera généralisée.

En attendant que `mod_proxy` ou un éventuel remplaçant gère totalement le contrôle de cache de HTTP/1.1, vous pouvez ajouter manuellement l'en-tête adapté aux réponses de votre serveur Apache au moyen de la directive `Header`. Cette directive est fournie par le module standard `mod_header`, compilé par défaut dans l'exécutable Apache. Ce module ne fournit pas d'autre directive et son unique fonction est de permettre à l'administrateur d'ajouter des en-têtes arbitraires ou au contraire d'enlever des en-têtes standards aux réponses HTTP.

La directive `Header` est valide dans presque tous les contextes ; elle peut s'appliquer aux fichiers d'un répertoire particulier, aux fichiers ayant un type MIME précis ou encore à des fichiers nommés un par un. La directive suivante, par exemple, ajoute l'en-tête `Client-Control` spécifié à toutes les réponses HTTP auxquelles elle s'applique :

```
Header append Client-Control: "max-age=3600, must-revalidate"
```

L'en-tête Via

Même si `mod_proxy` est décrit comme un mandataire conforme à HTTP/1.0, il gère quand même un en-tête défini uniquement dans HTTP/1.1. Cet en-tête, `Via`, sert à suivre le parcours d'une réponse à travers une chaîne de mandataires et de passerelles en fournissant une liste de tous les éléments de cette chaîne. Il permet à la fois d'éviter les boucles et d'identifier les protocoles reconnus par tous les éléments de la chaîne. D'après la spécification HTTP/1.1, chaque mandataire doit ajouter un en-tête `Via` indiquant l'identité du serveur ; un commentaire indiquant la version du logiciel peut y être ajouté.

Je suis sûr que vous avez déjà examiné les en-têtes d'un courrier électronique pour trouver la liste des serveurs par lesquels il a transité (qui sont donnés par les en-têtes `Received`). L'en-tête HTTP `Via` est conçu pour fonctionner de façon analogue, en gardant une trace de tous les serveurs impliqués dans l'acheminement de la ressource HTTP.

La mise en application de l'en-tête `Via` par `mod_proxy` est minime. Elle se configure au moyen d'une unique directive, `ProxyVia`, qui prend une des quatre valeurs suivantes :

- **`off`** – Valeur par défaut pour la directive `ProxyVia`. Elle indique qu'aucun en-tête `Via` ne doit être ajouté à la réponse HTTP relayée par `mod_proxy`. Dans la mesure où `mod_proxy` ne prétend pas être conforme à HTTP/1.1, il n'est pas tenu d'ajouter cet en-tête.
- **`on`** – Ajoute un en-tête `Via` identifiant le serveur à chaque requête relayée par le mandataire.
- **`full`** – Ajoute un en-tête `Via` comprenant un commentaire indiquant la version du serveur Apache.
- **`block`** – Enlève tous les en-têtes `Via` des réponses relayées par le mandataire. En fait, cette configuration est contraire à la spécification HTTP/1.1 qui impose de laisser ces en-têtes tels quels. Techniquement, ce n'est pas une violation de la norme puisque `mod_proxy` ne prétend pas être conforme à la dite norme, mais ce n'est probablement pas très correct. N'utilisez pas cette option.

Utiliser mod_mem_cache

Le module `mod_disk_cache` peut être remplacé par un autre module expérimental, `mod_mem_cache`, qui permet de conserver des objets ou des descripteurs de fichiers ouverts dans un cache en mémoire. Dans la mesure où ce module est encore en cours d'élaboration, je ne m'étendrai pas sur le sujet et me contenterai de décrire son fonctionnement et de donner un exemple de configuration.

Pour utiliser le cache mémoire, vous devez invoquer le script de configuration avec l'option `--enable-mem-cache` avant de compiler Apache. Vous pouvez ajouter les directives suivantes à votre fichier `httpd.conf` pour autoriser le maintien en cache de toutes les URL commençant par `/` (c'est-à-dire toutes les données fournies par le serveur). Dans la mesure où le cache est conservé en mémoire, la directive `CacheDisable` permet d'éviter d'y conserver les images, qui peuvent prendre une place démesurée. L'URL qui lui est passée en argument renvoie probablement à un sous-répertoire de la racine DocumentRoot, mais ce n'est pas obligatoire ; une redirection la fait souvent correspondre à un autre répertoire du système.

```
<IfModule mod_mem_cache.c>
  CacheEnable mem /
  CacheDisable /images
  MCacheSize 4096
  MCacheMaxObjectCount 100
  MCacheMinObjectSize 1
  MCacheMaxObjectSize 2048
</IfModule>
```

Au lieu de garder des objets entiers dans un cache mémoire, il peut être intéressant d'ouvrir les fichiers correspondants et de ne garder que les descripteurs qui y sont associés par Linux. Le maintien en cache des descripteurs des fichiers auxquels les accès sont les plus fréquents peut améliorer les performances du serveur de façon notable. Même si le contenu des fichiers doit être lu à chaque accès, en les gardant ouverts, le cache évite la perte de temps nécessaire à leur ouverture. La conservation en cache des descripteurs de fichiers se configure de façon analogue à celle des objets eux-mêmes, si ce n'est que le mot-clé mem est remplacé par fd. Dans l'exemple précédent, la directive CacheEnable deviendrait :

```
CacheEnable fd /
```

ATTENTION Le nombre de descripteurs de fichiers qui peuvent être gardés en cache est limité par le nombre total de descripteurs autorisés pour un seul et même processus. Dans les versions récentes de Linux, cette limite est de 1024. Pour déterminer cette valeur sur votre système, entrez la commande ulimit -a. Assurez-vous de le faire en tant qu'utilisateur non privilégié (pas en tant que root), puisque les processus fils Apache tournent ainsi.

Squid : un serveur mandataire pour Linux

Apache et son module mod_proxy suffisent à la plupart des administrateurs. Le gestionnaire de cache mod_cache est relativement efficace et plutôt robuste. Toutefois, même si mod_proxy peut créer des tunnels pour les autres protocoles, il s'agit avant tout d'un mandataire HTTP. Si vous avez besoin de prendre en charge d'autres protocoles, vous devez plutôt vous tourner vers un logiciel dédié, conçu pour traiter plusieurs requêtes simultanément sous une charge importante. Même si beaucoup de produits commerciaux sont disponibles, il existe une alternative libre qui jouit d'une excellente réputation parmi les utilisateurs de Linux.

Si vous avez besoin d'un serveur mandataire dédié complet et puissant, pensez à Squid, un logiciel libre disponible sur www.squid-cache.org. Squid est un mandataire HTTP, mais il gère aussi les protocoles FTP, WAIS, Gopher et SSL.

TUX : un accélérateur HTTP

Depuis sa version 7.1, la distribution Linux Red Hat comprend un serveur HTTP en mode noyau distribué sous le nom de Red Hat Content Accelerator. Ce serveur est plus connu du reste de la communauté Linux sous le nom de TUX. Il s'agit d'un serveur Web conçu pour répondre à des requêtes concernant des fichiers statiques (y compris des images) et pour s'acquitter de cette tâche aussi vite que possible compte tenu des limites de la machine. Il remplit ce rôle en tournant comme une partie du noyau Linux ; fondamentalement, TUX est un ensemble de modifications apportées à Linux lui-même. Il est conçu pour répondre aux requêtes en renvoyant des fichiers statiques et c'est tout ce qu'il sait faire. Ses fonctionnalités sont beaucoup plus limitées que celles d'Apache (pas d'hôtes virtuels, pas de journaux personnalisés, pas d'authentification des utilisateurs, pas de programmation...) et pour la plupart des administrateurs, TUX ne peut en aucun cas remplacer Apache. Il est le plus souvent utilisé comme frontal en transmettant toutes les requêtes qu'il ne peut pas traiter lui-même à un « vrai » serveur Web, le plus souvent Apache.

Pour la plupart des sites, TUX réduit de beaucoup la charge du serveur Apache en traitant directement les requêtes demandant des ressources statiques (en particulier des images), ce qui élimine le besoin de faire appel à Apache pour ces requêtes. TUX est plus un accélérateur pour un serveur Apache qu'un véritable serveur à part entière. Sa présence est invisible au serveur Apache et ce dernier reçoit les connexions TCP sans savoir qu'elles ont déjà été traitées. Pour le serveur Apache, les requêtes qu'il reçoit (celles que TUX n'a pas su traiter entièrement) sont des requêtes entrantes tout à fait normales et aucune modification de sa configuration n'est nécessaire.

Un des grands avantages de TUX est sa facilité d'installation et d'utilisation. Si vous utilisez Red Hat, il est fort possible que TUX soit déjà installé sur votre serveur et que vous n'ayez plus qu'à le configurer. TUX se compose de deux parties distinctes. La première est un module du noyau qui est généralement installé avec Red Hat Linux. La seconde est un ensemble d'utilitaires et de fichiers de configuration installés par un paquet RPM de la distribution. Remarquez que TUX ne fait partie d'aucun des groupes de paquetages de Red Hat ; pour l'installer en même temps que le système, vous devez opter pour la sélection individuelle des paquetages avant de trouver le paquet correspondant à TUX et de le sélectionner.

Vous pouvez vérifier si TUX est installé sur votre système en interrogeant la base RPM :

```
# rpm -q tux
tux-2.1.0-2
```

Si le paquet n'est pas installé, vous pouvez le trouver sur les CD-Rom d'installation ; par exemple, avec Red Hat 7.1 :

```
# mount /mnt/cdrom
# cd /mnt/cdrom/RedHat/RPMS
# ls tux*
tux-2.1.0-2.i386.rpm
# rpm -iv tux-2.1.0-2.i386.rpm
Preparing packages for installation...
tux 2.1.0-2
```

Les paramètres de configuration les plus susceptibles de devoir être modifiés se trouvent dans le fichier de configuration `/etc/sysconfig/tux`, qui peut être édité avant de lancer TUX. Le contenu de ce fichier se trouve dans le listing 12.4 ; les commentaires décrivent les quelques paramètres qui peuvent être modifiés. Utilisez un éditeur de texte pour modifier les paramètres qui le nécessitent avant de démarrer ou de redémarrer TUX (voir ci-dessous). Le seul paramètre que vous voudrez probablement modifier est `DOCROOT`, qui indique le répertoire où TUX cherche ses documents, images et autres fichiers ; ce paramètre remplit donc le même rôle que la directive `DocumentRoot` d'Apache.

Listing 12.4 – Fichier de configuration de TUX

```
# /etc/sysconfig/tux
# TUXTHREADS sets the number of kernel threads (and associated daemon
# threads) that will be used.  $TUXTHREADS defaults to the number of
# CPUs on the system.
# TUXTHREADS=1
# DOCROOT is the document root; it works the same way as other web
# servers such as apache.  /var/www/html/ is the default.
DOCROOT=/var/www/html/
# CGI_UID and CGI_GID are the user and group as which to run CGIs.
# They default to "nobody"
# CGI_UID=nobody
# CGI_GID=nobody
# DAEMON_UID and DAEMON_GID are the user and group as which the daemon runs
# They default to "nobody"
# This does not mean that you should execute untrusted modules -- they
# are opened as user/group root, which means that the _init() function,
# if it exists, is run as root.  This feature is only designed to help
# protect from programming mistakes; it is NOT really a security mechanism.
# DAEMON_UID=nobody
# DAEMON_GID=nobody
# CGIs can be started in a chroot environment by default.
# Defaults to $DOCROOT; set CGIROOT=/ if you want CGI programs
# to have access to the whole system.
```

Listing 12.4 – Fichier de configuration de TUX (*suite*)

```
# CGIROOT=/var/www/html
# each HTTP connection has an individual timer that makes sure
# no connection hangs forever. (due to browser bugs or DoS attacks.)
# MAX_KEEPALIVE_TIMEOUT=30
# TUXMODULES is a list of user-space TUX modules.  User-space TUX
# modules are used to serve dynamically-generated data via tux.
# "man 2 tux" for more information
# TUXMODULES="demo.tux demo2.tux demo3.tux demo4.tux"
# MODULEPATH is the path to user-space TUXapi modules
# MODULEPATH="/"
LOGGING=1
```

TUX est installé sous Red Hat de façon à pouvoir être lancé au démarrage du système comme n'importe quel autre service. C'est probablement la meilleure façon de le lancer. L'utilitaire Linux `chkconfig` permet de le faire démarrer automatiquement quand le système entre en mode multi-utilisateurs (le niveau d'exécution 3) après son amorçage :

```
# chkconfig --list tux
tux             0:Arrêt 1:Arrêt 2:Arrêt 3:Arrêt 4:Arrêt 5:Arrêt 6:Arrêt
# chkconfig --level 3 tux on
# chkconfig --list tux
tux             0:Arrêt 1:Arrêt 2:Arrêt 3:Marche 4:Arrêt 5:Arrêt 6:Arrêt
```

TUX peut être démarré et arrêté au moyen de la commande `service`, comme tout autre service Linux. Cette commande permet entre autres de redémarrer TUX facilement après avoir modifié son fichier de configuration. En voici quelques exemples d'utilisation :

```
# service tux status
tux est arrêté
# service tux start
Démarrage de tux : [  OK  ]
# service tux status
tux (pid 8757 8756 8755 8754 8753 8752 8751 8750 8749 8748 8746) en cours
d'exécution
# service tux reload
Arrêt de tux : [  OK  ]
Démarrage de tux : [  OK  ]
```

Le listing 12.4 n'énumère qu'un petit nombre des paramètres de TUX accessibles à l'administrateur, mais ce sont les seuls qui peuvent être fixés définitivement dans un fichier de configuration dédié. La plupart des paramètres ne sont accessibles qu'au travers de structures maintenues en mémoire par le noyau Linux (rappelez-vous qu'une partie de TUX se présente sous la forme d'un module du noyau). La façon la plus courante de modifier ces paramètres consiste à écrire dans le système de fichiers virtuels `/proc`. Vous pouvez examiner les valeurs actuelles de ces paramètres en regardant le contenu des fichiers du répertoire `/proc/sys/net/tux`. Il ne s'agit pas d'un véritable répertoire et ce qui ressemble à des fichiers n'en est pas vraiment ; en réalité, tout le contenu du répertoire `/proc` est constitué d'interfaces permettant d'accéder à des structures de données du noyau. Tout ce qui est écrit dans ces « fichiers » modifie en réalité le contenu de ces structures de données.

Vous n'aurez probablement jamais besoin de modifier la plupart des paramètres de `/proc/sys/net/tux`, mais vous pourriez avoir besoin d'en modifier quelques-uns pour mieux adapter TUX à votre environnement. Le listing 12.5 donne quelques exemples de modification de ces paramètres. Une liste complète (en anglais) des paramétrages possibles se trouve à l'URL

http://www.redhat.com/docs/manuals/tux/TUX-2.2-Manual/parameters.html

Ne les modifiez que si vous comprenez réellement ce que vous faites. N'oubliez pas que ces paramètres ne sont pas conservés lorsque l'espace mémoire dans lequel ils résident est libéré, ce qui est le cas au redémarrage de la machine. Vous devez remettre votre configuration en place à chaque démarrage de TUX, ce que vous pouvez faire dans le script de démarrage `/etc/init.d/tux`. Vous pouvez ajouter des lignes semblables aux commandes `echo` du listing 12.5 juste après la ligne servant à démarrer `TUX` (qui commence probablement par le mot-clé `daemon`).

Listing 12.5 – Réglage des paramètres courants de TUX

```
# cat /proc/sys/net/tux/logging
0
# echo "1" > /proc/sys/net/tux/logging
# cat /proc/sys/net/tux/logging
1
# echo "8008" > /proc/sys/net/tux/clientport
# echo "/home/httpd/cgi-bin" > /proc/sys/net/tux/cgiroot
```

Compresser le contenu avec mod_deflate

Un serveur HTTP peut compresser les données avant de les envoyer au client, ce qui est une façon simple d'accélérer son débit, en particulier s'il est limité avant tout par la bande passante réseau disponible. Ce mécanisme de compression est décrit par deux documents de l'IETF (les RFC 1351 et 1352) et les mécanismes de compression d'Apache sont compatibles avec tout navigateur conforme à ces deux documents. Ces derniers décrivent deux méthodes de compression ; la première utilise l'algorithme DEFLATE et la seconde utilise GZIP, format de compression courant sous Unix et Linux. Pratiquement tous les navigateurs Web actuels sont compatibles avec l'une ou l'autre de ces deux méthodes. Contrairement à ce que son nom pourrait laisser croire, le module mod_deflate met aussi en œuvre l'algorithme de compression *GZIP*. Il fait partie de la distribution Apache 2.0 standard, même s'il n'est pas activé par défaut à l'heure actuelle. Ce module existe depuis un certain temps, mais il a longtemps été documenté uniquement en russe ; il a par conséquent fallu beaucoup de temps avant qu'il soit réellement accepté par la communauté des utilisateurs d'Apache et pas seulement par les habitués des modules expérimentaux. Il s'agit maintenant d'un module mûr et utilisable sans problèmes particuliers.

Le module lui-même est très simple à utiliser et fonctionne de manière complètement transparente. En général, la compression est activée sur le serveur pour un type particulier de ressources (souvent les documents HTML) et le navigateur client effectue automatiquement la décompression. Pour compiler mod_deflate, comme pour la plupart des modules Apache, il suffit de passer l'argument correspondant au script de configuration, en l'occurrence --enable-deflate. Assurez-vous que la ligne LoadModule correspondante se trouve dans votre fichier httpd.conf (ajoutez-la si nécessaire) et redémarrez Apache.

```
LoadModule deflate_module modules/mod_deflate.so
```

Voici un exemple d'utilisation de mod_deflate affectant les fichiers d'un type donné dans un répertoire donné. Il s'agit du bloc <Directory> correspondant à la documentation d'Apache sur mon serveur.

```
<Directory "/usr/local/pache2/manual">
    Options Indexes FollowSymLinks MultiViews
    AllowOverrides None
    Order allow,deny
    Allow from all
    SetEnv gzip-only-text/html 1
    SetOutputFilter DEFLATE
</Directory>
```

Les lignes intéressantes sont les deux dernières à l'intérieur du bloc. Contre toute attente, la compression des documents HTML (et uniquement ceux-ci) est activée par une directive SetEnv et non pas par une directive spécifique à mod_deflate. Les auteurs du module recommandent cette configuration en ajoutant que certains navigateurs (non précisés) ne gèrent pas correctement les ressources compressées correspondant à d'autres types de contenu. La directive SetOutputFilter se contente de spécifier le filtre à utiliser (*DEFLATE* dans ce cas) pour les ressources contrôlées par ce bloc, en l'occurrence, le contenu du répertoire /usr/local/

apache2/manual. Le module se charge ensuite de déterminer le type du fichier et de le compresser ou non en conséquence.

Le comportement de mod_deflate peut être affecté par plusieurs directives. Par exemple, vous pouvez modifier la taille du tampon utilisé pour l'algorithme *DEFLATE* (qui compresse les données par blocs de taille fixe) et modifier l'occupation mémoire du module. Ces directives ne sont pas encore complètement documentées (du moins pas en français ou en anglais) et ne devraient pas être utilisées sans une réelle connaissance de leurs effets ; les valeurs par défaut conviennent parfaitement pour la plupart des sites.

Contrôle des robots Web (« araignées »)

Presque tout le monde a déjà utilisé un moteur de recherche pour trouver des informations sur le Web et des noms comme Yahoo!, Excite, AltaVista ou Google ne vous sont probablement pas inconnus. Chacun d'entre eux maintient une base de données de sites Web au moyen de robots. Ceux-ci, également connus sous le nom de moteurs de balayage ou araignées, parcourent le Web en interprétant les pages Web pour trouver des liens hypertextes qu'ils suivent pour découvrir de nouveaux sites. Ils construisent ainsi de gigantesques bases de données dans lesquelles tout un chacun peut ensuite faire une recherche par sujet ou par mot-clé.

La plupart des sites Web publics accueillent volontiers ces moteurs de recherche et font même tout pour attirer leur attention, dans la mesure où ils font office d'index sur Internet. En fait, des livres entiers ont été consacré à l'art et à la manière d'attirer ces indexeurs et on considère généralement l'apparition dans ces bases de données comme très importante pour la publicité d'un site Web. Il peut cependant s'avérer utile de limiter les activités de ces robots. La raison la plus importante peut être un site qu'on souhaite non accessible au public, même s'il est possible de le faire depuis le Web. Une autre raison, moins importante de nos jours qu'à une époque, est la possibilité qu'un robot monopolise un serveur et réduise la qualité du service pour les véritables utilisateurs.

En 1994, les développeurs des principaux robots se sont mis d'accord sur un moyen pour les administrateurs de signaler leurs préférences aux robots, qui est depuis connu de façon non formelle sous le nom de standard d'exclusion de robots. La conformité à ce standard n'a rien d'obligatoire, mais il est néanmoins devenu la méthode canonique pour limiter l'activité des robots Web. J'étais plutôt sceptique quand j'ai entendu parler pour la première fois de ce standard ; certes, il contrôlerait les robots respectueux du standard, mais ce n'était pas forcément de ceux-là que je voulais me prémunir. Toutefois, il s'avère que la plupart des moteurs de recherche se conforment à ce standard et respectent les limites que vous leur indiquez.

L'utilisation de ce standard est très simple. Les moteurs de recherche s'attendent à trouver vos instructions à propos des parties du site à ignorer à l'adresse /robots.txt. Votre serveur doit donc tout d'abord permettre l'accès à cette ressource. Le moyen le plus simple est de créer un fichier appelé robots.txt à la racine définie par la directive DocumentRoot, même si vous pouvez aussi déposer le fichier ailleurs ou même le remplacer par un script en utilisant des techniques de réécriture d'URL. Un robot se comportant correctement commence toujours par accéder à ce fichier avant de faire quoi que ce soit d'autre et il se conforme aux instructions qui y sont indiquées.

La syntaxe du fichier `robots.txt` est assez simple. Il doit indiquer des sections séparées par des lignes vierges qui s'appliquent chacune à un robot ou à un groupe de robots. Chaque section commence par une (ou plusieurs) ligne `User-Agent:` qui identifie les robots concernés par les règles de la section. Souvenez-vous que les robots eux-mêmes lisent le fichier `robots.txt` et que chaque robot est responsable de l'application des règles qui le concernent. Il peut exister une et une seule section par défaut qui s'applique à tous les robots n'ayant pas leur propre section ; elle commence par la ligne suivante :

```
User-Agent: *
```

Chaque section contient ensuite une ligne `Disallow:` qui identifie les portions du site qui ne doivent pas être indexées par les robots concernés. Ces portions sont identifiées par des URL partielles. Par exemple, pour indiquer qu'aucun robot ne doit indexer une quelconque partie de votre site Web, vous pourriez avoir un fichier `robots.txt` comportant uniquement les deux lignes suivantes :

```
User-Agent: *
Disallow: /
```

Cela indique aux robots de n'indexer aucune URL commençant par le caractère `/`, ce qui inclut bien sûr toutes les URL possibles.

Le listing 12.6 est un exemple de fichier `robots.txt`. Il demande à tous les robots de ne pas indexer les URL commençant par `/private/`, à l'exception de deux d'entre eux : InfoSeek peut indexer tout le site, alors que NastySpider ne doit rien indexer.

Listing 12.6 – Un exemple de fichier robots.txt

```
#robots.txt
User-Agent: *
Disallow: /private/
User-Agent: InfoSeek
Disallow:
User-Agent: NastySpider
Disallow: /
```

Malheureusement, maintenant que de plus en plus de produits destinés à l'utilisateur final utilisent la technologie des indexeurs Web, le fichier `robots.txt` devient de moins en moins utile. Beaucoup d'araignées actuelles n'utilisent pas ce fichier, ce qui aurait été considéré comme un comportement extrêmement discourtois il y a encore quelques années. Cependant, ce fichier est toujours utile si vous voulez contrôler les robots indexant votre site, même s'il ne comporte qu'une règle par défaut.

En plus de suivre les règles indiquées dans le fichier `robots.txt`, un indexeur responsable devrait être répertorié dans la base de données des robots Web à http://www.robotstxt.org/wc/active.html. Le même site (www.robotstxt.org) contient aussi une foire aux questions qui décrit la syntaxe complète du fichier `robots.txt`, très utile pour déterminer les chaînes `User-Agent:` correspondant à divers robots.

En résumé

La configuration par défaut d'un serveur Apache est déjà optimisée et donne de très bons résultats sur un serveur Linux. L'administrateur n'a donc que très peu à faire pour améliorer davantage les performances. Il existe toutefois plusieurs directives affectant les performances ; un administrateur doit bien les comprendre avant de les utiliser. Ces directives ont été décrites dans ce chapitre ; elles sont accompagnées d'exemples d'utilisation.

Toutefois, lorsqu'une amélioration des performances d'un serveur Apache est nécessaire, on utilise en règle générale un module améliorant le rendement du moteur lui-même. Au chapitre 8, j'avais mentionné les modules `mod_perl` et `mod_fastcgi`, qui permettent tous deux de tirer un peu plus d'un serveur Apache faisant tourner des scripts CGI. Dans ce chapitre, j'ai décrit deux autres mécanismes du même genre, le module `mod_proxy` et le serveur en espace noyau TUX, qui permettent tous deux d'améliorer les performances d'un serveur Apache distribuant des pages HTML statiques.

Ce chapitre s'est conclu par une description du standard d'exclusion des robots, qui permet d'éviter une dégradation supplémentaire des performances due à une araignée essayant d'indexer toutes les ressources du site. Cette méthode est surtout utile pour l'administrateur d'un site comportant de nombreuses pages Web publiquement accessibles depuis Internet.

Les deux prochains chapitres traiteront de la sécurité d'un serveur Web. Le chapitre 13 décrira les bases de l'authentification des utilisateurs ; le chapitre 14 décrira un module Apache très répandu, `mod_ssl`, qui gère le protocole SSL, un des fondements de la plupart des sites actuels de commerce électronique.

13

Fondements de la sécurité d'un serveur Web

Qu'un serveur Web soit connecté à Internet ou accessible en interne uniquement (sur un intranet), son administrateur doit être capable d'assurer sa sécurité. Les serveurs Web semblent être des cibles particulièrement tentantes pour les fauteurs de trouble d'Internet, mais aussi pour ceux, plus dangereux, qui cherchent à compromettre la sécurité des systèmes pour s'emparer d'informations sensibles, comme par exemple des numéros de cartes de crédit. La sécurité est un sujet très vaste qui fait l'objet de nombreux ouvrages. Ce chapitre et le suivant sont consacrés aux précautions les plus simples à prendre pour protéger un serveur Apache.

La plupart des organisations qui possèdent des serveurs Web les répartissent en deux groupes séparés par un routeur pare-feu. Les serveurs internes (à l'intérieur du pare-feu) ne doivent en principe être accessibles que depuis les machines internes de l'organisation, alors que les serveurs externes sont exposés à Internet. Le meilleur moyen de protéger un serveur Web est de s'assurer qu'il n'est pas accessible depuis Internet. C'est parfaitement acceptable pour le serveur Web d'un intranet, mais totalement contraire à la raison d'être de la plupart des serveurs, qui sont des systèmes d'informations publics ou encore des sites commerciaux (utiles pour la publicité, comme catalogues de vente par correspondance, comme services d'aide technique ou encore pour les relations client).

Pour protéger un serveur Web contre un intrus mal intentionné, l'idéal est de protéger les ressources confidentielles au moyen d'un mécanisme obligeant les utilisateurs à s'identifier avant de pouvoir y accéder. Dans ce chapitre, je vais décrire les mesures que vous pouvez prendre pour protéger un serveur en vous assurant de l'identité des utilisateurs s'y connectant (*l'authentification*) et en établissant des règles leur permettant ou non l'accès à certaines ressources (*l'autorisation*).

Le chapitre 14 traitera du protocole SSL (Secure Sockets Layer), qui permet d'aller un peu plus loin que la simple authentification en chiffrant les connexions pour échanger sans risques des informations sensibles (comme des numéros de cartes de crédit) avec un navigateur client. SSL a énormément contribué à la confiance des utilisateurs en la confidentialité des données sur le Web, ce qui a été un facteur vital dans l'essor du commerce électronique.

Outils de sécurité de base sous Apache

Les modules permettant de contrôler l'accès aux ressources d'un serveur Apache sont relativement simples. Quelle que soit sa complexité, un module de contrôle d'accès se contente à prendre une décision à propos d'une seule requête HTTP et d'envoyer une réponse à Apache : `OK` si la requête doit être honorée, `FORBIDDEN` (interdit) si elle ne le doit pas.

Les modules responsables de la surveillance des ressources protégées interviennent pendant trois phases du cycle de traitement des requêtes :

- **Contrôle d'accès** – Pendant cette phase, un module peut interdire un accès en fonction des informations fournies par la requête HTTP elle-même ou le paquet IP qui la contient. `mod_access` est le seul module intervenant pendant cette phase que je décrirai dans ce chapitre : il permet d'autoriser ou d'interdire un accès en fonction de l'adresse réseau d'origine de la requête.
- **Authentification** – Un module appelé pendant cette phase doit vérifier l'identité de l'utilisateur à l'origine de la requête, au moyen des éléments qu'il est en mesure de présenter. Ceux-ci peuvent être très élaborés, comme par exemple des certificats numériques éventuellement signés par une autorité de certification extérieure. Toutefois, le plus souvent, il s'agit d'une simple paire nom d'utilisateur/mot de passe que l'utilisateur saisit dans une boîte de dialogue de son navigateur, ou qui peut même être fournie directement par un cache.
- **Autorisation** – Quand un module agit pendant la phase d'autorisation, l'identité de l'utilisateur est supposée déjà connue et le module vérifie si l'utilisateur en question est autorisé à accéder à la ressource demandée, par exemple au moyen de listes de contrôle d'accès. Encore une fois, le module doit répondre `OK` ou `FORBIDDEN`.

La plupart des modules de restriction d'accès qui s'appuient sur l'identification de l'utilisateur installent des gestionnaires dans les deux dernières phases ; ils commencent par identifier l'utilisateur (pendant la phase d'authentification) puis ils déterminent si cet utilisateur a accès à la ressource demandée (pendant la phase d'autorisation). La description de ces modules occupe la majeure partie de ce chapitre ; je vais cependant commencer par décrire le module `mod_access`, qui intervient pendant la phase de contrôle d'accès pour bloquer certains clients en fonction de leur adresse IP.

Restrictions en fonction de l'origine du client

Le module `mod_access` implante la plus simple des méthodes de contrôle d'accès dans Apache. Il intervient pendant la phase de contrôle d'accès, très tôt dans le cycle de requête, alors que presque rien n'a encore été fait. À ce moment, Apache ne sait rien sur la requête elle-même ; il n'a même pas encore lu les en-têtes HTTP. Pendant cette phase, `mod_access` ne peut utiliser que le nom ou l'adresse IP du client pour déterminer si la requête doit ou non être honorée.

Même si ce module est très simple, il remplit une fonction très utile. Les directives qu'il fournit agissent en contexte répertoire (dans un bloc `<Directory>` ou dans un fichier `.htaccess`). Ces directives imposent des restrictions d'accès sur tous les fichiers du répertoire, elles ne peuvent pas affecter des fichiers spécifiques.

Dans la plupart des cas, `mod_access` sert à interdire l'accès depuis des adresses IP données explicitement, ou au contraire depuis des adresses qui ne se trouvent pas dans une liste d'hôtes autorisés. Pour cela, il reconnaît deux directives :

- **`Allow`** – Indique les hôtes autorisés à accéder aux ressources du répertoire.
- **`Deny`** – Indique les hôtes à qui l'accès à ces ressources est interdit.

Les hôtes concernés par ces directives peuvent être désignés de plusieurs façons :

- par le mot-clé **`all`**, qui désigne tous les hôtes :

```
Deny from all
```

- par des adresses IP complètes ou partielles :

```
Allow from 192.168.1.1 192.168.1.2
```

- par des noms de domaines partiels :

```
Deny from .un.domaine.com
```

- par un sous-réseau accompagné d'un masque. Les trois formes suivantes sont équivalentes :

```
Allow from 192.168.1
Allow from 192.168.1.0/255.255.255.0
Allow from 192.168.1.0/24
```

Une autre directive, `Order`, détermine l'ordre d'application des directives `Allow` et `Deny`. Elle peut prendre une des trois formes suivantes :

- **`Order deny,allow`** – Applique toutes les directives `Deny`, puis toutes les directives `Allow`. Cette forme permet d'interdire l'accès à un grand nombre d'hôtes et de l'autoriser exceptionnellement à quelques-uns, à la manière d'un pare-feu fermé. En général, on y ajoute une directive `Deny all` qui sera appliquée avant les directives `Allow`.
- **`Order allow,deny`** – Applique toutes les directives `Allow`, puis toutes les directives `Deny`. Cette forme permet d'autoriser l'accès au plus grand nombre et d'interdire explicitement un petit nombre d'hôtes. En général, on y ajoute une directive `Allow all` qui sera appliquée avant les directives `Deny`.
- **`Order Mutual-failure`** – Autorise l'accès à tout hôte qui apparaît dans une directive `Allow`, mais pas dans une directive `Deny`.

ASTUCE Assurez-vous d'entrer les directives exactement sous la forme donnée. La directive `Order` n'accepte qu'un seul argument. L'ajout d'un espace est une erreur fréquente. La directive `Order deny, allow` provoque une erreur : il faut l'écrire `Order deny,allow`.

Examinons un exemple pour mieux comprendre l'utilisation de la directive `Order`. Supposons que les directives suivantes apparaissent dans un bloc `<Directory>` ou dans un fichier `.htaccess` :

```
Order deny,allow       # Valeur par défaut
Allow from 192.168.1
Deny from all
```

L'accès au répertoire concerné n'est autorisé que depuis le sous-réseau `192.168.1` ; en effet, la directive `Order` impose à `mod_access` d'appliquer d'abord la directive `Deny from all`, même si elle se trouve après la directive `Allow` dans le fichier de configuration. Si au contraire la directive `Order` avait la forme `Order allow,deny`, la directive `Allow` autoriserait bien l'accès depuis le sous-réseau `192.168.1`, mais cet accès serait immédiatement interdit par la directive `Deny from all` appliquée ensuite. L'ordre dans lequel les directives apparaissent dans le fichier de configuration est sans importance, mais vous devez prêter attention à la directive `Order`. Si elle n'est pas indiquée, sa valeur par défaut est `Order deny,allow`.

Les directives `Allow` et `Deny` peuvent aussi autoriser ou non un accès en fonction de l'existence d'une variable d'environnement :

```
Allow from env=<variable>
Deny from env=<variable>
```

En général, cette variable est initialisée par une directive `BrowserMatch` ou `SetEnvIf` qui a préalablement examiné les en-têtes de la requête HTTP. Exemple :

```
BrowserMatch MSIE ie_user
<Directory /Explorer>
   Order deny,allow
   Deny from all
   Allow from env=ie_user
</Directory>
```

Ici, si le client utilise le navigateur Microsoft Internet Explorer (ce qui est indiqué dans l'en-tête `User-Agent` de la requête HTTP), une variable d'environnement `ie_user` est initialisée. Cette variable est ensuite utilisée pour autoriser l'accès au répertoire `/Explorer`. Les clients utilisant un autre navigateur recevront une erreur 403 (accès interdit). Voici un autre exemple, où la directive `SetEnvIf` est utilisée pour initialiser une variable en fonction du contenu d'un en-tête HTTP particulier :

```
SetEnvIf Referer "unhotedistant\.com" deny_this
<Directory /audio>
   Order allow,deny
   Allow from all
   Deny from env=deny_this
</Directory>
```

Dans cet exemple, les requêtes interdites concernent des fichiers son ; l'accès est interdit si le client vient d'un serveur externe, dont nous savons qu'il indique des liens directs vers les fichiers son en question et donc qu'il profite de notre bande passante. En revanche, toutes les autres requêtes pour ces mêmes fichiers sont honorées.

Restrictions dépendant de l'identité de l'utilisateur

Comme vous l'avez vu, il est facile de restreindre l'accès à un serveur Apache en fonction de l'origine de la requête (c'est-à-dire de l'adresse IP du client). Cette technique est utile pour n'autoriser l'accès à certaines ressources (par exemple les rapports d'état du serveur) qu'à quelques hôtes ou quelques sous-réseaux. Cette approche n'est cependant pas très flexible, ne serait-ce que parce que vous vous basez sur l'adresse réseau du client, sur laquelle vous n'avez aucun contrôle et qui peut éventuellement changer. En général, cette approche est la bonne si vous ne voulez autoriser l'accès qu'à des hôtes ou des sous-réseaux que vous contrôlez, mais une bonne méthode de contrôle d'accès généraliste comporte à la fois un moyen d'identifier un utilisateur (l'authentification) et un moyen de préciser à quelles ressources il doit avoir accès (l'autorisation).

Le protocole HTTP décrit deux méthodes d'authentification qui doivent être reconnues par tous les serveurs Web et par tous les navigateurs. La première, qui est aussi de loin la plus utilisée, est l'authentification HTTP de base. Cette méthode consiste à échanger en clair (sans chiffrement) les informations permettant l'authentification de l'utilisateur, c'est-à-dire son nom et son mot de passe. Le standard HTTP décrit également une seconde norme, l'authentification par *digest*, qui fonctionne de façon similaire, mais qui chiffre les données permettant d'identifier l'utilisateur, éliminant ainsi le risque que ces données soient interceptées en cours de transmission. Cette seconde méthode sera décrite plus loin dans ce chapitre.

Par défaut, Apache conserve les informations nécessaires à l'authentification de base dans des fichiers texte. C'est cette méthode que je vais décrire en premier lieu. L'impact de l'utilisation de fichiers texte sur les performances du serveur devient sensible quand ces fichiers grossissent trop (à partir d'un millier d'utilisateurs environ). La plupart des sites utilisant cette méthode préfèrent conserver les informations correspondantes dans une base de données. Ce chapitre décrit deux manières différentes de procéder : l'utilisation de DBM, format de base de données aux enregistrements de type clé/valeur très répandu sous Linux et l'utilisation d'une base de données relationnelle. Pour cet exemple, j'utiliserai MySQL, très fréquente sous Linux, mais la configuration que je décrirai s'applique presque à l'identique avec n'importe quel module d'authentification s'appuyant sur une autre base de même type. De tels modules sont disponibles pour pratiquement toutes les bases de données relationnelles utilisées sous Linux.

Authentification HTTP de base

Les méthodes d'authentification de base et par *digest* reconnues par tous les serveurs Web et tous les navigateurs conformes à HTTP sont définies dans la RFC 2617 (intitulée *HTTP Authentication : Basic and Digest Access Authentication*). Quand le serveur reçoit une requête pour une ressource protégée par l'authentification de base, il renvoie une erreur 401 (pas d'autorisation). La réponse comporte également un en-tête HTTP `WWW-Authenticate` contenant une demande d'identification et indiquant un domaine d'authentification. Le standard HTTP définit le domaine comme un « espace de protection », c'est-à-dire un ensemble de ressources liées entre elles, mais qui ne se trouvent pas forcément dans le même répertoire. En général, toutes les ressources d'un domaine sont protégées par la même méthode et en utilisant les mêmes données d'authentification. Cela signifie qu'un utilisateur déjà authentifié pour un domaine donné ne devrait pas avoir à saisir son mot de passe une deuxième fois pendant la même session, mais que le navigateur peut conserver les données d'authentification dans un cache et les renvoyer au serveur en réponse aux demandes ultérieures.

Si les données correspondant à un domaine d'authentification ne se trouvent pas dans le cache, le navigateur affiche une boîte de dialogue similaire à celle de la figure 13.1 pour demander ces données à l'utilisateur. Ensuite, il émet une nouvelle requête comportant un en-tête `Authorization` indiquant le nom d'utilisateur et le mot de passe.

Si, au contraire, ces données sont en cache, le navigateur émet automatiquement la deuxième requête en ajoutant l'en-tête `Authorization` de manière transparente pour l'utilisateur lorsqu'il reçoit une erreur 401.

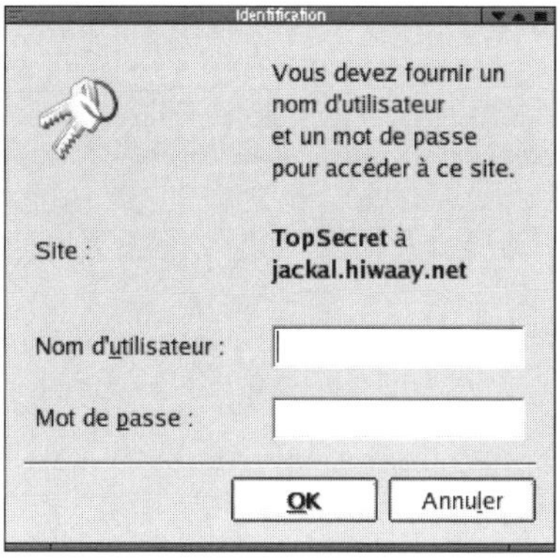

Figure 13.1
La boîte de dialogue d'authentification du navigateur Konqueror.

Quand le serveur reçoit une requête comportant un en-tête `Authorization`, il commence par vérifier la validité des données contenues dans cet en-tête. Ensuite, une fois l'utilisateur identifié, le serveur vérifie qu'il a bien le droit d'accéder à la ressource en question. Si le nom d'utilisateur ou le mot de passe est invalide, ou si l'utilisateur n'a pas accès à la ressource, le serveur renvoie une deuxième erreur 401 (pas d'autorisation). Le navigateur doit interpréter ce deuxième code 401 comme une authentification invalide ; en général, il ouvre alors une fenêtre semblable à celle de la figure 13.2.

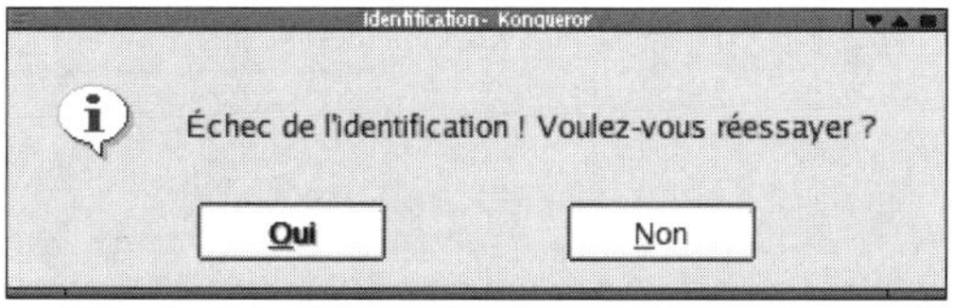

Figure 13.2
La fenêtre « accès interdit » du navigateur Konqueror.

Si l'utilisateur clique sur `Oui` pour réessayer, la boîte de dialogue d'authentification (figure 13.1) apparaît à nouveau ; s'il clique sur `Non`, une page similaire à celle de la figure 13.3 apparaît.

Remarquez au passage qu'il s'agit d'une page d'erreur standard correspondant au code d'état HTTP 401. Elle peut être remplacée par une page personnalisée au moyen de la directive `ErrorDocument` :

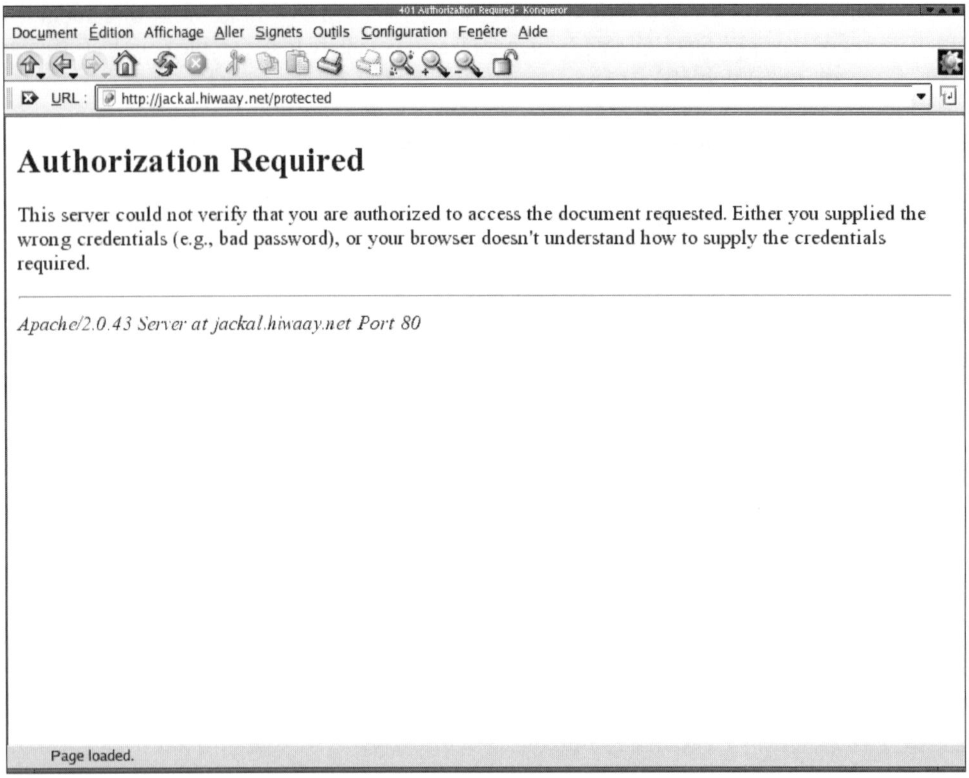

Figure 13.3
Le message signalant une erreur d'authentification sous Konqueror.

```
ErrorDocument 401 /401.html
```

Vous pouvez ajouter cette directive au fichier `httpd.conf` pour renvoyer une page particulière à chaque échec d'authentification. Vous pouvez aussi l'utiliser dans des contextes plus restreints (par exemple dans un fichier `.htaccess` pour indiquer une page d'erreur spécifique au répertoire en cours). Vous pouvez voir ma page d'erreur 401 personnalisée (qui s'appelle `401.html` et qui se trouve sous la racine `DocumentRoot`) sur la figure 13.4.

ASTUCE Pour simplifier la création d'une page d'erreur, commencez par obtenir la page d'erreur standard en saisissant des données d'authentification volontairement erronées. Utilisez ensuite l'option d'affichage du code source de votre navigateur et recopiez le code HTML de la page par défaut dans un fichier que vous pourrez ensuite éditer.

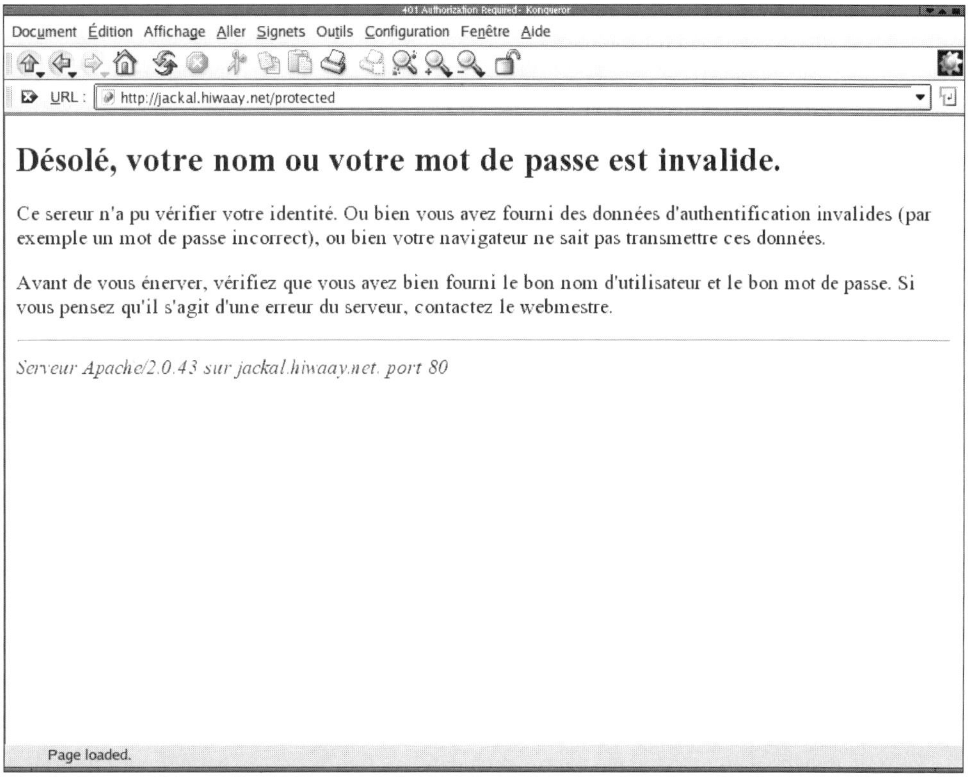

Figure 13.4
Une page d'erreur personnalisée affichée au moyen de la directive ErrorDocument.

Modules Apache pour l'authentification et l'autorisation

Maintenant, il devrait être bien clair que l'authentification (qui est l'utilisateur ?) et l'autorisation (à quoi a-t-il accès ?) sont deux fonctions bien distinctes. En fait, les phases correspondant à ces deux fonctions dans le processus de traitement d'une requête par Apache sont distinctes. Pourtant, la plupart des nombreux modules Apache prévus pour l'authentification possèdent aussi des fonctions d'autorisation et ils installent généralement des fonctions de rappel pour les deux phases. En général, un tel module identifie l'utilisateur avec une précision acceptable (en utilisant un fichier texte, une base de données ou encore un serveur d'authentification) et détermine lesquelles de ses requêtes doivent être honorées (au moyen d'une liste de droits d'accès quelconque).

Bien qu'ils soient plus complexes que `mod_access` (dont il a été question plus haut), les modules qui restreignent l'accès à des ressources en fonction de l'identité de l'utilisateur renvoient aussi une simple réponse `OK` ou `FORBIDDEN` à Apache. En revanche, la plupart de ces modules peuvent être configurés pour être autoritaires ; en d'autres termes, les décisions qu'ils prennent concernant les autorisations d'accès sont prioritaires sur les décisions des modules de niveau inférieur.

La charge d'authentifier un utilisateur peut être transmise d'un module à un autre, en fonction de l'ordre dans lequel ils sont appelés pour traiter une requête donnée. Dans les versions d'Apache antérieures à 2.0, cet ordre était l'inverse de l'ordre des directives `AddModule` (maintenant obsolète) qui chargeaient les modules en question. En d'autres termes, l'ordre des directives `AddModule` dans le fichier `httpd.conf` déterminait l'ordre de priorité des modules. Sous Apache 2.0, l'auteur d'un module peut influer sur l'ordre d'appel, mais l'administrateur n'a plus de contrôle dessus et ne peut plus le fixer en modifiant l'ordre des directives du fichier `httpd.conf`.

Si un module d'authentification est signalé comme autoritaire (ce qui est le comportement par défaut de la plupart des modules), sa décision d'accepter ou non une connexion est sans appel et n'est pas relayée aux modules de rang inférieur. Pour laisser la décision aux modules de rang inférieur, vous pouvez utiliser une directive ad hoc du module pour déclarer qu'il n'est pas autoritaire, comme dans l'exemple ci-dessous. Dans la mesure où l'ordre d'évaluation des directives est imprévisible sous Apache 2.0, il vaut mieux s'en abstenir. Dans ce cas, dès qu'un module prend la décision d'accepter ou non une requête, cette décision est définitive et aucun autre module ne peut revenir dessus. Dans la plupart des cas, cela fonctionne plutôt bien, tant que vous ne faites pas d'hypothèses sur l'ordre d'évaluation des directives.

Le module `mod_auth` utilise pour l'authentification une liste de noms d'utilisateurs et de mots de passe stockée dans un fichier texte créé au moyen de l'utilitaire `htpasswd`, un « accessoire » standard d'Apache. Vous le trouverez dans le sous-répertoire `bin/` du répertoire d'installation d'Apache. Les mots de passe contenus dans les fichiers créés par cet outil ne sont pas lisibles directement ; ils sont chiffrés en utilisant un des algorithmes mentionnés plus loin, par défaut celui de la fonction standard Unix `crypt`.

La commande `htpasswd`, sans arguments, retourne une liste des options possibles. La plupart du temps, vous allez utiliser cette commande pour créer un nouveau fichier d'authentification :

```
htpasswd -c /usr/local/apache2/auth/userfile caulds
```

Ici, l'argument `-c` sert à créer un nouveau fichier (appelé `userfile`, dans le sous-répertoire `auth/` du répertoire d'Apache). La commande `htpasswd` nécessite toujours un nom d'utilisateur passé en argument. Dans ce cas, le fichier est créé avec les données concernant un utilisateur, `caulds`, et `htpasswd` demande le mot de passe de cet utilisateur (deux fois pour éviter les erreurs). Ce mot de passe est chiffré (avec l'algorithme par défaut, c'est-à-dire la fonction système `crypt`) et le fichier contient une ligne de ce genre :

```
caulds:cnVPtfAz2xw6o
```

Pour ajouter un utilisateur à un fichier existant, il suffit d'omettre l'argument -c :

```
htpasswd /usr/local/apache2/auth/userfile csewell
```

L'argument -b indique à htpasswd que le mot de passe (non chiffré) suit le nom d'utilisateur sur la ligne de commande. Avec cet argument, htpasswd fonctionne en mode non interactif ; ce mode est utile pour les scripts de création de comptes utilisateurs.

```
htpasswd -b /usr/local/apache2/auth/userfile csewell toto
```

Les autres arguments, -m, -s et -p, indiquent l'algorithme de chiffrement à utiliser : respectivement *MD5*, *SHA* et texte brut (pas de chiffrement). Le module mod_auth peut en général authentifier l'utilisateur quel que soit l'algorithme utilisé, sauf sur certains systèmes configurés pour ne pas accepter les mots de passe en texte brut (qui ne devraient de toute façon pas être utilisés). J'ai utilisé des fichiers comme le suivant sans problème, on peut donc bien mélanger les différents types de mots de passe :

```
caulds:Xsfs6UqwWLZJY
csewell:$apr1$44SVx...$YMk.PPHr7HvBHf3hCIAdM0
linda:{SHA}lituavWnx6/8ZLKNZVc4F2rbpSU=
donkey:monmotdepasse
```

Pour activer l'autorisation pour un domaine d'authentification HTTP (en pratique, souvent un répertoire), vous devez créer un fichier .htaccess dans le répertoire à protéger. Ce fichier doit contenir au moins les lignes suivantes :

```
AuthName "Domaine de test de mod_auth"
AuthType Basic
AuthUserFile /usr/local/apache2/auth/userfile
require user caulds csewell linda donkey
```

La première ligne définit le domaine d'authentification et la seconde indique le type d'authentification utilisée (à l'heure actuelle, Basic pour la méthode de base ou *Digest*). La ligne suivante indique le fichier créé à l'aide de htpasswd et finalement la directive require user indique les noms des utilisateurs ayant le droit d'accéder aux ressources du domaine. Remarquez que même si un utilisateur fournit un nom et un mot de passe valides contenus dans le fichier indiqué par la directive AuthUserFile, le requête n'est acceptée que si le nom d'utilisateur figure dans la liste de la directive require user. Dans le cas contraire, l'utilisateur est bien authentifié, mais pas autorisé (souvenez-vous que ces deux fonctions distinctes sont assurées par la plupart des modules d'authentification).

Vous pouvez éviter de donner la liste complète des utilisateurs en créant un fichier contenant une liste de groupes et indiquant les membres de chaque groupe. Il s'agit d'un simple fichier texte créé et modifié au moyen de votre éditeur de texte préféré. En voici un exemple :

```
admins: caulds csewell
friends: linda csewell
associates: donkey
```

J'ai ici séparé ma liste d'utilisateurs en trois groupes : *admins*, *friends* et *associates*. Remarquez qu'un même utilisateur peut appartenir à plusieurs groupes.

Pour utiliser ce fichier, il faut modifier le fichier `.htaccess` comme suit :

```
AuthName "Domaine de test de mod_auth"
AuthType Basic
AuthUserFile  /usr/local/apache2/auth/userfile
AuthGroupFile /usr/local/apache2/auth/groupfile
require group admins friends
```

Dans cet exemple, l'autorisation est accordée aux membres des groupes *admins* et *friends*. L'utilisateur *donkey*, qui ne fait partie d'aucun de ces deux groupes, n'a pas accès au contenu du répertoire.

Ces fichiers de groupes contiennent uniquement des informations relatives à l'autorisation. C'est pour cette raison que la directive `AuthUserFile` est toujours indispensable. Cette directive indique un fichier utilisé pour vérifier l'identité des utilisateurs ; la directive `require group` ne sert pas à authentifier l'utilisateur, mais à déterminer s'il doit avoir accès aux ressources protégées.

Toutes les méthodes d'authentification des utilisateurs ont recours à des directives similaires. Elles utilisent toutes :

- une directive **AuthName** indiquant un domaine d'authentification ;
- une directive **AuthType** indiquant le type d'authentification, de base ou par *digest* ;
- une directive indiquant le fichier ou la base de données contenant les couples nom d'utilisateur/mot de passe. Cette directive est différente pour chaque module, par exemple :

```
AuthUserFile /usr/local/apache2/auth/userfile
AuthDBMUserFile /usr/local/apache2/auth/password.dbm
```

- une directive indiquant un fichier contenant une liste de groupes avec leurs membres. Cette directive aussi dépend complètement du module utilisé. Sa présence est facultative et ne sert qu'à accorder des droits d'accès à des groupes plutôt qu'à des utilisateurs individuels.

- une directive indiquant quels utilisateurs et quels groupes peuvent accéder aux ressources protégées, typiquement la directive `require`. Je montrerai plus loin une forme simplifiée de cette directive (`require valid-user`) permettant d'accorder les droits d'accès à n'importe quel utilisateur valide, pour simplifier la configuration.
- une directive indiquant si le module est autoritaire ou non. S'il ne l'est pas, les modules de niveau inférieur existants sont utilisés à leur tour pour déterminer si l'utilisateur a le droit d'accéder aux ressources protégées. Cette directive est optionnelle. Par défaut, elle vaut *On*, c'est-à-dire que le module est autoritaire. Toutefois, il vaut mieux toujours ajouter la directive pour préciser explicitement s'il l'est ou non.

J'ai écrit plus haut que le standard HTTP reconnaissait deux types d'authentification. L'authentification de base, que je viens de décrire, est de loin la plus courante. La section suivante décrit l'alternative, la méthode *digest*.

Authentification par digest

Indépendamment des moyens utilisés par le serveur pour authentifier les utilisateurs, la méthode de base correspond à la procédure décrite ci-dessus, c'est-à-dire que le serveur retourne une erreur 401 (non autorisé) et que le client envoie ensuite les informations d'authentification en texte brut. HTTP permet d'utiliser une autre méthode, l'authentification par *digest*. Tout comme pour la méthode de base, cette méthode comporte un dialogue composé d'une demande du serveur et d'une réponse du client. Contrairement à la méthode de base, le mot de passe n'est jamais transmis en clair sur le réseau. Il est utilisé par le navigateur pour calculer une somme de contrôle qui est ensuite renvoyée au serveur. Pour que l'authentification réussisse, cette somme de contrôle doit être identique à celle que le serveur calcule de son côté. Elle peut prendre diverses formes, mais par défaut il s'agit d'un compte-rendu MD5 (Message Digest 5).

Même si cette méthode est plus sûre que la méthode de base, elle présente plusieurs limites. Notamment, le mot de passe est le seul élément protégé lors de l'échange entre le navigateur et le serveur, toutes les autres informations circulent en clair. De plus, tous les navigateurs ne sont pas en mesure d'utiliser cette méthode. Si la méthode de base n'est pas assez sûre pour vous, vous devriez plutôt vous tourner vers SSL, dont il sera question au prochain chapitre. Si vous tenez néanmoins à l'authentification par MD5, gardez bien à l'esprit que tous les navigateurs ne la gèrent pas totalement.

Mettre en place l'authentification par digest sous Apache

L'authentification par *digest* est gérée par deux modules standards, `mod_digest` et `mod_auth_digest`, qui par défaut sont tous deux compilés même s'ils ne sont pas liés statiquement dans le serveur Apache.

INFO En mars 2002, le magazine *eWEEK* a annoncé une « incompatibilité de sécurité » entre l'authentification par MD5 de Microsoft Internet Explorer et celle de `mod_digest`. Contrairement à ce que cette annonce indique, l'authentification par *digest MD5* n'est certainement pas une « technologie relativement récente ».

Une fois ces modules installés, utilisez la commande `htdigest` pour créer une base de données d'utilisateurs pour l'authentification par MD5 :

```
# htdigest -c /usr/local/apache2/auth/password.md5 "Authentification par digest
MD5" caulds
Adding password for caulds in realm Authentification par digest MD5.
New password:
Re-type new password:
```

Cette commande produit le fichier suivant :

```
# cat /usr/local/apache2/auth/password.md5
caulds:Authentification par digest MD5:11afc0e3c835563b12d0e2549183596e
```

Remarquez que le domaine d'authentification est conservé avec le nom de l'utilisateur. Comme un nom d'utilisateur ne peut pas apparaître deux fois dans le même fichier, il est généralement nécessaire de conserver les données relatives à des domaines d'authentification différents dans des fichiers distincts. Les fichiers de groupes ont le même format que ceux de la méthode d'authentification de base ; en fait, on peut indiquer les mêmes fichiers au moyen de la directive `AuthDigestGroupFile`. L'exemple suivant montre comment protéger une URL précise avec une authentification par *digest* :

```
<Location /MD5Protected/>
  AuthName "Authentification par digest"
  AuthType Digest
  AuthDigestFile /usr/local/apache2/auth/password.md5
  AuthDigestGroupFile /usr/local/apache2/auth/groups
  AuthDigestDomain /MD5Protected/ /private/
  Require group WebAdmins
</Location>
```

Dans cet exemple, remarquez d'abord la directive `AuthDigestDomain`, qui indique la liste des URL appartenant au domaine d'authentification. Cette directive devrait toujours être présente et la liste devrait toujours contenir au moins l'URL concernée (ici `/MD5Protected/`). Remarquez aussi qu'aucune directive n'indique si l'authentification par *digest* est autoritaire. De fait, elle l'est obligatoirement et aucune autre méthode ne peut être utilisée pour accorder un accès à un domaine protégé par MD5.

Authentification par une base de données Unix DBM

L'authentification de base convient à de nombreux systèmes, particulièrement ceux qui n'ont pas à identifier plus d'un millier d'utilisateurs. Le module `mod_auth` est aussi digne de confiance que n'importe quel autre moyen d'authentification utilisant la méthode HTTP de base. En revanche, un des gros défauts de `mod_auth` est l'utilisation de fichiers texte non indexés pour conserver les informations concernant les utilisateurs et les groupes. À chaque tentative d'authentification, le fichier doit être ouvert et le nom fourni par l'utilisateur doit être comparé avec chaque ligne du fichier jusqu'à ce que l'une d'entre elles concorde ou que la fin du fichier soit atteinte.

Quand le nombre d'utilisateurs connus du serveur dépasse le millier, il est temps de conserver les informations les concernant dans une base de données. Il existe de nombreuses possibilités et Apache comporte des modules permettant d'utiliser la plupart des grandes bases de données relationnelles commerciales ainsi que plusieurs alternatives libres, parfois moins complètes mais très efficaces (comme ma préférée, MySQL). Le tableau 13.1 énumère les modules d'authentification correspondant à la plupart des bases de données ; si celle que vous utilisez n'y figure pas, regardez sur modules.apache.org.

Tableau 13.1 – Quelques modules d'authentification par base de données

Module	Base de données utilisée
`mod_auth_db`	Berkeley DB
`mod_auth_dbm`	DBM Unix
`mod_auth_mysql`	MySQL
`mod_auth_ora7`	Oracle version 7
`mod_auth_ora8`	Oracle version 8
`mod_auth_pgsql`	PostgreSQL
`mod_auth_tds`	Microsoft *SQL Server* et Sybase
`mod_auth_solid`	Solid

Utiliser une base de données DBM

Toutes les distributions de Linux, comme la plupart des systèmes Unix, sont fournies avec au moins une variante du système de base de données DBM, qui se présente généralement comme une bibliothèque de code utilisable par d'autres programmes. Non contentes d'être intégrées au système, les bases de données de ce type utilisent des algorithmes d'indexation optimisés qui les rendent plus rapides que les bases de données relationnelles complètes (comme Oracle) pour les opérations de recherche simples. Il en existe deux versions principales, Berkeley DB (également connue sous le nom de BSD DB) et une série de variantes de DBM : NDBM, SDBM et GNU DBM (GDBM).

Dans la mesure où elles utilisent toutes les mêmes fonctions, le changement de bibliothèque n'implique généralement pas la réécriture d'une application, mais simplement de la recompilation, en utilisant le fichier d'en-tête correspondant à la bibliothèque utilisée. Dans le cas d'un langage interprété comme Perl, le changement de base de données se fait simplement en incorporant le module correspondant dans l'espace de nommage du script ; le programme continue ensuite à appeler les mêmes fonctions. La différence principale entre DB et DBM est le format incompatible des fichiers de données. Cela signifie que si vous créez un fichier avec DB ou avec une des variantes de DBM, vous ne pourrez l'utiliser qu'avec des applications conçues pour lire et manipuler des fichiers du même type.

INFO Le module `mod_auth_db`, qui faisait partie des anciennes versions de la distribution Apache, a été remplacé par `mod_auth_dbm` dans Apache 2.0. Les développeurs de `mod_auth_db` travaillent à son adaptation à Apache 2.0, mais vous risquez d'avoir du mal à le trouver si vous préférez Berkeley DB à une des variantes de DBM. Dans ce chapitre, je ne décris que l'utilisation de `mod_auth_dbm`.

Toutes les implantations de DB et DBM sont conçues pour retrouver rapidement des données à partir d'une clé. Les données sont toujours sous forme de paires clé/valeur, à la manière des tables de hachage de Perl. En fait, il est très courant en Perl d'attacher une base de données DB/DBM à une table de hachage et par la suite de manipuler cette table sans se préoccuper de la base de données sous-jacente. Je mentionne Perl car un script Perl fourni avec Apache permet de créer et de manipuler des bases de données DB ou DBM contenant des données d'authentification. En fait, vous devriez lire la documentation de Perl pour en savoir plus sur les bases de données avec lesquelles il est capable d'interagir. Pour cela, saisissez la commande suivante :

```
# perldoc AnyDBM_File
```

L'utilisation de bases de données DBM pour l'authentification dépend du module standard `mod_auth_dbm`. Pour compiler ce module, il faut passer l'option `--enable-auth-dbm` au script de configuration d'Apache, ou passer l'argument `most` ou `all` aux options `--enable-modules` ou `--enable-mods-shared`, comme dans ces exemples :

```
--enable-modules=most
--enable-mods-shared=all
```

Gérer une base d'utilisateurs au format DBM

Pour créer un fichier d'utilisateurs au format DBM, vous devez utiliser le script dbmmanage fourni avec Apache. Ce script Perl remplit un rôle similaire à celui de l'utilitaire htpasswd pour l'authentification par mod_auth ; il crée un fichier contenant des paires nom d'utilisateur/mot de passe. La principale différence est que dbmmanage crée des fichiers au format DB/DBM, illisibles au moyen d'un simple éditeur de texte, mais permettant de rechercher beaucoup plus efficacement les informations concernant un utilisateur donné.

Si vous ouvrez le script au moyen d'un éditeur de texte, vous y trouverez la ligne suivante :

```
BEGIN { @AnyDBM_File::ISA = qw(DB_File NDBM_File GDBM_File SDBM_File)}
```

Cette ligne indique que l'auteur du script préfère Berkeley DB ; en effet, la chaîne DB_File (qui est le nom du module Perl correspondant) apparaît en tête de la liste @ISA. Lors de son invocation, dbmmanage utilise les bibliothèques de Berkeley DB si elles sont installées ; dans le cas contraire, il se rabat sur NDBM, GDBM ou SDBM, dans cet ordre. Si vous voulez utiliser Berkeley DB, cette ligne convient très bien. Dans le cas contraire (si vous voulez utiliser mod_auth_dbm), vous devrez la modifier.

Quand dbmmanage est invoqué sans argument, il affiche la liste des options utilisables en ligne de commande. Je vais donner un exemple pour chacune d'entre elles.

```
# dbmmanage
Usage: dbmmanage [enc] dbname command [username [pw [group[,group] [comment]]]]
    where enc is  -d for crypt encryption (default except on Win32, Netware)
                  -m for MD5 encryption (default on Win32, Netware)
                  -s for SHA1 encryption
                  -p for plaintext
    command is one of: add|adduser|check|delete|import|update|view
    pw of . for update command retains the old password
    pw of - (or blank) for update command prompts for the password
    groups or comment of . (or blank) for update command retains old values
    groups or comment of - for update command clears the existing value
    groups or comment of - for add and adduser commands is the empty value
```

La commande adduser permet de créer une nouvelle base de données ou d'ajouter un utilisateur à une base existante :

```
# dbmmanage /usr/local/apache2/auth/dbmpasswds adduser caulds
New password:
Re-type new password:
User caulds added with password encrypted to FcYdV50gbOaEQ using crypt
```

Remarquez que le mot de passe n'est pas affiché à l'écran, pour éviter de simplifier la tâche à une personne qui regarderait par-dessus votre épaule. Aucune des commandes de dbmmanage n'affiche de mot de passe humainement lisible à l'écran.

La commande view sert à afficher l'entrée de la base de données correspondant à un utilisateur :

```
# dbmmanage /usr/local/apache2/auth/dbmpasswds view caulds
caulds:.1iWwtF3v4Qkw
```

Le script dbmmanage utilise la fonction système standard crypt de Linux pour chiffrer les mots de passe. Cette fonction utilise l'algorithme DES (Data Encryption Standard). Vous pouvez préférer l'utilisation de MD5 ; pour cela, vous devez d'abord installer le module Perl Crypt::PasswdMD5. Ensuite, invoquez dbmmanage avec l'option -m.

```
# ./bin/dbmmanage -m /usr/local/apache2/auth/dbmpasswds adduser caulds
New password:
Re-type new password:
User caulds added with password encrypted to $apr1$4w6ElbhO$Ozt2jp8JkM9SWPnDlKPMX/
using md5
```

À moins que vous n'ayez une bonne raison de préférer un autre algorithme, vous devriez vous en tenir à crypt, qui est largement suffisant. Si un pirate peut accéder à votre base de données, pour peu qu'il dispose de suffisamment de temps et des outils adaptés, il pourra de toute façon vaincre n'importe quel algorithme de chiffrement.

La fonction import sert à importer des données depuis une liste de noms d'utilisateurs et de mots de passe. Son utilisation la plus courante consiste à importer un fichier d'authentification standard de mod_auth. Remarquez que dans ce cas, le fichier contient déjà des mots de passe chiffrés ; la commande import ne permet pas de les chiffrer à la volée. Pour convertir mon fichier d'authentification, j'ai utilisé la commande suivante :

```
# dbmmanage /usr/local/apache2/auth/dbpasswds import < userfile
User caulds added with password encrypted to I7G7qC9E9DgPc using crypt
User csewell added with password encrypted to FoebWZ210Tef. using crypt
User linda added with password encrypted to cj70MmHuU6xsk using crypt
User larry added with password encrypted to NFrrBvMvm0056 using crypt
```

Vous pouvez afficher le contenu entier de la base de données en utilisant la commande view sans préciser de nom d'utilisateur :

```
# dbmmanage /usr/local/apache2/auth/dbpasswds view
caulds:I7G7qC9E9DgPc
linda:cj7OMmHuU6xsk
larry:NFrrBvMvm0056
csewell:FoebWZ210Tef.
```

La commande add permet d'ajouter un utilisateur dont le nom et le mot de passe sont donnés directement sur la ligne de commande. Le mot de passe doit avoir été chiffré au préalable ; il peut par exemple provenir d'un autre fichier d'authentification.

```
# dbmmanage /usr/local/apache2/auth/dbpasswds add AdminGuy I7G7qC9E9DgPc
User AdminGuy added with password encrypted to I7G7qC9E9DgPc using crypt
```

La commande update permet de changer le mot de passe d'un utilisateur figurant déjà dans la base de données.

```
# dbmmanage /usr/local/apache2/auth/dbpasswds update larry
New password:
Re-type new password:
User larry updated with password encrypted to 1tLbQexG8jRXc using crypt
```

La commande check vérifie le mot de passe d'un utilisateur ; elle indique si le mot de passe entré au clavier correspond à celui de l'utilisateur.

```
# dbmmanage /usr/local/apache2/auth/dbpasswds check linda
Enter password:
password ok
```

Finalement, la commande delete détruit l'entrée d'un utilisateur dans la base de données.

```
# dbmmanage /usr/local/apache2/auth/dbpasswds delete linda
'linda' deleted
```

Configurer Apache pour l'authentification DBM

Si vous avez compilé le module mod_auth_dbm en tant que module ODP, la ligne suivante doit figurer dans votre fichier httpd.conf :

```
LoadModule auth_dbm_module modules/mod_auth_dbm.so
```

Cette ligne n'est pas nécessaire si le module est compilé directement dans le serveur.

La configuration de l'authentification par DBM est relativement simple et devrait être similaire celle de mod_auth. Le fichier .htaccess suivant protège des ressources situées sur mon serveur en authentifiant les utilisateurs au moyen d'une base DBM :

```
AuthName        "Domaine d'authentification DBM"
AuthType        basic
AuthDBMUserFile /usr/local/apache2/auth/dbmpasswds
require valid-user
AuthDBMAuthoritative Off
```

La directive AuthName est obligatoire ; elle indique le nom du domaine d'authentification. Souvenez vous qu'un utilisateur authentifié au sein d'un domaine donné a ensuite accès à toutes les ressources du même domaine. La directive AuthType prend encore une fois la valeur *basic* ; c'est en vérité la seule valeur que vous utiliserez pour cette directive. La directive AuthDBMUserFile indique une base de données d'utilisateurs au format DBM. Encore une fois, la directive require accorde l'accès aux ressources du domaine à tout utilisateur authentifié. Enfin, la directive AuthDBMAuthoritative Off indique que la décision de ce module à propos de l'authentification d'un utilisateur n'est pas autoritaire et que les informations entrées par l'utilisateur doivent être transmises aux modules de niveau inférieur. Souvenez-vous que depuis la version 2.0 d'Apache, l'ordre d'appel des modules ne peut plus être modifié par l'administrateur.

Un fichier de groupe est également utilisable ; là encore, il s'agit d'une liste des groupes et de leurs membres, avec le même format que les fichiers de groupes de mod_auth décrits dans la section précédente. En fait, vous pouvez utiliser le même fichier :

```
AuthName         "Domaine d'authentification"
AuthType         basic
AuthDBMUserFile   /usr/local/apache2/auth/dbpasswds
AuthDBMGroupFile  /usr/local/apache2/auth/groups.dbm
require group WebAdmins
AuthDBMAuthoritative On
```

Authentification au moyen d'une base de données MySQL

Si vous utilisez Apache 2.0 sur une plate-forme Linux, vous pouvez utiliser une base de données MySQL pour authentifier vos utilisateurs au moyen de l'excellent module mod_auth_mysql, que vous pouvez télécharger depuis http://www.heuer.org/mod_auth_mysql/.

Cette section traite de l'installation et de l'utilisation de ce module, de la création d'une base de données d'utilisateurs avec MySQL et de l'authentification des utilisateurs d'Apache au moyen de cette base de données.

Le module mod_auth_mysql permet d'authentifier les utilisateurs au moyen d'une base de données MySQL qui peut se trouver sur le serveur lui-même ou sur une autre machine. Pour les serveurs lourdement chargés, cette méthode est considérée comme plus efficace que l'utilisation de fichiers texte et elle est probablement plus sûre. En effet, les mots de passe sont conservés dans la base MySQL sous forme chiffrée.

Comme pour les autres méthodes d'authentification, le module mod_auth_mysql a la charge de comparer les informations fournies par l'utilisateur (en général un nom et un mot de passe entrés dans une boîte de dialogue du navigateur) avec les couples nom d'utilisateur/mot de passe conservés dans une table d'une base de données MySQL. Le module indique à Apache s'il doit ou non accéder à la requête de l'utilisateur au moyen d'une réponse OK ou FORBIDDEN.

Téléchargez l'archive source mod_auth_mysql.tgz sur le site donné plus haut. Cette archive contient plusieurs fichiers décrivant l'installation et l'utilisation du module, ainsi que le seul fichier réellement nécessaire, le code source C mod_auth_mysql.c. Ouvrez l'archive dans le répertoire où vous voulez compiler le module (vous devez d'abord créer ce répertoire).

```
# cd /usr/local/src
# mkdir mod_auth_mysql
# cd mod_auth_mysql
# tar xvzf /downloads/mod_auth_mysql.tgz
INSTALL
htpasswd.sql
mod_auth_mysql.c
changes
example_data.html
```

L'utilitaire apxs (voir chapitre 5) permet de compiler et d'installer le module et de modifier le fichier httpd.conf en conséquence en une seule opération. L'option -c indique à apxs de compiler le fichier dont le nom est donné par le dernier argument, l'option -i indique de l'installer (en le copiant dans le répertoire des modules d'Apache) et l'option -a indique à apxs de l'activer en ajoutant la directive LoadModule adéquate dans le fichier httpd.conf. Les deux arguments suivants sont en fait passés à l'éditeur de liens de Linux ; ils lui indiquent de lier le fichier objet créé à la bibliothèque libmysqlclient.a (abrégée en mysqlclient) qui se trouve dans le répertoire /usr/lib/mysql.

```
# /usr/local/apache2/bin/apxs -c -i -a -L/usr/lib/mysql -lmysqlclient mod_auth_
mysql.c
/usr/local/apache2/build/libtool --silent --mode=compile gcc -prefer-pic  -DAP_
HAVE_DESIGNATED_INITIALIZER -DLINUX=2 -D_REENTRANT -D_XOPEN_SOURCE=500 -D_BSD_
SOURCE -D_SVID_SOURCE -g -O2 -pthread -DNO_DBM_REWRITEMAP -I/usr/local/apache2/
include -c -o mod_auth_mysql.lo mod_auth_mysql.c && touch  mod_auth_mysql.slo
/usr/local/apache2/build/libtool --silent --mode=link gcc -o mod_auth_mysql.la -
rpath /usr/local/apache2/modules -module -avoid-version  -L/usr/lib/mysql -
lmysqlclient mod_auth_mysql.lo
/usr/local/apache2/build/instdso.sh SH_LIBTOOL='/usr/local/apache2/build/libtool'
mod_auth_mysql.la /usr/local/apache2/modules
/usr/local/apache2/build/libtool --mode=install cp mod_auth_mysql.la /usr/local/
apache2/modules/ cp .libs/mod_auth_mysql.so /usr/local/apache2/modules/mod_auth_
mysql.so cp .libs/mod_auth_mysql.lai /usr/local/apache2/modules/mod_auth_mysql.la
cp .libs/mod_auth_mysql.a /usr/local/apache2/modules/mod_auth_mysql.a
ranlib /usr/local/apache2/modules/mod_auth_mysql.a
chmod 644 /usr/local/apache2/modules/mod_auth_mysql.a
PATH="$PATH:/sbin" ldconfig -n /usr/local/apache2/modules
---------------------------------------------------
   --------------Libraries have been installed in:
   /usr/local/apache2/modules
If you ever happen to want to link against installed libraries
in a given directory, LIBDIR, you must either use libtool, and
specify the full pathname of the library, or use the '-LLIBDIR'
flag during linking and do at least one of the following:
   - add LIBDIR to the 'LD_LIBRARY_PATH' environment variable
     during execution
   - add LIBDIR to the 'LD_RUN_PATH' environment variable
     during linking
   - use the '-Wl,--rpath -Wl,LIBDIR' linker flag
   - have your system administrator add LIBDIR to '/etc/ld.so.conf'
See any operating system documentation about shared libraries for
more information, such as the ld(1) and ld.so(8) manual pages.
---------------------------------------------------------------------
chmod 755 /usr/local/apache2/modules/mod_auth_mysql.so
[activating module 'auth_mysql' in /usr/local/apache2/conf/httpd.conf]
```

L'utilisation d'une base de données relationnelle pour l'authentification des utilisateurs n'est pas plus compliquée que l'utilisation d'un simple fichier. Il suffit de créer la base de données et de la remplir avec les informations à propos des utilisateurs ; le module lui-même sait comment exploiter ces informations. La suite s'applique à MySQL, mais l'utilisation d'une autre base de données relationnelle comme Oracle ou PostgreSQL est très similaire.

Même si des directives de configuration d'Apache permettent de modifier le nom de la base de données et des tables utilisées par le module `mod_auth_mysql`, il n'y a pas vraiment de raison de le faire. Vous pouvez donc tout à fait vous contenter de créer un utilisateur MySQL nommé *htpasswd* et une base MySQL, également nommée `htpasswd`, contenant trois tables : `host_info`, `user_info` et `group_info`. Créez la base comme suit (sous l'identité d'un utilisateur Linux ayant le droit de créer des bases de données) :

```
# mysqladmin -p create htpasswd
Enter password:
```

Après la création de la base, invoquez MySQL sous l'identité d'un utilisateur ayant le droit de modifier les droits d'accès à la base `htpasswd` et entrez une commande `grant` pour créer un nouvel utilisateur, lui affecter un mot de passe et lui accorder le droit d'exécuter l'instruction `select` sur la base `htpasswd`. Le nom d'utilisateur et le mot de passe sont arbitraires, mais ils doivent correspondre à ceux indiqués par les directives de configuration d'Apache. En effet, lors de l'authentification, `mod_auth_mysql` se connecte à la base sous l'identité correspondante et lit des informations dans la base `htpasswd`. Pour des raisons de sécurité, cet utilisateur ne doit pas avoir de privilèges plus étendus que le droit d'émettre une requête `select`.

Si votre base de données n'est pas située sur la même machine que votre serveur Apache, n'oubliez pas de remplacer `localhost` par le nom du serveur Apache (depuis lequel `mod_auth_mysql` se connecte) dans l'exemple suivant. Cet hôte peut être identifié par son nom ou par son adresse IP et vous pouvez utiliser des caractères génériques ; par exemple, pour autoriser l'accès à la base depuis toutes les machines de mon réseau local, j'utilise `192.168.1.%`. Souvenez vous que, par défaut, l'accès est autorisé depuis l'hôte local ; vous devez toujours l'autoriser si vous voulez vous connecter à MySQL depuis la machine elle-même, même si cet accès semble déjà autorisé par une autre commande `grant`.

```
# mysql -p
Enter password:
Welcome to the MySQL monitor.  Commands end with ; or \g.
Your MySQL connection id is 5 to server version: 3.23.49

Type 'help;' or '\h' for help. Type '\c' to clear the buffer.

mysql> use htpasswd
mysql> grant select on htpasswd.* to htpasswd@localhost identified by 'secret';
Query OK, 0 rows affected (0.14 sec)
```

ATTENTION MySQL permet d'autoriser l'accès depuis n'importe quel hôte sans tenir compte de la machine d'origine avec une commande de ce genre :

```
grant select on htpasswd.* to caulds@"%";
```

Toutefois, il s'agit d'une pratique douteuse et vous ne devriez autoriser l'accès que depuis des hôtes connus et dignes de confiance.

Vous pourriez continuer à utiliser le compte avec lequel vous avez créé la base htpasswd pour l'administrer (pour ajouter et enlever des utilisateurs), mais il vaut mieux créer un compte utilisateur MySQL dédié à cet usage et lui donner tous les privilèges sur la base. Une fois connecté à MySQL avec le programme client mysql, entrez la commande suivante pour créer cet utilisateur, lui attribuer un mot de passe et lui donner tous les privilèges sur la base htpasswd et toutes ses tables :

```
mysql> grant all privileges on htpasswd.* to htadmin@localhost identified by
'adminpass';
Query OK, 0 rows affected (0.14 sec)
mysql> flush privileges;
Query OK, 0 rows affected (0.00 sec)
mysql> quit
```

Remarquez la commande flush privileges qui suit l'instruction grant. Cette commande, qui est équivalente au flush-privileges de mysqladmin, indique à MySQL de réinitialiser immédiatement ses tables de privilèges en les rechargeant depuis la base de données administrative où elles sont conservées. Sans cette commande, l'instruction grant ne serait pas prise en compte avant le redémarrage de MySQL.

Le listing 13.1 montre la structure des tables nécessaires à l'utilisation du module. Vous pouvez y ajouter d'autres champs pour y conserver des informations de votre choix, mais ceux qui sont montrés ici constituent le minimum requis. Vous pouvez entrer ces commandes (sans les commentaires commençant par #) depuis l'interface de mysql sous l'identité du nouveau propriétaire de la base, ou vous pouvez utiliser un éditeur de texte pour entrer ces commandes dans un fichier. Si le code du listing 13.1 est contenu dans un fichier appelé htpasswd.sql, vous pouvez créer les trois tables au moyen de la commande suivante :

```
# mysql -u htadmin -p htpasswd < htpasswd.sql
```

Cette commande vous connecte à MySQL sous l'identité du nouvel utilisateur et exécute le programme contenu dans le fichier htpasswd.sql.

Listing 13.1 – Script de création de base de données htpasswd.sql

```
#
# Structure de la table 'host_info'
#
```

Listing 13.1 – Script de création de base de données htpasswd.sql (*suite*)

```
# Les champs created, updated, and isadmin ne sont pas nécessaires au
# fonctionnement du module ; ils peuvent être utiles pour un frontal
# PHP.
#
CREATE TABLE host_info (
  id int(14) NOT NULL auto_increment,
  host char(255) NOT NULL default '',
  host_group int(14) NOT NULL default '0',
  PRIMARY KEY  (id),
  KEY host (host)
) TYPE=MyISAM PACK_KEYS=1;
# --------------------------------------------------------
#
# Structure de la table 'user_group'
#
CREATE TABLE user_group (
  id int(14) NOT NULL auto_increment,
  user_name char(50) NOT NULL default '',
  user_group char(20) NOT NULL default '',
  host_group int(14) default NULL,
  PRIMARY KEY  (id),
  KEY host_group (host_group),
  KEY user_group (user_group)
) TYPE=MyISAM PACK_KEYS=1;
# --------------------------------------------------------
#
# Structure de la table 'user_info'
#
CREATE TABLE user_info (
  id int(14) NOT NULL auto_increment,
  user_name char(30) NOT NULL default '',
  user_passwd char(20) NOT NULL default '',
  host_group int(14) NOT NULL default '0',
  PRIMARY KEY  (id),
  UNIQUE KEY user_name (user_name,host_group)
) TYPE=MyISAM PACK_KEYS=1;
```

La partie la plus longue de la mise en place de `mod_auth_mysql` est l'initialisation des tables de la base de données. La plupart des sites utilisent pour cela des scripts ou des frontaux Web. Je vais toutefois décrire un procédé manuel, l'utilisation du client `mysql` sous l'identité du propriétaire de la base (l'utilisateur *htadmin* dans cet exemple).

La table `host_info` contient les noms de tous les serveurs dont des pages Web sont protégées par `mod_auth_mysql`, y compris les serveurs virtuels. Elle doit contenir au moins un enregistrement, le nom du serveur Web principal, et les noms des éventuels hôtes virtuels s'ils sont utilisés. Le cas le plus simple est celui d'un serveur sans hôtes virtuels. L'exemple suivant lance `mysql` et indique le nom du serveur :

```
# mysql -u htadmin -p htpasswd
Enter password:
Reading table information for completion of table and column names
You can turn off this feature to get a quicker startup with -A
Welcome to the MySQL monitor.  Commands end with ; or \g.
Your MySQL connection id is 21 to server version: 3.23.49
Type 'help;' or '\h' for help. Type '\c' to clear the buffer.
mysql> insert into host_info(id,host,host_group) values
(null,"jackal.hiwaay.net",1);
Query OK, 1 row affected (0.00 sec)
mysql> select * from host_info;
+----+-------------------+------------+
| id | host              | host_group |
+----+-------------------+------------+
|  1 | jackal.hiwaay.net |          1 |
+----+-------------------+------------+
1 row in set (0.01 sec)
```

Remarquez que quand vous affectez la valeur `null` au champ `id`, il reçoit automatiquement un numéro unique. Ce mécanisme assure que chaque ligne peut être identifiée par au moins un champ ayant une valeur unique. Le champ `host` contient le nom du serveur Apache (ou de l'hôte virtuel le cas échéant). Ce nom doit toujours correspondre à une directive `ServerName`, que ce soit la directive principale du fichier `httpd.conf` ou celle d'un bloc `<VirtualHost>`. La dernière colonne, `host_group`, contient un nombre désignant un ensemble de serveurs que vous voulez considérer comme un groupe lors de l'initialisation des droits d'accès. Si vous ne voulez pas différencier des groupes de serveurs, indiquez la même valeur dans toutes les lignes. La valeur de ce champ est arbitraire tant qu'il s'agit d'un nombre entier.

La table `user_info` est la plus importante des trois. Elle contient une ligne pour chaque utilisateur pouvant accéder à des ressources protégées par `mod_auth_mysql` ; sa taille peut donc devenir assez importante (c'est pour cette raison qu'on utilise une base de données relationnelle plutôt qu'un simple fichier). Les entrées de cette table sont créées au moyen d'une instruction `insert` semblable à celle-ci :

```
# mysql -u htadmin -p htpasswd
Enter password:
Reading table information for completion of table and column names
You can turn off this feature to get a quicker startup with -A
Welcome to the MySQL monitor.  Commands end with ; or \g.
Your MySQL connection id is 23 to server version: 3.23.49
Type 'help;' or '\h' for help. Type '\c' to clear the buffer.
mysql> insert into user_info(id,user_name,user_passwd,host_group) values
 (null,"caulds",encrypt("mysecret"),1);
Query OK, 1 row affected (0.01 sec)
```

Le champ id a le même rôle que dans la table host_info, à savoir assurer l'unicité de la ligne. Une valeur lui est affectée automatiquement si vous lui donnez la valeur *null* dans la ligne de commande insert. Le champ user_name contient le nom qui doit correspondre à celui que l'utilisateur indique quand il tente d'accéder à une ressource protégée.

Le champ user_passwd est intéressant. Une commande interne de *MySQL* est utilisée pour chiffrer le mot de passe (au moyen de l'algorithme crypt d'Unix) avant de l'insérer dans la base de données, pour le cas où quelqu'un arriverait à lire le contenu de la base. Assurez-vous de toujours entrer vos mots de passe sous forme chiffrée, non seulement pour cette raison, mais aussi parce que mod_auth_mysql s'attend à les trouver chiffrés et ne saura pas les utiliser s'ils ne le sont pas.

```
mysql> select * from user_info where user_name='caulds';
+----+-----------+---------------+------------+
| id | user_name | user_passwd   | host_group |
+----+-----------+---------------+------------+
|  1 | caulds    | IoRONGXjgOnK. |          1 |
+----+-----------+---------------+------------+
1 row in set (0.00 sec)
```

Si un même utilisateur doit pouvoir accéder à plusieurs groupes de serveurs, plusieurs enregistrements de cette table peuvent lui correspondre. Dans ce cas, la table host_info contient aussi plusieurs lignes. Quand un utilisateur essaie de se connecter à un serveur, mod_auth_mysql vérifie s'il existe une entrée correspondant à cet utilisateur dans la table user_info ayant la même valeur dans le champ host_group qu'une entrée de la table host_info correspondant au serveur ; si c'est le cas, l'utilisateur peut accéder au serveur (à condition de s'authentifier). La plupart des administrateurs n'utilisent probablement pas de groupes de serveurs, mais sachez que cette fonctionnalité existe. L'exemple de fichier .htaccess du listing 13.2 montre une configuration dans laquelle l'autorisation d'accès est déterminée par le nom de l'utilisateur.

La dernière table, `group_info`, est la seule des trois qui ne soit pas indispensable au fonctionnement de `mod_auth_mysql`. Elle ne sert que si vous voulez autoriser l'accès à des groupes ; elle permet de déterminer, une fois un utilisateur authentifié, s'il est membre d'un groupe autorisé à accéder à la ressource demandée. Cette table comporte des colonnes `id` et `host_group` dont la fonction est similaire aux colonnes correspondantes de la table `user_info`. Bien que l'auteur de `mod_auth_mysql` pense à simplifier la table en en réduisant le nombre de lignes, la version actuelle nécessite une ligne pour chaque combinaison *groupe/utilisateur*. En d'autres termes, s'il existe 3 groupes comptant chacun 10 utilisateurs, cette table comportera 30 lignes. L'exemple suivant montre l'ajout d'un utilisateur (*caulds*) à un groupe (*Admins*). Une ligne est nécessaire pour chaque groupe dont cet utilisateur est membre, ce qui peut vite en représenter beaucoup.

```
mysql> insert into user_group(id,user_name,user_group,host_group) values
(null,"caulds",'Admins',1);
Query OK, 1 row affected (0.01 sec)
mysql> select * from user_group;
+----+-----------+------------+------------+
| id | user_name | user_group | host_group |
+----+-----------+------------+------------+
|  1 | caulds    | Admins     |          1 |
+----+-----------+------------+------------+
1 row in set (0.01 sec)
```

Le fichier `.htaccess` du listing 13.2 montre également comment configurer `mod_auth_mysql` pour déterminer l'autorisation en fonction des groupes d'utilisateurs.

Listing 13.2 – Fichier .htaccess utilisant mod_auth_mysql

```
# Les directives suivantes sont identiques à celles qui sont utilisées
# pour l'authentification de base avec mod_auth. Elles indiquent que
# l'authentification de base est utilisée, ainsi que le nom du domaine
# d'authentification utilisé par le navigateur pour déterminer quel
# couple nom d'utilisateur/mot de passe il doit envoyer.
AuthType Basic
AuthName TopSecret
# Les lignes suivantes sont nécessaires à la connexion vers la base
# de données MySQL. Elles indiquent le nom de la base, celui du
# serveur MySQL (ici localhost), et le nom d'utilisateur et le mot
# de passe utilisés pour accéder à la table.
AuthMySQLHost localhost
AuthMySQLUser htpasswd
AuthMySQLPassword secret
```

Listing 13.2 – Fichier .htaccess utilisant mod_auth_mysql (*suite*)

```
AuthMySQLDB htpasswd
# L'authentification par MySQL est autoritaire. En d'autres termes, si
# ce module accepte ou refuse une connexion, sa décision est définitive,
# aucun autre module ne peut revenir dessus.
AuthSQLAuthoritative On
# La ligne suivante indique que la connexion entre Apache et MySQL doit
# être maintenue ouverte entre les requêtes pour des raisons
# d'efficacité.
AuthSQLKeepAlive on
# Comme d'habitude, la directive require indique les noms des
# utilisateurs autorisés à se connecter. La forme "require valid-user"
# accepte les connexions de tout utilisateur inscrit dans la table
# user_info.
require user caulds csewell
# On peut aussi utiliser des groupes pour le contrôle d'accès
# require group Admins
```

Même si les fichiers `.htaccess` constituent le moyen le plus simple de protéger les ressources contenues dans un répertoire, un bloc `<Location>` placé dans le fichier `httpd.conf` peut avoir le même effet. L'exemple suivant donne le même résultat qu'un fichier `.htaccess` placé dans le répertoire `protected/` et contenant les directives commençant par `Auth`. Remarquez que les balises `<IfModule>` ne permettent l'interprétation des directives que si le module ad hoc est présent.

```
<IfModule mod_auth_mysql.c>
  <Location /protected>
  AuthType Basic
  AuthName TopSecret
  AuthMySQLHost localhost
  AuthMySQLUser htpasswd
  AuthMySQLPassword secret
  AuthMySQLDB htpasswd
  AuthSQLAuthoritative On
  AuthSQLKeepAlive off
  </Location>
</IfModule>
```

En plus des véritables modules d'authentification des utilisateurs, il en existe un que vous devez connaître même s'il n'est que peu utilisé. Il s'agit de `mod_auth_anon`, qui permet l'accès

« anonyme » au Web, à la façon de beaucoup de serveurs FTP. Ce module est décrit dans la section suivante.

Authentification « anonyme » : le module mod_auth_anon

Le module mod_auth_anon, qui fait partie de la distribution Apache standard, prend en charge un mode d'authentification intéressant. Il permet d'autoriser l'accès « anonyme » à certaines zones, de la même façon que sur beaucoup de serveurs FTP. Si l'utilisateur entre un des noms « magiques » d'une liste donnée, il peut se connecter sans avoir à fournir de mot de passe. Une convention déjà ancienne, héritée des accès FTP anonymes, est d'utiliser l'adresse électronique de l'utilisateur comme mot de passe, mais ce n'est pas obligatoire. Pour utiliser ce module, ajoutez la ligne suivante à votre fichier httpd.conf :

```
LoadModule anon_auth_module modules/mod_auth_anon.so
```

Le fichier .htaccess du listing 13.3 donne des exemples d'utilisation de toutes les directives de mod_auth_anon. Les commentaires qu'il comporte donnent toutes les indications nécessaires à l'utilisation de ce module.

Listing 13.3 – Fichier .htaccess utilisant mod_auth_anon

```
# Fichier .htaccess pour l'accès HTTP anonyme
# La directive AuthType est obligatoire.
AuthType basic
#
# Cette directive indique le message destiné à l'utilisateur. Ce message
# sera affiché dans la boîte de dialogue.
AuthName "Utilisez 'anonymous' et votre adresse electronique"
#
# Les noms d'utilisateur anonymous et guest permettent l'accès anonyme.
# Cette directive est obligatoire.
Anonymous anonymous guest
#
# La directive suivante interdit l'accès sans nom d'utilisateur. La
# valeur on l'autorise.
Anonymous_NoUserId off
#
# L'utilisateur doit indiquer une adresse électronique en guise de
# mot de passe. La valeur off permet de s'en passer.
Anonymous_MustGiveEmail on
#
# La valeur on force la vérification de la présence d'un @ et d'un
```

Listing 13.3 – Fichier .htaccess utilisant mod_auth_anon (*suite*)

```
# point dans le mot de passe. Cette directive ne permet pas de garantir
# que l'adresse donnée est valide.
Anonymous_VerifyEmail on
#
# La valeur on indique que le mot de passe de l'utilisateur (son adresse
# électronique) doit être consignée dans le journal d'erreurs.
Anonymous_LogEmail on
#
# Interdit l'utilisation des autres modules d'authentification ; seul
# l'accès anonyme est permis.
Anonymous_Authoritative On
#
# Obligatoire même en l'absence de liste d'utilisateurs.
require valid-user
```

Serveurs d'authentification

En plus des modules permettant l'utilisation de bases de données, il existe de nombreux modules Apache permettant d'utiliser des annuaires et des serveurs d'authentification pour identifier les utilisateurs. Pour une liste à jour, recherchez le mot *authentification* sur modules.apache.org. Le tableau 13.2 répertorie tous les modules correspondant aux méthodes les plus courantes.

ATTENTION Avant d'utiliser un module provenant de modules.apache.org, assurez-vous qu'il a été adapté à Apache 2.0. Si la description du module ne l'indique pas clairement, écrivez à l'auteur. Quand vous lirez ces lignes, la plupart des modules présents sur ce site devraient certainement fonctionner avec Apache 2.0 ou être en cours d'adaptation.

Tableau 13.2 – Modules d'authentification utilisant des serveurs externes

Module	Méthode d'authentification
mod_auth_kerb	Kerberos
mod_auth_ldap	LDAP
mod_auth_nds	NDS (Novell)
mod_auth_notes	Lotus Notes
mod_auth_nt_lm	contrôleur de domaine NT
mod_auth_radius	serveur RADIUS
mod_auth_samba	Samba

Tableau 13.2 – Modules d'authentification utilisant des serveurs externes (*suite*)

Module	Méthode d'authentification
mod_auth_smb	SMB (LAN Manager)
mod_auth_sys	fichers d'authentification du système
mod_auth_tacacs	TACACS+
mod_auth_yp	NIS (pages jaunes)
mod_securid	authentification par jeton SecurID

La plupart de ces modules fonctionnent de la même façon que ceux qui utilisent les bases de données. L'interrogation du serveur est cachée. Du point de vue du client, il n'y a aucune différence : le navigateur affiche une boîte de dialogue demandant un nom d'utilisateur et un mot de passe, de la même manière que pour les autres méthodes d'authentification.

Le protocole RADIUS (Remote Authentication Dial-In User Server) est un des plus répandus à l'heure actuelle. La plupart des fournisseurs d'accès à Internet l'utilisent pour authentifier leurs utilisateurs. Ces fournisseurs d'accès peuvent utiliser leur base RADIUS existante pour n'autoriser l'accès à certaines parties de leur site Web qu'à leurs clients. Le module `mod_auth_radius` (http://www.gnarst.net/authradius/mod_auth_radius.html) permet de le faire assez facilement. Le procédé consiste essentiellement à compiler `mod_auth_radius` en tant que module ODP (au moyen de l'utilitaire `apxs`, comme expliqué au chapitre 5), configurer Apache pour charger le module et l'autoriser à communiquer avec un serveur *RADIUS* en ajoutant une ligne de ce genre au fichier `httpd.conf` :

```
AddRadiusAuth radius01.hiwaay.net:1645 tanstaafl
```

Cette ligne indique le nom du serveur RADIUS, le port utilisé pour s'y connecter, et un secret partagé utilisé pour établir une communication chiffrée. Le listing 13.4 montre un exemple de fichier `.htaccess` permettant de n'autoriser l'accès à un répertoire qu'aux utilisateurs identifiés par un serveur RADIUS. Dans la plupart des cas, cette méthode est largement suffisante, mais vous pouvez aussi profiter des fonctionnalités avancées de `mod_auth_radius`, par exemple l'authentification par groupes ou l'utilisation de cookies temporaires pour éviter les requêtes RADIUS trop fréquentes.

Listing 13.4 – Fichier .htaccess utilisant mod_auth_radius

```
# Utilisation de l'authentification HTTP de base.
AuthType basic
#
AuthName "Authentification RADIUS pour jackal.hiwaay.net"
#
#
```

Listing 13.4 – Fichier .htaccess utilisant mod_auth_radius (*suite*)

```
# L'authentification est assurée par mod_auth_radius.
AuthRadiusAuthoritative on
#
# mod_auth_radius autorise l'accès à tous les utilisateurs reconnus par
# le serveur RADIUS.
require valid-user
```

En résumé

La sécurité d'un serveur Apache est probablement l'un des sujets les plus importants couverts par ce livre, en particulier pour les administrateurs d'un serveur Apache accessible depuis Internet (comme beaucoup le sont de nos jours). Ce chapitre et le suivant traitent tous deux de mécanismes utilisés avec Apache pour assurer la sécurité de trois façons :

- **Un contrôle d'accès** fondé sur le paquet contenant la requête entrante, c'est-à-dire dépendant essentiellement de l'adresse IP source du paquet en question. Cette fonctionnalité est assurée par le module `mod_access`.
- **L'authentification** des utilisateurs à travers n'importe quel mécanisme permettant de vérifier leur identité. Dans ce chapitre, j'ai décrit les modules d'authentification testant la correspondance de données transmises en clair avec celles qui sont conservées sur le serveur ; dans le chapitre suivant, je décrirai l'utilisation de certificats numériques pour permettre l'échange de clés publiques et le chiffrement de toutes les données (y compris les mots de passe des utilisateurs) échangées par un serveur Web et un navigateur client.
- **L'autorisation**, c'est-à-dire la détermination des ressources auxquelles a accès un utilisateur. Bien que les fonctions d'authentification et d'autorisation soient complètement distinctes, la plupart des modules de contrôle d'accès cumulent les deux fonctions.

Pour faire face aux besoins des applications de commerce électronique sur Internet, les méthodes simples d'authentification et d'autorisation décrites dans ce chapitre sont rapidement remplacées par le protocole SSL, qui permet l'échange de données chiffrées entre un serveur et un navigateur. Apache peut facilement être modifié pour gérer SSL. Cette technologie est très importante ; le chapitre suivant lui sera entièrement consacré.

14

SSL : Secure Sockets Layer

Le chapitre précédent traitait de méthodes courantes, utilisables avec n'importe quel serveur Web et permettant aux utilisateurs de s'authentifier au moyen d'un nom et d'un mot de passe transmis en clair. Sous Apache, ces méthodes sont gérées par des modules qui combinent les fonctions d'authentification et d'autorisation d'accès. Ce modèle de sécurité traditionnel du Web présente deux faiblesses. Tout d'abord, les données échangées entre le serveur et le navigateur ne sont pas protégées contre les écoutes et il existe une (faible) possibilité qu'une personne mal intentionnée capable d'intercepter des paquets IP puisse en extraire des informations sensibles (les mots de passe sont les cibles les plus évidentes). Quant à la seconde faiblesse, si le serveur Web peut être à peu près sûr que le client est légitime (à partir du nom d'utilisateur et du mot de passe), le client, lui, n'a aucun moyen de savoir si le serveur est bien celui auquel il pense s'adresser. Il est déjà arrivé sur Internet que des malfaiteurs se fassent passer pour un serveur légitime et capturent des informations envoyées en toute bonne foi par un utilisateur inconscient du problème. Même si les attaques de ce genre sont rares et demandent beaucoup de connaissances et une bonne préparation, elles vont probablement devenir de plus en plus courantes à mesure de l'augmentation des sommes d'argent mises en jeu par le commerce électronique et les banques en ligne.

Au milieu des années 1990, Netscape Communications a développé un modèle permettant de s'affranchir de ces deux limitations du modèle de sécurité traditionnel. Le protocole SSL fournit un canal de communication privé entre un serveur Web et le navigateur. Il permet aussi aux clients de s'assurer qu'ils sont bien connectés au bon serveur Web en comparant l'URL codée dans le certificat et présentée par le serveur Web à celle que le navigateur a utilisée pour se connecter au serveur en question ; ces deux URL doivent correspondre. SSL permet aussi au client d'être sûr que le certificat du serveur Web n'a pas été contrefait. Dans ce chapitre, je vais expliquer comment un serveur Web SSL utilise des certificats d'authenticité pour permettre au navigateur client de l'authentifier et de quelle façon le serveur et le client partagent une clé de chiffrement temporaire (ou clé de session) pour chiffrer toutes les données qu'ils échangent. Je vais aussi montrer comment créer, distribuer et utiliser un certificat de serveur.

Sous Apache 2.0, SSL est géré par un module standard appelé `mod_ssl`, qui était auparavant distribué par Ralf S. Engelschall (www.openssl.org). Le déploiement d'un serveur Apache SSL est donc beaucoup plus simple qu'auparavant ; il était alors nécessaire d'incorporer les modifications d'un des deux fournisseurs de modules SSL au code source d'Apache. SSL utilise la cryptologie, plus précisément la cryptologie dite à clé publique (un modèle de chiffrement asymétrique dans lequel la clé utilisée pour chiffrer des données est différente de celle utilisée pour les déchiffrer, même si une relation mathématique existe entre les deux). La section suivante est une brève introduction à la cryptologie. Il s'agit d'une branche des mathématiques, mais vous n'avez nullement besoin d'être mathématicien pour comprendre son utilisation. Cette section devrait être lue comme une introduction à l'utilisation de certificats signés numériquement, qui sont à la base de SSL.

Le passeport Microsoft.NET

Il est d'autant plus étonnant que l'identification fiable des clients ait longtemps été laissée de côté qu'on sait depuis longtemps qu'elle est absolument nécessaire pour le commerce électronique. Bien que l'infrastructure nécessaire à l'utilisation de certificats de clients signés par des autorités reconnues comme VeriSign soit en place, leur utilisation est presque inexistante et l'explosion du commerce électronique se poursuit sans cette composante pourtant critique. Avec la sortie du système d'exploitation XP fin 2001, Microsoft a profité de l'échec de la concurrence pour tenter d'imposer sa solution. Le système de passeport intégré à l'architecture .NET utilise des tickets à la manière de la vénérable technologie Kerberos dont il est issu. Ce système est vendu comme un système à identification unique ; la boîte de dialogue de connexion n'apparaît qu'à la première connexion à un site protégé par cette technologie. Un simple couple nom d'utilisateur/mot de passe est utilisé pour cette première connexion et vous pouvez par la suite accéder à des milliers de sites protégés sans avoir à fournir d'autre mot de passe. Pour faire simple, lors de la première connexion, vous recevez un ticket que votre navigateur présente ensuite via une connexion SSL à tous les sites protégés pour vous authentifier. Dans le modèle `.NET` de Microsoft, il s'agit du seul mot de passe dont vous ayez besoin. Contrairement aux certificats X.509 décrits plus loin dans ce chapitre, il s'agit d'un véritable système de tiers de confiance et les informations contenues dans votre passeport sont conservées sur un des serveurs de Microsoft. Microsoft devient donc le détenteur de toutes les clés et la confiance absolue en cette entreprise est nécessaire au succès de cette méthode. Les technologies propriétaires de Microsoft ont fait couler assez d'encre dans les livres traitant de Linux, mais si vous êtes intéressé, vous pouvez en apprendre plus sur le passeport `.NET` à l'adresse www.passport.com.

Méthodes de chiffrement symétriques et asymétriques

Il existe deux types principaux de méthodes de chiffrement : les méthodes symétriques et les méthodes asymétriques. Les méthodes symétriques de chiffrement utilisent une seule et même clé pour chiffrer et déchiffrer un message ou un flux de données. Elles présentent l'avantage d'être très rapides ; elles sont souvent utilisées quand de grandes quantités de données doivent être chiffrées avant l'envoi et déchiffrées rapidement juste après leur réception (par exemple les données échangées lors d'une session de communication). Leur gros désavantage est que les deux participants doivent connaître la clé utilisée.

Le chiffrement asymétrique tire son nom de l'utilisation de deux clés différentes. Une clé de chiffrement est utilisée pour coder un message ou une transmission et une clé de déchiffrement totalement différente est utilisée pour le décoder. Comment un message codé avec une clé peut-il être décodé avec une autre ? Pour que cela puisse fonctionner, il faut créer simultanément les deux clés liées par une relation mathématique. Il existe plusieurs façons de produire des paires de clés asymétriques, mais elles fonctionnent toutes de la même façon. Il suffit de comprendre qu'un bloc de données chiffré avec l'une des deux clés ne peut être déchiffré qu'avec la seconde.

Bien que les opérations mathématiques utilisées pour déterminer les clés soient assez complexes, l'utilisation des modèles asymétriques de chiffrement est assez facile à comprendre. Il se fonde sur le concept d'un système de chiffrement à clé publique, dans lequel l'une des clés d'une paire est considérée comme une clé publique et l'autre comme une clé privée. Comme son nom l'indique, la clé publique est généralement distribuée d'une façon ou d'une autre (elle peut par exemple être téléchargeable sur un serveur Web ou FTP), alors que le propriétaire de la paire de clés conserve la clé privée en lieu sûr. Le moyen le plus simple d'utiliser une paire de clés pour transmettre un message est le suivant : un utilisateur cherchant à envoyer des données confidentielles au propriétaire d'une clé privée chiffre ces données au moyen de la clé publique du destinataire (rappelez-vous qu'elle n'est pas secrète). Ensuite, seul le détenteur de la clé privée peut déchiffrer les données. Seul le destinataire du message peut le lire tant que sa clé privée n'a pas été compromise.

Les systèmes de chiffrement à clé publique ne sont toutefois que rarement utilisés pour chiffrer des données ; ils sont plutôt utilisés pour authentifier des individus et c'est ce rôle qu'ils jouent dans le protocole SSL. L'authentification au moyen d'un système de chiffrement à clé publique fonctionne comme suit : si vous chiffrez des données (quelles qu'elles soient) au moyen de votre clé privée, seule votre clé publique peut les déchiffrer. Si une clé publique permet de déchiffrer les données, on peut en déduire avec un niveau de certitude élevé que les données ont été chiffrées par le détenteur de la clé privée correspondante. Autrement dit, le destinataire est sûr de l'identité de l'émetteur, qui est certifiée par l'utilisation de la clé privée.

Les algorithmes mathématiques utilisés pour mettre en place le chiffrement par clé publique sont complexes, relativement lents et coûteux en puissance de calcul. C'est pour cette raison qu'en pratique, on utilise le chiffrement asymétrique pour transmettre une clé de chiffrement symétrique entre un serveur SSL et un client. La clé symétrique est ensuite utilisée pour chiffrer et déchiffrer les données échangées ; souvenez-vous que les algorithmes de chiffrement symétriques sont beaucoup plus efficaces.

Cela nous amène à SSL. Le protocole Secure Sockets Layer utilise des algorithmes de chiffrement aussi bien symétriques qu'asymétriques. Une fois la connexion SSL établie entre un serveur Web et un navigateur, les données qu'ils échangent sont chiffrées et déchiffrées au moyen d'un algorithme à clé symétrique efficace sur lequel les deux parties se sont entendues au préalable et qui n'utilise qu'une seule clé partagée. Le véritable génie de SSL est la méthode d'échange sécurisé de cette clé de session symétrique. C'est là que le chiffrement à clé publique joue un rôle. Pour que SSL fonctionne, tous les serveurs doivent détenir des certificats d'authentification électronique les identifiant.

Les certificats utilisés par SSL sont essentiellement des paquets binaires contenant la moitié publique d'une paire de clés appartenant à un serveur Web SSL. Le certificat n'est rien d'autre qu'un moyen fiable d'amener cette clé entre vos mains. Une fois que vous disposez de la clé publique d'un site Web SSL, vous pouvez chiffrer un message destiné à ce site ; il ne pourra être déchiffré que par le détenteur de la clé privée correspondante. Cela vous permet de transmettre la clé de session dont il a été question plus haut, qui est ensuite utilisée pour mettre en place un tunnel sécurisé à travers Internet pour transmettre les données entre le site SSL et vous.

Ces certificats SSL sont émis par des organismes appelés autorités de certification (ou *CA*, pour Certificate Authority), à qui tout le monde fait confiance quand il s'agit de certifier que le détenteur du certificat est bien qui il prétend être. Les navigateurs Web disposent par défaut d'une longue liste d'autorités de certification dont ils acceptent les certificats. Le nombre d'organismes à qui votre navigateur fait confiance pourrait vous surprendre. Si vous en doutez, regardez par exemple Internet Explorer 5.5 ; il considère plus de 30 autorités de certification comme dignes de confiance ! Retrouvez cette information sous IE en sélectionnant Outils > Options Internet > Contenu > Organismes, puis en sélectionnant l'onglet Autorités principales de confiance. La figure 14.1 montre une partie de cette liste.

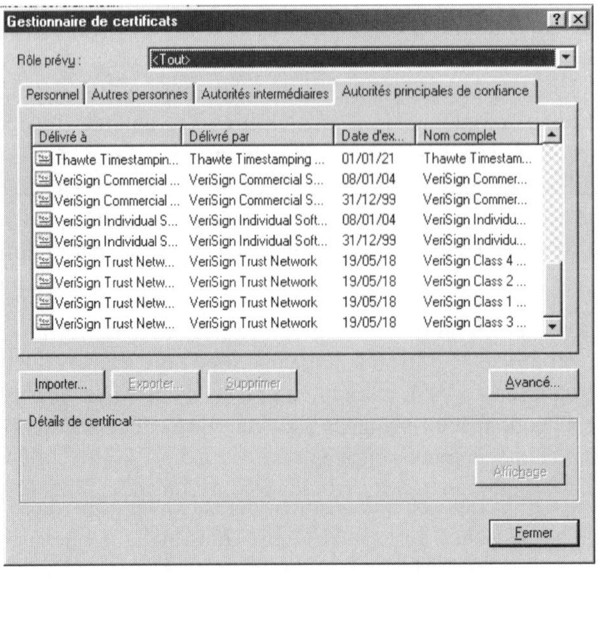

Figure 14.1
Autorités de certification reconnues par Internet Explorer.

Plusieurs formats de certificats électroniques ont été élaborés, mais un seul d'entre eux est utilisé à grande échelle. Proposée pour la première fois en 1988 par l'actuelle ITU (International Telecommunication Union, syndicat international des télécommunications) comme composante des services d'annuaire X.500, l'utilisation du certificat X.509 a été adoptée avec SSL. Le standard X.509 est maintenant un standard international reconnu par l'ITU et par l'ISO (International Organization for Standardization, organisation internationale de standardisation). Il s'agit probablement du seul type de certificat électronique dont vous aurez jamais à vous occuper, a fortiori quand il est question de SSL.

En plus de la clé publique de son détenteur, un certificat X.509 contient des données telles que sa date d'expiration et des informations concernant son propriétaire et l'autorité de certification émettrice. Le certificat de mon site Web se trouve sur la figure 14.2. Cependant, l'élément le plus important du certificat est son enveloppe, que vous ne pouvez pas voir. Elle contient la signature de l'autorité de certification émettrice. Cette signature indique que le contenu du certificat a été vérifié et est digne de confiance (du moins autant que l'autorité de certification qui l'a émis).

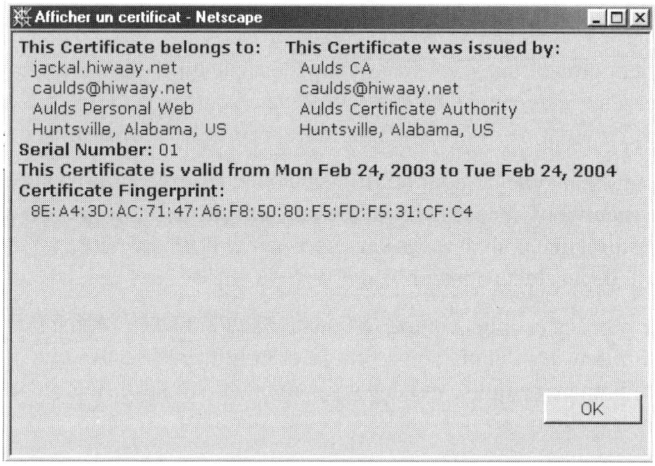

Figure 14.2
Contenu d'un certificat X.509.

Le modèle d'authentification des certificats SSL se présente comme suit :

1. Un site Web qui désire utiliser SSL présente une demande de certification à une des autorités de certifications connues. Cette demande contient, outre la clé publique du site Web, des informations à propos de l'entreprise propriétaire.

2. L'autorité de certification vérifie la validité et la provenance de la demande, puis utilise l'information fournie pour créer un certificat X.509 qu'elle chiffre avec sa clé privée. Le certificat est ensuite renvoyé à l'émetteur de la demande.

3. L'entreprise pour laquelle l'autorité de certification a créé et signé le certificat l'installe sur son serveur. Le procédé est décrit plus loin dans ce chapitre pour Apache 2.0.
4. À partir de ce moment, quand un client reconnaissant le protocole SSL se connecte au serveur, le certificat lui est envoyé.
5. Le client, qui doit faire confiance à l'autorité de certification émettrice, utilise la clé publique de l'autorité pour valider le certificat. Il peut ainsi s'assurer que le certificat a bien été signé par l'autorité au moyen de sa clé privée conservée en lieu sûr. Pour être considéré comme complètement valide, un certificat doit vérifier les trois conditions suivantes :
    - Il doit avoir été émis par une autorité de certification connue du navigateur.
    - Il ne doit pas avoir expiré (sa date d'expiration doit être ultérieure à la date actuelle).
    - Il doit être destiné au site auquel le navigateur croit être connecté. En d'autres termes, le certificat doit correspondre à l'URL de la requête.
6. Une fois le certificat validé, le client l'ouvre et en extrait la clé publique du serveur.
7. Le client produit une clé de session symétrique qu'il chiffre au moyen de la clé publique du serveur. Souvenez-vous que seul le détenteur de la clé privée correspondante peut la déchiffrer, donc seuls le navigateur et le serveur Web peuvent la connaître.
8. Pendant la suite de la session SSL, le client et le serveur utilisent cette clé partagée symétrique pour chiffrer tout le trafic. Le mécanisme de chiffrement à clé publique, plus lent, n'est utilisé que pour authentifier le serveur et pour permettre un transfert sûr de la clé de session depuis le navigateur.

En fait, le procédé est plus complexe que ce que j'ai décrit. Même si vous n'avez pas besoin de connaître tous les détails pour configurer et utiliser SSL avec un serveur Apache, il vaut mieux comprendre ce qui se passe pour pouvoir suivre les différentes étapes de la configuration.

Une question de confiance

Les évolutions récentes dans le domaine des techniques de chiffrement semblent vouloir faire oublier que toute la sécurité de ces systèmes repose sur la confiance. C'est particulièrement vrai quand le logiciel de chiffrement est vendu comme une solution de sécurité complète à des clients ne maîtrisant pas les mathématiques sous-jacentes ; cet état de fait est particulièrement ironique dans un monde où la méfiance vis-à-vis de ses concurrents et même de ses partenaires est bien souvent la règle.

La plupart des méthodes de chiffrement et d'authentification reposent sur l'utilisation de clés publiques. C'est vrai même dans le cas de SSL, qui utilise des certificats signés par la clé privée d'une autorité de certification reconnue. Les clés publiques de ces autorités sont bien connues et incluses dans les navigateurs. La capacité d'ouvrir et de lire un certificat avec une de ces clés publiques permet d'être sûr que l'autorité de certification a bien signé le certificat avec une de ses clés privées secrètes et bien gardées.

Une question de confiance (*suite*)

L'idée de départ était de déposer les clés publiques auprès de tiers de confiance à qui les deux parties impliquées dans un échange de clés devaient pouvoir se fier. Nous devrions tous accéder aux serveurs de ces tiers de confiance pour y récupérer les clés publiques et nous pourrions alors nous fier à ces clés publiques comme nous nous fierions aux tiers de confiance. Avec la conception originelle de ces systèmes, chaque tentative de validation d'un certificat devait impliquer une requête vers le serveur d'un tiers de confiance pour y récupérer la clé publique correspondante.

Le problème était que personne ne voulait se fier aux organismes qui offraient leurs services en tant que tiers de confiance. Le gouvernement des États-Unis s'est attiré les plus grosses protestations quand la NSA (National Security Agency) s'est proposée comme tiers de confiance pour tous les sites impliqués dans le commerce électronique (cela date de l'époque où le gouvernement des États-Unis se croyait propriétaire d'Internet parce qu'il en avait élaboré l'infrastructure de départ). La résistance à cette proposition s'est encore renforcée lorsqu'il a été reconnu que n'importe quelle clé privée pouvait être fournie aux organismes de maintien de l'ordre sur requête d'un juge fédéral. Les entreprises privées n'ont pas reçu beaucoup de soutien non plus dans leurs tentatives de se faire reconnaître comme tiers de confiance, principalement à cause de leurs motivations mercantiles.

Quand j'ai découvert SSL et les autorités de certification, j'étais très curieux de savoir comment elles comptaient mettre ce système en place sans faire appel à des tiers de confiance pour chaque transaction. Les autorités de certification ne fournissent pas directement les clés publiques ; elles les incorporent dans des certificats signés au moyen de leurs propres clés privées. Dans la mesure où les clés publiques des autorités de certification sont distribuées avec les navigateurs Web, ces certificats peuvent être ouverts et examinés par n'importe qui. Si la clé publique d'une autorité de certification permet d'ouvrir un certificat, on peut considérer qu'il s'agit d'une preuve irréfutable que le certificat a bien été créé et chiffré avec la clé privée de l'autorité de certification en question. C'est ainsi qu'on peut savoir que le certificat est valide et digne de confiance ; la clé publique qu'il contient est alors considérée comme certaine. Même si les autorités de certification ne possèdent pas les clés privées des entreprises qu'elles certifient, elles ont un point commun important avec les tiers de confiance : pour que la méthode fonctionne, tout le monde doit leur faire confiance.

Il n'y a aucune raison pour que les grandes entreprises ne puissent pas agir comme leurs propres autorités de certification. De fait, beaucoup d'entre elles le font ; elles établissent des hiérarchies entre les serveurs de certification pour assurer la sécurité de leurs communications internes et parfois des échanges avec leurs partenaires commerciaux. L'industrie automobile américaine possède un de ces systèmes qui compte parmi les meilleurs et les plus élaborés.

Des entreprises comme VeriSign ou Thawte remplissent le rôle d'autorités fiables et le font uniquement pour des raisons mercantiles. Cet état de fait est dû en grande partie au manque de compréhension des techniques sous-jacentes et à la difficulté de mise en place d'une hiérarchie de serveurs de certification fiables. Quand les deux entreprises mentionnés plus haut ont fusionné, elles ont formé un seul groupe fournissant pas moins de 90 % des certificats utilisés sur Internet, même si cette part de marché n'a cessé de diminuer depuis (ce groupe représente environ 65 % des certificats utilisés à l'heure actuelle, d'après les mesures du groupe SecuritySpace, www.securityspace.com). Qui surveille les activités de ces autorités de certification pour s'assurer qu'elles agissent en fonction des intérêts de la communauté des utilisateurs d'Internet ? Personne, en fait, mais nous leur faisons quand même confiance – peut-être simplement parce qu'elles n'ont jamais trahi cette confiance.

Une question de confiance (*suite*)

Ce système de confiance universelle, sur lequel repose le commerce électronique, est-il fondamentalement vicié ? Est-il vraiment raisonnable de placer une confiance totale dans une entité à but lucratif « parce que tout le monde en fait autant » ? Peut-être est-ce là un échec du monde du commerce et de l'industrie, qui n'a pas saisi toutes les implications d'une technologie mise en place pour satisfaire des besoins mercantiles ? D'un autre côté, ce système semble fonctionner et ce pour la raison même qui le rend dangereux – « parce que tout le monde en fait autant ».

Mettre en place SSL avec Apache

La gestion de SSL par Apache est fondée sur un logiciel libre assez impressionnant appelé OpenSSL (www.openssl.org). Ce logiciel est installé sous Linux sous la forme de deux bibliothèques systèmes :

- `libcrypto.a`
- `libssl.a`

De nombreux programmes Linux sont liés à ces bibliothèques. Sur la plupart des systèmes, vous trouverez aussi leurs équivalents dynamiques :

- `libcrypto.so`
- `libssl.so`

La bibliothèque `SSL/TLS` de OpenSSL (`libssl.a` ou `libssl.so`) contient des fonctions de gestion des protocoles Secure Sockets Layer et Transport Layer Security, alors que la bibliothèque de chiffrement (`libcrypto.a` ou `libcrypto.so`) contient une quantité impressionnante de fonctions permettant d'utiliser un grand nombre d'algorithmes de chiffrement.

En plus de ces bibliothèques, le paquet OpenSSL comporte un utilitaire en ligne de commande (`/usr/bin/openssl`) qui permet d'utiliser les fonctions fournies par ces bibliothèques pour créer des clés et des certificats. OpenSSL permet aussi de créer une autorité de certification pour signer vos propres certificats. Si vous choisissez de le faire (et vous le ferez probablement si vous administrez des sites sécurisés sur un intranet), la dernière section de ce chapitre vous indiquera comment faire.

OpenSSL contient un certain nombre de bibliothèques mathématiques qui fournissent les fonctionnalités de base nécessaires à la gestion de SSL et vous pouvez utiliser ces algorithmes complexes sans avoir à les comprendre. Plus tard, lors de l'installation de `mod_ssl`, vous allez devoir créer une paire de clés pour votre serveur. Pour cela, `mod_ssl` utilise les bibliothèques d'OpenSSL et vous permet de choisir entre deux méthodes de chiffrement. La méthode la plus utilisée avec OpenSSL est l'algorithme de chiffrement à clé publique RSA. Cet algorithme était protégé par un brevet américain appartenant à RSA Security (www.rsasecurity.com), qui a expiré le 20 septembre 2000. Même si OpenSSL permet aussi d'utiliser l'algorithme DSA pour éviter d'enfreindre ce brevet, il n'y a plus de véritable raison de préférer DSA à RSA, pas plus qu'il n'est nécessaire d'acheter un logiciel SSL commercial pour avoir le droit d'utiliser l'algorithme RSA. C'est pourquoi ce chapitre illustrera l'utilisation de RSA.

OpenSSL est décrit comme une « boîte à outils » permettant de mettre en oeuvre SSL et un grand nombre de méthodes de chiffrement. Ne vous y trompez pas, OpenSSL est une application imposante et le résultat d'un travail très impressionnant, en particulier compte tenu de sa facilité d'installation, de sa fiabilité absolue et de son prix (gratuit). OpenSSL est fourni par la plupart des distributions Linux actuelles et, au moins dans le cas de Red Hat, fait partie intégrante du système de sécurité de la distribution. Le module `mod_ssl` d'Apache dépend de sa présence sur le système. Vous devez donc vérifier la présence d'OpenSSL avant d'installer `mod_ssl`.

La commande suivante permet de contrôler la version d'OpenSSL installée sur votre système (ici, celle de la Red Hat 7.3) :

```
# openssl version
OpenSSL 0.9.6b [engine] 9 Jul 2001
```

Sur un système Linux Red Hat, vérifiez qu'OpenSSL a bien été installé depuis un paquet RPM (ce qui est le cas sur un système Red Hat standard) :

```
# rpm -q openssl
openssl-0.9.6b-18
```

Si OpenSSL a été installé à partir d'un paquet RPM, vous devez aussi avoir le paquet de développement associé (qui contient les fichiers d'en-têtes nécessaires à la compilation de programmes utilisant les bibliothèques OpenSSL installées). Vous devez vous assurer que le paquet de développement est installé et que sa version correspond à celle du paquet RPM OpenSSL :

```
# rpm -q openssl-devel
openssl-devel-0.9.6b-18
```

Si vous devez installer le paquet de développement, vous le trouverez dans le répertoire `RedHat/RPMS` du deuxième CD de la distribution Red Hat ou sur le site rpmfind.net. Encore une fois, assurez-vous que sa version correspond à celle du paquet OpenSSL.

La section suivante décrit l'installation d'OpenSSL depuis le code source, ce que vous devez faire uniquement si votre système ne fournit pas déjà une version des bibliothèques (ce qui est de plus en plus improbable) ou si vous ne pouvez pas trouver le paquet de développement correspondant. Dans le cas contraire, vous pouvez ignorer cette section.

ATTENTION Une installation complète de Red Hat contient une quarantaine de paquets qui dépendent de la `libssl` ou de la `libcrypto`. Si vous enlevez le paquet RPM `openssl`, ces logiciels ne fonctionneront plus. Sur un système comme Red Hat qui s'appuie lourdement sur OpenSSL, il vaut mieux le considérer comme une composante de base du système. Ne l'enlevez pas et n'essayez pas de le mettre à jour sans une bonne raison.

Installer OpenSSL depuis les sources

Si OpenSSL n'est pas installé sur votre système, vous devez l'installer à partir du code source, ce qui est assez simple sous Linux.

1. Téléchargez la dernière version d'OpenSSL depuis www.openssl.org et décompactez-la dans un répertoire adapté, comme par exemple `/usr/local/src` :

```
# cd /usr/local/src
# tar xzf /downloads/openssl-0.9.6c.tar.gz
# cd openssl-0.9.6c
```

2. 2.Lancez l'utilitaire `config` au moyen de la ligne de commande suivante (l'option `shared` est nécessaire pour compiler les bibliothèques partagées, certains modules reposant dessus) :

```
# ./config shared
```

3. 3.Les commandes suivantes terminent le procédé. Elles peuvent prendre un certain temps et elles engendrent une longue sortie à l'écran :

```
# make
# make test
# make install
```

   La commande `make install` installe les bibliothèques `libcrypto.a` et `libssl.a` dans un répertoire spécial, `/usr/local/ssl/lib` et l'utilitaire `openssl` dans `/usr/local/ssl/bin`.

4. Essayez de faire exécuter quelques commandes à `openssl` pour vérifier que tout s'est bien passé. Par exemple, la commande `version` renvoie la version d'OpenSSL ; ce n'est pas un test très élaboré, mais il permet au moins de s'assurer que l'exécutable et les bibliothèques sont bien en place. Remarquez que l'exécutable est installé dans un répertoire à part :

```
# /usr/local/ssl/bin/openssl version
OpenSSL 0.9.6c 21 dec 2001
```

Installer et utiliser mod_ssl

La configuration d'Apache en vue de l'utilisation de SSL se déroule en cinq étapes :

1. Compilation d'Apache avec `mod_ssl` ;
2. Création d'une clé pour le serveur ;
3. Utilisation de cette clé pour créer une *demande de signature de certificat* (CSR, pour Certificate Signing Request) ;
4. Soumission de cette demande à une autorité de certification commerciale ou création de votre propre autorité de certification à cet effet ;
5. Configuration d'Apache pour l'utilisation de votre certificat signé.

Chacune de ces étapes est décrite en détail dans cette section et chacune d'entre elles doit être effectuée entièrement avant de passer à la suivante.

Première étape : installer mod_ssl

Sous Apache 2.0, `mod_ssl` est un module Apache standard, bien qu'il ne soit pas activé par défaut. En d'autres termes, il est fourni avec le code source d'Apache 2.0, mais il ne sera compilé que si vous l'indiquez explicitement au script de configuration au moyen de l'option `--enable-ssl` (voir chapitre 3).

Les commandes suivantes permettent de compiler et d'installer Apache avec tous les modules standards courants en plus du support SSL :

```
# ./configure --enable-mods-shared=all --enable-ssl
# make
# make install
```

Deuxième étape : créer une clé de serveur

Vous devez créer une clé de serveur unique pour chaque site Web protégé que vous voulez héberger. Cette clé fournit une partie du certificat qui, une fois signé par une autorité de certification, permet à votre site de s'authentifier auprès des navigateurs Web.

Pour créer votre clé, utilisez une commande comme la suivante. Le nom de la clé est arbitraire, mais il doit donner une indication quant au nom du serveur associé. L'extension `.key` est souvent associée aux clés numériques. Pour mon serveur, dont le nom complètement qualifié est jackal.hiwaay.net, j'ai créé une clé appelée `Jackal.key` que j'utiliserai dans les exemples suivants.

```
# openssl genrsa -des3 -out Jackal.key 1024
Generating RSA private key, 1024 bit long modulus
......++++++
...........++++++
e is 65537 (0x10001)
Enter PEM pass phrase:
Verifying password - Enter PEM pass phrase:
```

Avant de créer la clé, OpenSSL va vous demander une phrase clé utilisée pour la chiffrer. Même si ce mot de passe peut être omis pour des raisons de commodité (par exemple pour qu'Apache puisse démarrer sans intervention de l'administrateur), il vaut généralement mieux l'utiliser.

Assurez-vous de bien retenir la phrase clé, dans la mesure où sans elle, la clé est complètement inutilisable. Il vaut mieux choisir une phrase plus longue qu'un simple mot. La règle fondamentale est « facile à retenir, mais difficile à deviner ». Vous pouvez aussi utiliser une suite de caractères apparemment aléatoires que vous retenez comme une phrase ; par exemple, vous pourriez retenir le mot de passe *mmmidpae* comme « ma mère m'interdit de parler aux étrangers ». En règle générale, vous devriez utiliser une phrase d'autant plus longue que vous tenez vraiment à protéger votre clé. Une recherche des termes « good passphrase » sur Internet permet de trouver plusieurs sites donnant des conseils quant à la manière de choisir une bonne phrase clé. Le site http://www.stack.nl/~galactus/remailers/passphrase-faq.html est particulièrement concis.

Vous pouvez examiner la clé, qui est composée de caractères alphanumériques, même si vous ne pourrez pas en tirer grand chose :

```
# cat Jackal.key
-----BEGIN RSA PRIVATE KEY-----
Proc-Type: 4,ENCRYPTED
DEK-Info: DES-EDE3-CBC,9BF3F716B45F02E7
RofntDKIHNjJl1xChjWYIEMtZhPr7Wr6i5NCvSlvvrNpvpUwqMMMz1QJKXfESMbm
PmHRmftgTnI2Lf57xKYOVC56xzQIJIWmTG7pdxkFscWZcIZvpl42HE+Sg8Ctpp3Q
s2OAp33FrP6lJ3BrmkeIUrf6aUlx40gG9HXEmgqel68utoRgK35omqig2zHwz7vc
JgQ4PELF8M3r98KOOKDU9w3rUyGEPknIIRCHEFcAKZZqdCRaeHNRjO63G42THjF+
c46ckIOJzmQLaL/8FhYNqFwTEqcmiKdDk7wnPARVOV6ds4oCFHsiJS5dddRHUHDq
SUtcGyY1krM1ZK6Ja7LFVEoXu6loOvqisXE7M6WbBhGLyp3p84qtkJ+zEWaoAxvx
QCOVBOkxTjgllguZoVdPghl+K/rH/8kAtRjkdfkVTdONPNeEGN/YtW4tfegfkvAD
44U/ff2rwmgZe1XlX9JdFYxmlkzY67N2FQpPEHBXwCy8Sjo6XgaHj1yRZDfYfioh
PtO26h2Jrzx9QzNbGr+Pt5a2WOgKi+NQMV+tKtt5yMaaPTDKT+O9Xd7fwrGfc27d
vZUVUKyOUrexI2eB7O+w8zNhWDNiYzs9GyfEQ+8UPKXOhediVt2NUymsVdvwBmZ6
OwOYMYgYggZPR4t/3hlgdYTxsIZ3e8Hb9bkAXkC7s/5iPp4v6IWEOqv32DsXhi7N
```

```
0v8fwzedtP3v83JYGG/Ao0a3Uqs3QJ+nj2V117YAcmDFqdHoqGGQTc2cCy1VA3qG
8fUKaceaduwTG7qFJpm57a4nVuNLNLrNeWEXwkl0tjzfHay0/1FWuw==
-----END RSA PRIVATE KEY-----
```

Troisième étape : créer une demande de signature

Vous devez ensuite créer une demande de signature numérique de certificat *X.509* pour votre site au moyen de sa clé privée. Pour cela, utilisez les commandes suivantes :

```
# openssl req -new -key Jackal.key -out Jackal.csr
Using configuration from /usr/share/ssl/openssl.cnf
Enter PEM pass phrase:
You are about to be asked to enter information that will be incorporated into your
certificate request.
What you are about to enter is what is called a Distinguished Name or a DN.
There are quite a few fields but you can leave some blank
For some fields there will be a default value,
If you enter '.', the field will be left blank.
-----
Country Name (2 letter code) [AU]:US
State or Province Name (full name) [Some-State]:Alabama
Locality Name (eg, city) []:Huntsville
Organization Name (eg, company) [Internet Widgits Pty Ltd]:Aulds Personal Web
Organizational Unit Name (eg, section) []:
Common Name (eg, your name or your server's hostname) []:jackal.hiwaay.net
Email Address []:caulds@hiwaay.net
Please enter the following 'extra' attributes
to be sent with your certificate request
A challenge password []:
An optional company name []:
```

La phrase clé qui vous est demandée ici est celle que vous avez utilisée lors de l'étape précédente. Ici, vous en avez besoin pour déchiffrer la clé du serveur afin d'en extraire les données nécessaires à la création de la demande de signature. Vous devez obtenir une demande de signature ressemblant à ceci :

```
# cat Jackal.csr
-----BEGIN CERTIFICATE REQUEST-----
MIIB0DCCATkCAQAwgY8xCzAJBgNVBAYTAlVTMRAwDgYDVQQIEwdBbGFiYW1hMRMw
EQYDVQQHEwpIdW50c3ZpbGxlMRswGQYDVQQKExJBdWxkcyBQZXJzb25hbCBXZWIx
GjAYBgNVBAMTEWphY2thbC5oaXdhYXkubmV0MSAwHgYJKoZIhvcNAQkBFhFjYXVs
ZHNAaGl3YWF5Lm5ldDCBnzANBgkqhkiG9w0BAQEFAAOBjQAwgYkCgYEAq/A2/1+y
```

```
19ZSEtQFd2AmfQcI9XE+PCdCMUfg/41e31H4LKIukOtuGH4ub1mVZUWXZF2r81EO
X1xVzw7Ni6pinmD26jNNvLAxErhKpOdIqBcpxSPWvnzySwhLOxqn8fcstYV1fHth
IC1b+7TEjt+SDAMU7Risfx8VRkQpThxpeuUCAwEAAaAAMA0GCSqGSIb3DQEBBAUA
A4GBADl1P1cXR+nPM4gujZf8zHuwQ1YE5quqhZL9x2kO/3PfMT+1cWAbtIrYNRCh
TtW9rN21hpYZp7P1Nu/2HEORdu7DIUN8xNcX/I3WuTkOE6I3Dq41VegPDFoqp3vw
sgF2BZ1Pv80K+Kg88CBvpv1yGY+umjyobG1z+JeGavU13rgb
-----END CERTIFICATE REQUEST-----
```


Quatrième étape : obtenir de votre certificat

Une fois la demande de signature de certificat X.509 créée, elle est transmise à une autorité de certification. Cette dernière l'utilise ensuite pour créer votre certificat, qu'elle authentifie en le signant avec sa clé privée avant de vous l'envoyer par courrier électronique. Une fois ce certificat en votre possession, vous pouvez passer à la cinquième étape. Si vous préférez mettre en place votre propre autorité de certification pour signer vos propres certificats, passez directement à la section « Votre propre autorité de certification », puis à la cinquième étape une fois que vous disposerez de votre certificat signé.

Cette étape ne concerne que les personnes qui installent un serveur Apache relié à Internet et qui veulent profiter d'un certificat signé par une autorité de certification reconnue. Il en existe un certain nombre, mais comme je l'ai expliqué dans l'encadré « Une question de confiance » plus haut dans ce chapitre, la fusion de VeriSign et Thawte a abouti à la création d'une entité à l'origine de 65 % des certificats utilisés sur le Web.

Choisissez une autorité de certification dont les certificats sont reconnus par tous les navigateurs courants. Pour simplifier les tâches des utilisateurs de votre site Web (en particulier pour ceux que la technique rebute), il vaut mieux choisir une des autorités de certification les plus importantes ; c'est pour cette raison qu'elles sont importantes. La procédure d'obtention d'un certificat électronique varie d'une autorité à l'autre, mais elle ressemble toujours à celle-ci :

1. Vous déposez une demande de signature. Le plus souvent, il suffit simplement de recopier la demande au format PEM (engendrée par la commande `openssl req`) dans un formulaire sur le site Web de l'autorité de certification. Sur mon serveur, j'ai utilisé le contenu de mon fichier `Jackal.csr`. La figure 14.3 montre la page correspondante du site www.verisign.com.
2. L'autorité de certification extrait la plupart des informations nécessaires de votre demande de signature. Vous devez confirmer ces informations, éventuellement expliquer ou corriger les incohérences, et donner quelques informations supplémentaires pour identifier votre organisation.
3. Vous devez fournir quelques indications permettant d'identifier votre organisation. VeriSign peut par exemple utiliser votre numéro Dun & Bradstreet (une entreprise qui fournit des services de vérification de l'état financier des autres sociétés) en supposant que les

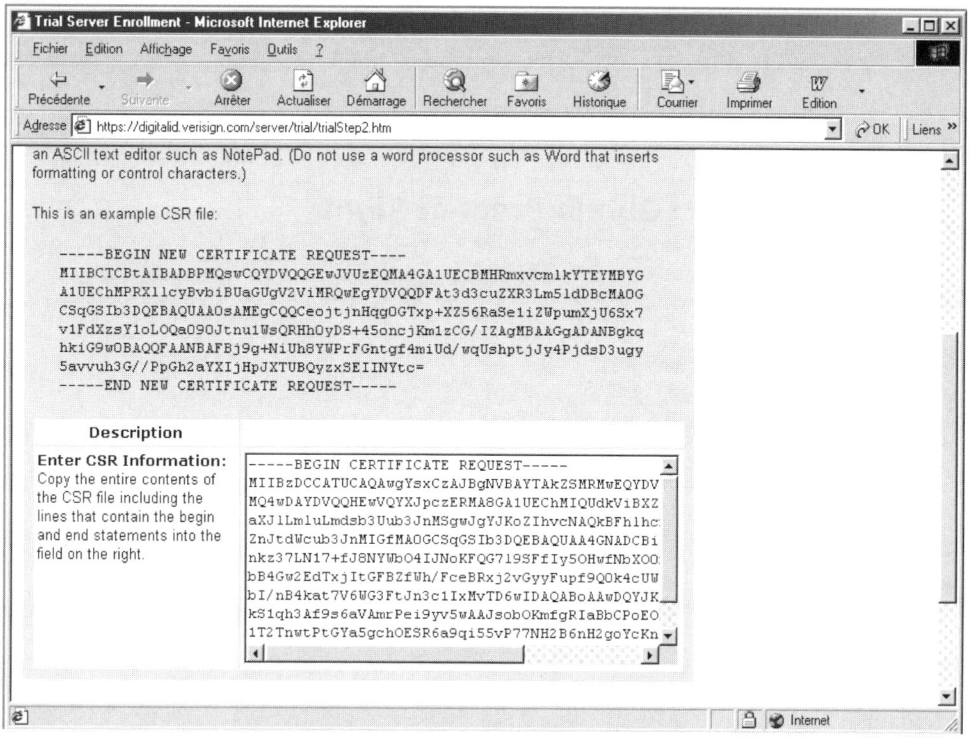

Figure 14.3
Soumission d'une demande de signature de certificat.

vérifications ont déjà été effectuées. Il existe d'autres procédures d'identification, moins utilisées, car plus contraignantes.

4. Une fois les informations nécessaires transmises et le paiement effectué, l'autorité de certification vous envoie par courrier électronique le certificat accompagné de son mode d'emploi. Pour Apache et `mod_ssl`, il vous suffit de le copier dans le bon fichier (`/usr/local/apache2/conf/ssl.crt/Jackal.crt` sur mon serveur Apache 2.0).

Les certificats X.509 que vous recevez des autorités de certification sont codés dans un format appelé PEM (Privacy Enhanced Mail, courrier à confidentialité améliorée). Ce format rend le certificat difficile à lire, mais ne croyez surtout pas qu'il soit chiffré ; il peut facilement être converti dans un format humainement lisible, dont le listing 14.1 donne un exemple.

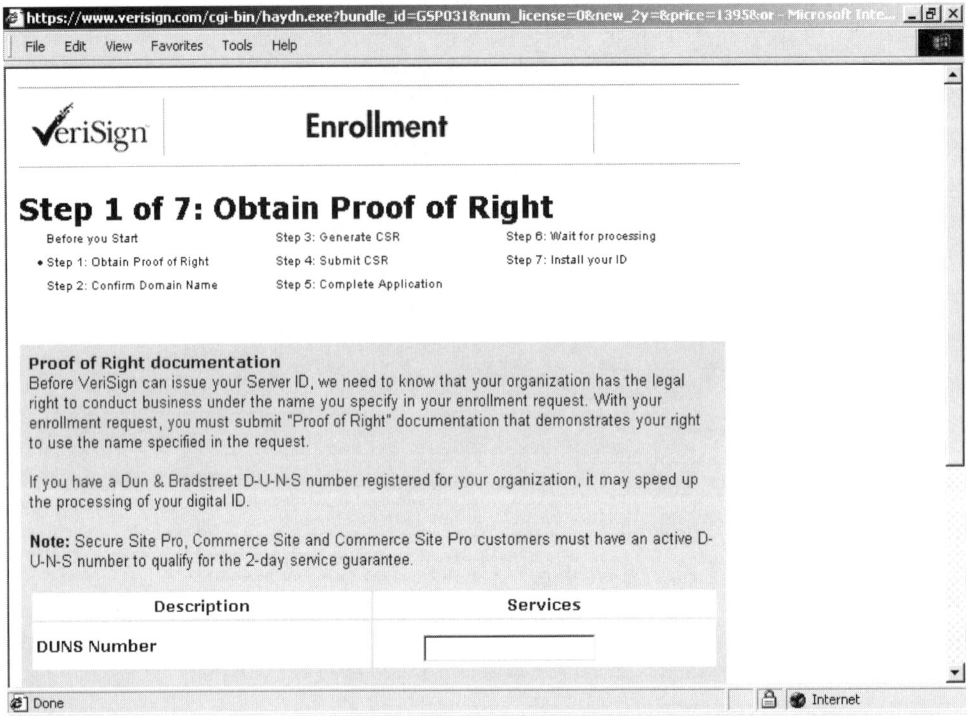

Figure 14.4
Interface d'identification.

Listing 14.1 – Un certificat sous forme lisible

```
# openssl x509 -noout -text -in server.crt
Certificate:
    Data:
        Version: 3 (0x2)
        Serial Number: 5 (0x5)
        Signature Algorithm: md5WithRSAEncryption
        Issuer: C=XY, ST=Snake Desert, L=Snake Town, O=Snake Oil, Ltd,
           OU=Certificate Authority, CN=Snake Oil CA/Email=ca@snakeoil.dom
        Validity
            Not Before: Jan  5 21:05:41 2000 GMT
            Not After : Jan  4 21:05:41 2001 GMT
        Subject: C=US, ST=Alabama, L=Huntsville, O=Sybex, OU=Author,
           CN=jackal.hiwaay.net/Email=caulds@hiwaay.net
        Subject Public Key Info:
```

Listing 14.1 – Un certificat sous forme lisible (*suite*)

```
            Public Key Algorithm: rsaEncryption
            RSA Public Key: (1024 bit)
                Modulus (1024 bit):
                    00:bb:80:16:1c:31:25:40:68:58:d3:85:c5:6d:a9:
                    54:34:9f:b5:ea:23:89:d9:00:50:e0:2c:01:ed:d1:
                    f7:32:9d:f4:59:03:44:ee:18:4c:b9:2b:2a:ba:d9:
                    52:cb:9f:74:e8:6e:ba:83:88:66:8a:05:1a:05:5f:
                    51:23:8d:d4:d2:65:94:52:7f:de:cc:09:47:21:a5:
                    ab:4d:6e:b2:5c:8d:af:36:0f:f7:b4:be:be:16:23:
                    f5:2e:a6:28:9a:df:b3:e6:d9:14:d7:f1:05:a8:04:
                    85:cb:44:7b:0f:6a:a5:66:af:77:b1:ba:8c:b9:35:
                    85:ae:e2:d8:f5:bb:18:bd:2b
                Exponent: 65537 (0x10001)
        X509v3 extensions:
            X509v3 Subject Alternative Name:
                email:caulds@hiwaay.net
            Netscape Comment:
                mod_ssl generated test server certificate
            Netscape Cert Type:
                SSL Server
    Signature Algorithm: md5WithRSAEncryption
        3b:39:a6:ac:2d:fe:91:fb:f0:cb:1e:2f:9b:a6:58:fc:56:4f:
        da:7f:f1:b6:e1:79:de:90:c5:3c:20:3f:67:d7:34:11:f0:9e:
        ee:13:39:dc:23:06:29:5b:89:94:3a:06:f8:34:23:3a:d5:db:
        1c:7c:87:26:31:ed:df:e7:54:67:74:78:cd:5c:38:36:04:ed:
        2d:75:93:51:f8:46:8d:74:6f:81:09:9e:46:82:53:2b:36:72:
        0a:c4:6b:e4:5f:7d:27:da:03:a0:5b:d2:04:f8:c9:e3:03:8e:
        f5:ee:20:57:b9:0d:db:60:59:03:e4:7f:f5:fd:ca:32:44:41:
        db:be
```

Remarquez que ce certificat contient de nombreuses informations. En voici les éléments principaux :

- le nom du propriétaire du certificat (en général le nom d'hôte du serveur Web) ;
- un moyen de contacter un responsable, par exemple une adresse électronique ;
- la clé publique du site (la clé privée correspondante doit être conservée à l'abri sur le serveur, mais elle doit néanmoins être lisible par le logiciel SSL) ;
- la date d'expiration de la clé publique ;

- l'identité de l'autorité de certification émettrice ;
- un numéro de série unique ;
- la signature numérique de l'autorité de certification.

Cinquième étape : configurer Apache pour l'utilisation de SSL

La procédure d'installation de la première étape ajoute la commande nécessaire à l'activation du module SSL dans le fichier `httpd.conf` d'Apache. Cette commande se trouve dans un bloc `<IfDefine>` de façon à n'être exécutée que si Apache est lancé avec l'option SSL :

```
<IfDefine SSL>
LoadModule ssl_module modules/mod_ssl.so
</IfDefine>
```

Le mécanisme d'installation crée aussi un fichier `ssl.conf` dans le sous-répertoire `conf` du répertoire principal d'Apache (le répertoire qui contient le fichier `httpd.conf` avec lequel nous travaillons depuis le début). Ce fichier contient les directives nécessaires à la configuration d'Apache pour l'utilisation de SSL ; il est lu au démarrage du serveur grâce aux directives suivantes, qui se trouvent dans le fichier `httpd.conf` :

```
#
# Bring in additional module-specific configurations
#
<IfModule mod_ssl.c>
    Include conf/ssl.conf
</IfModule>
```

La directive `<IfModule>` permet de n'exécuter les directives du fichier `ssl.conf` que si le module `mod_ssl` est effectivement chargé. Si vous avez créé et installé un certificat comme indiqué plus haut, la commande suivante devrait suffire à démarrer Apache en mode SSL :

```
# /usr/local/apache2/bin/httpd -DSSL
```

Vous pouvez aussi utiliser la commande équivalente :

```
# /usr/local/apache2/bin/apachectl startssl
```

D'une façon ou d'une autre, si vous avez chiffré la clé du serveur, vous allez devoir entrer votre phrase clé. Le serveur ne peut démarrer en mode SSL que si sa clé peut être déchiffrée et lue, ce qui ne peut pas se faire sans la phrase clé.

L'installation crée aussi un nouvel hôte virtuel pour répondre aux connexions sur le port TCP 443 :

```
<VirtualHost _default_:443>
DocumentRoot "/usr/local/apache2/htdocs"
ServerName jackal.hiwaay.net:443
ServerAdmin caulds@hiwaay.net
ErrorLog logs/error_log
TransferLog logs/access_log
SSLEngine on
SSLCipherSuite
  ALL:!ADH:!EXPORT56:RC4+RSA:+HIGH:+MEDIUM:+LOW:+SSLv2:+EXP:+eNULL
SSLCertificateFile /usr/local/apache2/conf/ssl.crt/Jackal.crt
SSLCertificateKeyFile /usr/local/apache2/conf/ssl.key/Jackal.key
-- un certain nombre de lignes correspondant à la configuration de SSL --
</VirtualHost>
```

ASTUCE SSL ne peut être utilisé qu'avec des hôtes virtuels dépendant de l'adresse IP, jamais avec des hôtes dépendant du nom (voir chapitre 6). En effet, Apache ne peut pas lire l'en-tête HTTP `Host` avant l'établissement de la connexion chiffrée ; la connexion est toujours établie avant tout échange d'en-têtes HTTP.

J'ai supprimé la plupart des lignes contenues dans le bloc `<VirtualHost>` SSL. En effet, ces lignes ne font que rappeler des valeurs de configuration de `mod_ssl` par défaut et il vaut mieux ne pas y toucher. Chacune de ces directives est décrite par un commentaire dans le fichier de configuration.

Vous pouvez par exemple modifier l'emplacement où `mod_ssl` cherche son certificat et ses clés (au moyen respectivement des directives `SSLCertificateFile` et `SSLCertificateKeyFile`). Dans l'exemple ci-dessus, j'ai utilisé le certificat `Jackal.crt` et la clé `Jackal.key` que j'ai créés plus tôt. Les valeurs par défaut ne sont pas plus mauvaises que d'autres et la plupart des administrateurs vont probablement les utiliser.

Il est important de garder à l'esprit qu'un serveur SSL est réalisé sous Apache comme un hôte virtuel, qui peut entre autres disposer de ses propres directives `DocumentRoot` et `ServerAdmin`. Vous devriez considérer le serveur SSL comme un serveur à part et ne l'utiliser que pour permettre l'accès aux ressources qui nécessitent vraiment la protection offerte par SSL. Sur un réseau d'entreprise, vous pourriez même interdire complètement les connexions sur le port TCP 80 (le port HTTP standard) et utiliser exclusivement SSL.

Démarrez le serveur en mode SSL et essayez de vous y connecter en utilisant une URL commençant par `https` au lieu de `http` :

```
https://jackal.hiwaay.net/
```

Vous allez ainsi ouvrir une connexion vers le port SSL (port TCP 443). Si vous avez configuré votre serveur pour utiliser un autre port, par exemple le port 8001, vous pouvez utiliser une URL de ce genre :

```
https://jackal.hiwaay.net:8001/
```

À titre d'essai, tentez de vous connecter au site protégé par SSL. Lors de la première connexion, votre navigateur devrait vous présenter une boîte de dialogue similaire à celle de la figure 14.5.

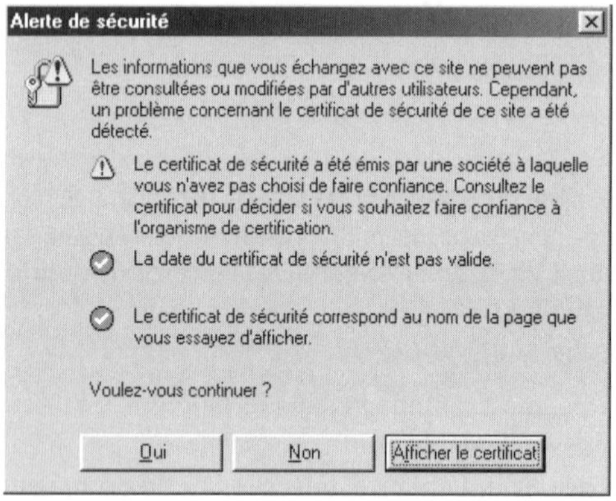

Figure 14.5
La boîte de dialogue « certificat inconnu » d'Internet Explorer.

Internet Explorer peut avoir plusieurs raisons de ne pas accepter automatiquement un certificat :

- L'autorité de certification est inconnue.
- La date d'expiration du certificat est dépassée.
- L'URL codée dans le certificat est différente de celle qui a été utilisée pour accéder au site (ce qui peut indiquer une tentative d'usurpation de l'identité d'un serveur).

Dans ce cas, il vous demande simplement si vous voulez poursuivre. Si vous cliquez sur Oui, IE accepte le certificat pour la session en cours uniquement. Vous pouvez aussi cliquer sur le bouton Afficher le certificat pour examiner le certificat en question. De manière générale, il vaut mieux refuser les certificats qui provoquent l'ouverture de cette boîte de dialogue, en particulier si vous voulez transmettre des informations confidentielles (par exemple lors d'un achat en ligne). Dans ce cas, je trouve Internet Explorer plutôt négligent ; un effort supplémentaire pourrait être fait pour indiquer aux utilisateurs que l'acceptation d'un certificat ne répondant pas à des critères stricts peut représenter un risque.

Si votre navigateur accepte (automatiquement ou manuellement) le certificat présenté par le site Web auquel vous vous connectez, une connexion SSL est établie entre le navigateur et le serveur. Tous les navigateurs indiquent d'une façon ou d'une autre qu'une connexion chiffrée a été établie avec le serveur. La figure 14.6 montre le petit cadenas affiché dans le coin inférieur droit de la fenêtre d'Internet Explorer pour indiquer que la page affichée a été reçue via une connexion sécurisée.

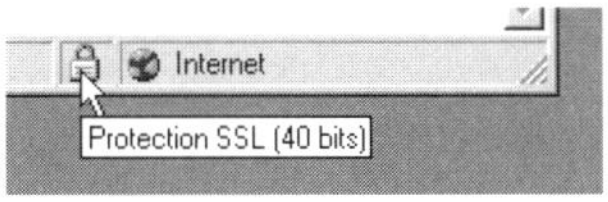

Figure 14.6
L'icône de connexion sécurisée d'Internet Explorer.

Pour voir les détails à propos de la connexion SSL en cours, cliquez sur le cadenas pour afficher la boîte de dialogue Certificat d'Internet Explorer (figure 14.7). Ses différents onglets vous permettent de consulter le contenu du certificat utilisé pour établir la connexion. Cela peut par exemple servir à vérifier que le certificat correspond bien au site auquel vous croyez être connecté ; c'est particulièrement utile si vous avez accepté le certificat manuellement sans vérifier son contenu au préalable.

Figure 14.7
Affichage du contenu d'un certificat sous Internet Explorer.

J'ai recopié mon script `environ.cgi` dans un répertoire de CGI défini par une directive `ScriptAlias` sur mon serveur SSL. En lançant le script, j'ai pu voir de nombreuses informations ajoutées par le module SSL, comme vous pouvez le constater en lisant le listing 14.2. Remarquez le nombre important de variables ajoutées par SSL. Elles fournissent des informations utilisables depuis vos scripts CGI, y compris le type de chiffrement utilisé et des détails à propos du certificat X.509 utilisé pour authentifier la connexion. La plupart de ces données n'auront pas à être transmises aux scripts d'exécution ; elles sont plus intéressantes que réellement utiles.

Listing 14.2 – Sortie du script environ.cgi

```
SSL_SESSION_ID = 8FDD7AD978C891A290AF79E7B422407102DBB7B0D0635B2866E32C6BD4AAC027
SSL_SERVER_I_DN = /C=XY/ST=Snake Desert/L=Snake Town/O=Snake Oil, Ltd/
OU=Certificate Authority/CN=Snake Oil~CCA/Email=ca@snakeoil.dom
SERVER_SOFTWARE = Apache/1.3.12 (Unix) mod_ssl/2.6.4 OpenSSL/0.9.5a
GATEWAY_INTERFACE = CGI/1.1
DOCUMENT_ROOT = /home/httpd/html
SSL_SERVER_I_DN_C = XY
SSL_PROTOCOL = SSLv3
SSL_CIPHER_ALGKEYSIZE = 128
SSL_SERVER_I_DN_OU = Certificate Authority
REMOTE_ADDR = 192.168.1.2
SSL_SERVER_I_DN_ST = Snake Desert
REQUEST_METHOD = GET
SSL_SERVER_A_SIG = md5WithRSAEncryption
SSL_VERSION_LIBRARY = OpenSSL/0.9.4
SSL_SERVER_S_DN = /C=US/ST=Alabama/L=Huntsville/O=Sybex/OU=Author/
CN=jackal.hiwaay.net/Email=caulds@hiwaay.net
QUERY_STRING =
SSL_SERVER_I_DN_L = Snake Town
SSL_SERVER_S_DN_C = US
SSL_CIPHER_EXPORT = true
SSL_SERVER_S_DN_OU = Author
SSL_SERVER_I_DN_O = Snake Oil, Ltd
HTTP_ACCEPT = image/gif, image/x-xbitmap, image/jpeg, image/pjpeg, image/png, */*
SSL_SERVER_A_KEY = rsaEncryption
REMOTE_PORT = 1158
SSL_SERVER_S_DN_ST = Alabama
SERVER_ADDR = 192.168.1.1
HTTP_ACCEPT_LANGUAGE = en
HTTPS = on
HTTP_ACCEPT_ENCODING = gzip
SCRIPT_FILENAME = /home/httpd/cgi-bin/environ.pl
```

Listing 14.2 – Sortie du script environ.cgi (*suite*)

```
SSL_SERVER_S_DN_L = Huntsville
SERVER_NAME = jackal.hiwaay.net
SSL_SERVER_S_DN_O = Sybex
SSL_SERVER_M_VERSION = 3
SERVER_PORT = 443
SSL_CIPHER_USEKEYSIZE = 40
SERVER_ADMIN = root@jackal.hiwaay.net
UNIQUE_ID = OHS3Tn8AAAEAABmkEkI
SSL_CLIENT_VERIFY = NONE
SSL_VERSION_INTERFACE = mod_ssl/2.4.9
SERVER_PROTOCOL = HTTP/1.0
SERVER_SIGNATURE =
Apache/1.3.9 Server at jackal.hiwaay.net Port 443
SSL_SERVER_I_DN_Email = ca@snakeoil.dom
SSL_SERVER_V_START = Jan 5 21:05:41 2000 GMT
HTTP_USER_AGENT = Mozilla/4.7 [en] (WinNT; I)
SSL_CIPHER = EXP-RC4-MD5
PATH = /usr/bin:/bin:/sbin:/usr/bin:/usr/sbin:/usr/local/bin:/usr/local/sbin:/
usr/bin/X11:/usr/X11R6/bin:/root/bin
HTTP_CONNECTION = Keep-Alive
SSL_SERVER_I_DN_CN = Snake Oil CA
SSL_SERVER_S_DN_Email = caulds@hiwaay.net
SSL_SERVER_V_END = Jan 4 21:05:41 2001 GMT
SSL_SERVER_M_SERIAL = 05
SCRIPT_NAME = /cgi-bin/environ.pl
REQUEST_URI = /cgi-bin/environ.pl
HTTP_ACCEPT_CHARSET = iso-8859-1,*,utf-8
SSL_SERVER_S_DN_CN = jackal.hiwaay.net
HTTP_HOST = Jackal
```

Votre propre autorité de certification

Les certificats émis par une autorité de certification reconnue sont les plus faciles à utiliser, dans la mesure où ils sont reconnus et acceptés par les navigateurs Web courants. Vous aurez besoin d'un tel certificat si vous gérez un serveur Web SSL relié à Internet traitant des données confidentielles, par exemple pour valider des numéros de cartes de crédit.

Toutefois, ces certificats doivent être achetés et renouvelés lors de leur expiration. Vous pouvez éviter ces dépenses en agissant vous-même en tant qu'autorité de certification. Cette section vous indique comment créer votre propre autorité de certification pour signer les certificats SSL de vos sites Web. On parle souvent de certificats autosignés.

Si vous voulez utiliser des certificats autosignés, vous allez devoir configurer tous les navigateurs susceptibles d'accéder à vos serveurs SSL pour reconnaître ces certificats. C'est pour cette raison que ces certificats sont principalement adaptés aux réseaux d'entreprise où tous les navigateurs peuvent être configurés pour accepter les certificats émis par l'autorité de certification de l'entreprise. Cette section indique comment mettre en place une autorité de certification, comment distribuer ses certificats et comment l'utiliser pour signer les certificats de vos sites Web.

Une entreprise privée qui signe ses propres certificats et qui configure ses navigateurs pour les accepter est de fait une autorité de certification privée. Cette approche impose à l'émetteur des certificats de pouvoir contrôler dans une certaine mesure tous les navigateurs clients afin de les configurer pour accepter ses certificats.

Créer votre autorité de certification

La création d'un certificat autosigné est souvent suffisante si, par exemple, tous vos clients sont disposés à accepter un certificat signé par votre serveur agissant comme sa propre autorité de certification. Cette supposition est parfaitement justifiée pour un réseau d'entreprise. Sur le Web en revanche, vous aurez probablement intérêt à demander la signature de votre certificat par une autorité de certification tierce.

La création d'une autorité de certification est matérialisée par la création de sa clé privée par OpenSSL. Cette clé privée contient des informations à propos de l'autorité de certification ainsi que deux grands nombres premiers utilisés pour le chiffrement et le déchiffrement (les algorithmes utilisés reposent sur la difficulté de trouver les facteurs premiers d'un grand nombre entier). La clé privée d'une autorité de certification doit être protégée, par exemple en la conservant uniquement sur une machine non connectée au réseau. Cette clé servira à signer tous les certificats utilisés sur les sites Web du réseau. Le nom de la clé est arbitraire, mais il devrait illustrer son usage :

```
# openssl genrsa -des3 -out AuldsCA.key 1024
Generating RSA private key, 1024 bit long modulus
.....................................................++++++
v...............................++++++
e is 65537 (0x10001)
Enter PEM pass phrase:
Verifying password - Enter PEM pass phrase:
# ls -al AuldsCA.key
-rw-r--r--    1 root     root          963 Mar 19 13:35 AuldsCA.key
```

Cette clé privée sert à signer les certificats SSL que votre autorité de certification reconnaît comme valides et vous devez y avoir accès pour signer un certificat. Gardez-la en sécurité, par exemple sur un support amovible (par exemple un CD-RW). Vous pouvez parier que les clés privées de VeriSign ne sont pas conservées sur une machine reliée à Internet.

Au même titre qu'une clé de serveur, la clé privée de votre autorité de certification se présente sous la forme de caractères texte imprimables, mais elle ne révèle que peu d'informations :

```
# cat AuldsCA.key
-----BEGIN RSA PRIVATE KEY-----
Proc-Type: 4,ENCRYPTED
DEK-Info: DES-EDE3-CBC,BE673A0C014EDAB1
RjVytdHEhA2c20dvTpG4+mpLGKrAK79v2WdCGEJVM1pmF+1FriKCHfpJ8nrLXrFK
8YYX8kAryl j4fMZabwqzHqmPf6Jq6rWZ9QLQLeBI3C0kb6s0jgNxzT/Bd3Liackl
YDmPA/4BZHAbmHno7K5+YNClVVvPosS3xNggS9bx/xr2jDTwo+FAZTtaz7LUkniT
Op6dKvVjfWVXBhNm/kiZYKVONppM7iqC4HnNxEHxlv+k7Dk2LCLaJxO2/XfZ+f9o
7rSAalg7eabm9gKscgFWW7UQddf03xV4i1t5atnBY1H0tS/WZEwzjKnL/A18gnvs
zfv4vOmyqdjh7wGmMaM2kCwg5vGtC3JDp9ATfT9xXfKnHYAd2hyL72ZHTQlZG9yy
eQ0ndojU1E/0eh10sGixG67dyVi2y33Tah6/U4i5ruEICF3KKg9M4dCgbrEznz5z
VfCIawH0LFiuLvMJ0dV0cLl8r44MZg4ZDbrrmsYkEUW30Kku/J/EEHDZNSMdkM3n
9mo29Q04ZSKPW7GkEuPN6+YMrny7YrkUi9/t6jcGL24RJbqc5WQV21HRf3w7qs3V
gCfECTQabKxDoxalSlyg++Tz9Y+0R3ZNE0n390mt7jgE0NZd6E0R4XfuNVchFfc/
hFlzqD3FEWI8exzVnIs3Y0lo3K0xX6/AJoqRxo9bwQtUr3jnaNLyuCmF207/GcvX
k20rUFr80opJd5F95nALBNKEoFntHex87EmZM70b86Q0Z06feG3dzkV9xrx4vTJy
ZtUiP71gGW30ehG9eWBDxURi2YZI99FZP7U8iusKZUEKL8Vme6YEqA==
-----END RSA PRIVATE KEY-----
```

Vous pouvez afficher le contenu de la clé avec OpenSSL, même si vous n'en apprendrez probablement pas beaucoup plus. La nature mathématique de cette clé apparaît toutefois clairement. Remarquez que pour afficher le contenu de la clé, vous allez devoir indiquer son type (RSA) et entrer votre phrase clé.

```
# openssl rsa -noout -text -in AuldsCA.key
read RSA key
Enter PEM pass phrase:
Private-Key: (1024 bit)
modulus:
    00:ac:65:c3:aa:2f:6c:1b:65:12:60:cc:25:ff:45:
    40:45:47:a4:ae:ff:ea:cf:68:30:5d:77:9c:1f:8a:
    ac:10:87:9d:1f:8b:8e:aa:46:57:b6:2c:49:0a:44:
    21:9e:21:82:fb:26:b6:a1:c9:58:89:68:63:18:95:
    bf:a2:6f:5c:48:54:d1:dd:f9:ae:00:82:39:1c:60:
    51:3d:c7:26:ec:b9:d4:49:d2:66:25:ec:c3:68:10:
    eb:61:6b:56:cb:8d:dc:f5:e7:75:30:af:de:96:10:
    6b:e8:e6:96:e1:a1:86:06:24:77:f3:45:99:03:e2:
    ea:1d:bd:9e:16:60:66:dd:f1
publicExponent: 65537 (0x10001)
```

```
privateExponent:
    00:88:9d:f0:6b:ca:3e:d2:8a:cb:00:98:67:38:1e:
    c9:ea:dc:f6:7d:93:e2:a1:50:40:9b:a1:30:c0:b2:
    24:de:c8:89:54:39:44:ea:5c:ea:1f:3c:82:f9:36:
    ba:a9:54:87:36:be:1c:16:a3:b7:9c:d4:73:4b:45:
    48:62:d1:fa:ff:2d:53:c2:37:f1:64:06:04:a3:04:
    ca:80:c7:bf:69:0c:2c:9c:4a:ea:ec:e2:3d:74:8d:
    64:23:41:00:9d:a9:89:c3:38:6f:43:dd:76:8b:5f:
    36:8a:9f:8f:a1:3e:f0:51:62:e3:9e:58:31:15:b5:
    22:c6:41:44:f8:07:48:25:9d
prime1:
    00:df:9c:33:43:4a:76:e3:e7:6f:23:2b:47:fb:ed:
    d3:9e:24:0b:3a:b6:2d:55:3d:31:a6:f9:f7:1f:93:
    28:51:a0:92:89:7f:25:92:7f:af:71:17:20:75:4b:
    a5:8d:a6:d0:7c:6b:32:3a:7a:1e:56:52:6b:24:06:
    2b:ba:1b:b0:af
prime2:
    00:c5:5e:85:c9:fc:06:13:23:84:e6:9a:62:cc:3b:
    8b:42:f2:54:18:a0:15:c9:75:f1:31:7c:2c:ce:d5:
    53:4d:50:48:a3:c5:82:37:61:59:fc:cb:7e:a0:6f:
    95:76:2d:88:99:87:3c:11:7c:b5:df:5c:a9:c5:80:
    81:94:e5:c3:5f
exponent1:
    00:b8:87:8b:9a:55:62:25:93:40:98:d2:47:d6:34:
    1e:75:9b:a3:14:b1:70:59:ae:65:42:39:77:e1:3b:
    ac:83:28:32:a5:7b:22:c3:71:d1:93:4f:15:7f:16:
    8d:29:87:66:f7:b5:f2:be:65:36:91:df:f4:00:c7:
    82:e0:53:a7:8b
exponent2:
    74:69:87:22:16:bb:82:88:5d:b8:22:71:89:a2:c9:
    46:28:66:7f:cb:d4:6d:ea:59:e3:e5:29:0c:a9:f8:
    a3:4e:6a:39:e6:a2:22:86:12:2c:af:de:35:44:fb:
    74:23:f1:41:14:e9:d2:2a:ab:9f:5e:29:68:ab:9e:
    42:b3:ae:a3
coefficient:
    00:ac:1d:6e:fb:eb:a8:9d:6f:ee:9b:b1:61:62:01:
    ab:90:a1:c0:ad:b8:3a:57:9c:f9:ce:ab:20:35:05:
    04:da:95:5c:8d:72:ba:95:28:75:2c:c6:9a:ba:44:
    9f:ee:38:c3:2b:93:2a:26:c2:37:7d:e5:61:fd:28:
    23:6e:92:87:4b
```

Vous pouvez maintenant utiliser la clé privée de votre nouvelle autorité de certification pour lui créer un certificat racine X.509. Ce certificat est distribué aux navigateurs pour leur indi-

Démarrage automatique d'Apache/SSL

Une clé de serveur chiffrée impose un démarrage manuel du serveur ; en effet, l'administrateur doit entrer la phrase clé. C'est une mesure de sécurité intéressante dans la mesure où la clé est inutilisable sans la phrase correspondante, mais la nécessité d'une intervention manuelle peut s'avérer gênante. Si vous avez absolument besoin de laisser Apache démarrer automatiquement avec le support de SSL, vous pouvez déchiffrer votre clé avec une commande de ce genre :

```
# mv Jackal.key Jackal.key.ORIG
# openssl rsa -in Jackal.key.ORIG -out Jackal.key
read RSA key
Enter PEM pass phrase:
writing RSA key
```

Si vous choisissez de ne pas chiffrer votre clé, faites attention à bien la protéger. C'est elle qui identifie votre serveur ; ne vous la faites pas voler ! Utilisez la commande suivante pour n'accorder le droit de la lire qu'à *root* :

```
# chmod 400 Jackal.key
```

Une autre possibilité est l'utilisation de la directive `SSLPassPhraseDialog`. Cette directive indique le chemin d'accès à un programme appelé quand Apache/SSL a besoin de la phrase clé pour déchiffrer la clé privée. Ce programme peut être un simple script qui se contente d'afficher la phrase clé sur sa sortie standard ; dans ce cas, il ne présente aucun avantage par rapport à l'absence de chiffrement. Le véritable but de cette directive est de laisser le programme vérifier qu'il n'a pas été lancé par un intrus. N'utilisez pas cette directive si vous n'êtes pas prêt à écrire un programme capable de vérifier qu'il n'est lancé que lors du démarrage du serveur. Un programme dépourvu des mécanismes adéquats pourrait vous donner une fausse impression de sécurité. Encore une fois, n'utilisez ce mécanisme que si vous êtes réellement en mesure d'écrire un programme capable d'effectuer correctement les vérifications adéquates.

quer qu'ils doivent se fier aux certificats signés par votre autorité de certification. Il contient la clé publique de cette dernière, qui permet au navigateur de s'assurer qu'un certificat a bien été signé avec la clé privée correspondante.

La commande suivante indique à OpenSSL de créer un nouveau certificat X.509 avec une durée de vie de 365 jours (la durée de vie par défaut est de 30 jours). Ce nouveau certificat doit être créé à partir de la clé privée `AuldsCA` et écrit dans un fichier appelé `AuldsCA.crt`. Quelques champs descriptifs permettent d'adjoindre des informations humainement lisibles au certificat.


```
# openssl req -new -x509 -days 365 -key AuldsCA.key -out AuldsCA.crt
Using configuration from /usr/share/ssl/openssl.cnf
Enter PEM pass phrase:
You are about to be asked to enter information that will be incorporated
into your certificate request.
What you are about to enter is what is called a Distinguished Name or a DN.
There are quite a few fields but you can leave some blank
For some fields there will be a default value,
```

```
If you enter '.', the field will be left blank.
-----
Country Name (2 letter code) [AU]:US
State or Province Name (full name) [Some-State]:Alabama
Locality Name (eg, city) []:Huntsville
Organization Name (eg, company) [Internet Widgits Pty Ltd]:Aulds Certification
Authority
Organizational Unit Name (eg, section) []:
Common Name (eg, your name or your server's hostname) []:Aulds CA
Email Address []:caulds@hiwaay.net
```

Vous pouvez vous amuser à consulter le contenu du nouveau certificat de votre autorité de certification. Utilisez cette commande pour examiner n'importe quel certificat X.509 :

```
# openssl x509 -noout -text -in AuldsCA.crt
Certificate:
    Data:
        Version: 3 (0x2)
        Serial Number: 0 (0x0)
        Signature Algorithm: md5WithRSAEncryption
        Issuer: C=US, ST=Alabama, L=Huntsville, O=Aulds Certification Authority,
CN=Aulds CA/Email=caulds@hiwaay.net
        Validity
            Not Before: Mar 19 19:50:03 2002 GMT
            Not After : Mar 19 19:50:03 2003 GMT
        Subject: C=US, ST=Alabama, L=Huntsville, O=Aulds Certification Authority,
CN=Aulds CA/Email=caulds@hiwaay.net
        Subject Public Key Info:
            Public Key Algorithm: rsaEncryption
            RSA Public Key: (1024 bit)
                Modulus (1024 bit):
                    00:c4:e6:5b:6f:a4:4f:ee:75:f3:9e:92:16:df:34:
                    47:c4:76:be:8c:8e:4c:a5:89:b2:d9:04:fe:2c:ee:
                    7f:a7:dc:72:2f:94:07:61:7e:b2:4c:c0:77:69:28:
                    f5:78:df:18:f2:5c:72:ad:f5:e3:98:29:0a:a7:87:
                    22:df:cd:bf:1f:24:b0:43:fa:0d:63:0a:bd:86:38:
                    68:26:f4:2e:70:08:ce:0b:57:c7:48:5b:a5:57:14:
                    74:66:23:94:8e:6f:f0:3d:84:f8:16:fe:76:f2:7d:
                    8d:82:11:65:f6:cf:2b:9c:53:99:e1:0f:6a:29:69:
                    20:db:6b:c7:1c:92:3e:d6:23
                Exponent: 65537 (0x10001)
        X509v3 extensions:
            X509v3 Subject Key Identifier:
              3A:76:77:2B:5C:5D:7C:80:5C:B8:E6:02:D1:54:BA:73:A5:F3:E2:7F
```

```
            X509v3 Authority Key Identifier:
    keyid:3A:76:77:2B:5C:5D:7C:80:5C:B8:E6:02:D1:54:BA:73:A5:F3:E2:7F
                DirName:/C=US/ST=Alabama/L=Huntsville/O=Aulds
  Certification Authority/CN=Aulds CA/Email=caulds@hiwaay.net
                serial:00
            X509v3 Basic Constraints:
                CA:TRUE
    Signature Algorithm: md5WithRSAEncryption
        be:45:13:05:3e:01:ae:78:a0:c2:2d:4b:10:8a:f8:52:40:0e:
        0e:8a:32:a5:13:96:e8:1f:68:2f:9d:2e:88:d3:ab:98:76:28:
        cf:78:fc:53:d8:38:73:3b:60:9f:3a:06:c4:4b:9d:db:07:7c:
        69:7b:31:47:9b:38:c5:19:82:5d:6c:70:94:47:0f:9f:09:81:
        de:00:a0:f2:b1:ab:72:4d:71:1e:1e:cf:64:42:88:15:ea:e5:
        09:59:52:c3:8a:6d:84:2e:65:d0:7c:8a:e1:38:d0:37:78:46:
        d1:d3:d6:ab:52:04:b1:1e:a4:63:7e:78:a7:4f:ed:7b:a9:e3:
        9a:f0
```

Signature de certificats X.509

La création d'un certificat est assez compliquée. La meilleure méthode consiste à utiliser le script `sign.sh` fourni avec les sources de `mod_ssl`, que vous trouverez sur www.modssl.org. Malheureusement, ce script n'est pas fourni avec Apache 2, qui inclut pourtant `mod_ssl`.

Pour créer un certificat autosigné, utilisez la commande suivante :

```
# mkdir /tmp/ca
# cp AuldsCA.key /tmp/ca/ca.key
# cp AuldsCA.crt /tmp/ca/ca.crt
# cp Jackal.csr /tmp/ca
# cp /downloads/mod_ssl-2.8.12-1.3.27/pkg.contrib/sign.sh /tmp/ca
# cd /tmp/ca
# ./sign.sh Jackal.csr
CA signing: Jackal.csr -> Jackal.crt:
Using configuration from ca.config
Enter pass phrase for ./ca.key:
Check that the request matches the signature
Signature ok
The Subject's Distinguished Name is as follows
countryName           :PRINTABLE:'US'
stateOrProvinceName   :PRINTABLE:'Alabama'
localityName          :PRINTABLE:'Huntsville'
organizationName      :PRINTABLE:'Aulds Personal Web'
commonName            :PRINTABLE:'jackal.hiwaay.net'
emailAddress          :IA5STRING:'caulds@hiwaay.net'
Certificate is to be certified until Feb 24 14:35:33 2004 GMT (365 days)
```

```
Sign the certificate? [y/n]:y


1 out of 1 certificate requests certified, commit? [y/n]y
Write out database with 1 new entries
Data Base Updated
CA verifying: Jackal.crt <-> CA cert
Jackal.crt: OK
```

Ici, OpenSSL crée un certificat X.509 signé avec la clé RSA privée du serveur (`server.key`) à partir de la demande de signature de certificat du fichier `Jackal.csr`. Il place ensuite le certificat signé dans un fichier `Jackal.csr`.

Une fois votre certificat créé autosigné, installez-le à l'emplacement indiqué par la directive `SSLCertificateFile` du fichier `httpd.conf`, en écrasant le certificat de test qui s'y trouve ; le chemin d'accès est probablement `/usr/local/apache2/conf/ssl.crt/server.crt`.

Après avoir redémarré Apache en mode SSL, j'ai à nouveau exécuté le script `environ.cgi` pour m'assurer que mon serveur fonctionnait bien avec le nouveau certificat. Remarquez le changement de cette variable d'environnement :

```
SSL_SERVER_I_DN: /C=US/ST=Alabama/L=Huntsville/O=Sybex/OU=Author/
CN=jackal.hiwaay.net/Email=caulds@hiwaay.net
```

Il s'agit du nom distingué de l'autorité de certification émettrice, qui est dans ce cas dérivé de la clé RSA privée de mon serveur.

Distribuer votre certificat racine

Pour agir en tant qu'autorité de certification, vous allez avoir besoin d'un moyen relativement sûr de transmettre votre clé à tous les clients qui devront accéder à votre serveur. Un service informatique qui cherche à mettre en place sa propre autorité de certification privée pour signer les certificats de sécurité de ses sites internes dispose d'un certain nombre de moyens pour distribuer ses certificats en assurant aux clients avec une bonne fiabilité que ces certificats proviennent bien du service informatique lui-même. Une solution simple consiste à placer les certificats sur un serveur de fichiers accessible uniquement aux utilisateurs authentifiés.

Dans tous les cas, le but est de faire parvenir le certificat racine de votre autorité de certification à tous ses utilisateurs potentiels. La section suivante décrit l'installation de ce certificat sur le navigateur, qui ne doit être effectuée qu'une fois. Ensuite, le navigateur accepte les certificats signés par l'autorité de certification privée, qu'il considére comme une autorité de certification fiable tant que le certificat n'a pas expiré.

Ajouter votre autorité de certification à Internet Explorer

Je vais illustrer l'ajout d'une autorité de certification à votre navigateur avec l'exemple d'Internet Explorer. Toutefois, le procédé est très similaire avec Netscape Navigator.

Sous Internet Explorer, cliquez sur Outils > Options Internet, puis sélectionnez l'onglet Contenu pour afficher la boîte de dialogue de la figure 14.8.

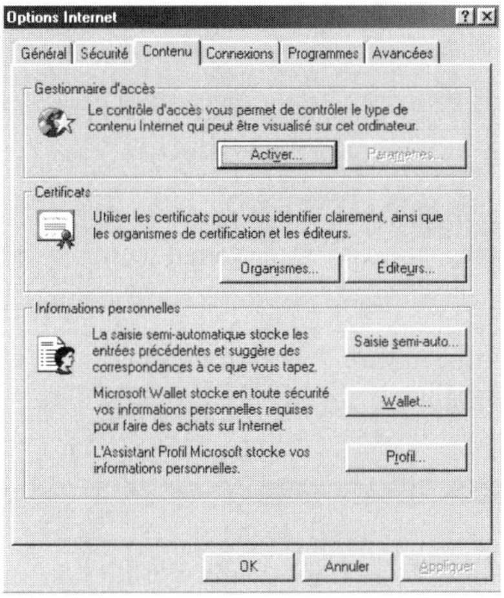

Figure 14.8
Boîte de dialogue Options Internet d'Internet Explorer.

Ensuite, cliquez sur le bouton Organismes, puis sélectionnez l'onglet Autorités principales de confiance pour afficher la boîte de dialogue de la figure 14.9.

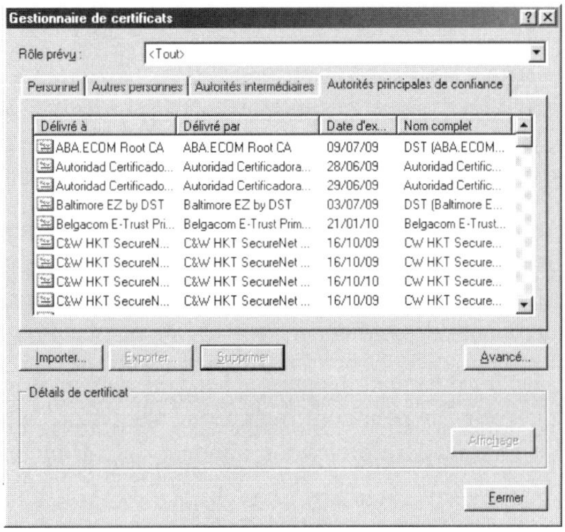

Figure 14.9
L'onglet Autorités principales de confiance du gestionnaire de certificats.

Cliquez sur Importer et utilisez la boîte de dialogue de sélection de fichiers (figure 14.10) pour trouver le certificat de votre autorité de certification privée. Il s'agit d'un fichier de type X.509 portant l'extension `.crt`.

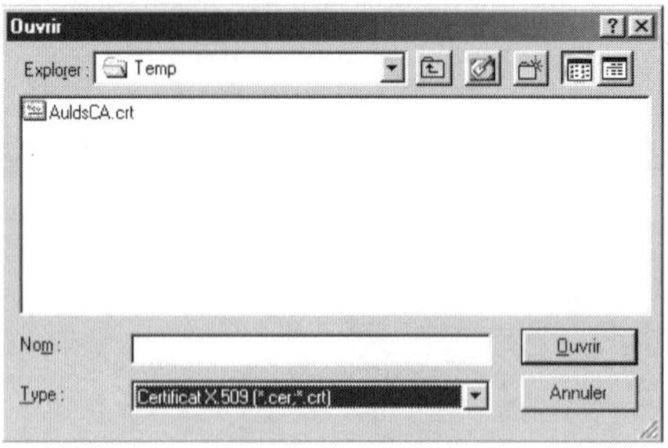

Figure 14.10
Localisation du certificat de votre autorité de certification.

La figure 14.11 montre l'assistant importation du gestionnaire de certificats juste avant qu'il charge le certificat.

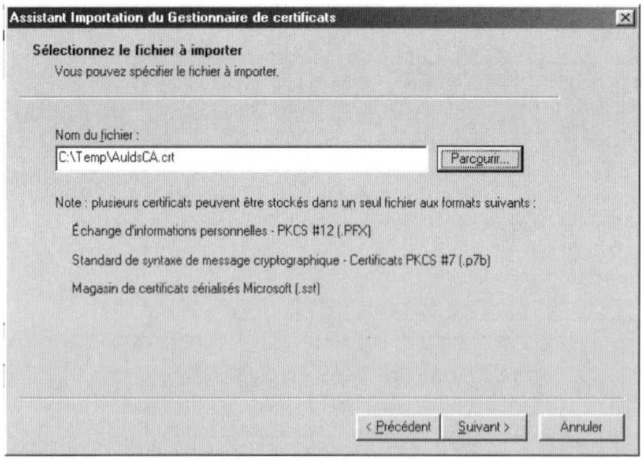

Figure 14.11
Assistant d'importation du gestionnaire de certificats d'Internet Explorer.

Lorsque l'assistant vous demande de choisir un magasin de certificats, cliquez sur Suivant pour accepter la valeur par défaut (sélectionner automatiquement le magasin de certificats basé sur le type de certificat). Internet Explorer place alors votre certificat dans le magasin des autorités de certification racines de confiance.

Si vous êtes d'accord avec les informations présentées dans la boîte de dialogue de confirmation (figure 14.13), cliquez sur Oui pour confirmer. Confirmez dans toutes les autres boîtes de dialogue jusqu'à ce qu'Internet Explorer vous annonce que l'importation s'est terminée correctement.

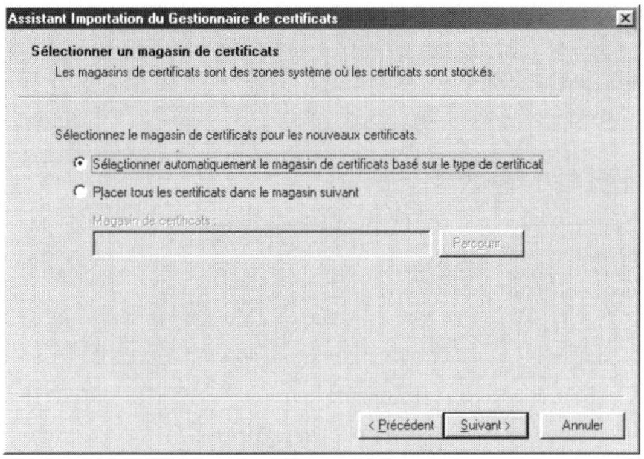

Figure 14.12
Choix d'un magasin de certificats sous Internet Explorer.

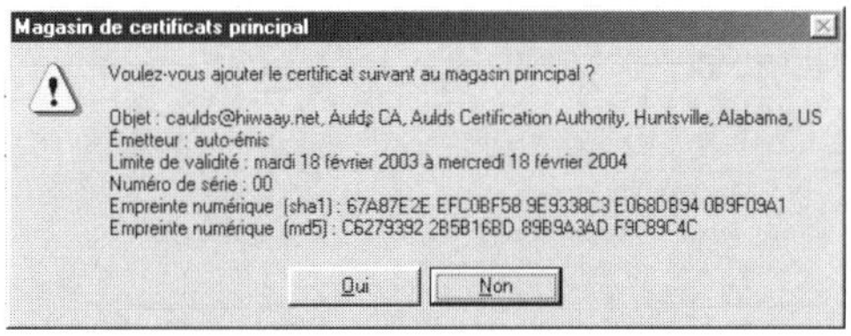

Figure 14.13
Exemple de boîte de dialogue de confirmation du magasin de certificats principal.

Le certificat de votre autorité de certification devrait maintenant se trouver parmi ceux des autorités reconnues par IE, comme le montre la figure 14.14.

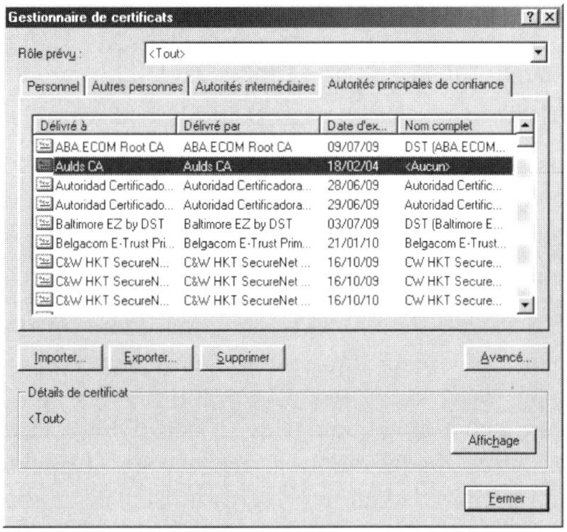

Figure 14.14
Vérification de l'installation de votre autorité de certification.

Le bouton Affichage permet d'examiner les informations contenues dans votre certificat d'autorité de certification privée (figure 14.15).

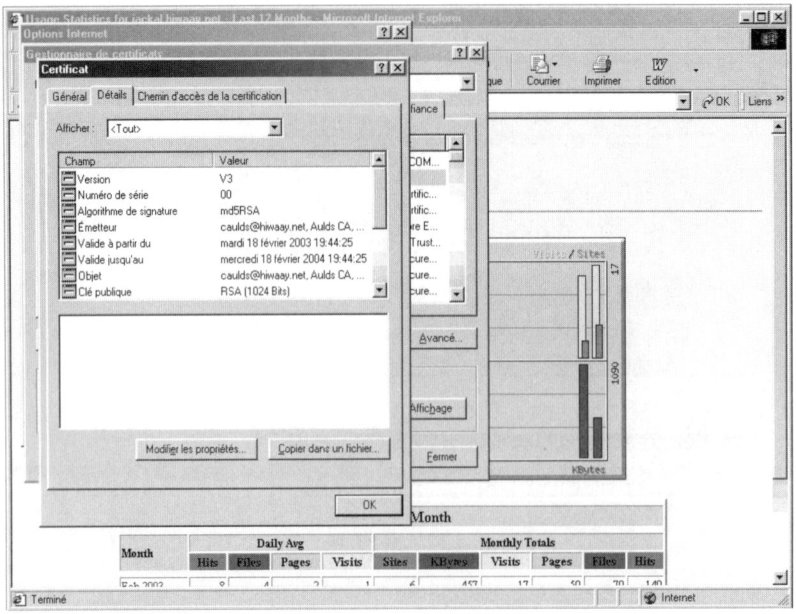

Figure 14.15
Affichage du contenu de votre certificat.

Vous pouvez également (c'est ce que je recommande) exporter la clé de la base de registres de Windows correspondant à votre certificat d'autorité de certification depuis une machine où le certificat est déjà installé. Vous obtenez alors un fichier `.reg` qui peut être importé par n'importe quel autre système Windows d'un simple double-clic sur le fichier dans l'explorateur. Ce fichier peut également être expédié sous la forme d'une pièce jointe par Outlook.

Cette opération demande une certaine familiarité avec le programme `regedit.exe`. Sur le système Windows où vous avez installé votre certificat, invoquez `regedit.exe` (ou `regedit32.exe` sous Windows NT) et repérez la clé

```
Poste de travail\HKEY_CURRENT_USER\Software\Microsoft\SystemCertificates\Root\
Certificates
```

Cette clé ne devrait avoir que peu de sous-clés ; l'une d'entre elles est votre certificat. Examinez les valeurs du `Blob` de chaque clé jusqu'à ce que vous trouviez celle qui correspond à votre certificat. Les informations de la figure 14.16 suffisent à son identification.

Sélectionnez le bon certificat, puis ouvrez le menu Registre et choisissez l'option Exporter un fichier du registre et entrez un nom de fichier pour la clé ainsi exportée. Si vous utilisez Windows 2000, choisissez bien le type `Win9x/NT` si vous voulez pouvoir importer cette clé sur des systèmes Windows 95/98 ou NT (figure 14.17).

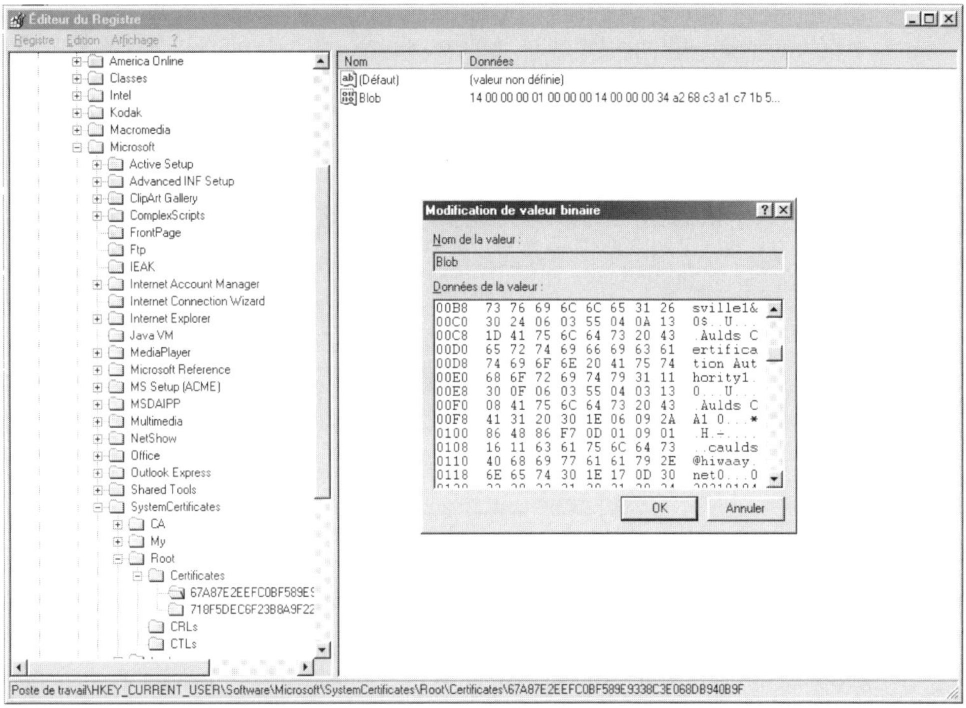

Figure 14.16

Affichage de la valeur du certificat dans regedit.

Figure 14.17

Export de la clé de la base de registres correspondant à une autorité de certification racine.

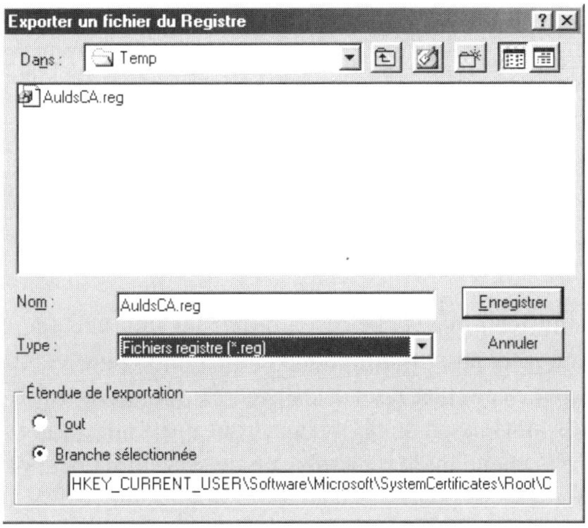

Distribuez ce fichier `.reg` depuis un serveur de fichiers, un serveur Web, ou encore par courrier électronique. L'importation de la clé est simple ; dans la plupart des cas, il suffit de cliquer sur la clé dans l'explorateur ou dans Outlook. Les boîtes de dialogue de la figure 14.18 s'affichent alors ; il suffit de répondre Oui à la première et OK à la seconde pour confirmer l'import.

Figure 14.18
Boîtes de dialogue d'import d'une clé de base de registres.

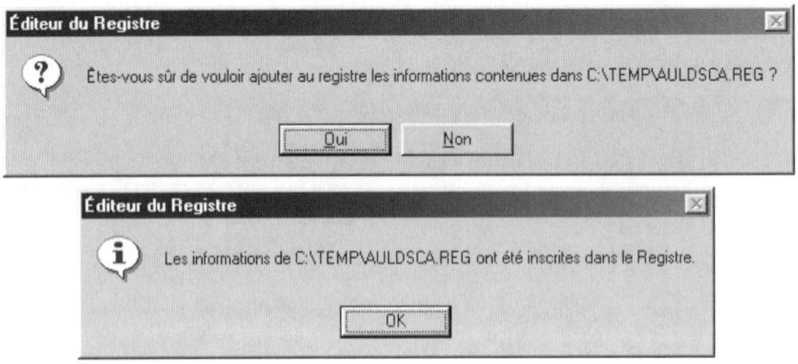

Certificats de clients

Jusqu'à présent, il n'a été question que de la certification des serveurs : le client reçoit un certificat envoyé par un serveur SSL et, si une autorité de certification réputée fiable a signé le certificat en question, le serveur est lui aussi considéré comme fiable et la connexion SSL est établie. SSL permet aussi d'authentifier les clients ; dans ce cas, le serveur possède une liste d'autorités de certifications et n'accepte d'établir une connexion SSL qu'avec un client capable de fournir un certificat signé par une de ces autorités. Par défaut, `mod_ssl` accepte les certificats signés avec sa propre clé privée ; vous pouvez donc configurer un serveur SSL pour n'accepter que des certificats qu'il a lui-même signés. Cela peut être utile par exemple dans le cadre d'un réseau d'entreprise, pour contrôler les utilisateurs autorisés à se connecter au serveur. À l'heure actuelle, il s'agit de l'utilisation la plus répandue de la certification des clients. Toutefois, à l'avenir, il ne serait pas vraiment surprenant que de nombreux sites Web demandent au client de s'authentifier au moyen d'un certificat ; cette information pourrait notamment remplacer les numéros de carte de crédit, beaucoup plus faciles à utiliser de manière illicite.

Les méthodes d'authentification des clients en usage sur Internet sont complètement inadaptées (même s'il est bien souvent plus commode de ne pas en tenir compte) ; elles se résument principalement à de simples couples nom d'utilisateur/mot de passe. Même si SSL est souvent utilisé pour chiffrer vos mots de passe (ainsi que d'autres informations sensibles comme votre numéro de carte de crédit) pendant la transmission, le serveur ne peut pas réellement s'assurer de votre identité, comme il le pourrait si vous présentiez un certificat signé par une entité digne de confiance.

Alors que l'authentification des clients reste un prérequis majeur pour l'économie d'Internet et que de nouvelles méthodes d'authentification (parfois fondées sur des techniques sophistiquées comme l'examen de la rétine ou des empreintes digitales) sont sans cesse proposées, le fait est qu'elle se fait encore le plus souvent au moyen d'un simple mot de passe. C'est la triste vérité et je ne consacre ici que très peu de place à ce sujet qui en mériterait bien plus.

Même si les méthodes d'authentification fiables des clients ne semblent que peu progresser, je vais décrire le modèle d'utilisation de SSL dans ce cadre. Un serveur SSL posséde une liste d'autorités de certification dignes de confiance (au même titre que votre navigateur) et seuls les certificats signés par une de ces autorités sont acceptés.

Il existe deux façons de tenir à jour cette liste de certificats. Tout d'abord, chaque certificat peut être placé séparément dans le répertoire identifié par la directive `SSLCACertificatePath` du fichier `httpd.conf`. Il s'agit par défaut du répertoire contenant le certificat du serveur (`/usr/local/apache2/conf/ssl.crt`), ce qui signifie que le serveur accepte les certificats qu'il a lui-même signés. Vous pouvez placer les certificats dans des fichiers séparés de ce répertoire. Pour qu'ils soient utilisables, vous aurez besoin de liens symboliques aux noms bien spécifiques. Ces liens peuvent être créés au moyen du fichier `Makefile` contenu dans ce répertoire au moyen de la commande `make update`.

```
# pwd
/usr/local/apache2/conf/ssl.crt
# make update
ca-bundle.crt     ... Skipped
Jackal.crt        ... 90fa7563.0
JackalVeriSign.crt ... eab160c5.0
server.crt        ... 72d31154.0
snakeoil-ca-dsa.crt ... 0cf14d7d.0
snakeoil-ca-rsa.crt ... e52d41d0.0
snakeoil-dsa.crt ... 5d8360e1.0
snakeoil-rsa.crt ... 82ab5372.0
```

ASTUCE À l'heure où j'écris ces lignes (en juillet 2002), le fichier `Makefile` servant à créer les liens symboliques pour les directives `SSLCACertificatePath` et `SSLCACertificateFile` n'est pas distribué avec Apache, même si cette omission sera probablement corrigée sous peu. En attendant, vous pouvez récupérer ce fichier dans une distribution source de `mod_ssl` pour Apache 1.3 (www.modssl.org). Il ne fait qu'invoquer les bonnes commandes *OpenSSL* et fonctionne donc exactement de la même façon. Dans l'archive des sources, vous trouverez les fichiers `Makefile.crt` (pour les certificats) et `Makefile.crl` (pour les listes de révocation dont il sera question plus loin). Copiez ces deux fichiers dans leurs répertoires respectifs sous le nom `Makefile` avant d'invoquer `make`.

Vous devez exécuter `make update` après avoir ajouté de nouveaux certificats dans le répertoire pour pouvoir les utiliser. Si vous ne manipulez qu'un petit nombre de certificats ou si vous les signez vous-même, il ne s'agit pas d'une contrainte trop lourde.

Une autre méthode consiste à concaténer tous vos certificats dans un fichier appelé `ca-bundle.crt`. Jetez un œil à celui qui est fourni avec `mod_ssl` ; il comprend un grand nombre d'autorités de certification reconnues. Gardez cependant à l'esprit que tous ces certificats sont munis d'une date d'expiration et que vous aurez tôt ou tard besoin d'une liste plus à jour ; vous pouvez la télécharger depuis un certain nombre de sites Internet. Pour utiliser ce fichier, vous n'avez pas besoin de liens symboliques ; il suffit d'indiquer son emplacement dans le fichier `httpd.conf` au moyen de la directive `SSLCACertificateFile`.

```
SSLCACertificateFile conf/ssl.crt/ca.crt
```

Listes de révocations de certificats (CRL)

La rareté de l'utilisation de certificats s'explique peut-être en partie par la difficulté de la maintenance d'une liste de révocations de certificats (CRL). Une CRL est une liste de certificats ayant été révoqués avant leur date d'expiration prévue ; avant d'accepter le certificat d'un client, un serveur Web doit vérifier qu'il ne se trouve pas dans ces listes. La maintenance de ces listes, qui, sur un serveur relié à Internet, doivent contenir les certificats révoqués de toutes les autorités de certification reconnues, est une tâche monumentale. Imaginez que toute personne désirant acheter en ligne ait besoin d'un certificat (ce qui semble a priori une bonne idée). Les certificats révoqués se compteraient rapidement par millions et la maintenance des CRL sur tous les serveurs de commerce électronique poserait vite des difficultés insurmontables.

C'est pour cette raison que les certificats de clients ne sont utilisables en pratique que sur des réseaux d'entreprise bien contrôlés. La création, l'émission et l'installation de certificats clients dépassent le cadre de ce chapitre, mais tous les navigateurs Web répandus en sont capables (sous IE, vos certificats sont conservé dans Outils > Options Internet > Contenu > Organismes > Personnel). Sur un réseau d'entreprise, il est nécessaire de révoquer un certificat quand un employé quitte l'entreprise. L'utilisation de CRL est donc indissociable de celle de certificats de clients. Si vos certificats proviennent d'une autorité de certification commerciale, les CRL correspondantes proviennent de la même source. Vous pouvez les obtenir auprès des autorités de certification et une fois une CRL en votre possession, vous pouvez la placer dans le répertoire défini par la directive `SSLCARevocationPath` :

```
SSLCARevocationPath /usr/local/apache2/conf/ssl.crl/
```

Copiez les fichiers CRL dans ce répertoire, puis exécutez `make update` pour mettre en place les liens symboliques nécessaires.

La plupart des autorités de certification diffusent aussi leurs CRL sous la forme d'un fichier contenant la liste des certificats révoqués. Ces fichiers sont beaucoup plus simples d'utilisation. Il vous suffit d'obtenir les CRL de toutes les autorités de certification que vous reconnaissez, de les concaténer dans un seul gros fichier et d'indiquer ce fichier dans `httpd.conf` au moyen de la directive `SSLCARevocationFile` :

```
SSLCARevocationFile /usr/local/apache2/conf/ssl.crl/ca-bundle-client.crl
```

Vous pouvez utiliser cette méthode à la place des fichiers individuels, ou bien utiliser les deux simultanément.

Serveurs SSL commerciaux

Cette présentation de SSL sous Apache ne saurait être complète sans un examen rapide des versions commerciales d'Apache déjà prévues pour SSL et dispensant l'administrateur des opérations de compilation et de configuration nécessaires à sa mise en place. La plus répandue est probablement Stronghold, qui appartenait autrefois à C2Net et qui est maintenant commercialisée par Red Hat (http://www.redhat.com/software/apache/stronghold/) ; Stronghold a remplacé Secure Web Server, qui n'était pas fondé sur `mod_ssl` mais sur Apache/SSL. D'après SecuritySpace.com, en avril 2000, les serveurs SSL Stronghold contrôlaient 30 % du trafic SSL sur Internet. En avril 2002, cette part de marché a chuté à environ 5 %. La majorité (environ 55%) des serveurs SSL utilisés sur Internet sont des serveurs Apache/mod_ssl ; le serveur IIS de Microsoft occupe la seconde place avec seulement 28 % du marché.

Le serveur Enterprise Ready Server de Covalent Technologies (http://www.covalent.net/products/enterprise_ready/), autrefois commercialisé sous le nom de Raven, est également fondé sur Apache et `mod_ssl`. Il s'agit essentiellement d'un serveur Apache équipé de `mod_ssl` et doté de quelques fonctionnalités à valeur ajoutée supplémentaires.

Personnellement, je ne recommande pas l'utilisation d'un serveur SSL à base d'Apache commercial, à moins que les procédures décrites dans ce chapitre ne prennent vraiment trop de temps pour vous. Ceux dont j'ai parlé sont construits autour d'OpenSSL et de `mod_ssl` et ne proposent aucune fonctionnalité que vous ne pouvez pas obtenir gratuitement (si l'on ne prend pas en compte le temps et les efforts nécessaires pour les mettre en place). Avant l'expiration du brevet restreignant l'utilisation de l'algorithme RSA, la licence fournie avec ces serveurs justifiait souvent leur achat, mais ce n'est plus le cas à l'heure actuelle.

En résumé

Le protocole SSL permet un niveau de sécurité plus élevé que les systèmes d'authentification décrits dans le chapitre précédent. Il utilise un modèle de certification fondé sur des algorithmes de chiffrement à clé publique pour permettre aux serveurs et aux navigateurs d'échanger des données en toute sécurité. Le serveur Web fournit un certificat au navigateur, qui détermine son authenticité. Le navigateur, qui connaît les clés publiques d'un certain nombre d'autorités de certification, peut décoder le certificat, authentifier le serveur Web et extraire sa clé publique. Cette clé publique est utilisée pour chiffrer une clé de session, que seul le serveur Web légitime peut déchiffrer. Cette clé de session est alors utilisée pour établir un tunnel chiffré entre le navigateur et le serveur. Pendant la durée de la session, toutes les données échangées sont chiffrées afin d'éviter les écoutes clandestines. Les avantages liés à l'authentification des serveurs SSL (par des autorités de certification réputées fiables) et aux transferts de données sécurisés ont rendu SSL le standard de fait pour les applications de commerce électronique actuelles ; il est considéré comme suffisamment sûr pour des applications telles que les transactions par carte de crédit ou les banques en ligne.

SSL est implanté dans Apache 2.0 sous la forme d'un module standard appelé `mod_ssl`. Ce module était auparavant distribué séparément. La configuration d'un serveur SSL se décompose en cinq étapes : installation de `mod_ssl`, création d'une clé de serveur, création d'une demande de certification, obtention du certificat et configuration d'Apache pour son utilisation.

Le chapitre suivant, le dernier de cet ouvrage, traitera de la négociation du contenu définie par HTTP/1.1. Tous les administrateurs n'ont pas forcément de bien maîtriser ce sujet. Toutefois, si votre serveur héberge des sites multilingues ou si vous devez fournir des pages différentes à vos clients en fonction de leurs besoins, vous aurez intérêt à savoir ce dont Apache est capable dans ce domaine.

15

Métadonnées et négociation de contenu

Dans la plupart des cas, les ressources envoyées à ses clients par un serveur Web ne sont rien d'autre que des documents formatés au moyen du langage HTML. Il s'agit en quelque sorte d'un type par défaut. Toutefois, le protocole HTTP peut transmettre pratiquement n'importe quel type de données. Nous avons déjà tous utilisé un navigateur Web pour récupérer des données de types différents, par exemple des images incrustées dans les pages Web, des flux multimédia, des fichiers de données binaires ou encore des applets Java. Il n'y a pas de limite à la variété des types de contenu que peut distribuer un serveur Web.

Pour faire son travail au mieux en envoyant les données les plus adaptées à chaque client, Apache doit en savoir le plus possible sur les ressources qu'il peut fournir. Ces informations concernant des données, souvent appelées métadonnées, ne servent pas seulement à indiquer au serveur de quelle façon il doit traiter les données concernées ; elles permettent aussi au navigateur de déterminer comment il doit les interpréter ou à quelle application il doit déléguer cette tâche s'il ne peut pas l'accomplir lui-même. Quelle que soit la ressource concernée, le serveur et le navigateur ont besoin de quatre éléments :

- le type de contenu ;
- la langue du texte ;
- le jeu de caractères dans lequel il est composé ;
- le codage, qui est en général une méthode de compression.

INFO On emploie parfois aussi le terme métadonnées pour parler des informations livrées par les balises `META` contenues dans un document HTML. Ces balises sont utilisées quand le contenu de la page ne correspond pas aux en-têtes HTTP usuels ; elle peut notamment indiquer les auteurs du document ou encore l'historique de ses modifications. Apache ignore ce type de métadonnées ; il n'en sera donc pas question dans ce chapitre.

Ce chapitre traite des métadonnées, plus précisément de la façon dont Apache les détermine pour les fichiers qu'il fournit, et des trois façons dont elles sont ensuite utilisées. Chacun de ces usages est décrit dans une section du chapitre :

- **L'indication de la façon dont le navigateur doit traiter le document**. Cette information lui est transmise par des en-têtes HTTP spéciaux qu'Apache place au début des documents. Ces informations comprennent le type du document, la langue dans laquelle il est écrit et le jeu de caractères nécessaire à son affichage.
- **La détermination du gestionnaire que va utiliser Apache pour traiter le document**. En général, un tel gestionnaire est un module Apache qui effectue certaines manipulations sur le document avant de l'envoyer au client. L'exemple le plus courant est celui des pages HTML interprétées par le serveur ; ce dernier cherche des balises spéciales dans le document et les remplace par des données produites soit par lui-même, soit par des programmes externes, avant de transmettre le document ainsi modifié au client. C'est par exemple de cette façon que fonctionnent les SSI décrites au chapitre 7.
- **La négociation d'une version adaptée du document** avec un navigateur conforme à HTTP/1.1. Quand il existe plusieurs versions d'un même document, cette négociation de contenu permet à Apache de renvoyer celle qui correspond le mieux aux préférences du client.

Apache associe des métadonnées aux ressources situées sur le serveur au moyen d'un module standard appelé `mod_mime`. Dans ce chapitre, je vais décrire plusieurs directives fournies par ce module. La première d'entre elles, `AddType`, associe un type de contenu MIME à une (ou plusieurs) extension de fichiers. Le module fournit de plus d'autres directives pour associer les trois autres types de métadonnées à des extensions supplémentaires : `AddLanguage`, `AddCharset` et `AddEncoding`. Vous verrez aussi que deux autres modules peuvent intervenir dans ce processus : `mod_mime_magic`, qui utilise la technique Unix usuelle consistant à déduire le type du fichier des quelques premiers octets de son contenu, et `mod_negotiation`, qui prend en charge la négociation de contenu.

Commençons par examiner les quatre types de métadonnées utilisées par Apache.

Transmettre les métadonnées au serveur Apache

Pour qu'Apache puisse exploiter les métadonnées concernant un fichier, le créateur du fichier doit lui indiquer les quatre caractéristiques énumérées plus haut. Cela se fait le plus souvent au moyen de l'extension du nom du fichier. Il existe aussi une seconde méthode, fondée sur les « numéros magiques » d'Unix, mais elle est moins efficace.

Le type de contenu MIME

L'information la plus importante dont Apache peut avoir besoin à propos d'un fichier est sans aucun doute le type de son contenu, ce qu'on appelle son type MIME. La norme MIME (pour Multipurpose Internet Mail Extensions) a d'abord été conçue comme une méthode standard de codage de fichiers permettant de joindre des fichiers arbitraires à des courriers électroniques. Ce standard est documenté dans les RFC 1521 et 1522. Il comprend principalement une méthode de codage appelée Base-64, qui permet de représenter n'importe quel fichier binaire au moyen du seul jeu de caractères ASCII, et un moyen permettant à l'expéditeur de décrire le contenu de la pièce jointe.

C'est l'adoption du standard MIME qui a permis l'échange de données binaires (c'est-à-dire tout ce qui n'est pas du texte) entre des logiciels de courrier électronique de provenances différentes. À l'heure actuelle, la quasi-totalité des pièces jointes utilisent le codage MIME Base-64. Elles sont précédées d'en-têtes MIME qui contiennent des informations à propos de la pièce jointe (ou des pièces jointes s'il y en a plusieurs). Les en-têtes MIME d'un message typique pourraient ressembler à cela :

```
Content-Type: image/gif; name="cancun.gif"
Content-Transfer-Encoding: base64
```

Vous pouvez voir sur cet exemple les deux parties principales d'un en-tête MIME : la ligne `Content-Type` indique le type du fichier et la ligne `Content-Transfer-Encoding` précise son codage, ici le codage Base-64 standard. Ces en-têtes indiquent au logiciel de courrier électronique du destinataire comment il doit décoder la pièce jointe et comment il doit ensuite interpréter le résultat. Même si le nom de fichier ne portait pas l'extension `.gif`, l'en-tête `Content-Type` suffirait à indiquer au logiciel de messagerie comment interpréter le fichier, ce qui peut impliquer un appel à une application externe capable de le manipuler.

La meilleure façon d'indiquer le type du contenu d'un fichier à Apache consiste à associer l'extension du nom du fichier au type MIME standard correspondant. La liste des types MIME reconnus par Apache se trouve dans le fichier `conf/mime.types` situé sous le répertoire racine de l'installation d'Apache. Ce fichier contient une liste de types MIME accompagnés des extensions de fichiers qui leur sont associées. Par exemple, la ligne correspondant aux images JPEG ressemble à celle-ci :

```
image/jpeg                          jpeg jpg jpe
```

Lorsqu'Apache reçoit une requête concernant un fichier dont l'extension est `jpeg`, `jpg` ou `jpe`, il interprète la ligne ci-dessus en lui adjoignant un en-tête HTTP `Content-Type` qui indique qu'il s'agit d'un fichier de type image et de sous-type `jpeg`.

Vous pouvez éditer directement ce fichier pour ajouter de nouveaux types de contenu ; ces types peuvent ou non être officiellement reconnus par l'IANA (Internet Assignated Numbers Authority). Au début du Web, alors que de nouvelles applications multimédias et de nouveaux plug-ins faisaient sans cesse leur apparition, il fallait éditer ce fichier plusieurs fois par an pour tenir compte des nouveautés. Actuellement, l'ajout de nouveaux type MIME est loin d'être aussi fréquent. En fait, il est maintenant recommandé de ne pas éditer ce fichier ; pour faire reconnaître un nouveau type MIME ou une nouvelle extension de fichier par Apache, il vaut mieux utiliser la directive `AddType` prévue à cet effet. Le format des arguments de cette directive est le même que celui d'une ligne du fichier `mime.types`. Par exemple, la directive suivante, ajoutée au fichier `httpd.conf`, pourrait servir à faire reconnaître les fichiers portant l'extension `.giff` comme des images GIF :

```
AddType image/gif      .gif .giff
```

La directive `AddType` remplace la ligne correspondante du fichier `mime.types`. Cela signifie que si vous voulez ajouter des extensions de fichiers à un type existant, comme dans l'exemple ci-dessus, vous devez préciser toutes les extensions correspondantes et pas seulement les nouvelles. Vous pouvez ou non faire précéder les extensions d'un point, les deux syntaxes sont acceptées.

Vous pouvez faire reconnaître les fichiers dont les noms portent l'extension `.monapp` créés par votre propre application au moyen de la directive suivante :

```
AddType application/monapp monapp
```

Vous pouvez également changer l'emplacement du fichier `mime.types` au moyen de la directive `TypesConfig` :

```
TypesConfig /usr/local/apache2/conf/mime-types
```

Types MIME magiques

Les extensions des noms de fichiers constituent une méthode de détermination de type MIME très efficace. Cette méthode permet de se dispenser d'ouvrir le fichier ou de lire des informations le concernant depuis une autre source. C'est cette même méthode qui est utilisée par la plupart des systèmes d'exploitation pour PC, qui utilisent une association entre l'extension du nom d'un fichier et l'application utilisée pour le lire. Cependant, les systèmes Unix ont toujours utilisé une autre méthode. Linux, comme la plupart de ces systèmes, dispose d'un utilitaire appelé `file` qui permet de déterminer le type d'un fichier en l'ouvrant et en en lisant les quelques premiers octets.

```
# file *.EXE *.gif *.gz
PLAYER.EXE:                     MS-DOS executable (EXE)
sound1.gif:                     GIF image data, version 89a
apache_1_3_12.gz:               gzip compressed data
```

Les programmeurs insèrent souvent quelques octets (souvent appelés numéros magiques) près du début d'un fichier pour identifier son type sans ambiguïté.

Les quelques exemples suivants illustrent cette méthode. J'utilise ici un utilitaire Linux standard appelé `od` (*octal dump*) pour examiner le contenu d'un fichier GIF en envoyant la sortie à la commande `head` à travers un tube. Je peux ainsi me contenter d'en afficher les premières lignes.

```
# od -a leftarrow.gif | head -4
0000000   G   I   F   8   9   a dc4 nul syn nul   B nul nul del del del
0000020 del   3   3   L del del   L   L   L  em  em  em   f nul nul   3
0000040   3   3 nul nul nul   !   ~   N   T   h   i   s  sp   a   r   t
0000060  sp   i   s  sp   i   n  sp   t   h   e  sp   p   u   b   l   i
```

La spécification Graphic Interchange Format indique que les trois premiers caractères d'un fichier GIF sont `G`, `I` et `F`. Je vais montrer plus loin comment utiliser cette spécificité pour identifier un fichier GIF au moyen de ces caractères magiques. Voici d'abord le contenu d'un fichier JPEG (qui représente la même image) :

```
# od -h leftarrow.jpg | head -4
0000000 d8ff e0ff 1000 464a 4649 0100 0001 0100
0000020 0100 0000 dbff 4300 0800 0606 0607 0805
0000040 0707 0907 0809 0c0a 0d14 0b0c 0c0b 1219
0000060 0f13 1d14 1f1a 1d1e 1c1a 201c 2e24 2027
```

Dans ce cas, ce n'est pas aussi évident, mais les 16 premiers bits du fichier l'identifient comme une image JPEG. Sur une machine Intel (dite petit-boutiste, car l'octet de poids faible d'un mot de 16 bits vient en premier), ces 16 bits sont les deux octets `d8` et `ff`. Sur une machine grand-boutiste (par exemple une machine dotée d'un processeur Motorola), ces deux octets pourraient être écrits dans l'ordre inverse. Il est donc nécessaire de préciser l'ordre quand vous cherchez une suite d'octets dans un fichier. Dans le cas des images JPEG, le fichier commence par `0xd8ff` en ordre petit-boutiste et par `0xffd8` en ordre grand-boutiste.

Le module Apache standard mod_mime_magic peut déterminer le type d'un fichier en l'ouvrant pour y chercher l'une de ces suites d'octets magiques. Ce module ne fournit qu'une unique directive, MimeMagicFile : elle indique l'emplacement d'un fichier qui associe des numéros magiques et autres motifs similaires à des types MIME. Cette directive n'admet pas de valeur par défaut ; une ligne comme la suivante est donc nécessaire à l'activation de mod_mime_magic :

```
MimeMagicFile conf/magic
```

Les lignes de ce fichier comportent quatre champs obligatoires suivis d'un champ optionnel (rarement utilisé). Leur format est le suivant :

```
décalage type_de_données référence_de_comparaison type_MIME [codage_MIME]
```

La signification de ces champs est la suivante :

- **décalage** – Le numéro de l'octet du fichier où commence la comparaison. Ce champ peut aussi commencer par le caractère > pour indiquer la poursuite de la comparaison de la ligne précédente.
- ***type_de_données*** – Le type de données à comparer avec la référence ; il s'agit d'une chaîne de caractères ou d'un nombre entier.
- ***référence_de_comparaison*** – L'expression recherchée, par exemple la chaîne « GIF ».
- ***type_MIME*** – Le type MIME qui doit être attribué au fichier.
- ***codage_MIME*** – Le codage MIME qui doit être utilisé pour transmettre le fichier (optionnel).

Pour déterminer le type de contenu d'un fichier, mod_mime_magic le compare successivement avec toutes les lignes du fichier MimeMagicFile. Si une ligne concorde avec le contenu du fichier, le type MIME correspondant est retourné, éventuellement accompagné du codage à utiliser.

Voici quelques exemples tirés du fichier de configuration par défaut.

```
0      string      GIF           image/gif
```

Cette ligne indique à mod_mime_magic de chercher la chaîne de caractères correspondant au motif « GIF » au début du fichier (décalage 0). Si cette chaîne s'y trouve, le type MIME image/gif est associé au fichier. Cet exemple est assez simple. Voici maintenant la ligne correspondant aux images JPEG.

```
0      beshort     0xffd8        image/jpeg
```

Ici, le numéro magique est un entier de 16 bits (type `short`), mais l'ordre des octets n'est pas déterminé. La comparaison doit être indépendante de l'architecture de la machine ; ici, la valeur de référence est représentée sous forme grand-boutiste. Que la valeur contenue dans le fichier soit écrite avec l'octet de poids fort ou l'octet de poids faible en premier, les deux octets sont convertis en notation grand-boutiste avant d'être comparés à la valeur `0xffd8`.

La fichier de configuration peut indiquer les types de données suivants :

Type de données	Explication	Exemple
`Byte`	octet isolé	64
`Short`	entier codé sur 16 bits, représentation native de la plate-forme	0xffd8
`Long`	entier codé sur 32 bits, représentation native de la plate-forme	0x4e54524b
`String`	chaîne de caractères	HTML
`Leshort`	entier codé sur 16 bits, représentation petit-boutiste	0xffd8
`Beshort`	entier codé sur 16 bits, représentation grand-boutiste	0xd8ff
`Lelong`	entier codé sur 32 bits, représentation petit-boutiste	0x4e54524b
`Belong`	entier codé sur 32 bits, représentation grand-boutiste	0x4b52544e

Le fichier de configuration par défaut de `mod_mime_magic` permet de reconnaître tous les formats courants ; vous n'aurez probablement pas besoin de le modifier. Toutefois, si vous voulez faire reconnaître un format particulier par `mod_mime_magic`, vous aurez besoin de connaître les caractéristiques de ce format. S'il s'agit d'un format de votre création, ça ne devrait pas être trop difficile. Le fichier de configuration par défaut est un excellent exemple dont vous pouvez vous inspirer pour ajouter vos propres formats. En revanche, la documentation du module n'est pas très abondante et son code source est plutôt difficile à comprendre. Le meilleur moyen d'apprendre à écrire des règles de reconnaissance pour vos formats est donc d'étudier les exemples existants.

Le fichier de configuration contient quelques lignes commençant par le caractère « supérieur à » (>). Il permet d'indiquer qu'une ligne est la suite de la précédente. Vous pouvez comprendre cette syntaxe comme une instruction conditionnelle : la ligne en question n'est lue que si la comparaison de la ligne précédente est un succès. Voici par exemple les lignes correspondant à un programme Java compilé :

```
0     short     0xcafe
>2    short     0xbabe          application/java
```

Ici, la comparaison définie par la deuxième ligne n'est effectuée que si les 16 premiers bits du fichier contiennent la valeur `0xcafe`. Dans la mesure où les fichiers Java sont compilés pour une machine virtuelle spécifique, l'ordre des octets de la machine où le fichier est hébergé n'entre pas en ligne de compte ; le type `short` convient donc. Si les deux comparaisons concordent, le type application/java est associé au fichier.

Des niveaux d'imbrication supplémentaires peuvent être ajoutés pour enchaîner des conditions, mais ce n'est jamais utile en pratique.

Le module `mod_mime_magic` n'est pratiquement jamais utilisé en tant que méthode principale d'identification du type d'un fichier. En effet, ouvrir un fichier et comparer son contenu avec chaque ligne du fichier de configuration est coûteux en ressources et plutôt inefficace. L'utilisation de l'extension du fichier, ou éventuellement de son emplacement, est beaucoup plus efficace.

MIME et langue

Internet ne connaît pas de frontières et il existe de plus en plus de sites Web proposant des pages dans plusieurs langues. Je parlerai plus loin dans ce chapitre de la négociation de contenu telle qu'elle existe dans la norme HTTP/1.1. Cette méthode permet entre autres d'adapter le contenu en fonction des langues préférées par l'utilisateur.

La langue d'un document accessible par le Web est indépendante du type de contenu. Ici encore, on utilise généralement une extension du nom de fichier pour indiquer au serveur Apache la langue utilisée. Le module `mod_mime` dispose d'une directive `AddLanguage` permettant d'associer une langue à une extension. Une directive `AddLanguage` est requise pour chaque langue utilisable ; en revanche, une seule directive peut associer plusieurs extensions à une même langue.

Le fichier `httpd.conf` par défaut contient un certain nombre de directives `AddLanguage` correspondant aux langues les plus utilisées ; ces directives peuvent servir d'exemples d'utilisation.

```
AddLanguage en .en
AddLanguage fr .fr
AddLanguage de .de
AddLanguage da .da
AddLanguage el .el
AddLanguage it .it
```

En général, on ajoute l'extension indiquée à celle que le fichier porte déjà et qui sert à identifier le type de son contenu. Par exemple, un document HTML écrit en italien pourrait s'appeler `index.html.it`. Les codes à deux lettres utilisés pour désigner les langues sont définis par la norme ISO 639. Vous pouvez en trouver une liste par exemple à l'adresse http://alis.isoc.org/langues/iso639.htm.

MIME et jeu de caractères

Les documents peuvent utiliser non seulement différentes langues, mais aussi différents jeux de caractères. Les navigateurs doivent bien sûr gérer ces jeux de caractères et Apache doit leur transmettre les informations nécessaires pour les utiliser.

La directive `AddCharset` associe un jeu de caractères à une ou plusieurs extensions. Les lignes suivantes se trouvent dans mon fichier `httpd.conf` par défaut ; le premier jeu de caractères est utilisé pour les textes en japonais, alors que le second contient les caractères nécessaires à plusieurs langues d'Europe centrale.

```
AddCharset ISO-2022-JP .jis
AddCharset ISO-8859-2 .iso-pl
```

Le jeu de caractères associe à chaque caractère une représentation numérique. Pour utiliser un jeu de caractères précis, vous devez d'abord créer des documents l'utilisant, ce qui nécessite bien souvent une version dédiée de vos applications. Ensuite, il suffit d'ajouter une extension au nom du fichier à l'aide de la directive `AddCharset`. Apache peut ensuite utiliser cette information dans le cadre de la négociation de contenu dont il sera question plus loin.

Les noms des jeux de caractères sont déposés auprès de l'IANA. Vous pouvez en trouver une liste à l'adresse http://www.iana.org/assignments/character-sets. Notez que l'IANA n'est pas un organisme de standardisation ; les jeux de caractères qui y sont déposés sont conformes à des normes émises par différentes instances.

Codage MIME

Outre un type de contenu MIME, une langue et un jeu de caractères, un document diffusé sur le Web peut être doté d'un codage. Heureusement, cette caractéristique est facile à gérer. Pour Apache, un codage n'est généralement rien d'autre qu'une méthode de compression.

La directive `AddEncoding` associe un codage à une (ou plusieurs) extension de fichiers. Le fichier `httpd.conf` par défaut définit deux codages :

```
AddEncoding x-compress Z
AddEncoding x-gzip gz zip
```

Il peut être intéressant d'ajouter d'autres directives correspondant aux autres formats de compression courants, par exemple :

```
AddEncoding mac-binhex40 hqx
```

Il existe quelques navigateurs capables de décompresser à la volée les données compressées avec une de ces méthodes. Pour la plupart des navigateurs, cette information permet simplement de lancer un programme de décompression externe.

Le codage MIME n'est pas utilisé dans le cadre de la négociation de contenu.Il ne sert qu'à indiquer au navigateur de quelle manière les données sont compressées de façon à ce qu'il puisse les utiliser au mieux.

Utiliser les métadonnées par Apache

Apache connaît maintenant le type, la langue, le jeu de caractères et le codage d'un document. Comment fait-il pour transmettre cette information au navigateur, choisir un gestionnaire pour les éventuels traitements et négocier le contenu du document renvoyé à un navigateur HTTP/1.1 ? C'est ce que nous allons voir maintenant.

Indications au navigateur

HTTP a toujours été un protocole de transfert binaire. Autrement dit, les données peuvent être envoyées directement à leur destinataire sans nécessiter de codage particulier. Toutefois, toute transaction HTTP commence par une série d'en-têtes décrivant les données qui les suivent. Un des en-têtes les plus importants provient directement de MIME : il s'agit de l'en-tête `Content-Type`, qui doit obligatoirement accompagner toute réponse HTTP émise par un serveur Web. Voici un exemple typique d'en-tête de réponse HTTP ; ici, le fichier renvoyé est une icône à afficher dans une page Web.

```
HTTP/1.1 200 OK
Date: Sun, 21 Jul 2002 17:14:54 GMT
Server: Apache/2.0.39 (Unix) DAV/2
Last-Modified: Fri, 10 May 2002 20:58:37 GMT
ETag: "18c2c2-916-fe85940"
Accept-Ranges: bytes
Content-Length: 2326
Keep-Alive: timeout=15, max=99
Connection: Keep-Alive
Content-Type: image/gif
```

L'en-tête `Content-Type` identifie toujours un type de données, qui peut être n'importe lequel de ceux reconnus par le navigateur. Toutefois, dans la plupart des cas, il s'agit d'un des nombreux types usuels dont l'IANA maintient une liste. Cette dernière est un standard de fait pour les types de contenu MIME (et HTTP). Vous pouvez la trouver à l'adresse http://www.isi.edu/in-notes/iana/assignments/media-types/media-types

Au même titre qu'Apache, dont la configuration de base reconnaît la plupart des types MIME courants, la plupart des navigateurs reconnaissent de nombreux types de documents. La figure 15.1 montre la configuration de Netscape pour le traitement des documents de type image/gif. Remarquez que Netscape est défini comme gestionnaire pour ces documents ; en d'autres termes, il utilise un module interne pour afficher les images GIF. Bien sûr, s'il le souhaite, l'utilisateur peut configurer Netscape pour invoquer une application externe pour ouvrir ces fichiers. Pour modifier la configuration, il suffit de cliquer sur le bouton Modifier.

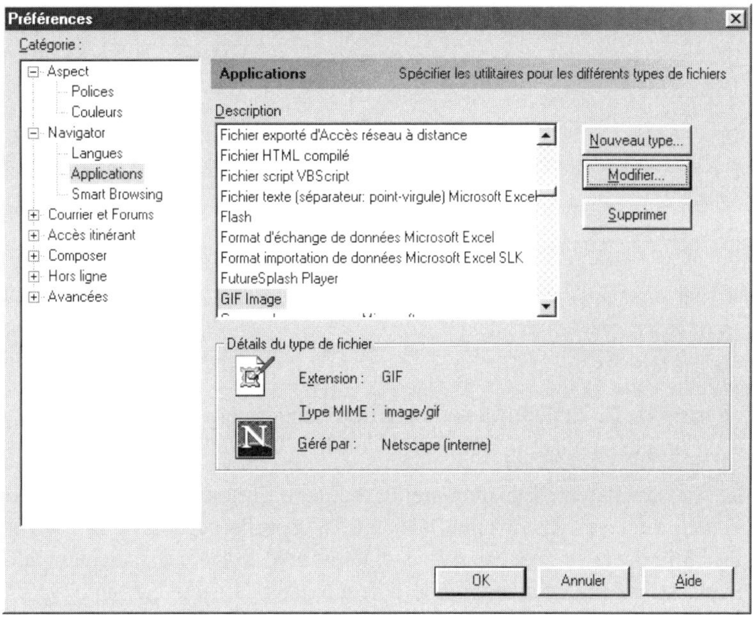

Figure 15.1
La configuration par défaut de Netscape pour les images GIF.

En général, les types MIME standards reconnus par la plupart des navigateurs sont suffisants pour tous les fichiers accessibles à travers votre serveur Apache. Si toutefois vous avez besoin de définir de nouveaux types MIME pour Apache, vous devez aussi les indiquer au navigateur. Sous Netscape, vous devez pour cela utiliser le bouton Nouveau type de la fenêtre Préférences. Si par exemple vous avez configuré Apache pour associer le type application/monapp aux fichiers portant l'extension `.monapp`, vous devez aussi configurer le navigateur comme le montre la figure 15.2.

Dans la mesure où chaque navigateur doit être configuré séparément pour prendre en compte un type MIME non standard, il vaut mieux n'effectuer ce genre d'opération que dans un environnement où vous contrôlez les navigateurs des clients, par exemple un réseau d'entreprise. J'ai déjà configuré les navigateurs d'une usine pour reconnaître automatiquement certains formats de CAO/FAO et invoquer l'application appropriée pour les lire. De cette façon, les

Figure 15.2
Ajout d'un type MIME sous Netscape.

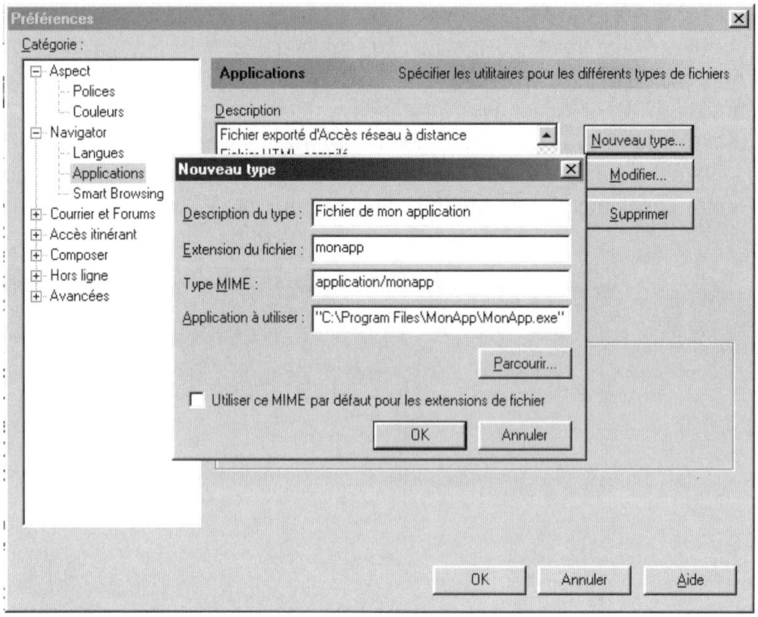

ouvriers de la chaîne d'assemblage pouvaient consulter les plans de fabrication au moyen d'un simple navigateur Web, sans avoir besoin d'une station de travail dédiée.

Le type de contenu d'un document est de loin l'information la plus importante qui est communiquée à un navigateur client. Toutefois, Apache peut aussi le cas échéant fournir d'autres indications : la langue, le jeu de caractères et le codage. Bizarrement, alors que le jeu de caractères est indiqué avec le type de contenu dans l'en-tête `Content-Type`, la langue et le codage sont spécifiés par des en-têtes distincts :

```
Content-Type: text/html; charset=ISO-8859-1
Content-Language: it
Content-Encoding: gzip
```

Ajouter un gestionnaire ou un filtre

La section précédente explique que l'identification du type de contenu d'un fichier est le préalable à l'écriture des en-têtes indiquant ce type au navigateur. Cette identification sert aussi à Apache pour invoquer le gestionnaire ou le filtre adapté pour traiter les données avant de les envoyer au client. Cette section traite des directives utilisées pour associer des gestionnaires ou des filtres à des types de contenu spécifiques, à un répertoire ou à une URL partielle. Ces directives sont particulièrement utiles pour traiter des données produites par un module et qui ne sont pas écrites sur le disque.

Le mode d'emploi des directives présentées dans cette section se trouve le plus souvent dans la documentation des modules fournissant les gestionnaires et les filtres. Par exemple, si vous voulez installer un gestionnaire pour des scripts CGI, vous devez consulter la documentation de `mod_cgi` (ou le chapitre 8 de cet ouvrage), plutôt que celle de `mod_mime` (qui définit la directive `AddHandler`).

En général, la différence entre un gestionnaire et un filtre n'est pas importante et un concepteur de modules peut souvent opter pour l'un ou pour l'autre pour produire ses données. Un gestionnaire peut être vu comme une série d'actions (un programme) exécutées quand un fichier d'un certain type est chargé. Ainsi, quand Apache charge un script CGI, il utilise le gestionnaire `cgi-handler` fourni par `mod_cgi`. La plupart des fichiers (comme par exemple les documents HTML ou les images) sont passés à un gestionnaire appelé `default-handler`, qui fait partie du noyau d'Apache. Ce gestionnaire envoie les données qu'il reçoit au navigateur client ; il est appelé pour toutes les ressources fournies par le serveur Apache.

Les filtres sont une nouveauté d'Apache 2.0. Ils permettent de modifier à la volée des données transmises au serveur par le navigateur (dans le cas d'un filtre d'entrée) ou au navigateur par le serveur (dans le cas d'un filtre de sortie). Les filtres reçoivent des données envoyées par le serveur Apache et les manipulent avant de les lui renvoyer. Ils sont particulièrement adaptés à l'utilisation avec des flux de données qui nécessitent de petites modifications. C'est par exemple le cas des SSI (voir chapitre 7), qui sont des documents HTML contenant des balises spéciales interprétées par le filtre `INCLUDES` du module `mod_include`. L'écran d'information du serveur, décrit au chapitre 10, donne une liste de tous les gestionnaires et filtres connus du serveur.

Les gestionnaires et les filtres sont pris en charge par `mod_mime`. Même s'ils sont généralement associés à des types MIME, il est souvent plus intéressant d'associer directement un gestionnaire ou un filtre à une extension de fichiers, plutôt que d'associer un type MIME à cette extension (au moyen de la directive `AddType`) puis un gestionnaire ou un filtre à ce type MIME. Le module `mod_mime` fournit trois directives, `AddHandler`, `AddInputFilter` et `AddOutputFilter`, qui permettent d'associer un gestionnaire ou un filtre à une extension. Vous trouverez une telle association dans le fichier `httpd.conf` par défaut, qui associe le gestionnaire `type-map` (fourni par le module `mod_negotiation`) aux fichiers portant l'extension `.var` :

```
AddHandler type-map var
```

Les filtres sont activés de manière similaire au moyen des directives `AddInputFilter` et `AddOutputFilter`, qui définissent respectivement des filtres d'entrée (pour les données reçues du navigateur client) et de sortie (pour les données qui lui sont envoyées). Voici un exemple d'utilisation du filtre `INCLUDES` pour interpréter les fichiers portant l'extension `.shtml` avant de les envoyer aux clients. Ce filtre lit des fichiers HTML et y remplace les balises SSI par les valeurs correspondantes. Cette substitution s'effectue à la fin du cycle de requête, juste avant l'envoi effectif des données.

```
AddOutputFilter INCLUDES .shtml
```

Les directives suivantes annulent l'effet des directives `Add` correspondantes présentées ci-dessus, c'est-à-dire qu'elles suppriment l'association entre les gestionnaires ou les filtres et les extensions. Si vous utilisez ces directives, vous le ferez probablement depuis un fichier `.htaccess` pour annuler les traitements imposés aux fichiers du répertoire concerné. En pratique, vous n'en aurez probablement jamais besoin, mais sachez qu'elles existent.

```
RemoveHandler .htm .html
RemoveInputFilter .uneext
RemoveOutputFilter .shtml
```

Les directives `SetHandler`, `SetInputFilter` et `SetOutputFilter` ont un rôle similaire aux directives `Add` correspondantes, si ce n'est qu'elles associent un gestionnaire ou un filtre au contenu d'un répertoire ou à une URL partielle plutôt qu'à une extension de fichier. Il n'existe aucun moyen d'annuler une directive de ce type (contrairement aux directives `Add` qui peuvent être annulées par la directive `Remove` correspondante).

```
<Location /status/jserv>
  SetHandler jserv-status
  order deny,allow
  deny from all
  allow from localhost, 192.168.1.2, 192.168.1.3
</Location>
```

Dans cet exemple, la directive `SetHandler` s'applique aux URL identifiées par le bloc `<Location>`, c'est-à-dire toutes les URL commençant par `/status/jserv`. Remarquez que ces URL peuvent (c'est même probable) ne pas correspondre à un véritable répertoire du serveur. Toutefois, toutes les requêtes reçues par le serveur et commençant par ce motif sont transmises au gestionnaire `jserv-status`.

Négocier le contenu

Jusqu'à présent, ce chapitre a traité des quatre types de métadonnées qu'Apache peut assigner à toute ressource : le type de son contenu, sa langue, son jeu de caractères et éventuellement son codage (la méthode de compression). J'ai aussi décrit deux méthodes permettant d'utiliser ces informations : les en-têtes HTTP transmis au navigateur et les gestionnaires et filtres permettant d'effectuer des traitements sur le serveur lui-même. Voici venu le moment de décrire l'usage le plus complexe et le plus puissant de ces métadonnées : la négociation de contenu.

Il s'agit d'un procédé impliquant Apache (ou un autre serveur HTTP) et un navigateur HTTP/1.1 demandant une ressource dont le serveur possède plusieurs variantes ; le serveur essaie de trouver parmi ces variantes celles qui se rapproche le plus des besoins du client.

Qu'est-ce qu'une variante d'une ressource ? Une ressource, dans l'acception utilisée dans l'ouvrage et plus généralement dans la documentation concernant Internet, est une entité identifiée par une URL. Il peut s'agir par exemple d'un fichier ou d'un répertoire. Il peut exister plusieurs représentations, c'est-à-dire plusieurs versions, de chaque ressource, en fonction des métadonnées dont il a été question au début de ce chapitre. Chacune de ces versions est une variante de la ressource.

Lorsque le serveur reçoit une requête, il a besoin de trois éléments pour commencer la négociation :

- **L'identification des types des variantes** – Le serveur a besoin de connaître le type de contenu et les autres métadonnées relatives aux ressources. Pour cela, on utilise les méthodes décrites plus haut.
- **La connaissance des préférences du client** – Le serveur doit savoir quels types de contenu et autres paramètres le client est en mesure d'accepter.
- **La connaissance des variantes disponibles** – Le serveur doit savoir quelles variantes d'une ressource donnée sont à sa disposition.

Les préférences du client

Les préférences du client constituent probablement la composante la plus importante de la négociation de contenu. Dans la plupart des cas, ces préférences sont respectées si le serveur dispose d'une variante appropriée de la ressource demandée. Après tout, si une version italienne du même texte est disponible, pourquoi renvoyer un texte anglais à un client annonçant préférer l'italien ? La négociation de contenu vise à obtenir un compromis acceptable entre les préférences du serveur et celles du client, mais en général ce sont celles du client qui importent. Je vais dans un premier temps décrire la façon dont le client peut indiquer ses préférences au serveur.

La norme HTTP/1.1 définit quatre en-têtes qu'un client peut ajouter à une requête : `Accept`, `Accept-Language`, `Accept-Charset` et `Accept-Encoding`.

L'en-tête Accept

L'en-tête `Accept` donne une liste de types MIME que le client peut accepter. Ces types correspondent à ceux qui sont définis dans le fichier `mime.types` d'Apache. En voici un exemple :

```
Accept: text/html, text/plain
```

Ici, le client indique qu'il peut accepter les documents HTML et les textes ASCII bruts. En revanche, cet en-tête n'exprime pas de préférence ; le serveur peut renvoyer l'un ou l'autre de ces deux formats. Dans ce cas, la configuration du serveur permet de déterminer quelle variante (parmi celles qui sont disponibles) sera renvoyée ; les détails seront décrits plus loin dans ce chapitre.

Le navigateur peut aussi préciser une valeur de qualité pour chaque type MIME. Ce facteur (indiqué par la lettre `q`) prend ses valeurs entre `0.000` (inacceptable) et `1.000` (le niveau de préférence le plus élevé). Voici un exemple où le client précise ses préférences :

```
Accept: text/html, application/pdf;q=0.8, text/plain;q=0.4
```

La valeur par défaut est `1.0`, donc la version HTML est systématiquement préférée si elle existe. Dans le cas contraire, le client est prêt à accepter un document au format PDF, ou du texte brut si le serveur n'a rien de mieux à proposer.

L'en-tête `Accept` peut aussi contenir des caractères génériques. Par exemple, l'en-tête suivant indique que le client est prêt à accepter tous les documents textes, quel que soit leur type MIME exact :

```
Accept: text/html, text/*
```

Dans ce cas, la version PDF n'est pas acceptable.

Beaucoup de navigateurs indiquent le type générique `*.*` à chaque requête, pour indiquer au serveur qu'à défaut des formats indiqués explicitement, il peut envoyer ce dont il dispose :

```
Accept: image/gif, image/jpeg, *.*
```

Dans la mesure où aucune valeur de qualité n'est indiquée, on pourrait penser que tous les types de contenu se trouvent ainsi au même niveau (la valeur par défaut de `1.0`). Toutefois, Apache n'attribue pas la valeur par défaut aux types génériques ; le type `*.*` reçoit la valeur `0.01` et les types à sous-type générique (comme notre `text/*`) reçoivent la valeur `0.02`.

L'en-tête Accept-Language

L'en-tête `Accept-Language` indique les langues que le client est disposé à accepter, éventuellement assorties d'une valeur de qualité (qui vaut `1.0` par défaut).

```
Accept-Language: en;q=0.8, de;q=0.4, it;q=0.2
```

Ici, le client indique sa préférence pour l'anglais, mais il est prêt à accepter de l'allemand ou de l'italien, quoique avec de moins en moins d'enthousiasme.

La figure 15.3 montre la configuration des préférences linguistiques d'un navigateur (ici Netscape Navigator). Cette information est transmise au serveur par l'en-tête `Accept-Language`.

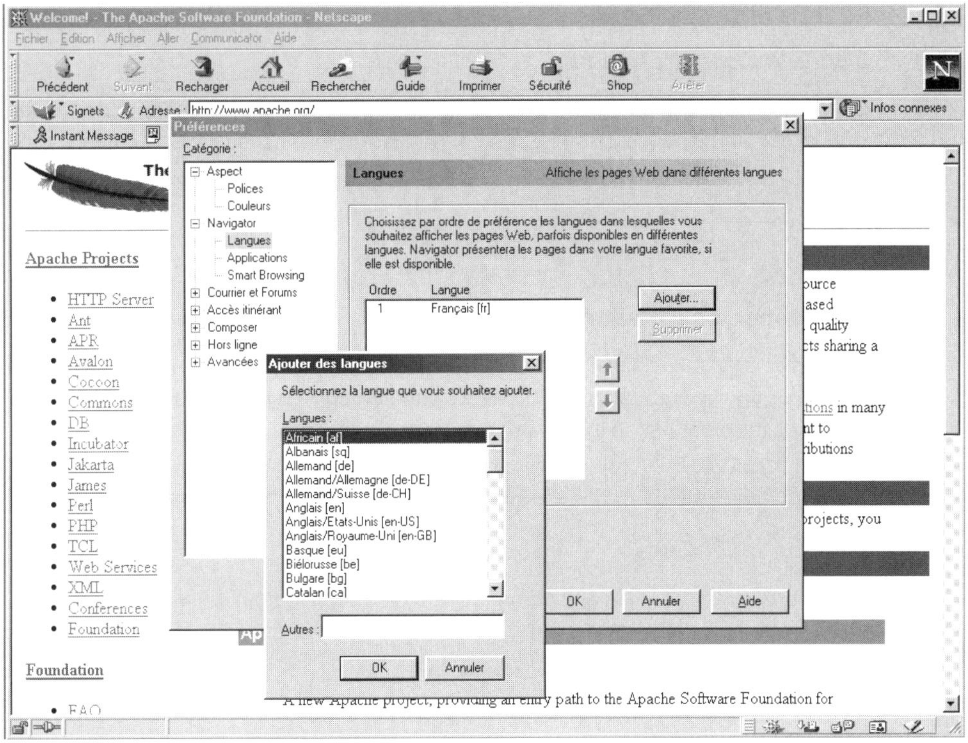

Figure 15.3
Les préférences linguistiques d'un navigateur.

L'en-tête Accept-Charset

L'en-tête `Accept-Charset` indique la liste des jeux de caractères que le client est disposé à accepter. Ici encore, des valeurs de qualité peuvent être indiquées. En cas d'absence de cet en-tête, le jeu de caractères ISO-8859-1 (le jeu de caractères des langues d'Europe de l'Ouest, également connu sous le nom de Latin-1) est considéré comme acceptable par tous les clients. De plus, si aucun jeu de caractères n'est explicitement associé à un document de type text/html (par exemple au moyen d'une extension ou d'un fichier de transcodage de types), le jeu de caractères ISO-8859-1 est utilisé par défaut.

```
Accept-Charset: ISO-2022-JP;q=1.0, ISO-8859-2;q=0.5
```

Cette ligne indique une préférence pour le jeu de caractères japonais, ou à défaut pour ISO-8859-2 (Latin-2, utilisé pour la plupart des langues d'Europe centrale). Si aucun de ces jeux de caractères n'est disponible, le serveur utilise ISO-8859-1, qui devrait être accepté par n'importe quel client.

L'en-tête Accept-Encoding

L'en-tête `Accept-Encoding` indique les codages acceptés par le client. Encore une fois, des valeurs de qualité peuvent être indiquées. Si des versions décodées existent, elles sont toujours renvoyées de préférence à des versions codées.

```
Accept-Encoding: gzip;q=0.8, zip;q=0.5
```

Déterminer les variantes disponibles

Le dernier prérequis à la négociation de contenu est la détermination des variantes de chaque document pouvant être distribuées par Apache. Lorsqu'Apache reçoit une requête, il utilise un des deux moyens à sa disposition pour établir une liste des variantes disponibles : l'option Multiviews ou un fichier de transcodage de types. Le nombre de variantes potentielles est égal au nombre de combinaisons des quatre caractéristiques décrites plus haut.

L'option Multiviews

Il s'agit d'une option d'Apache qui peut être positionnée pour chaque répertoire individuellement. Cette option est activée par l'inclusion de la ligne suivante dans le fichier `.htaccess` du répertoire :

```
Options +Multiviews
```

Cette option utilise les extensions de fichiers pour établir une liste de variantes disponibles pour une ressource donnée. Imaginons que le serveur reçoive une requête pour une ressource `/undoc` ; si l'option Multiviews est active dans le répertoire concerné, le module `mod_negotiation` recherche toutes les ressources dont le nom correspond à la requête et utilise leurs extensions pour établir la liste des variantes disponibles. Il pourrait par exemple trouver les fichiers suivants :

```
undoc.html
undoc.html.en
undoc.html.de
undoc.pdf.en
undoc.pdf.de
```

Le module peut en déduire qu'il existe cinq variantes de la ressource. Tout d'abord, il en existe deux versions en anglais et deux versions en allemand, des versions HTML et PDF dans les deux cas. Qu'en est-il du fichier dépourvu d'indication de langue à deux lettres ? Ce fichier peut être vu de deux façons par `mod_negotiation`. En général, le module le reconnaît comme un fichier sans attribut langue et ne le renvoie que si le client ne demande pas de langue particulière, mais ce comportement peut être modifié au moyen de la directive `DefaultLanguage`. Quand cette directive est utilisée en contexte répertoire (c'est-à-dire dans un fichier `.htaccess` ou dans un bloc `<Directory>`), elle indique une langue par défaut qui est associée à tous les fichiers du répertoire dont la langue n'est pas précisée.

```
DefaultLanguage en
```

Cette directive ne peut indiquer qu'une seule langue.

Vous pouvez aussi utiliser la directive `LanguagePriority` pour définir une liste de langues classées par ordre de priorité. Cette liste est utilisée quand le client ne précise pas ses préférences en la matière.

```
LanguagePriority en de
```

Si un client demande `/undoc.html` alors que la directive ci-dessus est active, la version anglaise du document HTML est toujours renvoyée à moins que le client exprime une préférence pour la version allemande au moyen d'un en-tête de ce genre :

```
Accept-Language: de;q=1.0, en;q=0.6, fr;q=0.2
```

Apache utilise notamment l'option Multiviews pour proposer diverses versions de la page par défaut lors de l'installation du serveur. Si vous regardez dans le répertoire indiqué par la directive `DocumentRoot` du fichier `httpd.conf` par défaut, vous y trouverez plusieurs fichiers correspondant aux différentes langues proposées. Certains de ces fichiers utilisent de plus des jeux de caractères différents de ISO-8859-1. Ces fichiers constituent un excellent exemple d'utilisation de l'option Multiviews permettant la prise en charge de divers jeux de caractères et langues.

N'hésitez pas à examiner le fichier `httpd.conf` par défaut pour comprendre comment les directives `AddLanguage` et `AddCharset` sont utilisées pour donner une signification aux extensions des fichiers.

Le fichier de transcodage de types

Vous pouvez préférer un fichier de transcodage de types à l'option Multiviews. Un tel fichier permet d'indiquer une liste de variantes d'un document que le serveur Apache peut renvoyer à ses clients. Il contient une section pour chaque variante du document concerné et il permet d'indiquer les variantes disponibles de chaque document au moyen d'un jeu d'en-têtes.

L'utilisation de ces fichiers nécessite le gestionnaire `type-map` fourni par le module `mod_negotiation`. La directive `AddHandler` permet d'associer une extension à ce gestionnaire pour activer la gestion des fichiers de transcodage de types. En général, on utilise l'extension `.var` (pour variante) :

```
AddHandler type-map .var
```

Apache conserve les pages d'erreurs standards en différentes langues dans des fichiers de transcodage de types. Vous les trouverez dans un sous-répertoire du répertoire de base d'Apache (par défaut `/usr/local/apache2/errors`). Si vous voulez utiliser des fichiers de ce type, ceux-ci sont de très bons exemples. La configuration par défaut d'Apache prend en charge les fichiers `.var` et aucune modification n'est nécessaire.

Dans la mesure où le gestionnaire `type-map` est associé aux fichiers portant l'extension `.var`, ils n'est invoqué qu'en réponse aux requêtes demandant un tel fichier. Bien sûr, vous n'allez jamais émettre une requête pour l'URL `http://jackal.hiwaay.net/undoc.var`, même s'il s'agit là d'une utilisation valide d'un fichier de transcodage de types. La plupart des serveurs réécrivent les URL demandées (comme expliqué au chapitre 9) pour rediriger les requêtes vers le fichier de transcodage adéquat. Vous pouvez par exemple utiliser `mod_rewrite` pour rediriger les requêtes concernant des fichiers portant l'extension `.html` vers des fichiers de transcodage de types :

```
<Location />
RewriteRule ^(.*)\.html$ $1.var [NS]
</Location>
```

Les fichiers de transcodage présentent un avantage important par rapport à l'option Multiviews : ils permettent d'associer des niveaux de préférence aux variantes d'un document. Pour cela, `mod_negotiation` permet d'associer un facteur de qualité subjective (abrégé en `qs`) à chaque variante. Cette valeur, propre au serveur, est distincte du facteur de qualité indiqué par les clients. Lors de la négociation de contenu, le serveur doit arriver à un compromis entre les préférences du client et les siennes propres. Pour cela, le serveur utilise un algorithme décrit dans la section suivante. Il est heureusement rarement nécessaire de se plonger dans les arcanes de ce procédé, même s'il peut parfois vous être utile de le connaître. En général, une fois que vous avez affecté des valeurs de qualité subjective aux différentes variantes d'un même document, votre travail est terminé.

Un fichier de transcodage contient une série d'enregistrements correspondant chacun à une variante du document et qui sont séparés par des lignes vides. Chaque enregistrement se compose d'un ensemble de lignes semblables aux en-têtes de HTTP ou de MIME ; les en-têtes valides sont les suivants :

- `URI` – L'URI du fichier contenant la variante. Cet URI est relatif à l'emplacement du fichier de transcodage. S'il consiste seulement en un nom de fichier, ce fichier se trouve dans le même répertoire que le fichier de transcodage. Notez que les variantes ne se trouvent pas forcément dans le même répertoire que le fichier de transcodage.
- `Content-Type` – Le type de contenu MIME de la variante, éventuellement accompagné d'un facteur de qualité subjective. Ce facteur a la même signification que la valeur de qualitée indiquée par le client dans l'en-tête `Accept`. Si ce facteur est indiqué, il doit l'être dans l'en-tête `Content-Type` et nulle part ailleurs.
- `Content-Language` – La langue utilisée pour la variante concernée, exprimée sous la forme d'un code de deux caractères défini par la norme ISO 639.
- `Content-Encoding` – Si le fichier ne contient pas des données brutes mais est compressé ou codé, ce champ décrit le codage utilisé, typiquement `x-gzip` ou `x-compress`.
- `Content-Length` – La taille du fichier en octets.
- `Body` – Le corps de la variante, qui peut être inclus directement dans le fichier de transcodage depuis Apache 2.0. Ce champ est suivi d'une chaîne de caractères faisant office de délimiteur. Le corps de la variante se compose de tout ce qui précède l'occurrence suivante de cette chaîne.

Voici un exemple de fichier de transcodage de types :

```
Content-Type: text/html; qs=1.0
Content-Language: en
Body:------en--
<html>
<head></head>
<body>
<h3>This is the English Version</h3>
</body></html>
------en--
Content-Type: text/html; qs=0.8
Content-Language: fr
Body:------fr--
<html>
<head></head>
<body>
<h3>Voici la version française.</h3>
</body></html>
------fr--
```

Dans cet exemple très simple, le fichier contient des versions anglaise et française de la même page et la version anglaise est renvoyée de préférence à la version française.

Tout comme la valeur de qualité indiquée par le client, le facteur de qualité subjective prend ses valeurs entre 0.000 et 1.000. Si ce facteur n'est pas indiqué, il prend par défaut la valeur 1.000. Une variante munie d'un facteur de qualité subjective de 0.000 n'est jamais renvoyée aux clients. Le serveur combine le facteur de qualité subjective donné dans le fichier de transposition et le facteur de qualité transmis par le client pour déterminer la variante qui est finalement renvoyée. Dans ce cas, si le client envoie un en-tête comme celui-ci :

```
Accept-Language: fr; q=1.0, en; q=0.6, de; q=0.2
```

mod_negotiation multiplie les facteurs de qualité du client par les facteurs de qualité subjective du serveur pour arriver à des niveaux de préférence définitifs, soit 1.0×0.6=0.6 pour l'anglais et 0.8×1.0=0.8 pour le français. C'est donc la version française qui est renvoyée, même si le serveur préfère la version anglaise. Le client est aussi disposé à accepter une version allemande, mais le serveur n'en possède pas, donc le procédé de négociation de contenu n'en tient pas compte.

Le procédé de négociation d'Apache

Quand il existe plusieurs variantes d'un même document, le choix de la variante à renvoyer au client peut être très compliqué. Heureusement, vous n'aurez pas à gérer ce choix vous-même, c'est le rôle de mod_negotiation. Toutefois, vous pouvez vouloir influencer ses décisions, en particulier si vous utilisez des fichiers de transcodage de types. Je vais donc décrire en détail le procédé de négociation mis en œuvre par le module quand un client demande un document dont il existe plusieurs versions. Ce procédé permet in fine au serveur de renvoyer la variante adaptée au client, ou un message d'erreur en cas d'impossibilité.

1. Le serveur établit une liste des variantes disponibles, à partir d'un fichier de transcodage ou au moyen de l'option Multiviews. Si un fichier de transcodage est utilisé, il établit aussi un ordre de priorité déterminé par les facteurs de qualité subjective, avec l'utilisation d'une valeur par défaut si ce facteur est absent. Si c'est l'option Multiviews qui est utilisée, toutes les variantes ont le même niveau de priorité.

2. Le serveur extrait les en-têtes Accept de la requête et en déduit une liste de variantes acceptables par le client. Il leur attribue un niveau de priorité en fonction des facteurs de qualité s'ils sont précisés ou d'une valeur par défaut dans le cas contraire. Il compare ensuite cette liste à celle des variantes disponibles établie lors de la première étape et il élimine des variantes disponibles toutes celles que le client n'est pas en mesure d'accepter. À la fin de cette étape, le serveur dispose d'une liste des variantes disponibles et acceptables par le client ; la suite du procédé vise à trouver la meilleure variante de cette liste.

3. Si le serveur ne dispose d'aucune variante acceptable par le client, il renvoie une erreur HTTP 406 (aucune représentation acceptable). Le message d'erreur contient de plus une liste des variantes disponibles, ce qui permet au client d'émettre une nouvelle requête pour accéder à une de ces variantes.

4. Pour chaque variante de la liste, le serveur multiplie les facteurs de qualité fournis par le client au moyen des en-têtes `Accept` par ses propres facteurs de qualité subjective (indiqués dans les fichiers de transcodage de types, ou `1.0` quand c'est l'option Multiviews qui est utilisée). Si une variante obtient un résultat plus élevé que toutes les autres, elle est renvoyée au client. Si deux ou plusieurs variantes partagent la première place, toutes les autres sont éliminées et le procédé se poursuit.

5. La liste est maintenant réduite aux variantes partageant le meilleur résultat. Le serveur tente de déterminer si l'une d'entre elles correspond aux préférences linguistiques du client. Pour cela, il utilise les valeurs de qualité fournies par le client dans l'en-tête `Accept-Language`. Si cet en-tête est absent, le serveur utilise sa directive `LanguagePriority` si elle existe. Si une variante obtient un résultat plus élevé que les autres, elle est renvoyée au client. Sinon, le serveur garde les variantes ayant obtenu le meilleur résultat et élimine les autres ; le procédé se poursuit.

6. Le serveur détermine à laquelle des variantes restantes est associée la meilleure valeur de qualité dépendant du type de contenu. Cette valeur n'est disponible qu'en cas d'utilisation de fichiers de transcodage de types ; dans le cas contraire, le type text/html obtient la valeur `2` et tous les autres types reçoivent la valeur `0`. Encore une fois, si une variante obtient un meilleur résultat que toutes les autres, elle est renvoyée au client. Sinon, le procédé se poursuit en ne gardant que les variantes ayant obtenu le meilleur résultat.

7. Parmi les variantes restantes (qui ne devraient plus être très nombreuses), le serveur choisit celle dont le jeu de caractères possède le plus haut niveau de priorité, en fonction des indications fournies par le client au moyen de l'en-tête HTTP `Accept-Charset`. Si le client n'a pas fourni cet en-tête, les variantes utilisant un jeu de caractères différent de ISO-8859-1 sont éliminées (n'oubliez pas que c'est le jeu de caractères utilisé par défaut pour les documents de type text/html auxquels un autre jeu de caractères n'a pas été explicitement associé). Si la liste ne contient maintenant plus qu'une seule variante, le serveur la renvoie au client. Sinon, le procédé continue.

8. Si la liste contient encore des variantes utilisant un jeu de caractères différent de ISO-8859-1, c'est que le client a indiqué d'autres jeux de caractères dans l'en-tête `Accept-Charset`. Le serveur élimine donc de la liste toutes les variantes utilisant ISO-8859-1. Si toutes les variantes restantes utilisent ISO-8859-1, la liste reste telle quelle et le procédé se poursuit.

9. Le serveur choisit les variantes correspondant à l'en-tête `Accept-Encoding` fournie par le client. Si le client n'a pas fourni cet en-tête et si la liste contient uniquement des variantes codées ou uniquement des variantes non codées, la liste reste telle quelle et le procédé se

poursuit. Si la liste contient des variantes codées et d'autres qui ne le sont pas, les variantes codées sont éliminées.

10. Parmi les variantes restantes, la plus courte (celle qui correspond à la plus petite valeur du champ `Content-Length`) est renvoyée au client. En cas d'égalité, le procédé se poursuit.

11. Si, arrivé à ce point, la liste comporte encore au moins deux variantes (ce qui semble peu probable), le serveur choisit la première de la liste (celle qui est définie en premier dans le fichier de transcodage s'il en existe un, ou la première par ordre alphabétique en cas d'utilisation de l'option Multiviews) et la renvoie au client.

En résumé

À la fin de ce dernier chapitre, il peut sembler ironique que les données qu'un serveur Apache transmet à ses clients n'aient presque pas été évoquées. Après tout, la raison d'être du Web est l'échange d'informations. Toutefois, les serveurs comme Apache ne sont qu'une composante du Web ; ils n'ont rien à voir avec l'interprétation ou le rendu (l'affichage) des données. C'est pour cette raison que cet ouvrage ne contient pour ainsi dire aucune mention des formats standards comme HTML ; l'administration d'un serveur Apache ne demande que peu de connaissances à ce sujet. La détermination du type d'un document et de la façon de l'afficher ou le choix de l'application externe à invoquer pourraient être laissés au navigateur. Par exemple, les navigateurs pourraient interpréter tous les fichiers portant l'extension `.html` comme des documents HTML. Cette méthode pourrait fonctionner correctement, mais les choses ne se passent pas ainsi. Le serveur Web a aussi pour rôle de donner au client des informations importantes à propos des documents qu'il lui transmet.

Les métadonnées sont des données qui en décrivent d'autres. Apache accompagne toujours les données qu'il envoie à ses clients de métadonnées. Ces métadonnées proviennent de plusieurs sources ; elles sont souvent déduites de certains attributs du fichier (par exemple son extension ou le répertoire où il est conservé). Apache prend en charge quatre éléments principaux de métadonnées : le type de contenu, la langue, le jeu de caractères et le codage. Dans sa configuration la plus simple, Apache se contente de déterminer les attributs d'une ressource demandée et d'en informer le client au moyen des en-têtes HTTP adéquats. C'est le rôle du module `mod_mime` décrit au début de ce chapitre.

HTTP/1.1 permet tant au client qu'au serveur d'ajouter des en-têtes permettant la négociation de contenu. Grâce à ce procédé, le client permet d'indiquer ses préférences, qui dépendent généralement de sa configuration, et le serveur peut offrir différentes versions des ressources en sa possession. La négociation de contenu est utilisée quand il existe plusieurs variantes d'une même ressource. Cette possibilité est le plus souvent utilisée quand un serveur dispose des mêmes ressources en plusieurs langues (et souvent dans des jeux de caractères différents).

Annexes

A

Directives d'Apache

Le tableau A.1 dresse la liste de toutes les directives comprises dans la distribution standard d'Apache (version 2.0.39). Cette liste peut bien entendu changer avec chaque version d'Apache. Les colonnes contiennent les données suivantes :

- **Directive** – Le nom de la directive Apache.
- **Module** – Le nom du module nécessaire à l'utilisation de la directive.
- **Contexte** – L'emplacement où la directive peut apparaître dans la configuration du serveur. Il peut s'agir d'un ou de plusieurs des emplacements suivants :
  - **Serveur** – La directive ne peut apparaître que dans un des principaux fichiers de configuration (habituellement `httpd.conf`, mais aussi `srm.conf` ou `access.conf` si vous utilisez encore ces fichiers de configuration obsolètes). Cette possibilité est indiquée par la lettre `S`.
  - **Hôte virtuel** – La directive apparaît dans un bloc `<VirtualHost>` et s'applique uniquement à l'hôte virtuel concerné. Cette possibilité est indiquée par la lettre `V`.
  - **Bloc** – La directive se trouve à l'intérieur d'un bloc `<Directory>`, `<File>` ou `<Location>` et ne s'applique qu'au bloc en question. Cette possibilité est indiquée par la lettre `D`.
  - **Fichier `.htaccess`** – La directive se trouve dans un fichier `.htaccess` et ne s'applique qu'aux fichiers du répertoire concerné. Cette possibilité est indiquée par la lettre `H`.
- **Dérogation** – Si la directive peut apparaître dans un fichier `.htaccess`, cette colonne indique l'argument qui doit être passé à `AllowOverride` pour lui permettre de fonctionner

(à moins bien sûr que la direvctive AllowOverride All ne soit employée). Par exemple, pour la directive Action, cet argument est FileInfo, ce qui signifie que Action ne peut être utilisée dans un fichier .htaccess que si AllowOverride FileInfo apparaît dans la configuration du serveur. Voir la section intitulée « La directive AllowOverride » au chapitre 4.

- **Défaut** – La valeur par défaut si elle existe.

INFO Certains des modules qui apparaissent dans ce tableau n'ont pas été évoqués dans l'ouvrage. Ils ne servent qu'aux créateurs de sites Web et n'ont pas de lien direct avec l'administration d'Apache.

Tableau A.1 – Directives d'Apache

Directive	Module	Contexte	Dérogation	Défaut
<Proxy>	mod_proxy	S,V	Aucune	N/A
<ProxyMatch>	mod_proxy	S,V	Aucune	N/A
AcceptPathInfo	Noyau	S,V,D,H	Aucune	Default
AccessFileName	Noyau	S,V	Aucune	.htaccess
Action	mod_actions	S,V,D,H	FileInfo	N/A
AddAlt	mod_autoindex	S,V,D,H	Indexes	N/A
AddAltByEncoding	mod_autoindex	S,V,D,H	Indexes	N/A
AddAltByType	mod_autoindex	S,V,D,H	Indexes	N/A
AddCharset	mod_mime	S,V,D,H	FileInfo	N/A
AddDefaultCharset	Noyau	S,V,D,H	Aucune	Off
AddDescription	mod_autoindex	S,V,D,H	Indexes	N/A
AddEncoding	mod_mime	S,V,D,H	FileInfo	N/A
AddHandler	mod_mime	S,V,D,H	FileInfo	N/A
AddIcon	mod_autoindex	S,V,D,H	Indexes	N/A
AddIconByEncoding	mod_autoindex	S,V,D,H	Indexes	N/A
AddIconByType	mod_autoindex	S,V,D,H	Indexes	N/A
AddInputFilter	mod_mime	S,V,D,H	FileInfo	N/A
AddLanguage	mod_mime	S,V,D,H	FileInfo	N/A
AddModuleInfo	mod_info	S,V,D,H	Aucune	Aucun
AddOutputFilter	mod_mime	S,V,D,H	FileInfo	N/A
AddType	mod_mime	S,V,D,H	FileInfo	N/A
Alias	mod_alias	S,V	Aucune	N/A
AliasMatch	mod_alias	S,V	Aucune	N/A
Allow	mod_access	D,H	Limit	N/A

Tableau A.1 – Directives d'Apache (*suite*)

Directive	Module	Contexte	Dérogation	Défaut
AllowCONNECT	mod_proxy	S,V	Aucune	443 (https) 563 (snews)
AllowOverride	Noyau	D	Aucune	All
Anonymous	mod_auth_anon	D,H	AuthConfig	N/A
Anonymous_Authoritative	mod_auth_anon	D,H	AuthConfig	N/A
Anonymous_LogEmail	mod_auth_anon	D,H	AuthConfig	On
Anonymous_MustGiveEmail	mod_auth_anon	D,H	AuthConfig	On
Anonymous_NoUserID	mod_auth_anon	D,H	AuthConfig	Off
Anonymous_VerifyEmail	mod_auth_anon	D,H	AuthConfig	Off
AuthAuthoritative	mod_auth	D,H	AuthConfig	On
AuthDBMAuthoritative	mod_auth_dbm	D,H	AuthConfig	N/A
AuthDBMGroupFile	mod_auth_dbm	D,H	AuthConfig	N/A
AuthDBMType	mod_auth_dbm	D,H	AuthConfig	Default
AuthDBMUserFile	mod_auth_dbm	D,H	AuthConfig	N/A
AuthDigestAlgorithm	mod_auth_digest	D,H	AuthConfig	MD5
AuthDigestDomain	mod_auth_digest	D,H	AuthConfig	N/A
AuthDigestFile	mod_auth_digest	D,H	AuthConfig	N/A
AuthDigestGroupFile	mod_auth_digest	D,H	AuthConfig	N/A
AuthDigestNcCheck	mod_auth_digest	S	Aucune	Off
AuthDigestNonceFormat	mod_auth_digest	D,H	AuthConfig	N/A
AuthDigestNonceLifetime	mod_auth_digest	D,H	AuthConfig	300 (secondes)
AuthDigestQop	mod_auth_digest	D,H	AuthConfig	Auth
AuthGroupFile	mod_auth	D,H	AuthConfig	N/A
AuthName	Noyau	D,H	Aucune	N/A
AuthType	Noyau	D,H	Aucune	N/A
AuthUserFile	mod_auth	D,H	AuthConfig	N/A
BrowserMatch	mod_setenvif	S,V,D,H	FileInfo	N/A
BrowserMatchNoCase	mod_setenvif	S,V,D,H	FileInfo	N/A
CacheDefaultExpire	mod_cache	S	Aucune	N/A
CacheDisable	mod_cache	S	Aucune	N/A
CacheEnable	mod_cache	S	Aucune	N/A
CacheFile	mod_file_cache	S	Indexes	N/A
CacheIgnoreCacheControl	mod_cache	S	Aucune	N/A
CacheIgnoreNoLastMod	mod_cache	S	Aucune	N/A

Tableau A.1 – Directives d'Apache (*suite*)

Directive	Module	Contexte	Dérogation	Défaut
CacheLastModifiedFactor	mod_cache	S	Aucune	N/A
CacheMaxExpire	mod_cache	S	Aucune	N/A
CacheNegotiatedDocs	mod_negotiation	S	Aucune	Off
CacheOn	mod_cache	S	Aucune	Off
CharsetDefault	mod_charset_lite	S,V,D,H	FileInfo	N/A
CharsetOptions	mod_charset_lite	S,V,D,H	FileInfo	DebugLevel=0 NoImplicitAdd
CharsetSourceEnc	mod_charset_lite	S,V,D,H	FileInfo	N/A
CheckSpelling	mod_speling	S,V,D,H	Options	Off
ContentDigest	Noyau	S,V,D,H	Aucune	Off
CookieDomain	mod_usertrack	S,V,D,H	FileInfo	N/A
CookieExpires	mod_usertrack	S,V,D,H	FileInfo	N/A
CookieLog	mod_log_config	S,V	Aucune	N/A
CookieName	mod_usertrack	S,V,D,H	FileInfo	Apache
CookieStyle	mod_usertrack	S,V,D,H	FileInfo	Netscape
CookieTracking	mod_usertrack	S,V,D,H	FileInfo	Off
coreDumpDirectory	Noyau	S	Aucune	ServerRoot
CustomLog	mod_log_config	S,V	Aucune	N/A
Dav	mod_dav	D	Aucune	Off
DavDepthInfinity	mod_dav	D	Aucune	Off
DavLockDB	mod_dav	S,V	Aucune	N/A
DavMinTimeout	mod_dav	D	Aucune	0
DefaultIcon	mod_autoindex	S,V,D,H	Indexes	N/A
DefaultLanguage	mod_mime	S,V,D,H	FileInfo	N/A
DefaultType	Noyau	S,V,D,H	Aucune	text/html
DeflateBufferSize	mod_deflate	S	Aucune	8096
DeflateFilterNote	mod_deflate	S	Aucune	N/A
DeflateMemLevel	mod_deflate	S	Aucune	9
DeflateWindowSize	mod_deflate	S	Aucune	15
Deny	mod_access	D,H	Limit	N/A
Directory	Noyau	S,V	Aucune	N/A
DirectoryIndex	mod_dir	S,V,D,H	Indexes	index.html
DirectoryMatch	Noyau	S,V	Aucune	N/A
DocumentRoot	Noyau	S,V	Aucune	N/A
ErrorDocument	Noyau	S,V,D,H	FileInfo	N/A

Tableau A.1 – Directives d'Apache (*suite*)

Directive	Module	Contexte	Dérogation	Défaut
ErrorLog	Noyau	S,V	Aucune	logs/error_log
Example	mod_example	S,V,D,H	Aucune	N/A
ExpiresActive	mod_expires	S,V,D,H	Indexes	N/A
ExpiresByType	mod_expires	S,V,D,H	Indexes	N/A
ExpiresDefault	mod_expires	S,V,D,H	Indexes	N/A
ExtendedStatus	mod_status	S	Aucune	Off
ExtFilterDefine	mod_exp_filter	S	Aucune	N/A
ExtFilterOptions	mod_exp_filter	D	Aucune	N/A
FileETag	Noyau	S,V,D,H	FileInfo	N/A
Files	Noyau	S,V,D,H	Aucune	N/A
FilesMatch	Noyau	S,V,D,H	Aucune	N/A
ForceLanguagePriority	mod_negotiation	S,V,D,H	FileInfo	Prefer
ForceType	Noyau	D,H	Aucune	N/A
Group	prefork	S,V	Aucune	#-1
Header	mod_headers	S,V,D,H	FileInfo	N/A
HeaderName	mod_autoindex	S,V,D,H	Indexes	N/A
HostnameLookups	Noyau	S,V,D	Aucune	Off
IdentityCheck	Noyau	S	Aucune	Off
IfDefine	Noyau	S,V,D,H	Aucune	N/A
IfModule	Noyau	S,V,D,H	Aucune	N/A
ImapBase	mod_imap	S,V,D,H	Indexes	http://<nom du serveur>
ImapDefault	mod_imap	S,V,D,H	Indexes	nocontent
ImapMenu	mod_imap	S,V,D,H	Indexes	N/A
Include	Noyau	S	Aucune	N/A
IndexIgnore	mod_autoindex	S,V,D,H	Indexes	N/A
IndexOptions	mod_autoindex	S,V,D,H	Indexes	N/A
IndexOrderDefault	mod_autoindex	S,V,D,H	Indexes	N/A
ISAPIAppendLogToErrors	mod_isapi	N/A	N/A	N/A
ISAPIAppendLogToQuery	mod_isapi	N/A	N/A	N/A
ISAPIFileChache	mod_isapi	N/A	N/A	N/A
ISAPILogNotSupported	mod_isapi	N/A	N/A	N/A
ISAPIReadAheadBuffer	mod_isapi	N/A	N/A	N/A
KeepAlive	Noyau	S	Aucune	Off

Tableau A.1 – Directives d'Apache (*suite*)

Directive	Module	Contexte	Dérogation	Défaut
KeepAliveTimeout	Noyau	S	Aucune	15 (secondes)
LanguagePriority	mod_negotiation	S,V,D,H	FileInfo	N/A
Limit	Noyau	S,V,D,H	Aucune	N/A
LimitExcept	Noyau	S,V,D,H	Aucune	N/A
LimitRequestBody	Noyau	S,V,D,H	Aucune	0 (octets)
LimitRequestFields	Noyau	S	Aucune	100
LimitRequestFieldSize	Noyau	S	Aucune	8190 (octets)
LimitRequestLine	Noyau	S	Aucune	8190 (octets)
LimitXMLRequestBody	Noyau	S	Aucune	1000000 (octets)
Listen	prefork	S	Aucune	N/A
ListenBackLog	prefork	S	Aucune	511 (connexions)
LoadFile	mod_so	S	Aucune	N/A
LoadModule	mod_so	S	Aucune	N/A
Location	Noyau	S,V	Aucune	N/A
LocationMatch	Noyau	S,V	Aucune	N/A
LockFile	Noyau	S	Aucune	logs/ accept.lock
LogFormat	mod_log_config	S,V	Aucune	N/A
LogLevel	Noyau	S,V	Aucune	warn
MaxClients	prefork	S	Aucune	256
MaxKeepAliveRequests	Noyau	S	Aucune	100
MaxRequestsPerChild	prefork	S	Aucune	10000
MaxSpareServers	prefork	S	Aucune	N/A
MaxThreadsPerChild	N/A	N/A	N/A	N/A
McacheMaxObjectCount	mod_mem_cache	S	Aucune	1000
McacheMaxObjectSize	mod_mem_cache	S	Aucune	10000 (octets)
McacheMinObjectSize	mod_mem_cache	S	Aucune	0 (octets)
MCacheSize	mod_mem_cache	S	Aucune	102400 (octets)
MetaDir	mod_cern_meta	D	Aucune	.web
MetaFiles	mod_cern_meta	D	Aucune	Off
MetaSuffix	mod_cern_meta	D	Aucune	.meta
MimeMagicFile	mod_mime_magic	S,V	Aucune	N/A
MinSpareServers	prefork	S	Aucune	5
MMapFile	mod_file_cache	S	Indexes	N/A
MultiviewsMatch	mod_mime	S,V,D,H	FileInfo	N/A

Tableau A.1 – Directives d'Apache (*suite*)

Directive	Module	Contexte	Dérogation	Défaut
NameVirtualHost	Noyau	S	Aucune	N/A
NoProxy	mod_proxy	S,V	Aucune	N/A
NumServers	absent du MPM prefork	N/A	N/A	N/A
Options	Noyau	S,V,D,H	Aucune	All
Order	mod_access	D,H	Limit	N/A
PassEnv	mod_env	S,V,D,H	FileInfo	N/A
PidFile	prefork	S	Aucune	All
ProxyBlock	mod_proxy	S,V	Aucune	N/A
ProxyDomain	mod_proxy	S,V	Aucune	N/A
ProxyErrorOverride	mod_proxy	S,V	Aucune	Off
ProxyIOBufferSize	mod_proxy	S,V	Aucune	N/A
ProxyMaxForwards	mod_proxy	S,V	Aucune	10
ProxyPass	mod_proxy	S,V	Aucune	N/A
ProxyPassReverse	mod_proxy	S,V	Aucune	N/A
ProxyPreserveHost	mod_proxy	S,V	Aucune	Off
ProxyReceiveBufferSize	mod_proxy	S,V	Aucune	N/A
ProxyRemote	mod_proxy	S,V	Aucune	N/A
ProxyRemoteMatch	mod_proxy	S,V	Aucune	N/A
ProxyRequests	mod_proxy	S,V	Aucune	N/A
ProxyTimeout	mod_proxy	S,V	Aucune	300 (secondes)
ProxyVia	mod_proxy	S,V	Aucune	Off
ReadmeName	mod_autoindex	S,V,D,H	Indexes	N/A
Redirect	mod_alias	S,V,D,H	FileInfo	N/A
RedirectMatch	mod_alias	S,V,D,H	FileInfo	N/A
RedirectPermanent	mod_alias	S,V,D,H	FileInfo	N/A
RedirectTemp	mod_alias	S,V,D,H	FileInfo	N/A
RemoveCharset	mod_mime	D,H	Aucune	N/A
RemoveEncoding	mod_mime	D,H	Aucune	N/A
RemoveHandler	mod_mime	D,H	Aucune	N/A
RemoveInputFilter	mod_mime	D,H	Aucune	N/A
RemoveLanguage	mod_mime	D,H	Aucune	N/A
RemoveOutputFilter	mod_mime	D,H	Aucune	N/A
RemoveType	mod_mime	D,H	Aucune	N/A

Tableau A.1 – Directives d'Apache (*suite*)

Directive	Module	Contexte	Dérogation	Défaut
RequestHeader	mod_headers	S,V,D,H	FileInfo	N/A
Require	Noyau	D,H	AuthConfig	N/A
RewriteBase	mod_rewrite	D,H	FileInfo	N/A
RewriteCond	mod_rewrite	S,V,D,H	FileInfo	N/A
RewriteEngine	mod_rewrite	S,V,D,H	FileInfo	Off
RewriteLock	mod_rewrite	S	Aucune	N/A
RewriteLog	mod_rewrite	S,V	Aucune	N/A
RewriteLogLevel	mod_rewrite	S,V	Aucune	0
RewriteMap	mod_rewrite	S,V	Aucune	N/A
RewriteOptions	mod_rewrite	S,V,D,H	Aucune	N/A
RewriteRule	mod_rewrite	S,V,D,H	Aucune	N/A
RLimitCPU	Noyau	S,V	Aucune	Unset
RLimitMEM	Noyau	S,V	Aucune	Unset
RLimitNPROC	Noyau	S,V	Aucune	Unset
Satisfy	Noyau	D,H	Aucune	Any/All
ScoreBoardFile	prefork	S	Aucune	logs/apache_ status
Script	mod_actions	S,V,D	Aucune	N/A
ScriptAlias	mod_alias	S,V	Aucune	N/A
ScriptAliasMatch	mod_alias	S,V	Aucune	N/A
ScriptInterpreterSource	Noyau	D,H	Aucune	script
ScriptLog	mod_cgi	S	Aucune	N/A
ScriptLogBuffer	mod_cgi	S	Aucune	1024 (octets)
ScriptLogLength	mod_cgi	S	Aucune	10385760 (octets)
ScriptSock	mod_cgid	S	Aucune	logs/cgisock
SendBufferSize	prefork	S	Aucune	N/A
ServerAdmin	Noyau	S,V	Aucune	N/A
ServerAlias	Noyau	V	Aucune	N/A
ServerLimit	prefork	S	Aucune	256
ServerName	Noyau	S,V	Aucune	N/A
ServerPath	Noyau	V	Aucune	N/A
ServerRoot	Noyau	S	Aucune	/usr/local/ apache
ServerSignature	Noyau	S,V,D,H	Aucune	Off

Tableau A.1 – Directives d'Apache (*suite*)

Directive	Module	Contexte	Dérogation	Défaut
ServerTokens	Noyau	S	Aucune	Full
SetEnv	mod_env	S,V,D,H	FileInfo	N/A
SetEnvIf	mod_setenvif	S,V,D,H	FileInfo	N/A
SetEnvIfNoCase	mod_setenvif	S,V,D,H	FileInfo	N/A
SetHandler	Noyau	S,V,D,H	Aucune	N/A
SetInputFilter	Noyau	S,V,D,H	Aucune	N/A
SetOutputFilter	Noyau	S,V,D,H	Aucune	N/A
SSIEndTag	mod_include	S,V	Aucune	-->
SSIErrorMsg	mod_include	S,V,D,H	Toutes	an error occurred while processing this directive
SSIStartTag	mod_include	S,V	Aucune	<!--
SSITimeFormat	mod_include	S,V,D,H	Toutes	%A, %d-%b-%Y %H:%M:%S %Z
SSIUndefinedEcho	mod_include	S,V	Aucune	<!-- undef -->
SSLCACertificateFile	mod_ssl	S,V	Aucune	N/A
SSLCACertificatePath	mod_ssl	S,V	Aucune	N/A
SSLCARevocationFile	mod_ssl	S,V	Aucune	N/A
SSLCARevocationPath	mod_ssl	S,V	Aucune	N/A
SSLCertificateChainFile	mod_ssl	S,V	Aucune	N/A
SSLCertificateFile	mod_ssl	S,V	Aucune	N/A
SSLCertificateKeyFile	mod_ssl	S,V	Aucune	N/A
SSLCipherSuite	mod_ssl	S,V	AuthConfig	N/A
SSLEngine	mod_ssl	S,V	Aucune	Off
SSLMutex	mod_ssl	S	Aucune	N/A
SSLOptions	mod_ssl	S,V,D,H	Options	N/A
SSLPassPhraseDialog	mod_ssl	S	Aucune	builtin
SSLProtocol	mod_ssl	S,V	Options	All
SSLRandomSeed	mod_ssl	S	Aucune	N/A
SSLRequire	mod_ssl	D,H	AuthConfig	N/A
SSLRequireSSL	mod_ssl	D,H	AuthConfig	N/A
SSLSessionCache	mod_ssl	S	Aucune	none
SSLSessionCacheTimeout	mod_ssl	S,V	Aucune	300 (secondes)
SSLVerifyClient	mod_ssl	S,V,D,H	AuthConfig	none

Tableau A.1 – Directives d'Apache (*suite*)

Directive	Module	Contexte	Dérogation	Défaut
SSLVerifyDepth	mod_ssl	S,V,D,H	AuthConfig	1
StartServers	absent du MPM prefork	N/A	N/A	N/A
StartThreads	absent du MPM prefork	N/A	N/A	N/A
SuexecUserGroup	mod_suexec	S,V	Aucune	N/A
ThreadLimit	absent du MPM prefork	N/A	N/A	N/A
ThreadsPerChild	absent du MPM prefork	N/A	N/A	N/A
TimeOut	Noyau	S	Aucune	300 (secondes)
TransferLog	mod_log_config	S,V	Aucune	N/A
TypesConfig	mod_mime	S	Aucune	conf/ mime.types
UnsetEnv	mod_env	S,V,D,H	FileInfo	N/A
UseCanonicalName	Noyau	S,V,D,H	Aucune	On
User	prefork	S	Aucune	#-1
UserDir	mod_userdir	S,V	Aucune	public_html
VirtualDocumentRoot	mod_vhost_alias	S,V	Aucune	N/A
VirtualDocumentRootIP	mod_vhost_alias	S,V	Aucune	N/A
VirtualHost	Noyau	S	Aucune	N/A
VirtualScriptAlias	mod_vhost_alias	S,V	Aucune	N/A
VirtualScriptAliasIP	mod_vhost_alias	S,V	Aucune	N/A
XBitHack	mod_include	S,V,D,H	Options	Off

B

Transférer des fichiers vers un serveur Apache

Cet ouvrage, qui traite de l'administration d'un serveur Apache sous Linux, n'aborde que très peu le côté client des échanges d'informations sur le Web, à savoir le navigateur. Même si l'utilisation de stations Linux se répand de plus en plus, la majorité des navigateurs utilisés sur le Web tourne sur des PC sous Windows. La situation est la même en ce qui concerne les logiciels d'édition de pages HTML et de développement d'applications Web ; la plupart tournent sous Windows et il en existe une quantité surprenante. J'utilise encore deux éditeurs HTML déjà anciens et assez répandus : HotDog de Sausage Software et HoTMetaL Pro de SoftQuad.

À une certaine époque, la plupart des webmestres passaient un temps non négligeable à créer des pages Web. Toutefois, au fur et à mesure qu'Internet prend de l'importance dans le domaine commercial (en particulier en tant qu'outil de publicité, de vente et d'assistance à la clientèle), l'administration des serveurs et la création des sites Web deviennent deux métiers distincts. En tant qu'administrateur, vous n'avez sans doute pas vraiment besoin de maîtriser HTML. C'est pour cette raison que je n'ai consacré que très peu de place aux problèmes liés à la création de sites Web.

En tant qu'administrateur d'un serveur Apache, même si vous vous contenter d'héberger des sites créés par d'autres, vous devez permettre aux auteurs de télécharger leurs pages vers le serveur. La méthode la plus courante utilise le protocole FTP (File Transfer Protocol), que beaucoup de logiciels de création de pages Web prennent en charge. La plupart des lecteurs connaissent probablement déjà FTP, mais je vais parler d'un très bon client FTP que j'utilise depuis des années et que je recommande à quiconque cherche un tel outil. La plus grande partie de cette annexe est consacrée à deux extensions d'Apache qui permettent aux clients de télécharger (ou de publier) leurs pages sur le serveur : le module mod_put et les extensions FrontPage pour Linux.

Utiliser Samba

Sur un réseau local, le moyen le plus simple de permettre la publication de documents depuis un poste Windows est d'exporter les répertoires de publication au moyen de Samba. Il s'agit d'une famille de programmes fournis avec la plupart des distributions Linux qui permet à un serveur Linux de communiquer avec des systèmes Windows (qui doivent utiliser TCP/IP) au moyen du protocole SMB (Server Message Block) de Microsoft. En d'autres termes, Samba permet d'intégrer une machine Linux à un réseau Windows et d'utiliser le partage de fichiers et d'imprimantes aussi bien en tant que client qu'en tant que serveur ; il permet même d'accepter des méthodes d'authentification de Microsoft (MS-CHAP et l'authentification de domaine NT).

Une description complète de Samba dépasse de loin le cadre de cette annexe. Pour en savoir plus à ce sujet, je vous recommande la lecture du *SMB HOWTO* de David Wood, téléchargeable sur le site du Linux Documentation Project (www.tldp.org, ou www.traduc.org pour la version française).

ATTENTION Samba ne devrait jamais être activé sur un serveur relié à Internet à moins que celui-ci soit protégé par un pare-feu.

Je vais décrire la façon dont j'ai configuré mon serveur Linux, qui utilise Samba pour partager son répertoire DocumentRoot avec les stations Windows 98 et NT de mon réseau local.

La première étape est la création d'un fichier de mots de passe pour Samba. L'utilisation du système d'authentification d'Unix est possible avec Windows 95 et 98, mais pas avec les systèmes Windows NT, 2000 ou XP dotés d'un service pack récent ; en effet, ces systèmes ne tentent pas d'authentifier les utilisateurs en transmettant leur mot de passe en clair sur le réseau (à la manière de l'ancienne méthode d'authentification de LAN Manager utilisée par Windows 95). J'ai ajouté les directives suivantes dans mon fichier smb.conf :

```
encrypt passwords = yes
smb passwd file = /etc/smbpasswd
```

La façon la plus simple de créer un fichier smbpasswd, en particulier si vous devez gérer un grand nombre de comptes utilisateurs, est d'utiliser le script mksmbpasswd.sh fourni avec Samba. La ligne de commande suivante envoie le contenu du fichier /etc/passwd sur l'entrée standard de ce script et redirige sa sortie standard vers un nouveau fichier /etc/smbpasswd :

```
# /usr/bin/mksmbpasswd.sh < /etc/passwd > /etc/smbpasswd
```

Une fois ce fichier créé, j'ai attribué un nouveau mot de passe à chaque utilisateur, à commencer par moi-même :

```
# smbpasswd caulds nouveaupass
Password changed for user caulds
```

J'ai ajouté la section suivante à mon fichier `smb.conf` pour exporter mon répertoire `DocumentRoot` (que les postes Windows verront comme un partage réseau appelé `WebStuff`). La ligne `public = no` permet de limiter l'accès aux utilisateurs énumérés sur la ligne `valid users`. Ces utilisateurs doivent avoir une entrée valide dans le fichier `/etc/smbpasswd`. Les deux utilisateurs de l'exemple ci-dessous ont tous deux le droit décrire dans le répertoire (`writable = yes`).

```
[WebStuff]
Comment = DocumentRoot Apache
path = /home/httpd/html
valid users = caulds csewell
public = no
writable = yes
```

Une fois Samba configuré, le dossier `WebStuff` de mon serveur Linux est accessible depuis ma station de travail NT, comme le montre la capture d'écran de la figure B.1.

Utiliser FTP

La meilleure méthode pour télécharger des fichiers vers un serveur Linux depuis un hôte distant est d'utiliser le protocole FTP, pris en charge par la plupart des serveurs. Il existe de nombreuses applications clientes, des plus rudimentaires en ligne de commande aux outils munis d'interfaces graphiques sophistiquées gérant le glisser-déposer ou permettant de sélectionner plusieurs fichiers pour des transferts par lots. La possibilité de transférer un répertoire entier avec tous ses sous-répertoires en une seule opération rend la publication d'un site Web par FTP beaucoup plus facile que ce que vous pouvez imaginer si vous ne connaissez que le client en ligne de commande intégré à Windows.

Des outils comme Netscape Composer ou FrontPage 2002 visent entre autres à faciliter la publication d'un site Web depuis l'outil de création lui-même, mais ils ne simplifient très peu le processus. Il s'agit de bons outils, mais tout développeur Web et tout administrateur devrait disposer d'un bon client FTP.

Il y a quelques années, la tendance semblait être à la fusion des outils de transfert de fichiers avec l'explorateur de Windows, de façon à pouvoir déplacer les fichiers entre le disque local et les serveurs distants au moyen de simples opérations de glisser-déposer. Les efforts des

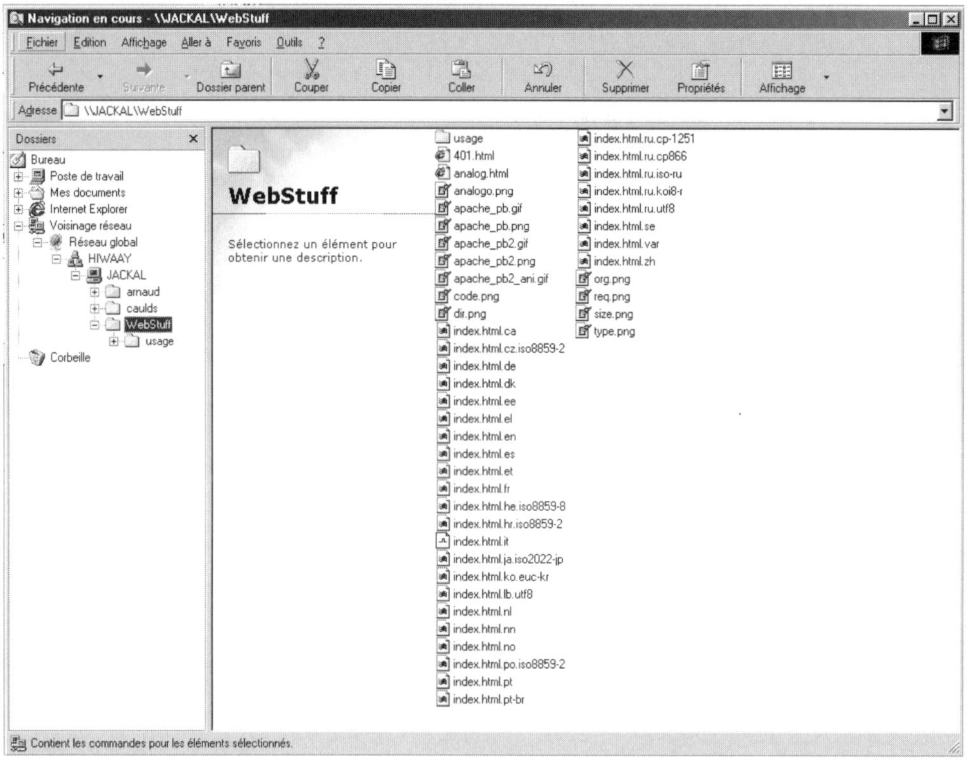

Figure B.1

Accès à un partage Samba depuis l'explorateur.

développeurs pour parvenir à présenter une seule interface de gestion des fichiers à l'utilisateur sont louables, mais l'utilisation d'une même structure hiérarchique pour des fichiers dispersés sur différentes machines peut facilement être source de confusion ; j'ai souvent déposé des fichiers au mauvais endroit parce que plusieurs machines avaient des dossiers de même nom. Heureusement, la plupart des clients FTP proposent encore une vue utilisant deux fenêtres, dans laquelle les fichiers locaux et les fichiers distants sont clairement séparés. Je recommande chaudement l'utilisation d'un partagiciel appelé WS_FTP (disponible sur www.ipswitch.com), que j'utilise depuis mes premiers pas d'administrateur Web en 1994. La figure B.2 montre une session WS_FTP typique, pendant laquelle je me prépare à transférer une arborescence complète de mon disque dur vers mon serveur Apache.

Utiliser le module mod_put

Un autre outil de transfert de fichiers s'appuie sur la méthode de requête HTTP PUT, qui était optionnelle dans HTTP/1.0 et qui fait maintenant partie du standard HTTP/1.1. Les clients

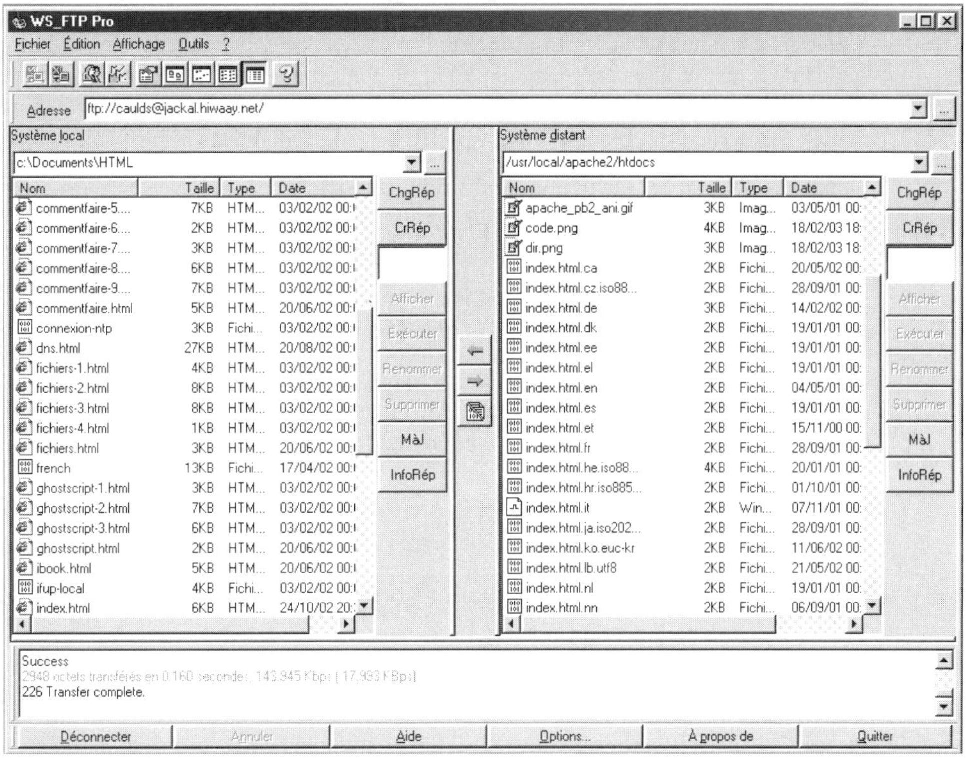

Figure B.2

Utilisation de WS_FTP pour télécharger des fichiers vers un serveur Web.

utilisent cette méthode pour envoyer une ressource (en général un fichier local) au serveur, accompagnée d'une URL indiquant au serveur à quel endroit il doit placer la ressource en question. En d'autres termes, cette méthode permet aux clients de télécharger des fichiers vers le serveur. La méthode `POST` de HTTP/1.0 permettait bien aux clients d'envoyer un flux de données au serveur ; ces données devaient ensuite être traitées par une application côté serveur (le plus souvent un script CGI qui recevait les données sur son entrée standard), qu'il s'agisse des données d'un formulaire Web ou d'un fichier entier. La méthode `PUT` est conçue spécialement pour les téléchargements vers l'amont. Elle permet au client de dire au serveur « voici un fichier, place-le dans `/home/caulds/stuff/MonLogo.jpg` ».

INFO Cette section traite de la version de `mod_put` pour Apache 1.3. Son contenu devrait s'appliquer également à la version pour Apache 2.0, qui n'est pas encore disponible à l'heure où j'écris ces lignes.

Un petit module appelé mod_put prend en charge les méthodes PUT et DELETE de HTTP/1.1. Même si ce module n'est plus tout récent, il n'a jamais été inclus dans la distribution Apache standard. Je pense que cette décision vient du fait qu'autoriser des clients à télécharger des fichiers vers un serveur Web peut être très risqué si l'administrateur n'a pas pris soin de limiter ces téléchargements à des répertoires spécifiques pour garantir la sécurité du système.

Le module mod_put est inclus dans la distribution Apache 1.3 de Red Hat (c'est-à-dire qu'il se trouve dans le paquet RPM présent sur les CD de la distribution Red Hat). Sur les systèmes Red Hat, il est chargé par Apache en tant que module ODP.

Si vous utilisez une autre distribution Linux, vous pouvez télécharger mod_put depuis le site de son auteur http://hpwww.ec-lyon.fr/~vincent/apache/mod_put.html.

ou depuis les liens donnés sur modules.apache.org. Le module se présente sous la forme d'une archive .gz (mod_put.tar.gz) qui contient le code source C du module et une page HTML de documentation. Téléchargez l'archive et ouvrez-la :

```
# ls -al mod_put_tar.gz
-rw-r--r--   1 caulds   caulds       5021 Jun 22 10:02 mod_put_tar.gz
# tar xvzf mod_put_tar.gz
mod_put-1.3/
mod_put-1.3/mod_put.html
mod_put-1.3/mod_put.c
```

Placez-vous dans le répertoire ainsi créé, qui contient le code source du module :

```
# cd mod_put-1.3
```

L'archive ne contient que deux fichiers, le code source (le fichier .c) et la page de documentation.

```
# ls -al
total 18
drwx------   2 20      gopher  1024 May 11  1999 .
drwxr-xr-x  37 caulds  root    4096 Jun 22 10:03 ..
-rw-------   1 20      gopher  6892 May 11  1999 mod_put.c
-rw-------   1 20      gopher  5455 May 11  1999 mod_put.html
```

L'installation de mod_put, y compris les modifications à apporter au fichier httpd.conf, se déroule en une seule étape grâce à l'utilitaire apxs. La commande suivante compile le module, le place dans le sous-répertoire libexec/ du répertoire d'installation d'Apache et modifie le fichier httpd.conf pour charger le module au démarrage du serveur :

```
# /usr/local/apache2/bin/apxs -c -i -a mod_put.c
gcc -DLINUX=2 -DMOD_SSL=206104 -DUSE_HSREGEX -DEAPI -DUSE_EXPAT -I../lib/expat-
lite -DUSE_RANDOM_SSI -DUSE_PARSE_FORM -fpic -DSHARED_MODULE -I/usr/local/
apache1_3_12/include  -c mod_put.c
gcc -shared -o mod_put.so mod_put.o
cp mod_put.so /usr/local/apache1_3_12/libexec/mod_put.so
chmod 755 /usr/local/apache1_3_12/libexec/mod_put.so
[activating module 'put' in /usr/local/apache2/conf/httpd.conf]
# grep mod_put /usr/local/apache2/conf/httpd.conf
LoadModule put_module        libexec/mod_put.so
```

Les deux directives principales de `mod_put`, `EnablePut` et `EnableDelete`, autorisent respectivement l'utilisation des méthodes HTTP/1.1 `PUT` et `DELETE` dans un répertoire donné ou pour une URL donnée. Même si ces directives peuvent être utilisées dans des blocs `<Directory>` ou `<Location>`, il vaut mieux toujours les utiliser dans un fichier `.htaccess`, accompagnées d'une méthode d'authentification et d'autorisation. De cette façon, vous êtes sûr que seuls les utilisateurs autorisés peuvent écrire ou effacer des fichiers sur votre serveur.

ATTENTION Assurez-vous toujours que seuls des utilisateurs dignes de confiance peuvent écrire dans des répertoires précis en utilisant `mod_put` et gardez toujours un œil sur les répertoires en question.

Par exemple, le fichier `.htaccess` suivant utilise le mécanisme d'authentification de base pour permettre à deux utilisateurs (*caulds* et *csewell*) de télécharger des fichiers vers mon répertoire personnel (voir chapitre 4) et leur interdire d'utiliser la méthode `DELETE` :

```
# /home/caulds/public_html/.htaccess
#
EnablePut On
EnableDelete Off
AuthType Basic
AuthName "CAulds personal Web"
AuthUserFile /usr/local/apache2/auth/userfile
require user caulds csewell
```

Le module `mod_put` fournit une autre directive (`umask`), qui permet, tout comme la commande Linux correspondante, d'indiquer le masque (en octal) appliqué aux permissions des nouveaux fichiers. Ce masque détermine les droits d'accès à tous les fichiers créés par `mod_put`. La valeur par défaut est `0007`, ce qui signifie que les fichiers sont créés avec les permissions `770` (l'utilisateur et le groupe propriétaires ont tous les droits et les autres utilisateurs n'en ont aucun). Pour changer ce masque, il suffit d'ajouter une directive de ce genre au fichier `.htaccess` :

```
umask 0037
```

Un fichier créé avec ce masque porte les permissions 740 (lecture, écriture et exécution pour l'utilisateur propriétaire, lecture seule pour les membres du groupe et aucune possibilité d'accès pour les autres). Si vous ne voulez pas faire les calculs en octal vous-même, vous pouvez consulter le tableau B.1 qui indique le masque correspondant à chaque combinaison de droits d'accès. Par exemple, la valeur du masque permettant d'accorder uniquement le droit de lecture est 3 (en octal). L'argument de votre commande umask comporte donc un 3 en deuxième position pour donner un accès en lecture seule à l'utilisateur propriétaire, en troisième position pour le groupe et en dernière position pour les autres utilisateurs. Pour donner tous les droits à l'utilisateur, les droits de lecture et d'exécution au groupe et uniquement les droits de lecture aux autres, vous pouvez utiliser la commande suivante :

```
umask 0023
```

Tableau B.1 – Arguments numériques pour la directive umask

	0	1	2	3	4	5	6	7
Droit de lecture	X	X	X	X				
Droit d'écriture	X	X			X	X		
Droit d'exécution	X		X		X		X	

Même si le module mod_put peut servir à télécharger des fichiers vers le serveur depuis n'importe quelle application capable d'utiliser la méthode PUT de HTTP/1.1 (en général un navigateur Web), il est très souvent utilisé pour permettre le téléchargement depuis l'éditeur Composer de Netscape Communicator. Même s'il ne s'agit pas du système de création de sites Web le plus perfectionné qui soit, j'ai été impressionné par sa simplicité d'utilisation. Il est excellent pour les utilisateurs n'ayant pas de besoins trop poussés. La figure B.3 montre une utilisation typique de Netscape Composer ; ici, j'ai ouvert une page de mon serveur dans Composer (qui télécharge automatiquement les fichiers annexes comme les images), puis j'ai utilisé l'éditeur pour modifier la page avant de la renvoyer vers le serveur.

Les extensions FrontPage 2002

Le CD de FrontPage contient les extensions FrontPage pour Unix, une série de programmes qui permettent aux utilisateurs de l'éditeur de sites Web FrontPage de Microsoft de publier leurs pages sur un serveur Web et de gérer les fichiers qui s'y trouvent déjà. Les utilisateurs de FrontPage peuvent accéder à leurs webs à partir de leur URL (un web FrontPage est une famille de pages qui constituent un site Web complet, l'équivalent d'un hôte virtuel ou du répertoire personnel d'un utilisateur sur un serveur Apache). Par exemple, le web FrontPage

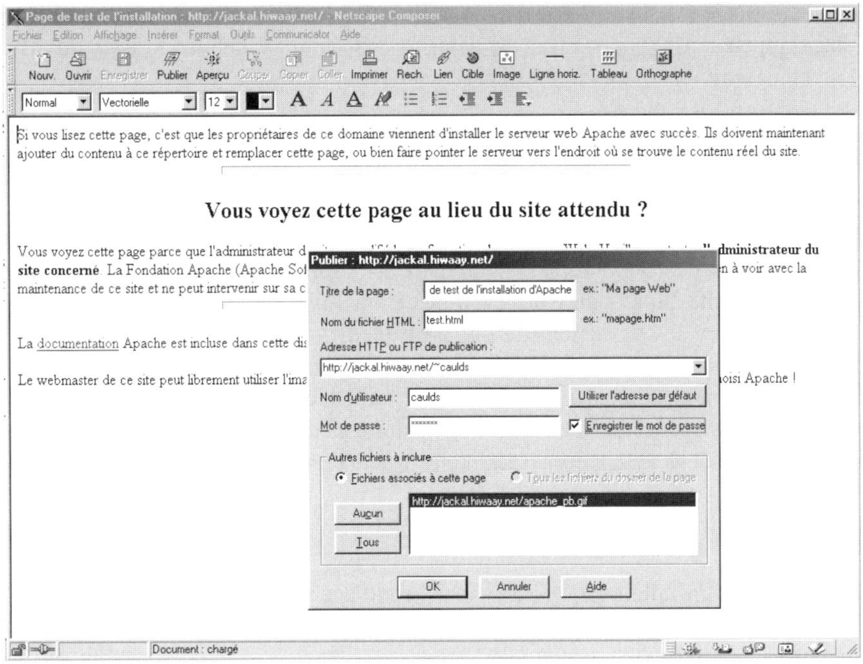

Figure B.3

Utilisation des fonctionnalités de mod_put depuis Netscape Composer.

racine de mon serveur (qui correspond au répertoire `DocumentRoot` d'Apache) serait publié à l'URL http://jackal.hiwaay.net/. Ainsi, les webs FrontPage sont d'ores et déjà des répertoires, des hôtes virtuels ou des répertoires personnels valides sur le serveur Apache.

Bien entendu, FrontPage 2002 est l'application de création de sites Web de Microsoft, qui était à une époque la plus répandue dans son domaine. Cette popularité garantissait que pratiquement tous les hébergeurs Web importants permettaient l'utilisation de webs FrontPage à leurs clients. Même si cette possibilité n'est plus aussi universelle aujourd'hui, de nombreux hébergeurs utilisent encore FrontPage. D'après les enquêtes de SecuritySpace.com, il s'agit encore d'une des extensions Apache les plus répandues.

Obtenir les extensions FrontPage

Vous pouvez obtenir les extensions FrontPage pour Unix auprès d'une entreprise appelée Ready-to-Run Software (www.rtr.com/Ready-to-Run_Software/) ou directement auprès de Microsoft. Vous pouvez les télécharger depuis l'un ou l'autre des deux sites, mais les correctifs et les nouvelles versions semblent paraître plus vite sur le site de Ready-to-Run que sur celui de Microsoft. Dans un cas comme dans l'autre, téléchargez bien les deux fichiers nécessaires. Le premier est le script d'installation (`fp_install.sh`), qui sert à installer le contenu du deuxième fichier, à savoir les extensions FrontPage elles-mêmes. La version Linux est un fichier appelé `fp50.linux.tar.Z` si vous le téléchargez depuis le site de Microsoft et `fp50.linux.tar.gz` si vous le téléchargez depuis www.rtr.com. Ces deux fichiers sont identiques une fois décompressés.

L'installation est assez simple. Il suffit de lancer le script `fp_install.sh` et de répondre aux questions en indiquant l'emplacement du deuxième fichier, celui de l'exécutable Apache et un utilitaire capable de décompresser l'archive (sous Linux, il s'agit du programme `zcat`).

Je ne décrirai pas l'installation en détail dans la mesure où il n'existe aucune version compatible avec Apache 2.0 à l'heure où je rédige cet ouvrage. Il se pourrait même qu'il n'en existe jamais ; en effet, les extensions seront probablement remplacées à terme par le protocole WebDAV, beaucoup plus standard. Toutefois, pour les lecteurs qui ont choisi d'installer les extensions FrontPage sous Apache/Linux, je vais décrire la configuration d'un web FrontPage, généralement destiné à un seul utilisateur (dans le cas d'un fournisseur d'accès Internet) ou à un groupe de développeurs travaillant sur le même projet ou sur le même site Web.

Ajouter un web FrontPage

Juste après leur installation, les extensions FrontPage ne gèrent que le web racine du serveur (c'est-à-dire le répertoire `DocumentRoot` d'Apache). C'est souvent tout à fait suffisant. Il existe deux types de webs extérieurs au web racine : les hôtes virtuels (qu'ils soient définis par nom ou par adresse IP) et les répertoires personnels (accessibles par des URL se terminant en ~utilisateur). Ces deux types de sites ont été décrits au chapitre 6 et vous devez les créer comme indiqué dans ce chapitre avant de pouvoir y associer des webs FrontPage. La création d'un web permet à un utilisateur de gérer un hôte virtuel ou un répertoire personnel déjà connu d'Apache.

L'utilitaire en ligne de commande `fpsrvadm.exe`, fourni avec les extensions FrontPage, permet de créer des webs supplémentaires. Je vais expliquer plus loin comment l'utiliser pour créer des webs virtuels et des sous-webs. La documentation de cet outil est assez difficile à trouver ; vous pouvez la consulter depuis le site Web du kit de ressources des extensions FrontPage à l'adresse officeupdate.microsoft.com/frontpage/wpp/serk/adfpsr.htm.

Les extensions FrontPage pour Unix et Linux sont accompagnées d'un patch permettant de modifier Apache pour permettre aux utilisateurs de créer eux-mêmes leurs propres sous-webs au moyen de l'application cliente FrontPage. Ce patch est utile pour la plupart des serveurs sur lesquels les extensions FrontPage sont utilisées par plusieurs développeurs (par exemple sur un serveur d'hébergement).

Webs virtuels

Vous devez déclarer chaque hôte virtuel sur lequel vous voulez permettre la publication au moyen de FrontPage avec l'utilitaire `fpsrvadm.exe`, en utilisant la commande suivante :

```
# fpsrvadm.exe -o install -p 80 -m WebVirtuel -u NomAdmin -pw PassAdmin -t
TypeServeur -s httpd.conf -xu UtilisateurUnix -xg GroupeUnix
```

où :

- -o indique l'opération à effectuer (, -o install pour installer un nouveau web virtuel).
- -p indique le numéro du port TCP du web.
- -m indique le nom de domaine du nouveau serveur.
- -u indique le nom d'utilisateur de l'administrateur du web FrontPage, qui peut ajouter des utilisateurs au moyen du client FrontPage.
- -pw indique le mot de passe de l'administrateur du web FrontPage.
- -t indique le type du serveur (apache-fp pour un serveur Apache modifié avec le patch mentionné plus haut, ou apache pour un serveur non modifié).
- -s indique le chemin d'accès du fichier de configuration du serveur Web.
- -xu indique le compte utilisateur Linux qui sera associé au web FrontPage (les fichiers publiés seront attribués à cet utilisateur).
- -xg indique le groupe Linux qui sera utilisé (c'est-à-dire le groupe auquel les fichiers publiés appartiendront).

Ainsi, pour installer un web correspondant à un hôte virtuel défini par son nom sur mon serveur, j'utilise la commande suivante :

```
# fpsrvadm.exe -o install -t apache-fp -m vhost1.hiwaay.net -u caulds -pw mysecret
-s "/usr/local/apache2/conf/httpd.conf" -xu nobody -xg nobody
Starting install, port: vhost1.hiwaay.net:80, web: "root web"
Creating web http://vhost1.hiwaay.net
Chowning Content in service root web
Chmoding Extensions in service root web
Install completed.
```

Sous-webs ou webs utilisateurs

L'utilitaire fpsrvadm.exe permet aussi de créer un sous-web (un web utilisateur) dans un répertoire spécifique d'un web FrontPage existant. Pour cela, il faut utiliser l'option -o create à la place de -o install. La syntaxe complète est la suivante :

```
# fpsrvadm.exe -o create -p 80 -Web SousWeb -xu UtilisateurUnix -xg GroupeUnix -u
Utilisateur -pw MotDePasse
```

où :

- -o indique l'opération à effectuer, ici create.

- `-p` indique le numéro de port du nouveau sous-web.
- `-xu` indique le nom du compte Unix de l'utilisateur (qui doit figurer dans `/etc/passwd`).
- `-xg` indique le nom du groupe Unix de l'utilisateur (qui doit figurer dans `/etc/group`).
- `-u` indique l'identité FrontPage de l'utilisateur (qui ne correspond pas nécessairement à un compte Unix).
- `-pw` indique le mot de passe FrontPage de l'utilisateur.
- `-t` indique le type de serveur (`apache` ou `apache-fp`).
- `-s` indique le chemin d'accès du fichier `httpd.conf`.

Voici par exemple la commande que j'ai utilisée pour créer un sous-web FrontPage correspondant à mon compte utilisateur :

```
# fpsrvadm.exe -o install -p 80 -w "~caulds" -xu "caulds" -xg "mypass" -u
"CharlesA" -p w "FPpasswd"
Starting create, port: 80, web: "~caulds"
Creating web http://jackal.hiwaay.net/~caulds
Chowning Content in service ~caulds
Chmoding Extensions in service /~caulds
Install completed.
```

À propos des extensions FrontPage

Comme je l'ai indiqué plus haut, les extensions FrontPage sont développées pour Microsoft par Ready-to-Run Software (www.rtr.com). Elles sont disponibles sur le site Web de RtR ou directement depuis celui de Microsoft http://msdn.microsoft.com/library/en-us/dnservext/html/fpse02unix.asp.

Chacun de ces deux sites contient une bonne quantité de documentation utile. Pour installer les extensions FrontPage sur mon serveur Apache, j'ai principalement utilisé les documents accessibles depuis la page du kit de ressources des extensions FrontPage http://officeupdate.microsoft.com/frontpage/wpp/serk, mais le site de RtR dispose d'une FAQ indispensable et d'un forum de discussion qui donne des réponses à beaucoup de questions et des solutions à beaucoup de problèmes, http://www.rtr.com/fpsupport/documentation.htm.

Le forum Usenet microsoft.public.frontpage.extensions.unix est aussi une source d'information pertinente.

Même si les extensions FrontPage restent importantes pour un certain nombre d'administrateurs Apache, je vous conseille plutôt de porter votre attention vers WebDAV et le module Apache `mod_dav`, que je vais présenter dans la suite de cette annexe.

Le module Apache mod_dav

Les organismes de standardisation du Web n'ont pas attendu les bras croisés pendant que Microsoft essayait d'imposer ses extensions propriétaires. Leurs efforts ont abouti à une norme de création et de suivi de versions des documents s'appuyant sur le Web appelée Distributed Authoring and Versioning system, ou plus communément WebDAV. Ce système très simple consiste en un jeu d'extensions au protocole HTTP qui permettent aux clients d'accéder à des ressources situées sur un serveur Web. WebDAV a été proposé en tant qu'extension « officielle » au protocole HTTP dans la RFC 2518 (http://asg.web.cmu.edu/rfc/rfc2518.html) et plus récemment dans la RFC 3253, qui ajoute des extensions pour gérer les différentes versions des documents. WebDAV a mis un certain temps à percer, mais il se répand maintenant rapidement. Tous les serveurs Web courants le prennent maintenant en charge, ainsi que la plupart des applications utilisées pour créer des sites Web.

Les fonctionnalités de WebDAV sont assez simples : un client peut créer de nouvelles ressources sur un serveur Web, en détruire ou ouvrir des ressources existantes (ce qui crée un verrou évitant que deux clients modifient la même ressource en même temps). À terme, WebDAV remplacera probablement les extensions FrontPage, à part peut-être sur les serveurs qui utilisent les spécificités de FrontPage pour développer des sites Web. Même Microsoft semble vouloir prendre en charge WebDAV dans ses applications, peut-être en remplacement des extensions FrontPage propriétaires.

La liste des applications clientes WebDAV s'allonge sans cesse. Je ne vais donc pas essayer de les énumérer ou d'en décrire une en particulier ; en effet, la prise en charge de WebDAV peut être très différente d'une application à l'autre. La plupart des lecteurs connaissent probablement déjà un certain nombre d'applications capables d'utiliser WebDAV. Parmi celles-ci, on trouve la plupart des logiciels d'Adobe (GoLive, Acrobat, FrameMaker, Illustrator), des suites bureautiques comme OpenOffice.org ou Microsoft Office (via les dossiers Web), des éditeurs HTML comme Dreamweaver de Macromedia ou HoTMetaL et XMetaL de SoftQuad, et des utilitaires de gestion de versions comme PCVS de MERANT. Une liste à jour se trouve sur le site du groupe de travail WebDAV de l'IETF http://ftp.ics.uci.edu/pub/ietf/webdav/.

Les développeurs Web et les administrateurs de serveurs utilisant WebDAV trouveront beaucoup d'informations à l'adresse http://www.webdav.org/ ; il s'agit d'un site maintenu informellement pour le bénéfice de la communauté des utilisateurs de WebDAV.

Dans la plupart des cas, les applications clientes WebDAV adaptent les extensions HTTP de WebDAV aux méthodes de travail existantes. Ainsi, un logiciel doté d'une interface graphique (comme les applications de Microsoft Office) utilise les options de son menu Fichier (Fichier > Ouvrir, Fichier > Enregistrer et Fichier > Fermer) pour manipuler des ressources WebDAV de la même façon que des fichiers situés sur le disque local ou dans des répertoires partagés. Les utilisateurs de Linux pourront trouver une autre application utile : Cadaver (http://www.webdav.org/cadaver/), client WebDAV en ligne de commande. Cadaver utilise des commandes semblables à celles des clients FTP que la plupart des utilisateurs de Linux connaissent bien (get, put, mget, mput et pwd). L'installation de Cadaver est immédiate avec un paquet RPM, et son utilisation ne nécessite aucune configuration.

Sous Apache 2.0, le module mod_dav, qui permet la prise en charge de WebDAV, est compilé quand l'argument --enable-most est passé au script de configuration ; il peut aussi être compilé au moyen de l'option --enable-dav (en revanche, bizarrement, il n'existe pas d'option --disable-dav). Une fois mod_dav installé avec le serveur, il suffit généralement de l'activer, le plus souvent dans un bloc indiquant un répertoire spécifique :

```
<Location /protectedDAVdocs>
  Dav On
</Location>
```

Remarquez que cet exemple autorise l'accès WebDAV à /protectedDAVdocs à tous les utilisateurs sans discrimination ; ce genre de configuration doit être évitée. Vous vous demandez peut-être comment WebDAV empêche les clients « indésirables » d'accéder à ses ressources. En fait, il ne s'en préoccupe pas ; la norme WebDAV ne prévoit aucun mécanisme d'authentification. WebDAV reste une extension à HTTP, qui prévoit déjà ce genre de fonctionnalités. Les ressources WebDAV sont donc protégées de la même façon que n'importe quelle ressource HTTP au moyen des mécanismes décrits au chapitre 13. Rapidement, pour protéger les ressources WebDAV, assurez-vous que ce protocole n'est activé que dans des blocs protégés (directement ou par le biais de fichiers .htaccess) par les mécanismes d'authentification et d'autorisation usuels, de cette façon :

```
<Location /protectedDAVdocs>
  Dav On
  AuthType Basic
  AuthName DAV
  AuthUserFile conf/user.pass
  Require valid-user
</Location>
```

Il va sans dire que les ressources concernées peuvent aussi êtres protégées par les mécanismes liés à SSL décrits au chapitre 14. Il est indispensable de tenir compte de la sécurité et des restrictions d'accès en configurant mod_dav, mais les mécanismes de sécurité et d'authentification utilisables ne sont en rien spécifiques à WebDAV.

Les systèmes d'exploitation Microsoft gèrent WebDAV au même niveau que leur système de fichiers au moyen de l'extension Dossiers Web, qui est apparue avec Internet Explorer 5. La plupart des utilisateurs ignorent cette fonctionnalité très intéressante ; votre PC dispose probablement de tout le nécessaire pour agir en tant que client WebDAV sans que vous en soyez informé (c'était mon cas). Pour vous en assurer, ouvrez le poste de travail depuis le bureau ou l'explorateur. Si l'extension Dossiers Web est installée, vous verrez une icône portant cet intitulé. Si vous double-cliquez dessus, vous aurez accès à l'option Ajouter un dossier Web, qui permet d'ouvrir l'assistant de la figure B.4. Pour accéder à un serveur WebDAV, vous devez entrer l'URL de la « collection » de ressources WebDAV à laquelle vous voulez accéder. La figure B.4 montre l'URL utilisée pour accéder aux ressources `/protectedDAVdocs` des exemples ci-dessus.

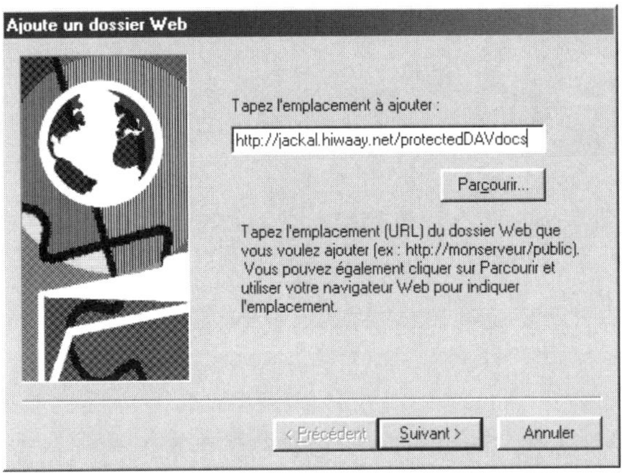

Figure B.4
L'assistant d'ajout de dossier Web de Microsoft.

Si la collection de ressources est protégée (comme elle devrait l'être), la boîte de connexion habituelle apparaît (figure B.5) avant que vous ne puissiez monter le dossier Web comme n'importe quel autre partage réseau.

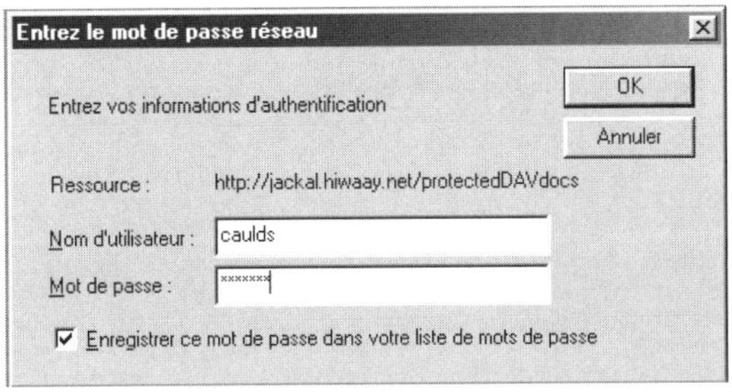

Figure B.5
Connexion à une collection de ressources WebDAV.

La dernière étape consiste à associer un nom au nouveau dossier Web (figure B.6). Ce nom est complètement arbitraire et devrait être représentatif de la collection de ressources.

Une fois ce procédé simple et intuitif terminé, vous verrez apparaître un nouveau dossier partagé dans votre explorateur (figure B.7). Vous pourrez y déposer vos pages Web. Vous pouvez également éditer les fichiers qui s'y trouvent, le serveur WebDAV posera les verrous nécessaires pour éviter les conflits. Cette possibilité est très intéressante et le soutien que

Figure B.6
Baptême du dossier Web.

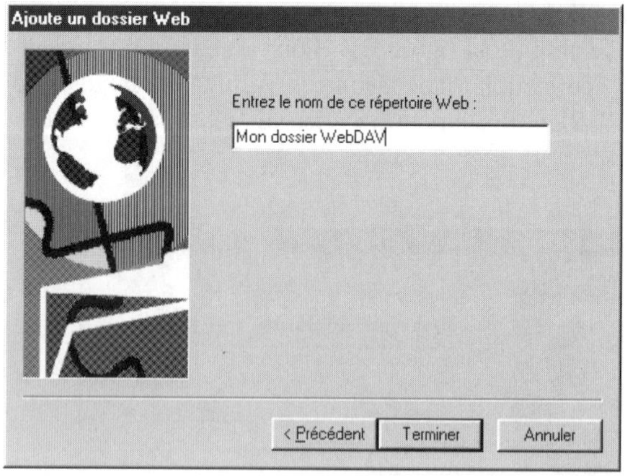

Microsoft apporte au standard WebDAV sans chercher à se l'approprier est une bonne garantie pour son avenir.

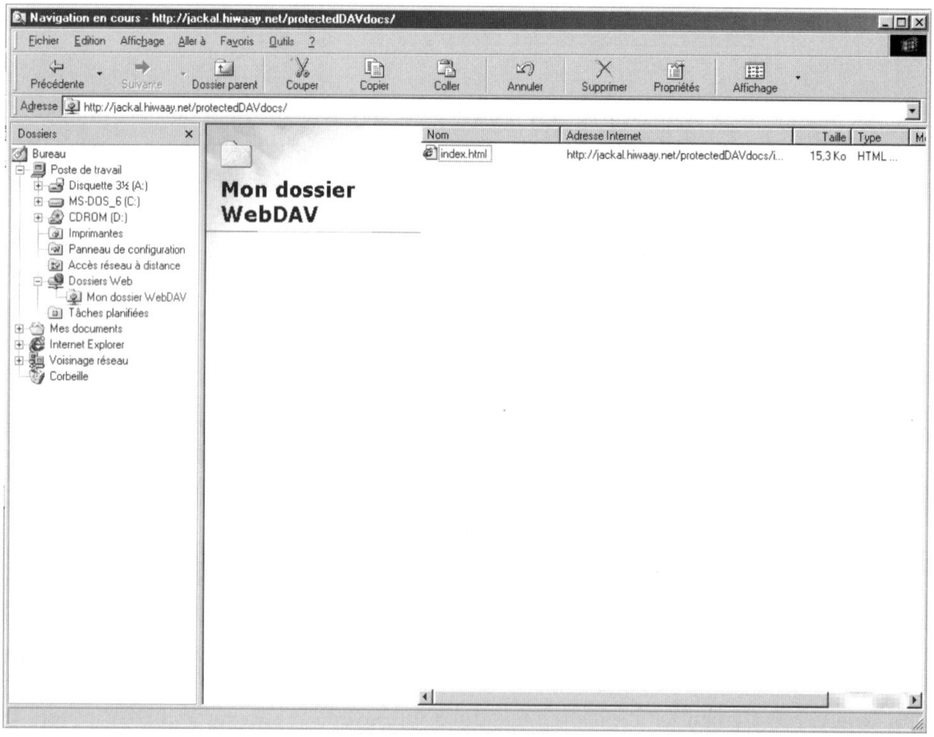

Figure B.7
Un dossier Web WebDAV vu depuis l'explorateur de Windows.

C

Pour une utilisation efficace de la documentation d'Apache

Apache est extrêmement modulaire et son développement suit un modèle décentralisé. Il est le fruit du travail d'un très grand nombre de développeurs répartis dans le monde entier. Il n'est donc pas surprenant que sa documentation ne soit pas rassemblée en un seul endroit, mais dispersée sur tout Internet. Nombreux sont les développeurs principaux de l'Apache Software Foundation qui ont écrit des articles très intéressants à propos de « leur » partie d'Apache pour des magazines en ligne comme les excellents *Apache Today* et *Apache Week*.

De nombreux modules d'extension de tierces parties sont documentés dans des fichiers `README` ou des pages HTML accompagnant leur code source. Cherchez ces fichiers quand vous voulez télécharger et installer un module qui ne fait pas partie de la distribution standard d'Apache. De plus, les sites Web de ces modules comprennent souvent de la documentation de qualité, en plus parfois de tutoriels, de FAQ ou encore de forums de discussion. Quand vous installez un nouveau module, visitez toujours le site Web correspondant pour vous familiariser avec son contenu, en particulier pour les modules de taille importante (comme par exemple `mod_ssl`).

Si elle n'est pas très volumineuse, la documentation d'Apache est de bonne qualité. Elle est écrite dans le format standardisé de façon assez souple utilisé par l'Apache Software Foundation. Elle est disponible en ligne sur le site :

http://httpd.apache.org/docs-2.0/

et distribuée avec les sources d'Apache lui-même (sans les possibilités de recherche). Cette documentation est écrite en anglais ; une partie conséquente de celle d'Apache 1.3 (accessible à http://www.apache.org/docs/) est traduite en français, mais ce n'est pas le cas pour Apache 2.0.

La figure C.1 montre la page principale de la documentation d'Apache 2.0.

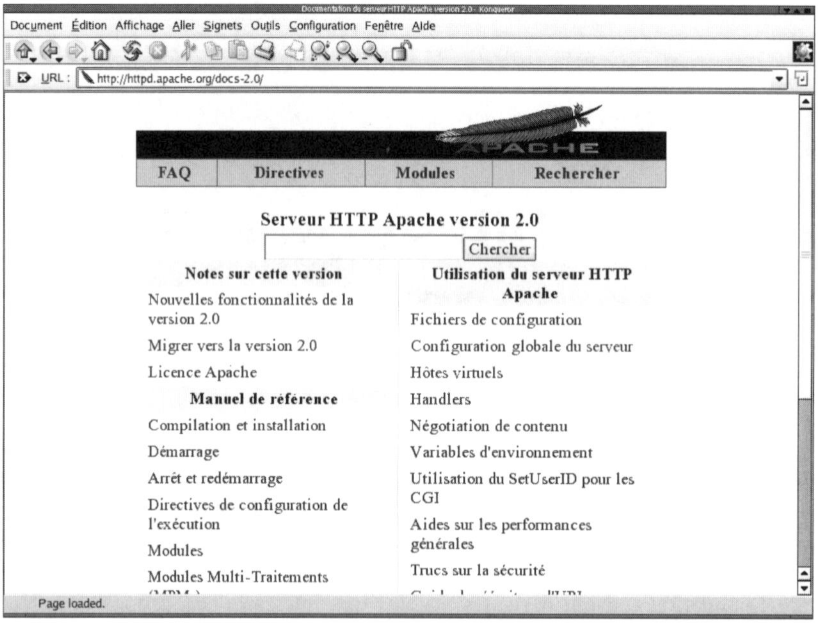

Figure C.1
Documentation d'Apache 2.0.

Vous pouvez de là accéder à deux des pages les plus importantes de la documentation du serveur Apache et des modules standards qui l'accompagnent, en suivant les liens `Directives` (figure C.2) et `Modules` (figure C.3). Ces pages ne sont rien d'autre que des index permettant d'accéder à la documentation des différents modules. Ces derniers sont traités chacun dans une page Web qui donne des exemples et décrit la syntaxe de chacune de ses directives.

Comme chacune de ces deux pages renvoie à la documentation du module concerné (ou éventuellement directement à la description de la directive dans la page du module), la documentation est la même pour les modules et pour les directives permettant de les contrôler. Je vais décrire une page de documentation typique pour vous aider à comprendre sa structure.

La figure C.4 montre la documentation de la directive `UseCanonicalName`, qui fait partie intégrante du serveur et qui est fournie par son noyau (le module `core`).

Comme le montre la figure C.4, chaque page comprend les informations suivantes :

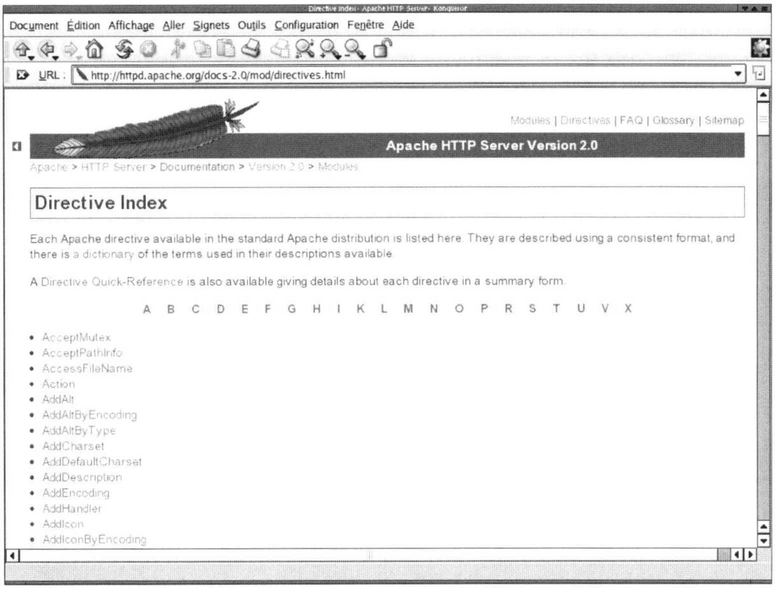

Figure C.2
Documentation des directives d'Apache.

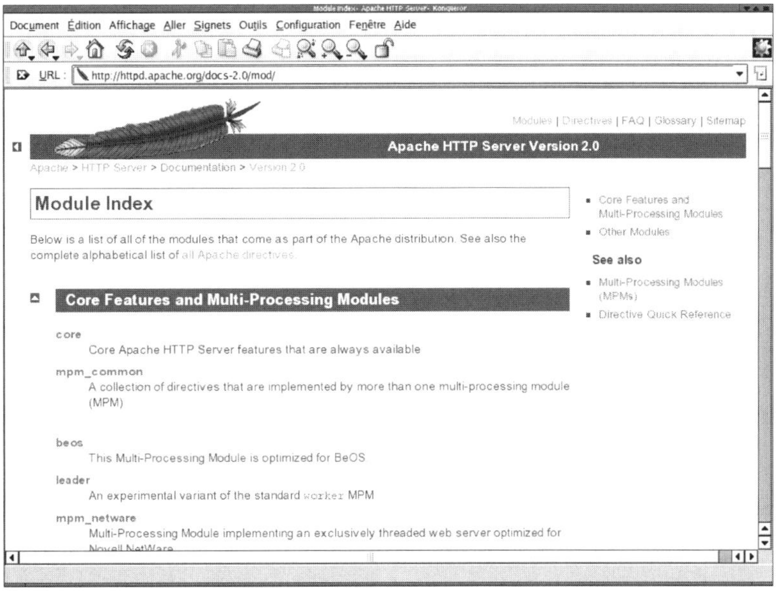

Figure C.3
Documentation des modules standards d'Apache.

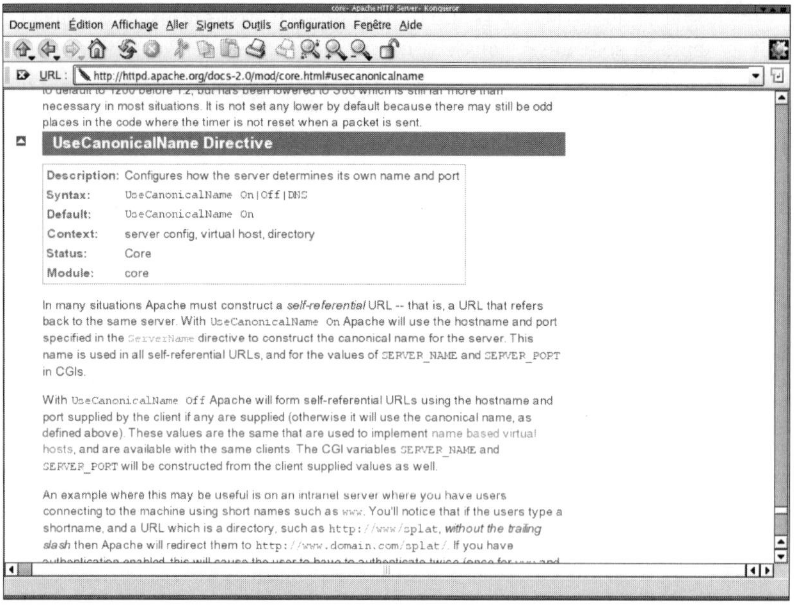

Figure C.4
Documentation de la directive UseCanonicalName.

- **Syntax** – La syntaxe de la directive telle qu'elle doit être utilisée dans les fichiers de configuration d'Apache. Dans le cas de la directive `UseCanonicalName`, vous pouvez voir qu'elle accepte un seul argument (un des trois mots-clés `on`, `off` ou `DNS`), qui doit la suivre immédiatement.
- **Default** – La valeur par défaut de la directive. Si elle n'en a pas, ce champ contient le mot None (aucune). Sinon, la valeur par défaut est indiquée sous la forme d'une directive complète utilisable dans un fichier de configuration. Vous pouvez remarquer que certaines de ces directives par défaut se trouvent réellement dans le fichier `httpd.conf` par défaut alors même qu'elles ne sont pas nécessaires. Elles ne sont ajoutées que pour des raisons de clarté, pour faire apparaître explicitement le comportement par défaut du serveur. Ces valeurs par défaut sont peut-être l'élément le plus important à connaître à propos de ces directives, dans la mesure où elles déterminent le comportement du serveur Apache dans le cas où les directives en question sont absentes des fichiers de configuration. En ce sens, le comportement par défaut d'un serveur Apache est presque complètement défini par les valeurs par défaut des directives de son noyau et des modules chargés.
- **Context** – Indique le contexte dans lequel une directive peut être utilisée. Il s'agit d'une ou de plusieurs des valeurs suivantes :
  - `server config` – La directive s'applique à la configuration globale du serveur, mais pas forcément à des champs d'application plus réduits comme les blocs

<VirtualHost> ou <Directory>. La plupart des directives utilisables dans la configuration globale le sont aussi dans ces blocs, mais cela doit être indiqué explicitement. Une directive comme `Listen` est utilisable uniquement en contexte serveur et ne doit apparaître que dans ce contexte.

  - **virtual host** – La directive peut être utilisée dans un bloc <VirtualHost>.
  - **directory** – La directive peut être utilisée dans un bloc <Directory>, <Files> ou <Location>.
  - **.htaccess** – La directive peut apparaître dans un fichier `.htaccess` ; elle s'applique alors à tout le répertoire concerné.

- **Override (n'apparaît pas sur l'image)** – Indique la dérogation nécessaire à l'interprétation de la directive si elle se trouve dans un fichier `.htaccess`. Elle est ignorée si la dérogation n'est pas accordée par une directive `AllowOverride` dans le répertoire concerné ou dans un répertoire le contenant. Par exemple, la dérogation `AuthConfig` contrôle toutes les directives fournies par les modules d'authentification. Si cette dérogation n'est pas effective dans un répertoire donné, les directives permettant de gérer l'authentification des utilisateurs (par exemple `Require`, `AuthName` ou `AuthGroupFile`) sont sans effet dans le fichier `.htaccess` de ce répertoire. La colonne Dérogation du tableau de l'annexe A indique la dérogation nécessaire à l'utilisation de chaque directive dans un fichier `.htaccess`.
- **Status** – Une des quatre valeurs suivantes, qui indiquent jusqu'à quel point la directive est intégrée au serveur Apache :
  - **Core** – La directive fait partie du noyau d'Apache. Elle est toujours utilisable et elle ne peut pas être désactivée ou supprimée.
  - **Base** – La directive est fournie par un module standard qui fait partie de la distribution Apache. Le module qui fournit la directive est compilé par défaut ; cependant, il reste facultatif et peut être supprimé.
  - **Extension** – La directive est fournie par un module standard qui fait partie de la distribution Apache. Toutefois, ce module n'est pas compilé par défaut ; son inclusion doit être demandée explicitement au script de configuration pour pouvoir utiliser la directive.
  - **Experimental** – La directive est fournie par un module pour lequel l'équipe de développement d'Apache n'offre pas forcément d'assistance. À utiliser à vos risques et périls, donc.
- **Module** – Le nom du module dont dépend la directive.

Lors de l'installation d'Apache, la documentation est recopiée dans un sous-répertoire du répertoire `ServerRoot`. Cette documentation est accessible depuis la page d'accueil par défaut du nouveau serveur (figure C.5).

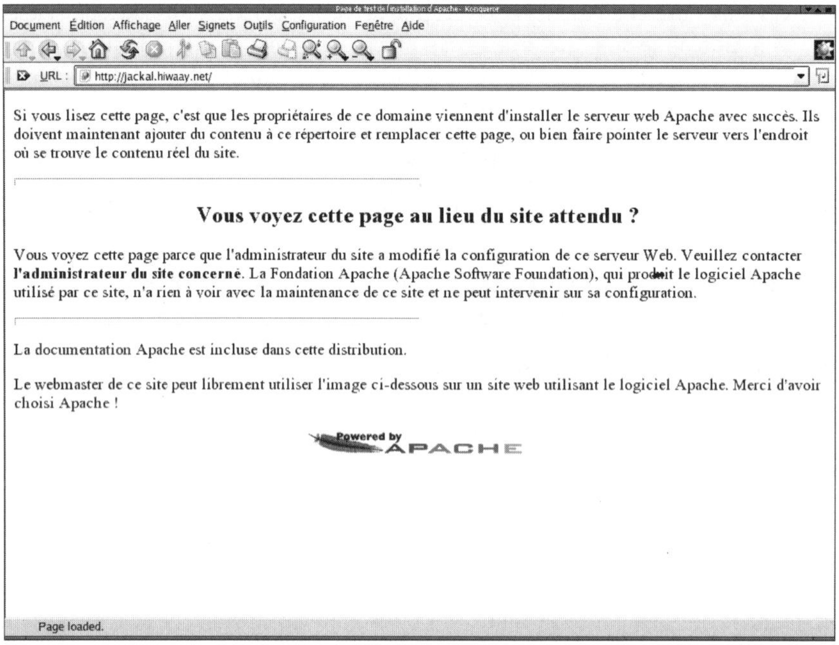

Figure C.5

La page d'accueil d'un serveur Apache nouvellement installé permet d'accéder à la documentation.

La documentation complète installée sur votre serveur peut être consultée rapidement, mais elle souffre de deux limitations importantes. Tout d'abord, elle ne sera mise à jour qu'en même temps que votre serveur Apache ; et surtout, vous ne disposez pas du moteur de recherche du site Web d'Apache (vous disposez en revanche d'un lien vers ce moteur de recherche). Cet exemplaire local permet toutefois de gagner beaucoup de temps quand vous voulez simplement vérifier l'utilisation d'une directive donnée. Vous devriez mettre sur votre page d'accueil un lien vers cette documentation.

D

Bibliographie en ligne

Cette annexe dresse une liste des sources d'informations (et parfois de logiciels) sur Internet utiles à un administrateur Apache. Cette liste comporte de nombreux sites Web, ainsi que quelques groupes Usenet et quelques listes de diffusion. Les éléments de la liste y sont répartis dans les rubriques suivantes :

- informations sur le Web et HTTP ;
- ressources générales concernant Apache ;
- informations sur les modules Apache ;
- informations sur la sécurité d'Apache ;
- ressources générales sur la programmation ;
- informations sur la programmation PHP ;
- informations sur la programmation Perl/CGI ;
- informations sur la programmation Java.

Les URL et autres adresses données ici ont été vérifiées peu avant l'impression de ce livre, mais elles peuvent changer avec le temps.

La plupart de ces sites sont anglophones ; la documentation en langue française semble malheureusement excessivement rare.

Sur le Web et HTTP

Comme vous pouvez vous en douter, une quantité phénoménale de documentation à propos du Web et du protocole HTTP sous-jacent est disponible sur Internet.

W3C : le World Wide Web Consortium

http://www.w3.org/

Créé en 1994, le World Wide Web Consortium vise à promouvoir et à standardiser le Web et à informer la communauté de ses développeurs. Une excellente source de documentation à propos des standards officiels en usage sur le Web (HTTP, HTML, CSS, XML, XSL, XSLT, URI/URL et beaucoup d'autres).

Traduction des recommandations du W3C

http://www.w3.org/Consortium/Translation/French

Un certain nombre des documents suivants proviennent du *W3C* (*World Wide Web Consortium*). Malheureusement, la plupart de ces documents n'existent qu'en version anglaise (aucun de ceux qui sont cités dans cette annexe n'étaient traduits lors de l'écriture de cet ouvrage). Cette page permet d'accéder aux éventuels documents traduits en français.

HTTP : le protocole de transfert hypertexte

http://www.w3.org/Protocols

Tout ce que vous cherchez à savoir à propos du protocole HTTP se trouve sur le site qui lui est consacré par le W3C.

HTTP facile

http://www.jmarshall.com/easy/http

Sous-titré *Guide pratique d'écriture de clients et de serveurs*, le site de James Marshall propose une explication simple du protocole HTTP, de sa nature et de son fonctionnement.

Le protocole de transfert hypertexte : HTTP/1.1

http://www.w3.org/Protocols/rfc2616/rfc2616.html

La RFC 2616 décrit la dernière version du protocole de transfert hypertexte, HTTP/1.1.

mnot : caches Web

http://www.mnot.net/

Le site de Mark Nottingham, consacré aux caches Web, propose de nombreuses informations sur les caches eux-mêmes et les mandataires. Il explique aussi comment contrôler un cache depuis un serveur.

Liste des types MIME

http://www.bc.edu/bc_org/tvp/email/helpers.shtml

Une liste de types MIME très pratique, qui mentionne les applications associées.

Témoins persistants HTTP (spécification des cookies de Netscape)

http://www.netscape.com/newsref/std/cookie_spec.html

Netscape est l'inventeur des cookies. Cette page décrit leur fonctionnement.

La bibliothèque virtuelle du développement Web

http://wdvl.internet.com/Vlib

Cette bibliothèque est un de mes plus vieux signets. Il s'agit d'une vaste collection de liens concernant de nombreux sujets ; il serait surprenant que vous n'y trouviez rien d'intéressant.

Histoire du Web

En savoir un peu plus à propos de l'histoire du Web fera peut-être de vous un meilleur administrateur Apache, ou peut-être pas. En tout cas, cela peut être amusant et intéressant. Pour en apprendre plus sur les origines du Web, vous pouvez commencer par les sites suivants.

Une histoire de HTML

http://www.w3.org/People/Raggett/book4/ch02.html

Il s'agit du chapitre 2 du livre *Raggett on HTML 4* (Dave Raggett et al., Addison-Wesley Longman, 1998), qui fournit une bonne perspective historique à propos du Web. Et en plus, il y a des images.

Connected : une encyclopédie d'Internet

http://www.FreeSoft.org/CIE/index.htm

Une bonne source d'informations, y compris historiques, pour tout ce qui touche à Internet.

Chronologie d'Internet

http://www.wallonie-isoc.org/Internet_Documents-en-francais/Hobbes_Internet-Timeline_trad.htm

La chronologie de Robert Zakon, généralement considérée comme la référence en la matière, existe depuis toujours et est régulièrement mise à jour.

Sur Apache en général

Ces sites Web et autres listes de diffusion traitent de divers aspects d'Apache.

Le projet Apache

http://www.apache.org/

Le site Web de l'Apache Software Foundation. Il s'agit du site de référence à propos d'Apache et c'est l'URL la plus importante de cette annexe.

Liste de diffusion

Pour être informé des nouvelles versions d'Apache et des informations connexes, envoyez un message vide à announce-subscribe@apache.org.

Les directives d'Apache

http://httpd.apache.org/docs-2.0/mod/directives.html

Une liste des directives des modules standards d'Apache.

Apache Today

http://apachetoday.com/

Une excellente publication en ligne, pleine d'articles, d'informations et de liens à propos de tout ce qui touche à Apache. N'hésitez pas à vous inscrire à la lettre d'information gratuite.

Guide de réécriture d'URL avec le serveur Web Apache

http://www.engelschall.com/pw/apache/rewriteguide/

Le meilleur document sur l'utilisation de `mod_rewrite`, par son auteur Ralf S. Engelschall.

Apache Week

http://www.apacheweek.com/

Encore une bonne publication en ligne. Comme son nom l'indique, *Apache Week* est hebdomadaire. Il s'agit d'une source d'actualités accompagnée de bons articles de fond ; un très bon moyen de vous tenir informé. Ne négligez pas la lettre d'information hebdomadaire.

Liste de diffusion

Pour recevoir *Apache Week* par courrier électronique, écrivez à majordomo@apacheweek.com. Si vous voulez recevoir la lettre d'information en texte brut, le corps du message doit contenir la ligne suivante :

```
subscribe apacheweek
```

Si vous préférez la version HTML, utilisez plutôt la ligne suivante :

```
subscribe apacheweek-html
```

Apache Toolbox

```
http://www.apachetoolbox.com/
```

Apache Toolbox simplifie la compilation d'Apache depuis les sources. Un simple menu en mode caractères permet de choisir les modules qui seront compilés. Le choix comprend tous les modules de la distribution standard d'Apache et de nombreux modules de tierces parties (`mod_perl`, `mod_frontpage` et bien d'autres). Au moment de la publication de ce livre, Apache Toolbox ne permettait pas encore d'installer Apache 2.0.

Extensions serveur Microsoft FrontPage 2002

```
http://officeupdate.microsoft.com/frontpage/wpp/serk
```

Ce kit comprend les extensions FrontPage 2002 pour Unix/Linux. Il s'agit du site de référence pour tout ce qui concerne ces extensions.

Forum

Microsoft administre un groupe Usenet traitant des extensions FrontPage pour Unix. Il ne s'agit pas d'un site Web.

```
news://microsoft.public.frontpage.extensions.unix
```

Le site Apache OnLamp.com d'O'Reilly

```
http://www.onlamp.com/
```

Ce site Web présente des informations techniques à destination des développeurs Web et des administrateurs Apache. Il fait partie du réseau O'Reilly et consacre donc une place importante aux livres publiés et aux conférences organisées par cet éditeur.

Ready-to-Run Software (extensions FrontPage)

http://www.rtr.com/Ready-to-Run_Software/

Les extensions FrontPage 2002 pour Unix/Linux sont l'œuvre de Ready-to-Run Software. Il s'agit d'un autre site consacré aux extensions FrontPage, qui propose de plus une FAQ et un forum, absents du site de Microsoft.

Dépôt RPM

http://fr2.rpmfind.net/

La meilleure source d'archives RPM pour Linux, indiquée comme telle tout au long de cet ouvrage.

La page des robots Web

http://www.robotstxt.org/wc/robots.html

La meilleure source d'informations sur les robots Web : leur principe de fonctionnement, l'art et la manière de les attirer sur votre site et la façon de les contrôler quand ils vous trouvent.

Comparaison des serveurs Web

http://www.acme.com/software/thttpd/benchmarks.html

Bien que les données ne soient plus toutes récentes, il s'agit d'un excellent comparatif des résultats d'essais de plusieurs serveurs Web sur des plates-formes diverses. Vous y trouverez aussi des informations toujours d'actualité sur les différences techniques entre lesdits serveurs.

Web Techniques

http://www.webtechniques.com/

Malheureusement, le magazine *Web Techniques* a changé de direction, pour une formule beaucoup moins orientée vers la technique, en adoptant le nom *NewArchitect*. Toutefois, les archives de l'ancien magazine papier *Web Techniques* se trouvent sur ce site. Elles remontent jusqu'en 1996 et contiennent d'excellents exemples et autres codes sources. Principalement destiné aux programmeurs et aux développeurs.

WebReference.com : la bibliothèque de référence du webmestre

http://www.webreference.com/

Ce site, maintenu gratuitement par *Internet.com*, couvre tous les aspects du développement Web.

Liste de diffusion

Vous pouvez vous abonner sur le site www.webreference.com à une lettre d'information quotidienne au format HTML et/ou à un résumé hebdomadaire en texte brut des articles traitant de tout ce qui touche au développement Web. Je vous recommande plutôt le résumé hebdomadaire, dans la mesure où la lettre quotidienne est volumineuse et répétitive.

Les interfaces graphiques pour Apache

http://gui.apache.org/

Un site de référence visant à répertorier tous les projets d'interfaces graphiques pour Apache.

Covalent Technologies

http://www.covalent.net/projects/comanche

Le site de l'outil de configuration graphique libre Comanche développé par Covalent Technologies.

Forum Usenet

fr.comp.infosystemes.www.serveurs

Ce forum Usenet traite de tout ce qui concerne les serveurs Web. La majorité des discussions qui s'y tiennent concernent Apache.

Sur les modules Apache

Les sites suivants traitent des modules Apache standards décrits au chapitre 5 ou d'autres modules de tierces parties.

Les modules standards d'Apache

http://httpd.apache.org/docs-2.0/mod/

La documentation officielle de tous les modules distribués avec Apache.

Répertoire des modules Apache

http://modules.apache.org/

Un répertoire des modules de tierces parties maintenu par l'Apache Software Foundation. Vous y trouverez une liste de liens vers les sites où vous pourrez obtenir lesdits modules, ainsi qu'un moteur de recherche.

Le module PerlApache::ASP

http://www.nodeworks.com/asp/

Le site officiel du module Perl `Apache::ASP` (maintenu par une société commerciale), qui permet de déployer un site écrit en Perl avec l'interface Active Server Pages sur un serveur Apache.

Documentation de mod_perl

http://perl.apache.org/docs/2.0/

Le site de référence pour la documentation du module Apache `mod_perl`.

Take 23 : Infos et ressources sur mod_perl

http://www.take23.org/

Un très bon site pour se tenir informé des nouvelles du monde mod_perl. Vous y trouverez aussi de bons articles et des pointeurs vers d'autres sites traitant du développement en mod_perl.

Sur la sécurité d'Apache

Ces sites traitent des outils permettant de gérer la sécurité d'un serveur Apache (décrits aux chapitres 13 et 14) ou de problèmes spécifiques de sécurité.

Apache-SSL

http://www.apache-ssl.org/

Tout ce que vous avez toujours voulu savoir sur Apache-SSL. Contrairement à mod_ssl, Apache-SSL n'est disponible que pour Apache 1.3 à l'heure où je rédige ces lignes.

CERT/CC : Limitation des contenus malveillants

http://www.cert.org/tech_tips/malicious_code_mitigation.html

Cette page, publiée par le centre de coordination du *CERT* (*Computer Emergency Response Team*, l'équipe informatique de réaction d'urgence), décrit un trou de sécurité lié à la possibilité pour des attaquants d'introduire des balises HTML arbitraires dans des requêtes HTTP.

mod_ssl : l'interface d'Apache à OpenSSL

http://www.modssl.org/

Le site officiel de mod_ssl, qui prend en charge SSL sous Apache.

Listes de diffusion

Vous pouvez vous abonner aux listes de diffusion modssl-announce et modssl-users depuis http://www.modssl.org/support/.

OpenSSL : la boîte à outils libre pour SSL/TLS

http://www.openssl.org/

La page officielle d'OpenSSL, une bibliothèque de cryptologie utilisable par les autres applications (comme SSL).

FAQ de SSLeay et SSLapps

http://www.psy.uq.oz.au/~ftp/Crypto/

Même si cette FAQ n'a pas connu de mise à jour depuis plusieurs années, elle reste une bonne source d'informations sur la bibliothèque de chiffrement *SSLeay*, qui sert de base à OpenSSL. La plupart des informations qui s'y trouvent restent très utiles.

Sur la programmation en général

Ces sites proposent des informations sur divers sujets liés à la programmation, qui peuvent intéresser les administrateurs Apache au même titre que le chapitre 8 du présent ouvrage.

ASP Today

http://www.asptoday.com/

Un site rempli d'articles intéressants pour les programmeurs Active Server Pages.

Developer Shed : le site du développement Web libre

http://www.devshed.com/

Traite de tout ce qui touche à la programmation Web.

Comparaison des applications Web

http://www.chamas.com/bench/

Le site de Joshua Chamas met l'accent sur les différentes méthodes de programmation plutôt que sur les différentes plates-formes matérielles.

EmbPerl : incrustez du Perl dans vos documents HTML

http://perl.apache.org/embperl/

Le site d'EmbPerl, un jeu de modules Perl qui permettent d'inclure du code directement dans un document HTML.

Mason

http://www.masonhq.com/

Le site de Mason, un autre jeu de modules Perl qui permettent d'inclure du code dans une page HTML.

MySQL

http://mysql.com/

Le site de référence pour tout ce qui concerne la base de données libre MySQL. Vous y trouverez des liens vers quelques documents en français.

Liste de diffusion

Pour vous inscrire à la liste de diffusion principale de MySQL, envoyez un message à mysql-subscribe@lists.mysql.com.

libcurl

http://curl.haxx.se/libcurl/

Une bibliothèque de fonctions très intéressante. Elle met en oeuvre un certain nombre de protocoles réseau (essentiellement les protocoles permettant l'utilisation d'URL, comme HTTP, FTP ou telnet). Elle peut être utilisée par des applications écrites dans un certain nombre de langages (comme C, Java, Perl, PHP, Python ou Ruby, parmi d'autres). Elle est accompagnée de nombreux exemples de code.

Tutoriel sur les Server-Side Includes

http://www.carleton.ca/~dmcfet/html/ssi.html

Un très bon tutoriel sur l'utilisation des Server-Side Includes (SSI). Ce document n'a pas changé depuis 1995, mais SSI n'a que très peu évolué depuis.

Page SSI de BigNoseBird.Com

http://bignosebird.com/ssi.shtml

Encore un bon guide d'utilisation de SSI. Ce site propose d'autres ressources qui vous intéresseront peut-être, même s'il traite de création de sites Web plus que de programmation ou d'administration Apache.

Webmonkey

http://hotwired.lycos.com/webmonkey

Le « centre de ressources du développeur Web » de HotWired est probablement un des meilleurs sites Internet consacrés au développement Web.

Sur la programmation en PHP

Ces sites fournissent des informations à propos du processeur hypertexte PHP, dont il a été question au chapitre 8.

PHP Hypertext Preprocessor

http://fr.php.net/

Le site officiel où vous pouvez télécharger PHP et en apprendre plus à son sujet. La documentation en ligne est une des meilleures que j'aie pu voir. Le site lui-même est en anglais, mais la documentation est traduite dans de nombreuses langues, dont le français.

PHP : Liens

http://fr.php.net/links.php

Cette page du site de PHP contient de nombreux liens vers d'autres sites proposant de la documentation ou des exemples de code pour vos applications PHP. Une rubrique y regroupe quelques sites francophones.

PHP : Tutoriel MySQL

http://hotwired.lycos.com/webmonkey/databases/tutorials/tutorial4.html

Ce superbe tutoriel montre comment utiliser PHP comme frontal pour une base de données relationnelle MySQL.

PHPBuilder.com

http://phpbuilder.com/

Un bon site de ressources pour les développeurs PHP, avec des quantités de programmes d'exemple.

Alternative PHP Cache

http://apc.communityconnect.com/

APC, le cache PHP alternatif, permet de compiler les scripts PHP et de les garder en cache.

Sur la programmation en Perl/CGI

Ces sites et autres forums proposent des informations à propos de la programmation en Perl/CGI dont il a été question au chapitre 8.

La page du langage Perl

http://www.perl.com/

Même si ce site est maintenu par une entreprise commerciale, il se présente comme le site officiel du langage Perl et je suis prêt à le croire. Je préfère de loin leur revendication à celle de Microsoft/Activestate, qui aimerait aussi s'afficher comme le « propriétaire » de Perl. Vous trouverez ici tout ce qui concerne Perl.

Le projet d'intégration Apache/Perl

http://perl.apache.org/

Il s'agit du site officiel pour tout ce qui touche à l'intégration de Perl et Apache. Il est naturellement très axé sur `mod_perl`.

Liste de diffusion

Vous pouvez vous inscrire à la liste de diffusion de `mod_perl` en envoyant un message électronique à modperl-request@apache.org.

CGI.pm : une bibliothèque CGI pour Perl 5

http://stein.cshl.org/WWW/software/CGI/cgi_docs.html

Le site officiel du module Perl `CGI.pm`, maintenu par Lincoln Stein, l'auteur du module. Vous trouverez une traduction française de la documentation à l'adresse http://www.enstimac.fr/Perl/ModulesFr/CGI.html.

Le site de FastCGI

http://www.fastcgi.com/

Le site officiel de FastCGI, dont il a été question au chapitre 8.

Le guide de mod_perl

http://perl.apache.org/docs/1.0/guide/

En fait beaucoup plus qu'un « guide », il s'agit d'une documentation du module `mod_perl` très complète et indispensable. Tout programmeur utilisant `mod_perl` se doit de la lire.

Pour appeler à l'aide

http://perl.apache.org/docs/1.0/guide/help.html

Cette page, qui fait partie du guide de `mod_perl`, donne des liens vers d'autres sources d'information.

L'index des ressources CGI

http://cgi-resources.com/

Ce site assez ancien (bien que doté d'une esthétique revue) héberge un nombre impressionnant d'exemples de CGI. La plupart sont bien sûr écrits en Perl, mais certains utilisent d'autres langages, comme par exemple C ou les shells Unix.

Le moteur de recherche de CPAN

http://search.cpan.org/

Le réseau CPAN regroupe tous les modules Perl répertoriés et pour lesquels il existe une assistance technique. Il dispose de sites miroirs dans le monde entier. Il s'agit ici du site de référence pour trouver des modules Perl. Ces modules peuvent être installés sur un système Linux au moyen du module `CPAN.pm`.

Forums Perl sur Usenet

Le forum fr.comp.lang.perl traite de tout ce qui concerne directement le langage Perl. Les discussions relatives à CGI trouveront plus naturellement leur place sur le groupe fr.comp.infosystemes.www.auteurs. Vous pouvez vous tenir informé de l'actualité du monde Perl en lisant le forum anglophone comp.lang.perl.announce.

Sur la programmation en Java

Ces sites traitent de la programmation en Java et des outils associés dont il a été question au chapitre 8.

JDK Blackdown pour Linux

http://www.blackdown.org/

Une version Linux unanimement reconnue pour ses performances, du kit de développement Java de Sun. Vous pouvez télécharger le JDK et apprendre à le configurer sur ce site.

Guide du développeur Java Server Pages

http://java.sun.com/products/jsp/docs.html

Une série de guides d'utilisation de JSP par Sun Microsystems, son concepteur.

La technologie Java Server Pages

http://java.sun.com/products/jsp/

Le site officiel de JSP, maintenu par Sun Microsystems. Vous y trouverez des liens vers tout ce qui concerne JSP.

La technologie Java Server Pages : livre blanc

http://java.sun.com/products/jsp/whitepaper.html

Une bonne vue d'ensemble de JSP pour les gestionnaires.

Les fondements de JDBC

http://jguillard.developpez.com/JDBC/

Apprenez les bases nécessaires à l'utilisation de JDBC (Java DataBase Connectivity) dans vos programmes Java.

Guide de démarrage de JDBC

http://java.sun.com/j2se/1.4.1/docs/guide/jdbc/getstart/GettingStartedTOC.fm.html

Un bon document de Sun, qui donne une bonne vue d'ensemble de la programmation de JDBC.

Pilotes JDBC MySQL Connector/J

http://www.mysql.com/downloads/api-jdbc.html

Les pilotes JDBC MySQL *Connector/J*, qui sont maintenant les pilotes officiels de MySQL, sont souvent considérés comme les meilleurs pilotes JDBC pour MySQL.

Les servlets

http://java.sun.com/j2ee/tutorial/1_3-fcs/doc/Servlets.html

Le tutoriel de Sun Microsystems sur les servlets Java. Un très bon document d'apprentissage.

FAQ sur les servlets

http://www.jguru.com/faq/Servlets

JGuru (Alex Chaffee) héberge cette excellente foire aux questions qui traite des servlets Java.

java.sun.com : la source de la technologie Java

http://www.javasoft.com/

Le point d'accès à toutes les pages du site de Sun Microsystems consacrées à la programmation Java. Vous pouvez accéder à toutes les spécifications et mises en oeuvre de Java depuis ce site.

Tutoriel Java

http://java.sun.com/docs/books/tutorial/

Presque tous les tutoriels de ce site méritent d'être étudiés. La plupart proviennent du livre *The Java Tutorial* de Mary Campione et Kathy Walrath (Addison-Wesley, 1998).

Écrire des programmes en Java

http://java.sun.com/tutorials/java/index.html

Ce site, qui est un bon tutoriel pour les débutants en programmation Java, propose aussi une introduction à la programmation orientée objet, aux classes et aux espaces de nommage.

Resin

http://www.caucho.com/

Ce site, maintenu par Caucho Technology, contient des informations à propos de Resin. Vous pouvez vous inscrire à la liste de diffusion de Resin en envoyant un courrier électronique contenant le mot `subscribe` (dans le corps du message) à resin-interest-request@caucho.com.

Archive des forums Usenet

http://groups.google.fr/

Google.com a acquis les archives des forums qui appartenaient autrefois à Deja.com. Depuis, Google Groups a remplacé l'ancien DejaNews, un site d'archives des forums de discussion Usenet extrêmement complet. Ce site est une source d'informations très utile pour toutes les questions qui ont été traitées sur Usenet en plus d'être un dépôt d'archives historiques à mon avis inestimables.

Index

A

J

K

L

M

R

S

T

U

V

W

X

Z